国家注册审核员考试辅导用书

认证通用基础考试宝典

张崇澧　编著

紧扣考试大纲
跟进最新动态
剖析考点知识
同步练习强化
真题精确解读

机械工业出版社

本书是国家注册审核员考试辅导用书，是根据《认证通用基础考试大纲》和中国认证认可协会（CCAA）认证人员基础知识系列教材编写的。本书对考试大纲、认证通用基础相关教材的内容和要求进行了深度剖析，内容架构合理，分为合格评定基础知识、审核通用知识、法律法规和其他要求三部分。本书通过考点知识讲解、同步练习强化（含历年真题）、答案点拨解析，全方位地强化考生的应试能力。

本书适合作为参加国家注册审核员考试的考生用书，同时也适合作为相关管理人员提高工作能力用书。

图书在版编目（CIP）数据

认证通用基础考试宝典/张崇澧编著. —北京：机械工业出版社，2022.10（2024.11 重印）
国家注册审核员考试辅导用书
ISBN 978-7-111-71617-4

Ⅰ.①认… Ⅱ.①张… Ⅲ.①质量管理体系 – 中国 – 资格考试 – 自学参考资料 Ⅳ.①F273.2

中国版本图书馆 CIP 数据核字（2022）第 172373 号

机械工业出版社（北京市百万庄大街22号　邮政编码100037）
策划编辑：李万宇　　　　责任编辑：李万宇　马新娟
责任校对：张亚楠　张　薇　封面设计：马精明
责任印制：邓　博
北京盛通数码印刷有限公司印刷
2024 年 11 月第 1 版第 4 次印刷
169mm×239mm・37.5 印张・2 插页・707 千字
标准书号：ISBN 978-7-111-71617-4
定价：168.00 元

电话服务　　　　　　　网络服务
客服电话：010-88361066　　机　工　官　网：www.cmpbook.com
　　　　　010-88379833　　机　工　官　博：weibo.com/cmp1952
　　　　　010-68326294　　金　书　网：www.golden-book.com
封底无防伪标均为盗版　　机工教育服务网：www.cmpedu.com

前　言

本书是根据《认证通用基础考试大纲》和中国认证认可协会（CCAA）认证人员基础知识系列教材编写的。本书对考试大纲、认证通用基础相关教材的内容和要求进行了深度剖析，通过考点知识讲解、同步练习强化（含历年真题）、答案点拨解析，全方位地强化考生的应试能力。

本书的内容结构为：

一、考试大纲要求。在每章的开始，说明考试大纲的要求，帮助考生学习时把握方向。

二、考点知识讲解。考点知识建立在考试趋势分析的基础上，力求内容简明清晰、重点突出，同时配以例题分析，确保考生能高效率地理解和掌握考点知识。

三、同步练习强化。在对历年命题总结的基础上，本着前瞻性和预测性，围绕考点知识，精心选题，同时收录历年考题，可使考生巩固所学知识，掌握各类考题，做好自我考核，提高考试命中率。

四、答案点拨解析。对练习题和历年真题中的难点、重点进行深度剖析，以求达到使考生醍醐灌顶、豁然开朗之功效。

本书正文（含标准、法律法规）中加波浪线的段落是重点段落，**粗黑体字是关键词/关键字/含义易混淆的字、词**，旨在帮助考生关注重点、疑难点。练习题中有"真题"字样的，是历年考试的真题。鉴于标准的更新，一些真题内容有些过时，但代表了一种出题的思路，针对这种情况，对此类真题仍然收录，但进行了改进，注明"真题改进"。对考试改革后的真题，会在"真题"二字上加上阴影。

因为认证通用基础的考试是以中国认证认可协会（CCAA）组织编写的《合格评定基础》《审核概论》两本书作为出题参考课本，所以本书第1部分、第2部分中讲解的要点，都引用了这两本书中的内容。考生在准备认证通用基础考试时，应以《合格评定基础》《审核概论》两本书为准，本书仅供参考。

在收录真题的过程中，因各种原因，难免有疏漏，书中内容也难免有不尽如人意的地方，恳请考生给予批评和指正。

为了帮助考生跟进考试动态，解决阅读中的疑惑，特设置一个微信号（yu6815），或扫描下面的二维码与大家沟通。欢迎考生联系相关人员，联系时

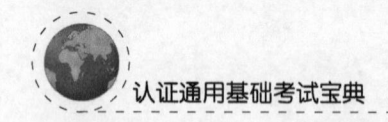

须提供购书证据，可获得考前优惠答疑、相关资料等助考服务。

出奇制胜，捷足先登，固然令人羡慕，但笔者觉得考试更需要有"扎硬寨，打死仗"的精神，扎扎实实，勤奋努力，方能百战百胜。

最后，预祝各位考生考试大捷，实现梦想！加油！

考生可访问我们的公众号和抖音号，里面为大家提供了有关的考试知识。

公众号：崇澧审核员考试加油站。

抖音号：58022418695（崇澧）。

电子题库购买，可加我们的微信号：zzyiso。

张崇澧

2023 年 10 月

目 录

前 言

第1部分 合格评定基础知识

第1章 《合格评定概述》考点解读 ... 2
- 1.1 合格评定的本质 ... 2
  - 1.1.1 合格评定的基本概念 ... 2
  - 1.1.2 合格评定的原则 ... 6
- 1.2 合格评定的作用和定位 ... 9
  - 1.2.1 合格评定在人类经济活动中的作用 ... 9
  - 1.2.2 合格评定在国民经济中的定位 ... 9
- 1.3 与合格评定概念有关的术语、定义 ... 11
  - 1.3.1 与合格评定有关的通用术语和定义 ... 11
  - 1.3.2 与合格评定有关的基础术语和定义 ... 13
  - 1.3.3 与选取和确定有关的合格评定术语和定义 ... 18
  - 1.3.4 与复核和证明有关的合格评定术语和定义 ... 19
  - 1.3.5 与监督有关的合格评定术语和定义 ... 20
  - 1.3.6 与合格评定和贸易便利化有关的术语和定义 ... 21
- 1.4 我国的合格评定 ... 23
- 同步练习强化 ... 24
- 答案点拨解析 ... 28

第2章 《合格评定与国家质量基础设施》考点解读 ... 32
- 2.1 国家质量基础设施 ... 32
  - 2.1.1 建立国家质量基础设施的必要性 ... 32
  - 2.1.2 国家质量基础设施的内涵 ... 33
  - 2.1.3 国际上国家质量基础设施发展的主要特点 ... 34
- 2.2 我国的国家质量基础设施 ... 36
  - 2.2.1 我国国家质量基础设施的发展现状 ... 36
  - 2.2.2 我国国家质量基础设施的发展机遇与挑战 ... 37
- 2.3 合格评定与计量 ... 37
  - 2.3.1 计量概述 ... 37

v

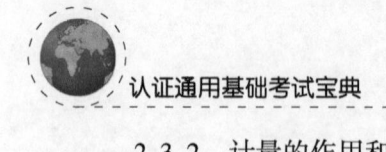

2.3.2 计量的作用和意义 ……………………………………… 38
2.3.3 计量是重要的国家质量基础设施之一 ……………… 39
2.4 合格评定与标准 …………………………………………………… 40
2.4.1 标准概述 …………………………………………………… 40
2.4.2 标准的作用和意义 ……………………………………… 42
2.4.3 标准是重要的国家质量基础设施之一 ……………… 42
同步练习强化 ……………………………………………………………… 44
答案点拨解析 ……………………………………………………………… 46

第3章 《合格评定技术》考点解读 ……………………………………… 48
3.1 合格评定工具箱 …………………………………………………… 48
3.1.1 合格评定工具箱概述 …………………………………… 48
3.1.2 合格评定工具箱的构成 ………………………………… 49
3.1.3 合格评定工具箱在中国的应用 ………………………… 52
3.2 合格评定工具箱中的典型标准简介 …………………………… 54
3.2.1 GB/T 27000/ISO/IEC 17000《合格评定 词汇和通用原则》简介 …………………………………………… 54
3.2.2 有关合格评定规范性文件编写共同要素原则的标准简介 … 55
3.2.3 与合格评定认证方案有关的标准简介 ………………… 57
3.2.4 与合格评定标识有关的标准简介 ……………………… 66
3.2.5 有关合格评定机构管理的标准简介 …………………… 73
3.3 合格评定功能法 …………………………………………………… 90
3.3.1 合格评定功能法概述 …………………………………… 90
3.3.2 功能法中的"选取"功能 ……………………………… 92
3.3.3 功能法中的"确定"功能 ……………………………… 93
3.3.4 功能法中的"复核与证明"功能 ……………………… 94
3.3.5 功能法中的"监督"功能 ……………………………… 95
3.4 合格评定技术和方法 …………………………………………… 100
3.4.1 合格评定功能法技术 …………………………………… 100
3.4.2 抽样方法 ………………………………………………… 101
3.4.3 检验 ……………………………………………………… 104
3.4.4 检测和校准方法 ………………………………………… 105
3.4.5 检查技术 ………………………………………………… 105
3.4.6 审核及审核的方法 ……………………………………… 106
3.4.7 评价技术 ………………………………………………… 106
3.4.8 考核方法 ………………………………………………… 106

- 3.4.9 同行评审方式 ·················· 107
- 3.4.10 认可方法 ···················· 107
- 3.4.11 评定报告 ···················· 107
- 3.4.12 合格评定风险控制方法 ········ 108
- 3.4.13 不符合项控制方法 ············ 108
- 3.4.14 符合性声明书 ················ 108
- 3.4.15 符合性标志方法 ·············· 109
- 3.4.16 监督的方法 ·················· 110
- 3.4.17 分析技术 ···················· 110
- 同步练习强化 ···························· 114
- 答案点拨解析 ···························· 127

第4章 《合格评定—认证》考点解读 ········ 135

- 4.1 认证概述 ···························· 135
  - 4.1.1 认证的定义和本质 ············ 135
  - 4.1.2 认证的功能和作用 ············ 136
  - 4.1.3 认证的类型 ·················· 136
- 4.2 认证的基本流程 ······················ 138
  - 4.2.1 产品认证流程 ················ 138
  - 4.2.2 管理体系认证的流程 ·········· 144
  - 4.2.3 服务认证体系和相关要求 ······ 162
- 4.3 认证制度和认证方案 ·················· 171
  - 4.3.1 产品认证制度和产品认证方案 ·· 171
  - 4.3.2 管理体系认证制度和管理体系认证方案 ·· 173
  - 4.3.3 服务认证制度和服务认证方案 ·· 175
- 4.4 认证机构 ···························· 180
  - 4.4.1 认证机构概述 ················ 180
  - 4.4.2 认证机构的能力 ·············· 182
  - 4.4.3 认证机构的运作 ·············· 184
- 4.5 合格评定新领域 ······················ 186
- 同步练习强化 ···························· 189
- 答案点拨解析 ···························· 210

第5章 《合格评定—检验检测》考点解读 ···· 220

- 5.1 检验检测概述 ························ 220
  - 5.1.1 检验、检测的定义 ············ 220
  - 5.1.2 与检验、检测相关的术语 ······ 222

5.2 合格评定—检测 ·· 224
  5.2.1 GB/T 27025 标准中的几个术语 ·· 224
  5.2.2 GB/T 27025 标准的几个要素（合格评定对
      检测的要求）·· 225
5.3 合格评定—检验 ·· 235
  5.3.1 检验的基本要求 ·· 235
  5.3.2 检验机构的基本要求 ·· 236
  5.3.3 检验机构的内部管理体系要求 ·· 242
5.4 检验检测机构的资质认定 ·· 248
  5.4.1 检验检测机构资质认定的基本要求 ································ 248
  5.4.2 检验检测机构的资质认定评审 ·· 249
同步练习强化 ·· 264
答案点拨解析 ·· 272

第 6 章 《合格评定—认可》考点解读 ·· 278

6.1 认可 ··· 278
  6.1.1 认可的概念 ·· 278
  6.1.2 认可的意义 ·· 279
  6.1.3 合格评定、认可、认证的关系 ·· 280
  6.1.4 认可的一般程序 ·· 282
6.2 我国认可制度和认可方案 ·· 291
  6.2.1 我国认可制度的建立 ·· 291
  6.2.2 我国认可的管理体系 ·· 291
6.3 认可机构 ·· 294
  6.3.1 认可机构的相关定义 ·· 294
  6.3.2 认可机构介绍 ·· 296
同步练习强化 ·· 300
答案点拨解析 ·· 306

第 2 部分　审核通用知识

第 7 章 《审核基础知识》考点解读 ·· 312

7.1 概述 ··· 312
  7.1.1 与审核有关的术语 ·· 312
  7.1.2 审核简述 ·· 322
7.2 审核的分类 ·· 323
7.3 审核原则 ·· 325

7.4 认证中的审核活动 ·· 329
 7.4.1 审核是认证的关键活动之一 ··· 329
 7.4.2 管理体系认证、产品认证和服务认证中的审核活动 ······················ 330
同步练习强化 ·· 332
答案点拨解析 ·· 348

第8章 《审核方案管理》考点解读 ·· 355
8.1 审核方案管理概述 ·· 357
8.2 确立审核方案的目标 ·· 362
8.3 确定和评价审核方案的风险和机遇 ··· 364
8.4 建立审核方案 ··· 366
 8.4.1 审核方案管理人员的作用和职责 ·· 366
 8.4.2 审核方案管理人员的能力 ·· 367
 8.4.3 确立审核方案的范围和详略程度 ·· 369
 8.4.4 确定审核方案资源 ·· 372
8.5 审核方案的实施 ·· 374
 8.5.1 审核方案管理人员应开展的工作 ·· 374
 8.5.2 规定每次审核的目标、范围和准则 ·· 375
 8.5.3 选择和确定审核方法 ·· 376
 8.5.4 选择审核组成员 ··· 377
 8.5.5 为审核组长分配每次的审核职责 ·· 378
 8.5.6 管理审核方案结果 ·· 379
 8.5.7 管理和保持审核方案记录 ·· 379
 8.5.8 认证审核中审核方案的调整管理 ·· 380
8.6 监视审核方案 ··· 383
8.7 评审和改进审核方案 ·· 384
8.8 认证机构对审核方案的管理 ·· 386
同步练习强化 ·· 388
答案点拨解析 ·· 397

第9章 《审核过程》考点解读 ·· 404
9.1 审核过程概述 ··· 404
9.2 审核的启动 ·· 407
 9.2.1 与受审核方建立联系 ·· 407
 9.2.2 确定审核的可行性 ·· 407
9.3 审核活动的准备 ·· 409
 9.3.1 审核准备阶段的成文信息评审 ··· 410

9.3.2 审核的策划（编制审核计划） ········· 412
9.3.3 审核组工作分配 ········· 419
9.3.4 准备审核所需的成文信息 ········· 420
9.4 审核活动的实施 ········· 430
9.4.1 为向导和观察员分配角色和职责 ········· 430
9.4.2 举行首次会议 ········· 431
9.4.3 审核中的沟通 ········· 433
9.4.4 审核信息的可获取性和访问 ········· 436
9.4.5 实施审核时的成文信息评审 ········· 438
9.4.6 收集和验证信息 ········· 439
9.4.7 形成审核发现 ········· 446
9.4.8 确定审核结论 ········· 454
9.4.9 举行末次会议 ········· 457
9.5 审核报告的编制和分发 ········· 463
9.5.1 审核报告的编制 ········· 463
9.5.2 审核报告的分发 ········· 465
9.6 审核的完成 ········· 466
9.7 审核后续活动的实施 ········· 468
同步练习强化 ········· 470
答案点拨解析 ········· 493

第10章 《审核关键技术》考点解读 ········· 505
10.1 审核关键技术概述 ········· 505
10.1.1 与审核技术有关的几个基本概念 ········· 505
10.1.2 对审核技术的基本认识 ········· 506
10.2 审核技术 ········· 507
10.2.1 审核技术的构成 ········· 507
10.2.2 审核的基本方法 ········· 509
10.2.3 基于过程的审核 ········· 511
10.2.4 远程审核技术 ········· 513
10.3 审核关键技术的应用 ········· 515
同步练习强化 ········· 517
答案点拨解析 ········· 519

第11章 《认证人员的能力要求》考点解读 ········· 521
11.1 认证人员能力要求 ········· 521
11.2 审核员能力要求 ········· 525

11.3　认证人员能力的评价 ………………………………………… 532
11.4　审核员能力的评价 …………………………………………… 536
11.5　认证人员相关注册与管理要求 ……………………………… 539
　　11.5.1　认证人员的注册要求 ………………………………… 539
　　11.5.2　认证人员的管理要求 ………………………………… 541
　同步练习强化 ………………………………………………………… 543
　答案点拨解析 ………………………………………………………… 546

第3部分　法律法规和其他要求

第12章　法律法规和其他要求考点解读 ……………………………… 552
12.1　法律法规基础知识 …………………………………………… 552
　　12.1.1　法的特征与分类 ……………………………………… 552
　　12.1.2　法的制定主体和表现形式 …………………………… 553
　　12.1.3　法的效力层级 ………………………………………… 553
　同步练习强化 ………………………………………………………… 554
　答案点拨解析 ………………………………………………………… 556
12.2　《中华人民共和国计量法》 …………………………………… 556
　同步练习强化 ………………………………………………………… 559
　答案点拨解析 ………………………………………………………… 562
12.3　《中华人民共和国标准化法》 ………………………………… 563
　同步练习强化 ………………………………………………………… 567
　答案点拨解析 ………………………………………………………… 569
12.4　《中华人民共和国认证认可条例》 …………………………… 570
　同步练习强化 ………………………………………………………… 575
　答案点拨解析 ………………………………………………………… 576
12.5　《认证机构管理办法》 ………………………………………… 577
　同步练习强化 ………………………………………………………… 580
　答案点拨解析 ………………………………………………………… 581
12.6　《认证证书和认证标志管理办法》 …………………………… 581

参考文献 ………………………………………………………………… 588

第 1 部分
合格评定基础知识

说明：

合格评定基础知识是以中国认证认可协会组织编写的《合格评定基础》一书作为出题参考课本的，所以本书中所讲的考核要点都引用《合格评定基础》一书中的内容，同时尽量按《合格评定基础》一书的编排顺序安排章节顺序。

第 1 章　《合格评定概述》考点解读

考试大纲要求

1）理解、掌握合格评定基本概念与知识：
① 合格评定的活动、对象、依据、性质。
② 合格评定在国民经济中的定位、作用。
③ 合格评定遵循的原则。
④ 合格评定的应用。
2）理解与合格评定有关的术语与定义：
① 与合格评定有关的通用术语和定义。
② 与合格评定有关的基础术语和定义。
③ 与选取、确定、复核、证明、监督有关的合格评定术语和定义。
④ 我国的合格评定机制、要求、现状。

考点知识讲解

1.1　合格评定的本质

1.1.1　合格评定的基本概念

合格评定程序是为进行合格评定而规定的途径和方法。我国的合格评定活动是按照国家相关法规（《中华人民共和国认证认可条例》）以及技术规则和标准，对相关组织的产品、服务、管理体系、人员、过程、机构等进行的证据收集和评价，做出是否符合规定的要求的决定意见，颁发符合性证明的规范活动。

表1-1是合格评定的基本概念，包括什么是合格评定、合格评定活动、合格

评定的对象、合格评定的依据及性质、合格评定的实施主体、合格评定结果的体现形式、质量基础设施中的合格评定。

表1-1 合格评定的基本概念

基本概念	要点说明
1. 什么是合格评定	1.1 合格评定的术语和定义 GB/T 27000/ISO/IEC 17000 标准2.1条款"合格评定"：与产品、过程、体系、人员或机构有关的规定要求得到满足的证实。合格评定的专业领域活动包括检测、检查和认证，以及对合格评定机构的认可。合格评定还可能存在其他活动，例如供方符合性声明、碳足迹、碳核查、水足迹、温室气体、节能、新能源等评价或审查，第二方评价等。"合格评定对象"或"对象"包含接受合格评定的<u>特定材料、产品、服务、安装、过程、体系、人员或机构</u> "合格评定"的定义有足够的**灵活性**，以确保其有效、广泛的使用，这在GB/T 27000标准"引言"中有说明：合格评定与管理体系、计量、标准化及统计等其他领域相互影响。GB/T 27000标准没有规定合格评定的界限，以保持其灵活性 按实施合格评定的主体区分可分为：第一方合格评定活动（由提供合格评定对象的人员或组织进行的合格评定活动）、第二方合格评定活动（由在合格评定对象中具有使用方利益的人员或组织进行的合格评定活动）和第三方合格评定活动（由既独立于提供合格评定对象的人员或组织、又独立于在对象中具有使用方利益的人员或组织的人员或机构进行的合格评定活动）
	1.2 合格评定是质量基础设施的一部分 质量技术基础被称作国家质量基础设施（National Quality Infrastructure，NQI）。<u>质量基础设施有三个要素：计量、标准化和合格评定</u>
	1.3 合格评定包含对合格评定机构的认可
2. 合格评定活动	2.1 认证。GB/T 27000 标准5.5条款"认证"：与产品、过程、体系或人员有关的第三方证明。管理体系认证有时也被称为注册。认证适用于除合格评定机构自身外的所有合格评定对象，认可适用于合格评定机构 认证由认证机构进行，通常在评价（或审核）、检测、检验或评定后，正式确定产品、过程、体系或人员是否符合某个标准或规定的要求。典型的认证机构是产品认证组织、管理体系认证组织 《中华人民共和国认证认可条例》第二条"认证"：是指由认证机构证明产品、服务、管理体系符合相关技术规范、相关技术规范的强制性要求或者标准的合格评定活动
	2.2 认可。GB/T 27000 标准5.6条款"认可"：正式表明合格评定机构具备实施特定合格评定工作的能力的第三方证明 《中华人民共和国认证认可条例》第二条"认可"：是指由认可机构对认证机构、检查机构、实验室以及从事评审、审核等认证活动人员的能力和执业资格，予以承认的合格评定活动

3

（续）

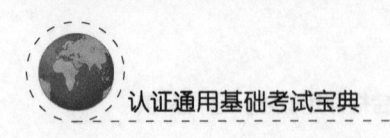

基本概念	要点说明
2. 合格评定活动	2.3 检查（检验）。GB/T 27000 标准 4.3 条款"检查"：审查产品设计、产品、过程或安装并确定其与特定要求的符合性，或根据专业判断确定其通用要求的符合性的活动。对过程的检查可以包括对人员、设施、技术和方法的检查。检查有时也称为检验，现在一般称"检验" 2.4 检测。GB/T 27000 标准 4.2 条款"检测"：按照程序确定合格评定对象的一个或多个特性的活动。检测主要适用于材料、产品或过程 2.5 校准。JJF 1001《通用计量术语及定义》标准 4.10 条款"校准"：在规定条件下的一组操作，其第一步是确定由测量标准提供的量值与相应示值之间的关系，第二步则是用此信息确定由示值获得测量结果的关系，这里测量标准提供的量值与相应示值都具有测量不确定度。校准可以用文字说明、校准函数、校准图、校准曲线或校准表格的形式表示。某些情况下，可以包含示值的具有测量不确定度的修正值或修正因子。校准不应与测量系统的调整（常被错误称作"自校准"）相混淆，也不应与校准的验证相混淆。通常，只把上述定义中的第一步认为是校准 2.6 供方合格声明。供方合格声明是第一方组织自己对自己的证明。由第一方出具的符合要求的声明，往往与第三方合格评定结果一起使用，如制造商的符合性声明
3. 合格评定的对象	3.1 产品。GB/T 19000 标准 3.7.6 条款"产品"：在组织和顾客之间未发生任何交易的情况下，组织能够产生的输出。在供方和顾客之间未发生任何必要交易的情况下，可以实现产品的生产。但是，当产品交付给顾客时，通常包含服务因素。通常，产品的主要要素是有形的。产品包括硬件、软件、流程性材料。硬件是有形的，其量具有计数的特性（如轮胎）。流程性材料是有形的，其量具有连续的特性（如燃料和软饮料）。硬件和流程性材料经常被称为货物。软件由信息组成，无论采用何种介质传递（如计算机程序、移动电话应用程序、操作手册、字典、音乐作品版权、驾驶执照） 　　产品认证是最早开展的合格评定活动 3.2 服务 1）服务的定义。GB/T 19000 标准 3.7.7 条款"服务"：至少有一项活动必需在组织和顾客之间进行的组织的输出。通常，服务的主要要素是无形的。通常，服务包含与顾客在接触面的活动，除了确定顾客的要求以提供服务外，可能还包括与顾客建立持续的关系，如银行、会计师事务所或公共组织（如学校或医院）等。通常，服务由顾客体验 服务的提供可能涉及，例如： ——在顾客提供的有形产品（如需要维修的汽车）上所完成的活动 ——在顾客提供的无形产品（如为准备纳税申报单所需的损益表）上所完成的活动 ——无形产品的交付（如知识传授方面的信息提供） ——为顾客创造氛围（如在宾馆和饭店） 2）服务的分类。服务的分类方法有：联合国统计署国际标准产业分类法（ISIC）、北美产业分类体系（NAICS）、辛格曼服务业四分法、WTO《服务贸易总协定》分类法、欧盟经济活动产品分类体系（CPA）。联合国统计署、国际劳工组织、联合国教科文组织等国际机构支持辛格曼服务业四分法：消费性服务业、生产性服务业、分配性服务业和由政府或非政府组织提供的公共服务四大类 3）服务认证是合格评定活动之一

(续)

基本概念	要点说明
3. 合格评定的对象	3.3 管理体系。GB/T 19000 标准 3.5.3 条款"管理体系"：组织建立方针和目标以及实现这些目标的过程的<u>相互关联或相互作用的一组要素</u>。一个管理体系可以针对单一的领域或几个领域，如质量管理、财务管理或环境管理。管理体系要素规定了组织的结构、岗位和职责、策划、运行、方针、惯例、规则、理念、目标，以及实现这些目标的过程。管理体系的范围可能包括整个组织，组织中可被明确识别的职能或可被明确识别的部门，以及跨组织的单一职能或多个职能 审核是一种评价管理体系有效性的方法，以识别风险和确定是否满足要求 3.4 人员。人员是指从事认证、审核评审、检验检测等合格评定活动相关的人员。《合格评定基础》一书认为，<u>与认证有关的人员通常包括六类人员</u>：认证方案制定人员、认证方案管理人员、认证申请评审人员、实施认证的审核或检查人员、认证人员能力评价人员、复核与认证决定人员。在产品认证、检测的合格评定活动中，检测人员也是非常重要的人员 对人员能力的评价及其管理是合格评定活动的重要组成部分 3.5 过程。GB/T 19000 标准 3.4.1 条款"过程"：利用输入实现预期结果的<u>相互关联或相互作用的一组活动</u> 过程的"预期结果"称为输出，还是称为产品或服务，随相关语境而定，存在与顾客有接触的输出叫服务，没有与顾客接触就可以产生的输出叫产品。一个过程的输入通常是其他过程的输出，而一个过程的输出又通常是其他过程的输入。两个或两个以上相关联和相互作用的连续过程也可作为一个过程。组织通常对过程进行策划，并使其在受控条件下运行，以增加价值。不易或不能经济地确认其输出是否合格的过程，通常称为"特殊过程" 过程作为合格评定的对象，应对<u>过程满足规定要求的程度</u>进行评价，也可对<u>过程因素的满足程度</u>进行评价，如良好农业规范（GAP）的认证等 3.6 机构（认可的对象）。机构是指从事合格评定活动的组织，如认证机构、检测机构、检验机构等。通常通过认可活动对合格评定机构的管理和能力进行评价和证明 3.7 其他。其他合格评定的对象，例如碳足迹、碳核查、温室气体、水足迹、节能、新能源等评价或审查
4. 合格评定的依据及性质	4.1 合格评定的依据是按规定要求所形成的准则，是"明示的需求或期望"。规定要求可以来自法规、标准和技术规范等规范性文件 4.2 合格评定从性质上来说有强制性的、自愿性的 **技术法规**是强制执行的规定产品特性或相应加工和生产方法，包括可适用的行政（管理）规定在内的文件。法律、行政法规和部门规章都是强制性的要求，<u>以技术法规作为依据的合格评定都属于强制性要求，属于强制性的合格评定活动</u>。例如，3C 产品认证 国家标准分为<u>强制性标准、推荐性标准，行业标准、地方标准是推荐性标准</u>。强制性标准属于技术法规的范畴，使用强制性标准为依据的合格评定是强制性的合格评定。推荐性标准是自愿的，但一旦被法律法规和规章引用作为符合法规的判决，则该推荐性标准的属性就转化成强制性的

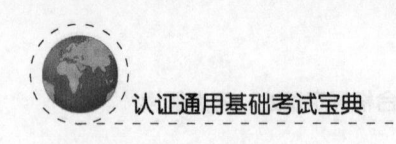

(续)

基本概念	要点说明
5. 合格评定的实施主体	5.1 合格评定机构。GB/T 27000 标准 2.5 条款"合格评定机构":从事合格评定服务的机构。认可机构不是合格评定机构。合格评定机构有检测实验室、校准实验室、检验(检查)机构、产品认证机构、管理体系认证机构、人员认证机构等。从属性分,合格评定机构分为实施第一方合格评定的机构(第一方机构)、实施第二方合格评定的机构(第二方机构)、实施第三方合格评定的机构(第三方机构) 5.2 认可机构。GB/T 27000 标准 2.6 条款"认可机构":实施认可的权威机构。认可机构不是合格评定机构,认可机构是从事对合格评定机构的能力与管理进行认可与评价的权威机构(也就是说认可对象为合格评定机构),认可机构的权力通常源自于政府 中国合格评定国家认可委员会是从事认可的机构,根据国家认证认可监督管理委员会(简称认监委)授权开展实验室、检查机构、认证机构、人员注册机构等合格评定机构的认可工作。认可职能不可以由一个同时还提供合格评定(如检验、检测和认证)的组织执行。国家标准机构也可成为国家认可机构,但之后不可提供其他合格评定服务
6. 合格评定结果的体现形式	合格评定的结果通常以证书、报告、标志等书面形式向社会公示。通过这种公示性证明,解决信息不对称问题,以获得相关方和社会公众的普遍信赖。公示的主要形式有:认可证书、标志,认证证书、标志,检验证明、检测报告,自我声明,第二方评价
7. 质量基础设施中的合格评定	合格评定是国家质量基础设施的重要组成部分。应建立并实施合格评定运作机制,同时做好合格评定监督管理

1.1.2 合格评定的原则

为减少合格评定活动对贸易的负面影响,WTO/TBT 协议(《世界贸易组织贸易技术壁垒协议》)规定了合格评定的六项原则,见表1-2。

表1-2 合格评定的六项原则

六项原则	要点说明
1. 非歧视原则	制定、通过并执行合格评定程序时,需要给予其他国家(地区)同类产品进入的供应商不低于本国(本地区)供应商在该程序规则下进行合格评定享受的全部权利
2. 遵守国际标准原则	成员应保证采用或采用国际标准的相应部分作为合格评定程序的基础
3. 统一原则	各成员应采取措施确保合格评定机构遵守协议
4. 透明度原则	当国际标准化机构尚未制定相应标准或指南时,成员应在早期适当阶段,在出版物刊登他们准备采取的合格评定程序的通知,以便使其他成员了解其内容,并通过世界贸易组织秘书处通告各成员征求意见
5. 协调一致原则	为使合格评定程序在尽可能广泛的基础上协调一致,各成员应尽可能参加相应国际标准化机构制定合格评定标准或指南工作

第1章 《合格评定概述》考点解读

(续)

六项原则	要点说明
6. 有限干预原则	不应妨碍任何国家（地区）采取必要措施以保证国家（地区）安全、保护人类健康安全、保护动植物的生命或健康、保护环境、防止欺诈行为、保证出口产品质量。但是，不能用这些措施作为任意或变相限制国际贸易的手段

例题分析

1. （单项选择题）（ ）是指与产品、过程、体系、人员或机构有关的规定要求得到满足的证实。

　　A. 认证　　　　　　　　　　B. 合格评定
　　C. 认可　　　　　　　　　　D. 合格声明

答案及分析：选择 B。见本书 1.1.1 节之表 1-1 第 1 项之 1.1，GB/T 27000 标准 2.1 条款。

2. （多项选择题）"合格评定对象"包含接受合格评定的特定（　　）。

　　A. 材料、产品、服务　　　　B. 安装
　　C. 过程、体系　　　　　　　D. 人员或机构

答案及分析：选择 ABCD。见本书 1.1.1 节之表 1-1 第 1 项之 1.1，GB/T 27000 标准 2.1 条款。

3. （单项选择题）（ ）是指与产品、过程、体系或人员有关的第三方证明。

　　A. 认证　　　　　　　　　　B. 合格评定
　　C. 认可　　　　　　　　　　D. 合格声明

答案及分析：选择 A。见本书 1.1.1 节之表 1-1 第 2 项之 2.1，GB/T 27000 标准 5.5 条款。

4. （单项选择题）（ ）是指按照程序确定合格评定对象的一个或多个特性的活动。

　　A. 认证　　　　　　　　　　B. 检验
　　C. 认可　　　　　　　　　　D. 检测

答案及分析：选择 D。见本书 1.1.1 节之表 1-1 第 2 项之 2.4，GB/T 27000 标准 4.2 条款。

5. （多项选择题）合格评定活动包括（　　）。

　　A. 认证、认可　　　　　　　B. 检验、检测
　　C. 校准　　　　　　　　　　D. 供方合格声明

答案及分析：选择 ABCD。见本书 1.1.1 节之表 1-1 第 2 项。

6. （多项选择题）与认证有关的人员通常包括（   ）。

A. 认证方案制定人员、认证方案管理人员

B. 认证申请评审人员、实施认证的审核或检查人员

C. 认证人员能力评价人员

D. 复核与认证决定人员

答案及分析：选择 ABCD。见本书 1.1.1 节之表 1-1 第 3 项之 3.4。

7. （判断题）合格评定的依据是按规定要求所形成的准则，是"明示的、通常隐含的或必须履行的需求或期望"。（   ）

答案及分析：×。见本书 1.1.1 节之表 1-1 第 4 项之 4.1：合格评定的依据是按规定要求所形成的准则，是"明示的需求或期望"。

8. （判断题）认可机构不是合格评定机构。（   ）

答案及分析：√。见本书 1.1.1 节之表 1-1 第 5 项之 5.1。

9. （多项选择题）合格评定的结果通常要向社会公示。公示的主要形式有（   ）。

A. 认可证书、标志   B. 认证证书、标志

C. 检验证明、检测报告   D. 自我声明，第二方评价

答案及分析：选择 ABCD。见本书 1.1.1 节之表 1-1 第 6 项。

10. （单项选择题）下面哪一个不是合格评定的原则？（   ）

A. 非歧视原则，遵守国际标准原则

B. 过程方法，基于风险的思维

C. 统一原则，透明度原则

D. 协调一致原则，有限干预原则

答案及分析：选择 B。见本书 1.1.2 节。

11. （单项选择题）GB/T 27000/ISO/IEC 17000 标准（   ）规定合格评定的具体界限，以保持其灵活性。(真题)

A. 没有   B. 有限地

C. 比较明确地   D. 按照国际惯例要求

答案及分析：选择 A。见本书 1.1.1 节表 1-1 第 1 项（GB/T 27000 标准"引言"）。

12. （单项选择题）合格评定原则的目的是（   ）。(真题)

A. 为提升合格评定对贸易的影响

B. 为提高合格评定活动的约束性

C. 为减少合格评定活动对贸易的负面影响

D. 为增加各成员国的贸易壁垒

答案及分析：选择 C。见本书 1.1.2 节。

1.2 合格评定的作用和定位

1.2.1 合格评定在人类经济活动中的作用

合格评定在人类经济活动中的作用见表 1-3。

表 1-3 合格评定在人类经济活动中的作用

作　　用	要　点　说　明
1. 合格评定建立信任，支持贸易	合格评定在消费者、制造商和监管者之间建立信任，从而保证产品、服务符合承诺的要求 合格评定提供了安全有关规定或标准、法规等，以评价、检测、检验社会各方所期望的要求是否可以实现
2. 合格评定与生产、生活	1）合格评定可以从源头上确保产品和服务质量安全，规范市场行为，指导消费，保护环境的可持续发展，保护人民生命健康安全，促进对外贸易等，起到了至关重要的、不可忽视的作用 2）实施合格评定制度有利于提高社会经济运行的有效性和社会对认证、检验检测结果的接受程度 3）合格评定可以用于多种目的，包括： ① 证明产品、过程、服务和人员符合所要求的规范，这些规范包括国内外法规、采购规范、贸易协议等规定的要求 ② 建立和监控保护健康、安全和环境的适当要求 ③ 支持国家公共基础设施服务 ④ 通过控制不公平贸易的做法以保护消费者利益 ⑤ 证明法律和司法系统的可信度 ⑥ 确保产品和系统中部件的兼容性和互换性 ⑦ 协助检验检疫控制有害产品和病虫害，以防止其进入经济体 ⑧ 通过减少技术性贸易壁垒，以及证明与国际标准、技术法规和商业规范的符合性，增加国际贸易机会 世界贸易组织（WTO）力图通过**《技术性贸易壁垒协议》**和**《卫生和植物检疫措施应用协议》**解决重复/多项检测和认证这类问题。这两个协议确保技术法规和标准以及与这些法规和标准相配套的符合性评定程序不阻碍国际贸易 《技术性贸易壁垒协议》中体现了 ISO 和国际电工委员会（IEC）制定的合格评定标准和指南在协调合格评定实践以及作为评定机构技术能力基准方面具有**实用性**。因此，使用这些合格评定有关的标准和指南有助于**消除贸易壁垒**

1.2.2 合格评定在国民经济中的定位

合格评定在国民经济中的定位见表 1-4。

表1-4 合格评定在国民经济中的定位

定 位	要 点 说 明
1. 社会各界对合格评定的需求	世界贸易组织《技术性贸易壁垒协议》的制定是为了确保技术法规和标准以及依据这些法规和标准进行的合格评定不会对国际贸易造成不必要的障碍 ISO/IEC 制定的合格评定标准和指南在协调合格评定规范以及作为合格评定机构技术能力的基本要求方面都非常有用，从而可以获得对合格评定结果的信任和信心。因此，ISO/IEC 的合格评定工作有助于克服贸易壁垒
2. 合格评定与技术法规	1）技术法规通常规定对国家标准、国际标准、技术规范或行为守则的符合性要求，也可能包含监管者规定的附加要求（例如产品标签要求）。有些技术法规可能只使用标准的部分要求，例如安全要求，而不涉及产品性能或质量要求。技术法规是多数经济体所拥有的，并且多数技术法规通常与标准和合格评定具有直接或间接的关系 2）合格评定是许多技术法规管理中的基础活动 3）与合格评定有关的技术法规的结构有以下共同特点： ① 指定的负责实施和管理强制性规范的组织——监管者 ② 合格评定要求——如何评定与要求的符合性 ③ 必须满足的基本技术要求——通常来自规可证明对基本要求的符合性的特定标准或等效标准（被视为达到法规要求的条件，通常作为技术法规的技术指导性补充文件） ④ 售后市场监督制度（适用时，可能需要重复合格评定或首次批准所需的合格评定） ⑤ 发现不符合时实施的处理要求（有时，对不符合的处置可能导致追加合格评定） ⑥ 标签和标志要求——这类标志是指法规的标志，可能与合格评定机构颁发的标志不同
3. 合格评定与经济发展	1）面向市场主体引导提质升级，增加市场有效供给 2）面向政府部门支撑行政监管，提高市场监管效能。认证认可能够促进政府部门转变职能，通过第三方实行间接管理，减少对市场的直接干预 在前市场准入环节：政府部门通过强制性认证、约束性能力要求等手段，对涉及人身健康安全、社会公共安全的领域实行准入管理 在后市场监管环节：政府部门在事中、事后监管中，发挥第三方机构的专业优势，将第三方认证结果作为监管依据，保证监管的科学性、公正性 3）面向社会各方推动诚信建设，营造市场良好环境。优化市场准入环境、优化市场竞争环境、优化市场消费环境 4）面向国际市场促进规则对接，提升市场开放程度
4. 合格评定与认可的关系	认可机构是对合格评定机构的能力与管理进行认可与评价的权威机构，认可机构本身需证明其独立性和公正性，为此，认可机构常常建成国家或区域实体，以国际机构成员的资格参加相互之间的同行评审。认可领域中两个重要的国际集团是国际实验室认可合作组织（ILAC）和国际认可论坛（IAF），它们旨在通过增强信任而促进国际贸易

(续)

定　位	要点说明
5. 发展中国家对合格评定的需求	1）检测实验室需要的服务 2）检验（检查）和认证机构需要的支持性活动 3）认可机构需要的支持资源 4）用于（或计划用于）满足发展中国家对于合格评定使用和发展需求的方法

例题分析

1. （单项选择题）使用合格评定有关的标准和指南有助于（　　）贸易壁垒。(真题)

A. 管理　　　　　　　B. 增加
C. 加强　　　　　　　D. 消除

答案及分析：选择 D。见本书 1.2.1 节表 1-3 第 2 项最后一句话。

2. （多项选择题）合格评定可以服务于多种目的，包括（　　）。(真题)

A. 证明产品、过程、服务和人员符合所要求的规范
B. 减少企业经济负担
C. 维护国家和人民的权利
D. 确保产品和系统中部件的兼容性和互换性

答案及分析：选择 AD。见本书 1.2.1 节表 1-3 第 2 项之 3）。

3. （单项选择题）（　　）通常规定对国家标准、国际标准、技术规范或行为守则的符合性要求，也可能包含监管者规定的附加要求（例如产品标签要求）。

A. 技术法规　　　　　B. 行政法规
C. 行政规章　　　　　D. 法律法规

答案及分析：选择 A。见本书 1.2.2 节表 1-4 第 2 项之 1）。

4. （单项选择题）合格评定是许多（　　）管理中的基础活动。

A. 技术法规　　　　　B. 行政法规
C. 行政规章　　　　　D. 法律法规

答案及分析：选择 A。见本书 1.2.2 节表 1-4 第 2 项之 2）。

1.3　与合格评定概念有关的术语、定义

1.3.1　与合格评定有关的通用术语和定义

下面方框中的术语和定义来自 GB/T 27000/ISO/IEC 17000《合格评定　词汇和通用原则》。

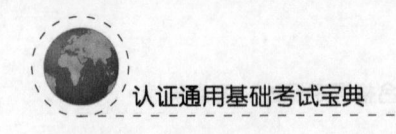

2.1 合格评定

与产品（3.3）、过程、体系、人员或机构有关的规定要求（3.1）得到满足的证实。

注1：合格评定的专业领域包括本标准其他地方所定义的活动，如检测（4.2）、检查（4.3）和认证（5.5），以及对合格评定机构（2.5）的认可（5.6）。

注2：本标准所称的"合格评定对象"或"对象"包含接受合格评定的特定材料、产品、安装、过程、体系、人员或机构。产品的定义（见3.3的注1）包含服务。

2.2 第一方合格评定活动

由提供合格评定对象的人员或组织进行的合格评定活动。

注：本标准中的"第一方""第二方"和"第三方"用于区分针对给定对象的合格评定活动，不要与法律上用于识别合同各相关方的"第一方""第二方"和"第三方"混淆。

2.3 第二方合格评定活动

由在合格评定对象中具有使用方利益的人员或组织进行的合格评定活动。

注1：实施第二方合格评定的人员或组织的例子有：产品的采购方或使用方，试图信任供方管理体系的潜在顾客，或代表此类利益的组织。

注2：见2.2注。

2.4 第三方合格评定活动

由既独立于提供合格评定对象的人员或组织、又独立于在对象中具有使用方利益的人员或组织的人员或机构进行的合格评定活动。

注1：适用于合格评定机构和认可机构活动的国家标准（见参考文献）规定了机构独立性的准则。

注2：见2.2注。

2.5 合格评定机构

从事合格评定服务的机构。

注：认可机构（2.6）不是合格评定机构。

2.6 认可机构

实施认可（5.6）的权威机构。

注：认可机构的权力通常源自于政府。

2.7 合格评定制度

实施合格评定（2.1）的规则、程序（3.2）和对实施合格评定的管理。

注：合格评定制度可以在国际、区域、国家或国家之下的层面上运作。

2.8 合格评定方案

与适用相同规定要求（3.1）、具体规则与程序（3.2）的特定合格评定对象相关的合格评定制度（2.6）。

注：合格评定方案可以在国际、区域、国家或国家之下的层面上运作。

2.9 准入（制度或方案的准入）

申请者根据制度或方案的规则获得合格评定（2.1）的机会。

1.3.2 与合格评定有关的基础术语和定义

下面方框 1 中的术语来自 GB/T 19000/ISO 9000《质量管理体系 基础和术语》。方框 2 中的术语来自 GB/T 27000/ISO/IEC 17000《合格评定 词汇和通用原则》。

来自 GB/T 19000 标准的术语

3.3.3 管理

指挥和**控制组织**（3.2.1）**的协调活动**。

注1：管理可包括**制定方针**（3.5.8）**和目标**（3.7.1），以及实现这些目标的**过程**（3.4.1）。

注2：在英语中，术语"management"有时指人，即具有领导和控制组织的职责和权限的一个人或一组人。当"management"以这样的意义使用时，均应附有某些修饰词以避免与上述"management"的定义所确定的概念相混淆。例如：不赞成使用"management shall……"，而应使用"top management（3.1.1）shall……"。另外，当需要表达有关人的概念时，应该采用不同的术语，如：managerial 或 managers。

3.4.1 过程

利用输入实现预期结果的相互关联**或相互作用的一组活动**。

注1：过程的"预期结果"称为输出（3.7.5），还是称为产品（3.7.6）或服务（3.7.7），随相关语境而定。

注2：一个过程的输入通常是其他过程的输出，而一个过程的输出又通常是其他过程的输入。

注3：两个或两个以上相互关联和相互作用的连续过程也可作为一个过程。

注4：组织（3.2.1）通常对过程进行策划，并使其在受控条件下运行，以**增加价值**。

注5：不易或不能经济地确认其输出是否合格（3.6.11）的过程，通常称之为**"特殊过程"**。

注6：这是 ISO/IEC 导则 第1部分 ISO 补充规定的附件 SL 中给出的 ISO 管理体系标准中的通用术语及核心定义之一，最初的定义已经被改写，以避免过程和输出之间循环解释，并增加了注1至注5。

3.4.5 程序

为进行某项**活动或过程**（3.4.1）所规定的**途径**。

注：程序可以形成文件，也可以不形成文件。

3.5.3 管理体系

组织（3.2.1）建立方针（3.5.8）和目标（3.7.1）以及实现这些目标的过程（3.4.1）的相互关联或相互作用的一组要素。

注1：一个管理体系可以针对单一的领域或几个领域，如质量管理（3.3.4）、财务管理或环境管理。

注2：管理体系要素规定了组织的结构、岗位和职责、策划、运行、方针、惯例、规则、理念、目标，以及实现这些目标的过程。

注3：管理体系的范围可能包括整个组织，组织中可被明确识别的职能或可被明确识别的部门，以及跨组织的单一职能或多个职能。

注4：这是 ISO/IEC 导则 第1部分 ISO 补充规定的附件 SL 中给出的 ISO 管理体系标准中的通用术语及核心定义之一，最初的定义已经通过修改注1至注3被改写。

3.6.1 客体

可感知或可想象到的任何事物。

示例：产品（3.7.6）、服务（3.7.7）、过程（3.4.1）、人员、组织（3.2.1）、体系（3.5.1）、资源。

注：客体可能是物质的（如：一台发动机、一张纸、一颗钻石）、非物质的（如：转换率、一个项目计划）或想象的（如：组织未来的状态）。

[源自：GB/T 15237.1—2000，3.1.1，改写]

3.6.4 要求

明示的、通常隐含的或必须履行的需求或期望。

注1："通常隐含"是指组织（3.2.1）和相关方（3.2.3）的惯例或一般做法，所考虑的需求或期望是不言而喻的。

注2：规定要求是经明示的要求，如：在成文信息（3.8.6）中阐明。

注3：特定要求可使用限定词表示，如：产品（3.7.6）要求、质量管理（3.3.4）要求、顾客（3.2.4）要求、质量要求（3.6.5）。

注4：要求可由不同的相关方或组织自己提出。

注5：为实现较高的顾客满意（3.9.2），可能有必要满足那些顾客既没有明示、也不是通常隐含或必须履行的期望。

注6：这是 ISO/IEC 导则 第1部分 ISO 补充规定的附件 SL 中给出的 ISO 管理体系标准中的通用术语及核心定义之一，最初的定义已经通过增加注3至注5被改写。

3.6.9 不合格

不符合。

未满足要求（3.6.4）。

注：这是 ISO/IEC 导则 第1部分 ISO 补充规定的附件 SL 中给出的 ISO 管理体系标准中的通用术语及核心定义之一。

3.6.10 缺陷

与**预期**或**规定用途**有关的不合格（3.6.9）。

注1：区分缺陷与不合格的概念是重要的，这是因为其中有**法律内涵**，特别是与产品（3.7.6）和服务（3.7.7）**责任问题**有关。

注2：顾客（3.2.4）希望的预期用途可能受供方（3.2.5）所提供的信息（3.8.2）的性质影响，如操作或维护说明。

3.6.11 合格

符合。

满足要求（3.6.4）。

注1：在英语中，"conformance"一词与本词是同义的，但不赞成使用。在法语中，"compliance"也是同义的，但不赞成使用。

注2：这是 ISO/IEC 导则 第1部分 ISO 补充规定的附件 SL 中给出的 ISO 管理体系标准中的通用术语及核心定义之一，最初的定义已经通过增加注1被改写。

3.6.12 能力

客体（3.6.1）实现满足要求（3.1.2）的输出（3.7.5）的本领。

注：GB/T 3358.2 中确定了统计学领域中过程（3.4.1）能力术语。

3.6.13 可追溯性

追溯客体（3.6.1）的历史、应用情况**或**所处位置的能力。

注1：当考虑产品（3.7.6）或服务（3.7.7）时，可追溯性可涉及：
——原材料和零部件的来源；
——加工的历史；
——产品或服务交付后的分布和所处位置。

注2：在计量学领域中，采用 ISO/IEC 指南 99 中的定义。

3.7.5 输出

过程（3.4.1）的结果。

注：组织（3.2.1）的输出是产品（3.7.6）还是服务（3.7.7），取决于其主要特性（3.10.1），如：画廊销售的一幅画是产品，而接受委托绘画则是服务。在零售店购买的汉堡是产品，而在饭店里接受点餐并提供汉堡则是服务的一部分。

3.7.6 产品

在组织和顾客（3.2.4）之间**未发生任何交易**的情况下，组织（3.2.1）能够产生的输出（3.7.5）。

注1：在供方（3.2.5）和顾客之间未发生任何必要交易的情况下，可以实现产品的生产。但是，当产品交付给顾客时，通常包含服务（3.7.7）因素。

注2：通常，产品的主要要素是有形的。

注3：硬件是有形的，其量具有计数的特性（3.10.1）（如：轮胎）。流程性材料是有形的，其量具有连续的特性（如：燃料和软饮料）。硬件和流程性材料经常被称为货

物。软件由信息（3.8.2）组成，无论采用何种介质传递（如：计算机程序、移动电话应用程序、操作手册、字典、音乐作品版权、驾驶执照）。

3.7.7 服务

至少有一项活动必须在组织（3.2.1）和顾客（3.2.4）之间进行的组织的输出（3.7.5）。

注1：通常，服务的主要要素是无形的。

注2：通常，服务包含与顾客在接触面的活动，除了确定顾客的要求（3.6.4）以提供服务外，可能还包括与顾客建立持续的关系，如：银行、会计师事务所，或公共组织（如：学校或医院）等。

注3：服务的提供可能涉及，例如：

——在顾客提供的有形产品（3.7.6）（如需要维修的汽车）上所完成的活动。

——在顾客提供的无形产品（如为准备纳税申报单所需的损益表）上所完成的活动。

——无形产品的交付［如知识传授方面的信息（3.8.2）提供］。

——为顾客创造氛围（如在宾馆和饭店）。

注4：通常，服务由顾客体验。

3.7.9 风险

不确定性的影响。

注1：影响是指偏离预期，可以是正面的或负面的。

注2：**不确定性**是一种对某个事件，或是事件的局部**结果或可能性**缺乏理解或知识方面的信息（3.8.2）的情形。

注3：通常，风险是通过有关可能事件（GB/T 23694—2013 中的定义，4.5.1.3）和后果（GB/T 23694—2013 中的定义，4.6.1.3）或两者的组合来**描述其特性**的。

注4：通常，风险是以某个事件的后果（包括情况的变化）及其发生的可能性（GB/T 23694—2013 中的定义，4.6.1.1）的组合来表述的。

注5："风险"一词有时仅在有负面后果的可能性时使用。

注6：这是 ISO/IEC 导则 第 1 部分 ISO 补充规定的附件 SL 中给出的 ISO 管理体系标准中的通用术语及核心定义之一，最初的定义已经通过增加注 5 被改写。

3.8.5 文件

信息（3.8.2）及其载体。

示例：记录（3.8.10）、规范（3.8.7）、程序文件、图样、报告、标准。

注1：**载体**可以是纸张、磁性的、电子的、光学的计算机盘片、照片或**标准样品**，或它们的组合。

注2：一组文件，如若干个规范和记录，英文中通常被称为"documentation"。

注3：某些要求（3.6.4）（如易读的要求）与所有类型的文件有关，而另外一些对规范（如修订受控的要求）和记录（如可检索的要求）的要求可能有所不同。

3.8.7 规范

阐明要求（3.6.4）的**文件**（3.8.5）。

示例：质量手册（3.8.8）、质量计划（3.8.9）、技术图纸、程序文件、作业指导书。

注1：规范可能与活动有关［如：程序文件、过程（3.4.1）规范和试验（3.11.8）规范］或与产品（3.7.6）有关（如：产品规范、性能规范和图样）。

注2：规范可以陈述要求，也可以附带设计和开发（3.4.8）实现的结果。因此，在某些情况下，规范也可以作为记录（3.8.10）使用。

3.8.12 验证

通过提供客观证据（3.8.3）对**规定要求**（3.6.4）已得到满足的认定。

注1：验证所需的客观证据可以是检验（3.11.7）结果或其他形式的确定（3.11.1）结果，如：变换方法进行计算或文件（3.8.5）评审。

注2：为验证所进行的活动有时被称为鉴定过程（3.4.1）。

注3："已验证"一词用于表明相应的状态。

3.8.13 确认

通过提供客观证据（3.8.3）对**特定的预期用途或应用要求**（3.6.4）已得到满足的认定。

注1：确认所需的客观证据可以是试验（3.11.8）结果或其他形式的确定（3.11.1）结果，如：变换方法进行计算或文件（3.8.5）评审。

注2："已确认"一词用于表明相应的状态。

注3：确认所使用的条件可以是实际的或是模拟的。

3.10.1 特性

可区分的**特征**。

注1：特性可以是固有的或赋予的。

注2：特性可以是定性的或定量的。

注3：有各种类别的特性，如：

a）物理的（如：机械的、电的、化学的或生物学的特性）。

b）感官的（如：嗅觉、触觉、味觉、视觉、听觉）。

c）行为的（如：礼貌、诚实、正直）。

d）时间的（如：准时性、可靠性、可用性、连续性）。

e）人因工效的（如：生理的特性或有关人身安全的特性）。

f）功能的（如：飞机的最高速度）。

3.11.1 确定

查明一个或多个特性（3.10.1）及特性值的**活动**。

3.11.2 评审

对客体（3.6.1）实现所规定目标（3.7.1）的**适宜性、充分性或有效性**（3.7.11）的**确定**（3.11.1）。

示例：管理评审、设计和开发（3.4.8）评审、顾客（3.2.4）要求（3.6.4）评审、纠正措施（3.12.2）评审和同行评审。

注：评审也可包括**确定效率**（3.7.10）。

3.11.3 监视

确定（3.11.1）体系（3.5.1）、过程（3.4.1）、产品（3.7.6）、服务（3.7.7）或活动的**状态**。

注1：确定状态可能需要检查、监督或密切观察。

注2：通常，监视是在不同的阶段或不同的时间，对客体（3.6.1）状态的确定。

注3：这是ISO/IEC 导则 第1部分 ISO 补充规定的附件 SL 中给出的 ISO 管理体系标准中的通用术语及核心定义之一，最初的定义和注1已经被改写，并增加了注2。

3.11.4 测量

确定数值的过程（3.4.1）。

注1：根据 GB/T 3358.2，确定的数值通常是量值。

注2：这是 ISO/IEC 导则 第1部分 ISO 补充规定的附件 SL 中给出的 ISO 管理体系标准中的通用术语及核心定义之一，最初的定义已经通过增加注1被改写。

3.11.7 检验

对符合（3.6.11）**规定要求**（3.6.4）的**确定**（3.11.1）。

注1：显示合格的检验结果可用于**验证**（3.8.12）的目的。

注2：检验的结果可表明合格、不合格（3.6.9）或合格的程度。

3.11.8 试验

按照要求（3.6.4）对**特定的预期用途或应用**的确定（3.11.1）。

注：显示合格（3.6.11）的试验结果可用于**确认**（3.8.13）的目的。

来自 GB/T 27000 标准的术语

3.1 规定要求

明示的需求或期望。

注：可在诸如**法规**、**标准**和**技术规范**这样的规范性文件中对规定要求做出明确说明。

1.3.3 与选取和确定有关的合格评定术语和定义

下面方框1中的术语来自 GB/T 27000/ISO/IEC 17000《合格评定 词汇和通用原则》。方框2中的术语来自 GB/T 19011—2021/ISO 19011：2018《管理体系审核指南》。

第1章 《合格评定概述》考点解读

> **来自 GB/T 27000 标准的术语**
>
> **4.1 取样**
> 按照程序（3.2）提供合格评定对象的样品的活动。
>
> **4.2 检测**
> 按照程序（3.2）确定合格评定对象的一个或多个特性的活动。
> 注："检测"主要适用于材料、产品或过程。
>
> **4.3 检查**
> 审查产品设计、产品（3.3）、过程或安装并确定其与特定要求的符合性，或根据专业判断确定其与通用要求的符合性的活动。
> 注1：对过程的检查可以包括对人员、设施、技术和方法的检查。
> 注2：检查有时也称为检验。
>
> **4.5 同行评审**
> 协议集团（7.10）中其他机构或协议集团候选机构的代表依据规定要求（3.1）对某机构的评审。

> **来自 GB/T 19011 标准的术语**
>
> **3.1 审核**
> 为获得客观证据（3.8）并对其进行客观的评价，以确定满足审核准则（3.7）的程度所进行的系统的、独立的并形成文件的过程。
> 注1：内部审核，有时称为第一方审核，由组织自己或以组织的名义进行。
> 注2：通常，外部审核包括第二方审核和第三方审核。第二方审核由组织的相关方，如顾客或由其他人员以相关方的名义进行。第三方审核由独立的审核组织进行，如提供合格认证/注册的组织或政府机构。

1.3.4 与复核和证明有关的合格评定术语和定义

下面方框中的术语来自 GB/T 27000/ISO/IEC 17000《合格评定　词汇和通用原则》。

> **5.1 复核**
> 针对合格评定对象满足规定要求（3.1）的情况，对选取和确定活动及其结果的适宜性、充分性和有效性进行的验证。
> 注：复核有时也称为审查。
>
> **5.2 证明**
> 根据复核（5.1）后做出的决定而出具的说明，以证实规定要求（3.1）已得到满足。

> 注1：GB/T 27000 中称为"符合性说明"的结论性说明是对规定要求已得到满足的保证。该保证本身并不足以提供合同方面或其他法律方面的担保。
>
> 注2：术语5.4~5.6区分了第一方和第三方证明活动。第二方证明没有特别的术语。
>
> **5.3 证明范围**
>
> 证明（5.2）所覆盖的合格评定对象的范围或特性。
>
> **5.4 声明**
>
> 第一方证明（5.2）。
>
> **5.5 认证**
>
> 与产品、过程、体系或人员有关的第三方证明（5.2）。
>
> 注1：管理体系认证有时也被称为注册。
>
> 注2：认证适用于除合格评定机构（2.5）自身外的所有合格评定对象，认可（5.6）适用于合格评定机构（2.5）。
>
> **5.6 认可**
>
> 正式表明合格评定机构（2.5）具备实施特定合格评定工作的能力的第三方证明（5.2）。

1.3.5 与监督有关的合格评定术语和定义

下面方框中的术语来自 GB/T 27000/ISO/IEC 17000《合格评定 词汇和通用原则》。

> **6.1 监督**
>
> 合格评定活动的系统性重复，是保持符合性说明持续有效的基础。
>
> **6.2 暂停**
>
> 符合性说明中指出的全部或部分证明范围（5.3）的暂时无效。
>
> **6.3 撤消**（废止）
>
> 符合性说明的取消。
>
> **6.4 申诉**
>
> 合格评定对象提供者请合格评定机构（2.5）或认可机构（2.6）就其对该对象所做出的决定进行重新考虑的请求。
>
> **6.5 投诉**
>
> 除申诉（6.4）外，任何人员或组织向合格评定机构（2.5）或认可机构（2.6）就其活动表达不满意并期望得到回复的行为。

1.3.6 与合格评定和贸易便利化有关的术语和定义

下面方框中的术语来自 GB/T 27000/ISO/IEC 17000《合格评定 词汇和通用原则》。

7.1 批准

根据明示的目的或条件销售或使用产品（3.3）或过程的许可。

注：批准可以将满足规定要求（3.1）或完成规定程序（3.2）作为依据。

7.2 指定

政府对合格评定机构（2.5）从事规定的合格评定活动的授权。

7.3 指定机关

政府内部设立的或政府授权的机构，以指定合格评定机构（2.5）、暂停或撤销其指定或者取消对指定（7.2）的暂停。

7.4 等效（合格评定结果的等效）

针对相同的规定要求（3.1），不同的合格评定结果在提供相同水平的符合性保证方面是充分的、足够的。

7.5 承认（合格评定结果的承认）

对另一人员或机构提供的合格评定结果的有效性的认同。

7.6 接受（合格评定结果的接受）

对另一人员或机构提供的合格评定结果的使用。

例题分析

1．（单项选择题）与适用相同规定要求、具体规则与程序的特定合格评定对象相关的合格评定制度是（　　）。

A．合格评定　　　　　　　　B．合格评定方案

C．合格评定制度　　　　　　D．合格评定规范

答案及分析：选择 B。见本书 1.3.1 节，GB/T 27000 标准 2.8 条款。

2．（单项选择题）合格评定是与产品、过程、体系、人员或机构有关的规定要求（　　）。

A．进行证实的活动　　　　　B．进行检查和管理的活动

C．得到满足的证实　　　　　D．以上都是

答案及分析：选择 C。见本书 1.3.1 节，GB/T 27000 标准 2.1 条款。

3．（多项选择题）（　　）是合格评定制度。

A．实施合格评定的规则　　　B．实施合格评定的程序

21

C. 对实施合格评定的管理　　　　D. 实施合格评定的标准

答案及分析：选择 ABC。见本书 1.3.1 节，GB/T 27000 标准 2.7 条款。

4.（单项选择题）按照程序提供合格评定对象的样品的活动是（　　）。

A. 抽查　　　　　　　　　　　B. 取样
C. 检查　　　　　　　　　　　D. 检测

答案及分析：选择 B。见本书 1.3.3 节方框 1 中 GB/T 27000 标准 4.1 条款。

5.（多项选择题）承认是对（　　）提供的合格评定结果的有效性的认同。

A. 组织自己　　　　　　　　　B. 供应商
C. 机构　　　　　　　　　　　D. 另一人员

答案及分析：选择 CD。见本书 1.3.6 节方框中 GB/T 27000 标准 7.5 条款。

6.（多项选择题）复核是针对合格评定对象满足规定要求的情况，对（　　）活动及其结果的适宜性、充分性和有效性进行的验证。

A. 选取　　　　　　　　　　　B. 检查
C. 确定　　　　　　　　　　　D. 审核

答案及分析：选择 AC。见本书 1.3.4 节方框中 GB/T 27000 标准 5.1 条款。

7.（单项选择题）证明是根据（　　）后做出的决定而出具的说明，以证实规定要求已得到满足。

A. 检测　　　　　　　　　　　B. 检查
C. 复核　　　　　　　　　　　D. 审核

答案及分析：选择 C。见本书 1.3.4 节方框中 GB/T 27000 标准 5.2 条款。

8.（单项选择题）暂停是符合性说明中指出的全部或部分（　　）的暂时无效。

A. 证明范围　　　　　　　　　B. 认证范围
C. 经营范围　　　　　　　　　D. 产品范围

答案及分析：选择 A。见本书 1.3.5 节方框中 GB/T 27000 标准 6.2 条款。

9.（单项选择题）撤消（废止）是（　　）的取消。

A. 认证证书　　　　　　　　　B. 符合性说明
C. 认证　　　　　　　　　　　D. 认证、认可

答案及分析：选择 B。见本书 1.3.5 节方框中 GB/T 27000 标准 6.3 条款。

10.（单项选择题）（　　）是根据明示的目的或条件销售或使用产品或过程的许可。

A. 批准　　　　　　　　　　　B. 承认
C. 接受　　　　　　　　　　　D. 指定

答案及分析：选择 A。见本书 1.3.6 节方框中 GB/T 27000 标准 7.1 条款，注意其中的"或"字。

11. （判断题）"承认"是对另一人员或机构提供的合格评定结果的使用。（　　）

答案及分析：×。见本书 1.3.6 节方框中 GB/T 27000 标准 7.5、7.6 条款。

12. （多项选择题）合格评定制度是关于合格评定实施的（　　）。(真题)
   A. 程序　　　　　　　　　　B. 规则
   C. 管理方法　　　　　　　　D. 法律法规

答案及分析：选择 ABC。见本书 1.3.1 节方框中 GB/T 27000 标准 2.7 条款。

13. （单项选择题）查明一个或多个特性及特性值的活动是（　　）。(真题)
   A. 审核　　　　　　　　　　B. 检查
   C. 确定　　　　　　　　　　D. 检验

答案及分析：选择 C。见本书 1.3.2 节方框中 GB/T 19000 标准 3.11.1 条款。

14. （单项选择题）合格评定活动中，验证选取和确定活动及其结果的适宜性、充分性和有效性的是（　　）。(真题)
   A. 验收　　　　　　　　　　B. 复核
   C. 检验　　　　　　　　　　D. 证明

答案及分析：选择 B。见本书 1.3.4 节方框中 GB/T 27000 标准 5.1 条款。

15. （单项选择题）按照程序确定合格评定对象的一个或多个特性，进行处理或提供服务所组成的技术操作是（　　）。(真题)
   A. 检验　　　　　　　　　　B. 评价
   C. 检测　　　　　　　　　　D. 检疫

答案及分析：选择 C。见本书 1.3.3 节方框中 GB/T 27000 标准 4.2 条款。

16. （判断题）作为保持符合性说明有效性基础的对合格评定活动的系统性重复是证明。（　　）

答案及分析：×。见本书 1.3.4 节方框中 GB/T 27000 标准 5.2 条款"证明"：根据复核后做出的决定而出具的说明，以证实规定要求已得到满足。见本书 1.3.5 节方框中 GB/T 27000 标准 6.1 条款"监督"：合格评定活动的系统性重复，是保持符合性说明持续有效的基础。

1.4　我国的合格评定

我国在合格评定工作中实施了统一的管理，建立和实施了法律规范、认可约束、行业自律、社会监督相结合的工作机制，加强了对认证、检验检测、认可的机构管理，持续整顿、规范认证市场秩序，使认证有效性和社会作用不断提升。

我国开展的合格评定活动主要有：认证活动（包括管理体系认证、产品认证、服务认证、人员认证、过程认证等；产品认证，包括强制性产品认证和自愿性产品认证以及按各行业、专业类别区分的各种形式的产品认证；自愿性产品认证，分为国家统一推行和机构自愿开展两种方式）、检测活动（按照程序确定合格评定对象的一个或多个特性的活动）、检验活动（对产品、过程、服务或安装的审查，或对其设计的审查，并确定其与特定要求的符合性，或在专业判断的基础上确定其与通用要求的符合性，如进出口商品检验中的计量、计数；利用检测数据进行符合性判定，如压力容器安全特性的检验等）、核查活动（温室气体核查、节能审核、清洁生产审核、再制造产品认定等）、认可活动、其他活动（参照合格评定功能法描述的基本程序开展的活动，如星级饭店评定、旅游景区分级评价）。

我国合格评定的工作机制是：

1）统一管理，共同实施。

根据《中华人民共和国认证认可条例》以及国务院赋予认监委的职能，中国实行统一的认证认可监督管理制度。认证认可形成了在认监委统一管理、监督和综合协调下，各有关方面共同实施的工作机制。

2）部际联席会议制度。

3）年度工作会议制度。

认监委每年组织召开全国认证认可年度工作会议等会议，回顾总结一年来认证认可开展的工作和取得的成绩，全面部署下一年度认证认可的工作目标和主要任务。

同步练习强化

一、单项选择题

1. 合格评定的依据是（　　），是"明示的需求或期望"。
   A. 方针　　　　　　　　　　B. 目标
   C. 要求　　　　　　　　　　D. 按规定要求所形成的准则

2. 认可机构是对合格评定机构的（　　）与进行评价的机构。
   A. 能力　　　　　　　　　　B. 规模
   C. 管理　　　　　　　　　　D. A + C

3. 合格评定结果书面形式向社会公示结果，以解决（　　）。
   A. 客户经营的需要　　　　　B. 竞争的需要
   C. 社会信息不对称的问题　　D. 以上都有

4. 合格评定的定义有足够的（　　），以确保合格评定得到有效、广泛的使用。

　　A. 灵活性　　　　　　　　　　B. 规范性

　　C. 可行性　　　　　　　　　　D. 以上都有

5. 管理体系认证有时也被称为（　　）。

　　A. 证明　　　　　　　　　　　B. 证实

　　C. 注册　　　　　　　　　　　D. 确认

6. 证明范围是证明所覆盖的合格评定对象的（　　）。

　　A. 范围或特性　　　　　　　　B. 范围和特性

　　C. 说明　　　　　　　　　　　D. 文件

7. 申诉是指（　　）请合格评定机构或认可机构就其对该对象所做出的决定进行重新考虑的请求。

　　A. 合格评定对象提供者　　　　B. 个人或组织

　　C. 个人　　　　　　　　　　　D. 组织

8. 下述情况是投诉的是（　　）。

　　A. 某获证组织对认证机构缩小其认证范围向认证机构提出异议

　　B. 某获证客户对认证机构不满

　　C. 某生产企业对实验室对其产品的检验结果提出异议

　　D. 某合格评定机构对认可机构对其开展的投诉调查处理结果不满向认可机构提出异议

9. （　　）是指合格评定活动的系统性重复，是保持符合性说明持续有效的基础。

　　A. 监督　　　　　　　　　　　B. 再认证

　　C. 监督审核　　　　　　　　　D. 再认证审核

10. 管理是指（　　）组织的协调活动。

　　A. 指挥　　　　　　　　　　　B. 控制

　　C. A + B　　　　　　　　　　 D. A 或 B

11. 过程是指利用输入实现预期结果的（　　）的一组活动。

　　A. 相互关联　　　　　　　　　B. 相互作用

　　C. A 或 B　　　　　　　　　　D. A + B

12. 程序是指为进行某项（　　）所规定的途径。

　　A. 活动　　　　　　　　　　　B. 过程

　　C. A 或 B　　　　　　　　　　D. A + B

13. 管理体系是指"组织建立方针和目标以及实现这些目标的过程的（　　）

的一组要素"。

A. 相互关联或相互依赖

B. 相互作用或相互依赖

C. 相互关联或相互作用

D. 相互关联、相互依赖或相互作用

14. 依据 GB/T 19000 标准中"要求"的定义,以下说法错误的是（　　）。（真题）

A. 要求包括明示的、通常隐含的或必须履行的需求或期望

B. 要求就是指在文件中阐明的要求

C. 通常隐含的要求是指惯例或一般做法,所考虑的需求或期望是不言而喻的

D. 要求可以由不同的相关方或组织自己提出

15. 缺陷是指"与（　　）有关的不合格"。

A. 满足要求   B. 预期或规定用途

C. 质量要求   D. 要求和期望

16. 在组织和顾客之间未发生任何交易的情况下,组织能够产生的输出是（　　）。（真题）

A. 产品   B. 过程

C. 服务   D. 活动

17. 下列关于"服务"描述不正确的是（　　）。（真题）

A. 服务的主要要素可以是无形的也可以是有形的

B. 服务通过与顾客接触的活动来确定顾客要求

C. 通常,服务的输出包括有形或无形的产品

D. 服务可能涉及为顾客创造气氛

18. 至少有一项活动必须在组织和顾客之间进行的组织的输出是（　　）。

A. 产品   B. 服务

C. 活动   D. 信息

19. 术语"产品"的概念为（　　）。

A. 过程的结果

B. 组织的一切输出

C. 在组织和顾客之间未发生任何交易的情况下,组织能够产生的输出

D. 至少有一项活动在组织和顾客之间进行的组织的输出

20. 设计和开发活动中的"变换方法进行计算"的活动是（　　）。

A. 设计输出   B. 设计评审

C. 设计验证   D. 设计控制

21. 对样机进行的型式试验是（　　）。
A. 设计输出　　　　　　　　　　B. 设计评审
C. 设计验证　　　　　　　　　　D. 设计确认

22. 确认是"通过提供客观证据对（　　）已得到满足的认定"。
A. 特定的预期用途或应用要求　　B. 规定要求
C. 顾客要求和期望　　　　　　　D. 顾客和其他相关方要求

23. 评审是对客体实现所规定目标的适宜性、充分性或有效性的确定，评审也可包括确定（　　）。
A. 效率　　　　　　　　　　　　B. 符合性
C. 结果　　　　　　　　　　　　D. 状态

24. 检验是对符合规定要求的确定。检验的结果可表明合格、不合格或合格的（　　）。
A. 性质　　　　　　　　　　　　B. 原因
C. 分类　　　　　　　　　　　　D. 程度

二、多项选择题

1. 我国合格评定的工作机制是（　　）。
A. 统一管理　　　　　　　　　　B. 共同实施
C. 年度工作会议制度　　　　　　D. 部际联席会议制度

2. 辛格曼分类法将服务业分为（　　）。
A. 消费性服务业
B. 生产性服务业
C. 分配性服务业
D. 政府或非政府组织提供的公共服务

3. 属于合格评定活动的有（　　）。(真题)
A. 经营合法性评估　　　　　　　B. 碳核查
C. 认证　　　　　　　　　　　　D. 供方符合性声明

4. 下列哪些是合格评定活动？（　　）
A. 新能源评价　　　　　　　　　B. 二方评价
C. 工作评价与检查　　　　　　　D. 碳足迹核查

5. 暂停是符合性说明中指出的（　　）的暂时无效。
A. 全部证明范围　　　　　　　　B. 部分证明范围
C. 认证范围　　　　　　　　　　D. 经营范围

6. （　　）是合格评定活动。
A. 温室气体核查　　　　　　　　B. 清洁生产审核
C. 再制造产品认定　　　　　　　D. 星级饭店评定

7. 关于"可追溯性",下列描述正确的是（   ）。
A. 可追溯性是追溯客体的历史、应用情况和所处位置的能力
B. 当考虑产品或服务时,可追溯性可涉及原材料和零部件的来源
C. 当考虑产品或服务时,可追溯性可涉及加工的历史
D. 当考虑产品或服务时,可追溯性可涉及产品或服务交付后的分布和所处位置

三、判断题
1. 认证适用于所有合格评定对象,认可适用于合格评定机构。（   ）
2. 认证是"正式表明合格评定机构具备实施特定合格评定工作的能力的第三方证明。"（   ）
3. 检验（检查）是"审查产品设计、产品、过程或安装并确定其与特定要求的符合性,或根据专业判断确定其与通用要求的符合性的活动。"（   ）
4. 规定要求是"明示的、通常隐含的或必须履行的需求或期望"。（   ）
5. 声明是"第三方证明"。（   ）
6. 指定是认可机构对合格评定机构从事规定的合格评定活动的授权。（   ）
7. 等效是指"针对相同的技术法规,不同的合格评定结果在提供相同水平的符合性保证方面是充分的、足够的"。（   ）

四、问答题
1. 简述合格评定的有哪些功能和作用。
2. 与合格评定有关的技术法规的结构有哪些共同特点？
3. 简述什么是合格评定、认证、认可。
4. 什么是合格评定的六项原则？
5. 请简述什么是合格评定,合格评定的主要形式有哪些,合格评定的对象有哪些。（真题）

答案点拨解析

一、单项选择题

题号	答案	解析
1	D	见 1.1.1 节之表 1-1 第 4 项之 4.1
2	D	见 1.1.1 节之表 1-1 第 5 项之 5.2
3	C	见 1.1.1 节之表 1-1 第 6 项
4	A	见 1.1.1 节之表 1-1 第 1 项之 1.1,GB/T 27000 标准"引言"中有说明：合格评定与管理体系、计量、标准化及统计等其他领域相互影响。本标准没有规定合格评定的界限,以保持其灵活性

28

第1章 《合格评定概述》考点解读

(续)

题号	答案	解析
5	C	见1.1.1节之表1-1第2项之2.1
6	A	见1.3.4方框中GB/T 27000标准5.3条款
7	A	见1.3.5方框中GB/T 27000标准6.4条款
8	B	见1.3.5方框中GB/T 27000标准6.5条款。申诉针对的是决定（结果），投诉针对的是决定以外的问题
9	A	见1.3.5方框中GB/T 27000标准6.1条款
10	C	见1.3.2节方框1中GB/T 19000标准3.3.3条款
11	C	见1.3.2节方框1中GB/T 19000标准3.4.1条款
12	C	见1.3.2节方框1中GB/T 19000标准3.4.5条款
13	C	见1.3.2节方框1中GB/T 19000标准3.5.3条款
14	B	见1.3.2节方框1中GB/T 19000标准3.6.4条款
15	B	见1.3.2节方框1中GB/T 19000标准3.6.10条款
16	A	见1.3.2节方框1中GB/T 19000标准3.7.6条款
17	A	见1.3.2节方框1中GB/T 19000标准3.7.7条款
18	B	见1.3.2节方框1中GB/T 19000标准3.7.7条款
19	C	见1.3.2节方框1中GB/T 19000标准3.7.6条款
20	C	见1.3.2节方框1中GB/T 19000标准3.8.12条款
21	D	见1.3.2节方框1中GB/T 19000标准3.8.13条款。型式试验的依据是产品标准，产品标准中的试验条件是按产品使用环境设置或模拟，所以型式试验是设计确认手段之一
22	A	见1.3.2节方框1中GB/T 19000标准3.8.13条款
23	A	见1.3.2节方框1中GB/T 19000标准3.11.2条款
24	D	见1.3.2节方框1中GB/T 19000标准3.11.7条款

二、多项选择题

题号	答案	解析
1	ABCD	见1.4节
2	ABCD	见1.1.1节之表1-1第3项之3.2之2)
3	BCD	见1.1.1节之表1-1第1项之1.1
4	ABD	见1.1.1节之表1-1第1项之1.1
5	AB	见1.3.5节方框中GB/T 27000标准6.2条款
6	ABCD	见1.4节
7	BCD	见1.3.2节方框1中GB/T 19000标准3.6.13条款

三、判断题

题号	答案	解析
1	×	见1.1.1节之表1-1第2项之2.1，GB/T 27000标准5.5条款：认证适用于除合格评定机构自身外的所有合格评定对象，认可适用于合格评定机构
2	×	见1.1.1节之表1-1第2项之2.2，GB/T 27000标准5.6条款：认可是"正式表明合格评定机构具备实施特定合格评定工作的能力的第三方证明"
3	√	见1.1.1节之表1-1第2项之2.3，GB/T 27000标准4.3条款
4	×	见1.3.2节方框2中GB/T 27000标准3.1条款
5	×	见1.3.4节方框中GB/T 27000标准5.4条款
6	×	见1.3.6节方框中GB/T 27000标准7.2条款
7	×	见1.3.6节方框中GB/T 27000标准7.4条款

四、问答题

1. 见1.2.1节表1-3。

合格评定的功能和作用有：

1) 合格评定建立信任，支持贸易。

2) 合格评定可以从源头上确保产品和服务质量安全，规范市场行为，指导消费，保护环境的可持续发展，保护人民生命健康安全。

3) 实施合格评定制度有利于提高社会经济运行的有效性和社会对认证、检验检测结果的接受程度。

4) 合格评定可以用于多种目的，包括：

① 证明产品、过程、服务和人员符合所要求的规范，这些规范包括国内外法规、采购规范、贸易协议等规定的要求。

② 建立和监控保护健康、安全和环境的适当要求。

③ 支持国家公共基础设施服务。

④ 通过控制不公平贸易的做法以保护消费者利益。

⑤ 证明法律和司法系统的可信度。

⑥ 确保产品和系统中部件的兼容性和互换性。

⑦ 协助检验检疫控制有害产品和病虫害，以防止其进入经济体。

⑧ 通过减少技术性贸易壁垒，以及证明与国际标准、技术法规和商业规范的符合性，增加国际贸易机会。

2. 见1.2.2节表1-4。

与合格评定有关的技术法规的结构有以下共同特点：

1) 指定的负责实施和管理强制性规范的组织——监管者。

2) 合格评定要求——如何评定与要求的符合性。

3) 必须满足的基本技术要求——通常来自规定可证明对基本要求的符合性

的特定标准或等效标准（被视为达到法规要求的条件，通常作为技术法规的技术指导性补充文件）。

4）售后市场监督制度（适用时，可能需要重复合格评定或首次批准所需的合格评定）。

5）发现不符合时实施的处理要求（有时，对不符合的处置可能导致追加合格评定）。

6）标签和标志要求——这类标志是指法规的标志，可能与合格评定机构颁发的标志不同。

3. 见1.1.1节之表1-1第1项、表1-1第2项之2.1、2.2，在此不再详述。

4. 见1.1.2节之表1-2，在此不再详述。

5. 见1.1.1节表1-1第1、2项。

1）合格评定的定义：与产品、过程、体系、人员或机构有关的规定要求得到满足的证实。

2）合格评定的主要形式有：认证、认可、检验、检测、校准、供方合格声明等。

3）合格评定的对象有：接受合格评定的特定材料、产品、服务、安装、过程、体系、人员或机构（说明：此处按 GB/T 27000/ISO/IEC 17000 标准 2.1 条款回答）。

第 2 章 《合格评定与国家质量基础设施》考点解读

考试大纲要求

理解、掌握国家质量基础设施（NQI）的相关概念：
① NQI 在国民经济中的作用，基本构成要素及特征，内涵及相互作用。
② 计量的概念、分类及发展。
③ 标准的概念、分类及发展。
④ 合格评定在 NQI 中的作用。
⑤ 我国的 NQI 体系。

考点知识讲解

2.1 国家质量基础设施

国家质量基础设施（National Quality Infrastructure，NQI）是指一个国家建立和执行标准、计量、认证认可、检验检测（后两者合称为合格评定）等所需的**质量体制框架的统称**，包括法规体系、管理体系、技术体系等。国家质量基础设施既有法规体系、管理体系这些"软件"设施，又有检验检测设备、实验室这些"硬件"设施，突出了系统性、架构性、基础性等特点。

2.1.1 建立国家质量基础设施的必要性

建立国家质量基础设施的必要性见表 2-1。

表 2-1　建立国家质量基础设施的必要性

必要性	要点说明
1. 应对经济全球化带来的挑战	在经济全球化的背景下，标准、计量、认证认可、检验检测已经成为国际通用的"技术语言"。"得标准者得天下"已经成为全世界的广泛共识，标准的话语权体现了主导权，不参与标准化和认证认可，就意味着把决策权拱手让给竞争对手
2. 驱动创新，提升竞争力	测量精度不断提升，标准应用的范围不断扩大，检测认证的领域不断拓展，基础性、前沿性质量基础科研成果不断涌现
3. 保护消费者	国家质量基础设施是保护消费者利益、健康、安全的重要屏障。满足消费者的需求，是建立国家质量基础设施的最终目的
4. 协助监管机构履行职责	通过国家质量基础设施，可以协助监管机构履行职能
5. 协助经济发展和促进区域合作	国家质量基础设施对加强科技发展、技术和创新的建立和应用是非常必要的。国家质量基础设施的建设，能有效促进区域合作

2.1.2　国家质量基础设施的内涵

1. 国家质量基础设施的基本属性

国家质量基础设施具有技术、生产、贸易三重基本属性，见表 2-2。除了三重基本属性外，国家质量基础设施还具有系统性、技术性、制度性、基础性、国际性等多重属性。

表 2-2　国家质量基础设施的基本属性

	要素	技术属性	生产属性	贸易属性
国家质量基础设施	计量	主要解决单位制的统一和量值传递准确可靠	推动社会化大生产从经验走向科学	促进贸易达成的前提和基础
	标准	主要解决量的统一性	深化社会化大生产的分工与专业程度	建立最佳贸易秩序的基本准则
	认证认可	主要解决量的公允性	提升社会化大生产组织的质量保障水平	推动贸易便利化的重要工具
	检验检测	主要解决量的符合性	提升社会化大生产产品与服务质量水平	推动贸易便利化的重要工具

2. 国家质量基础设施要素的关系

国家质量基础设施主要包括计量、标准、认证认可、检验检测四个要素。计量、标准、认证认可、检验检测各要素之间相互作用和相互支撑，构成一个完整的技术链条，并通过企业综合作用于产业整个价值链。图 2-1 是国家质量基础设施框架图。

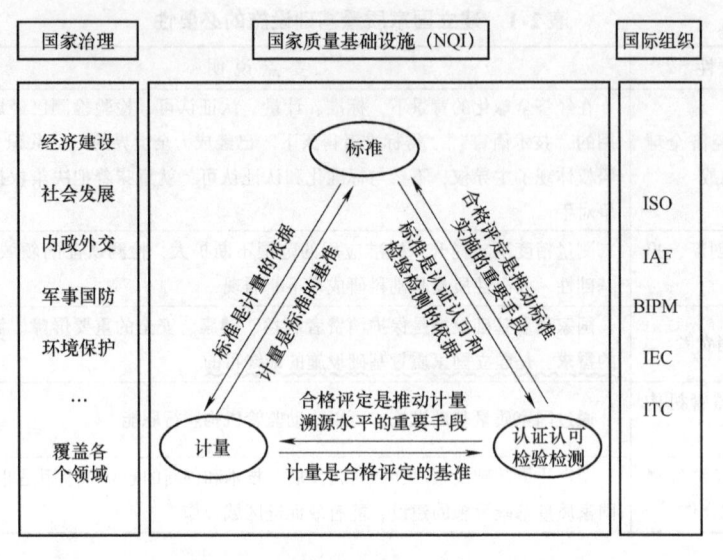

图2-1 国家质量基础设施框架图

四个要素的作用和关系如下：
1) 计量是质量基础设施的基准。
2) 标准是质量基础设施的依据。
3) 认证是质量基础设施溯源水平提升和标准实施的基本手段。认可是质量基础设施服务提供者有关资质和能力的证明和确认，是对认证、检验等机构的资格审核。
4) 检验检测是对产品安全、功能等特性或者参数进行分析测试、检验检测，必要时进行符合性判断的活动。
5) 标准为计量、认证认可和检验检测提供了依据；计量是制定、实施标准的基础和保证；认证认可、检验检测通过计量手段判断是否符合标准。简单地说，计量解决准确测量的问题；实际需要多大的量，就形成了标准；标准执行得如何，就需要通过认证认可和检验检测来判定。

2.1.3 国际上国家质量基础设施发展的主要特点

国际上国家质量基础设施发展的主要特点见表2-3。

表2-3 国际上国家质量基础设施发展的主要特点

主要特点	要点说明
1. 突出国家质量基础设施的国家战略地位	在国家质量基础设施的顶层设计中，都把法律法规作为推动国家质量基础设施发展的强大力量，持续推进质量法制建设。完善的法律法规体系，为夯实国家质量基础设施、推动质量提升提供了制度保障

(续)

主要特点	要点说明
2. 注重发挥市场的协同作用	各国在产业发展之初，国家质量基础设施主要由政府主导推动建立。当产业发展成熟后，国家质量基础设施便从政府主导转变为市场主导
3. 积极推动国际化进程	一是跨区域发展和合作越来越频繁。二是对发展中国家的国家质量基础设施的影响越来越广泛
4. 注重质量教育和质量意识培养	质量首在意识，意识首靠教育。大多数国家不断完善质量教育学科体系，着力培养多元化的质量人才
5. 重视技术能力的持续提升	一是引领技术发展。二是在经费上给予大力支持

例题分析

1.（多项选择题）国家质量基础设施指一个国家建立和执行（　　）等所需的质量体制框架的统称。

　　A. 标准　　　　　　　　　　B. 计量

　　C. 认证认可　　　　　　　　D. 检验检测

　　答案及分析：选择 ABCD。见本书 2.1 节。

2.（多项选择题）国家质量基础设施包括（　　）。

　　A. 法规体系　　　　　　　　B. 管理体系

　　C. 技术体系　　　　　　　　D. 质量体系

　　答案及分析：选择 ABC。见本书 2.1 节。

3.（多项选择题）国家质量基础设施具有（　　）基本属性。

　　A. 技术　　　　　　　　　　B. 质量

　　C. 生产　　　　　　　　　　D. 贸易

　　答案及分析：选择 ACD。见本书 2.1.2 节之 1。

4.（多项选择题）质量基础设施的要素包括（　　）。

　　A. 计量　　　　　　　　　　B. 标准

　　C. 认证认可　　　　　　　　D. 检验检测

　　答案及分析：选择 ABCD。见本书 2.1.2 节之 2。

5.（判断题）国家质量基础设施中的"标准"要素的技术属性是"主要解决量的公允性"。

　　答案及分析：×。见本书 2.1.2 节之 1 表 2-2。

6.（单项选择题）国家质量基础设施（NQI）具有（　　）属性。**(真题)**

　　A. 生产、贸易、管理　　　　B. 技术、生产、贸易

C. 生产、科技、贸易　　　　　　D. 管理、技术、贸易

答案及分析：选择 B。见本书 2.1.2 节之 1。

7.（单项选择题）国家质量基础设施（NQI）是指一个国家和地区建立和执行（　　）等所需的质量体制机制框架的统称。(真题)

A. 合格评定、计量、标准

B. 与国际接轨、强国强企战略

C. 社会安定、公共管理、提质增效

D. 科技兴企、科技兴国

答案及分析：选择 A。见本书 2.1 节。认证认可、检验检测合称合格评定。

8.（单项选择题）建立国家质量基础设施的最终目的是（　　）。

A. 满足消费者的需求

B. 为了国际贸易

C. 为了国家经济、国防建设

D. 社会安定、公共管理、提质增效

答案及分析：选择 A。见本书 2.1.1 节表 2-1 第 3 项。

2.2　我国的国家质量基础设施

2.2.1　我国国家质量基础设施的发展现状

我国国家质量基础设施的发展现状见表 2-4。

表 2-4　我国国家质量基础设施的发展现状

发展现状	要点说明
1. 管理体系初步建成	颁布实施了《中华人民共和国计量法》《中华人民共和国标准化法》《中华人民共和国认证认可条例》等法律法规，组建了国家市场监督管理总局、国家认证认可监督管理委员会和国家标准化管理委员会
2. 技术体系初步形成	2.1　标准体系 　　深化标准化工作改革，加快建立与国际接轨的标准化体系，不断拓展标准化工作领域，标准化与各行各业深度融合发展。覆盖一二三产业和社会事业各领域的标准体系基本形成 2.2　计量体系 　　**计量体系**（国家计量基标准体系、计量技术法规体系、计量技术机构体系、计量单位制体系、量传溯源体系）不断完善，保证了全国单位制的统一和量值的准确可靠

(续)

发展现状	要点说明
2. 技术体系初步形成	2.3 检验检测 检验检测市场活力不断增强，一批高精尖检测设备投入使用，一大批高水平的检验检测公共技术服务平台快速发展壮大
	2.4 认证认可 遵循国际通行规则，构建了统一规范、系统完备的认证认可体系
3. 国际化进程不断拓展	我国陆续加入国际米制公约组织（BIPM）、国际法制计量组织（OIML）、国际标准化组织（ISO）和国际电工委员会（IEC）等30多个质量领域的国际或区域组织。国际影响力和话语权显著增强

2.2.2 我国国家质量基础设施的发展机遇与挑战

1. 国家质量基础设施建设面临的机遇

1）质量强国战略的实施带来机遇。
2）供给侧结构性改革带来机遇。
3）"一带一路"倡议的实施带来机遇。
4）新科技革命带来机遇。

2. 国家质量基础设施建设面临的挑战

1）实现技术赶超带来的挑战。
2）服务现代化进程带来的挑战。
3）适应职能转变带来的挑战。
4）提升国际化水平带来的挑战。

2.3 合格评定与计量

2.3.1 计量概述

1. 计量的定义

JJF 1001—2011《通用计量术语及定义》4.2 条款"计量"：实现单位统一、量值准确可靠的活动。

计量，在新中国成立以前称为度量衡，即指长度、容量和重量。也可以说，统一准确的测量就是计量。

凡是为实现单位统一、保障量值准确可靠的一切活动，均属于计量的范围。

1875 年，17 个国家在法国米制外交会议上签署《米制公约》，这标志着**近代计量**的开始。**现代计量**标志是 1960 年国际计量大会决议通过并建立的国际单

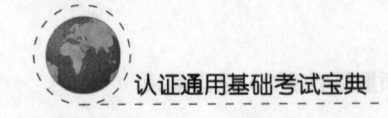

位制。第26届国际计量大会于2018年11月16日通过决议，将"千克""安培""开尔文""摩尔"四个国际计量单位用物理常数定义，大大提高了计量的稳定性和精确度。

2. 计量的分类

1）按工作性质分：科学计量、工程计量、法制计量三大类。

2）按专业和被测对象分：长度、温度、力学、电磁学、光学、声学、化学、无线电、时间频率、电离辐射十大类。

3）按任务分：通用、实用、理论、技术、法制、经济、品质七大类。

4）按计量的社会功能，国际上趋向把计量大致分为三个组成部分：法制计量、科学计量、工业计量，分别代表以政府为主导作用的计量社会事业、计量基础和计量应用三个方面。

3. 计量与测量

1）测量的定义。

JJF 1001—2011《通用计量术语及定义》4.1条款"测量"：通过实验获得并可合理赋予某量一个或多个量值的过程。

2）计量与测量的区别与联系。

① 测量是获取量值信息的活动，而计量不仅要获取量值信息，而且要实现量值信息的传递或溯源。

② 测量作为一类操作，其对象很广泛；计量作为一类操作，其对象就是测量仪器。

③ 测量可以是孤立的；计量则存在于量值传递或溯源的系统中。

④ 计量过程中，所使用量具和仪器是标准的，用它们来校准、检定受检量具和仪器设备，以衡量和保证使用受检量具仪器进行测量时所获得测量结果的可靠性。计量还涉及计量单位的定义和转换，量值的传递和保证量值统一所必须采取的措施、规程和法制等。

⑤ 计量属于测量，源于测量，而又严于一般测量，它涉及整个测量领域，并按法律规定，对测量起着指导、监督、保证的作用。计量与测量一样，是人们理论联系实际，认识自然、改造自然的方法和手段。它是科技、经济和社会发展中必不可少的一项重要的技术基础。

2.3.2 计量的作用和意义

计量的作用和意义有：

1）计量是社会进步的重要基石。

2）计量是科学技术的基础，是人类认识世界的工具。

3）计量对工业生产有很明显的作用和意义。

4）计量是保证国民经济正常运行和公平贸易的基础。

5）计量支撑国防建设，事关国家核心利益。

2.3.3 计量是重要的国家质量基础设施之一

1）计量作为国家质量基础设施要素之一，与标准、合格评定各要素之间相互作用、相互支撑。

2）计量是标准的基准，标准是计量的依据。计量是合格评定的基准，合格评定是推动计量溯源水平的重要手段。

3）计量为检验检测提供支持，因为检验检测设备的许多指标需要进行校准，以确保检测可溯源到国际测量标准。有能力的测量支持了认证活动的可靠性。

例题分析

1．（多项选择题）计量是指"（　　）的活动"。
A. 实现单位统一　　　　　　　B. 校准
C. 量值准确可靠　　　　　　　D. 检定
答案及分析：选择 AC。见本书 2.3.1 节之 1。

2．（多项选择题）按照工作性质，计量可分为（　　）。
A. 科学计量　　　　　　　　　B. 工程计量
C. 法制计量　　　　　　　　　D. 经济计量
答案及分析：选择 ABC。见本书 2.3.1 节之 2 之 1）。

3．（多项选择题）按照计量的社会功能，国际上趋向把计量大致分为三个组成部分，分别代表（　　）三个方面。
A. 通用计量　　　　　　　　　B. 以政府为主导作用的计量社会事业
C. 计量基础　　　　　　　　　D. 计量应用
答案及分析：选择 BCD。见本书 2.3.1 节之 2 之 4）。

4．（判断题）测量是指通过实验获得并可合理赋予某量一个量值的过程。（　　）
答案及分析：×。见本书 2.3.1 节之 3 之 1）。

5．（多项选择题）按计量的社会功能，国际上趋向把计量大致分为（　　）三个组成部分。
A. 法制计量　　　　　　　　　B. 科学计量
C. 工业计量　　　　　　　　　D. 技术计量
答案及分析：选择 ABC。见本书 2.3.1 节之 2 之 4）。

6. （多项选择题）质量基础设施中国家计量体系包括（   ）。(真题)
   A. 计量人员管理体系　　　　B. 计量技术机构体系
   C. 计量单位制体系　　　　　D. 量传溯源体系
   答案及分析：选择 BCD。见本书 2.2.1 节表 2-4 第 2 项 2.2。

7. （单项选择题）质量基础设施中，计量是指实现（   ）的活动。(真题)
   A. 测量仪表合格　　　　　　B. 测量易操作、便捷
   C. 检验仪器、仪表　　　　　D. 单位统一、量值准确可靠
   答案及分析：选择 D。见本书 2.3.1 节之 1（JJF 1001—2011《通用计量术语及定义》4.2 条款）。

2.4　合格评定与标准

2.4.1　标准概述

1. 标准的定义

GB/T 20000.1—2014《标准化工作指南 第 1 部分：标准化和相关活动的通用术语》5.3 条款"标准"的定义见下面方框。

> **5.3　标准**
> 通过标准化活动，按照规定的程序经**协商一致**制定，为各种活动或其结果提供规则、**指南**或特性，供**共同使用**和**重复使用**的文件。
> 注 1：标准宜以科学、技术和经验的综合成果为基础。
> 注 2：规定的程序指制定标准的机构颁布的标准制定程序。
> 注 3：诸如国际标准、区域标准、国家标准等，由于它们可以公开获得以及必要时通过修正或修订保持与最新技术水平同步，因此它们被视为构成了**公认的技术规则**。其他层次上通过的标准，诸如专业协（学）会标准、企业标准等，在地域上可影响几个国家。

《合格评定基础》一书，用的是 GB/T 20000.1—2002 老标准中的"标准"定义：为了在**一定范围内**获得**最佳秩序**，经协商一致制定并由**公认机构批准**，**共同使用**的和**重复使用**的一种规范性文件。标准宜以科学、技术和经验的综合成果为基础，以促进**最佳的共同效益**为目的。

标准的定义，因定义者角度不一样而不尽相同，但有以下几个共同点（标准的特点）：

1) 制定标准的出发点是获得"最佳秩序"和促进"最佳的共同效益"。
2) 标准产生的基础是科学和技术的综合成果。
3) 标准化的对象是"重复性事物"。

4）标准由权威的公认机构批准。**按制定的宗旨**，标准可以分为两大类，一类是为社会公众服务的公共标准，一类是本组织的"自有标准"。

5）标准是一种规范性文件。规范性文件是指"为各种活动或其结果提供规则、指南或特性的文件"。"规范性文件"是诸如标准、规范、规程和法规等文件的通称。"文件"可理解为记录有信息的各种媒介。（见 GB/T 20000.1—2014 标准 5.1 条款）

2. 标准的分类

CCAA《合格评定基础》一书是按这样对标准进行分类的：

1）按标准使用范围的不同：可分为国际标准、区域标准、国家标准、行业标准、地方标准、企业标准。

2）按标准对象的不同：可分为基础标准、方法标准、产品标准、管理标准、安全标准、卫生标准、环境保护标准。

3）按标准内容的不同：可分为技术标准、管理标准、工作标准。

4）按标准约束程度的不同：可分为强制性标准、推荐性标准、指导性技术文件。

3. 标准与标准化

1）标准化的定义。

GB/T 20000.1—2014《标准化工作指南第 1 部分：标准化和相关活动的通用术语》3.1 条款"标准化"的定义见下面方框。

3.1 标准化

为了在既定范围内获得最佳秩序，促进共同效益，对现实问题或潜在问题确立共同使用和重复使用的条款以及编制、发布和应用文件的**活动**。

注1：标准化活动确立的条款，可形成**标准化文件**，包括标准和其他标准化文件。

注2：标准化的主要效益在于为了产品、过程或服务的预期目的改进它们的**适用性**，促进贸易、交流以及技术合作。

标准化具有以下几点含义：

① 标准化是一定范围（既定范围）内的活动。标准化的范围即标准化的领域，由一组相关的标准化对象组成，标准化对象泛指产品、过程和服务。

② 标准化是一系列活动组成的过程，该过程主要包括标准的编制、标准的发布、标准的实施和标准的修订等活动。

③ 标准化是一项有目的的活动。其目的是总结以往的经验或教训，选择最佳方案，在一定范围内获得最佳秩序，作为今后实践的目标和依据，从而改进产品、过程或服务的**适用性**，防止贸易壁垒，并促进技术合作。

④ 标准化活动是制定"规范性文件"的活动。"规范性文件"是诸如标准、

规范、规程和法规等文件的通称。标准化定义中所说的"条款",是规范性文件内容的表述方式,一般采取陈述、指示、推荐或要求的形式。这些条款是针对当前已存在的现实问题或将来可能发生的潜在问题而制定的,可以被共同使用或者重复使用。

2)标准、标准化的区别与联系。

① 标准是对一定范围内的重复性实物和概念所做的规定,是科学、技术和实践经验的总结,标准的载体表现形式为文件。

② 为在一定的范围内获得最佳秩序,对实际的或潜在的问题制定共同的和重复使用的规则的活动,即制定、发布及实施标准的过程,称为标准化,是确定标准的过程。

2.4.2 标准的作用和意义

标准的作用和意义有:

1)促进科技进步。
2)支撑产业发展。
3)规范社会治理。
4)保障公平公正。
5)便利经贸往来。
6)保护环境和合理利用资源。

2.4.3 标准是重要的国家质量基础设施之一

1)标准作为国家质量基础设施要素之一,与计量、合格评定各要素之间相互作用和相互支撑。

2)标准是计量的依据,计量是标准的基准。

3)标准是合格评定的依据,合格评定是推动标准实施的重要手段。

例题分析

1.(多项选择题)制定标准的出发点是(　　)。
A. 获得"最佳秩序" 　　　　　　B. 促进"最佳的共同效益"
C. 实现统一手段 　　　　　　　　D. 达成一致目标
答案及分析:选择 AB。见本书 2.4.1 节之 1 之 1)。

2.(判断题)标准化的对象是"重要性事物"。(　　)
答案及分析:×。见本书 2.4.1 节之 1 之 3)。

3.(单项选择题)(　　)是指"为各种活动或其结果提供规则、指南或特

性的文件"。

  A. 规范性文件   B. 标准

  C. 规程   D. 法规

  答案及分析：选择 A。见本书 2.4.1 节之 1 之 5）。

 4. （多项选择题）按标准使用范围的不同，标准可分为（ ）。

  A. 国际标准、区域标准   B. 国家标准、地方标准

  C. 行业标准、企业标准   D. 基础标准、方法标准

  答案及分析：选择 ABC。见本书 2.4.1 节之 2 之 1）。

 5. （多项选择题）按标准内容的不同，标准可分为（ ）。

  A. 技术标准   B. 管理标准

  C. 工作标准   D. 方法标准

  答案及分析：选择 ABC。见本书 2.4.1 节之 2 之 3）。

 6. （判断题）标准化是指"为了在所有范围内获得最佳秩序，促进共同效益，对现实问题或潜在问题确立共同使用和重复使用的条款以及编制、发布和应用文件的活动"。（ ）

  答案及分析：×。见本书 2.4.1 节之 3 之 1）方框中 GB/T 20000.1—2014 标准 3.1 条款。不是"所有范围"，是"既定范围"。

 7. （多项选择题）质量基础设施（NQI）中按标准对象划分可分为（ ）等。(真题)

  A. 方法标准   B. 生产标准

  C. 卫生标准   D. 基础标准

  答案及分析：选择 ACD。见本书 2.4.1 节之 2 之 2）。

 8. （单项选择题）根据 GB/T 20000.1—2014，标准是指"通过标准化活动，按照规定的程序经协商一致制定，为（ ）提供规则、指南或特性，供共同使用和重复使用的文件"。

  A. 各种活动或其结果   B. 各种活动及其结果

  C. 所有活动或其结果   D. 所有活动及其结果

  答案及分析：选择 A。见本书 2.4.1 节之 1 (GB/T 20000.1—2014 标准 5.3 条款）。

 9. （判断题）标准是为了在所有范围内获得最佳秩序，须经国家制定并批准，共同使用的和重复使用的一种规范性文件。（ ）(真题)

  答案及分析：×。见本书 2.4.1 节之 1。此题可能是基于 GB/T 20000.1—2002 老标准中的"标准"定义：为了在**一定范围**内获得最佳秩序，经协商一致制定并由公认机构批准，共同使用的和重复使用的一种规范性文件。标准宜以科学、技术和经验的综合成果为基础，以促进最佳的共同效益为目的。

10.（判断题）标准是指通过标准化活动，按照规定的程序经协商一致制定，为各种活动及其结果提供规则、指南或特性，供共同使用和重复使用的文件。（　　）

答案及分析：×。见本书 2.4.1 节之 1（GB/T 20000.1—2014 标准 5.3 条款）。注意定义中的"或"字。

同步练习强化

一、单项选择题

1. 国家质量基础设施中的"认证认可"要素的技术属性是（　　）。
   A. 解决量的统一性　　　　　　　　B. 解决量的符合性
   C. 解决量的公允性　　　　　　　　D. 解决贸易便利化的工具

2. 国家质量基础设施中的"标准"要素的贸易属性是（　　）。
   A. 促进贸易达成的前提和基础　　　B. 建立最佳贸易秩序的基本准则
   C. 推动贸易便利化的重要工具　　　D. 确保贸易顺利进行的保障技术

3. 国家质量基础设施中的"计量"要素的生产属性是（　　）。
   A. 推动社会化大生产从经验走向科学
   B. 深化社会化大生产的分工与专业程度
   C. 提升社会化大生产的质量保障水平
   D. 提升社会化大生产产品与服务质量水平

4. 国家质量基础设施的要素中不包括哪个要素？（　　）
   A. 评审　　　　　　　　　　　　　B. 标准
   C. 认证认可　　　　　　　　　　　D. 计量

5. 以下哪种计量不属于按专业和被测对象分类的计量？（　　）
   A. 长度计量　　　　　　　　　　　B. 时间频率计量
   C. 电离辐射计量　　　　　　　　　D. 工程计量

6. 标准化的主要效益在于为了产品、过程或服务的预期目的改进它们的（　　），促进贸易、交流以及技术合作。
   A. 适用性　　　　　　　　　　　　B. 特性
   C. 功能和性能　　　　　　　　　　D. 要求

二、多项选择题

1. 建立国家质量基础设施的必要性有（　　）。
   A. 应对经济全球化带来的挑战　　　B. 驱动创新和提升竞争力
   C. 保护消费者　　　　　　　　　　D. 协助监管机构履行职责

2. 国际上国家质量基础设施发展的主要特点有（　　）。
   A. 突出质量基础设施的国家战略地位　　B. 注重发挥市场的协同作用
   C. 注重质量教育和质量意识培养　　D. 重视技术能力的持续提升
3. 国家质量基础设施的技术体系包括（　　）。
   A. 标准体系　　B. 计量体系
   C. 认证认可　　D. 检验检测
4. 计量按任务分类包括（　　）。
   A. 通用计量　　B. 实用计量
   C. 理论计量　　D. 法制计量
5. 按标准对象的不同，标准可分为（　　）。
   A. 基础标准　　B. 方法标准
   C. 产品标准　　D. 管理标准
6. 标准的作用和意义有（　　）。
   A. 支撑产业发展　　B. 规范社会治理
   C. 便利经贸往来　　D. 保护环境和合理利用资源
7. 标准化定义中所说的"条款"，是规范性文件内容的表述方式，一般采取下列（　　）之一的形式。
   A. 陈述　　B. 指示
   C. 推荐　　D. 要求

三、判断题

1. 国家质量基础设施中的"检验检测"要素的技术属性是"主要解决量的公允性"。（　　）
2. 国家质量基础设施具有系统性、技术性、制度性、基础性、国际性等多重属性。（　　）
3. 计量作为一类操作，其对象就是测量仪器。（　　）
4. 计量是标准的基准，标准是计量的依据。计量是合格评定的基准，合格评定是推动计量溯源水平的重要手段。（　　）
5. 按标准约束程度的不同，标准可分为强制性标准、推荐性标准、指导性标准。（　　）
6. 标准化的范围即标准化的领域，由一组相关的标准化对象组成。（　　）
7. 计量是标准的依据，标准是计量的基准。（　　）

四、问答题

1. 什么是国家质量基础设施？国家质量基础设施包括哪些要素？国家质量基础设施各要素之间的关系是什么？（真题）

2. 简述计量、测量的定义,并简述计量和测量的区别和联系。
3. 简述标准、标准化的定义,并简述标准和标准化的区别和联系。

答案点拨解析

一、单项选择题

题号	答案	解析
1	C	见2.1.2节之1 表2-2
2	B	见2.1.2节之1 表2-2
3	A	见2.1.2节之1 表2-2
4	A	见2.1.2节之2
5	D	见2.3.1节之2之2)
6	A	见2.4.1节之3之1) 方框中 GB/T 20000.1标准 3.1条款

二、多项选择题

题号	答案	解析
1	ABCD	见2.1.1节表2-1
2	ABCD	见2.1.3节表2-3
3	ABCD	见2.2.1节表2-4 第2项
4	ABCD	见2.3.1节之2之3)
5	ABCD	见2.4.1节之2之2)
6	ABCD	见2.4.2节
7	ABCD	见2.4.1节之3之1) 之④

三、判断题

题号	答案	解析
1	×	见2.1.2节之1表2-2,国家质量基础设施中的"检验检测"要素的技术属性是"主要解决量的符合性"
2	√	见2.1.2节之1
3	√	见2.3.1节之3之2) 之②
4	√	见2.3.3节之2)
5	×	见2.4.1节之2之4),不是"指导性标准",而是"指导性技术文件"
6	√	见2.4.1节之3之1) 之①
7	×	见2.4.3节之2)

四、问答题

1. 见 2.1 节、2.1.2 节之 2。

1) 国家质量基础设施是指一个国家建立和执行标准、计量、认证认可、检验检测等所需的质量体制框架的统称,包括法规体系、管理体系、技术体系等。

2) 国家质量基础设施主要包括计量、标准、认证认可、检验检测四个要素。

3) 国家质量基础设施中计量、标准、认证认可、检验检测四个要素之间的关系是:

计量、标准、认证认可、检验检测各要素之间相互作用和相互支撑,构成一个完整的技术链条,并通过企业综合作用于产业整个价值链。标准为计量、认证认可和检验检测提供了依据;计量是制定、实施标准的基础和保证;认证认可、检验检测通过计量手段判断是否符合标准。简单地说,计量解决准确测量的问题;实际需要多大的量,就形成了标准;标准执行得如何,就需要通过认证认可和检验检测来判定。

2. 见 2.3.1 节之 1、2.3.1 节之 3,这里不再详述。

3. 见 2.4.1 节之 1、2.4.1 节之 3,这里不再详述。

第3章 《合格评定技术》考点解读

考试大纲要求

1）理解、掌握合格评定技术的概念：
① 合格评定工具箱的基本概念。
② 合格评定工具箱中标准的功能、分类。
③ 合格评定工具箱主要标准的结构及内容，能够在认证活动中使用。
2）理解、掌握、应用合格评定功能法的基本概念：
① 合格评定功能法的选取、确定、复核与证明，监督各环节的内涵、特征、方法、相互关系等。
② 合格评定功能法在认证过程中的应用。
3）理解、掌握合格评定关键技术（17项）的特征及内涵，能够在认证过程中使用。

考点知识讲解

3.1 合格评定工具箱

3.1.1 合格评定工具箱概述

1. 何谓合格评定工具箱

国际标准化组织合格评定委员会（ISO/CASCO）制定的一系列有关合格评定的国际标准和文件称为"**合格评定工具箱**"，为开展合格评定活动提供了规范性的、可操作的工具。

2. 合格评定工具箱的内容

合格评定工具箱包含了认证认可领域的系列国际标准和指南，主要有以下7个方面的内容：

1）合格评定的通用词汇、原则、通用要求。
2）合格评定良好实践准则。
3）认证。
4）认可。
5）检验、检测、校准。
6）符合性标志。
7）多边互认协议（MRAs）。

3. 合格评定委员会（CASCO）

合格评定委员会（CASCO）是 ISO 三个政策委员会之一，它向 ISO 理事会报告。CASCO 负责在合格评定范畴制定**国际标准**和**指南**。CASCO 至今制定了系列合格评定标准和指南共计 36 项。我国将这些国际标准等同转化为我国的国家标准。

世界上有 151 个 ISO 成员符合 CASCO 成员资格，其中 107 个成员参加了 ISO/CASCO。107 个成员中，76 名是积极成员（P 成员），31 名是观察成员（O 成员）。我国对口 CASCO 的工作组是**全国认证认可标准化技术委员会（SAC/TC 261）**。

合格评定委员会（CASCO）的责任和目标包括：

1）研究产品、过程、服务、人员和管理体系与适用标准或其他技术规范的符合性的评定方法。

2）制定与产品、过程、服务、人员的认证以及管理体系的评审等相关的标准和指南；制定与检测实验室、检查机构，认证和认可机构及其运行相关的标准和指南。

3）促进国家、区域合格评定体系的互认与接受，以及对检测、检查、认证、评审以及相关的其他用途国际标准的合理使用。

3.1.2 合格评定工具箱的构成

1. 合格评定工具箱分类及构成

为使合格评定活动规范化，使合格评定相关的标准系列文件更加系统化，CASCO 制定了 ISO/IEC 17000 系列（GB/T 27000 系列）合格评定标准和指南。从功能和作用的角度分类，合格评定标准和指南由**基本文件**、**通用文件**和**技术功能文件**三类不同功能的文件构成。

1）基本文件：供指导起草通用和技术功能文件使用的**基础标准**和**指南**。

2）通用文件：在全球范围内进行合格评定活动中都使用的文件，涉及认证、认可、同行评审、相互承认和符合性标志的通用要求以及指南等。

3）技术功能文件：针对特定对象和类型的具体合格评定活动的要求，有检

验机构、检测实验室、产品认证机构、管理体系认证机构和人员认证机构等的管理要求。

表3-1是合格评定工具箱分类及构成。

表3-1 合格评定工具箱分类及构成

类别	国家标准代号	国际标准代号	标准名称/其他	标准功能
1.基本文件	GB/T 27000—2006	ISO/IEC 17000：2004	《合格评定 词汇和通用原则》	合格评定——基本文件
	GB/T 27001—2011	ISO/PAS 17001：2005	《合格评定 公正性原则和要求》	合格评定——基本文件（共同要素类文件）
	GB/T 27002—2011	ISO/PAS 17002：2004	《合格评定 保密性原则和要求》	合格评定——基本文件（共同要素类文件）
	GB/T 27003—2011	ISO/PAS 17003：2004	《合格评定 投诉和申诉 原则和要求》	合格评定——基本文件（共同要素类文件）
	GB/T 27004—2011	ISO/PAS 17004：2005	《合格评定 信息公开原则和要求》	合格评定——基本文件（共同要素类文件）
	GB/T 27005—2011	ISO/PAS 17005：2008	《合格评定 管理体系的使用 原则和要求》	合格评定——基本文件（共同要素类文件）
	GB/T 27007—2011	ISO/IEC 17007：2009	《合格评定 合格评定用规范性文件的编写指南》	合格评定——基本文件
	GB/T 27060—2006	ISO/IEC Guide 60：2004	《合格评定 良好操作规范》	合格评定——基本文件
	—	—	其他作为CASCO各工作组制定标准或指南过程内部使用的共同要素类文件	—
2.通用文件	GB/T 27011—2019	ISO/IEC 17011：2017	《合格评定 认可机构要求》	合格评定——通用文件
	GB/T 27030—2006	ISO/IEC 17030：2003	《合格评定 第三方符合性标志的通用要求》	合格评定——通用文件
	GB/T 27040—2010	ISO/IEC 17040：2005	《合格评定 合格评定机构和认可机构同行评审的通用要求》	合格评定——通用文件
	GB/T 27068—2006	ISO/IEC Guide 68：2002	《合格评定结果的承认和接受协议》	合格评定——通用文件

（续）

类别	国家标准代号	国际标准代号	标准名称/其他	标 准 功 能
2. 通用文件	—	—	特殊领域合格评定标准，例如 ISO 14065《温室气体验证和确认机构的认可要求》	—
3. 技术功能文件	GB/T 27020—2016	ISO/IEC 17020：2012	《合格评定 各类检验机构的运作要求》	技术功能文件——检查
	GB/T 27021 系列标准	ISO/IEC 17021 系列标准	《合格评定 管理体系审核认证机构要求》，包括 GB/T 27021.1—2017/ISO/IEC 17021—1：2015《合格评定 管理体系审核认证机构要求 第1部分：要求》等标准	技术功能文件——管理体系认证
	GB/T 27025—2019	ISO/IEC 17025：2017	《检测和校准实验室能力的通用要求》	技术功能文件——检验检测
	GB/T 27065—2015	ISO/IEC 17065：2012	《合格评定 产品、过程和服务认证机构要求》	技术功能文件——产品、过程和服务认证
	GB/T 27023—2008	ISO/IEC Guide 23：1982	《第三方认证制度中标准符合性的表示方法》	技术功能文件——认证
	GB/T 27024—2014	ISO/IEC 17024：2012	《合格评定 人员认证机构通用要求》	技术功能文件——人员认证
	GB/T 27027—2008	ISO Guide 27：1983	《认证机构对误用其符合性标志采取纠正措施的实施指南》	技术功能文件——产品认证
	GB/T 27028—2008	ISO/IEC Guide 28：2004	《合格评定 第三方产品认证制度应用指南》	技术功能文件——产品认证
	GB/T 27043—2012	ISO/IEC 17043：2010	《合格评定 能力验证的通用要求》	技术功能文件——检验检测
	GB/T 27050.1—2006	ISO/IEC 17050—1：2004	《合格评定 供方的符合性声明第1部分：通用要求》	技术功能文件——供方符合性声明
	GB/T 27050.2—2006	ISO/IEC 17050—2：2004	《合格评定 供方的符合性声明 第2部分：支持性文件》	技术功能文件——供方符合性声明
	GB/T 27053—2008	ISO/IEC Guide 53：2005	《合格评定 产品认证中利用组织质量管理体系的指南》	技术功能文件——产品认证
	GB/T 27067—2017	ISO/IEC 17067：2013	《合格评定 产品认证基础和产品认证方案指南》	技术功能文件——产品认证

2. 标准中使用的助动词和常用词

1)"应"表示要求。
2)"宜"表示建议。
3)"可""应该"表示允许,可以。
4)"能"表示可能或能够。
5)"注"是理解和说明有关要求的指南。

另外,在标准中用"适当时""适宜时""适用时",表示在使用时视具体情境可选择的要求。

3.1.3 合格评定工具箱在中国的应用

国家认证认可监督管理委员会(CNCA)在其行政管理工作中使用合格评定工具箱,涉及强制性产品认证(CCC认证)机构指定、自愿性认证机构行政许可、检验检测机构资质认定以及认证证书管理等各项活动。

[**强制性产品认证机构指定**] 国家认监委要求所指定的强制性产品认证(CCC认证)机构、检查机构、检验检测机构、实验室应符合国家标准对能力的通用要求,这些要求来源于从 ISO/CASCO 国际标准等同转化的国家标准,如 GB/T 27065、GB/T 27020、GB/T 27025 标准及 GB/T 27021 系列标准。

[**认证机构行政许可**] 认监委要求:从事产品和服务认证的认证机构应满足 GB/T 27065《合格评定 产品、过程和服务认证机构要求》;从事管理体系认证的认证机构应满足 GB/T 27021《合格评定 管理体系审核认证机构要求》系列标准。

[**检验检测机构资质认定**] 中国的检验、检测机构资质认定评审准则采纳了 GB/T 27000《合格评定 词汇和通用原则》、GB/T 19001《质量管理体系 要求》、GB/T 27025《检测和校准实验室能力的通用要求》、GB/T 27020《合格评定 各类检验机构的运作要求》等有关标准的内容。

[**检测和校准实验室认可**] 中国合格评定国家认可委员会(CNAS)要求:申请认可的检测和校准实验室应符合 GB/T 27025《检测和校准实验室能力的通用要求》及其他认可准则的要求。

[**检验机构认可**] 中国合格评定国家认可委员会要求:申请认可的检验机构应符合 GB/T 27020《合格评定 各类检验机构的运作要求》及其他规范文件的要求。

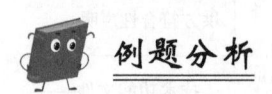

例题分析

1.(多项选择题)合格评定工具箱标准和指南由(   )不同功能的文件组成。(真题)

A. 基本文件　　　　　　　　　　B. 操作功能文件

C. 技术功能文件　　　　　　　D. 通用文件

答案及分析：选择 ACD。见本书 3.1.2 节之 1。

2.（多项选择题）合格评定功能箱中的系列标准从功能和作用的角度，可分为（　　）。(真题)

A. 规范性文件　　　　　　　B. 技术功能文件
C. 通用文件　　　　　　　　D. 基本文件

答案及分析：选择 BCD。见本书 3.1.2 节之 1。

3.（多项选择题）国际标准化合格评定委员会（CASCO）负责在合格评定范畴制定（　　）。(真题)

A. 合格评定作业指导书　　　B. 国际标准
C. 实施规则和要求　　　　　D. 国际标准指南

答案及分析：选择 BD。见本书 3.1.1 节之 3。

4.（单项选择题）合格评定工具箱中，技术功能文件针对（　　）的合格评定活动。(真题)

A. 经营性企业　　　　　　　B. 生产技术型
C. 技术类型　　　　　　　　D. 特定类型

答案及分析：选择 D。见本书 3.1.2 节之 1 之 3)。

5.（单项选择题）合格评定工具箱中用于指导具体的合格评定活动的文件是（　　）。(真题)

A. 基本文件　　　　　　　　B. 技术功能文件
C. 工作指南文件　　　　　　D. 操作规范文件

答案及分析：选择 B。见本书 3.1.2 节之 1 之 3)。

6.（单项选择题）合格评定工具箱中的国际标准已（　　）转化为我国的国家标准。(真题)

A. 参照　　　　　　　　　　B. 等效
C. 等同　　　　　　　　　　D. 完全

答案及分析：选择 C。见本书 3.1.1 节之 3。

7.（单项选择题）GB/T 27021/ISO/IEC 17021《合格评定　管理体系审核认证机构要求》属于合格评定工具箱中的（　　）类型文件。(真题)

A. 技术功能文件　　　　　　B. 规范性文件
C. 管理体系文件　　　　　　D. 适用性文件

答案及分析：选择 A。见本书 3.1.2 节之 1 表 3-1。

8.（判断题）我国对口联系国际标准化组织合格评定委员会（ISO/CASCO）的工作组是全国认证认可标准化技术委员会（SAC/TC 261）。(真题)

答案及分析：√。见本书 3.1.1 节之 3。

9.（单项选择题）（　　）指在全球范围内进行合格评定活动中都使用的文件，涉及认证、认可、同行评审、相互承认和符合性标志的通用要求以及指南等。

　　A. 基本文件　　　　　　　　　　B. 通用文件
　　C. 技术功能文件　　　　　　　　D. 合格评定文件

答案及分析：选择 B。见本书 3.1.2 节之 1 之 2）。

10.（单项选择题）GB/T 27060/ ISO/IEC Guide 60《合格评定　良好操作规范》属于合格评定工具箱中的（　　）。

　　A. 技术功能文件　　　　　　　　B. 基本文件
　　C. 通用文件　　　　　　　　　　D. 规范性文件

答案及分析：选择 B。见本书 3.1.2 节之 1 表 3-1。

11.（单项选择题）GB/T 27030—2006《合格评定　第三方符合性标志的通用要求》属于合格评定工具箱中的（　　）。

　　A. 技术功能文件　　　　　　　　B. 基本文件
　　C. 通用文件　　　　　　　　　　D. 规范性文件

答案及分析：选择 C。见本书 3.1.2 节之 1 表 3-1。

12.（单项选择题）标准中使用的常用词"宜"表示（　　）。

　　A. 要求　　　　　　　　　　　　B. 建议
　　C. 允许，可以　　　　　　　　　D. 可能或能够

答案及分析：选择 B。见本书 3.1.2 节之 2。

3.2　合格评定工具箱中的典型标准简介

3.2.1　GB/T 27000/ISO/IEC 17000《合格评定　词汇和通用原则》简介

1. GB/T 27000 标准第 1 章"范围"

GB/T 27000 标准是合格评定工具箱各类型标准的基础，在 GB/T 27000 标准第 1 章"范围"中，对 GB/T 27000 标准的对象、适用范围进行描述。GB/T 27000 标准第 1 章"范围"见下面方框。

1　范围

本标准规定了与合格评定（包括对合格评定机构的认可）及其在贸易便利化中的应用有关的通用术语和定义。附录 A 对合格评定功能法做了说明，

以进一步为自愿性领域和强制性领域的合格评定服务使用者、合格评定机构及其认可机构间的沟通与了解提供帮助。

在对特定的合格评定活动进行描述时可能涉及许多概念，本标准的目的并不是为全部此类概念提供词汇表。只有在某一术语所定义的概念无法从该术语的一般语言用法来理解时，或现行标准的定义不适用时，才给出术语和定义。

注1：某些定义的注提供了有助于理解所述概念的澄清、解释和示例。

注2：术语和定义是有系统、按顺序编排的，并附有按拼音排序的中文索引和按字母排序的英文索引。本标准中已定义的术语出现在其他定义或注中时，用黑体字印刷，并在其后括号中附原词条号。这些术语可以被其完整的定义所替代。

2. GB/T 27000 标准中规定的术语类别与数量

1）与合格评定有关的通用术语，11个。

2）基础术语，3个。

3）与选取和确定有关的合格评定术语，5个。

4）与复核和证明有关的合格评定术语，6个。

5）与监督有关的合格评定术语，5个。

6）与合格评定和贸易便利化有关的术语，14个。

3. GB/T 27000 标准附录 A "合格评定的原则"

GB/T 27000 标准附录 A "合格评定的原则"中提出了合格评定功能法的概念，并对合格评定功能法中关于选取、确定、复核和证明、监督的内涵进行了解释。合格评定功能法的概念是所有的合格评定相关活动最重要和最基本的概念。

4. GB/T 27000 标准附录 B "其他标准中定义的相关术语"

GB/T 27000 标准附录 B 介绍了其他标准中定义的相关术语。

3.2.2 有关合格评定规范性文件编写共同要素原则的标准简介

1. 有关合格评定规范性文件编写共同要素原则的标准

有关合格评定规范性文件编写共同要素（通用要素）原则的标准包括：

1）GB/T 27001/ISO/PAS 17001《合格评定　公正性　原则和要求》。

2）GB/T 27002/ISO/PAS 17002《合格评定　保密性　原则和要求》。

3）GB/T 27003/ISO/PAS 17003《合格评定　投诉和申诉　原则和要求》。

4）GB/T 27004/ISO/PAS 17004《合格评定　信息公开　原则和要求》。

5）GB/T 27005/ISO/PAS 17005《合格评定　管理体系的使用　原则和要求》。

2. 共同要素系列标准的目的

1）为制定合格评定标准时确定共性的管理准则提供一致性的要求和指南。共性的管理准则是指公正性、保密性、投诉和申诉、信息公开、管理体系的使用。

2）为实施合格评定的机构和人员（例如，认证机构、检验机构、检测机构、校准机构、认可机构等）理解和实施合格评定基本准则提供指南。

3）为合格评定机构制定机构内的管理要求提供指南。

4）为学习和掌握合格评定工具箱的标准提供共同的知识。

3. 共同要素系列标准的适用范围

1）指导合格评定规范文件的编写。

2）合格评定的实施与管理。

3）合格评定对象的实施。

4）合格评定的采信者的实践。

4. 共同要素系列标准对合格评定标准中各通用要素规范程度的分级

共同要素系列标准对合格评定标准中各**通用要素**的要求进行了规定，分强制性、推荐性和建议性三个层次，并在下列一个或多个标题下表述：

1）通用要求。

2）结构要求。

3）资源要求。

4）过程要求。

5）管理体系要求。

5. 共同要素系列标准的章节结构

共同要素系列标准有基本相同的标准结构。既然是基本相同，说明还有些差异，这点考生需注意。共同要素系列标准的章节结构见表3-2。

表3-2 共同要素系列标准的章节结构

标 准	标准章节结构						
	第1章	第2章	第3章	第4章	第5章	第6章	附录
GB/T 27001《合格评定 公正性 原则和要求》	范围	规范性引用文件	术语和定义	背景	公正性原则	公正性要求	—
GB/T 27002《合格评定 保密性 原则和要求》	范围	规范性引用文件	术语和定义	保密性原则	保密性要求	—	—
GB/T 27003《合格评定 投诉和申诉 原则和要求》	范围	规范性引用文件	术语和定义	背景	处理投诉和申诉的原则	处理投诉和申诉的要求	—

(续)

标准	标准章节结构						附录
	第1章	第2章	第3章	第4章	第5章	第6章	
GB/T 27004《合格评定 信息公开 原则和要求》	范围	规范性引用文件	术语和定义	信息公开的背景	信息公开的原则	信息公开的要求	—
GB/T 27005《合格评定 管理体系的使用原则和要求》	范围	规范性引用文件	术语和定义	合格评定文件中编写管理体系要求的背景和原则	管理体系要求	—	附录A（资料性附录） 认可机构和合格评定机构应用GB/T 19001要求作为管理体系要求以确保持续符合合格评定标准

3.2.3 与合格评定认证方案有关的标准简介

1. 与合格评定认证方案有关的标准

与合格评定认证方案有关的标准包括：

1）GB/T 27067/ISO/IEC 17067《合格评定 产品认证基础和产品认证方案指南》。

2）GB/T 27028/ISO/IEC Guide 28《合格评定 第三方产品认证制度应用指南》。

3）GB/T 27053/ISO/IEC Guide 53《合格评定 产品认证中利用组织质量管理体系的指南》。

2. GB/T 27067《合格评定 产品认证基础和产品认证方案指南》介绍

下面方框中是 GB/T 27067 标准的要点摘录及标识。

引言

本标准阐述了产品认证基础，并为产品认证方案提供指南。本标准中引用的术语"产品"也可以理解为"服务"或"过程"。

通常产品在设计、生产、销售、使用和最终处置时，有可能引起购买方、用户和社会的关注。这种关注与安全性、对健康或环境的影响、耐久性、兼容性、适用性等有关的**预期用途**或**明示的条件**相关。通常，这些关注会用规范性文件如标准来表述所要求的**产品属性**。

产品供方有义务明示产品符合规范性文件的要求。

某些情况下，仅需要供方自己评价和声明其产品的符合性。另一些情况下，用户或监管机构可能会要求由有能力且公正的第三方评价产品的符合性。

公正的第三方所做出的产品符合规定要求的评价和证明称为**产品认证**。[**产品认证定义**]

本标准概述了如何设计和管理产品认证方案。明确了用于产品认证的常用评价技术，如产品检测、检查和审核。[**产品认证的常用评价技术**]

本标准可供产品认证相关方使用，尤其是产品认证方案所有者或潜在的产品认证方案所有者。[**产品认证方案的所有者**] 产品认证方案所有者可以是：

a) 产品认证机构。
b) 政府和监管部门。
c) 采购机构。
d) 非政府组织。
e) 行业和零售协会。
f) 消费者组织。

GB/T 27065 规定了对产品认证机构的要求。本标准（GB/T 27067）仅作为指南，并不包含要求 [**GB/T 27067 标准的性质**]，两者兼容协调。

1 范围

本标准阐述了产品认证的基础，并为理解、制定、实施以及完善产品、过程和服务的认证方案提供指南。[**GB/T 27067 标准的适用范围**]

本标准供产品认证所有相关方特别是**认证方案所有者**使用。

3 术语和定义

3.1 认证制度 [**产品认证制度**]

实施认证的规则、程序和对实施认证的管理。

3.2 认证方案 [**产品认证方案**]

针对特定的产品，适用相同要求、规则和程序的认证制度（3.1）。

注：认证方案规定了实施产品、过程和服务认证的规则、程序和管理要求。[**产品认证方案的作用**]

3.3 方案所有者

负责制定和维护特定认证方案（3.2）的个人或组织。

注：认证方案所有者可以是认证机构自身、政府部门、行业协会、认证机构联合体或其他组织。

5 产品认证方案
5.1 基本要素

5.1.1 产品认证方案应执行 GB/T 27000—2006 附录 A 所提出的功能。这些功能包括：[**产品认证方案中的合格评定功能和活动**]

——选取，包括策划和准备活动，其目的是收集或生成后续的确定功能所需的全部信息和输入。

——确定，可以包括检测、测量、检查、设计评估、服务和过程评价以及审核等合格评定活动，以提供与产品要求有关的信息，作为复核和证明功能的输入。

——复核，即针对满足规定要求的情况，对选取和确定活动及其结果的适宜性、充分性和有效性进行的验证（见 GB/T 27000—2006，5.1）。

——认证决定。

——证明，即根据复核后做出的决定出具符合性证明，以证实规定要求已得到满足（见 GB/T 27000—2006，5.2）。

——监督（需要时），即合格评定活动的系统性重复，是保持符合性证明有效性的基础（见 GB/T 27000—2006，6.1）。

注1：关于功能的更多信息参见 GB/T 27000。

注2：在 GB/T 27065 中"选取"和"确定"两个功能合并，称为"评价"。

注3：在 GB/T 27065 中"证明"功能被关联到"认证文件"的这一分条款中（见 GB/T 27065—2015，7.7）。

5.1.2 在实施产品认证前，需有相应的认证方案（见 3.2）。

5.2 产品认证方案的功能和活动

5.2.1 产品认证方案需明确 5.1.1 所列的每一项适用功能的具体活动。表1展示了如何通过运用这些功能来建立一个产品认证方案，并概括了这些活动应用在更广泛的产品认证领域中的一些组合类型。5.3 对表1中的产品认证方案的类型做了详述。[**产品认证方案的类型**]（产品认证方案的类型详见本书第4章）

5.2.2 第6章描述了对既定情境确定适用活动的过程，以及做出决定所要考虑的影响因素。

表1 产品认证方案的建立

	产品认证方案中的合格评定功能和活动[a]	产品认证方案类型[b]						
		1a	1b	2	3	4	5	N^{c+d}
I	**选取** 适用时，包括策划和准备活动、具体要求（如规范性文件）和抽样	×	×	×	×	×	×	×

（续）

产品认证方案中的合格评定功能和活动[a]		产品认证方案类型[b]							
		1a	1b	2	3	4	5	6	N[c+d]
Ⅱ	确定特性，适用时通过： a) 检测 b) 检查 c) 设计评估 d) 服务或过程的评价 e) 其他确定活动，如验证	×	×	×	×	×	×	×	×
Ⅲ	复核 检查确定阶段获取的符合性证据，以确定是否已符合规定要求	×	×	×	×	×	×	×	×
Ⅳ	认证决定 批准、保持、扩大、缩小、暂停和撤销认证	×	×	×	×	×	×	×	×
Ⅴ	证明、许可 a) 颁发符合性证书或其他符合性证明	×	×	×	×	×	×	×	×
	b) 授权使用证书或其他符合性证明	×		×	×	×	×	×	×
	c) 为一个批次产品颁发符合性证书		×						
	d) 基于监督（Ⅵ）或批次认证授权使用符合性标志（许可）使用		×	×	×	×	×		
Ⅵ	监督，适用时（见5.3.4～5.3.8）通过： a) 来自公开市场的样品的检测或检查			×		×	×		
	b) 来自工厂的样品的检测或检查				×	×	×		
	c) 对生产、服务提供或过程作业的评价				×	×	×	×	
	d) 结合随机检测或检查的管理体系审核						×	×	

a. 适用时，这些活动可以与申请人管理体系（参见 ISO/IEC 导则 53 中的示例）的初次审核和监督审核或生产过程的初始评价相结合。实施这些评价的次序可以不同，但应在方案中规定。
b. ISO/IEC 导则 28 中给出了一种常用的且被证明有效的产品认证方案模式，对应于方案类型 5 的产品认证方案。
c. 产品认证方案至少包括Ⅰ、Ⅱ、Ⅲ、Ⅳ和Ⅴa）的活动。
d. 增加的符号"N"表示其他基于不同活动的认证方案的可能的未确定数量。

6 产品认证方案的制定和实施

6.1 概述

本章为制定和实施产品认证方案提供指南。适用于拟建立方案的个人、组织或者利益相关方（例如制造商、服务提供方、认证机构、消费者或者政府监管部门）。

6.2 产品认证方案和产品认证制度的关系

产品认证方案使用确定的规则、程序和管理规定。这些规则、程序和管

理规定可以仅由某一方案单独使用，也可以在某个适用于多个方案的产品认证制度中明确。产品认证方案是必需的，只有当一项以上的方案使用相同的规则、程序和管理时，才需要制定产品认证制度。[**产品认证方案和产品认证制度的关系**]

图 1 给出了产品认证方案和产品认证制度的关系。

```
┌─────────────────────────────────────────────────────────────┐
│                                   ┌ ─ ─ ─ ─ ─ ─ ─ ─ ─ ─ ─ ┐ │
│                                      产品认证制度              │
│                                   │  规则、程序和管理规定    │ │
│                                                              │
│     ┌───────────────────┐         │ ┌───────────────────┐  │ │
│     │                   │           │   产品认证方案A    │    │
│     │   产品认证方案     │         │ │针对一组特定要求A实施认证制度││
│     │                   │           └───────────────────┘    │
│     │  与一组特定要求相关的│         │                         │ │
│     │   规则、程序和管理规定│                                  │
│     │                   │         │ ┌───────────────────┐  │ │
│     └───────────────────┘           │   产品的认证方案B   │    │
│                                   │ │针对一组特定要求B实施认证制度││
│      a) 单一产品认证方案            │ └───────────────────┘  │ │
│                                   │                         │
│                                   └ ─ ─ ─ ─ ─ ─ ─ ─ ─ ─ ─ ┘ │
│                                    b) 包括多个方案的产品认证制度 │
│                                                              │
│              图1  产品认证方案和产品认证制度的关系              │
└─────────────────────────────────────────────────────────────┘
```

3. GB/T 27028《合格评定　第三方产品认证制度应用指南》介绍

GB/T 27028 标准所讲的产品认证制度与 GB/T 27067 标准中的产品认证制度 5（产品认证方案类型 5）对应。

GB/T 27028 标准所讲的产品认证过程（产品认证方案类型 5）至少包括认证申请、初始评审（包括生产过程和质量体系的评审、初始检测）、评价（复核）、决定、许可、监督。

下面方框中是 GB/T 27028 标准的要点摘录及标识。

引言

本标准提供了一种第三方产品认证制度的模式，但不排除存在其他可用的第三方合格评定制度模式。实际应用中存在很多可行的制度类型，这依赖于需要认证的产品类别。[**产品认证制度模式的多样性**]

作为典型的第三方产品认证制度，本标准所等同采用的 ISO/IEC 指南 28：2004 已经得到广泛的应用和认可，这一 2004 年修订版本进一步确立了该典型的第三方产品认证制度作为权威性的和可信赖的产品认证制度模式的地位。

1 范围

本标准是特定产品认证制度的通用指南。

本标准适用于通过对产品样品的初始检测、对相关质量体系的评审和监督以及通过对从工厂和（或）市场获得的产品样品进行检测实施监督，以确定产品符合特定要求的第三方产品认证制度。本标准还提出了使用符合性标志的条件和授予符合性证书的条件。[GB/T 27028 产品认证制度的内涵]

本制度对应 GB/T 27067 中描述的产品认证制度 5。[GB/T 27028 与 GB/T 27067 的关系]

附录 A 给出了第三方认证制度的典型的认证规则内容清单。

4 认证申请 [第4章~第8章是认证过程及要求]

申请认证需要使用认证机构提供的专用表格。附录 B 给出了此类表格的样式。

申请应明确申请人提出认证的特定产品或产品组，并且这些特定产品或产品组应是在产品认证方案中所确定的。

在收到填好的申请表和预付保证金后，需要时，认证机构向申请人提供预计完成产品初始评价所需要的时间以及受理申请所需的进一步信息。

5 初始评审

5.1 概述

为了实施本模式的产品认证制度，认证机构应符合 GB/T 27065 的要求。

在确认接受申请以后，认证机构应当按照产品认证方案，为申请人就初始评审进行必要的安排。

认证机构对特定认证方案中包括的全部活动负责，这些活动包括取样、检测、生产过程或质量体系的评审和获证产品的监督。认证机构根据**产品认证方案**可以接受现有的合格评定结果。

认证机构应当将初始评审和检测的结果通知申请人。

如果认证机构确定认证要求未被全部满足，应当将不符合要求的方面通知申请人。

如果申请人能够表明在规定的时限内已采取了纠正措施，并满足了全部要求，则认证机构应当仅重复初始评审和检测的必要部分。

认证机构在其申请程序中规定了费用限额情况下，则可能需要提交一个新申请或增加费用限额。

对于其后提交的相同产品可不必重复评审。

[初始评审包括生产过程和质量体系的评审、初始检测]

5.2 生产过程和质量体系的评审

按照产品认证方案对申请人的生产过程或质量体系进行评审构成初始评审的一部分。

附录 C 中提供了工厂评审调查表的示例。

认证机构的评审活动中应当能获得所有与认证相关的质量体系实施的记录。

申请人应当保证在其质量体系中明确规定对认证机构应负的责任。可指定一个人员，就履行其技术工作职责而言，此人要独立于生产管理，并具有资格与认证机构保持联系。

5.3 初始检测

5.3.1 取样

检测和检验的取样依据产品认证方案进行。

样品应当是整个生产线或被认证的产品组中具有代表性的，所使用的元件和组件应当与生产中使用的元件和组件相同，样品应当用生产设备进行制造，并用生产流程确定的方法进行装配。[**取样的要求**]

如果检测是在**原型样品**上进行的，适当时，则应当在**生产样品**上进行确认检测或检验。

5.3.2 初始检测的实施

初始检测应当按照适用的标准或要求以及产品认证方案来进行。

5.3.3 对其他机构出具的试验数据的使用

当认证机构选择使用其他机构（包括在确定条件下的供方实验室）出具的试验数据时，该机构应当确保检测方的适宜性和执行检测的能力满足 GB/T 27025 的要求。[**对其他检测机构的要求**]

6 评价（复核）

应当通过确定生产过程或质量体系的**初始评审**结果和**初始检测**结果是否满足规定的要求来进行评价。

7 决定

当完成评价（复核）后，应当对其**符合性**做出决定。作为**决定**的结果，其**符合性表述**可以采取报告、声明、证书（证书范例见附录 D）**或**标志的形式，以此来传递满足规定要求的保证信息。[**符合性表述的形式**]

8 许可

在做出**认证决定（证明）**后，认证机构应当向申请人提供认证决定和需申请人签署的许可协议。当许可协议签署后，认证机构应当授予许可。附录 E 和附录 F 给出了协议和许可的范例。

注：如果许可协议提出的条款已包含在申请表中，则"许可协议"不是必需的。该协议应当明确标志或证书的**使用条件**，并制定误用情况下的处理规则。

9 认证范围的扩大

被许可方希望将认证范围扩大到与已获证产品具有相同规定要求的附加产品类型或型号时，应当使用申请表（附录 B）向认证机构提出申请。在这样的情况下，认证机构可以决定不进行生产过程或质量体系的评审，而要求提供扩展类型产品的检测样品［**认证工作缩减的条件**］，以确定这些样品符合特定要求。如果检测合格，则应当扩大认证范围，并可修改许可协议。

如果被许可方希望就另外的产品类型提出认证申请，但这些产品与已获证产品具有不同的规定要求，或者如果希望将认证扩大到原许可未覆盖的现场中，则必须对原申请程序中未覆盖到的新增部分重新进行评审。

10 监督

认证机构应当以相关标准的要求和产品认证方案的要素或要求为基础**对产品实施监督**。认证机构应当以产品认证方案的相关要求为基础**对生产过程或质量体系实施监督**。认证机构可依照产品认证方案接受现有的合格评定结果。［**监督的要求**］

在某些情况下，监督可不必重复初始合格评定的全部要素。这种安排适用于客户定制产品和初始检测非常复杂或样品非常昂贵的情况。此时，监督可仅以检验为基础，或结合更简单的识别性检测，以保证产品与被检测的样品一致。这样的识别性检测应当在产品认证方案中描述。

应当将监督结果通知被许可方。

被许可方应当将可能影响产品符合性的产品、生产过程或质量体系的预期变更的情况通知认证机构。认证机构应当确定这些变更是否需要再次的初始检测和评审，或其他的进一步调查。对于这种情况，被许可方在接到认证机构相应通知之前，不允许交付变更后的产品。

被许可方应当保存与许可覆盖的产品有关的所有投诉和处置的记录，在认证机构有需求时负责提供。

4. GB/T 27053《合格评定　产品认证中利用组织质量管理体系的指南》介绍

下面方框中是 GB/T 27053 标准的要点摘录及标识。

引言

在产品认证方案中利用组织质量管理体系有益于组织和认证机构确定**产品是否符合规定要求**，并保证持续符合这些要求。［**产品认证方案中利用组织质量管理体系的作用**］

在这种类型的方案中，产品认证是以评定组织的**质量管理体系**及**产品是否符合规定要求**为基础的。[**此类方案中产品认证的基础**]

本标准范围内的产品认证方案包含了认证机构可以进行的这两方面的评定。

产品认证方案可以采取多种形式，包括不利用组织质量管理体系的方案。产品认证方案无优劣之分。而且，当认证机构对于某种产品有若干种产品认证方案时，组织有权选择自己认为适宜的方案。[**产品认证方案的多样性**]

注：某些国家的技术法规预先规定应采用的产品认证方案类型。

1 范围

1.1 [**GB/T 27053 标准的作用**] 本标准概述了认证机构制定和实施产品认证方案中利用组织质量管理体系的通用方法。本标准给出的条款不是产品认证机构认可的要求，也不能代替 GB/T 27065 的要求。

1.2 [**产品认证方案包括的原则**] 本标准所含方案仅适合于产品认证，且无论在何种情况均应包括下列原则：

a) 评定组织的质量管理体系及其持续稳定地提供符合规定要求的产品的能力。

b) 检验、检查或对比确认产品符合方案准则和规定要求。

c) 采用适宜的监督方案以确保组织提供的产品持续符合规定要求。

d) 认证机构的符合性标志和/或标识（徽标）的控制。

1.3 在产品认证方案中，认证机构可能要采取各种方法证明是否符合规定要求，包括评定申请人的质量管理体系。无论所制定的是何种形式的产品认证方案，认证机构均有决定是否通过认证的权利。除本标准描述的准则之外，认证机构还可酌情规定其他方案准则。

4 产品认证方案的步骤

4.1 确定方案

为达到产品认证方案所期望的保证目的，方案准则宜包含：GB/T 19001 或类似质量管理体系标准中规定的质量管理体系要求。

注：这种质量管理体系要求可以 GB/T 19001 及其某一行业的应用标准（例如 GB/T 18305 和 ISO/TS 29001）或类似的质量管理体系标准为基础。

产品认证机构在确定将多少质量管理体系要求纳入认证方案时，宜考虑运用该产品认证方案可能的风险和成本。[**产品认证方案应考虑的因素**]

如果风险程度高，认证机构宜考虑将更多的质量管理体系要求纳入认证方案。

> **7.4** [**附录 A 和附录 B 的作用**] 附录 A 和附录 B 分别举例展示了很少利用（附录 A）和较多利用（附录 B）组织质量管理体系要求的产品认证方案。除此之外，认证机构为满足不同需求，还可能使用不同的组合。
>
> 注：基于本标准的产品认证方案提供的产品认证不意味着其相关的质量管理体系也获得了认证。

3.2.4 与合格评定标识有关的标准简介

1. 与合格评定标识有关的标准

与合格评定标识有关的标准包括：

1）GB/T 27030—2006/ISO/IEC 17030：2003《合格评定 第三方符合性标志的通用要求》。

2）GB/T 27023—2008/ISO/IEC Guide 23：1982《第三方认证制度中标准符合性的表示方法》。

3）GB/T 27027—2008/ISO/IEC Guide 27：1983《认证机构对误用其符合性标志采取纠正措施的实施指南》。

2. GB/T 27030《合格评定 第三方符合性标志的通用要求》介绍

下面方框中是 GB/T 27030 标准的要点摘录及标识。

> **引言**
>
> [**符合性标志的作用**] 符合性标志具有多种形式，并有不同的用途。<u>它们能传递产品的有用信息，或表明产品的专门特性</u>，如它的安全性、质量、性能、可靠性或对环境的影响。符合性标志出现在产品、证书和出版物上，<u>表示产品、管理体系、服务、过程、人员或组织符合规定要求</u>。对于所有的符合性标志，最重要的一点是<u>获得</u>市场（包括消费者）对使用这些标志的产品和其他合格评定对象的<u>信任</u>。
>
> [**GB/T 27030 标准的目的**] 本标准的主要目的是在使用第三方符合性标志方面确立一个<u>统一的方法</u>，填补现有国家标准的空白，处理由于第三方符合性标志的不同使用而引起的一些潜在的问题，为标志的使用提供一个明确、合理的<u>基础</u>并规定<u>通用的要求</u>。本标准针对第三方的符合性标志，但也可以作为其他符合性标志的应用指南。
>
> 本标准是建立在市场的反馈和合格评定标志的不同使用者和颁发者的要求的基础上。它参考了国际标准化组织（ISO）1999 年 5 月出版的关于合格评定标志的报告。使用本标准的作用在于提高市场的信任度，并使之得到国际承认以及增强消费者对第三方符合性标志的接受程度。[**GB/T 27030 标准的作用**]

> **1 范围**
> 本标准规定了对第三方符合性标志,包括对其**颁发和使用的通用要求**。
> 注:本标准也可以作为第三方合格评定活动之外的其他符合性标志使用的指南。
> **3 术语和定义**
> GB/T 27000—2006 中确立的以及下列术语和定义适用于本标准。
> **3.1 第三方符合性标志**
> 由第三方合格评定机构颁发的**受保护的标志**,该标志表明合格评定对象(产品、过程、人员、体系或机构)符合规定的要求。
> 示例:第三方的符合性标志可以是:产品认证标志、质量/环境管理体系认证标志、环境符合性标志等。
> 注1:受保护的标志是指受到法律保护、未经授权不得使用的标志。
> 注2:规定的要求通常由诸如 ISO/IEC 国际标准、区域或国家标准、法规和规范等"规范性"文件阐述。
> **3.2 第三方符合性标志的所有者**
> 对第三方符合性标志拥有法律权利的个人或组织。
> **3.3 第三方符合性标志的颁发者**
> 授予第三方符合性标志的使用权的机构。
> 注:颁发者可以不是第三方符合性标志的所有者,经所有者授权后,可以准许其他机构颁发第三方符合性标志。
> **4 通用要求**
> 4.1 第三方符合性标志的**所有者**应有责任依法保护标志**免遭**未经授权的使用。

3. GB/T 27023《第三方认证制度中标准符合性的表示方法》介绍

CCAA《合格评定基础》一书认为,GB/T 27023 标准中符合性标志的**颁发者是第三方认证机构**,而 GB/T 27030 标准中符合性标志的颁发者是**第三方合格评定机构**;GB/T 27023 标准中符合性标志针对的**对象**是**产品或服务**,而 GB/T 27030 标准中符合性标志针对的**对象**是产品、过程、人员、体系或机构;GB/T 27023 标准管理重点是"在认证制度中与标准的符合性",而 GB/T 27030 标准管理重点是"第三方符合性标志的颁发和使用"。

下面方框中是 GB/T 27023 标准的要点摘录及标识。

> **1 范围**
> 本标准规定了与标准及标准中引用文件的**符合性的表示方法**。它主要针对**标准的符合性**,也同样适用于其他技术规范的符合性。它适用于认证机构授权下所做的符合性表示。

3 术语和定义

GB/T 20000.1 中确立的以及下列术语和定义适用于本标准。

3.1 符合性标志

按照第三方认证制度的程序，为符合特定标准或其他技术规范的**产品或服务**而使用或颁发的、经过合法注册的认证标志。

3.2 符合性证书

按照第三方认证制度的程序，为符合特定标准或其他技术规范的产品或服务颁发的**证明文件**。

4 标准符合性信息的需求方

4.1 **制造商**可能需要大家了解其产品符合相关标准。

4.2 **购买者**可能需要了解其购买的产品符合规定的要求。

"购买者"一词不一定指成品的最终用户。例如，他可以购买钢材加工成紧固件。

4.3 **检查组织、保险公司**等可能需要符合性的信息以便有信心为产品承担风险。

4.4 **监管机构**，例如政府等，可能需要法规覆盖的产品符合要求标准的证据。

5 购买者的种类

4.2 提到的购买者可分为以下种类：

5.1 消费者（即大众范畴的个人）

消费者被认为是具有较少或者没有任何技术知识，并且很少接触标准的人。

5.2 专业购买者

专业购买者被认为是具有丰富的知识而且能够理解其工作领域内的标准的人。

6 符合性认证所依据的标准种类

6.1 概述

符合性认证可能需要各种种类（类型）的标准。面临的问题是使用何种表示符合性的方法，才能将关于符合标准的信息和由谁批准的信息传递给用户、购买者、检查组织、监管机构等。产品标准种类（产品范围从原材料、元器件到最终产品）通常可划分为以下两种主要类型：

6.1.1 综合性产品标准

这类标准的目的在于规定产品具备其预期的用途所必需的基本特性、要求、试验方法等。

6.1.2 具体特性标准

此类型标准覆盖某些具体特性，但不必是综合性产品标准。它们可以规定一个具体的特性，例如纺织品"耐光色牢度"，也可以规定多个特性。这类标准经常用于法规性目的，例如仅就产品的安全方面进行规定。

7 标准符合性的表示方法

7.1 符合性标志

符合性标志只**限于第三方认证制度中使用**，表明在该制度监督下与标准相符合。

采用"符合性标志"方法，必须注意清楚地表明其覆盖的范围。

如果一个产品只有某些元器件带符合性标志，则应当注意不得误导消费者以为整个产品是通过认证的。

只有符合了标准的全部要求，而不是选定部分内容或特性时，才能用符合性标志，并且符合性标志应当在适用的具体规则下运作。使用符合性标志的**批准证书**或**许可证书**由认证机构颁发。

7.2 符合性证书

采用"符合性证书"的方法旨在为用户提供关于证书所覆盖的标准的信息。这个方法可用来表明符合综合性产品标准或具体特性标准。符合性证书可以涉及某一标准的**全部要求**，也可只涉及所选定的**部分内容**或**某些特性**。符合性证书按照第三方认证制度的程序颁发，可以是自愿性的，也可以是强制性的。符合性证书应当至少包括以下信息：

a) 认证机构的名称和地址。

b) 制造商的名称和地址。

c) 获认证产品的标识和认证所适用的批次、序列号、型号规格。

d) 认证引用的适用标准（名称、标准编号和年代号）；当认证仅依据标准的某一部分，应当明确指出所适用的部分。

e) 颁发证书的日期。

f) 授权人签字及其职务。

提供的信息应能使证书与其所依据的试验结果联系起来。

第三方认证制度的规则还可规定其他附加信息。

8 标准中引用符合性标志和符合性证书的限制

标准的主要用途是在买方和卖方关系中作为技术文件，或作为技术法规的基础。因此，将**表示符合性的要求**写入标准时要慎重考虑。

有关符合性标志和符合性证书的问题不应出现在标准中，而应使用单独的文件，这些文件应当涉及与符合性标志和符合性证书的使用有关的所有问题。

如果符合性标志和符合性证书是按照第三方认证制度的程序颁发的，这些文件应当由认证机构编制。

只表示特性、代号或分类的标记，不认为是"符合性标志"，可以写进标准中。

9 符合性标志的形式

9.1 推荐使用的符合性标志

为了区分综合性产品标准的符合性和具体特性标准的符合性，可能希望使用不同的符合性标志，然而这将会使消费者不易理解甚至造成误解。需要在每一个标志下面附上文字说明，以示区别。

建议符合性标志用于符合**综合性产品标准**的产品更为合适。

10 国际认证制度中使用符合性标志时认证机构的表示方法

使用符合性标志的任何国际认证制度都应当由参与这个制度的**认证机构**来管理，因此必须**确定**是否需要在产品上标明对该符合性标志管理的认证机构。使用这种表示方法时，应当注意不与国家的标志或其他符合性标志相混淆。

11 为消费者提供的信息

符合性标志、符合性证书和**说明性标记**的内容必须使消费者能够理解。要尽可能提供广泛的信息，以保证消费者明白这些内容的含义。

4. GB/T 27027《认证机构对误用其符合性标志采取纠正措施的实施指南》介绍

下面方框中是 GB/T 27027 标准的要点摘录及标识。

1 引言

1.1　[GB/T 27027 标准的目的] 本标准的目的在于确定一系列程序，供认证机构（非政府的）在决定如何解决下列问题时考虑：

　　a) 据举报认证机构颁发的符合性标志被误用。或

　　b) 事后发现认证产品有危害的。

[处理误用符合性标志要考虑的因素] 认证机构采取的措施视具体情形而定。例如，误用符合性标志的有关法律规定；认证机构与误用标志的组织之间的合同或协议的性质；误用的严重程度；误用是无意的还是故意的；产品是否有危害。

2 术语和定义

2.1 召回

误用者、事后发现产品有危害的生产者或负责提供产品使用的其他方，从用户、市场或经销地点收回这些产品，送回生产厂或其他可接受的地方，并采取相应的纠正措施。

　　注：由于所有权的法律问题，召回须由制造商或负责产品销售的其他方实施。

2.2 误用者

任何误用了符合性标志的个人、组织或其他法人机构,无论该产品是否符合使用标志的条件。

2.3 事后发现产品有危害的生产者

符合认证机构全部的要求,并恰当地使用了该机构的产品符合性标志,但后来发现其产品存在"危害"的个人、组织或其他法人机构。

2.4 危害

对于制造的产品而言,是指使生命、人身或财产面临危险或危急的状态。如果含有危险或危急状态产品的数量达到了不可接受的比例,并有下列情况之一时,即认为这种产品是具有危害的:

a) 结构不安全。或

b) 产品得到了广泛的应用,但某些用途在制定标准时没有预见到,而对这些用途,产品在认证时也未考虑:

——在标准中没有提供具体应用范围。并且

——在产品销售的使用说明书中,制造商没有提出任何限制使用的范围。

注:有时固有危害是产品实现其预期功能所必需的,例如,食品搅拌机的旋转搅拌器的危害不应按本定义作为"危害"来对待。

3 采取纠正措施的条件

3.1 加贴了符合性标志的产品发生如下情况之一时,认证机构应要求误用者采取纠正措施:

——具有危害的。

——未经获准施加了符合性标志。例如,因为没有记录证明该产品已获认证,或不符合认证要求,从而一定程度上损害到符合性标志的可信性。

——使用了未经授权的符合性标志(例如伪造认证标志)。

——违背认证协议。

3.2 当收到误用符合性标志或收到使用符合性标志的产品出现危害的报告时,**认证机构应调查报告的真实性**。如确认已经发生误用,认证机构应判定误用的范围,包括产品、型号、序列号、生产厂的生产设施、生产批次和所涉及的数量。

4 采取纠正和纠正措施的种类

纠正和纠正措施可以是下列措施中的一种或几种:

a) 如果认证机构认为采取**召回**的措施对保护公众利益是必要的,则由认证机构通知被授权方和负责执行召回的各方,并允许其实施。

b) **从产品上去除符合性标志**。(通常，只在生产厂或其他产品集中的场所进行，以便从仓库、市场、经销地点或用户处的产品上去除符合性标志；或者与有处置接受或拒收产品权限的监管部门合作，在现场从产品上去除符合性标志。)

c) **对产品进行整改**，使其满足相关的认证要求。(产品整改最好在生产厂完成。但若把某些有问题的装置召回生产厂不现实时，也可授权在现场进行整改。例如，电气开关或大型熔炉。)

d) 对既不能通过去除符合性标志又不能通过整改来满足相关认证要求的产品，则采取**报废**或适当的**退换**措施。

e) 当存在危害又不能实行以上 a)、b)、c)、d) 的纠正措施时，应**向公众发布有关危害的公告**，或采取符合国家法律规定的其他措施。

注：对事后发现产品有危害的生产者，认证机构宜采取纠正措施，建议修订标准以消除危害，并采取措施确保具有同样危害的产品不施加符合性标志。

5 针对误用者可选择的措施

5.1 采取的纠正措施取决于标志误用的性质及其产生的后果。

5.2 未签订或未履行合同使用符合性标志时，可诉诸法律，由法院决定采取什么样的纠正措施。

6 采取纠正措施的时机

6.1 当事实表明需要采取纠正措施，并有误用者对其误用行为负责或有事后发现产品有危害的生产者时，认证机构要立即启动纠正措施。

6.2 当事实确凿，且纠正措施明确，但没有对其误用行为负责的误用者或没有事后发现产品有危害的生产者（例如：公司已经破产），或有问题的产品已经停止生产多年，已不再能从市场上买到时，认证机构宜寻求法律咨询并通知政府相关部门、监管部门和公共机构。

7 纠正措施的启动

7.1 在有确凿的证据证明产品有危害或误用了符合性标志的情况下，认证机构宜启动纠正措施，通过电话或传真**通知误用者**，必要时**通知监管机构**，并应立即**暂停该产品使用符合性标志的授权**。

7.2 在具有危害的产品使用了符合性标志的情况下，认证机构宜通知标志误用者采取适当的措施**告知用户**，说明危害并建议所采取的措施。

8 纠正措施的完成

当认证机构对纠正措施确认有效后，宜进行下列工作：

a) 再次以书面形式通知要求采取纠正措施的各方。

b) 更新认证档案，纳入由于采取纠正措施而需要修正的内容。

9 纠正措施的完成程度

认证机构希望对误用标志的所有产品采取纠正措施，实际上这难以实现，特别是产品已在市场上销售了相当长的时间。如果符合下列情况，认证机构通常就认为相应的纠正措施已满意实施：

a) 误用者已按要求发布了适当的公告。

b) 市场或经销地点的不符合要求的产品在监督下已被召回、整改、退换或销毁，或已按要求最大限度地采取了其他纠正措施。

c) 误用者已经同意对用户持有的产品继续采取必要的纠正措施，直至认证机构对已取得的最大实际效果满意为止。并且

d) 在制造过程中已经采取了必要的措施，防止再次出现需采取类似纠正措施的产品。

10 拒绝采取纠正措施

10.1 如果误用者拒绝采取纠正措施时，认证机构宜采取以下步骤：

a) 解除与误用者签订的相应认证合同。

b) 情况严重时，应把误用者拒绝采取纠正措施及认证合同已被解除的情况，通知监管机构和（或）其他有关机构。

c) 应寻求法律支持以便采取其他可能的措施（例如，法院做出的禁止性决定，认证机构依法举行的新闻发布会）。

10.2 事后发现产品有危害的生产者得知其产品即使符合适用的标准，但仍然有危害，可能自愿采取纠正措施。

10.3 如果事后发现产品有危害的生产者拒绝采取纠正措施，认证机构宜与有关监管机构商讨并进行法律咨询以确定进一步的措施。除监管机构可能采取的措施外，认证机构也可采取如下措施：

a) 尽快修订标准以消除危害，并在标准修订发布后要求所有获证的该种产品尽早满足新标准。

b) 通过最适当的新闻媒介，将发现的危害公布于众。

3.2.5 有关合格评定机构管理的标准简介

1. 有关合格评定机构管理的标准

有关合格评定机构管理的标准包括：

1) GB/T 27020—2016/ISO/IEC 17020：2012（CNAS-CI01）《合格评定 各类检验机构的运作要求》。

2) GB/T 27021/ISO/IEC 17021《合格评定 管理体系审核认证机构要求》系列标准，包括 GB/T 27021.1—2017/ ISO/IEC 17021—1：2015（CNAS-

CC01)《合格评定 管理体系审核认证机构要求 第1部分：要求》等。

3）GB/T 27025—2019/ISO/IEC 17025：2017（CNAS－CL01）《检测和校准实验室能力的通用要求》。

4）GB/T 27065—2015/ISO/IEC 17065：2012（CNAS－CC02）《合格评定 产品、过程和服务认证机构要求》。

2. GB/T 27020《合格评定 各类检验机构的运作要求》介绍

下面方框中是 GB/T 27020 标准的要点摘录及标识。

引言

[**GB/T 27020 标准的目的**] 制定本标准的目的是增强对检验机构的信任。

检验机构代表私人客户、其母体组织或官方机构实施评审，目的是向上述机构提供被检项目对法规、标准、规范、检验方案或合同的**符合性信息**。**检验参数**包括数量、质量、安全、适用性和运行中的装置或系统的持续安全符合情况。为了使检验机构的服务被客户、监管机构所接受，特将检验机构应遵守的通用要求统一成本标准。

本标准涵盖了检验机构的**活动**，这些活动包括对材料、产品、安装、工厂、过程、工作程序或服务进行审查，确定其对要求的符合性，以及随后向客户报告这些活动的结果，需要时，向官方机构报告。检验可涉及**被检项目的所有阶段**，包括设计阶段。在从事检验活动时，尤其是评价对通用要求的符合性时，通常要求进行**专业判断**。

本标准可用做认可、同行评审或其他评审的要求文件。

应用到具体领域时，可对本标准的要求进行解释。

当活动具有共性时，检验活动可与检测和认证活动交叉。然而，[**检验与检测和认证的重要区别**] 检验与检测和认证的重要区别是很多类型的检验活动包含了用专业判断来确认对通用要求的符合性。因而检验机构需要具备执行检验任务的必要**能力**。

检验可以是包含于大的过程中的一项活动。例如，在产品认证方案中，检验可作为一种监督活动。检验可以是维护保养之前的一项活动，或者是简单地提供被检项目的信息而不做出是否满足要求的决定。在这种情况下，可能需要进一步的解释。

[**检验机构分类的本质**] 将检验机构分成 A 类、B 类或者 C 类，本质上是对检验机构**独立性**的一种衡量。检验机构可证明的**独立性**能够增强客户对该机构有能力公正地开展检验活动的信心。

1 范围

本标准规定了对**检验机构**的**能力**及其从事检验活动的**公正性**和**一致性**的要求。

本标准适用于本标准所定义的 A、B、C 类检验机构，且适用于检验的任何阶段。

注：检验的各阶段包括设计阶段、型式试验、初始检验、运行检验或监督。

4 通用要求

4.1 公正性和独立性

4.1.1 检验活动应公正地实施。

4.1.2 检验机构应对其检验活动的公正性负责，且不应允许来自商业、财务或其他方面的压力影响其**公正性**。

4.1.6 检验机构的独立性程度应满足其所从事的服务所应具备的相应条件。基于这些条件，检验机构应满足附录 A 中规定的最低要求，概述如下：

a) 提供**第三方检验**的检验机构应满足 A.1 中 **A 类检验机构**（第三方检验机构）的要求。

b) 提供第一方检验和（或）第二方检验，且作为某个从事与被检验产品的设计、生产、供应、安装、使用或维护有关的组织中的一个独立且可识别的部分，仅为其母体机构提供检验服务（内部检验机构）的检验机构，应满足 A.2 中 B 类检验机构的要求。

c) 提供第一方检验和（或）第二方检验，且作为某个从事与被检验产品的设计、生产、供应、安装、使用或维护有关的组织中的一个可识别但不一定独立的一部分，为其母体机构或其他机构提供检验服务的检验机构，应满足 A.3 中 C 类检验机构的要求。

4.2 保密性

4.2.1 检验机构应通过具有法律效力的承诺，对在实施检验活动中获得或产生的所有信息承担管理责任。检验机构应将拟在公开场合发布的信息事先通知客户。除非是客户公开的信息或检验机构和客户达成了一致（如：对投诉做出的回应）的信息，其他所有信息都被认为是专有信息，应予以保密。

注：具有法律效力的承诺可能是合约协议等。

5 结构要求

5.1 行政管理要求

5.1.1 检验机构应为法律实体，或者为某个法律实体的明确部分，该实体应对其全部检验活动承担法律责任。

注：政府检验机构因其政府身份而被视为法律实体。

5.2 组织和管理

5.2.1 检验机构应从**结构**和**管理**上保障检验活动的**公正性**。

5.2.2 检验机构的**组织和管理**应能**确保**其保持开展检验业务**所需的能力**。

注：检验方案实施计划可以包含参与检验机构间的技术交流，以确保其保持相关的技术能力。

6 资源要求

6.1 人员

6.1.1 检验机构应**规定**所有与检验活动相关的人员的**能力要求**，包括教育、培训、技术知识、技能和经验，并形成文件。

注：能力要求可以是5.2.7提及的岗位说明或其他文件中的一部分。

6.1.5 检验机构应有形成文件的程序，用于检验员以及其他与检验活动相关的人员的**选择**、**培训**、**正式授权**和**监督**。

6.2 设施与设备

6.2.1 检查机构应有可获得的、适宜的、充足的设施和设备，以胜任及安全的方式开展与检查活动相关的一切活动。

注：检验机构无须是其使用的设施或设备的拥有者。设施和设备可以是借用的、租用的、雇用的、租赁的或由其他机构（如设备的制造者或安装者）提供的。但检验所用设备的适用性和校准状态的责任，无论设备是否为检验机构拥有，均应由检验机构独立承担。

6.2.14 检验机构应制定处置缺陷设备的程序文件。缺陷设备应停用，并隔离、做明显的标识或标记。检验机构应检验缺陷设备对之前检验的影响，必要时，采取适当的纠正措施。

7 过程要求

7.1 检验方法和程序

7.1.1 检验机构应根据所实施的检验活动，使用要求中规定的检验方法和程序。没有规定方法和程序时，检验机构应制定特定的检验方法和程序（见7.1.3）。如果检验机构认为客户建议的检验方法不合适时，应通知客户。

注：进行检验**所依据的要求**通常在法规、标准、规范、检验方案或合同中规定。规范可能包括客户或内部要求。

7.1.5 检验机构应有合同或工作指令控制体系，以确保：

a) 在其专业能力范围内从事工作，并有充分的资源来满足要求。

注：资源包括但不限于设施、设备、参考文件、程序或人力资源。

b) 应充分明确客户对检验机构服务提出的要求，并能正确理解其特殊条件，以确保向负责实施的人员下达明确的指令。

c) 通过定期复核和采取纠正措施,使工作处于受控状态。

d) 满足合同或工作指令的要求。

7.2 检验项目和样品的处置

7.2.1 检验机构应使被检验项目和样品可以被**唯一性**识别,以避免混淆。

7.3 检验记录

7.3.1 检验机构应保持一个记录体系(见8.4)以表明有效执行检验程序且能够对检验活动进行评价。

7.4 检验报告和检验证书

7.4.1 检验机构完成的工作应包含在可追溯的检验报告或检验证书中。

附录 A

(规范性附录)

检验机构的独立性要求

A.1 检验机构(A类)的要求

4.1.6 a)中所指的检验机构应满足以下要求。

a) 检验机构应独立于所涉及的各方。

b) 检验机构及其人员不应从事任何可能违背检验判断的**独立性**和**完整性**的活动,尤其不得从事检验对象的设计、生产、供应、安装、采购、拥有、使用或维护。

c) 检验机构不应是某个从事检验对象的设计、生产、供应、安装、采购、拥有、使用或维护的法律实体的一部分。

d) 检验机构不应与某个从事检验对象的设计、生产、供应、安装、采购、拥有、使用或维护的独立的法律实体有如下关联:

1) 共同的所有权,除非所有者没有能力影响检验的输出。

2) 共同的所有者在董事会或机构、类似机构中任命的人,除非这些人的岗位对检验的输出没有影响。

3) 直接向同一等级的管理层汇报,除非这样不会影响检验的输出。

4) 可能有能力影响检验输出的合约承诺或其他方式。

A.2 检验机构(B类)的要求

4.1.6 b)中所指的检验机构应满足以下要求:

a) 检验服务仅提供给检验机构的母体组织。

b) 检验人员与其他岗位人员的职责应通过组织识别和检验机构在母体组织内部的隶属关系明确分开。

c) 检验机构及其人员不应从事任何可能违背检验判断的独立性和完整性的活动。尤其不得从事检验对象的设计、生产、供应、安装、使用或维护。

A.3 检验机构（C类）的要求

4.1.6c) 中所指的检验机构应满足以下要求：

a) 检验机构应在组织机构内采取防范措施，确保检验和其他活动的职责充分分离。

b) C类检验机构针对同一对象所开展的设计、生产、供应、安装、服务、维护和检验均不应由同一个人完成。一个例外是有法规要求明确允许C类机构的某个人可以针对同一个对象既做设计、生产、供应、安装、服务、维护又做检验，只要这种例外不会危害检验结果。

3. GB/T 27021.1《合格评定 管理体系审核认证机构要求 第1部分：要求》介绍

下面方框中是 GB/T 27021.1 标准的要点摘录及标识。

引言

管理体系认证（如对组织的环境管理体系、质量管理体系或信息安全管理体系的认证）是一种保证方法，用以确保组织已实施了与其方针及相关管理体系标准的要求一致的、用以管理其活动、产品和服务相关方面的体系。

本部分规定了对管理体系审核和认证机构的要求。它对从事质量、环境及其他管理体系审核与认证的机构提出了**通用要求**。本部分将这类机构称为认证机构。贯彻这些要求旨在确保认证机构以**有能力、一致和公正**的方式实施管理体系认证，以促进国际和国内承认这些机构并接受它们的认证。本部分为促进对管理体系认证的承认提供了基础，这种承认有利于国际贸易。

管理体系认证是独立地证明组织的管理体系：
a) 符合规定要求。
b) 能够自始至终实现其声明的方针和目标。
c) 得到有效实施。

因此，诸如管理体系认证的合格评定活动为组织、组织的顾客及利益相关方提供了**价值**。

第4章阐述了可信的认证所依据的原则。这些原则有助于用户理解认证

的本质属性，并为第 5 章～第 10 章做了必要的铺垫。这些原则构成了本部分要求的基础，但其本身并不是可供评审的要求。第 10 章为认证机构通过建立管理体系来保障和证实其始终满足本部分要求提供了两种可供选择的途径。

认证活动是构成从申请评审到认证终止的整个认证过程的活动。附录 E 展现了许多认证活动能够相互作用的方式。

认证活动包括对组织的管理体系的审核。认证机构通常以**认证文件**或**证书**的形式证明组织的管理体系符合特定的管理体系标准或其他规范性要求。

本部分适用于各种类型管理体系的审核与认证。为实现利益相关方的期望，可能需要对其中一些要求，特别是那些关于审核员能力的要求补充附加准则。

1　范围

GB/T 27021 的本部分包含了**所有类型管理体系审核与认证机构**的能力、一致性和公正性的原则与要求。

按照本部分运作的认证机构不必提供所有类型的管理体系认证。

管理体系认证，是一种第三方合格评定活动，因此实施这种活动的机构是第三方合格评定机构。

注 1：管理体系的示例：质量管理体系、环境管理体系和信息安全管理体系。

注 2：本部分中，管理体系认证称为"认证"，实施认证的第三方合格评定机构称为"认证机构"。管理体系认证有时也称为"注册"，认证机构有时称为"注册机构"。

注 3：认证机构可以是非政府的或政府的，具有或不具有法定权力。

注 4：本部分可作为认可、同行评审或其他审核过程的准则文件。

3　术语和定义

3.4　认证审核

由独立于客户和依赖认证的各方的审核组织实施的、对客户的管理体系进行以认证为目的的审核。

注 1：在下面的定义中，第三方认证审核简称为"审核"。

注 2：认证审核包括初次审核、监督审核和再认证审核，还可以包括特殊审核。

注 3：认证审核通常由依据管理体系标准要求提供符合性认证的认证机构的审核组实施。

注 4：两个或两个以上审核组织合作审核同一个客户，称作**联合审核**。

注 5：一个客户同时按照两个或两个以上管理体系标准的要求接受审核，称作**结合审核（多体系审核）**。

注 6：一个客户已将两个或两个以上管理体系标准要求的应用整合在一个单一的管理体系中，并按照一个以上标准接受审核，称作**一体化审核**。

3.12 严重不符合

影响管理体系实现预期结果的能力的不符合（3.11）。

注：严重不符合可能是下列情况：

——对过程控制是否有效或者产品或服务能否满足规定要求存在严重的怀疑。

——多项轻微不符合都与同一要求或问题有关，可能表明存在系统性失效，从而构成一项严重不符合。

3.13 轻微不符合

不影响管理体系实现预期结果的能力的不符合（3.11）。

3.16 审核时间

策划并完成一次完整有效的客户组织管理体系审核所需要的时间。

3.17 管理体系认证审核时间

审核时间（3.16）的一部分，包括从首次会议到末次会议之间实施审核活动的所有时间。

注：审核活动通常包括：

——举行首次会议。

——审核实施中的文件评审。

——审核中的沟通。

——向导和观察员的作用和责任。

——信息的收集和验证。

——形成审核发现。

——准备审核结论。

——举行末次会议。

4 原则

4.1 总则

4.1.2 认证的**总体目标**是使所有相关方相信管理体系满足**规定要求**。**认证的价值**取决于第三方通过公正、有能力的评定所建立的**公信力的程度**。认证的利益相关方包括（但不限于）：

a）认证机构的客户。

b）获证客户的顾客。

c）政府部门。

d）非政府组织。

e）消费者和其他公众。

4.1.3 ［**认证的原则**］建立信任的原则包括：

——公正性。

——能力。

——责任。
——公开性。
——保密性。
——对投诉的回应。
——基于风险的方法。

注：本部分在第4章给出了认证的原则，ISO 19011 第4章给出了与审核有关的原则。

4. GB/T 27025《检测和校准实验室能力的通用要求》介绍

下面方框中是 GB/T 27025 标准的要点摘录及标识。

1 范围

本标准规定了实验室**能力**、**公正性**以及**一致运作**的通用要求。

本标准适用于所有从事实验室活动的组织，不论其人员数量多少。

实验室的客户、法定管理机构、使用同行评审的组织和方案、认可机构及其他机构采用本标准证实或承认实验室能力。

4 通用要求

4.1 公正性

4.1.1 实验室应公正地实施实验室活动，并从**组织结构**和**管理**上保证公正性。

4.1.2 实验室管理层应做出公正性承诺。

4.1.3 实验室应对实验室活动的公正性负责，不允许商业、财务或其他方面的压力损害公正性。

4.1.4 实验室应持续识别影响公正性的风险。这些风险应包括实验室活动、实验室的各种关系，或者实验室人员的关系而引发的风险。然而，这些关系并非一定会对实验室的公正性产生风险。

4.2 保密性

4.2.1 实验室应通过做出**具有法律效力的承诺**，对在实验室活动中获得或产生的所有信息承担管理责任。实验室应将其准备公开的信息事先通知客户。除了客户公开的信息，或当实验室与客户有约定时（例如为回应投诉的目的），其他所有信息都被视为专有信息，应予以保密。

5 结构要求

5.4 实验室应以满足本标准、实验室客户、法定管理机构和提供承认的组织的要求的方式开展实验室活动，包括在固定设施、固定设施以外的场所、临时或移动设施、客户的设施中实施的实验室活动。

5.5 实验室应：

a) 确定实验室的组织和管理结构、其在母体组织中的位置，以及管理、技术运作和支持服务间的关系。

b) 规定对实验室活动结果有影响的所有**管理、操作**或**验证人员**的职责、权力和相互关系。

c) 将程序形成文件，其详略程度需确保实验室活动**实施的一致性**和**结果有效性**。

6 资源要求

6.2 人员

6.2.1 所有可能**影响实验室活动的人员**，无论是内部人员还是外部人员，应**行为公正、有能力**并按照实验室管理体系要求工作。

6.2.2 实验室应将**影响实验室活动结果的各职能的能力要求形成文件**，包括对教育、资格、培训、技术知识、技能和经验的要求。

6.3 设施和环境条件

6.3.1 设施和环境条件应适合实验室活动，不应对**结果有效性**产生不利影响。

注：对结果有效性有不利影响的因素可能包括但不限于：微生物污染、灰尘、电磁干扰、辐射、湿度、供电、温度、声音和振动。

6.3.2 实验室应将从事实验室活动所必需的设施及环境条件的要求**形成文件**。

6.4 设备

6.4.1 实验室应获得正确开展实验室活动所需的并影响结果的设备，包括但不限于：测量仪器、软件、测量标准、标准物质、参考数据、试剂、消耗品或辅助装置。

6.4.7 实验室应制定**校准方案**，并应进行**复核**和必要的**调整**，以保持对校准状态的信心。

6.5 计量溯源性

6.5.1 实验室应通过<u>形成文件</u>的<u>不间断的校准链</u>，将测量结果与适当的参考对象相关联，建立并保持测量结果的计量溯源性，每次校准均会引入测量不确定度。

6.6 外部提供的产品和服务

6.6.1 实验室应确保影响实验室活动的**外部提供**的产品和服务的**适宜性**，这些产品和服务包括：

a) 用于实验室自身的活动。

b）部分或全部直接提供给客户。

c）用于支持实验室的运作。

注：产品可包括测量标准和设备、辅助设备、消耗材料和标准物质。服务可包括校准服务、抽样服务、检测服务、设施和设备维护服务、能力验证服务以及评审和审核服务。

7 过程要求

7.1 要求、标书和合同的评审

7.1.1 实验室应有要求、标书和合同评审程序。该程序应确保：

a）要求被予以充分规定，形成文件，并易于理解。

b）实验室有能力和资源满足这些要求。

c）当使用外部供应商时，应满足6.6的要求，实验室应告知客户由外部供应商实施的实验室活动，并获得客户同意。

d）选择适当的方法或程序，并能满足客户的要求。

7.2 方法的选择、验证和确认

7.2.1 方法的选择和验证

7.2.1.1 实验室应使用适当的方法和程序开展所有实验室活动，适当时，包括测量不确定度的评定以及使用统计技术进行数据分析。

注：本标准所用"方法"可视为是ISO/IEC指南99的定义的"测量程序"的同义词。

7.2.1.2 所有的方法、程序和支持文件，例如与实验室活动相关的指导书、标准、手册和参考数据，应保持现行有效并易于人员获取（见8.3）。

7.2.2 方法确认

7.2.2.1 实验室应对非标准方法、实验室开发的方法、超出预定范围使用的标准方法或其他修改的标准方法进行**确认**。确认应尽可能全面，以满足预期用途或应用领域的需要。

7.3 抽样

7.3.1 当实验室为后续检测或校准对物质、材料或产品实施抽样时，应有**抽样计划和方法**。抽样方法应明确需要控制的因素，以确保后续检测或校准结果的有效性。在抽样地点应能得到抽样计划和方法。只要合理，抽样计划应基于适当的统计方法。

7.4 检测或校准物品的处置

7.4.1 实验室应有运输、接收、处置、保护、存储、保留、处理或归还检测或校准物品的程序，包括**保护**检测或校准物品的**完整性**以及实验室与客户利益所需的所有规定。在物品的处置、运输、保存/等候和制备过程中，应注意避免物品变质、污染、丢失或损坏。应遵守随物品提供的操作说明。

7.6 测量不确定度的评定

7.6.1 实验室应识别测量不确定度的贡献。评定测量不确定度时,应采用适当的分析方法考虑所有**显著贡献**,包括来自**抽样的贡献**。

7.7 确保结果有效性

7.7.1 实验室应有监控结果有效性的程序。记录结果数据的方式应便于**发现其发展趋势**,如可行,应采用统计技术审查结果。实验室应对监控进行策划和审查。

7.8 报告结果

7.8.2 (检测、校准或抽样)报告的通用要求。

7.8.2.1 除非实验室有有效的理由,每份报告应**至少**包括下列信息,以最大限度地减少**误解或误用**的可能性:

a) 标题(例如"检测报告""校准证书"或"抽样报告")。

b) 实验室的名称和地址。

c) 实施实验室活动的地点,包括客户设施、实验室固定设施以外的场所、相关的临时或移动设施。

d) 将报告中所有部分标记为完整报告的一部分的唯一性标识,以及表明报告结束的清晰标识。

e) 客户的名称和联络信息。

f) 所用方法的识别。

g) 物品的描述、明确的标识,以及必要时,物品的状态。

h) 检测或校准物品的接收日期,以及对结果的有效性和应用至关重要的抽样日期。

i) 实施实验室活动的日期。

j) 报告的发布日期。

k) 如与结果的有效性或应用相关时,实验室或其他机构所用的抽样计划和抽样方法。

l) 结果仅与被检测、被校准或被抽样物品有关的声明。

m) 结果,适当时,带有测量单位。

n) 对方法的补充、偏离或删减。

o) 报告批准人的识别。

p) 当结果来自于外部供应商时所做的清晰标识。

注:在报告中声明除全文复制外,未经实验室批准不得部分复制报告,可以确保报告不被部分摘用。

5. GB/T 27065《合格评定 产品、过程和服务认证机构要求》介绍

下面方框中是 GB/T 27065 标准的要点摘录及标识。

> **引言**
>
> 产品、过程或服务认证的总体目标是向所有利益相关方提供产品、过程或服务符合规定要求的信心。**认证的价值**在于所建立的**信心和信任的程度**，这种信心和信任来源于第三方对满足规定要求的公正和有能力的证明。认证的利益相关方包括但不限于：
>
> a）认证机构的客户。
> b）获得产品、过程或服务认证的组织的顾客。
> c）政府部门。
> d）非政府组织。和
> e）消费者以及其他公众。
>
> 利益相关方可以希望或要求认证机构满足本标准的所有要求，需要时，也可以包括认证方案的要求。
>
> 产品、过程或服务认证是为产品、过程或服务满足标准和其他规范性文件的规定要求提供**证明**的一种方式。有些产品、过程或服务的认证方案可包括初始检测（或检验）和对供方质量管理体系的审核，以及后续的监督。对于后续监督，要考虑对质量管理体系的审核以及从生产现场和市场抽样的检测或检验。有些认证方案基于初始检测和监督检测，还有一些认证方案仅包括型式试验。
>
> 本标准规定了对认证机构的要求，遵循这些要求旨在确保认证机构以**有能力、一致和公正**的方式实施认证方案，以促进国际和国内承认这些认证机构，接受获证产品、过程和服务，并因此促进国际贸易。本标准可作为认可、同行评审使用的准则文件，也可作为政府部门、认证方案所有者或其他方指定使用的准则文件。
>
> 本标准的要求是认证机构实施产品、过程或服务认证方案的**通用准则**。在特定行业或其他部门使用时，或必须考虑诸如健康和安全等特殊要求时，可对本标准的要求进行扩充。附录 A 包含了与认证机构及其提供的认证活动相关的原则。
>
> 本标准未对认证方案的内容及其制定提出要求，也不限制方案所有者的作用或选择，但是方案的内容不宜与本标准的任何要求产生排斥或冲突。
>
> 可采用**认证证书**和（或）**符合性标志**的形式来表明满足适用的标准或其他规范性文件。但在很多情况下，根据规定的标准或其他规范性文件认证特定产品（或系列产品）、过程和服务的认证方案，还需要其特有的解释性文件。

本标准不仅适用于第三方产品、过程或服务认证，其诸多条款也可用于第一方和第二方产品合格评定程序。

1　范围

本标准包含了对**产品、过程和服务认证机构**的**能力、一致性运作和公正性**的要求。按照本标准运作的认证机构不必提供所有类型的产品、过程和服务认证，产品、过程和服务认证是一种第三方的合格评定活动。

在本标准中，除了那些专门说明"过程"或"服务"的条款（见附件B），术语"产品"也可理解为"过程"或"服务"。

3　术语和定义

3.3　评价

合格评定活动中的选取和确定功能的组合。

注：GB/T 27000—2006 ISO/IEC 17000：2004 的 A.2 和 A.3 对"选取"和"确定"功能进行了描述。

3.7　认证要求

作为获得或保持认证的条件，**客户**（3.1）所要**满足**的**规定要求**，包括**产品要求**（3.8）。

注：认证要求包括为满足本标准由认证机构提出的对客户的要求（通常通过认证协议，见4.1.2），也包括认证方案提出的对客户的要求。本标准所指的"认证要求"不包括认证方案对认证机构提出的要求。

例如，以下为认证要求，但不是产品要求：

——履行认证协议。

——缴付费用。

——提供获证产品变更的信息。

——为监督活动提供获取获证产品的途径。

3.8　产品要求

认证方案列出的标准或其他规范性文件中规定的、与产品直接相关的要求。

注：产品要求可以在法规、标准和技术规范中规定。

3.10　认证范围

对以下内容的界定：

——批准认证的产品、过程或服务。

——适用的认证方案。

——评价产品、过程或服务是否符合要求的标准和其他规范性文件（包括发布日期）。

7 过程要求

[认证过程要求]

7.1 总则

7.2 申请

7.3 申请评审

7.4 评价 [**评价包括合格评定功能法的选取与确定**]

7.5 复核

7.6 认证决定

7.7 认证文件

7.8 获证产品名录

7.9 监督

7.10 影响认证的变更

7.11 认证的终止、缩小、暂停或撤销

7.12 记录

7.13 投诉和申诉

附录 A

(资料性附录)

产品认证机构及其认证活动的原则 [5 项原则]

A.1 总则

A.1.1 认证总体目标是向所有利益相关方提供产品符合规定要求的信心。**认证的价值**在于所建立的**信心**和**信任的程度**,这种信心和信任**来源于**第三方对产品、过程或服务符合规定要求进行的**公正**和**有能力**的**证实**。认证的利益相关方包括但不限于以下几类:

a) 认证机构的客户。

b) 获证产品生产组织的顾客。

c) 政府部门。

d) 非政府组织。

e) 消费者和其他公众。

A.1.2　A.2～A.6 详细表述**赢得信任**的原则。

A.2 公正性

A.2.1 认证机构及其人员保持公正并使人感受到公正是必需的,以便对其认证活动和认证结果提供信心。

A.2.2 **公正性的风险**包括可能源于下列情况而产生的各种偏离:

a) 自身利益（如：过分依赖服务合同或费用、担心失去客户、担心失业，以至于对合格评定活动的公正性带来不利影响）。

b) 自我评价（如：认证机构从事合格评定活动，评价本机构提供的其他服务结果，例如咨询）。

c) 倾向（如：认证机构或其人员行为支持或反对某公司，而这个公司同时又是其客户）。

d) 过分熟悉，即由于认证机构或其人员对对方过分熟悉或信任以至于不去寻求符合性的证据（产品认证人员需掌握特定专业能力，而往往有资格的人员有限，因此在产品认证领域，这种风险更难控制）。

e) 胁迫（如：认证机构或其人员因来自客户或其他利益相关方的风险或恐吓，可能妨碍其行为的公正性）。

f) 竞争（如：客户与签约人员之间的竞争）。

A.3 能力

认证机构的管理体系所支撑的人员能力，是认证提供信任的必要条件。

A.4 保密性和信息公开

A.4.1 总则

有关**保密性**（见 A.4.2）和**信息公开**（见 A.4.3）要求之间管理的**平衡**，将**影响利益相关方的信任**和他们对正在进行的**合格评定活动价值的看法**。

A.4.2 保密性

为了获取实施有效的合格评定所需信息的途径，认证机构需为保密信息不会遭到泄露提供信心。

所有组织和人员有权确保其提供的任何专有信息（见 4.5）得到保护，除非法律有规定或适用的认证方案有要求。

A.4.3 信息公开

为了使公众对认证的**诚信度**和**信用**建立信心，认证机构需要及时提供或公布适当的信息，包括有关评价和认证的过程，以及认证状态（如批准、保持、扩大或缩小范围、暂停、撤销或拒绝认证等）的信息。信息公开是获取或公布适当信息的原则。

A.4.4 信息获取

与认证机构签约的个人或组织为了承担认证活动，有要求时，他们应能获得认证机构持有的有关评价和（或）认证产品的任何信息。

A.5 对投诉和申诉的回应

有效处理投诉和申诉，是保护认证机构、客户以及其他合格评定使用

者，避免产生错误、遗漏和不合理行为的重要手段。如果投诉和申诉得到了恰当的处理，对合格评定活动的信任就得到了保障。

A.6 责任

A.6.1 符合认证要求的责任在于客户而不是认证机构。

A.6.2 认证机构具有获取足够的客观证据，并在此基础上做出认证决定的责任。基于对这些证据的评审，如果有充分的符合性的证据，认证机构将做出批准认证的决定；如果没有充分的符合性证据，则不批准认证，或做出不保持认证的决定。

例题分析

1.（单项选择题）ISO/IEC 17025《检测和校准实验室能力的通用要求》是针对（　　）的规范性要求。(真题)

A. 科研组织　　　　　　　　B. 实验室

C. 认证机构　　　　　　　　D. 培训机构

答案及分析：选择 B。见本书 3.2.5 节之 4 方框中 GB/T 27025/ ISO/IEC 17025 标准第 1 章 "范围"：本标准规定了**实验室**能力、公正性以及一致运作的通用要求。

2.（单项选择题）合格评定工具箱中 GB/T 27001 ~ GB/T 27005 系列标准对合格评定标准中各通用要素的要求进行了规定，分（　　）三个层次。(真题)

A. 强制性、自愿性、建议性　　B. 推荐性、强制性、自愿性

C. 建议性、参照性、等同性　　D. 强制性、推荐性、建议性

答案及分析：选择 D。见本书 3.2.2 节之 4。

3.（单项选择题）认证制度是指实施认证的（　　）。(真题)

A. 形式和管理　　　　　　　B. 管理、权限规定、约束与要求

C. 规则、程序和管理　　　　D. 方法、技术、方案

答案及分析：选择 C。见本书 3.2.3 节之 2 方框中 GB/T 27067 标准 3.1 条款。

4.（单项选择题）合格评定工具箱中与合格评定认证方案直接相关的标准是（　　）。(真题)

A. GB/T 27020　　　　　　　B. GB/T 27021

C. GB/T 27067　　　　　　　D. GB/T 27065

答案及分析：选择 C。见本书 3.2.3 节。

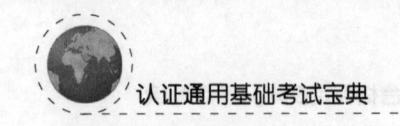

5. （判断题）GB/T 27023 标准规定符合性标志可以不必区分符合综合性标准还是符合具体特性的标准。（   ）(真题)

答案及分析：×。见本书 3.2.4 节之 3 方框中 GB/T 27023 标准 9.1 条款。

3.3 合格评定功能法

3.3.1 合格评定功能法概述

合格评定活动的基本方法是"合格评定功能法"。下面方框中是 GB/T 27000 标准附录 A.1 关于合格评定功能法概述的要点摘录及标识。

附录 A

（资料性附录）

合格评定的原则

A.1 功能法

A.1.1 [**功能法的基本构成**] 合格评定由以下三项功能有序组成，在需要证实满足规定要求时，这些功能可以满足这一需要：

——选取。

——确定。及

——复核与证明。

当声称满足规定要求时，这种证实能够使之更为切实可信，增加使用者的信任。标准所规定的要求是各方意见协调一致的产物，所以经常被用作规定要求。因此，**合格评定通常被视为一项与标准相关的活动**。

A.1.2 [**合格评定对象**] 合格评定可以适用于**产品（包括服务）、过程、体系和人员**，还可以适用于**从事合格评定服务的机构**。为方便起见，本标准将这些实体统称为"合格评定对象"。

A.1.3 合格评定服务的各类使用者有其自身特定的需求。因此，不同类型的合格评定在实施时有很多不同。但是所有类型的合格评定都遵循相同的基本方法 [**功能法是合格评定的基本方法**]，如图 A.1 所示。

A.1.4 图 A.1 中，图形 A 代表合格评定的某项功能。每项功能包含的具体活动可以因合格评定的类型不同而不同，取决于使用方的需求、规定要求的性质和涉及的合格评定对象。

A.1.5 图 A.1 中，图形 B 代表某项功能的输出，同时也是下一项功能的输入。对于不同的具体活动，输出的性质会有所不同。

图 A.1 合格评定功能法

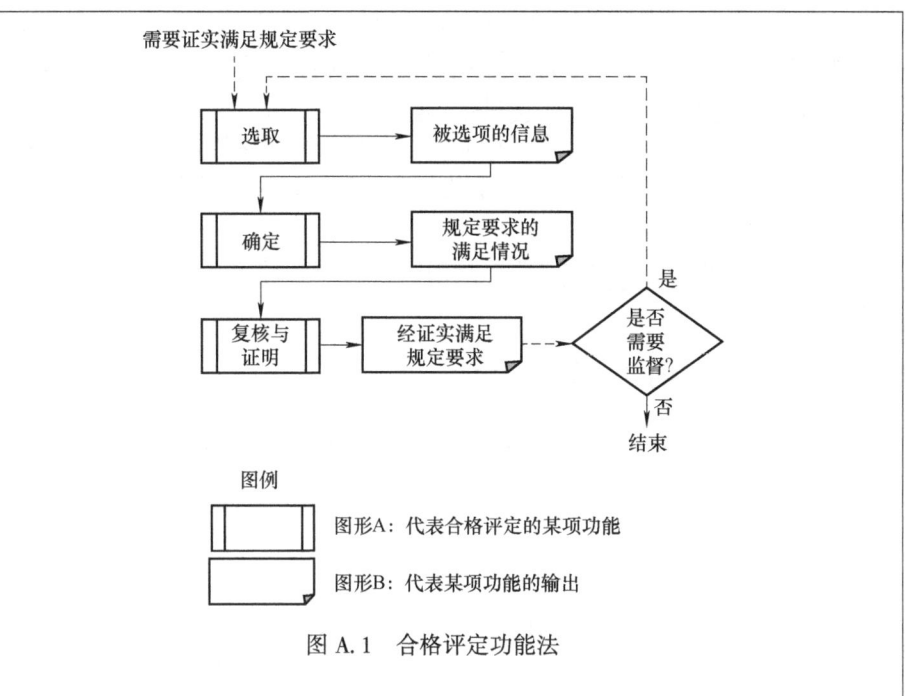

A.1.6 图 A.1 中，合格评定的功能与其输出/输入之间由实线箭头连接。虚线箭头表示可能存在的对合格评定服务的需求或需要。

A.1.7 合格评定活动可分为"第一方""第二方"或"第三方"的。一般地，每种合格评定活动

——受定义中所述的那类人员或机构的控制或指导，且

——出具证明时所依据的**关键决定**由定义中所述的那类人员或机构做出。

CCAA《合格评定基础》一书认为，合格评定被视为是一项对与标准有关的**规定要求**满足程度的一系列**技术评价与证明的活动**。当需要表明某客体（或特定的对象）是否满足**规定要求**时，使用**合格评定功能法**所做出的证实能够使之更为切实可信，可增加使用者的信任。

合格评定功能法包括四项基本功能：选取、确定、复核与证明、监督（如果需要）。也即合格评定过程由四项功能有序组成。

每项功能包含的具体活动可以因合格评定的类型不同而不同，取决于使用方的需求、规定要求的性质和涉及的合格评定对象。

CCAA《合格评定基础》一书认为：

1）GB/T 27067《合格评定　产品认证基础和产品认证方案指南》**首次提出**产品认证至少包括"选取（取样）""确定""审查与证明（决定）"三个功能

阶段。在选取阶段，需要确定认证产品认证的依据、抽样方法和数量、检验样品的方法和判定程序等。"选取"不仅仅是狭义的选择样品，审核方法的选择，抽选有代表性的信息，都属于"选取"范畴。

2）GB/T 27053《合格评定 产品认证中利用组织质量管理体系的指南》是在产品认证中利用组织质量管理体系的指南，该标准将"选取"的狭义内涵扩展为广义的"选取"阶段。

3）GB/T 19011《管理体系审核指南》为实施管理体系审核活动的"选取"和"确定"提供了指南。

3.3.2 功能法中的"选取"功能

下面方框中是 GB/T 27000 标准附录 A.2 关于功能法中的"选取"功能的要点摘录及标识。

A.2 选取

A.2.1 [**选取的目的**] 选取包括一系列策划和准备活动，其目的是收集或生成后续的确定功能所需的全部信息和输入。选取活动在数量和复杂程度上有很大差别。在某些情况下，可能几乎**不**需要进行选取活动。

A.2.2 [**选取合格评定对象时的考虑**] 选取合格评定对象时可能需要有所考虑。很多情况下，合格评定对象可能是大量的相同物品、正在进行的生产、一个连续的过程或体系或涉及多个场所，在取样或选取样本以进行确定活动时，可能需要考虑这些情况。例如，对河水进行取样以证实污染防治要求的满足情况，是一项大规模的、重要的取样活动。但是，有时候对象可能是整个总体，比如合格评定的对象是一件单独的产品。即便如此，取样时仍可能需要选取整个对象的有代表性的一个部分（例如选择一座桥梁的关键部分来确定材料的疲劳情况）。

A.2.3 [**选取可能需要考虑规定要求**] 选取也可能需要考虑规定要求。在很多情况下已经存在**标准**或**其他要求**。但是，将已存在的要求用于合格评定的具体对象时应当注意。例如，将针对金属管件而制定的某项标准用于塑料管件时可能需要慎重考虑。在一些情况下，可能仅有非常通用的要求，必须加以细化，才能使评定对于使用者有意义或能够被其接受。例如，政府监管部门可能要求产品不得造成不可接受的安全风险（通用要求），此时认证机构对所认证的每个或每类产品有必要制定专门要求。又如，在用管理体系来表明特定服务要求的满足情况时，可能需要使通用的管理体系要求更具有针对性。

A.2.4 [选取包括选择进行确定活动的程序] 选取也可能包括选择进行确定活动的最适当的程序（如检测方法或检查方法）。为了进行确定活动，经常需要开发新的方法或对现有的方法进行改进。此外，还可能需要为程序的实施选择合适的场所与条件或人员。[《合格评定基础》一书陈述：取样是按照在选取阶段确定的程序提供合格评定对象的样品的活动。]

A.2.5 [可能需要更多的信息，这个也属于选取功能的范畴] 最后，为适当地进行确定活动，以有效地证实规定要求得到满足，可能还需要附加的信息。例如进行实验室认可时，在进行适当的确定活动之前应明确认可所覆盖的检测范围。又如，在进行适当的确定活动前可能需要关于某项服务的描述。确定活动也可能只是对信息进行审查，这时就需要识别和收集该信息。例如，可能需要产品的使用说明或警示标记。

A.2.6 [选取功能的输出] 图 A.1 中，选取功能生成的所有信息、样品（如果进行取样）、决定和其他输出，用"被选项的信息"来表示。

CCAA《合格评定基础》认为，选取阶段包括了认证活动从开始受理申请、材料评价、方案策划及审核检查任务的委派等内容。选取阶段要确定采用何种要求和方法，选取何种信息来实施对合格评定对象的评价，要从申请中确定评价的范围和对象，等等。

CCAA《合格评定基础》一书还讲了认证活动中的选取工作。选取作为认证活动的第一步，属于认证前期策划活动，涉及认证申请的评审活动和（或）认证策划与安排，是对一个特定的认证项目按要求策划相应的认证制度、认证方案或审核方案（包括审核计划等）。

3.3.3 功能法中的"确定"功能

下面方框中是 GB/T 27000 标准附录 A.3 关于功能法中的"确定"功能的要点摘录及标识。

A.3 确定

A.3.1 ["确定"活动的目的] 进行确定活动的目的是获得关于合格评定对象或其样品满足规定要求情况的完整信息。本标准的第 4 章定义了确定活动的一些类型。

A.3.2 ["确定"活动的类型] 检测（4.2）、检查（4.3）、审核（4.4）和同行评审（4.5）等术语仅表示不同类型的确定活动，可与"制度"或"方案"一起使用，表示该合格评定制度或方案包含该类型的确定活动。如"同行评审制度"是以同行评审作为确定活动的合格评定制度。

> A.3.3 ["确定"定义的灵活性] 很多确定活动没有特定的名称或叫法。如按规定要求对设计或其他描述性信息的审查或分析。合格评定的每个分领域（如检测、认证、认可）所特有的确定活动可能有专门定义的术语。在本标准中或在实践中还没有用于表示所有确定活动的通用术语。
>
> A.3.4 应当注意并清楚地理解**检测**和**检查**这两种确定活动的特点。[见本书1.3.3节]
>
> A.3.5 ["确定"功能的输出] 图 A.1 中，确定功能的所有输出以"规定要求满足情况的信息"来表示。**确定活动的输出**由确定活动中产生的所有信息和确定功能的所有输入组成，并通常**按照**便于实施复核与证明活动的方式进行**组织**。

CCAA《合格评定基础》一书认为，确定阶段包括了从审核或检查组组成，到实施审核或检查、检验、试验，做出评价，对存在问题的不符合的验证，根据审核发现及评价结果形成报告等活动。

"确定"的定义具有灵活性，很多确定活动没有特定的名称或叫法。检测、测量、检查、设计评估、服务和过程评价、审核、同行评审等表示不同类型的确定活动。

CCAA《合格评定基础》一书认为：

1) 管理体系认证的确定活动通常用**审核**来表示；**评审**适用于服务的确定、合格评定机构能力的确定等。**同行评审**是协议集团中其他机构或协议集团候选机构的代表依据规定要求对机构的评审。

2) 确定阶段主要指合格评定机构在受理申请后进行了必要选取阶段的策划后，对与合格评定申请有关事项作进一步的**核实确定**，确定也可称为评价。确定的目的就是要**评价**申请组织的产品、服务、过程、管理体系等要求与规定要求的**符合性**。

3) [确定活动的特征] 在确定阶段**收集**与合格评定准则及目标有关的**证据，评价证据与准则的符合性，做出评价意见**，是合格评定确定阶段的**核心工作**，这项工作应该是系统的、有序的、正规的、独立的，并形成文件的过程。

3.3.4 功能法中的"复核与证明"功能

复核与证明是对合格评定对象的满足程度的验证、审查和决定。下面方框中是 GB/T 27000 标准附录 A.4 关于功能法中的"复核与证明"功能的要点摘录及标识。

> **A.4 复核与证明**
>
> A.4.1 [**复核与证明的作用**] 复核 (5.1) 是在做出合格评定对象是否已被可靠地证实满足规定要求的重要决定之前的**最后核查阶段**。证明 (5.2) 的结果是以最容易到达所有潜在使用者的形式做出的"说明"。"符合性说明"作为一种通用表述被用作"已证实满足规定要求"的传达手段。
>
> A.4.2 [**不符合的处置**] 如果没有证实满足规定要求,则可能要报告不符合发现。
>
> A.4.3 [**证明的类型**] 声明 (5.4)、认证 (5.5) 和认可 (5.6) 等术语仅表示不同类型的证明,可与"制度"或"方案"一起使用,表示该合格评定制度或方案以该类型的**证明**活动作为最终步骤。如"认证制度"是包括选取、确定、复核并最终以认证作为证明活动的合格评定制度。
>
> A.4.4 [**复核与证明功能的输出**] 图 A.1 中,复核与证明功能的所有输出以"已证实满足规定要求"来表示。

考生要注意对"复核"、"证明"定义的理解,见本书 1.3.4 节。复核也称为审查、核查或审定。"证明"用于表明合格评定的结果。

《合格评定基础》一书认为,从合格评定责任角度,复核是对合格评定活动所获取的合格评定对象满足规定要求的**证据的充分性**、**合格评定活动的规范性**以及**评价的准确性**等进行的风险把关与决策工作,是合格评定的关键活动之一。

3.3.5 功能法中的"监督"功能

下面方框中是 GB/T 27000 标准附录 A.5 关于功能法中的"监督"功能的要点摘录及标识。

> **A.5 对监督的需求**
>
> A.5.1 [**监督的必要性**] 合格评定活动可以在证明活动完成时终止。但是,在某些情况下,为使证明活动所产生的说明保持有效,可能需要有系统地重复进行图 A.1 中的功能。这些活动受使用者需求的推动。例如,合格评定对象可能随时间发生变化,从而影响其持续地满足规定要求。或者使用方可能需要不断地证实规定要求的满足情况,比如在连续地生产某产品时。
>
> A.5.2 [**监督的策划要求**] 为使**证明**活动所产生的说明保持有效,需要对监督中实施的活动进行策划。通常没有必要在每次监督中完全重复初次评定时的所有活动。所以在监督中,图 A.1 中各项功能所包含的活动可能会减少,或与初次评定时进行的活动不同。

A.5.3 [监督中的选取功能] 在初次评定和监督中都需要进行选取活动。但是监督中可能会有完全不同的选择。例如，初次评定可能选择对产品进行检测，而监督中可能选择通过检查来确定产品的样品是否与原先所检测的样品相同。事实上，在前一次监督提供的信息和其他输入的基础上，选取活动中做出的选择有时可能发生变化。监督中的选取活动可能包括开展持续风险分析或考虑与规定要求实际满足情况有关的市场反馈。

A.5.4 [监督中的选取功能] 对规定要求的选择也可能有不同。例如，在每次监督中可能仅选择规定要求的一部分。另一种类似的情况是在监督中仅选择合格评定对象的一部分进行确定活动；比如监督中仅对已认可的认证机构的一部分进行评审。

A.5.5 [监督中的确定功能] 如上所述，选取中的不同选择，会导致监督中有不同的确定活动。但是在初次评定和监督中，选取活动的输出均决定着确定活动的内容和实施方式。

A.5.6 [监督中的复核与证明功能] 初次评定和监督也都要使用复核与证明功能。监督时，在对图 A.1 中全部输入和输出进行复核的基础上，决定证明活动所给出的说明是否继续有效。在许多情况下，如果符合性说明继续有效，将不采取特殊行动。在其他情况下，例如证明范围已扩大时，可能需要出具新的符合性说明。

A.5.7 [符合性说明不再有效时的处置] 如果做出了符合性说明不再有效的决定，例如证明范围已被缩小 [变更证明范围] 或符合性说明已被暂停或撤消时，有必要采取适当的行动告知使用者。

进行监督时，对规定要求的选择可能有不同，也就是说每次监督所依据的准则可能不一样。例如，在每次监督中可能仅选择规定要求的一部分。

在监督活动中获取的证据表明获证组织持续满足了规定的要求，其监督结果可以用保持合格评定满足要求的方式表达。

对于在监督中发现的严重问题，视其性质和其他因素，可以对合格评定对象采取下列措施：

1）暂停资格。暂停是符合性说明中指出的全部或部分证明范围的暂时无效。

2）撤销资格。撤销是符合性说明的取消。

3）变更证明范围。即缩小或改变证明范围。

4）告知与信息发布。如果做出了符合性说明不再有效的决定，例如证明范围已被缩小或符合性说明已被暂停或撤销时，有必要采取适当的行动告知使用者。

第3章 《合格评定技术》考点解读

例题分析

1. (多项选择题)(　　)是合格评定的确定活动。(真题)

   A. 检测 B. 证书
   C. 做审核计划 D. 审核

   答案及分析：选择 AD。见本书 3.3.3 节（GB/T 27000 标准附录 A.3）。检测、测量、检查、设计评估、服务和过程评价、审核、同行评审等表示不同类型的确定活动。

2. (多项选择题)合格评定功能法适用于对(　　)的合格评定。(真题)

   A. 组织 B. 产品
   C. 服务 D. 人员

   答案及分析：选择 BCD。见本书 3.3.1 节（GB/T 27000 标准 A.1.2 条款）。

3. (单项选择题)初次评定和监督需要使用合格评定的(　　)功能。(真题)

   A. 评价、确定 B. 通知、检查
   C. 检测、检查 D. 复核、证明

   答案及分析：选择 D。见本书 3.3.5 节方框中 GB/T 27000 标准附录 A.5.6 条款。

4. (单项选择题)以下说法不正确的有(　　)。(真题)

   A. 确定也可称为规定或文件化
   B. 监督是合格评定活动中系统性循环工作
   C. 复核也可称为审查、核查或审定
   D. 证明可用于表明合格评定的结果

   答案及分析：选择 A。见本书 3.3.3 节，确定是活动，检测、测量、检查、设计评估、服务和过程评价、审核、同行评审等表示不同类型的确定活动。从 1.3.4、1.3.5 节里面复核、证明、监督的定义判断，BCD 是正确的。

5. (单项选择题)在合格评定功能法中，"规定要求满足情况的信息"是表达(　　)。(真题)

   A. 确定功能的所有输出 B. 合格评定的程序
   C. 合格评定的方法 D. 受审核方满足要求的程度

   答案及分析：选择 A。见本书 3.3.3 节方框中 GB/T 27000 标准附录 A.3.5 条款。

6. (单项选择题)合格评定功能法确定活动的目的是(　　)或其样品满

足规定要求情况的完整信息。(真题)

  A. 审查合格评定   B. 分析合格评定

  C. 评估合格评定   D. 获得关于合格评定对象

  答案及分析：选择 D。见本书 3.3.3 节方框中 GB/T 27000 标准附录 A.3.1 条款。

  7.（单项选择题）合格评定功能法选取的目的是（　　）。(真题)

  A. 确定合格评定的主体责任

  B. 收集或生成后续的确定功能所需的全部信息和输入

  C. 确定合格评定人员

  D. 确定合格评定的结果表达方式

  答案及分析：选择 B。见本书 3.3.2 节方框中 GB/T 27000 标准附录 A.2.1 条款。

  8.（单项选择题）合格评定功能法包含的过程活动有（　　）。(真题)

  A. 选取、确定、复核、证明   B. 计划、审核、报告、复评

  C. 申请、审核、复查、发证   D. 选取、审核、复查、报告

  答案及分析：选择 A。见本书 3.3.1 节。CCAA《合格评定基础》一书认为，合格评定功能法包括四项基本功能：选取、确定、复核与证明、监督（认证方案有规定时）。

  9.（单项选择题）GB/T 19011《管理体系审核指南》为实施管理体系审核活动的（　　）提供了指南。(真题)

  A. 选取和确定   B. 复核和检查

  C. 确定和评价   D. 选取和检查

  答案及分析：选择 A。见本书 3.3.1 节之 3）。

  10.（单项选择题）（　　）作为一种通用表述被用作"已证实满足规定要求"的传达手段。(真题)

  A. 自我声明   B. 没有不合格

  C. 符合性说明   D. 宣布通过现场审核

  答案及分析：选择 C。见本书 3.3.4 节方框中 GB/T 27000 标准附录 A.4.1 条款。

  11.（单项选择题）取样是按照在选取阶段（　　）提供合格评定对象的样品的活动。(真题)

  A. 得到的结论   B. 确定的程序

  C. 获取的信息   D. 确定的人员

  答案及分析：选择 B。见本书 3.3.2 节方框中 GB/T 27000 标准附录 A.2.4 条款。

12. （单项选择题）检测、检查、审核是合格评定功能法的（　　）活动。(真题)

A. 选取　　　　　　　　　　B. 确定

C. 复核　　　　　　　　　　D. 决定

答案及分析：选择 B。见本书 3.3.3 节。检测、测量、检查、设计评估、服务和过程评价、审核、同行评审等表示不同类型的确定活动。

13. （多项选择题）合格评定功能法涉及的基本功能包括（　　）。(真题)

A. 选取和确定　　　　　　　B. 需要时的监督

C. 不合格判定　　　　　　　D. 复核与证明

答案及分析：选择 ABD。见本书 3.3.1 节。合格评定功能法包括四项基本功能：选取、确定、复核与证明、监督（如果需要）。

14. （多项选择题）（　　）是合格评定功能法涉及的合格评定技术。(真题)

A. 选取和确定　　　　　　　B. 复核

C. 需要时的监督　　　　　　D. 合格评定报告

答案及分析：选择 ABC。见本书 3.3.1 节。合格评定功能法包括四项基本功能：选取、确定、复核与证明、监督（如果需要）。

15. （多项选择题）认证的复核是对证据的充分性、合格评定活动的（　　）所进行的风险把关与决策工作。(真题)

A. 规范性　　　　　　　　　B. 评价的准确性

C. 机构和人员　　　　　　　D. 对象

答案及分析：选择 AB。见本书 3.3.4 节。

16. （多项选择题）合格评定选取可考虑的规定要求包括（　　）。(真题)

A. 适用的其他要求　　　　　B. 供应链要求

C. 法规　　　　　　　　　　D. 标准

答案及分析：选择 AD。理解题，根据本书 3.3.2 节方框中 GB/T 27000 标准附录 A.2.3 条款理解。

17. （判断题）监督是合格评定功能法规定必须实施的活动。(　　) (真题)

答案及分析：×。见本书 3.3.1 节。合格评定功能法包括四项基本功能：选取、确定、复核与证明、监督（如果需要）。监督不是必须的活动。

18. （判断题）一些特殊类型的合格评定可以不用遵循合格评定的基本方法。(　　) (真题)

答案及分析：×。见本书 3.3.1 节方框中 GB/T 27000 标准附录 A.1.3：不同类型的合格评定在实施时有很多不同，但是所有类型的合格评定都遵循相同的基本方法。

19. （判断题）使用合格评定功能法所做出的证实能够使认证更为切实可信，可增加使用者的信任。（   ）(真题)

答案及分析：√。见本书3.3.1节方框下面的叙述。

3.4 合格评定技术和方法

在合格评定的实施过程中选择适宜、可靠、适用的合格评定技术和方法，可以提高合格评定的**可信性**。在这一节，介绍了17种合格评定技术和方法。

根据合格评定目标、范围、准则以及持续的时间和地点，选择合格评定技术和方法。选择合格评定技术和方法时应考虑可获得的合格评定能力以及使用合格评定技术和方法可能出现的任何**不确定性**。

灵活运用各种不同的合格评定技术方法或组合，可以提高合格评定过程的一致性、有效性和效率。

3.4.1 合格评定功能法技术

合格评定功能法基本介绍见3.3节，这里介绍合格评定功能法技术，见表3-3。

表3-3 合格评定功能法技术

功　　能	开展的活动
选取	1）选择适当的确定活动 2）明确符合性评定所依据的标准或有关文件的规定 3）可能包括选择进行确定活动的最适当的程序 4）可能需要考虑规定要求 5）可能需要更多的信息 6）选取拟被评定对象样品 7）统计抽样技术的规范（适宜时）
确定	1）为确定评定对象的规定特性而进行的测试 2）对评定对象物理特性的检查 3）对评定对象相关的体系和记录的审核 4）对评定对象的质量评价 5）对评定对象的规范和图纸的审查 说明：检测、检查、审核和同行评审等术语表示不同类型的确定活动
复核与证明	1）评审从确定阶段收集的评定对象符合规定要求的证据 2）返回确定阶段，以解决不符合项的问题 3）拟定并发布符合性声明 4）在合格产品上加贴符合性标志

(续)

功能	开展的活动
监督	1）在生产现场或通往市场的供应链中进行确定活动 2）在市场中进行确定活动 3）在使用现场进行确定活动 4）评审确定活动的结果 5）返回确定阶段，以解决不符合项的问题 6）拟定并发布持续符合性确认书 7）如果有不符合项，启动补救和预防措施

3.4.2 抽样方法

1. GB/T 19011—2021 标准附录 A.6 提供的抽样方法

GB/T 19011—2021 标准附录 A.6 提供的抽样方法，是一种很好的合格评定方法，将其内容中的"**审核**"替换成"**合格评定**"，一样有效。下面方框中的内容就是 GB/T 19011—2021 标准附录 A.6 的要点摘录与标识。

A.6 抽样

A.6.1 总则

在审核过程中，如果检查所有可获得的信息是不实际或不经济的，则需进行审核抽样，例如记录太过庞大或地域分布太过分散，以至于无法对总体中的每个项目进行检查。为了对总体形成结论，对大的总体进行审核抽样，就是在全部数据集（总体）中，选择小于 100% 数量的项目以获取并评价总体某些特征的证据。

审核抽样的目的是提供信息，以使审核员确信能够实现审核目标。

抽样的风险是从总体中抽取的样本也许不具有代表性，从而可能导致审核员的结论出现偏差，与对总体进行全面检查的结果不一致。其他风险可能源于抽样总体内部的变异和所选择的抽样方法。

典型的审核抽样包括以下步骤：

a) 明确抽样的目标。
b) 选择抽样总体的范围和组成。
c) 选择抽样方法。
d) 确定样本量。
e) 进行抽样活动。
f) 收集、评价和报告结果并形成文件。

抽样时，应考虑可用**数据的质量**，因为抽样数量不足或数据不准确将不能提供有用的结果。应根据抽样方法和所要求的数据类型（如为了推断出特定行为模式或得出对总体的推论）选择适当的样本。

对样本的报告应考虑样本量、选择的方法以及基于这些样本和一定置信水平做出的估计。

审核可以采用判断抽样（见 A.6.2）或者统计抽样（见 A.6.3）。

A.6.2 判断抽样 [GB/T 19011—2013 老标准名称：条件抽样]

判断抽样依赖于审核组的能力和经验（见第 7 章）。

对于判断抽样，可以考虑以下方面：

a) 在审核范围内的以前的审核经验。
b) 实现审核目标的要求（包括法律法规要求）的复杂程度。
c) 组织的过程和管理体系要素的复杂程度及其相互作用。
d) 技术、人员因素或管理体系的变化程度。
e) 以前识别的重大风险和改进的机会。
f) 管理体系监视的输出。

判断抽样的缺点是，可能无法对审核发现和审核结论的不确定性进行统计估计。

A.6.3 统计抽样

如果决定要使用统计抽样，抽样方案应基于审核目标和抽样总体的特征。

统计抽样设计使用一种基于概率论的样本选择过程。当每个样本只有两种可能的结果时（例如正确或错误、通过或不通过）使用**计数抽样**。当样本的结果是连续值时使用**计量抽样**。

抽样方案应考虑检查的结果是计数的还是计量的。例如，当要评价完成的表格与程序规定的要求的符合性时，可以使用计数抽样。当调查食品安全事件的发生次数或安全漏洞的数量时，计量抽样可能更加合适。

能影响审核抽样方案的因素是：

a) 组织所处的环境、规模、性质和复杂程度。
b) 具备能力的审核员的数量。
c) 审核的频次。
d) 单次审核时间。
e) 外部所要求的置信水平。
f) 不良事件和/或意外事件的发生。

当制定统计抽样方案时，审核员能够接受的抽样风险水平是一个重要的考虑因素，这通常称为**可接受的置信水平**。例如，<u>5%的抽样风险对应95%的置信水平</u>。5%的抽样风险意味着审核员能够接受被检查的100个样本中有5个（或20个中有1个）不能反映其真值，该真值通过检查总体样本得出。

当使用统计抽样时，审核员应适当描述工作情况，并形成文件。这应包括抽样总体的描述，用于评价的抽样准则（例如：什么是可接受的样本），使用的统计参数和方法，评价的样本数量以及获得的结果。

2. 其他抽样方法

其他抽样方法见表3-4。

表3-4 其他抽样方法

抽样方法	说明
单纯随机抽样法	单纯随机抽样法也叫简单随机抽样法，就是指总体中的每个个体被抽到的机会是相同的。可采用抽签、抓阄、掷骰子、查随机数表法（乱数表法）等方法 优点：简单易行。缺点：抽样范围较大时，工作量较大
分层随机抽样法	分层随机抽样法也叫类型随机抽样法。它是从一个可以分成不同层（或称子体）的总体中，按规定的比例从不同层中随机抽取样品的方法。分层可以按设备、按操作人员分、按操作方法分等 分层随机抽样法要求层内变异越小越好，层间变异越大越好，因而可以提高每层的精确度，而且便于层间进行比较
系统随机抽样法	系统随机抽样法也叫等距随机抽样法或机械随机抽样法。系统随机抽样法是每隔一定时间或一定编号进行抽样，而每一次抽样又是从一定时间间隔内生产出的产品或一段编号的产品中任意抽取一个，这种组成样本的方法称为系统随机抽样法 系统随机抽样法代表性较好，但必须事先对总体的结构有所了解才能恰当地应用
整群抽样法	整群抽样法又叫集团抽样法。这种方法是将总体分成许多群（组），每个群（组）由个体按一定方式结合而成，然后随机地抽取若干群（组），并由这些群（组）中的所有个体组成样本 整群抽样法的优点是方便，节省人力、物力和时间，适于大规模调查。但整群抽样要求群间的变异越小越好，否则抽样误差大，不能提供总体的可靠信息

3.4.3 检验

1. 检验的定义及作用

《合格评定基础》一书的定义：检验就是通过观察和判断，适当时结合测量、试验所进行的符合性评价。

GB/T 19000—2016 标准中对"检验"的定义：检验是指"对符合规定要求的确定"。确定是查明一个或多个特性及特性值的活动。显示合格的检验结果可用于验证的目的。检验的结果可表明合格、不合格或合格的程度。

检验有五个方面作用：鉴别作用、把关作用、预防作用、反馈作用、监督作用。

2. 检验的分类

检验的分类见表 3-5。

表 3-5 检验的分类

分类方法	检验方式	说　明
1. 按检验方法分类	1.1 感官检验	—
	1.2 理化检验	理化检验是指运用物理或化学方法，借助仪器、仪表、计量器具等检测设备，对产品进行检验的活动
2. 按生产过程的顺序分类	2.1 进货检验	—
	2.2 过程检验	过程检验指来料入仓后，至成品组装完成之前所进行的质量检验活动。就质量检验部门参与的过程检验而言，可以分为：首件检验、巡回检验、在线检验（序间检验）、放行（完工）检验、末件检验
	2.3 最终检验	最终检验是指根据规定的特性，提供最终放行产品（包括服务）依据的活动（检查、检验、测量或试验）
	2.4 型式试验	型式试验是为了验证产品能否满足技术规范的全部要求所进行的试验 型式试验通常按照相关的国家标准、行业标准的规定执行
3. 按产品检验后样品的完整状况分类	3.1 破坏性检验	—
	3.2 非破坏性检验	—
4. 按被检产品的数量分类	4.1 全数检验	—
	4.2 抽样检验	抽样检验是按照规定的抽样方案，随机地从一批或一个过程中抽取少量个体组成样本进行的检验，根据样本检验的结果判定一批产品或一个过程是否可以被接收

(续)

分类方法	检验方式	说　　明
5. 按检验（职能）形式分类	5.1 自我检验（自检）	自检是生产工人对自己生产产品进行的自我检验。《合格评定基础》一书认为，生产加工过程中在线检测设备对在线生产产品的检验也属于自检
	5.2 互相检验（互检）	互相检验是上道工序的作业人员与下道工序的作业人员之间互相对所生产的产品的质量进行检验
	5.3 专职检验（专检）	—

3.4.4　检测和校准方法

GB/T 27000 标准 4.2 条款"检测"的定义：按照程序确定合格评定对象的一个或多个特性的活动。检测主要适用于材料、产品或过程。<u>检测是应用最为普遍的合格评定技术</u>。

在检测用于合格评定的情况下，其特性应包括在"规定要求"中，构成合格评定的重点。

校准是检测的必要输入，但不是合格评定技术。校准归属计量领域。

GB/T 27025/ISO/IEC 17025 规定了对检测和校准实验室的要求，其要求包括了进行合格评定检测所必需的全部要素：

1) 有能力的人员。
2) 经过确认的方法，可重复并可再现。
3) 经过恰当维护和校准的设备。
4) 可溯源到 SI 测量标准单位的测量。
5) 检测产品的抽样和处置。
6) 检测结果的报告。

3.4.5　检查技术

GB/T 27000 标准 4.3 条款"检查"的定义：审查产品设计、产品、过程或安装并确定其与特定要求的符合性，或根据<u>专业判断</u>确定其与通用要求的符合性的活动。定义中的"产品"包括服务、软件、硬件和流程性材料。对过程的<u>检查可以包括对人员、设施、技术和方法的检查</u>。<u>检查</u>有时也称为<u>检验</u>（请注意，这里的"检验"与 3.4.3 节中"检验"定义的不同）。

检查定义中的关键短语之一是"根据专业判断……"，这强调了一个事实，即<u>检查机构的能力非常依赖于检查机构人员的知识、经验和解释能力</u>。

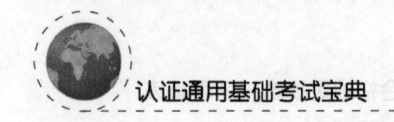

检查（检验）是合格评定的一种形式，有些检查活动与检测活动很相近，有些与认证活动（特别是产品认证）密切相关；同时也有些检查却是一种与检测或认证无关的独立活动。

GB/T 27020/ISO/IEC 17020 中规定了对检查机构（检验机构）的要求。这里将检查作为合格评定技术来考虑，<u>它包括</u>：
1）对物理项目的目检。
2）对物理项目的测量或检测。
3）对规范文件（如设计图纸）的审查。
4）与规范文件的要求或该领域内一般可接受的良好惯例进行比较。
5）出具检查结果报告。

3.4.6 审核及审核的方法

审核及审核的方法在《第 2 部分 审核通用知识》相关章节讲解，这里不再重复。这里只说明一下《合格评定基础》一书描述的审核的抽样方案、抽样计划。

1）抽样方案：包括抽样准则、抽样方法、样本数量与母本的比例、抽样时机、母本的确定（管理体系范围与认证范围关系，添加新场所前后母本）。

2）抽样计划：针对**特定认证项目**而言，是审核方案策划的内容之一，包括对特定组织多场所中安排审核的场所名称、地址和审核时间段安排，需要时说明审核的主要内容。需要以文字说明考虑了哪些因素和做出这样安排的合理性。

3.4.7 评价技术

GB/T 27065 标准 3.3 条款"评价"的定义：合格评定活动中的选取和确定功能的组合。评价的适用范围覆盖了收集符合性证据相关的一系列活动。这些活动<u>包括检测、检查和审核</u>，同时也适用于其他活动，例如，研究设计图纸和规范，以确定需要满足规定要求的性能得到充分的界定。

<u>管理体系认证、产品认证、服务认证、人员认证、过程认证中都可以应用评价技术</u>。

可以利用信息技术开展评价活动。《合格评定基础》一书明确说明：信息技术评价指使用信息技术对客户组织开展的审核或评价活动。

3.4.8 考核方法

考核是许多确定活动可互换使用的术语之一，但是当其**涉及**用于**测量个人能力**的方法时，它具有**特定的含义**。如考核在 GB/T 27024—2014《合格评定人员认证机构通用要求》中有特定的含义。

GB/T 27024 标准 3.9 条款"考核"的定义：作为**评审**的一部分，<u>按照认证方案的规定</u>，**采用诸如笔试、口试、实践和观察等**一种或多种方式，对候选人的能力进行<u>测评的机制</u>。

3.4.9　同行评审方式

同行评审也称作同行评价，是用于确定个人或组织是否符合其希望参加的团体的成员资格的一系列要求的过程。这种评审由该团体成员（换言之，即申请者的同行）进行。

GB/T 27040—2010《合格评定　合格评定机构和认可机构同行评审的通用要求》3.1 条款"同行评审"的定义：协议集团中其他机构或协议集团候选机构的代表根据规定要求对某机构的评审。

同行评审要求具备下列要素：
1）从团体成员中选拔的有能力的评审员。
2）团体明确规定的成员资格准则。
3）对申请的组织与上述准则的符合性进行有条理的评审。
4）信息充分的评审报告，以供团体决定申请组织是否适合具备成员资格。

3.4.10　认可方法

认可是一项合格评定技术，它特指**第三方机构**（通常称作**认可机构**）对合格评定机构的**符合性**的评审。GB/T 27000 标准 5.6 条款"认可"的定义："正式表明合格评定机构具备实施特定合格评定工作的能力的第三方证明。"

3.4.11　评定报告

每次确定活动完成时，出示已收集的符合性证据是十分必要的。这种证据通常包含在报告中，<u>有时称作**技术文件**</u>，它包括：
1）被评审项目的明确标识。
2）合格评定所依据的要求的描述。
3）所进行的确定活动的详细描述，以便在需要验证证据时能够以相同方式重复这些活动。
4）使用资源的详细描述，包括人员、测量仪器和其他评价工具，以提供结果的可溯源性。
5）对活动结果的详细描述，足以使未参与这些活动的人员能够验证与特定要求的符合性（或不符合）。

<u>**应将报告提交负责复核和证明**的人员或机构</u>，并可提供给为其做了上述工作的人员或组织。

3.4.12 合格评定风险控制方法

在合格评定过程中需要采取一系列风险控制技术和方法,使合格评定能够提供**有能力的、一致的和公正的**风险防范和管理措施,确保合格评定的公信力。

合格评定的风险可能来自以下方面(不限于):
1) 合格评定的目的。
2) 合格评定的选取,过程中的抽样。
3) 合格评定的公正性。
4) 涉及的法律法规和责任问题。
5) 被评价的客户组织及其运行环境。
6) 合格评定对客户及其活动的影响。
7) 合格评定人员的健康和安全。
8) 利益相关方的诉求和期望。
9) 获证客户做出的误导性声明。
10) 标志的不当使用。

在功能法中**复核**和**证明**的评审**属于**风险控制活动。为控制合格评定风险和提高对符合性声明的置信水平,这两项活动都不应由参与选取和确定活动的人员实施。随着合格评定中不符合风险的增大,评审者的独立程度、专业水平、风险控制能力也须相应提高。

3.4.13 不符合项控制方法

如果发现评定对象不合格,应通知负责该对象的人员或组织并由其进行必要的整改以符合要求。

评审员不应提出可能的解决方案,以便当返回对评定对象进行进一步评审时不失其客观性。允许对评审结果进行讨论,以便负责人员或组织能够了解造成不符合项的原因。

3.4.14 符合性声明书

合格评定活动通过颁发**符合性声明书**,以证明评定结果。可采用**符合性声明、符合性证书**等描述方式。符合性声明书应提供**明确的评定对象标识及其所符合规定要求的标识**。该声明书可以是纸质的,也可以是影像或数字媒介。

1. 符合性声明

由第一方(如产品的供方)或第二方(如采购商)颁发的**符合性声明书**被称作**符合性声明**。已经采用这个惯例区分这种声明书和第三方颁发的声明书(众所周知的证书)。

GB/T 27050/ISO/IEC 17050《合格评定　供方的符合性声明》提供了供方符合性声明内容方面的信息。第二方声明可以采用类似形式。

2. 符合性证书

由第三方颁发的符合性声明书常常被称作**符合性证书**。然而，所使用的**术语和特定内容可根据被评定对象和规定要求的类型而改变**。ISO/CASCO 标准提供了有关符合性声明书的类型和内容。本书 3.2.4 节之 3 方框中的 GB/T 27023《第三方认证制度中标准符合性的表示方法》7.2 条款描述了符合性证书的内容。

3.4.15　符合性标志方法

［GB/T 27023 标准 3.1 条款］符合性标志是指按照第三方认证制度的程序，为符合特定标准或其他技术规范的产品或服务而使用或颁发的、经过合法注册的认证标志。

通常产品要加贴符合性标志，不管这些标志是供方自己的贸易标志、认证机构控制的认证标志还是法律要求的标志。GB/T 27030《合格评定　第三方符合性标志的通用要求》、GB/T 27023《第三方认证制度中标准符合性的表示方法》、GB/T 27027《认证机构对误用其符合性标志采取纠正措施的实施指南》给出了关于符合性标志的建议。这些标志必须是可区分的并且应**指明**标志的所有权和使用条件，尤其对标志的使用**不应误导**产品的采购商和使用者。

通常，对于**符合性标志使用的控制**是通过**标志所有者**或代表所有者工作的**组织**（例如认证机构）**颁发的许可**来实现的。这种许可详细规定被许可人使用符合性标志的条件，例如只限于在供方已证实其符合认证产品类型的产品上使用。

控制符合性标志的使用，对于标志所有者和许可机构的利益至关重要，因为加贴其标志的产品常常是在某种体系控制下生产的，在这个体系中只有**偶尔一些产品的样本**被许可机构所**验证**。

［GB/T 27030 标准 5.4 条款］只有基于**产品合格评定**颁发的第三方符合性标志可以出现在产品上或产品包装上。所有其他的第三方符合性标志（如与质量或环境管理体系或服务相关的标志）不应出现在产品、产品包装上，也不应以有可能被解释为产品符合要求的方式出现。

［**管理体系认证标志**］［GB/T 27021.1 标准 8.3.1 条款］认证机构对其授权获证客户使用的任何管理体系认证标志应有管理规则。这些规则应确保可以从标志追溯到认证机构。标志或所附文字不应使人对认证对象和授予认证的认证机构产生歧义。标志不应用于产品或产品包装之上，或以任何其他可解释为表示产品符合性的方式使用。

3.4.16 监督的方法

在证明功能完成时合格评定即可结束，若需要提供持续的符合性保证，则可使用**监督功能**。监督被定义为合格评定活动的系统性重复，是维持符合性声明书有效性的依据。

关于"监督"，详见 3.3.5 节方框中 GB/T 27000 标准附录 A.5 关于功能法中的"监督"功能。

GB/T 27021.1 标准 9.6.2 条款对管理体系认证中的监督活动做出了描述：

1）认证机构应对其监督活动进行设计，以便定期对管理体系范围内有代表性的区域和职能进行监视，并应考虑获证客户及其管理体系的变更情况。

2）监督活动应包括对获证客户管理体系满足认证标准规定要求情况的现场审核。监督活动还可以包括：

 a）认证机构就认证的有关方面询问获证客户。
 b）审查获证客户对其运作的说明（如宣传材料、网页）。
 c）要求获证客户提供文件化信息（纸质或电子介质）。
 d）其他监视获证客户绩效的方法。

[**市场监督**] 市场监督是一种特定形式的后期证明活动。可以由供方以对顾客进行调查或对安装的产品进行定期检查的方式进行市场监督，可以将其作为服务合同的一部分。有时市场监督也会按照认证方案进行，在这种情况下，认证产品的样品取自市场，并进行检查和检测来确定这些产品是否符合规定要求。

在许多国家，官方监管机构有责任通过市场监督保护消费者和加强健康与安全的管理。这类工作可作为例行工作，但由于经济条件的限制往往会导致有目标的监督，重点关注高风险的领域或者不合格产品的应对报告。

3.4.17 分析技术

1. 测量分析

下面方框中是关于 GB/Z 19027 标准中"测量分析"的摘要与标识。

4.5 测量分析

4.5.1 测量分析的概念

测量分析（也称"测量不确定度分析"或"测量系统分析"）是在系统运行的条件下，评价测量系统**不确定度**的一套方法。其测量误差的分析可使用与分析产品特性相同的方法。

4.5.2 测量分析的用途

只要收集数据就应**考虑**测量的**不确定度**。测量分析在规定的**置信水平**用来**评价**测量系统是否**适合**预期目的。测量分析可将各种来源的**变差量化**，如来自测量人员的变差，来自测量过程的变差或来自测量仪器自身的变差。测量分析也可将来自测量系统的变差作为总过程变差、或总容许变差的一部分予以描述。

4.5.3 益处

在选择测量仪器或决定仪器是否有能力评价所检查的产品或过程参数时，测量分析提供了定量且经济有效的方式。

《合格评定基础》一书认为，通过测量分析找出**测量方法**与产品质量、成本、费用、效果、效率等各因素之间的相互影响和关联性，从而采取有针对性的措施以提升组织的管理水平、产品质量和效率的综合效果。

2. 过程能力分析

下面方框中是关于 GB/Z 19027 标准中"过程能力分析"的摘要与标识。

4.6 过程能力分析

4.6.1 过程能力分析的概念

过程能力分析就是检查过程的**固有变异和分布**，从而估计其产生**符合规范所允许变差范围**的输出的**能力**。

当数据是（产品或过程的）可度量的变量，且处于统计控制状态时（见4.11），过程的固有变异以过程的**"离散程度"**表示，并通常以过程分布的6倍标准差（6σ）来测量。如果过程数据是呈正态分布（"钟形"分布）的变量，在理论上，这种离散程度将包含**总体**的99.73%。

过程能力可方便地用指数表达。**指数**可将实际的过程变异与规范允许的容差联系起来。广泛应用于计量数据的能力指数是"C_p"，即整个容差除以6σ的比值，它是在规范上下限之间具有**良好中心定位**的过程的**理论能力**的测度。另一个广泛使用的能力指数是"C_{pk}"，它描述了可能中心定位或未能中心定位的过程的实际能力，"C_{pk}"也适用于包含单侧规范限的情况。为更好地表征长期和短期变异及围绕预期的过程目标值的变差，还发明了其他能力指数。

4.6.2 过程能力分析的用途

过程能力分析用来评价过程连续产生符合规范的输出的能力，并估计预期的不合格产品的数量。

> 过程能力分析适用于评价过程的**任一部分**（如某一特定机器）的能力。如"机器能力"的分析可用来评价特定设备或估算其对整个过程能力的贡献。
>
> **4.6.3 益处**
>
> 过程能力分析能评价过程的固有变异，估计预期的不合格品百分数。因此，它使组织能估计不合格所发生的费用，并做出有助于指导过程改进的决策。
>
> 确定过程能力的最低标准可指导组织选择能用于生产可接收产品的过程和设备。

<u>过程能力是过程在**受控状态**下的加工质量方面的能力</u>。过程能力反映的是过程的固有属性，是衡量过程加工内在一致性的。

从定量的角度看，过程能力就是在诸因素处于**控制状态**下，过程所加工产品的质量特性值的波动幅度（分散性）。过程能力 = 6σ，6σ 愈小，过程波动幅度愈小，过程愈稳定，从而过程能力就愈强。**过程能力受过程内在质量因素的影响，而<u>与公差无关</u>**。

过程能力指数用来度量一个过程满足标准要求的**程度**。**过程能力指数**将实际的**过程变异**与**规范允许的容差**联系起来。过程能力指数是过程能力满足容差（公差 T）范围要求程度的量值，用容差范围和过程能力的比值来表达。一般用符号 C_p 表示。

$$C_p = \frac{容差范围}{过程能力} = \frac{T}{PC} = \frac{T}{6\sigma}$$

$C_p = T/6\sigma$ 是在规范上下限之间具有良好中心定位的过程的理论能力的测度（此时，分布中心与规格中心重合）。

过程能力指数（C_p 或 C_{pk}）越大，表明加工质量越高，产品的合格率越高，不合格率越低。

3. 回归分析

下面方框中是关于 GB/Z 19027 标准中"回归分析"的摘要与标识。

> **4.7 回归分析**
>
> **4.7.1 回归分析的概念**
>
> 回归分析就是将所关心的特性（通常称为"响应变量"）的性能与潜在的原因（通常称为"解释变量"）联系起来。这样一种关系可通过科学、经济、工程等学科的模型做出规定，或经验地得到。**目的**是帮助理解响应变差的潜在原因，并解释每个因素对该变差所起的作用有多大。通过统计将<u>**响应变量**的变差</u>与<u>**解释变量**</u>的变差联系起来，以及将预期和实际响应变量之间的<u>偏差减至最小达到最佳拟合</u>可做到这一点。

4. 可靠性分析

下面方框中是关于 GB/Z 19027 标准中"可靠性分析"的摘要与标识。

4.8 可靠性分析

4.8.1 可靠性分析的概念

可靠性分析就是将工程和分析方法应用于评价、预计和保证所研究的产品或系统在某一段时间**无故障运行**。

可靠性分析使用的技术通常需要使用统计方法处理**不确定性、随机特性**或在一段期间内**发生故障等的概率**。这种分析通常包括使用适宜的统计模型来表征所关心的变量，如故障前时间或故障间隔时间。这些统计模型的参数可从实验室或工厂试验或从现场作业所获得的经验数据做出估计。

可靠性分析还包括用于研究故障的物理性质和原因，以及预防或减少故障的其他技术（如失效模式和影响分析）。

4.8.2 可靠性分析的用途

可靠性分析所使用的统计技术**允许**对所开发的可靠性模型的参数估计值和用这些模型做出的预计结果设定**统计置信水平**。

例题分析

1. （多项选择题）按检验职能形式分类，检验方法有（　　）。（真题）

   A. 物理化学检验　　　　　　B. 专职检验
   C. 相互检验　　　　　　　　D. 自我检验

   答案及分析：选择 BCD。见本书 3.4.3 节之 2 表 3-5 第 5 项。

2. （多项选择题）按检验方法和技术分类，检验可以是（　　）。（真题）

   A. 感官检验法　　　　　　　B. 理化检验法
   C. 兼职检验和专职检验　　　D. 自检与互检

   答案及分析：选择 AB。见本书 3.4.3 节之 2 表 3-5 第 1 项。

3. （单项选择题）在合格评定过程中的风险控制技术和方法采取（　　）的风险防范和管理措施，确保合格评定的公信力。（真题）

   A. 适宜的，公正的，客观的　　　B. 客观的，公正的，透明的
   C. 一致的、有能力的、公正的　　D. 安全的、无风险的、有效的

   答案及分析：选择 C。见本书 3.4.12 节。

4. （单项选择题）合格评定抽样的目的是（　　），以便实现合格评定的目标。（真题）

   A. 增加可信性　　　　　　　B. 降低成本

C. 获取足够信息　　　　　　　D. 节约时间

答案及分析：选择 C。见本书 3.4.2 节之 1 方框中 GB/T 19011—2021 标准附录 A.6.1。

5.（单项选择题）合格评定活动通过颁发（　　）以证明评定结果。(真题)

A. 认证信息　　　　　　　　B. 合格证
C. 获证牌匾　　　　　　　　D. 符合性声明书

答案及分析：选择 D。见本书 3.4.14 节。

6.（单项选择题）合格评定的评价技术主要应用在（　　）活动中。(真题)

A. 首次开展的认证活动
B. 标准规定范围之外的认证
C. 人员认证、过程认证、管理体系认证、产品认证
D. 特殊目的和用途认证

答案及分析：选择 C。见本书 3.4.7 节。

7.（多项选择题）合格评定选取阶段所进行的活动有（　　）。(真题)

A. 收集评价合格评定对象符合性信息　B. 选择适当的确定活动
C. 需要考虑规定要求　　　　　　　D. 选择进行确定活动的最适当的程序

答案及分析：选择 BCD。见本书 3.4.1 节表 3-3 第 1 项。

8.（判断题）市场监督是一种特定形式的合格评定后期证明活动。（　　）(真题)

答案及分析：√。见本书 3.4.16 节。

同步练习强化

一、单项选择题

1. GB/T 27007—2011《合格评定　合格评定用规范性文件的编写指南》属于合格评定工具箱中的（　　）。

A. 技术功能文件　　　　　　　B. 基本文件
C. 通用文件　　　　　　　　　D. 规范性文件

2. GB/T 27068—2006《合格评定结果的承认和接受协议》属于合格评定工具箱中的（　　）。

A. 技术功能文件　　　　　　　B. 基本文件
C. 通用文件　　　　　　　　　D. 规范性文件

3. GB/T 27043—2012《合格评定 能力验证的通用要求》属于合格评定工具箱中的（　　）。
   A. 检验检测技术功能文件　　　　　B. 产品认证技术功能文件
   C. 通用文件　　　　　　　　　　　D. 规范性文件

4. 从事管理体系、产品和服务认证的认证机构应得到（　　）。
   A. 行政许可　　　　　　　　　　　B. 资质认定
   C. 国家认监委认可　　　　　　　　D. 国家认监委指定

5. （　　）是指公正的第三方所做出的产品符合规定要求的评价和证明。
   A. 认证　　　　　　　　　　　　　B. 产品认证
   C. 产品合格评定　　　　　　　　　D. 产品检测

6. 产品认证方案中的（　　）功能，包括策划和准备活动，其目的是收集或生成后续的确定功能所需的全部信息和输入。
   A. 选取　　　　　　　　　　　　　B. 策划
   C. 评价　　　　　　　　　　　　　D. 认证

7. 根据 GB/T 27028 标准，符合性表述可以采取（　　）的形式。
   A. 报告、声明、证书或标志　　　　B. 报告、声明、证书和标志
   C. 声明、证书和标志　　　　　　　D. 声明、证书或标志

8. 在产品认证方案中利用组织质量管理体系有益于组织和认证机构确定（　　）是否符合规定要求，并保证持续符合这些要求。
   A. 产品　　　　　　　　　　　　　B. 质量管理体系
   C. 过程　　　　　　　　　　　　　D. 系统

9. （　　）是指由第三方合格评定机构颁发的受保护的标志，该标志表明合格评定对象（产品、过程、人员、体系或机构）符合规定的要求。
   A. 第三方符合性标志　　　　　　　B. 合格评定标志
   C. 认可标志　　　　　　　　　　　D. 认证标志

10. 在从事检验活动时，尤其是评价对通用要求的符合性时，通常要求进行（　　）。
    A. 专业判断　　　　　　　　　　　B. 专业审核
    C. 过程审核　　　　　　　　　　　D. 经验判断

11. 将检验机构分成 A 类、B 类或者 C 类，本质上是对检验机构（　　）的一种衡量。
    A. 公正性　　　　　　　　　　　　B. 独立性
    C. 能力　　　　　　　　　　　　　D. 检验范围

12. 根据 GB/T 27020 标准，提供第三方检验的检验机构应满足（　　）检

验机构的要求。
  A. A 类   B. B 类
  C. C 类   D. A 或 B 或 C 类

13. 检验机构应从结构和管理上保障检验活动的（ ）。
  A. 独立性   B. 公正性
  C. 客观性   D. 能力

14. （ ）规定了对管理体系审核和认证机构的要求。
  A. GB/T 27020   B. GB/T 27021.1
  C. GB/T 27025   D. GB/T 27065

15. （ ）标准规定了实验室能力、公正性以及一致运作的通用要求。
  A. GB/T 27020   B. GB/T 27021.1
  C. GB/T 27025   D. GB/T 27065

16. 根据 GB/T 27025 标准，实验室应规定对（ ）有影响的所有管理、操作或验证人员的职责、权力和相互关系。
  A. 实验室活动结果   B. 实验结果符合性
  C. 实验活动绩效和有效性   D. 试验

17. 根据 GB/T 27025 标准，实验室应将影响实验室活动结果的各职能的（ ）形成文件，包括对教育、资格、培训、技术知识、技能和经验的要求。
  A. 能力要求   B. 职责和权限
  C. 岗位要求   D. 岗位职责及要求

18. 根据 GB/T 27025 标准，实验室应制定（ ），并应进行复核和必要的调整，以保持对校准状态的信心。
  A. 检定规程   B. 校准方案
  C. 量值溯源程序   D. 操作保养规程

19. 根据 GB/T 27025 标准，实验室应通过形成文件的不间断的校准链，将测量结果与适当的参考对象相关联，建立并保持测量结果的（ ）。
  A. 有效性   B. 计量溯源性
  C. 正确性   D. 准确性

20. 根据 GB/T 27025 标准，当实验室为后续检测或校准对物质、材料或产品实施抽样时，应有抽样计划和（ ）。（ ）应明确需要控制的因素，以确保后续检测或校准结果的有效性。
  A. 抽样方法   B. 抽样方案
  C. 抽样规则   D. 抽样程序

21. （ ）标准的要求是认证机构实施产品、过程或服务认证方案的通用准则。

  A. GB/T 27020   B. GB/T 27021.1
  C. GB/T 27025   D. GB/T 27065

22. 根据 GB/T 27065 标准，认证要求是指作为获得或保持认证的条件，（　　）所要满足的规定要求，包括产品要求。

  A. 客户   B. 认证机构
  C. 客户和认证机构   D. 认证相关方

23. 合格评定功能法包括的基本功能包括（　　）。

  A. 抽样、审核、认证、决定
  B. 访谈、观察、评审、报告
  C. 选取、确定、复核与证明、监督（如果需要）
  D. 抽样、评价、评审、证明

24. 合格评定功能法中的"复核与证明"功能的输出是（　　）。

  A. 规定要求的满足情况   B. 经证实满足规定要求
  C. 被选项的信息   D. 认证证书

25. 合格评定功能法中"确定"功能的输出是（　　）。

  A. 规定要求的满足情况   B. 经证实满足规定要求
  C. 被选项的信息   D. 认证证书

26. 用"被选项的信息"来表示合格评定功能法中（　　）功能生成的所有信息、样品（如果进行取样）、决定和其他输出。

  A. 选取   B. 确定
  C. 复核   D. 监督

27. 在初次评定和监督中都需要进行合格评定功能法的（　　）活动。

  A. 选取   B. 确定
  C. 评价   D. 检查

28. 合格评定监督中的（　　）活动可能包括开展持续风险分析或考虑与规定要求实际满足情况有关的市场反馈。

  A. 选取   B. 确定
  C. 评价   D. 检查

29. 在初次评定和监督中，合格评定（　　）活动的输出均决定着确定活动的内容和实施方式。

  A. 选取   B. 确定
  C. 评价   D. 检查

30. 检查是指"审查产品设计、产品、过程或安装并确定其与特定要求的符合性，或根据（　　）确定其与通用要求的符合性的活动"。
A. 专业判断　　　　　　　　　B. 技术法规
C. 检查标准　　　　　　　　　D. 认证方案

31. "考核"是指"作为评审的一部分，按照认证方案的规定，采用诸如笔试、口试、实践和观察等一种或多种方式，对候选人的能力进行（　　）"。
A. 测评的机制　　　　　　　　B. 考核的方法
C. 评价的方式　　　　　　　　D. 考察的形式

32. 合格评定活动通过颁发符合性声明书，以证明评定结果。可采用（　　）等描述方式。
A. 符合性声明　　　　　　　　B. 符合性证书
C. 自我声明　　　　　　　　　D. A + B

33. 由第一方（如产品的供方）或第二方（如采购商）颁发的符合性声明书被称作（　　）。
A. 自我声明　　　　　　　　　B. 符合性声明
C. 符合性证明　　　　　　　　D. 自我证明

34. 在证明功能完成时合格评定即可结束，若需要提供持续的符合性保证，则可使用（　　）功能。
A. 监督　　　　　　　　　　　B. 再认证
C. 复检　　　　　　　　　　　D. 重检

35. 测量分析（也称"测量系统分析"）是在系统运行的条件下，评价测量系统（　　）的一套方法。
A. 变差　　　　　　　　　　　B. 误差
C. 不确定度　　　　　　　　　D. 波动

36. （　　）就是将所关心的特性（通常称为"响应变量"）的性能与潜在的原因（通常称为"解释变量"）联系起来。
A. 过程能力分析　　　　　　　B. 测量分析
C. 回归分析　　　　　　　　　D. 可靠性分析

37. 可靠性分析就是将工程和分析方法应用于评价、预计和保证所研究的产品或系统在某一段时间（　　）。
A. 无故障运行　　　　　　　　B. 可靠运行
C. 正常运行　　　　　　　　　D. 稳定运行

38. 过程能力指数反映（　　）。
A. 单个产品批质量满足技术要求的程度　B. 过程满足标准要求的程度
C. 生产过程的加工能力　　　　D. 产品批的合格程度

39. 关于过程能力指数，以下说法错误的是（　　）。
A. 随着过程的调整过程能力指数也会改变
B. 过程能力指数越高，过程不合格率越高
C. 在过程调整后应重新计算过程能力指数
D. 过程能力指数越高，过程不合格率越低

40. 某生产过程，给定某质量特性值公差范围为 $T=0.1mm$。已知过程标准差 $\sigma=0.02$。则其过程能力指数 C_p 是（　　）。（真题）
A. 0.83　　　　　　　　B. 1.00
C. 0.5　　　　　　　　D. 1.67

41.《合格评定　第三方产品认证制度应用指南》标准号是（　　）。
A. GB/T 27028/ISO/IEC Guide 28　　B. GB/T 27067/ISO/IEC 17067
C. GB/T 27053/ISO/IEC Guide 53　　D. GB/T 27065/ISO/IEC 17065

42. ISO/IEC 17000 系列合格评定标准和指南中基本文件是供指导起草（　　）的基本标准和指南。
A. 通用文件　　　　　　B. 技术功能文件
C. 管理文件　　　　　　D. A+B

43. "合格评定工具箱"是由（　　）制定的一系列有关合格评定的国际标准和文件。
A. 国际标准化组织合格评定委员会（ISO/CASCO）
B. ISO/TC 176
C. 国际标准化组织认证认可标准化技术委员会
D．ISO/TC 204

44. 合格评定活动的基本方法是（　　）。
A. 合格评定功能法　　　B. 统计抽样
C. 评价　　　　　　　　D. 审核

45. （　　）标准包含了对产品、过程和服务认证机构的能力、一致性运作和公正性的要求。
A. GB/T 27028/ISO/IEC Guide 28　　B. GB/T 27067/ISO/IEC 17067
C. GB/T 27053/ISO/IEC Guide 53　　D. GB/T 27065/ISO/IEC 17065

46. 根据 GB/T 27021.1 标准，管理体系认证机构通常以（　　）的形式证明组织的管理体系符合特定的管理体系标准或其他规范性要求。
A. 认证文件或证书　　　B. 认证文件
C. 证书　　　　　　　　D. 认证文件和证书

二、多项选择题
1. 合格评定工具箱中的基本文件是指"供指导起草（　　）使用的基础标

准和指南"。
　　A. 基本文件　　　　　　　　　　B. 通用文件
　　C. 技术功能文件　　　　　　　　D. 合格评定文件
2. 中国的检验、检测机构资质认定评审准则采纳了下面哪些标准的内容?（　　）
　　A. GB/T 27000　　　　　　　　　B. GB/T 19001
　　C. GB/T 27025　　　　　　　　　D. GB/T 27020
3. 合格评定标准共性的管理准则是指公正性、保密性、（　　）。
　　A. 投诉和申诉　　　　　　　　　B. 信息公开
　　C. 独立性　　　　　　　　　　　D. 管理体系的使用
4. 有关合格评定规范性文件编写共同要素原则的标准有（　　）。
　　A. GB/T 27001、GB/T 27002　　　B. GB/T 27003、GB/T 27004
　　C. GB/T 27005　　　　　　　　　D. GB/T 27007
5. 合格评定共同要素系列标准的适用范围有（　　）。
　　A. 指导合格评定规范文件的编写　B. 合格评定的实施与管理
　　C. 合格评定对象的实施　　　　　D. 合格评定的采信者的实践
6. 与合格评定认证方案有关的标准有（　　）。
　　A. GB/T 27067　　　　　　　　　B. GB/T 27028
　　C. GB/T 27053　　　　　　　　　D. GB/T 27065
7. 产品认证方案所有者可以是（　　）。
　　A. 产品认证机构　　　　　　　　B. 采购机构
　　C. 消费者组织　　　　　　　　　D. 消费者
8. 根据 GB/T 27067 标准，认证方案规定了实施产品、过程和服务认证的（　　）。
　　A. 规则　　　　　　　　　　　　B. 程序
　　C. 管理要求　　　　　　　　　　D. 原则
9. 根据 GB/T 27067 标准，产品认证方案至少包括下列哪些合格评定功能和活动?（　　）
　　A. 选取，确定
　　B. 复核，认证决定
　　C. 证明、许可——颁发符合性证书或其他符合性证明
　　D. 证明、许可——授权使用证书或其他符合性证明
10. 产品认证方案类型 5（模式 5）的认证过程至少包括认证申请、（　　）。
　　A. 初始评审　　　　　　　　　　B. 评价（复核）
　　C. 决定、许可　　　　　　　　　D. 监督

11. GB/T 27028 标准中的初始评审包括（　　）。
    A. 生产过程和质量体系的评审   B. 初始检测
    C. 选取   D. 确定
12. 与合格评定标识有关的标准包括（　　）。
    A. GB/T 27030   B. GB/T 27023
    C. GB/T 27027   D. GB/T 27050
13. 根据 GB/T 27023 标准，标准符合性信息的需求方有（　　）。
    A. 制造商   B. 购买者
    C. 检查组织   D. 监管机构
14. 根据 GB/T 27023 标准，符合性认证所依据的标准种类包括（　　）。
    A. 综合性产品标准   B. 具体特性标准
    C. 体系标准   D. 技术标准
15. 根据 GB/T 27023 标准，标准符合性的表示方法有（　　）。
    A. 符合性标志   B. 符合性证书
    C. 符合性声明   D. 符合性报告
16. 加贴了符合性标志的产品发生下列哪种情况时，认证机构应要求误用者采取纠正措施？（　　）
    A. 具有危害的   B. 未经获准施加了符合性标志
    C. 使用了未经授权的符合性标志 D. 违背认证协议
17. 有关合格评定机构管理的标准包括（　　）。
    A. GB/T 27020   B. GB/T 27021
    C. GB/T 27025   D. GB/T 27065
18. 根据 GB/T 27020 标准，检验的各阶段包括（　　）。
    A. 设计阶段   B. 型式试验
    C. 初始检验   D. 运行检验或监督
19. 检验机构应规定所有与检验活动相关的人员的能力要求，包括（　　），并形成文件。
    A. 教育   B. 培训
    C. 技术知识   D. 技能和经验
20. 检验机构应有形成文件的程序，用于检验员以及其他与检验活动相关的人员的（　　）。
    A. 选择   B. 培训
    C. 正式授权   D. 监督
21. 检验机构应使（　　）可以被唯一性识别，以避免混淆。
    A. 被检验项目   B. 样品

C. 检验仪器 D. 检验人员

22. 认证审核包括（　　）。
A. 初次审核 B. 监督审核
C. 再认证审核 D. 特殊审核

23. 管理体系认证的原则包括（　　）。
A. 公正性、能力 B. 责任、公开性
C. 保密性、对投诉的回应 D. 基于风险的方法

24. 实验室应公正地实施实验室活动，并从（　　）上保证公正性。
A. 组织结构 B. 质量管理体系
C. 管理 D. 技术

25. 根据 GB/T 27025 标准，实验室应规定对实验室活动结果有影响的所有管理、操作或验证人员的（　　）。
A. 职责 B. 岗位
C. 权力 D. 相互关系

26. 根据 GB/T 27025 标准，实验室应使用适当的方法和程序开展所有实验室活动，适当时，包括（　　）。
A. 测量不确定度的评定 B. 测量准确度的评定
C. 使用统计技术进行数据分析 D. 数据分析

27. 根据 GB/T 27025 标准，实验室应对（　　）进行确认。
A. 非标准方法 B. 实验室开发的方法
C. 超出预定范围使用的标准方法 D. 其他修改的标准方法

28. 根据 GB/T 27065 标准，认证范围是对以下哪些内容的界定？（　　）
A. 批准认证的产品、过程或服务
B. 适用的认证方案
C. 评价产品、过程或服务是否符合要求的标准和其他规范性文件（包括发布日期）
D. 认证有效期

29. GB/T 27065 标准中的"评价"包括合格评定功能法的（　　）。
A. 选取 B. 确定
C. 复核 D. 证明

30. 根据 GB/T 27065 标准，产品认证机构及其认证活动的原则包括（　　）。
A. 公正性 B. 能力，责任
C. 保密性和信息公开 D. 对投诉和申诉的回应

31. 根据 GB/T 27065 标准，公正性的风险包括可能源于下列哪些情况而产

生的各种偏离？（ ）

 A. 自身利益   B. 自我评价

 C. 倾向   D. 过分熟悉，胁迫，竞争

32. 确定活动的输出由（ ）组成，并通常按照便于实施复核与证明活动的方式进行组织。

 A. 确定活动中产生的所有信息   B. 确定功能的所有输入

 C. 确定的结果   D. 确定输出的报告

33. 对于在合格评定监督中发现的严重问题，视其性质和其他因素，可以对合格评定对象采取下列哪些措施？（ ）

 A. 暂停资格   B. 撤销资格

 C. 变更证明范围   D. 告知与信息发布

34. 根据合格评定（ ），选择合格评定技术和方法。

 A. 目标   B. 范围

 C. 准则   D. 持续的时间和地点

35. 合格评定功能法中的"确定"功能开展的活动包括（ ）。

 A. 对评定对象相关的体系和记录的审核 B. 对评定对象的质量评价

 C. 对评定对象的规范和图纸的审查   D. 拟定并发布符合性声明

36. 合格评定功能法中的（ ）功能都可能存在返回确定阶段，解决不符合项的活动。

 A. 复核与证明   B. 选取

 C. 监督   D. 评价

37. 检验的作用有（ ）。

 A. 鉴别作用、把关作用   B. 预防作用、反馈作用

 C. 监督作用   D. 改进作用

38. 按生产过程的顺序分类，检验可分为（ ）。

 A. 进货检验   B. 过程检验

 C. 最终检验   D. 型式试验

39. 进行合格评定检测所必需的全部要素包括（ ）。

 A. 经过恰当维护和校准的设备

 B. 可溯源到 SI 测量标准单位的测量

 C. 检测产品的抽样和处置

 D. 检测结果的报告

40. 检查技术作为合格评定技术，它包括（ ）。

 A. 对物理项目的目检

 B. 对规范文件（如设计图纸）的审查

C. 比较检查发现与规范文件的要求或该领域内一般可接受的良好惯例
D. 出具检查结果报告

41. 合格评定分析技术包括（   ）。
    A. 测量分析   B. 过程能力分析
    C. 回归分析   D. 可靠性分析

42. 测量分析可将各种来源的变差量化，如来自（   ）。测量分析也可将来自测量系统的变差作为总过程变差、或总容许变差的一部分予以描述。
    A. 测量人员的变差   B. 测量结果的变差
    C. 测量仪器自身的变差   D. 测量过程的变差

43. 关于过程能力，以下说法正确的有（   ）。
    A. 过程能力是指过程在受控状态下的加工质量方面的能力
    B. 过程能力通常用 6 倍标准差表示
    C. 过程能力与公差无关
    D. 过程能力数值越大越好

44. 下列关于过程能力指数的叙述，正确的有（   ）。
    A. 过程能力指数与公差无关
    B. 过程能力指数用来度量一个过程满足标准要求的程度
    C. 过程能力指数越大，表明加工质量越高
    D. 计算过程能力指数要求过程处于稳态

45. 认证活动的风险可能来自以下哪些方面？（   ）
    A. 标志的不当使用
    B. 合格评定的选取，过程中的抽样
    C. 获证客户做出的误导性声明
    D. 合格评定的公正性

46. 合格评定的监督阶段的结果可以是对以前合格评定结果的（   ）。
    A. 保持   B. 撤销
    C. 暂停   D. 变更

47. 判断抽样（GB/T 19011—2013 老标准叫：条件抽样）依赖于合格评定组织相关人员的（   ）。
    A. 能力   B. 教育
    C. 经验   D. 感觉

48. 合格评定报告的内容包括（   ）。
    A. 合格评定所依据的要求的描述   B. 所进行的确定活动的详细描述
    C. 使用资源的详细描述   D. 对活动结果的详细描述

49. 典型的审核抽样包括以下哪些步骤？（   ）
   A. 明确抽样的目标
   B. 选择抽样总体的范围和组成
   C. 选择抽样方法，确定样本量
   D. 进行抽样活动，收集、评价和报告结果并形成文件
50. 合格评定中确定活动的特征体现在确定是（   ）过程。
   A. 系统的、有序的   B. 正规的
   C. 独立的   D. 形成文件的
51. 处理误用符合性标志要考虑的因素有（   ）。
   A. 误用符合性标志的有关法律规定   B. 误用的严重程度
   C. 误用是无意的还是故意的   D. 产品是否有危害

三、判断题

1. 在标准中用"适当时""适宜时""适用时"表示可能或能够。（   ）
2. 申请认可的检测和校准实验室应符合 GB/T 27020《合格评定 各类检验机构的运作要求》及其他认可准则的要求。（   ）
3. 产品供方有义务明示产品符合规范性文件的要求。（   ）
4. GB/T 27067 标准不仅作为指南，还包含了对产品认证机构的要求。（   ）
5. GB/T 27067 标准中，认证方案是指"针对产品，适用相同要求、规则和程序的认证制度"。（   ）
6. 对于产品认证而言，产品认证方案、产品认证制度是必需的。（   ）
7. GB/T 27028 标准所讲产品认证制度与 GB/T 27067 标准中的产品认证制度 4（产品认证方案类型 4）对应。（   ）
8. 根据 GB/T 27023 标准，符合性标志是指按照第三方认证制度的程序，为符合特定标准或其他技术规范的产品或服务而使用或颁发的、经过合法注册的认证标志。（   ）
9. 根据 GB/T 27023 标准，只有符合了标准的全部要求，而不是选定部分内容或特性时，才能用符合性标志。（   ）
10. 根据 GB/T 27023 标准，符合性证书涉及某一标准的全部要求和全部特性。（   ）
11. 检验与检测和认证的重要区别是很多类型的检验活动包含了用专业判断来确认对通用要求的符合性。（   ）
12. 管理体系认证中的严重不符合是指影响管理体系实现预期结果的能力的不符合。（   ）
13. 管理体系认证审核时间是指"策划并完成一次完整有效的客户组织管理体系审核所需要的时间"。（   ）

14. 根据 GB/T 27025 标准，实验室应规定对实验结果符合性有影响的所有管理、操作或验证人员的职责、权力和相互关系。（　　）

15. 根据 GB/T 27025 标准，实验室应识别测量不确定度的贡献。评定测量不确定度时，应采用适当的分析方法考虑所有显著贡献，包括来自抽样的贡献。（　　）

16. GB/T 27065 标准对认证方案的内容及其制定提出了要求，是认证机构实施产品、过程或服务认证方案的通用准则。（　　）

17. GB/T 27065 标准所指的"认证要求"包括认证方案提出的对客户的要求以及认证方案对认证机构提出的要求。（　　）

18. GB/T 27065 标准认为符合认证要求的责任在于客户而不是认证机构。（　　）

19. 合格评定的类型虽然不同，但合格评定功能法中的每项功能包含的具体活动不会因合格评定的类型不同而不同。（　　）

20. 由第二方颁发的符合性声明书常常被称作符合性证书。（　　）

21. 获得 ISO 9001 质量管理体系认证的组织可以将认证机构标志加贴到其产品上。（　　）

22. 加贴符合性标志的产品都是被许可机构验证过的。（　　）

23. 过程能力分析就是检查过程的变异和分布，从而估计其产生符合规范所允许变差范围的输出的能力。（　　）

24. 过程能力用来度量一个过程满足标准要求的程度，过程能力将实际的过程变异与规范允许的容差联系起来。（　　）

25. 对于任何生产过程，产品质量总是分散地存在着，若过程能力越高，则产品质量特性值的分散就会越小；若过程能力越低，则产品质量特性值的分散就会越大。（　　）

四、问答题

1. 什么是合格评定工具箱？合格评定工具箱包括哪些方面的内容？

2. 合格评定工具箱包含的标准有哪些类别？是如何分类的？这些类别的标准有什么作用？

3. 请简述产品认证方案中的合格评定功能和活动。

4. 什么是产品认证制度？什么是产品认证方案？两者的关系是什么？

5. 请简述产品认证方案类型 5 的认证程序。

6. 针对误用符合性标志，认证机构可以采取哪些纠正和纠正措施？

7. 什么是合格评定功能法？请简述其作用。

8. 请简述合格评定功能法各个阶段的内涵。

9. 合格评定技术和方法有哪些？请简述如何应用合格评定技术和方法。

第3章 《合格评定技术》考点解读

答案点拨解析

一、单项选择题

题号	答案	解 析
1	B	见3.1.2节之1表3-1
2	C	见3.1.2节之1表3-1
3	A	见3.1.2节之1表3-1
4	A	见3.1.3节
5	B	见3.2.3节之2方框中GB/T 27067标准"引言"
6	A	见3.2.3节之2方框中GB/T 27067标准5.1.1条款
7	A	见3.2.3节之3方框中GB/T 27028标准第7章
8	A	见3.2.3节之4方框中GB/T 27053标准"引言"
9	A	见3.2.4节之2方框中GB/T 27030标准3.1条款
10	A	见3.2.5节之2方框中GB/T 27020标准"引言"
11	B	见3.2.5节之2方框中GB/T 27020标准"引言"
12	A	见3.2.5节之2方框中GB/T 27020标准4.1.6 a)条款
13	B	见3.2.5节之2方框中GB/T 27020标准5.2.1条款
14	B	见3.2.5节之3方框中GB/T 27021.1标准"引言"
15	C	见3.2.5节之4方框中GB/T 27025标准第1章
16	A	见3.2.5节之4方框中GB/T 27025标准5.5 b)条款
17	A	见3.2.5节之4方框中GB/T 27025标准6.2.2条款
18	B	见3.2.5节之4方框中GB/T 27025标准6.4.7条款
19	B	见3.2.5节之4方框中GB/T 27025标准6.5.1条款
20	A	见3.2.5节之4方框中GB/T 27025标准7.3.1条款
21	D	见3.2.5节之5方框中GB/T 27065标准"引言"：本标准的要求是认证机构实施产品、过程或服务认证方案的通用准则
22	A	见3.2.5节之5方框中GB/T 27065标准3.7条款
23	C	见3.3.1节方框下的段落
24	B	见3.3.1节方框中GB/T 27000标准图A.1
25	A	见3.3.1节方框中GB/T 27000标准图A.1
26	A	见3.3.2节方框中GB/T 27000标准附录A.2.6条款
27	A	见3.3.5节方框中GB/T 27000标准附录A.5.3条款
28	A	见3.3.5节方框中GB/T 27000标准附录A.5.3条款
29	A	见3.3.5节方框中GB/T 27000标准附录A.5.5条款

(续)

题号	答案	解　析
30	A	见 3.4.5 节
31	A	见 3.4.8 节
32	D	见 3.4.14 节
33	B	见 3.4.14 节之 1
34	A	见 3.4.16 节
35	C	见 3.4.17 节之 1 方框中 GB/Z 19027 标准 4.5.1 条款
36	C	见 3.4.17 节之 3 方框中 GB/Z 19027 标准 4.7.1 条款
37	A	见 3.4.17 节之 4 方框中 GB/Z 19027 标准 4.8.1 条款
38	B	见 3.4.17 节之 2 方框下面的段落：过程能力指数用来度量一个过程满足标准要求的程度
39	B	见 3.4.17 节之 2 方框下面的段落：过程能力指数越大，表明加工质量越高，产品的合格率越大，不合格率越低
40	A	$C_p = T/6\sigma = 0.1/(6 \times 0.02) = 0.83$
41	A	见 3.1.2 节之 1 表 3-1
42	D	见 3.1.2 节之 1 之 1)
43	A	见 3.1.1 节之 1
44	A	见 3.3.1 节
45	D	见 3.2.5 节之 5 方框中 GB/T 27065 标准第 1 章"范围"
46	A	见 3.2.5 节之 3 方框中 GB/T 27021.1 标准"引言"

二、多项选择题

题号	答案	解　析
1	BC	见 3.1.2 节之 1 之 1)
2	ABCD	见 3.1.3 节
3	ABD	见 3.2.2 节之 2 之 1)
4	ABC	见 3.2.2 节之 1
5	ABCD	见 3.2.2 节之 3
6	ABC	见 3.2.3 节之 1
7	ABC	见 3.2.3 节之 2 方框中 GB/T 27067 标准"引言"
8	ABC	见 3.2.3 节之 2 方框中 GB/T 27067 标准 3.2 条款
9	ABC	见 3.2.3 节之 2 方框中 GB/T 27067 标准 5.2 条款表 1 最下面的"注 c"
10	ABCD	见 3.2.3 节之 3
11	AB	见 3.2.3 节之 3 方框中 GB/T 27028 标准第 5 章
12	ABC	见 3.2.4 节之 1
13	ABCD	见 3.2.4 节之 3 方框中 GB/T 27023 标准第 4 章

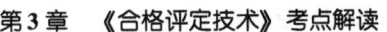

(续)

题号	答案	解 析
14	AB	见 3.2.4 节之 3 方框中 GB/T 27023 标准第 6 章
15	AB	见 3.2.4 节之 3 方框中 GB/T 27023 标准第 7 章
16	ABCD	见 3.2.4 节之 4 方框中 GB/T 27027 标准 3.1 条款
17	ABCD	见 3.2.5 节之 1
18	ABCD	见 3.2.5 节之 2 方框中 GB/T 27020 标准第 1 章
19	ABCD	见 3.2.5 节之 2 方框中 GB/T 27020 标准 6.1.1 条款
20	ABCD	见 3.2.5 节之 2 方框中 GB/T 27020 标准 6.1.5 条款
21	AB	见 3.2.5 节之 2 方框中 GB/T 27020 标准 7.2.1 条款
22	ABCD	见 3.2.5 节之 3 方框中 GB/T 27021.1 标准 3.4 条款之注 2
23	ABCD	见 3.2.5 节之 3 方框中 GB/T 27021.1 标准 4.1.3 条款
24	AC	见 3.2.5 节之 4 方框中 GB/T 27025 标准 4.1.1 条款
25	ACD	见 3.2.5 节之 4 方框中 GB/T 27025 标准 5.5 b) 条款
26	AC	见 3.2.5 节之 4 方框中 GB/T 27025 标准 7.2.1.1 条款
27	ABCD	见 3.2.5 节之 4 方框中 GB/T 27025 标准 7.2.2.1 条款
28	ABC	见 3.2.5 节之 5 方框中 GB/T 27065 标准 3.10 条款
29	AB	见 3.2.5 节之 5 方框中 GB/T 27065 标准 3.3 条款
30	ABCD	见 3.2.5 节之 5 方框中 GB/T 27065 标准附录 A
31	ABCD	见 3.2.5 节之 5 方框中 GB/T 27065 标准附录 A.2.2
32	AB	见 3.3.3 节方框中 GB/T 27000 标准附录 A.3.5 条款
33	ABCD	见 3.3.5 节方框下面的段落
34	ABCD	见 3.4 节
35	ABC	见 3.4.1 节表 3-3 第 2 项
36	AC	见 3.4.1 节表 3-3 第 3、4 项
37	ABC	见 3.4.3 节
38	ABCD	见 3.4.3 节之 2 表 3-5
39	ABCD	见 3.4.4 节
40	ABCD	见 3.4.5 节
41	ABCD	见 3.4.17 节
42	ACD	见 3.4.17 节之 1 方框中 GB/Z 19027 标准 4.5.2 条款
43	ABC	见 3.4.17 节之 2 方框下面的段落
44	BCD	见 3.4.17 节之 2 方框下面的段落
45	ABCD	见 3.4.12 节
46	ABCD	见 3.3.5 节方框下面的段落

（续）

题号	答案	解 析
47	AC	见 3.4.2 节之 1 方框中 GB/T 19011—2021 标准 A.6.2 条款：判断抽样依赖于审核组的能力和经验。在 GB/T 19011—2013 老标准中条件抽样依赖于审核组的知识、技能和经验
48	ABCD	见 3.4.11 节
49	ABCD	见 3.4.2 节之 1 方框中 GB/T 19011—2021 标准 A.6.1 条款
50	ABCD	见 3.3.3 节方框下面的段落之 3)
51	ABCD	见 3.2.4 节之 4 方框中 GB/T 27027 标准第 1 章"引言"

三、判断题

题号	答案	解 析
1	×	见 3.1.2 节之 2。在标准中用"适当时""适宜时""适用时"表示在使用时视具体情境可选择的要求
2	×	见 3.1.3 节。申请认可的检测和校准实验室应符合 GB/T 27025《检测和校准实验室能力的通用要求》及其他认可准则的要求
3	√	见 3.2.3 节之 2 方框中 GB/T 27067 标准"引言"
4	×	见 3.2.3 节之 2 方框中 GB/T 27067 标准"引言"：GB/T 27065 规定了对产品认证机构的要求。GB/T 27067 标准仅作为指南，并不包含要求，两者兼容协调
5	×	见 3.2.3 节之 2 方框中 GB/T 27067 标准 3.2 条款：认证方案是指针对**特定的产品**，适用相同要求、规则和程序的认证制度
6	×	见 3.2.3 节之 2 方框中 GB/T 27067 标准 6.2 条款：产品认证方案是必需的，只有当一项以上的方案使用相同的规则、程序和管理时，才需要制定产品认证制度
7	×	见 3.2.3 节之 3 方框中 GB/T 27028 标准第 1 章范围：本制度对应 GB/T 27067 中描述的产品认证制度 5
8	√	见 3.2.4 节之 3 方框中 GB/T 27023 标准 3.1 条款
9	√	见 3.2.4 节之 3 方框中 GB/T 27023 标准 7.1 条款
10	×	见 3.2.4 节之 3 方框中 GB/T 27023 标准 7.2 条款
11	√	见 3.2.5 节之 2 方框中 GB/T 27020 标准"引言"
12	√	见 3.2.5 节之 3 方框中 GB/T 27021.1 标准 3.12 条款
13	×	见 3.2.5 节之 3 方框中 GB/T 27021.1 标准 3.16、3.17 条款。把审核时间、管理体系认证审核时间搞混了
14	×	见 3.2.5 节之 4 方框中 GB/T 27025 标准 5.5 b) 条款。"对实验结果符合性有影响"表述不符合标准
15	√	见 3.2.5 节之 4 方框中 GB/T 27025 标准 7.6.1 条款
16	×	见 3.2.5 节之 5 方框中 GB/T 27065 标准"引言"：本标准未对认证方案的内容及其制定提出要求

(续)

题号	答案	解 析
17	×	见 3.2.5 节之 5 方框中 GB/T 27065 标准 3.7 条款"注":本标准所指的"认证要求"不包括认证方案对认证机构提出的要求
18	√	见 3.2.5 节之 5 方框中 GB/T 27065 标准附录 A.6.1
19	×	见 3.3.1 节方框中 GB/T 27000 标准附录 A.1.4
20	×	见 3.4.14 节之 2:由第三方颁发的符合性声明书常常被称作符合性证书
21	×	见 3.4.15 节,管理体系认证标志不应用于产品或产品包装之上,或以任何其他可解释为表示产品符合性的方式使用
22	×	见 3.4.15 节,可能只是一些产品的样本被许可机构所验证
23	×	见 3.4.17 节之 2 方框中 GB/Z 19027 标准 4.6.1 条款:过程能力分析就是检查过程的**固有**变异和分布……请注意其中"固有"二字
24	×	见 3.4.17 节之 2 方框下面的段落:过程能力**指数**用来度量一个过程满足标准要求的程度。过程能力**指数**将实际的过程变异与规范允许的容差联系起来。请注意"指数"二字
25	√	见 3.4.17 节之 2 方框下面的段落:过程能力 $PC = 6\sigma$。6σ 愈小,过程波动幅度愈小,过程愈稳定,从而过程能力就愈强。反之亦然

四、问答题

1. 见 3.1.1 节。

1)国际标准化组织合格评定委员会(ISO/CASCO)制定的一系列有关合格评定的国际标准和文件称为"合格评定工具箱"。

2)合格评定工具箱包括以下 7 个方面的内容:

① 合格评定的通用词汇、原则、通用要求。

② 合格评定良好实践准则。

③ 认证。

④ 认可。

⑤ 检验、检测、校准。

⑥ 符合性标志。

⑦ 多边互认协议(MRAs)。

2. 见 3.1.2 节之 1。

1)合格评定工具箱包含的标准有 3 种类别:基本文件、通用文件和技术功能文件。

2)上述类别,是从功能和作用角度分类的。

3)各类别标准的作用是:

① 基本文件:供指导起草通用和技术功能文件使用的基础标准和指南。

② 通用文件：在全球范围内进行合格评定活动中都使用的文件，涉及认证、认可、同行评审、相互承认和符合性标志的通用要求以及指南等。

③ 技术功能文件：针对特定对象和类型的具体合格评定活动的要求，有检验机构、检测实验室、产品认证机构、管理体系认证机构和人员认证机构等的管理要求。

3. 见 3.2.3 节之 2 方框中 GB/T 27067 标准 5.1.1 条款。

产品认证方案中的合格评定功能和活动包括：

1）选取，包括策划和准备活动，其目的是收集或生成后续的确定功能所需的全部信息和输入。

2）确定，可以包括检测、测量、检查、设计评估、服务和过程评价以及审核等合格评定活动，以提供与产品要求有关的信息，作为复核和证明功能的输入。

3）复核，即针对满足规定要求的情况，对选取和确定活动及其结果的适宜性、充分性和有效性进行的验证。

4）认证决定。

5）证明，即根据复核后做出的决定出具符合性证明，以证实规定要求已得到满足。

6）监督（需要时），即合格评定活动的系统性重复，是保持符合性证明有效性的基础。

4. 见 3.2.3 节之 2 方框中 GB/T 27067 标准 3.1、3.2、6.2 条款。

1）产品认证制度：实施认证的规则、程序和对实施认证的管理。

2）产品认证方案：针对特定的产品，适用相同要求、规则和程序的认证制度。认证方案规定了实施产品、过程和服务认证的规则、程序和管理要求。

3）产品认证制度、产品认证方案的关系是：

产品认证方案使用确定的规则、程序和管理规定。这些规则、程序和管理规定可以仅由某一方案单独使用，也可以在某个适用于多个方案的产品认证制度中明确。产品认证方案是必需的，只有当一项以上的方案使用相同的规则、程序和管理时，才需要制定产品认证制度。

5. 见 3.2.3 节之 3。

产品认证方案类型 5 的认证程序是：认证申请、初始评审（包括生产过程和质量体系的评审、初始检测）、评价（复核）、决定、许可、监督。

6. 见 3.2.4 节之 4 方框中 GB/T 27027 标准第 4 章。

纠正和纠正措施可以是下列措施中的一种或几种：

1）如果认证机构认为采取召回的措施对保护公众利益是必要的，则由认证机构通知被授权方和负责执行召回的各方，并允许其实施。

2）从产品上去除符合性标志。

3）对产品进行整改，使其满足相关的认证要求。

4）对既不能通过去除符合性标志又不能通过整改来满足相关认证要求的产品，则采取报废或适当的退换措施。

5）当存在危害又不能实行以上1）、2）、3）、4）的纠正措施时，应向公众发布有关危害的公告，或采取符合国家法律规定的其他措施。

7. 见3.3.1开头以及方框下面的段落。

1）"合格评定功能法"是合格评定活动的基本方法。合格评定被视为是一项对与标准有关的规定要求满足程度的一系列技术评价与证明的活动。

2）合格评定功能法的作用：当需要表明某客体（或特定的对象）是否满足规定要求时，使用合格评定功能法所做出的证实能够使之更为切实可信，可增加使用者的信任。

8. 见3.3.2节~3.3.5节中GB/T 27000标准每一节的开头，同时参考各功能的定义作答。

合格评定功能法各个阶段的内涵（简述）：

1）选取：包括一系列策划和准备活动，其目的是收集或生成后续的确定功能所需的全部信息和输入。

2）确定：可以包括检测、测量、检查、设计评估、服务和过程评价以及审核等合格评定活动，以获得关于合格评定对象或其样品满足规定要求情况的完整信息，作为复核和证明功能的输入。

3）复核和证明：复核是在做出合格评定对象是否已被可靠地证实满足规定要求的重要决定之前的最后核查阶段，针对满足规定要求的情况，对选取和确定活动及其结果的适宜性、充分性和有效性进行的验证。证明，即根据复核后做出的决定出具符合性证明，以证实规定要求已得到满足。证明的结果是以最容易到达所有潜在使用者的形式做出的"说明"。

4）监督：即合格评定活动的系统性重复，是保持符合性证明有效性的基础。合格评定活动可以在证明活动完成时终止。但是，在某些情况下，为使证明活动所产生的说明保持有效，可能需要有系统地重复进行选取、确定、复核和证明的功能。这些活动受使用者需求的推动。

9. 见3.4节。

1）合格评定技术和方法有17种：合格评定功能法技术、抽样方法、检验检测和校准方法、检查技术、审核方法、评价技术、考核方法、同行评审方式、

认可方法、评定报告、合格评定风险控制方法、不符合项控制方法、符合性声明书、符合性标志方法、监督的方法、分析技术。

2）应用合格评定技术和方法的要求：

① 根据合格评定目标、范围、准则以及持续的时间和地点，选择合格评定技术和方法。选择合格评定技术和方法时应考虑可获得的合格评定能力以及使用合格评定技术和方法可能出现的任何不确定性。

② 单独或者组合运用各种不同的合格评定技术和方法，以提高合格评定过程的一致性、有效性和效率。

第 4 章 《合格评定—认证》考点解读

考试大纲要求

理解、掌握认证的基本概念:
1) 认证类型（产品认证、管理体系认证、服务认证）及基本特征。
2) 认证制度与认证方案基本概念，认证方案的建立和运行。
3) 认证机构的结构要求、认证原则、通用要求。
4) 认证风险、认证的资源要求、认证过程要求、认证机构管理体系要求。

考点知识讲解

4.1 认证概述

4.1.1 认证的定义和本质

认证的定义和本质见表 4-1。

表 4-1 认证的定义和本质

项 目	说 明
1. 认证的定义	1) GB/T 27000 标准 5.5 条款 **"认证"**："与产品、过程、体系或人员有关的**第三方证明**。"管理体系认证有时也被称为注册。认证适用于除合格评定机构自身外的所有合格评定对象，认可适用于合格评定机构。**认证的对象**是产品、过程、体系或人员 2)《中华人民共和国认证认可条例》第二条 "**认证**"：是指由认证机构证明产品、服务、管理体系符合**相关技术规范、相关技术规范的强制性要求**或者标准的合格评定活动。**认证的对象**是产品、服务、管理体系

（续）

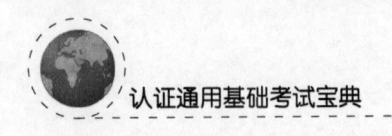

项　目	说　明
2. 认证的本质	2.1 认证的本质： 1）认证是一种依据法律法规、标准和技术规范对产品、服务、管理体系是否满足要求所进行的合格评定活动 2）认证是一种由**独立、公正、权威**的第三方所实施的合格评定活动 3）认证通过正式的证明（通常是书面的）对合格评定的结果加以确认上述三个方面相互关联、缺一不可 2.2 认证的产生基于两种需求： 1）一是对**公正性、专业性和权威性**的符合性评价的需求，以保证法律法规、标准和技术规范的要求得到切实满足 2）二是对认证结果的具有公信力的公示性证明的需求，以有效解决市场交易中的**信息不对称**问题，促进双边或多边贸易

4.1.2　认证的功能和作用

认证的功能和作用见表4-2。

表4-2　认证的功能和作用

项　目	说　明
1. 认证的功能	认证可以<u>通过专业的合格评定过程</u>，确认法律法规、标准和技术规范的要求得到满足；<u>通过有公信力的公示性证明</u>，传递信息，建立需求方对认证对象的信任
2. 认证的作用	1）认证是一种**客观、专业、科学**的评价活动，可以借助认证推动组织提高管理水平，通过持续改进，不断改善产品和服务质量 2）第三方认证作为市场经济调整社会经济秩序的最终方法，可以促进市场经济体制的健康、有效运行 3）认证可以提高政府管理经济社会的**能力和效率** 4）认证活动还可以起到维护公共利益、保护生态环境、促进社会和谐稳定和可持续发展的作用

4.1.3　认证的类型

认证的类型见表4-3。

第4章 《合格评定—认证》考点解读

表4-3 认证的类型

分类方法	认证类型
1. 按照认证对象划分	1）产品认证。证明产品获得认证的方式是颁发产品认证证书和认证标志，认证标志可直接用于获准认证的产品上 2）管理体系认证。管理体系的认证证书和认证标记可以用于宣传，但不能直接用于获准组织的产品上 3）服务认证 4）过程认证。农业良好操作规范（GAP）认证，有机认证、GMP认证等属于过程认证 5）人员认证。如我国认证认可协会（CCAA）开展的审核员注册活动 6）其他类型的认证
2. 按照强制性与否划分	1）自愿性认证，又称非法规性认证或商业性认证 2）强制性认证，又称法规性认证。目的是评价相关产品符合国家规定的技术要求并给予法定证明。强制性认证的依据通常是作为法律法规或者监管政策的一部分发布，由政府机构强制实施
3. 按照评价的服务特性划分	按照评价的服务特性划分，服务认证分为： 1）服务质量认证。对服务的品质和效果的评价 2）服务安全认证。对服务接触过程中安全特性的认证

例题分析

1．（单项选择题）认证是有关产品、过程、管理体系、人员的（　　）。(真题)

　　A. 第一方证实　　　　　　　　B. 第三方证明
　　C. 公共性评价和检查　　　　　D. 第二方审查
答案及分析：选择B。见4.1.1节表4-1之第1项（GB/T 27000标准5.5条款）。

2．（单项选择题）认证类型通常可分为（　　）认证以及其他类型的认证。(真题)

　　A. 产品、过程、管理体系、服务
　　B. 过程、人员、管理体系、管理
　　C. 有机产品、管理体系、过程、客户要求
　　D. 产品、政府机构设置、国家公务员、管理体系
答案及分析：选择A。见4.1.3节表4-3之第1项。

3．（多项选择题）认证是一种由（　　）的第三方所实施的合格评定活动。(真题)

　　A. 权威　　　　　　　　　　　B. 公正

137

C. 行使部分政府监管功能　　　　D. 独立

答案及分析：选择 ABD。见 4.1.1 节表 4-1 之第 2 项之 2.1 之 2)。

4.（单项选择题）《中华人民共和国认证认可条例》所称认证，是指由认证机构（　　）产品、服务、管理体系符合相关技术规范、相关技术规范的强制性要求或者标准的（　　）活动。

A. 证明，合格评定　　　　　　　B. 承认，合格评定
C. 证明，审核　　　　　　　　　D. 承认，审核

答案及分析：选择 A。见 4.1.1 节表 4-1 之第 1 项。

5.（多项选择题）《中华人民共和国认证认可条例》所称认证，是指由认证机构证明产品、服务、管理体系符合（　　）的合格评定活动。

A. 相关技术规范　　　　　　　　B. 相关技术规范的强制性要求
C. 标准　　　　　　　　　　　　D. 顾客要求

答案及分析：选择 ABC。见 4.1.1 节表 4-1 之第 1 项。

6.（判断题）认证适用于除合格评定机构自身外的所有合格评定对象，认可适用于合格评定机构。（　　）

答案及分析：√。见 4.1.1 节表 4-1 之第 1 项。

7.（多项选择题）认证是一种依据（　　）对产品、服务、管理体系是否满足要求所进行的合格评定活动。

A. 法律法规　　　　　　　　　　B. 标准
C. 技术规范　　　　　　　　　　D. 第三方要求

答案及分析：选择 ABC。见 4.1.1 节表 4-1 之第 2 项之 2.1 之 1)。

8.（多项选择题）按照评价的服务特性划分，服务认证分为（　　）。

A. 服务质量认证　　　　　　　　B. 服务安全认证
C. 服务星级认证　　　　　　　　D. 服务分级认证

答案及分析：选择 AB。见 4.1.3 节表 4-3 之第 3 项。

4.2　认证的基本流程

说明：考试大纲中，没有明确提出要掌握认证的基本流程，但其他章节的内容中有一些与认证的基本流程有关，管理体系认证流程中有关审核的内容属于考试大纲的要求，所以考生有必要适当掌握这一节的内容。

4.2.1　产品认证流程

产品认证流程来自 GB/T 27065—2015/ISO/IEC 17065：2012《合格评定 产品、过程和服务认证机构的要求》，下面方框中是 GB/T 27065 标准中关于产品认证流程的要点摘录及标识。

7 过程要求

7.2 申请

对于认证申请，认证机构应获取依据相关认证方案完成认证过程的所有必要信息。

注1：必要信息的例子如下：

——拟认证的产品。

——客户寻求的认证所依据的标准和（或）其他规范性文件（见7.1.2）。

——客户的基本特征，包括名称、实际位置、过程和运作的重要方面（如果相关认证方案有要求），以及任何相关的法律义务。

——与申请认证范围相关的客户的基本信息，比如客户的活动；人力与技术资源，包括实验室和（或）检验设施；以及适用时，其在一个较大集团中的职能和关系。

——客户使用的有关影响对要求符合性的所有**外包过程的信息**；如果客户已确定了由自己以外的法律实体生产认证的产品，为有效监督，必要时认证机构可通过适当的合约对该法律实体予以控制。如果需要这种合约控制，则其可在提交正式的认证文件（见7.7）之前建立。

——相关认证要求所需的所有其他信息，诸如初始评价和监督活动的信息，如：认证的产品的生产地点，这些地点的联系人。

注2：可用多种媒介和方式在不同时间收集这种信息，包括申请表。收集这些信息可与签署4.1.2规定的具有法律约束力的协议（认证协议）同时进行，也可分开进行。

注3：扩大认证范围的申请可以包含**同类产品**、**不同地点**等。

7.3 申请评审

7.3.1 认证机构应对所获得的信息（见7.2）进行评审以确保：

a）认证过程所需的客户信息和产品信息是充分的。

b）认证机构和客户之间任何已知的理解上的分歧已经得到解决，包括在相关标准或规范性文件方面达成一致。

c）认证范围（见3.10）得到确定。

d）实施所有评价活动的方法是可行的。

e）认证机构有能力并能够实施认证活动。

7.3.2 ［客户的认证要求对认证机构来说是没有先例的情况的处理］当客户的认证要求涉及以下内容，而认证机构又无先例时，应有一个过程［这个过程，《合格评定基础》称之为"技术管理"］来识别：

——产品的类型，或

——规范性文件，或

——认证方案。

注：当对某产品的相关要求、特性和技术的掌握足以理解另一产品的要求、特性和技术时，可视它们为同一类产品。

7.3.3 在这些情况（见7.3.2）下，认证机构应确保其具有能力实施要求其进行的所有认证活动，同时应保存对决定开展认证的**理由的记录**。

7.3.4 如果认证机构缺乏能力开展需要其进行的认证活动，认证机构应婉拒开展这一特定的认证。

7.4 评价

7.4.1 认证机构应制定一个**评价活动计划**，以做出必要的安排。

注：根据认证方案的特性和产品要求，该计划可以是适用于所有活动的**通用计划**，包括适用时对质量管理体系的评价，或是针对一项特定活动的**专门计划**，或是两者的结合。

7.4.2 利用认证机构内部资源（见6.2.1）进行的各项评价任务应由认证机构指派人员去执行。

注：外包任务通常由外包方指派的人员去完成。这种人员一般不由认证机构指派。

7.4.3 认证机构应确保可获得执行评价任务必需的所有信息和（或）文件。

注：评价任务可能包括**设计评估**和**文件审查**、**取样**、**检测**、**检验**、**审核**等活动。[说明：评价任务也可能包括质量管理体系审核、生产过程的评价]

7.4.4 认证机构应按评价计划（见7.4.1）完成利用内部资源（见6.2.1）进行的评价活动和管理外包资源（见6.2.2）。应依据认证范围覆盖的要求和认证方案规定的其他要求评价产品。

7.4.5 认证机构应只采信本次认证申请之前完成的与认证相关的评价结果，在这种情况下，认证机构应对评价结果负责，并且证明实施评价的机构满足6.2.2及认证方案规定的要求。

注：这可以包括根据认证机构之间的承认协议开展的工作。

7.4.6 认证机构应将所有不符合[包括质量管理文件不符合、产品检验（检测、试验）不符合、质量管理体系及过程不符合]告知客户。

7.4.7 如果发现了一个或多个不符合，且客户希望继续认证过程，认证机构应提供为验证不符合得到纠正所需的**附加评价任务**的有关信息。

7.4.8 如果客户同意完成附加的**评价任务**，则应重复7.4中规定的过程以完成附加的评价任务。[客户要完成不符合的整改并通过验证]

7.4.9 复核（见7.5）之前，所有评价活动的结果应形成文件。

注1：这些文件可以为确定**产品要求**（包括如认证方案有要求时，对生产产品的**质量管理体系的要求**）是否得到满足提供意见。

注2：认证方案可指出评价是由认证机构根据其职责实施，还是在认证申请（见7.2）之前实施的。对于后者，7.4的要求不适用。

7.5 复核

7.5.1 认证机构应指派**至少一人**复核与评价相关的所有信息和结果。<u>复核应由未参与评价过程的人员进行。</u>

7.5.2 除非复核和认证决定由相同的人一并做出，否则应将**基于复核的认证决定的建议**形成文件。

7.6 认证决定

7.6.1 **认证机构**应对其认证决定负责并保留认证决定权。

7.6.2 认证机构应指派**至少一人**根据评价、复核以及其他相关的所有信息做出认证决定。认证决定应由**未参与评价过程**（见7.4）的一个人或一组人（如委员会，见5.1.4）完成［**对认证决定人员的要求**］。

注：复核和认证决定可由同一个人或同一组人一并完成。

<u>［说明：认证结果的复核和决定应由未参与评价过程的人员进行，其目的主要是保证**客观性、公正性**］。</u>

7.6.3 ［**对认证决定人员的要求**］由认证机构指派做出认证决定的人员（除委员会成员外，见5.1.4）应受雇或受聘于：

——认证机构（见6.1）。

——认证机构（见7.6.4）组织控制下的一个实体。

7.6.4 认证机构的组织控制应为下列之一：

——认证机构拥有另一实体的全部或大部分所有权。

——认证机构在另一个实体的董事会中占多数席位。

——在以所有权或董事会控制相关联的一个法律实体网络中（认证机构存在其中），认证机构以文件形式对另一个实体授权。

注：对政府的认证机构而言，政府的其他部分可认为与认证机构以所有权形式关联。

7.6.6 认证机构应将不批准认证的决定通知客户，并应说明该决定的理由。

注：如果客户表示愿意继续认证过程，认证机构应从7.4重新开始评价过程。

7.7 认证文件

7.7.1 认证机构应给客户提供正式的认证文件，明确表达或能够辨识以下信息［**认证文件包括的信息**］：

a) 认证机构的名称和地址。

b) 获证日期（该日期不应早于完成认证决定的日期）。

c) 客户名称和地址。

d) 认证范围（见3.10）。

注：当用于认证的标准或其他规范性文件（见7.1.2）引用了其他标准或规范性文件时，那些被引用的文件不必包括在正式的认证文件中。

e）认证有效期或终止日期（如果认证具有有效期时）。

f）认证方案要求的任何其他信息。

7.7.2 正式的认证文件应包括认证机构指定的负责人的签名或其他授权签署。

注：在认证机构备案的负责签署认证文件的人员的姓名和职位，是一种除签名之外的"授权签署"的例子。

7.7.3 ［认证机构颁发认证文件的前提条件］正式的认证文件（见7.7）应仅在下列事项完成之后或同时颁发：

a）批准或扩大认证范围（见7.6.1）的决定已经做出。

b）认证要求得到满足。

c）认证协议（见4.1.2）已经完成和（或）签署。

7.8 获证产品名录

［获证产品的信息内容］认证机构应保存获证产品的信息，**至少**包括：

a）产品识别信息。

b）认证用的标准和其他规范性文件。

c）客户识别信息。

认证方案应规定那些需要在名录中公开或在有要求时提供（通过出版物、电子媒体或其他方式）的信息。至少认证机构应当在有要求时提供该认证的**有效状态**。

注：当认证机构按方案提供信息时，该方案的名录宜满足本要求。

7.9 监督

7.9.1 如果**认证方案**要求进行监督，或依据7.9.3或7.9.4的规定进行监督，认证机构应根据认证方案启动对认证决定覆盖的产品进行监督。

注1：认证方案中监督活动的示例见 ISO/IEC 17067。

注2：监督活动的准则和过程由每个认证方案规定。

7.9.2 当监督采用**评价**、**复核**或**认证决定**时，应分别符合7.4、7.5或7.6的要求。

7.9.3 当某类获证产品（或其包装，或所附资料）需要持续使用授权的认证标志时，应建立**监督机制**，并应包括对加施标志的产品进行**定期的监督**，以确保符合产品要求的证实持续有效（对于过程或服务，见7.9.4）。

7.9.4 当授权某过程或服务持续使用认证标志时，应建立**监督机制**，并应包括对使用标志的过程或服务进行**定期的监督**，以确保符合过程或服务要求的证实持续有效。

7.10 影响认证的变更

7.10.1 当认证方案提出对客户产生影响的新的或修订的要求时,认证机构应确保这些变更能通知到所有客户。认证机构应验证其客户对这些变更的实施并应按认证方案的规定采取措施。

注:通过与客户的合同安排来确保这些要求的实施是必要的。用于认证的许可协议模板(只要适用,包括与变更通知有关的内容)在 ISO/IEC 指南 28:2004 附录 E 中给出。

[**认证方案要求发生变更或修订的原因**。此处是对标准的理解,非标准的内容] 认证方案要求发生变更或修订,可能源予以下原因:

1) 认证依据(标准或其他相关规定要求)的换版。
2) 认证制度的规则和管理要求的改变。
3) 认证机构自身对认证方案的改进。
4) 其他对认证有影响的变更,包括由获证组织引发的变更。

7.10.2 认证机构应考虑其他对认证有影响的变更,包括**由客户引发的变更**,并决定采取适宜的措施。

注:影响认证的变更可能包括认证完成后由认证机构得到的与满足认证要求有关的新的信息。

7.10.3 有要求时,**对实施影响认证的变更所采取的措施**,应包括:

——评价(见 7.4)。
——复核(见 7.5)。
——决定(见 7.6)。
——颁发修订后的正式认证文件(见 7.7)以扩大或缩小认证范围。
——颁发修订后监督活动的认证文件(如果监督是认证方案的一部分)。

这些措施应按照 7.4、7.5、7.6、7.7 和 7.8 适用部分的要求来完成。记录(见 7.12)应包括简化上述活动的理由(例如:当不属于产品要求的认证要求发生变更,且不必进行评价、复核或决定活动时)。

7.11 认证的终止、缩小、暂停或撤销

7.11.1 当监督或其他活动的结果证实存在不满足认证要求的不符合时,认证机构应考虑并**确定适宜的措施**。

注:**适宜的措施**可能包括 [4 点适宜措施]:
a) 在认证机构规定的条件(如:增加监督)下保持认证。
b) 缩小认证范围以剔除不符合的产品类别。
c) 在客户采取补救措施前暂停认证。
d) 撤销认证。

7.11.2 如果适宜的措施包括评价、复核和认证决定，则应分别满足 7.4、7.5 和 7.6 要求。

7.11.3 如果终止（应客户要求）、暂停或撤销认证，认证机构应按照认证方案的规定采取措施，并对**正式认证文件、公布的信息、标志使用的授权**等做出所有必要的更改，以确保没有任何信息显示该产品仍持续获得认证。如果缩小认证范围，认证机构应按照认证方案的规定采取措施，并应对正式认证文件、公布的信息、标志的使用授权等做出所有必要的更改，以确保缩小的认证范围被清晰地传达到客户，并在认证文件和公布的信息中清晰地描述。

7.11.4 如果暂停认证，认证机构应指定一个或多个人员向客户说明和沟通以下信息：
——为结束暂停和恢复认证，根据认证方案所需采取的措施。
——认证方案要求的任何其他措施。
这些人员应具备处理暂停所有方面的知识和理解的能力（见6.1）。

7.11.5 为处理暂停所需要的或认证方案要求的任何评价、复核或决定均应按照 7.4、7.5、7.6、7.7.3 和 7.9 以及 7.11.3 的适用部分来完成。

7.11.6 如果暂停后恢复认证，认证机构应对正式的认证文件、公布的信息、标志使用的授权等进行所有必要的修改，以确保表明产品仍保持认证的状态。如果恢复认证的条件是做出缩小认证范围的决定，则认证机构应对正式的认证文件、公布的信息、标志使用的授权等进行所有必要的修改，以确保缩小的认证范围被清楚地传达到客户，并在认证文件和公布的信息中清晰地描述。

4.2.2 管理体系认证的流程

管理体系认证的流程来自 GB/T 27021.1—2017/ISO/IEC 17021-1：2015《合格评定 管理体系审核认证机构要求 第 1 部分：要求》，下面方框中是 GB/T 27021.1 标准中有关管理体系认证的流程的要点摘录及标识（9.1~9.6 条款），9.9 条款讲的是认证记录的管理。

> **9 过程要求**
> **9.1 认证前的活动**
> **9.1.1 申请**
> 认证机构应要求申请组织的授权代表提供必要的信息，以便认证机构确定 [申请组织要提供 5 项必要的信息]：

a) 申请认证的范围。

b) 特定认证方案所要求的申请组织的相关详细情况，包括其名称、场所的地址、过程和运作的重要方面、人力资源和技术资源、职能、关系以及任何相关的法律义务。

c) 识别申请组织采用的所有影响符合性的外包过程。

d) 申请组织寻求认证的标准或其他要求。

e) 是否接受过与拟认证的管理体系有关的咨询，如果接受过，由谁提供咨询。

9.1.2 申请评审

9.1.2.1 [**申请评审要达到的4个方面的要求**] 认证机构应对认证申请及补充信息进行评审，以确保：

a) 关于申请组织及其管理体系的信息足以建立审核方案（见9.1.3）。

b) 解决了认证机构与申请组织之间任何已知的理解差异。

c) 认证机构有能力并能够实施认证活动。

d) 考虑了申请的认证范围、申请组织的运作场所、完成审核需要的时间和任何其他影响认证活动的因素（语言、安全条件、对公正性的威胁等）。

9.1.2.2 在申请评审后，认证机构应接受或拒绝认证申请。当认证机构基于申请评审的结果拒绝认证申请时，应记录拒绝申请的原因并使客户清楚拒绝的原因。

9.1.2.3 根据上述评审，认证机构应确定审核组及进行认证决定需要具备的能力。

9.1.3 审核方案

9.1.3.1 应对**整个认证周期**制定审核方案，以清晰地识别所需的**审核活动**，这些审核活动用以证实客户的管理体系符合认证所依据标准或其他规范性文件的要求。认证周期的审核方案应覆盖全部的管理体系要求。

9.1.3.2 **初次认证审核方案**应包括两阶段初次审核、认证决定之后的第一年与第二年的监督审核和第三年在认证到期前进行的再认证审核。第一个三年的认证周期从**初次认证决定**算起。以后的周期从**再认证决定**（见9.6.3.2.3）算起。**审核方案**的确定和任何后续调整**应考虑客户的规模**、其管理体系、产品和过程的范围与复杂程度，以及经过证实的管理体系有效性水平和以前审核的结果。

注1：附录E提供了一个典型的审核与认证过程的流程图。

注2：下面列举了建立或修改审核方案时可能需要考虑的其他事项，在确定审核范围和编制审核计划时可能也**需要考虑这些事项**：

——认证机构收到的对客户的投诉。

——结合、一体化或联合审核。

——认证要求的变化。

——法律要求的变化。

——认可要求的变化。

——组织的绩效数据［例如缺陷水平、关键绩效指标（KPI）数据等］。

——利益相关方的关注。

注3：如果特定的行业认证方案有规定，认证周期可以不为3年。

9.1.3.3 **监督审核**应至少每个日历年（应进行再认证的年份除外）进行一次。初次认证后的第一次监督审核应在**认证决定日期**起12个月内进行。

注：为了考虑诸如季节或有限时段的管理体系认证（例如临时施工场所）等因素，可能有必要调整监督审核的频次。

9.1.3.4 如果认证机构考虑客户已获的认证或由另一认证机构实施的审核，则应获取并保留充足的证据，例如报告和对不符合采取的纠正措施的文件。所获取的文件应为满足本部分要求提供支持。认证机构应根据获取的信息证明对审核方案的任何调整的合理性，并予以记录，并对以前不符合的纠正措施的实施进行跟踪。

9.1.3.5 如果客户采用轮班作业，应在建立审核方案和编制审核计划时考虑在轮班工作中发生的活动。

9.1.4 确定审核时间

9.1.4.1 认证机构应有**形成文件**的确定审核时间的程序。认证机构应针对每个客户确定策划和完成对其管理体系的完整有效审核所需的时间。

9.1.4.2 在确定审核时间时，认证机构应考虑（但不限于）以下方面[确定审核时间时至少要考虑8个方面的因素]：

a）相关管理体系标准的要求。

b）客户及其管理体系的复杂程度。

c）技术和法规环境。

d）管理体系范围内活动的分包情况。

e）以前审核的结果。

f）场所的数量和规模、地理位置以及对多场所的考虑。

g）与组织的产品、过程或活动相关联的风险。

h）是否是结合审核（多体系审核）、联合审核或一体化审核。

注1：往返于审核场所之间所花费的时间不计入管理体系认证审核时间。

注2：认证机构在制定文件化过程时，可以使用ISO/IEC TS 17023（GB/T 27204）建立的指南来确定管理体系认证审核时间。

在已为特定的认证方案确定了特定的准则时，例如 ISO/TS 22003（GB/T 22003）或 ISO/IEC 27006，这些特定准则应得到采用。

9.1.4.3 认证机构应记录管理体系审核的时间及其合理性。

9.1.4.4 未被指派为审核员的审核组成员（即技术专家、翻译人员、观察员和实习审核员）所花费的时间不应计入上面所确定的审核时间。

注：使用翻译人员可能需要额外增加审核时间。

9.1.5 多场所的抽样 [多场所的抽样的要点]

当客户管理体系包含在多个地点进行的相同活动时，如果认证机构在审核中使用多场所抽样，则应制定抽样方案以确保对该管理体系的正确审核。认证机构应针对每个客户将抽样计划的合理性形成文件。一些特定的认证方案不允许抽样，如果特定认证方案已经建立了具体准则（例如 ISO/TS 22003），应采用这些准则。

注：当多场所不是覆盖相同的活动时，抽样是不适宜的。

9.1.6 多管理体系标准

认证机构在提供依据多个管理体系标准进行认证时，审核策划应确保充分的现场审核，以提供对认证的信任。

9.2 策划审核

9.2.1 确定审核目的、范围和准则

9.2.1.1 **审核目的应由认证机构确定**。审核范围和准则，包括任何更改，应由认证机构在与客户商讨后确定。

9.2.1.2 审核目的应说明审核要完成什么，并应包括下列内容 [审核目的应包括 4 个方面的内容]：

a) 确定客户管理体系或其部分与审核准则的符合性。

b) 确定管理体系确保客户满足适用的法律、法规及合同要求的能力。

注：管理体系认证审核**不**是合规性审核。

c) 确定管理体系在确保客户可以合理预期实现其规定目标方面的有效性。

d) 适用时，识别管理体系的潜在改进区域。

9.2.1.3 **审核范围**应说明审核的内容和界限，例如拟审核的场所、组织单元、活动及过程。当初次认证或再认证过程包含一次以上审核（例如覆盖不同场所的审核）时，单次审核的范围可能并不覆盖整个认证范围，但整个审核所覆盖的范围应与认证文件中的范围一致。

9.2.1.4 **审核准则**应被用作确定符合性的依据，并应包括：

——所确定的管理体系规范性文件的要求。

——所确定的由客户制定的管理体系的过程和文件。

9.2.2 选择和指派审核组

9.2.2.1 总则

9.2.2.1.1 认证机构应有根据实现审核目的所需的能力以及公正性要求来选择和任命审核组（**包括审核组长以及必要的技术专家**）的过程。如果仅有一名审核员，该审核员应有能力履行适用于该审核的审核组长职责。审核组应整体上具备认证机构按照 9.1.2.3 确定的审核能力。

9.2.2.1.2 决定审核组的规模和组成时，应考虑下列因素 [**决定审核组的规模和组成时，应考虑 5 个方面的因素**]：

a) 审核目的、范围、准则和预计的审核时间。
b) 是否是结合、联合或一体化审核。
c) 实现审核目的所需的审核组整体能力（见表 A.1）。
d) 认证要求（包括任何适用的法律、法规或合同要求）。
e) 语言和文化。

注：结合审核（多体系审核）或一体化审核的审核组长宜至少对一个标准有深入的知识，并了解该审核所使用的其他标准。

9.2.2.1.3 审核组长和审核员所需的知识和技能可以通过技术专家和翻译人员补充。技术专家和翻译人员应在审核员的指导下工作。使用翻译人员时，翻译人员的选择要避免他们对审核产生不正当影响。

注：技术专家的选择准则根据每次审核的**审核组和审核范围的需要**为基础确定。

9.2.2.1.4 实习审核员可以参与审核，此时要指派一名审核员作为评价人员。评价人员应有能力接管实习审核员的任务，并对实习审核员的活动和审核发现最终负责。

9.2.2.1.5 审核组长在与审核组商议后，应向每个审核组成员分配对特定过程、职能、场所、区域或活动实施审核的职责。所进行的分配应考虑到所需的能力、有效并高效地使用审核组以及审核员、实习审核员和技术专家的不同作用和职责。在审核进程中，为确保实现审核目的，可以改变工作分配。

9.2.2.2 观察员、技术专家和向导

9.2.2.2.1 观察员

认证机构与客户应在实施审核前就审核活动中观察员的到场及理由达成一致。审核组应确保观察员不对审核过程或审核结果造成不当影响或干预。

注：观察员可以是客户组织的成员、咨询人员、实施见证的认可机构人员、监管人员或其他有合理理由的人员。

9.2.2.2.2 技术专家

认证机构应在实施审核前与客户就技术专家在审核活动中的作用达成一致。技术专家不应担任审核组中的审核员。技术专家应由审核员陪同。

注：技术专家可以就审核准备、策划或审核向审核组提出建议。

9.2.2.2.3 向导

每个审核员应由一名向导陪同，除非审核组长与客户另行达成一致。为审核组配备向导是为了方便审核。审核组应确保向导不影响或不干预审核过程或审核结果。

注1：**向导的职责**可以包括：
a) 为面谈建立联系或安排时间。
b) 安排对现场或组织的特定部分的访问。
c) 确保审核组成员知道并遵守关于现场安全和安保程序的规则。
d) 代表客户观察审核。
e) 应审核员请求提供澄清或信息。

注2：适宜时，受审核方也可以担任向导。

[说明：向导可以陪同审核组，但不是审核组成员]

9.2.3 审核计划

9.2.3.1 总则

认证机构应确保为审核方案中确定的每次审核编制审核计划，以便为有关各方就审核活动的日程安排和实施达成一致提供依据。

注：不期望认证机构在建立审核方案时，为每次审核都编制审核计划。

9.2.3.2 编制审核计划

审核计划应与审核目的和范围相适应。审核计划至少应包括或引用 [**审核计划至少应包括或引用6个方面的内容**]：

a) 审核目的。
b) 审核准则。
c) 审核范围，包括识别拟审核的组织和职能单元或过程。
d) 拟实施现场审核活动（适用时，包括对临时场所的访问和远程审核活动）的日期和场所。
e) 预计的现场审核活动持续时间。
f) 审核组成员及与审核组同行的人员（例如观察员或翻译）的角色和职责。

注：审核计划的信息可以包含在一个以上的文件中。

9.2.3.3 审核组任务的沟通

[**从4个方面明确说明审核组的任务**] 认证机构应明确说明审核组的任务。认证机构应要求审核组：

a) 检查和验证客户与管理体系标准相关的结构、方针、过程、程序、记录及相关文件。

b) 确定上述方面满足与拟认证范围相关的所有要求。

c) 确定客户组织有效地建立、实施并保持了管理体系过程和程序，以便为建立对客户管理体系的信任提供基础。

d) 告知客户其方针、目标及指标的任何不一致，以使其采取措施。

9.2.3.4 审核计划的沟通

认证机构应提前与客户就**审核计划**进行沟通，并商定审核日期。

9.2.3.5 审核组成员信息的通报

认证机构应向客户提供审核组每位成员的姓名，并在客户请求时使其能够了解每位成员的背景情况。认证机构应留出足够的时间，以使客户能够对某一审核组成员的任命表示反对，并在反对有效时使认证机构能够重组审核组。

9.3 初次认证

9.3.1 初次认证审核

9.3.1.1 总则

管理体系的初次认证审核应分两个阶段实施：第一阶段和第二阶段。

9.3.1.2 第一阶段

9.3.1.2.1 策划应确保第一阶段的目的能够实现，应告知第一阶段需实施的任何现场活动。

注：第一阶段不要求正式的审核计划（见9.2.3）。

9.3.1.2.2 [初次认证第一阶段的7个审核目的（也是审核内容）] 第一阶段的目的为：

a) 审查客户的文件化的管理体系信息。

b) 评价客户现场的具体情况，并与客户的人员进行讨论，以确定第二阶段的准备情况。

c) 审查客户理解和实施标准要求的情况，特别是对管理体系的关键绩效或重要的因素、过程、目标和运作的识别情况。

d) 收集关于客户的管理体系范围的必要信息，包括：

——客户的场所。

——使用的过程和设备。

——所建立的控制的水平（特别是客户为多场所时）。

——适用的法律法规要求。

e) 审查第二阶段所需资源的配置情况，并与客户商定第二阶段的细节。

f) 结合管理体系标准或其他规范性文件充分了解客户的管理体系和现场运作，以便为策划第二阶段提供关注点。

g) 评价客户是否策划和实施了内部审核与管理评审，以及管理体系的实施程度能否证明客户已为第二阶段做好准备。

注：如果至少第一阶段的部分活动在客户场所实施，这能有助于达到上述目的。

9.3.1.2.3 认证机构应将第一阶段目的是否达到及第二阶段是否准备就绪的书面结论告知客户，包括识别任何引起关注的、在第二阶段可能被判定为不符合的问题。

注：第一阶段的输出不必满足审核报告的所有要求（见9.4.8）。

9.3.1.2.4 认证机构在确定第一阶段和第二阶段的间隔时间时，应考虑客户解决第一阶段识别的任何需关注问题所需的时间。认证机构也可能需要调整第二阶段的安排。如果发生任何将影响管理体系的重要变更，认证机构应考虑是否有必要重复整个或部分第一阶段。认证机构应告知客户第一阶段的结果有可能导致推迟或取消第二阶段。

9.3.1.3 第二阶段

第二阶段的目的是评价客户管理体系的实施情况，包括有效性。第二阶段应在客户的现场进行，并**至少覆盖以下方面**[**第二阶段的审核至少包括6项审核内容**]：

a) 与适用的管理体系标准或其他规范性文件的所有要求的符合情况及证据。

b) 依据关键绩效目标和指标（与适用的管理体系标准或其他规范性文件的期望一致），对绩效进行的监视、测量、报告和评审。

c) 客户管理体系的能力以及在符合适用法律法规要求和合同要求方面的绩效。

d) 客户过程的运作控制。

e) 内部审核和管理评审。

f) 针对客户方针的管理职责。

9.3.1.4 初次认证的审核结论

审核组应对在第一阶段和第二阶段中收集的所有信息和证据进行分析，以评审审核发现并就审核结论达成一致。

9.4 实施审核

9.4.1 总则

认证机构应有实施现场审核的过程。该过程应包括审核开始时的首次会议和审核结束时的末次会议。

当审核的任何部分以**电子手段**实施时，或拟审核的场所为**虚拟场所**时，认证机构应确保由具备适宜能力的人员实施此类活动。在此类审核活动中获取的证据应足以让审核员对相关要求的符合性做出有根据的决定。

注:"现场"审核可以包括对包含管理体系审核相关信息的电子化场所的远程访问。也可以考虑使用电子手段实施审核。

9.4.2 召开首次会议

应与客户的管理层（适用时，还包括拟审核职能或过程的负责人员）召开正式的首次会议。首次会议通常由审核组长主持，会议目的是简要解释将如何进行审核活动。详略程度可与客户对审核过程的熟悉程度相一致，并应考虑下列方面 [**首次会议内容的 16 个方面**]：

a) 介绍参会人员，包括简要介绍其角色。
b) 确认认证范围。
c) <u>确认审核计划</u>（包括审核的类型、范围、目的和准则）及其任何变化，以及与客户的其他相关安排，例如末次会议的日期和时间，审核期间审核组与客户管理层的会议的日期和时间。
d) 确认审核组与客户之间的正式沟通渠道。
e) 确认审核组可获得所需的资源和设施。
f) <u>确认与保密有关的事宜</u>。
g) 确认适用于审核组的相关的<u>工作安全、应急和安保程序</u>。
h) 确认可得到向导和观察员及其角色和身份。
i) 报告的方法，包括审核发现的任何分级。
j) <u>说明可能提前终止审核的条件</u>。
k) 确认审核组长和审核组代表认证机构对审核负责，并应控制审核计划（包括审核活动和审核路径）的执行。
l) 适用时，确认以往评审或审核的发现的状态。
m) <u>基于抽样实施审核的方法和程序</u>。
n) 确认审核中使用的语言。
o) 确认在审核中将告知客户审核进程及任何关注点。
p) 让客户提问的机会。

9.4.3 审核中的沟通

9.4.3.1 在审核中，审核组应定期评估审核的进程，并沟通信息。审核组长应在需要时在审核组成员之间重新分配工作，并<u>定期将审核进程及任何关注告知客户</u>。

9.4.3.2 当可获得的审核证据显示审核目的无法实现，或显示存在紧急和重大的风险（例如安全风险）时，审核组长应向客户（如果可能还应向认证机构）报告这一情况，以确定适当的行动。该行动可以包括重新确认或修改审核计划，改变审核目的或审核范围，或者终止审核。审核组长应向认

证机构报告所采取行动的结果。

9.4.3.3 如果在现场审核活动的进行中发现需要改变审核范围，审核组长应与客户审查该需要，并报告认证机构。

9.4.4 获取和验证信息

9.4.4.1 在审核中应通过适当的抽样来获取与审核目的、范围和准则相关的信息（包括与职能、活动和过程之间的接口有关的信息），并对这些信息进行验证，使之成为审核证据。

9.4.4.2 <u>信息获取方法</u>应包括（但不限于）：

a）面谈。

b）对过程和活动进行观察。

c）审查文件和记录。

9.4.5 确定和记录审核发现

9.4.5.1 <u>应**确定**</u>审核发现（概述符合性并详细描述不符合），并**予以分级和报告**，以能够为<u>认证决定</u>或<u>保持认证</u>提供充分的信息。

9.4.5.2 可以识别和记录改进机会，除非某一管理体系认证方案的要求禁止这样做。但是属于<u>**不符合**的审核发现</u>不应作为改进机会予以记录。

9.4.5.3 关于不符合的审核发现应对照具体要求予以记录，包含对不符合的清晰陈述（详细标识不符合所基于的客观证据）。应与客户讨论不符合，以确保证据准确且不符合得到理解。但是，审核员应避免提示不符合的原因或解决方法。

9.4.5.4 审核组长应尝试解决审核组与客户之间关于审核证据或审核发现的任何分歧意见，未解决的分歧点应予以记录。

9.4.6 准备审核结论

[对准备审核结论提出了4点要求] 在末次会议前，由审核组长负责，审核组应：

a）对照审核目的和审核准则，审查审核发现和审核中获得的任何其他适用的信息，并对不符合分级。

b）考虑审核过程中固有的不确定性，就审核结论达成一致。

c）就任何必要的跟踪活动达成一致。

d）确认审核方案的适宜性，或识别任何为将来的审核所需要的修改（例如认证范围、审核时间或日期、监督频次、审核组能力）。

9.4.7 召开末次会议

9.4.7.1 应与客户的管理层（适用时，还包括所审核的职能或过程的负责人员）召开正式的末次会议，并记录参加人员。<u>末次会议通常由审核组</u>

153

长主持，会议目的是提出审核结论，包括关于认证的推荐性意见。不符合应以使其被理解的方式提出，并应就回应的时间表达成一致。

注："被理解"不一定意味着客户已经接受了不符合。

9.4.7.2 末次会议还应包括下列内容，其详略程度应与客户对审核过程的熟悉程度一致：

a) 向客户说明所获取的审核证据基于对信息的抽样，因而会有一定的**不确定性**。

b) 进行报告的方法和时间表，包括审核发现的任何分级。

c) 认证机构处理不符合（包括与客户认证状态有关的任何结果）的过程。

d) 客户为审核中发现的任何不符合的纠正和纠正措施提出计划的时间表。

e) 认证机构在审核后的活动。

f) 说明投诉和申诉处理过程。

［说明：末次会议内容还包括以下内容］

1）重申审核的目的、准则、范围。

2）简要介绍审核过程。

3）报告审核发现。

4）澄清有关问题。

5）降低审核结论可信程度的情况。

6）宣布审核结论，包括关于认证的推荐性意见。

7）说明审核报告发放日期。

8）提出对不符合项的纠正措施要求。

9）重申审核组公正性保密的承诺。

10）证后监督及认证证书使用规定说明（结论为推荐通过认证/注册时）。

9.4.7.3 客户应有机会提出问题。审核组与客户之间关于审核发现或结论的任何分歧意见应得到讨论并尽可能获得解决。任何未解决的分歧意见应予以记录并提交认证机构。

9.4.8 审核报告

9.4.8.1 认证机构应为每次审核向客户提供书面报告。审核组可以识别改进机会，但不应提出具体解决办法的建议。认证机构应享有对审核报告的所有权。

9.4.8.2 审核组长应确保审核报告的编制，并应对审核报告的内容负责。审核报告应提供对审核的准确、简明和清晰的记录，以便为认证决定提供充分的信息，并应包括或引用下列内容［**审核报告应包括或引用的18项内容**］：

a) 注明认证机构。

b) 客户的名称和地址及客户的代表。

c) 审核的类型（例如初次、监督、再认证或特殊审核）。

d) 审核准则。

e) 审核目的。

f) 审核范围，特别是标识出所审核的组织或职能单元或过程，以及审核时间。

g) 任何偏离审核计划的情况及其理由。

h) 任何影响审核方案的重要事项。

i) 注明审核组长、审核组成员及任何与审核组同行的人员。

j) 审核活动（现场或非现场，永久或临时场所）的实施日期和地点。

k) 与审核类型的要求一致的审核发现（见9.4.5）、对审核证据的引用以及审核结论。

l) 如有时，在上次审核后发生的影响客户管理体系的重要变更。

m) 已识别出的任何未解决的问题。

n) 适用时，是否为结合、联合或一体化审核。

o) 说明审核基于对可获得信息的抽样过程的免责声明。

p) 审核组的推荐意见。

q) 适用时，接受审核的客户对认证文件和标志的使用进行着有效的控制。

r) 适用时，对以前不符合采取的纠正措施有效性的验证情况。

9.4.8.3 审核报告还应包含 [**审核报告还应包含的3项内容**]：

a) 关于管理体系符合性与有效性的声明以及对下列方面相关证据的总结：

——管理体系满足适用要求和实现预期结果的能力。

——内部审核和管理评审的过程。

b) 对认证范围适宜性的结论。

c) 确认是否达到审核目的。

9.4.9 不符合的原因分析

对于审核中发现的不符合，认证机构应要求客户在规定期限内分析原因，并说明为消除不符合**已采取或拟采取**的具体纠正和纠正措施。

9.4.10 纠正和纠正措施的有效性

认证机构应审查客户提交的纠正、所确定的原因和纠正措施，以确定其是否可被接受。认证机构应验证所采取的任何纠正和纠正措施的有效性。

所取得的为不符合的解决提供支持的证据应予以记录。应将审查和验证的结果告知客户。如果为了验证纠正和纠正措施的有效性，将需要补充一次全面的或有限的审核，或者需要文件化的证据（需要在未来的审核中确认），则认证机构应告知客户。

注：可以通过**审查客户提供的文件化信息**，或在必要时实施**现场验证**来验证纠正和纠正措施的有效性。验证活动通常由审核组成员完成。

9.5 认证决定

9.5.1 总则

9.5.1.1 认证机构应确保做出授予或拒绝认证、扩大或缩小认证范围、暂停或恢复认证、撤销认证或更新认证的<u>决定的人员或委员会</u>**不是**实施审核的<u>人员</u>。被指定进行认证决定的人员应具有适宜能力。

[说明：**认证决定**是指认证机构对申请组织或客户做出的授予或拒绝认证、扩大或缩小认证范围、暂停或恢复认证、撤销认证或更新认证的决定]

9.5.1.2 认证机构指定的认证决定人员［<u>不包括委员会（见6.1.4）成员</u>］应为认证机构的雇员，或者是一个处于认证机构组织控制下的实体的雇员；或者与认证机构或上述实体具有在法律上有强制实施力的安排。认证机构的组织控制应为下列情况之一：

a) 认证机构拥有另一实体的全部或多数所有权。

b) 认证机构在另一实体的董事会中占多数。

c) 在一个通过所有权或董事会控制联结而成的法律实体网络中（认证机构处于其中），认证机构对另一实体有形成文件的权力。

注：对于政府认证机构，同一政府内部的其他部分可视为通过所有权与该认证机构相联系。

9.5.1.3 处于认证机构组织控制下的实体的雇员或与该实体有合同的人员，应同认证机构雇员或与认证机构有合同的人员一样满足本部分要求。

9.5.1.4 认证机构应记录每项认证决定，包括从审核组或其他来源获得的任何补充信息或澄清。

9.5.2 做出决定前的行动

认证机构在做出授予或拒绝认证、扩大或缩小认证范围、更新、暂停或恢复或者撤销认证的决定前，<u>应有过程对下列方面进行有效的审查</u>［3个方面的有效审查］：

a) 审核组提供的信息足以确定认证要求的满足情况和认证范围；

b) 对于所有严重不符合，认证机构已审查、接受和验证了纠正和纠正措施。

c) 对于所有轻微不符合，认证机构已审查和接受了客户对纠正和纠正措施的计划。

9.5.3 授予初次认证所需的信息

9.5.3.1 为使认证机构做出认证决定，审核组**至少**应向认证机构提供以下信息［**审核组至少应向认证机构提供5个方面的信息**］：

a) 审核报告。

b) 对不符合的意见，适用时，还包括对客户采取的纠正和纠正措施的意见。

c) 对提供给认证机构用于申请评审（见9.1.2）的信息的确认。

d) 对是否达到审核目的的确认。

e) 对是否授予认证的推荐性意见及附带的任何条件或评论。

9.5.3.2 如果认证机构不能在第二阶段结束后6个月内验证对严重不符合实施的纠正和纠正措施，则应在推荐认证前再实施一次第二阶段。

9.5.3.3 当认证从一个认证机构转换到另一个认证机构时，接受认证机构应有过程获取充分的信息以做出认证决定。

注：特定认证方案可能有认证转换的具体规则。

9.5.4 授予再认证所需的信息

认证机构应根据再认证审核的结果，以及认证周期内的体系评价结果和认证使用方的投诉，做出是否更新认证的决定。

9.6 保持认证

9.6.1 总则

认证机构应在证实获证客户持续满足管理体系标准要求后保持对其的认证。认证机构满足下列前提条件时，可以根据审核组长的**肯定性结论**保持对客户的认证，而无需再进行独立复核和决定：

a) 对于任何严重不符合或其他可能导致暂停或撤销认证的情况，认证机构有制度要求审核组长向认证机构报告需由具备适宜能力（见7.2.8）且未实施该审核的人员进行复核，以确定能否保持认证。

b) 由具备能力的认证机构人员对认证机构的监督活动进行监视，包括对审核员的报告活动进行监视，以确认认证活动在有效地运作。

9.6.2 监督活动

9.6.2.1 总则

9.6.2.1.1 认证机构应对其**监督活动**进行**设计**，以便定期对管理体系范围内有代表性的区域和职能进行监视，并应考虑获证客户及其管理体系的变更情况。

9.6.2.1.2 监督活动应包括对获证客户管理体系满足认证标准规定要求情况的现场审核。监督活动还可以包括[**监督活动4个方面的要求**]：

a) 认证机构就认证的有关方面询问获证客户。
b) 审查获证客户对其运作的说明（如宣传材料、网页）。
c) 要求获证客户提供文件化信息（纸质或电子介质）。
d) 其他监视获证客户绩效的方法。

9.6.2.2 监督审核

监督审核是现场审核，但不一定是对整个体系的审核，并应与其他监督活动一起策划，以使认证机构能对获证客户管理体系在认证周期内持续满足要求保持信任。相关管理体系标准的每次监督审核应包括对以下方面的审查[**监督审核应包括8个方面的内容**]：

a) 内部审核和管理评审。
b) 对上次审核中确定的不符合采取的措施。
c) 投诉的处理。
d) 管理体系在实现获证客户目标和各管理体系的预期结果方面的有效性。
e) 为持续改进而策划的活动的进展。
f) 持续的运作控制。
g) 任何变更。
h) 标志的使用和（或）任何其他对认证资格的引用。

9.6.3 再认证

9.6.3.1 再认证审核的策划

9.6.3.1.1 再认证审核的目的是确认管理体系作为一个整体的持续符合性与有效性，以及与认证范围的持续相关性和适宜性。认证机构应策划并实施再认证审核，以评价获证客户是否持续满足相关管理体系标准或其他规范性文件的所有要求。上述策划和实施应及时进行，以便认证能在到期前及时更新。

9.6.3.1.2 再认证活动应考虑管理体系在最近一个认证周期内的绩效，包括调阅以前的监督审核报告。

9.6.3.1.3 当管理体系、组织或管理体系的运作环境（如法律的变更）有重大变更时，再认证审核活动可能需要有第一阶段。

注：此类变更可能在认证周期中的任何时间发生，认证机构可能需要实施特殊审核（见9.6.4），该特殊审核可能需要或不需要两阶段审核。

9.6.3.2 再认证审核

9.6.3.2.1 再认证审核应包括针对下列方面的现场审核[**再认证审核的内容至少包括3个方面**]：

a）结合内部和外部变更来看的整个管理体系的有效性，以及认证范围的持续相关性和适宜性。

b）经证实的对保持管理体系有效性并改进管理体系，以提高整体绩效的承诺。

c）管理体系在实现获证客户目标和管理体系预期结果方面的有效性。

9.6.3.2.2 对于严重不符合，认证机构应规定实施纠正与纠正措施的时限。这些措施应在认证到期前得到实施和验证。

9.6.3.2.3 如果在当前认证的终止日期前成功完成了再认证活动，新认证的终止日期可以基于当前认证的终止日期。新证书上的颁证日期应不早于再认证决定日期。

9.6.3.2.4 如果在认证终止日期前，认证机构未能完成再认证审核或不能验证对严重不符合实施的纠正和纠正措施（见9.5.2），则不应推荐再认证，也不应延长认证的效力。认证机构应告知客户并解释后果。

9.6.3.2.5 在认证到期后，如果认证机构能够在6个月内完成未尽的再认证活动，则可以恢复认证，否则应至少进行一次第二阶段才能恢复认证。证书的生效日期应不早于再认证决定日期，终止日期应基于上一个认证周期。

9.6.4 特殊审核

9.6.4.1 扩大认证范围

对于已授予的认证，认证机构应对扩大认证范围的申请进行评审，并确定任何必要的审核活动，以做出是否可予扩大的决定。这类审核活动可以和监督审核同时进行。

9.6.4.2 提前较短时间通知的审核

认证机构为调查投诉、对变更做出回应或对被暂停的客户进行追踪，可能需要在提前较短时间通知获证客户后或不通知获证客户就对其进行审核。此时：

a）认证机构应说明并使获证客户提前了解（如在8.5.1所述的文件中）将在何种条件下进行此类审核。

b）由于客户缺乏对审核组成员的任命表示反对的机会，认证机构应在指派审核组时给予更多的关注。

［说明：**特殊审核**包括扩大认证范围审核、提前较短时间通知的审核］

9.6.5 暂停、撤销或缩小认证范围

9.6.5.1 认证机构应有暂停、撤销或缩小认证范围的政策和形成文件的程序，并规定认证机构的后续措施。

9.6.5.2 发生以下情况（但不限于）时，认证机构应**暂停**获证客户的认证资格：

——客户的获证管理体系持续地或严重地不满足认证要求，包括对管理体系有效性的要求。

——获证客户不允许按要求的频次实施监督或再认证审核。

——获证客户主动请求暂停。

9.6.5.3 在暂停期间，客户的管理体系认证暂时无效。

9.6.5.4 如果造成暂停的问题已解决，认证机构应恢复被暂停的认证。如果客户未能在认证机构规定的时限内解决造成暂停的问题，认证机构应撤销或缩小其认证范围。

注：多数情况下，暂停将不超过6个月。

9.6.5.5 如果客户在认证范围的某些部分持续地或严重地不满足认证要求，认证机构应缩小其认证范围，以排除不满足要求的部分。认证范围的缩小应与认证标准的要求一致。

9.7 申诉

9.7.1 认证机构应有受理和评价申诉并对之做出决定的形成文件的过程。

9.7.2 认证机构应对申诉处理过程各个层次的所有决定负责。认证机构应确保参与申诉处理过程的人员没有实施申诉涉及的审核，也没有做出申诉涉及的认证决定。

9.7.3 申诉的提出、调查和决定不应造成针对申诉人的任何歧视行为。

9.7.4 申诉处理过程应至少包括以下要素和方法：

a) 受理、确认和调查申诉的过程，以及参考以前类似申诉的结果，决定采取何种措施以回应申诉的过程。

b) 跟踪和记录申诉，包括为解决申诉而采取的措施。

c) 确保采取任何适当的纠正和纠正措施。

9.7.5 收到申诉的认证机构应负责收集和验证所有必要的信息，以确定申诉的有效性。

9.7.6 认证机构应确认收到了申诉，并应向申诉人提供申诉处理的进展报告和结果。

9.7.7 对申诉的决定应由与申诉事项无关的人员做出，或经其审查和批准，并应告知申诉人。

9.7.8 认证机构应在申诉处理过程结束时正式通知申诉人。

9.8 投诉

9.8.1 认证机构应对投诉处理过程各层级的决定负责。

9.8.2 投诉的提交、调查和决定不应造成针对投诉人的任何歧视行为。

9.8.3 认证机构在收到投诉时，应确认投诉是否与其负责的认证活动有关，并在经确认有关时予以处理。如果投诉与获证客户有关，认证机构在调查投诉时应考虑获证管理体系的有效性。

9.8.4 对于针对获证客户的有效投诉，认证机构还应在适当的时间将投诉告知该客户。

9.8.5 认证机构应有受理和评价投诉并对之做出决定的形成文件的过程。该过程涉及投诉人和投诉事项的方面应满足保密要求。

9.8.6 投诉处理过程应至少包括以下要素和方法：

a) 受理、确认和调查投诉的过程，以及决定采取何种措施以回应投诉的过程。

b) 跟踪和记录投诉，包括为回应投诉而采取的措施。

c) 确保采取任何适当的纠正和纠正措施。

注：ISO 10002 为投诉的处理提供了指南。

9.8.7 收到投诉的认证机构应负责收集与核实对投诉进行确认所需的一切信息。

9.8.8 在可能时，认证机构应确认收到了投诉，并应向投诉人提供投诉处理的进展报告和结果。

9.8.9 对投诉的决定应由与投诉事项无关的人员做出，或经其审查和批准，并应告知投诉人。

9.8.10 在可能时，认证机构应在投诉处理过程结束时正式通知投诉人。

9.8.11 认证机构应与获证客户及投诉人共同决定是否应将投诉事项公开，并在决定公开时，共同确定公开的程度。

9.9 客户的记录

9.9.1 认证机构应对所有客户（包括所有提交申请的组织、接受审核的组织和获得认证或被暂停或撤销认证的组织）保持审核及其他认证活动的记录。

9.9.2 获证客户记录应包括以下内容：

a) 申请资料及初次认证、监督和再认证的审核报告。

b) 认证协议。

c) 适用时，多场所抽样方法的理由。

注：抽样方法包括为审核特定管理体系和（或）在多场所审核中选取场所而做的抽样。

d) 确定审核时间的理由（见9.1.4）。

e) 纠正与纠正措施的验证。

f) 投诉和申诉及任何后续纠正或纠正措施的记录。

g) 适用时，委员会的审议和决定。

h) 认证决定的文件。

i) 认证文件，包括与产品（包括服务）、过程相关的认证范围，适用时，包括每个场所相应的认证范围。

j) 建立认证的可信度所需的相关记录，如审核员和技术专家能力的证据。

k) 审核方案。

9.9.3 认证机构应保证申请组织和客户记录的安全，以确保满足保密要求。运送、传输或传递记录的方式应确保保密。

9.9.4 认证机构应有关于记录保存的形成文件的政策和程序。获证客户及以往获证客户的记录保存期应为当前认证周期加上一个完整的认证周期。

注：某些情况下，记录需按法律规定保存更长的时间。

4.2.3 服务认证体系和相关要求

1. 服务认证活动

1）服务特性。

RB/T 301《合格评定 服务认证技术通则》3.5条款这样定义"服务特性"：由顾客服务体验感知的一项或一组可区分的特征，通常是无形的。**服务特性可从功能性、安全性、时间性、舒适性、经济性、生态性**等方面提出。服务特性可以是**定性**的或**定量的**。

2）特定服务的**可测量关键特性指标**是运用顾客满意度**卡诺模型**构建的。

3）《合格评定基础》对服务认证活动的定义：服务认证过程是通过采用**合格评定功能法**的各阶段活动，参照 GB/T 27065/ISO/IEC 17065 和 GB/T 27067/ISO/IEC 17067，结合服务业态与体验，针对各种**服务接触方式**与**通用的服务特性**（功能性、安全性、时间性、舒适性、经济性和生态性），运用顾客满意度卡诺模型构建特定服务的可测量关键特性指标，以**服务体验**为主的认证模式开展的认证评价活动。

服务认证制度一般包括初次认证、再认证和持续监督评价。服务认证宜进行**定量评价**，服务认证的输出至少应标明：认证的服务名称、范围，关键接触过程与服务特性，各项关键特性体验效果的量化数据及其图示。服务认证定量评价输出可用于认证文件（如五星级服务证书）。

2. 服务认证准则确定

1）服务认证准则选择与确定应基于与顾客接触过程形成的**服务特性规范**，以及保障特定**服务提供的管理规范**（见 RB/T 301 标准 6.3.1 条款）。

2）**服务认证准则通常由特定服务标准与服务管理标准组成**（见 RB/T 301 标准 6.3.2 条款）。遵循服务四项基本特征——**无形性、同时性、异质性和非储存性**。

3. 服务认证方法与服务技术

服务认证方法要考虑下列服务技术：

1）服务蓝图技术。
2）服务补救技术与策略。
3）服务领域典型的管理技术，如排队论、削峰填谷理论和技术、突发事件管理、真实瞬间"体验技术、网络环境服务技术。
4）顾客满意测评模型和方法。
5）服务及服务管理基础理论知识、抽样技术以及统计分析方法。

例题分析

1．（单项选择题）为确保认证公正性，认证决定人员或委员会不能是（　　）的人员。(真题)

A. 认证或审核方案管理人员　　　B. 制定审核计划
C. 机构管理人员　　　　　　　　D. 实施审核

答案及分析：选择 D。这个题可从《合格评定基础》一书中的"管理体系认证的流程"这一小节中找到明确答案。实际上任何认证都是这样：认证的决定的人员或委员会不能是实施审核/评价的人员。如 4.2.2 节方框中 GB/T 27021.1 标准 9.5.1.1 条款：认证机构应确保认证的决定人员或委员会不是实施审核的人员；4.2.1 节方框中 GB/T 27065 标准 7.6.2 条款：认证决定应由未参与评价过程的一个人或一组人（如委员会）完成。

2．（单项选择题）确定审核所需的时间应考虑（　　）。(真题)

A. 受审核方的付费能力　　　　　B. 审核组成员的合作能力
C. 审核的成本与费用　　　　　　D. 受审核方的规模与风险

答案及分析：选择 D。理解题，见 4.2.2 节方框中 GB/T 27021.1 标准 9.1.4.2 条款。

3．（多项选择题）当客户的产品认证要求对认证机构来说是没有先例时，认证机构应通过技术管理来识别（　　）。

A. 产品的类型　　　　　　　　　B. 规范性文件

C. 认证方案　　　　　　　　D. 产品认证标准

答案及分析：选择 ABC。4.2.1 节方框中 GB/T 27065 标准 7.3.2 条款。

4. （多项选择题）产品认证中，评价任务可能包括设计评估和（　　）。

 A. 文件审查　　　　　　　　B. 取样

 C. 检测、检验　　　　　　　D. 质量管理体系审核

答案及分析：选择 ABCD。4.2.1 节方框中 GB/T 27065 标准 7.4.3 条款。

5. （单项选择题）对于产品认证，认证机构应指派至少一人复核与评价相关的所有信息和结果。复核应由（　　）进行。

 A. 未参与评价过程的人员　　B. 专门的复核人员

 C. 评价组长　　　　　　　　D. 评价管理人员

答案及分析：选择 A。4.2.1 节方框中 GB/T 27065 标准 7.5.1 条款。

6. （多项选择题）对于产品认证，认证机构应指派至少一人根据（　　）做出认证决定。

 A. 评价信息　　　　　　　　B. 复核信息

 C. 其他相关的所有信息　　　D. 评价组长意见

答案及分析：选择 ABC。4.2.1 节方框中 GB/T 27065 标准 7.6.2 条款。

7. （多项选择题）对于产品认证，当监督或其他活动的结果证实存在不满足认证要求的不符合时，认证机构应考虑并确定适宜的措施。适宜的措施可能包括（　　）。

 A. 在认证机构规定的条件（如：增加监督）下保持认证

 B. 缩小认证范围以剔除不符合的产品类别

 C. 在客户采取补救措施前暂停认证

 D. 撤销认证

答案及分析：选择 ABCD。4.2.1 节方框中 GB/T 27065 标准 7.11.1 条款。

8. （单项选择题）对于管理体系认证，初次认证审核方案应包括（　　）。

 A. 认证决定之后的第一年与第二年的监督审核

 B. 两阶段初次审核

 C. 第三年在认证到期前进行的再认证审核

 D. 以上全部

答案及分析：选择 D。见 4.2.2 节方框中 GB/T 27021.1 标准 9.1.3.2 条款：初次认证审核方案应包括两阶段初次审核、认证决定之后的第一年与第二年的监督审核和第三年在认证到期前进行的再认证审核。

9. （多项选择题）以下关于审核方案的说法正确的是（　　）。

 A. 认证周期的审核方案应覆盖全部的管理体系要求

 B. 审核方案的确定和任何后续调整应考虑客户的规模，其管理体系、产品

和过程的范围与复杂程度，以及经过证实的管理体系有效性水平和以前审核的结果

C. 监督审核应至少每个日历年进行一次

D. 审核方案的第一个周期从初次认证决定算起。以后的周期从证书颁发之日起算

答案及分析：选择 ABC。见 4.2.2 节方框中 GB/T 27021.1 标准 9.1.3 条款。GB/T 27021.1 标准 9.1.3.2 条款规定第一个三年的认证周期从初次认证决定算起。以后的周期从再认证决定。所以 D 选项是错的。

10.（多项选择题）认证机构应对认证申请及补充信息进行评审，以确保（　　）。

A. 关于申请组织及其管理体系的信息足以建立审核方案

B. 解决了认证机构与申请组织之间任何已知的理解差异

C. 认证机构有能力并能够实施认证活动

D. 考虑了申请的认证范围、申请组织的运作场所、完成审核需要的时间和任何其他影响认证活动的因素

答案及分析：选择 ABCD。见 4.2.2 节方框中 GB/T 27021.1 标准 9.1.2.1 条款。

11.（单项选择题）依据 GB/T 27021.1 标准，以下哪种说法是错误的？（　　）

A. 审核组长和审核员需要的知识和技能可以通过技术专家和翻译人员补充

B. 技术专家应在审核员指导下工作

C. 管理体系的初次认证审核应分为两个阶段实施：第一阶段和第二阶段

D. 初次认证后第一次监督审核应在第二阶段审核末次会议日期起 12 个月内进行

答案及分析：选择 D。见 4.2.2 节方框中 GB/T 27021.1 标准 9.1.3.3 条款：监督审核应至少每个日历年（应进行再认证的年份除外）进行一次。初次认证后的第一次监督审核应在认证决定日期起 12 个月内进行。

12.（单项选择题）审核范围和准则，包括任何更改，应由（　　）确定。

A. 认证机构　　　　　　　　B. 客户

C. 审核组　　　　　　　　　D. 认证机构与客户商讨后

答案及分析：选择 D。见 4.2.2 节方框中 GB/T 27021.1 标准 9.2.1.1 条款：审核目的应由认证机构确定。审核范围和准则，包括任何更改，应由认证机构在与客户商讨后确定。

13.（多项选择题）审核准则应被用作确定符合性的依据，并应包括（　　）。

A. 所确定的管理体系规范性文件的要求

B. 所确定的由客户制定的管理体系的过程

C. 所确定的由客户制定的管理体系的过程和文件

D. 所确定的客户实现其规定目标方面的有效性

答案及分析：选择 AC。见 4.2.2 节方框中 GB/T 27021.1 标准 9.2.1.4 条款。

14.（单项选择题）以下说法错误的是（　　）。

A. 首次会议应确认审核计划

B. 审核组长应该能够指导实习审核员进行审核

C. 审核方案中的目的应当考虑其他相关方的需求

D. 现场审核过程中，由审核组长确定审核范围

答案及分析：选择 D。见 4.2.2 节方框中 GB/T 27021.1 标准 9.2.1.1 条款：审核目的应由认证机构确定。审核范围和准则，包括任何更改，应由认证机构在与客户商讨后确定。

15.（多项选择题）依据 GB/T 27021.1/ISO/IEC 17021—1 标准，第二阶段审核应在受审核方现场进行，并至少包括（　　）。

A. 与适用的管理体系标准或其他规范性文件的所有要求的符合情况及证据

B. 依据关键绩效目标和指标，对绩效进行的监视、测量、报告和评审

C. 客户过程的运作控制

D. 内部审核和管理评审

答案及分析：选择 ABCD。见 4.2.2 节方框中 GB/T 27021.1 标准 9.3.1.3 条款。

16.（单项选择题）依据 GB/T 27021.1，初次认证的审核组应对在（　　）中收集的所有信息和证据进行分析，以评审审核发现并就审核结论达成一致。

A. 二阶段审核　　　　　　　B. 一阶段和二阶段审核

C. 整个认证周期的审核　　　D. 以上都是

答案及分析：选择 B。见 4.2.2 节方框中 GB/T 27021.1 标准 9.3.1.4 条款。

17. 认证机构在确定第一阶段和第二阶段的间隔时间时，应考虑（　　）。

A. 受审核方解决第一阶段不符合项所需的时间

B. 受审核方解决第一阶段识别的任何需关注问题所需的时间

C. 受审核方根据自己的情况确定的时间

D. 与受审核方协商确定的时间

答案及分析：选择 B。见 4.2.2 节方框中 GB/T 27021.1 标准 9.3.1.2.4 条款：认证机构在确定第一阶段和第二阶段的间隔时间时，应考虑客户解决第一阶段识别的任何需关注问题所需的时间。

18.（多项选择题）按照 GB/T 27021.1/ISO/IEC 17021-1，首次会议应考

虑以下哪些方面？（   ）

A. 确认与保密有关事宜

B. 确认适用于审核组的相关的工作安全、应急和安保程序

C. 说明可能提前终止审核的条件

D. 确认审核检查表

答案及分析：选择 ABC。见 4.2.2 节方框中 GB/T 27021.1 标准 9.4.2 条款。

19.（多项选择题）随着现场审核活动的进展，可以（   ）。

A. 更改审核范围　　　　　　B. 修改审核计划

C. 改变审核目的　　　　　　D. 改变审核对象

答案及分析：选择 ABC。见 4.2.2 节方框中 GB/T 27021.1 标准 9.4.3.2 条款。

20.（单项选择题）在审核中应通过适当的抽样来获得与是审核目的、范围和准则相关的信息，包括与（   ）有关的信息，并对这些信息进行验证，使之成为审核证据。

A. 审核发现　　　　　　　　B. 职能、活动和过程之间的接口

C. 受审核方　　　　　　　　D. 审核结论

答案及分析：选择 B。见 4.2.2 节方框中 GB/T 27021.1 标准 9.4.4.1 条款。

21.（单项选择题）审核组对于不符合的审核发现应（   ），包含对不符合的清晰陈述。

A. 灵活处置　　　　　　　　B. 找出不符合的原因

C. 对照具体要求予以记录　　D. 以上全部

答案及分析：选择 C。见 4.2.2 节方框中 GB/T 27021.1 标准 9.4.5.3 条款。

22.（单项选择题）关于不符合，与客户讨论的目的是为了（   ）。

A. 提示不符合的原因　　　　B. 使不符合得到理解

C. 拟定不符合的解决办法　　D. 以上都不对

答案及分析：选择 B。见 4.2.2 节方框中 GB/T 27021.1 标准 9.4.5.3 条款。

23.（多项选择题）在末次会议前，审核组应准备审核结论，包括（   ）。

A. 对照审核目的和审核准则，审核发现和审核中获得的任何其他适用的信息，对不符合分级

B. 考虑审核过程中内在的不确定性，就审核结论达成一致

C. 就任何必要的跟踪活动达成一致

D. 确认审核方案的适宜性，或识别任何为将来的审核所需要的修改

答案及分析：选择 ABCD。见 4.2.2 节方框中 GB/T 27021.1 标准 9.4.6 条款。

24. （单项选择题）审核组（　　）识别改进机会，（　　）提出具体解决办法的建议。

　　A. 不可以，也不得　　　　　　B. 可以，但不应
　　C. 可以，且　　　　　　　　　D. 以上都不对

答案及分析：选择 B。见 4.2.2 节方框中 GB/T 27021.1 标准 9.4.8.1 条款。

25. （单项选择题）对于审核中发现的不符合，认证机构应要求客户在规定期限内分析原因，并说明为消除不符合已采取或拟采取的具体（　　）。

　　A. 纠正和纠正措施　　　　　　B. 纠正措施
　　C. 纠正措施和预防措施　　　　D. 预防措施

答案及分析：选择 A。见 4.2.2 节方框中 GB/T 27021.1 标准 9.4.9 条款。

26. （单项选择题）可以通过审查受审核方提供的文件化信息，或在必要时实施现场验证来验证纠正和纠正措施的有效性。验证活动通常由（　　）来完成。

　　A. 审核组成员　　　　　　　　B. 技术专家
　　C. 认证机构　　　　　　　　　D. 实习审核员

答案及分析：选择 A。见 4.2.2 节方框中 GB/T 27021.1 标准 9.4.10 条款之"注"。

27. （多项选择题）管理体系认证审核末次会议的内容包括（　　）。

　　A. 报告审核发现　　　　　　　B. 宣布审核结论
　　C. 提出认证的推荐性意见　　　D. 提出改进措施

答案及分析：选择 ABC。见 4.2.2 节方框中 GB/T 27021.1 标准 9.4.7.2 条款及说明。

28. （多项选择题）依据 GB/T 27021.1，认证机构在做出决定前应确认（　　）。

　　A. 审核组提供的信息足以确定认证要求的满足情况
　　B. 审核组提供的信息足以确定认证范围
　　C. 对于所有严重不符合，认证机构已审查、接受和验证了纠正和纠正措施
　　D. 对于所有轻微不符合，认证机构已审查和接受了客户对纠正和纠正措施的计划

答案及分析：选择 ABCD。见 4.2.2 节方框中 GB/T 27021.1 标准 9.5.2 条款。

29. （多项选择题）审核组至少应向认证机构提供（　　）信息，以做出授予初次认证的决定。

　　A. 对是否授予认证的推荐性意见及附带的任何条件
　　B. 对受审核方是否遵守法律法规的确认

C. 对提供给认证机构用于申请评审的信息的确认

D. 对是否达到审核目的的确认

答案及分析：选择 ACD。见 4.2.2 节方框中 GB/T 27021.1 标准 9.5.3.1 条款。

30.（多项选择题）认证机构应根据（　　），做出是否更新认证的决定。

A. 内部审核和管理评审的过程

B. 认证使用方的投诉

C. 认证周期内的体系评价结果

D. 再认证审核的结果

答案及分析：选择 BCD。见 4.2.2 节方框中 GB/T 27021.1 标准 9.5.4 条款。

31.（多项选择题）依据 GB/T 27021.1，监督审核管理方案至少应包括对（　　）的审核。

A. 获证组织的管理体系在实现目标方面的有效性

B. 持续的运作控制

C. 持续改进活动的进展

D. 投诉的处理

答案及分析：选择 ABCD。见 4.2.2 节方框中 GB/T 27021.1 标准 9.6.2.2 条款。

32.（多项选择题）监督活动可以包括（　　）。

A. 对获证客户管理体系满足认证标准规定要求情况的现场审核

B. 认证机构就认证的有关方面询问获证客户

C. 审查获证客户对其运作的说明（如宣传材料、网页）

D. 要求获证客户提供文件化信息（纸质或电子介质）

答案及分析：选择 ABCD。见 4.2.2 节方框中 GB/T 27021.1 标准 9.6.2.1.2 条款。

33.（单项选择题）依据 GB/T 27021.1，当管理体系、组织或管理体系的运作环境（如法律的变更）有重大变更时，再认证审核活动可能需要（　　）。（真题）

A. 重点审核变化部分　　　　B. 有第一阶段

C. 有文件规定　　　　　　　D. 实施审核的人员

答案及分析：选择 B。见 4.2.2 节方框中 GB/T 27021.1 标准 9.6.3.1.3 条款。

34.（单项选择题）对于特殊审核，以下描述不正确的是（　　）。（真题）

A. 对于已授权的认证，认证机构对其扩大认证范围的审核可以和监督审核

同时进行

  B. 提前较短时间的审核，认证机构在指派审核组时应给予更多关注

  C. 认证机构为调查投诉进行的特殊审核可以和监督审核同时进行

  D. 认证机构为调查投诉，对变更做出回应或对被暂停的客户进行追踪时可能需要在提前较短时间通知获证客户后或不通知获证客户就对其进行审核

  答案及分析：选择 C。见 4.2.2 节方框中 GB/T 27021.1 标准 9.6.4.1 条款，针对"扩大认证范围"这种特殊审核，可以和监督审核同时进行。对"调查投诉"这种特殊审核，属于 9.6.4.2 条款所说的"提前较短时间通知的审核"，不能和监督审核同时进行。

35.（多项选择题）发生以下（　　）情况时，认证机构应暂停获证组织的认证证书。

  A. 获证组织不允许按要求的频次实施监督或再认证审核

  B. 组织的获证管理体系持续的或严重的不满足认证要求，包括对管理体系有效性的要求

  C. 获证组织的设计生产活动暂停

  D. 获证组织主动请求暂停

  答案及分析：选择 ABD。见 4.2.2 节方框中 GB/T 27021.1 标准 9.6.5.2 条款。

36.（多项选择题）服务特性包括（　　）。

  A. 功能性、安全性   B. 时间性、舒适性

  C. 经济性   D. 生态性

  答案及分析：选择 ABCD。见 4.2.3 节之 1 之 1)（RB/T 301 标准 3.5 条款）。

37.（判断题）服务认证宜进行定性评价。（　　）

  答案及分析：×。见 4.2.3 节之 1 之 3)。服务认证宜进行定量评价。

38.（多项选择题）服务认证准则通常由（　　）组成。

  A. 特定服务标准   B. 特定服务管理标准

  C. 特定服务质量标准   D. 特定服务安全标准

  答案及分析：AB。见 4.2.3 节之 2 之 2)（RB/T 301 标准 6.3.2 条款）。

39.（多项选择题）服务基本特征包括（　　）。

  A. 无形性   B. 同时性

  C. 异质性   D. 非储存性

  答案及分析：选择 ABCD。见 4.2.3 节之 2 之 2)。

4.3 认证制度和认证方案

4.3.1 产品认证制度和产品认证方案

1. 产品认证制度和产品认证方案的区别

产品认证制度、产品认证方案的定义见第 3 章 3.2.3 节之 2 方框中 GB/T 27067《合格评定 产品认证基础和产品认证方案指南》3.1、3.2 条款。

这里讲一讲产品认证制度和产品认证方案的联系与区别：两个定义的内涵相近，产品认证制度是宏观的、通用的产品认证规则、程序和管理要求；而产品认证方案是产品认证制度的具体表现，适用于有相同规定要求的、已经明确的产品类别的产品认证规则、程序和管理要求，即具体针对某类别的产品认证制度。通常，国家主管部门建立产品认证制度，认证机构制定针对具体产品类别的产品认证方案。不过有时国家主管部门既建立产品认证制度，又建立产品认证方案。

2. 产品认证方案类型与实施

1）产品认证方案类型。

GB/T 27067—2017《合格评定 产品认证基础和产品认证方案指南》给出了 7 种产品认证方案类型。建立认证方案时，应基于风险的思维。（说明：《合格评定基础》一书采纳的是 GB/T 27067—2006 老标准）

下面方框中是 GB/T 27067 标准关于产品认证方案类型的要点摘录及标识。

5.3 产品认证方案类型

5.3.1 总则

5.3.2～5.3.8 给出的示例不能代表所有可能的产品认证方案类型。它们可以与很多不同类型的要求一起使用，而且可以使用更广泛的符合性说明（见 GB/T 27000—2006，5.2，注 1）。所有类型的**产品认证方案**包括**选取、确定、复核、决定和证明**。考虑产品和规定要求，宜选取表 1（说明：本书 3.2.3 节之 2 中有此表）中列出的一种或多种确定活动。依据不同的**监督活动**（适用时）将表 1 中的方案分为不同类型。**类型 1a 和 1b** 中，由于证明仅仅针对被确定的产品本身，所以**没有监督要求**。对其他类型来说，5.3.4～5.3.8 概括了可以采用的不同监督活动的使用方法和适用情形。

5.3.2 方案类型 1a

该方案将选取**一个**或**多个样品**实施确定活动，并针对所选取的产品类型出具**符合性证书或其他符合性声明**（比如信函），证书或声明要详细描述产品特性。认证机构的符合性证明不覆盖后续生产的产品。

制造商可以参考获证的产品样品进行后续的生产活动。

认证机构**可允许**制造商使用认证证书或其他符合性声明（比如信件）作为声明其后续产品符合规定要求的**依据**。

5.3.3 方案类型1b

这种方案是按照规定的选取和确定要求，针对**批次产品**实施的认证。检测比例**可以是**对该批次中的所有产品进行检测（**100%检测**），适用时也可以根据**其他情况**来确定，例如，批次中产品的一致性、取样计划的应用情况等。如果确定、复核和决定的结果是符合要求的，且在方案中已予规定，这一**批次中的所有产品**都可以认为是通过认证的，可以使用方案中规定的**符合性标志**。

5.3.4 方案类型2

这种方案的**监督环节**要求**周期性地在市场选取样品**用于确定活动，以核实初次获证后生产的产品符合规定要求。

虽然本方案可以确定销售渠道对符合性的影响，但可能需要大量的资源。而且，在发现严重不符合时，由于产品已经投放市场，所能采取的有效纠正措施是有限的。

5.3.5 方案类型3

这种方案的**监督环节**要求**周期性地从生产线选取样品**用于确定活动，以核实初次获证后所生产的产品符合规定要求。这种监督包括对生产过程的周期性评价。

这种方案未考虑销售渠道对符合性的影响。当发现严重不符合时，仍有机会在产品批量投放市场前，解决这些不符合。

5.3.6 方案类型4

这种方案的**监督环节**可**周期性地从生产线或市场选取样品，或两者皆有**，用于确定活动，以核实初次获证后生产的产品符合规定要求。这种监督包括对生产过程的周期性评价。

这种方案既考虑了销售渠道对符合性的影响，又提供了产品投放市场前识别和解决严重不符合的机制。对于那些符合性不受销售过程影响的产品，可能会产生大量重复性工作。

5.3.7 方案类型5

这种方案的**监督环节**可**周期性地从生产线或市场选取样品，或两者皆有**，用于确定活动，以核实初次获证后生产的产品符合规定要求。这种监督包括对生产过程的周期性评价或管理体系审核，或两者皆有。四种监督活动的实施程度，可以根据方案中确定的具体情况调整。如果监督包括管理体系审核，则管理体系初始审核是必需的。

5.3.8 方案类型6

这种方案主要适用于**服务和过程的认证**。

服务通常是无形的，但确定活动并不仅仅局限于无形要素的评价（比如组织程序有效性、管理滞后和响应能力等）。在某些情况下，可以通过对服务中有形要素涉及的过程、资源及管理的评价，作为表明**符合性的支持证据**。例如，针对公共交通的质量而进行的对车辆清洁检查。

对于过程认证，情况非常类似。例如，适用时，焊接过程的确定活动可以包括对焊接样品焊缝的检测和检查。

对**服务和过程认证**，这种方案的监督环节宜包括对**管理体系的周期性审核**，以及对**服务与过程的周期性评价**。

七种产品认证方案类型，其中方案类型1a、1b基本相同，1a类型的抽样方法或不具有统计学特性，而1b类型是对一定基数的批量产品进行具有统计学特性的抽样。1a和1b类型都没有证后监督活动，所以认证证书和覆盖的范围不包括以后生产的产品，但允许获证的客户自我声称以后也是按照与通过认证的产品相同的方法生产的产品。方案类型2、3、4、5都包括证后周期性监督活动，授权获证客户使用认证证书和宣传在认证证书有效用期内生产的产品符合规定要求，可以在后续生产的产品上加施认证标志。方案类型6适用服务和过程认证，也包括证后周期性监督活动，这种方案的监督环节宜包括对管理体系的周期性审核，以及对服务与过程的周期性评价。

方案类型5是采用较为广泛的产品认证方案，各国在制定**强制性认证方案和认证制度**时，都会采用该种认证方案类型。例如我国的CCC强制性产品认证方案和认证制度。

2）产品认证方案实施。

产品认证方案的实施包括几个功能阶段：选取、确定、复核与证明、监督（根据需要）。这几个功能的内容详见第3章3.3节。

4.3.2 管理体系认证制度和管理体系认证方案

1. 管理体系认证制度定义

管理体系认证制度：实施第三方管理体系认证的规则、程序和对实施第三方管理体系认证的管理。管理体系认证制度包括了第三方管理体系认证的规则、程序和管理活动的内容。

2. 管理体系认证方案定义

《合格评定基础》一书认为，管理体系认证方案可以理解为：与适用相同规定要求、具体规则与程序的特定管理体系相关的管理体系认证制度。

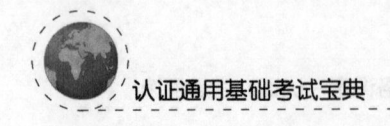

GB/T 27021.1 标准 3.15 条款关于"管理体系认证方案"的定义：应用相同的规定要求、特定规则与程序的，与管理体系有关的**合格评定制度**。

3. 管理体系认证制度和管理体系认证方案的联系与区别

与产品认证制度和产品认证方案的联系与区别类似，不再累述。

4. 管理体系认证制度的特点与模式

1）管理体系认证制度的特点。

各类管理体系（如质量管理体系、环境管理体系等）认证的对象有所不同，但这些对象具有共同特性，都是被认证组织的管理系统及过程，即**组织建立的管理制度及实施和管理绩效**。对各类型管理体系评价，可以遵循相同的评价原则，应用的基本规则、程序和方法大体上相近。所以，不同认证类型的管理体系认证在认证制度层面上的规制、程序和管理要求有相同的原则和框架。

2）管理体系认证制度的模式。

① 认证申请及受理评审。

② 审核策划与准备。

③ 管理体系文件初审。

④ 管理体系初次审核。

⑤ 审核结果复核和认证决定。

⑥ 颁发管理体系认证证书及认证标志的许可。

⑦ 证书有效期监督，至少包括管理体系的监督审核。

⑧ 管理体系的再认证审核。

⑨ 再认证审核结果复核和再认证决定。

5. 管理体系认证方案的建立与实施

1）管理体系认证方案的建立。

《合格评定基础》一书认为，管理体系认证模式单一、统一，主要的评价过程是**审核**。选取、确定、复核和证明、监督等认证技术在管理体系的应用，也**集中在审核过程中**，包括审核的策划、审核的实施、审核结果复核及认证决定。所以在管理体系认证中，认证方案称为审核方案。审核方案的策划、实施、评估和调整（PDCA 过程）管理，是管理体系认证过程的**主线和关键**。

认证机构需针对管理体系认证**特定专业**或**特定组织**制定管理体系审核方案。建立管理体系审核方案时，应基于风险的思维。

2）管理体系认证方案的实施。

管理体系审核方案正是针对**特定对象**（专业、组织），对选取、确定、复核与证明、监督在审核各个阶段的活动做出安排并实施。

4.3.3 服务认证制度和服务认证方案

1. 定义

1) 服务认证。

服务认证：运用合格评定技术对服务提供者的服务及管理是否达到相关要求提供有关的第三方证明。见 RB/T 314—2017《合格评定 服务认证模式选择与应用指南》3.9 条款。

2) 服务认证制度。

服务认证制度：实施服务认证的规则、程序和对实施服务认证的管理。

3) 服务认证方案。

服务认证方案：与适用相同的规定要求、具体规则与程序的特定服务相关的服务认证制度。在国家一级的层面上不一定区分"服务认证方案"和"服务认证制度"。见 RB/T 301—2016《合格评定 服务认证技术通则》3.14 条款。

服务认证方案是为开展服务认证而策划的认证活动和安排的描述，或对**特定服务**认证而策划的认证活动和安排的专项描述。

2. 服务认证方案的基本要求

策划服务认证方案，包括但不限于：

1) 界定认证范围。
2) 确定认证准则。
3) 确定适用法律法规与其他要求。
4) 核定认证人日数与专业能力需求和配置，以及组建认证检查组的策划。
5) 选取策划。
6) 确定策划。
7) 复核策划。
8) 监督策划。
9) 认证文件与标注（如标志、标识、证书）策划与颁发。

3. 服务认证制度与服务认证模式

1)《合格评定基础》一书认为，服务认证制度应基于认证模式，它由一种或多种认证模式组成。

2)（RB/T 314 标准 5.1.1 条款）服务认证模式旨在为服务认证过程中应用合格评定功能法来实施确定功能时提供技术方式。

3)（RB/T 314 标准 5.1.2 条款）服务认证评价主要包含**服务特性测评和服务管理能力审核**两部分。建立、选择和应用服务认证模式时，应考虑对**服务特性测评**和**服务管理能力审核**的技术需求和适宜性。

《合格评定基础》一书认为：服务认证评价主要包含服务特性测评、服务过程评价及服务管理能力审核部分。服务特性评价应在成功地完成了服务管理评价之后进行。

4）（RB/T 314 标准 5.2.1 条款）服务认证模式宜针对特定的服务及其服务管理的**特征**，适用于**服务特性测评**和**服务管理能力审核**的活动。

5）**服务认证模式种类**［9 种模式］。此处采纳 RB/T 314 标准 5.2.2 条款。下面方框是 RB/T 314 标准 5.2.2 条款、5.3.2 条款。

5.2.2 **服务认证模式**包括但不限于：
a）公开的服务特性检验，简称模式 A。
b）神秘顾客（暗访）的服务特性检验，简称模式 B。
c）公开的服务特性检测，简称模式 C。
d）神秘顾客（暗访）的服务特性检测，简称模式 D。
e）顾客调查（功能感知），简称模式 E。
f）既往服务足迹检测（验证感知），简称模式 F。
g）服务能力确认或验证，简称模式 G。
h）服务设计审核，简称模式 H。
i）服务管理审核，简称模式 I。

注1：服务特性检验和（或）检测，可统称为**服务特性测评**；其中**服务特性检验**，又称**服务体验感知**，是一种以**定性**服务特性指标为主的测评；**服务特性检测**，又称**服务体验测量**，是一种以基于**服务特性体验**形成行为和情绪等相关参数的**定量**指标为主的测评。服务特性检测基于行为认知科学技术和行为测量理论，对服务体验者的生理、心理等相关参数信息和数据进行测量、分析和判断。

注2：顾客调查（功能感知）是一种针对**服务体验者**就该项服务功能特性满足规定要求的程度的调查。适用时，可采集顾客满意度调查的相关信息和数据。但是，顾客调查认证模式不等同于顾客满意度调查。

注3：既往服务足迹检测（验证感知）是一种**定量**为主的认证模式，具有技术含量高、经济成本高和（或）服务体验风险高等特征。

注4：**服务能力确认或验证**是一种既可以作为**服务特性测评补充**的认证模式，也可以作为服务管理审核强化审核发现的认证模式。这种认证模式可用于**定性**对象，也可用于**定量**对象。

注5：服务设计审核和服务管理审核可视作同类，统称为**服务管理能力审核**。只有具有或承担设计职责的服务组织在提供并交付该项服务时需要实施专门的设计审核。

5.3.2 通常，用于**服务特性测评的认证模式**可在 5.2.2 的内容中给出的可选服务认证模式的 a)~g) 中选择；用于**服务管理能力审核的认证模式**可在 5.2.2 的内容中给出的可选服务认证模式的 g)~i) 中选择。

4. 服务认证模式的组合、选取和应用

1）（RB/T 314 标准 5.3.1 条款）服务认证评价活动宜包含**服务及其服务管理评价**所需的认证模式，通常将可选服务认证模式（见上面 3 之 5））进行**组合使用**，实施**服务特性测评**和**服务管理能力审核**活动。

《合格评定基础》一书认为，**组合或确定**服务认证模式时需要**考虑**：具体服务的复杂度、服务风险及认证风险、服务认证实施的可行性、认证成本及时间、顾客的期望与要求、认证不同阶段的目标与要求等。

2）（RB/T 314 标准 6.1.2 条款）服务认证模式的**选取**宜考虑拟认证的特定服务所处业态、接触方式、特性结构、顾客期望及其风险状况。

3）（RB/T 314 标准 6.2.2 条款）针对服务特性，就适用于服务体验的情况，应考虑服务接触方式实施认证模式的决策，通常：

① "人—人"接触时，可采用神秘顾客（暗访）测评（检验/检测）的服务认证模式。

② "人—机"或"机—人"接触时，可采用公开的和神秘顾客（暗访）测评相结合的服务认证模式。

③ "机—机"接触时，可采用公开测评的服务认证模式。

例题分析

1.（判断题）所有类型的产品认证方案包括选取、确定、复核、决定和证明、监督。（　）

答案及分析：×。见 4.3.1 节之 2 方框中 GB/T 27067 标准 5.3.1 条款：所有类型的产品认证方案包括选取、确定、复核、决定和证明。类型 1a 和 1b 中没有监督要求。

2.（判断题）对于产品认证方案类型 1a，认证机构不允许制造商使用认证证书或其他符合性声明（比如信件）作为声明其后续产品符合规定要求的依据。（　）

答案及分析：×。见 4.3.1 节之 2 方框中 GB/T 27067 标准 5.3.2 条款：认证机构可允许制造商使用认证证书或其他符合性声明（比如信件）作为声明其后续产品符合规定要求的依据。

3.（判断题）对于产品认证方案类型 1b，即使确定、复核和决定的结果是符合要求的，也不能认为批次中的所有产品都是通过认证的，可以使用方案中规定的符合性标志。（　）

答案及分析：×。见 4.3.1 节之 2 方框中 GB/T 27067 标准 5.3.3 条款：如果确定、复核和决定的结果是符合要求的，且在方案中已予规定，这一批次中的所有产品都可以认为是通过认证的，可以使用方案中规定的符合性标志。

4. （判断题）对于产品认证方案类型 3，监督活动不包括对生产过程的周期性评价。（　　）

答案及分析：×。见 4.3.1 节之 2 方框中 GB/T 27067 标准 5.3.5 条款：监督包括对生产过程的周期性评价。

5. （多项选择题）对于产品认证方案类型 5，监督环节包括（　　）。
A. 可以周期性地从生产线或市场选取样品，或两者皆有，用于确定活动
B. 对生产过程的周期性评价或管理体系审核，或两者皆有
C. 可以周期性地从生产线和市场选取样品，用于确定活动
D. 对生产过程的周期性评价和管理体系审核

答案及分析：选择 AB。见 4.3.1 节之 2 方框中 GB/T 27067 标准 5.3.7 条款。

6. （判断题）对于产品认证方案类型 6，确定活动仅是无形要素的评价（比如组织程序有效性、管理滞后和响应能力等）。（　　）

答案及分析：×。见 4.3.1 节之 2 方框中 GB/T 27067 标准 5.3.8 条款：服务通常是无形的，但确定活动并不仅仅局限于无形要素的评价。

7. （单项选择题）（　　）适用于服务和过程的认证。
A. 产品认证方案类型 3　　　　B. 产品认证方案类型 4
C. 产品认证方案类型 5　　　　D. 产品认证方案类型 6

答案及分析：选择 D。见 4.3.1 节之 2 方框中 GB/T 27067 标准 5.3.8 条款。

8. （单项选择题）根据 GB/T 27021.1 标准，管理体系认证方案是指应用相同的规定要求、特定规则与程序的，与管理体系有关的（　　）。
A. 合格评定制度　　　　　　　B. 管理体系认证制度
C. 认证制度　　　　　　　　　D. 认可制度

答案及分析：选择 A。见 4.3.2 节之 2 （GB/T 27021.1 标准 3.15 条款）。

9. （多项选择题）管理体系审核方案是针对特定对象（专业、组织），对（　　）在审核各个阶段的活动做出安排并实施。
A. 选取　　　　　　　　　　　B. 确定
C. 复核与证明　　　　　　　　D. 监督

答案及分析：选择 ABCD。见 4.3.2 节之 5 之 2）。

10. （单项选择题）服务认证是指运用合格评定技术对服务提供者的服务及管理是否达到相关要求提供有关的第三方（　　）。
A. 证明　　　　　　　　　　　B. 认证
C. 合格评定　　　　　　　　　D. 审核

答案及分析：选择 A。见 4.3.3 节之 1 之 1）（见 RB/T 314 标准 3.9 条款）。

11. （单项选择题）服务认证模式旨在为服务认证过程中应用合格评定功能法来实施确定功能时提供（　　）。

　　A. 技术方式　　　　　　　　B. 支持
　　C. 指南　　　　　　　　　　D. 方法

　　答案及分析：选择 A。见 4.3.3 节之 3 之 2)（见 RB/T 314 标准 5.1.1 条款）。

12. （多项选择题）服务认证评价主要包含（　　）。

　　A. 服务特性测评　　　　　　B. 服务管理能力审核
　　C. 服务质量评价　　　　　　D. 服务满意度评价

　　答案及分析：选择 AB。见 4.3.3 节之 3 之 3)（见 RB/T 314 标准 5.1.2 条款）。

13. （判断题）服务特性检验，又称服务体验感知，是一种以定量服务特性指标为主的测评。（　　）

　　答案及分析：×。见 4.3.3 节之 3 之 5) 方框中 RB/T 314 标准 5.2.2 条款之注 1：服务特性检验，又称服务体验感知，是一种以**定性**服务特性指标为主的测评。

14. （单项选择题）（　　）可统称为服务特性测评。

　　A. 服务特性检验和（或）检测　　B. 服务特性检验和检测
　　C. 服务特性检验或检测　　　　　D. 服务特性检验和（或）检查

　　答案及分析：选择 A。见 4.3.3 节之 3 之 5) 方框中 RB/T 314 标准 5.2.2 条款之注 1：服务特性检验和（或）检测，可统称为服务特性测评。

15. （判断题）服务能力确认或验证是一种既可以作为服务特性测评补充的认证模式，也可以作为服务管理审核强化审核发现的认证模式。这种认证模式可用于定性对象，也可用于定量对象。（　　）

　　答案及分析：√。见 4.3.3 节之 3 之 5) 方框中 RB/T 314 标准 5.2.2 条款之注 4。

16. （多项选择题）服务认证评价活动宜包含（　　）所需的认证模式。

　　A. 服务评价　　　　　　　　B. 服务管理评价
　　C. 服务质量评价　　　　　　D. 服务安全评价

　　答案及分析：选择 AB。见 4.3.3 节之 4 之 1)（RB/T 314 标准 5.3.1 条款）。

17. （多项选择题）"人—机"或"机—人"接触时，可采用（　　）相结合的服务认证模式。

　　A. 公开测评　　　　　　　　B. 神秘顾客（暗访）测评
　　C. 顾客调查（功能感知）　　D. 服务能力确认或验证

　　答案及分析：选择 AB。见 4.3.3 节之 4 之 3) 之②（RB/T 314 标准 6.2.2 条款）。测评就是检验/检测。

18.（多项选择题）服务认证模式的选取宜考虑拟认证的特定服务（   ）。
   A. 所处业态   B. 接触方式
   C. 特性结构   D. 风险状况
答案及分析：选择 ABCD。见 4.3.3 节之 4 之 2）（RB/T 314 标准 6.1.2 条款）。
19.（判断题）服务特性测评是服务认证重要的评价内容。（   ）（真题）
答案及分析：√。见 4.3.3 节之 3 之 3）（RB/T 314 标准 5.1.2 条款）：服务认证评价主要包含服务特性测评和服务管理能力审核两部分。

4.4 认证机构

4.4.1 认证机构概述

1. 认证机构的特征与运作

认证机构是指**运作认证方案**的第三方合格评定机构，从事对产品、服务、过程、管理体系或人员符合规定要求的评价工作。

2. 认证机构的分类

依据认证机构开展的认证业务类型，可以把认证机构分为产品认证机构、管理体系认证机构、服务认证机构、特种职业人员注册或认证机构。

3. 认证机构的管理原则

1）**认证的总体目标**是使所有相关方相信认证对象满足规定要求。

2）**认证的价值**取决于第三方通过公正、有能力的评定所建立的**公信力的程度**。

3）[**认证机构 7 个管理原则**] 认证机构建立信任的 **7 个原则**：公正性、能力、责任、公开性、保密性、对投诉的回应和基于风险的方法 [GB/T 27021.1 标准 4.1.3 条款]。

管理原则是认证机构的能力管理及运作绩效的指导和基础，特别在出现未预料到的情况时，这些原则应作为认证机构决策的指南。

认证机构 7 个管理原则要点见表 4-4。

表 4-4　认证机构 7 个管理原则要点

管理原则	要　点
1. 公正性	1）公正，并被认为公正，是认证机构提供可建立信任的认证的必要条件，也是认证机构的基本价值观 2）认证机构根据其所获得的符合（或不符合）的**客观证据**做出决定，且不受其他利益或其他各方的影响。对于获得和保持信任是必不可少的 3）对公正性的威胁包括（见 GB/T 27001 标准 5.3 条款）：自身利益、自我审核、偏向（倾向）、过于熟识（或信任）、胁迫、竞争

(续)

管理原则	要 点
2. 能力	1）认证活动涉及的所有职能的认证机构人员**能力**是**认证提供信任的必要条件** 2）**能力也需要由认证机构的管理体系来支撑** 3）认证机构管理的一个关键问题是具有一个得到实施的过程，来为参与审核和其他认证活动的人员**建立能力准则**，并按照准则实施评价。［GB/T 27021.1标准4.3条款］
3. 责任	1）在以认证建立的关系中，获证组织和认证机构各有其责任，**符合认证要求的责任在于获证组织，发布客观公正的认证结果的责任在于认证机构** 2）获证组织的责任是获得认证的产品、管理体系或服务要能始终一致地符合认证准则的要求 3）认证机构的责任是通过一系列规范、系统的认证活动的实施，对足够的客观证据进行评价，并在此基础上做出客观、公正的认证决定
4. 公开性	1）为获得对认证的诚信性与可信性的信任，认证机构需要提供获取有关审核过程、认证过程和所有组织认证状态（即认证的授予、保持，认证范围的扩大或缩小，认证的更新、暂停、恢复或者撤销）的适当、及时信息的公开渠道，或公布这些信息。**公开性**是获得或公布适当信息的一项原则 2）为获得或保持对认证的信任，认证机构宜向特定利益相关方提供获取特定审核（如为回应投诉而做的审核）结论的非保密信息的适当渠道，或公布这些信息。［GB/T 27021.1标准4.5条款］
5. 保密性	为有效进行认证活动所获得的信息，认证机构应确保保密性信息不被泄露。所有的组织和个人对其提供的任何专有信息有权要求受到保护，除非法律或适用的认证方案另有要求
6. 对投诉的回应	依赖认证的各方期望投诉得到调查。认证机构应当使依赖认证的各方相信，在投诉经查明有效时，认证机构将对这些投诉进行适当的处理，并为解决这些投诉做出适当的努力。当投诉表明出现错误、疏忽或不合理行为时，对投诉做出有效回应是保护认证机构及其客户和其他认证使用方的重要手段。对投诉进行适当处理将维护对认证活动的信任。［GB/T 27021.1标准4.7条款］
7. 基于风险的方法	认证机构需要考虑与提供有能力的、一致的和公正的认证相关的风险。风险可能与下列方面有关（包括但不限于）［GB/T 27021.1标准4.8条款］： 1）审核目的 2）审核过程中的抽样 3）真正的和被感知到的公正性 4）法律法规问题和责任问题 5）所审核的客户组织及其运行环境 6）审核对客户及其活动的影响 7）审核组的健康和安全 8）利益相关方的认知 9）获证客户做出的误导性声明 10）标志的使用

181

4.4.2 认证机构的能力

1. 认证机构的通用要求

《合格评定基础》一书认为，认证机构的通用要求包括法律与合同事宜、公正性的管理、责任和财力、认证机构的结构4个方面，其要点见表4-5。

表4-5 认证机构的4个通用要求

通用要求	要　　点
1. 法律与合同事宜	1）法律责任 认证机构应为一个法律实体，或一个法律实体内有明确界定的一部分，以便认证机构能够对其所有认证活动承担法律责任。政府的认证机构因其政府地位而被视为法律实体 2）认证协议 认证机构与每个客户之间应在法律上具有强制实施力并符合相关要求的提供认证服务的协议。此外，如果认证机构有多个办公场所或客户有多个场所，则应确保授予认证的认证机构与客户之间具有覆盖认证范围内所有场所的在法律上具有强制实施力的协议。一项协议可以由多个相互引用或以其他方式相互联系的协议来实现。[GB/T 27021.1 标准5.1条款]
2. 公正性的管理	1）合格评定活动应以公正的方式实施。认证机构应对其合格评定活动的公正性负责，不应允许商业、财务或其他压力损害<u>公正性</u> 2）<u>认证机构最高管理层应对认证活动的公正性做出承诺</u>。认证机构应具有政策，表明其理解公正性在实施认证活动中的重要性，对利益冲突加以管理，并确保其认证活动的客观性 3）认证机构应有过程以持续地识别、分析、评估、处置、监视<u>与认证活动引起的利益冲突相关的风险</u>，并将其形成文件，包括认证机构的各种关系引起的冲突。最高管理层应审查任何残留风险并决定其是否处于可接受的水平 4）认证机构不应对另一认证机构的质量管理体系进行认证。[改自GB/T 27021.1 标准5.2条款]
3. 责任和财力	1）认证机构应能证明已对认证活动引发的风险进行了评估，并对各个活动领域和运作地域的业务<u>引发的责任</u>作了充分的安排（如<u>保险或储备金</u>） 2）认证机构应<u>评估</u>其财务状况和收入来源，并证明其公正性始终没有受到商业、财务和其他方面压力的损害。[GB/T 27021.1 标准5.3条款]
4. 认证机构的结构	1）组织结构和最高管理层[改自GB/T 27021.1 标准6.1条款] ① 认证机构应将其组织结构、管理层和其他认证人员及各委员会的<u>职责、责任和权力形成文件</u> ② <u>认证机构的结构和管理方式应维护认证活动的公正性</u> ③ 认证机构应确定对下列各项具有全部权力和责任的<u>最高管理层</u>（委员会、小组或个人）：

(续)

通用要求	要　点
4. 认证机构的结构	a) 与认证机构运作有关的政策的制定以及过程和程序的建立 b) 政策、过程和程序实施的监督 c) 确保公正性 d) 认证机构财务的监督 e) 认证服务和认证方案的开发 f) 认证的实施和对投诉的回应 g) 认证决定 h) 合同安排 i) 为认证活动提供充分的资源，等等 2) 运行控制［GB/T 27021.1 标准 6.2 条款］ ① 认证机构应有过程对其分支办公室、合伙人、代理、特许经营者等交付的认证活动进行有效控制，不论其法律地位、关系或地理位置如何。认证机构应考虑这些活动给认证机构的**能力**、**一致性和公正性带来的风险** ② 认证机构应考虑与所从事活动相适宜的**控制水平和方法**，包括其过程、运作的技术领域、人员的能力、管理控制线、汇报以及远程访问操作系统（包括记录）

2. 认证机构的资源

认证机构的资源包括认证人员、认证人员的能力管理两个方面。

1）认证人员包括认证管理人员和认证评价人员。**认证管理人员**包括认证申请评审人员、认证/审核方案管理人员、认证评定人员、认证人员专业能力评价人员、培训指导与管理人员、管理职能人员。**认证评价人员**包括评价人员（对产品认证而言是工厂检查员，对管理体系认证而言是审核员，对服务认证而言是审查员）和技术专家。

2）认证人员的能力管理包括**能力准则的确定、人员能力评价、参与认证活动的人员的管理**。

① 能力准则的确定。能力准则确定过程的输出是形成文件的所要求**知识和技能的准则**。

② 人员能力评价。认证机构应对所有参与管理和实施认证活动的人员进行初始能力评价，并持续监视其能力和绩效。能力评价的输出应是识别出有能力的人员。

③ 参与认证活动的人员的管理。认证机构应使所有相关人员清楚自己的任务、责任和权力。认证机构应有过程来选择、培训、正式任用认证评价人员，选择并培养认证活动使用的技术专家。认证评价人员的初始能力评价应包括在评价活动中**应用所需知识与技能的本领**的证实。认证评价人员的基础能力除了通用能力外，还应该包括相关的专业能力。

4.4.3 认证机构的运作

1. 认证机构的信息管理

认证机构的信息管理包括公开信息、认证文件、认证资格的引用和标志的使用、信息保密、认证机构与认证组织间的信息交换5个方面，其要点见表4-6。

表4-6 认证机构信息管理要点

信息管理	要　　点
1. 公开信息	[改自 GB/T 27021.1 标准 8.1 条款] 1）认证机构应在其运营的所有地域中保持（通过出版物、电子介质或其他方式）并主动公布下列方面的信息： ① 审核过程 ② 授予、拒绝、保持、更新、暂停、恢复或撤销认证或者扩大或缩小认证范围的过程 ③ 其运作涉及的业务类型和认证方案 ④ 认证机构的名称和认证标志或徽标的使用 ⑤ 对索要信息的请求、投诉和申诉的处理过程 ⑥ 公正性政策 2）认证机构应在**有请求时**提供下列方面的信息： ① 其运作涉及的地域 ② 特定认证的状态 ③ 特定获证客户的名称、相关的规范性文件、认证范围和地理位置（国家和城市） 注1：在特殊情况下，可以根据客户的请求（如出于安全原因）对某些信息的公开程度做出限制 3）认证机构向客户或市场提供的信息（包括广告）应准确且不使人产生误解
2. 认证文件	1）认证机构的认证文件有特定的含义，一般指**认证证书**及**证书附件**等 [改自 GB/T 27021.1 标准 8.2 条款] 2）认证机构应以其**选择的任何方式**向获证客户提供认证文件 3）认证文件应标明： ① 每个获证客户的名称和地理位置（或多场所认证范围内总部和所有场所的地理位置） ② 授予认证、扩大或缩小认证范围、更新认证的生效日期，生效日期不应早于相关认证决定的日期 ③ 认证有效期或与认证周期一致的应进行再认证的日期 ④ 唯一的识别代码 ⑤ 审核获证客户时所用的标准和（或）其他规范性文件，包括发布状态的标示（例如修订时间或编号） ⑥ 与活动、产品和服务类型等相关的认证范围，适用时，包括每个场所相应的认证范围，且没有误导或歧义

（续）

信息管理	要　点
2. 认证文件	⑦ 认证机构的名称、地址和认证标志；可以使用其他标识（如认可标识、**客户的徽标**），但不能产生误导或含混不清 ⑧ 认证用标准和（或）其他规范性文件所要求的任何其他信息 ⑨ 在颁发经过修改的认证文件时，区分新文件与任何已作废文件的方法
3. 认证资格的引用和标志的使用	1）[**产品认证标志**][GB/T 27030 标准 5.4 条款] 只有基于**产品合格评定**颁发的第三方符合性标志可以出现在产品上或产品包装上。所有其他的第三方符合性标志（如与质量或环境管理体系或服务相关的标志）不应出现在产品、产品包装上，也不应以有可能被解释为产品符合要求的方式出现 2）[**管理体系认证标志**][GB/T 27021.1 标准 8.3.1 条款] 认证机构对其授权获证客户使用的任何管理体系认证标志应有管理规则。这些规则应确保可以从标志追溯到认证机构。标志或所附文字不应使人对认证对象和授予认证的认证机构产生歧义。标志不应用于产品或产品包装上，或以任何其他可解释为表示产品符合性的方式使用 3）[改自 GB/T 27021.1 标准 8.3.4 条款] 认证机构应通过在法律上具有强制实施力的安排（如与获证客户签订合同/协议），要求获证客户： ① 在传播媒介（如互联网、宣传册或广告）或其他文件中引用认证状态时，应符合认证机构的要求 ② 不做出或不允许有关于其认证资格的误导性说明 ③ 不以或不允许以误导性方式使用认证文件或其任何部分 ④ 在其认证被撤销时，按照认证机构的指令立即停止使用所有引用认证资格的广告材料 ⑤ 在认证范围被缩小时，修改所有的广告材料 ⑥ 不允许在引用其认证资格时，让公众对其认证类型产生误会 ⑦ 不得暗示认证适用于认证范围以外的活动和场所 ⑧ 在使用认证资格时，不得使认证机构和（或）认证制度声誉受损，失去公众信任
4. 信息保密	[改自 GB/T 27021.1 标准 8.4 条款] 1）认证机构应通过在法律上具有强制实施力的协议，对在其各个层次（包括代表其活动的委员会、外部机构或个人）从事认证活动时获得或产生的所有**信息的管理**负责 2）认证机构应将其拟对公众公开的信息提前告知客户。所有其他信息均应视为保密信息，客户自己公开的信息除外 3）除有要求外，关于**特定获证客户或个人的信息，未经其书面同意，不应向第三方披露** 4）当法律要求认证机构或者合同安排（例如与认可机构签订的）授权认证机构提供**保密信息**时，除法律禁示外，认证机构应将拟提供的信息**提前通知**有关客户或个人 5）从其他来源（如投诉人、监管机构）获得的关于客户的信息应根据认证机构的政策**按保密信息处理** 6）认证机构的人员，包括代表认证机构工作的任何委员会成员、合同方、外部机构人员或个人，除法律有要求外，**应对从事认证机构的活动时获得或产生的所有信息予以保密**

185

(续)

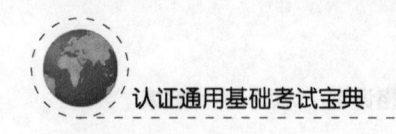

信息管理	要点
5. 认证机构与认证组织间的信息交换	1）认证过程和要求的信息。认证机构要与认证组织间做好认证过程和要求的信息的沟通 2）[GB/T 27021.1 标准 8.5.2 条款] 认证机构的变更通知。认证机构应以适当方式将其**认证要求的任何变更**通知获证客户。认证机构应**验证**每个获证客户符合新的要求 3）[改自 GB/T 27021.1 标准 8.5.3 条款] **获证客户的变更通知**。认证机构应做出在法律上具有强制实施力的安排（如与客户签订合同/协议），以确保获证客户在认证对象及基础状况发生下列重大变化时即时通知认证机构： ① 法律地位、经营状况、组织状态或所有权 ② 组织和管理层（如关键的管理、决策或技术人员） ③ 联系地址和场所 ④ 认证证书覆盖的运作范围 ⑤ 产品、管理体系和过程的重大变更 认证机构应采取适当的行动

2. 认证机构的业务过程管理

认证机构的业务过程管理即运用合格评定技术，在认证制度的框架下运作认证方案的过程。认证机构的认证业务流程一般如下：认证申请—申请评审—认证方案—评定准备—评定实施—评定结果复核—认证决定—认证许可。

3. 认证机构的通用管理

认证机构应建立、实施和保持一个文件化的、能够规范运作认证过程的**管理体系**。同时，认证机构应做好**管理职责**、**文件化信息的管理**、**改进机制**等通用管理，以支撑和改进认证机构的能力管理和业务管理。

1）管理职责。认证机构最高管理层为认证机构的活动制定方针和目标，并形成文件。认证机构的管理方针应**体现**认证机构的战略方向和经营理念，**符合**认证活动的关键特性和价值体现，**包含客观、公正、规范、服务的内涵**。

2）文件化信息的管理。认证机构与认证的有关的管理系统是**以文件化为基础的**。通常情况下，认证机构编制管理手册及管理程序、工作规范、工作标准及各类认证技术规则等。

3）改进机制。认证机构内部设有**三层次改进机制**，日常工作质量监督、内部审核、**管理评审**评估自身管理，运用纠正措施流程管理，不断进步。

4.5 合格评定新领域

说明：考试大纲中，没有明确提出要掌握合格评定新领域，所以这里只是简单地介绍一下。

第4章 《合格评定—认证》考点解读

合格评定新领域涉及碳足迹、温室气体、碳核查、水足迹、节能、新能源等领域，有第三方碳排放核查，自愿减排项目（CCER）的审定与核查，林业碳汇审定与核查，地区、企业温室气体清单与产品碳足迹核查，气候债券发行前的认证核查和发行后持续信息披露核查，低碳社区/园区/校园评价，近零碳示范区评估，气候适应的脆弱性评估等。

在能源方面有太阳能、风能、生物质能、储能、绿色照明等多领域的合格评定，如光伏产品认证、生物质的评价和认证。

例题分析

1. （多项选择题）认证机构应致力于建立信任，遵循（　　）、公开性、保密性、对投诉的回应和基于风险的方法等管理原则。(真题)

   A. 法律　　　　　　　　　　B. 责任
   C. 公正性　　　　　　　　　D. 能力

   答案及分析：选择 BCD。见 4.4.1 节之 3 之 3）。

2. （单项选择题）认证的价值取决于第三方通过（　　）的评定所建立的（　　）的程度。

   A. 公正、有能力；公信力　　B. 公正、独立；公信力
   C. 公正、客观；公信力　　　D. 公正、有能力；信誉

   答案及分析：选择 A。见 4.4.1 节之 3 之 2）。

3. （判断题）认证机构的责任是通过认证活动的实施，对足够的客观证据进行评价，并在此基础上做出客观、公正的认证决定。（　　）(真题)

   答案及分析：√。见 4.4.1 节之 3 表 4-4 第 3 项。

4. （判断题）所有组织和人员有权要求其提供的任何专有信息得到保护，即使认证方案另有要求也不行。（　　）(真题)

   答案及分析：×。见 4.4.1 节之 3 表 4-4 第 5 项。

5. （单项选择题）认证机构应建立、实施和保持一个文件化的且能够规范运作认证过程的（　　）。(真题)

   A. 管理方针　　　　　　　　B. 管理方法
   C. 管理体系　　　　　　　　D. 管理政策

   答案及分析：选择 C。见 4.4.3 节之 3。

6. （多项选择题）对认证机构公正性的威胁包括（　　）、过于熟识（或信任）、胁迫、竞争。

   A. 自身利益　　　　　　　　B. 自我审核
   C. 倾向　　　　　　　　　　D. 不独立

答案及分析：选择 ABC。见 4.4.1 节之 3 表 4-4 第 1 项。

7. （判断题）对认证机构而言，当投诉表明出现错误、疏忽或不合理行为时，对投诉做出有效回应是保护认证机构及其客户和其他认证使用方的重要手段。（ ）

答案及分析：√。见 4.4.1 节之 3 表 4-4 第 6 项。

8. （多项选择题）认证机构需要考虑与提供（   ）认证相关的风险。

A. 有能力的 B. 一致的
C. 公正的 D. 客观的

答案及分析：选择 ABC。见 4.4.1 节之 3 表 4-4 第 7 项。

9. （多项选择题）认证机构的通用要求包括（   ）。

A. 法律与合同事宜 B. 公正性的管理
C. 责任和财力 D. 认证机构的结构

答案及分析：选择 ABCD。见 4.4.2 节之 1。

10. （判断题）认证机构可以对另一认证机构的质量管理体系进行认证。（   ）

答案及分析：×。见 4.4.2 节之 1 表 4-5 第 2 项之 4）。

11. （多项选择题）认证机构的（   ）应维护认证活动的公正性。

A. 结构 B. 管理方式
C. 运作模式 D. 人员结构

答案及分析：选择 AB。见 4.4.2 节之 1 表 4-5 第 4 项之 1）之②。

12. （单项选择题）认证人员能力管理中的能力准则确定过程的输出是形成文件的所要求（   ）的准则。

A. 知识和技能 B. 培训和经验
C. 教育和培训 D. 教育、培训和经验

答案及分析：选择 A。见 4.4.2 节之 2 之 2）。

13. （判断题）管理体系认证标志可以应用于产品或产品包装之上。（   ）

答案及分析：×。见 4.4.3 节之 1 表 4-6 第 3 项之 2）。

14. （多项选择题）获证客户在认证对象及基础状况发生下列哪些重大变化时应即时通知认证机构？（   ）

A. 法律地位、经营状况、组织状态或所有权
B. 组织和管理层（如关键的管理、决策或技术人员）
C. 认证证书覆盖的运作范围
D. 产品、管理体系和过程的重大变更

答案及分析：选择 ABCD。见 4.4.3 节之 1 表 4-6 第 5 项之 3）。

15. （多项选择题）认证机构的管理方针应体现认证机构的战略方向和经营

理念，符合认证活动的关键特性和价值体现，包含（   ）的内涵。

A. 客观　　　　　　　　　　　　B. 公正

C. 规范　　　　　　　　　　　　D. 服务

答案及分析：选择 ABCD。见 4.4.3 节之 3 之 1）。

16. （多项选择题）认证机构内部改进机制包括（   ）。

A. 日常工作质量监督　　　　　　B. 内部审核

C. 管理评审　　　　　　　　　　D. 自我评价

答案及分析：选择 ABC。见 4.4.3 节之 3 之 3）。

17. （多项选择题）合格评定新领域有（   ）。

A. 自愿减排项目（CCER）的审定与核查

B. 林业碳汇审定与核查

C. 地区、企业温室气体清单与产品碳足迹核查

D. 低碳社区/园区/校园评价

答案及分析：选择 ABCD。见 4.5 节。

18. （判断题）产品、服务、管理体系认证的认证对象及认证制度不同，但认证标志的使用要求是相同的。（   ）

答案及分析：×。见 4.4.3 节之 1 表 4-6 第 3 项。产品认证标志可以出现在产品上或产品包装上，但管理体系认证标志不应用于产品或产品包装之上。

同步练习强化

一、单项选择题

1. 服务认证是以（   ）为主的认证模式开展的认证评价活动。

A. 服务体验　　　　　　　　　　B. 服务评价

C. 服务审核　　　　　　　　　　D. 服务抽样

2. 对认证结果的具有公信力的证明，能够有效解决市场交易中的信息（   ）问题，促进双边或多边贸易。

A. 完整性　　　　　　　　　　　B. 不对称

C. 安全性　　　　　　　　　　　D. 有效性

3. 下列（   ）不是必须的产品认证监督评价方式。

A. 文件审查　　　　　　　　　　B. 产品检验

C. 顾客满意度测评　　　　　　　D. 产品生产过程评价

4. 产品认证申请评审的重要内容之一是（   ）。

A. 消除申请方和认证机构之间分歧　　B. 确定工厂检查的重点

C. 确定认证证书的范围　　　　　　　D. 配备评价资源

5. 认证结果的复核和决定应由未参与评价过程的人员进行，其目的主要是保证（　　）。

　　A. 公正性　　　　　　　　　　B. 独立性
　　C. 科学性　　　　　　　　　　D. 保密性

6. 建立产品认证方案时，应基于（　　）。

　　A. 风险的思维　　　　　　　　B. 效率原则
　　C. 顾客至上原则　　　　　　　D. 认证通过

7. （　　）是认证机构的能力管理及运作绩效的指导和基础。

　　A. 管理体系　　　　　　　　　B. 管理原则
　　C. 管理文件　　　　　　　　　D. 管理标准

8. 认证是指与（　　）有关的第三方证明。

　　A. 产品、过程、体系或人员　　B. 产品、服务、体系或人员
　　C. 产品、服务、管理体系、过程　D. 产品、机构、管理体系、人员

9. 认证通过正式的（　　）对合格评定的结果加以确认。

　　A. 证明　　　　　　　　　　　B. 认证证书
　　C. 认证标志　　　　　　　　　D. 认证证书和认证标志

10. 正式的产品认证文件应仅在下列哪些事项完成之后或同时颁发？（　　）

　　A. 批准或扩大认证范围的决定已经做出

　　B. 认证要求得到满足

　　C. 认证协议已经完成和（或）签署

　　D. 以上全部

11. 产品认证监督活动的准则和过程由每个（　　）规定。

　　A. 认证方案　　　　　　　　　B. 认证制度
　　C. 认证计划　　　　　　　　　D. 评价计划

12. 如果终止（应客户要求）、暂停或撤销产品认证，产品认证机构应按照认证方案的规定采取措施，并对（　　）等做出所有必要的更改，以确保没有任何信息显示该产品仍持续获得认证。

　　A. 正式认证文件　　　　　　　B. 公布的信息
　　C. 标志使用的授权　　　　　　D. 以上全部

13. 对于管理体系认证，审核计划应与（　　）相适应。

　　A. 市场监管要求　　　　　　　B. 审核目的和范围
　　C. 审核人员要求　　　　　　　D. 相关方及其客户要求

14. 对于管理体系认证，认证机构应提前与客户就（　　）进行沟通，并商定审核日期。

　　A. 审核准则　　　　　　　　　B. 审核目的

C. 审核方案　　　　　　　　D. 审核计划

15. 对于管理体系认证，认证机构应确保为审核方案中确定的（　　）审核编制计划。

A. 每次　　　　　　　　　　B. 所有
C. 重要环节　　　　　　　　D. 主要

16. 对于管理体系认证，认证机构应提前与客户就审核计划进行沟通，并商定（　　）。

A. 认证过程　　　　　　　　B. 认证结论
C. 认证机构管理人员　　　　D. 审核日期

17. 对于管理体系认证，由（　　）确定第一阶段和第二阶段的间隔时间。

A. 认证机构　　　　　　　　B. 审核组长
C. 审核组　　　　　　　　　D. 受审核方

18. 对于管理体系认证，审核计划应提交（　　）进行确认。

A. 认证机构领导　　　　　　B. 受审核方
C. 审核委托方　　　　　　　D. 当地政府

19. 对于管理体系认证，监督审核应至少（　　）进行一次。

A. 每三年　　　　　　　　　B. 第12个月
C. 每个日历年　　　　　　　D. 每一年

20. 对于管理体系认证，第二阶段认证的目的是评价（　　）。

A. 客户是否做好认证准备
B. 最高管理层的政绩
C. 客户管理体系的实施情况，包括有效性
D. 客户管理体系的咨询效果

21. 对于管理体系认证，认证方案的第一个（　　）的认证周期从初次认证决定算起。

A. 五年　　　　　　　　　　B. 二年
C. 三年　　　　　　　　　　D. 一年

22. 对于管理体系认证，认证周期的审核方案应（　　）管理体系要求。

A. 覆盖重要的　　　　　　　B. 覆盖全部的
C. 不遗漏重要的　　　　　　D. 包含主要的

23. 对于管理体系认证，依据ISO/IEC 17021－1标准，监督审核应至少每年进行一次，第一次监督审核时间为（　　）。

A. 以发放体系证书时间的那天起12个月内
B. 纠正措施关闭的那天起12个月内

C. 认证决定日期起 12 个月内
D. 审核报告发放那天起 12 个月内

24. 对于管理体系认证，以下说法正确的是（　　）。
A. 获证组织的再认证周期为 4 年
B. 初次认证审核后的第一次监督审核应在第一阶段审核最后一天起 12 月内进行
C. 第三方认证审核中的初次审核、监督审核和再认证都是完整体系审核
D. 当获证方发生严重影响相应管理体系进行与活动的重大事故时，认证机构应提前进行监督审核

25. 对于管理体系认证，应对整个认证周期制定（　　），以清晰地识别所需的审核活动。
A. 审核计划　　　　　　　　B. 审核方案
C. 监督计划　　　　　　　　D. 再认证方案

26. 按照 GB/T 27021.1 要求，应对整个认证周期制定审核方案，以清晰地识别所需的（　　）。
A. 审核发现　　　　　　　　B. 审核活动
C. 审核证据　　　　　　　　D. 审核结论

27. 对于管理体系认证，关于认证周期的审核方案，以下说法正确的是（　　）。
A. 认证周期的审核方案应覆盖全部管理体系要求
B. 认证周期的审核方案应覆盖主要的管理体系要求
C. 认证周期的审核方案不需要覆盖全部的管理体系要求
D. 以上说法都不对

28. 对于管理体系认证，在确定审核时间时，认证机构不应考虑的因素是（　　）。
A. 客户及其管理体系的复杂程度
B. 场所的数量和规模、地理位置以及对多场所的考虑
C. 从客户收取的认证费用的多少
D. 与组织的产品、过程或活动相关联的风险

29. 对于管理体系认证，认证机构在审核中可以抽样的基本条件是（　　）处理决定。
A. 认证机构与申请客户有充分的协商后
B. 客户管理体系涉及的活动比较多时
C. 管理体系包含在多个地点进行的相同活动时
D. 以上都有

30. 依据 ISO/IEC 17021-1，如果认证机构在审核中使用多场所抽样，则应制定（　　）以确保对管理体系的正确审核。

　　A. 审核方案　　　　　　　　B. 审核方法
　　C. 抽样方法　　　　　　　　D. 抽样方案

31. 对于管理体系认证，某机械制造公司委托某第三方机构对下属五家工厂进行第三方质量管理体系认证审核，在确定审核目的时，你认为应由（　　）确定。

　　A. 审核机构　　　　　　　　B. 审核委托方
　　C. 审核组长　　　　　　　　D. 审核员

32. 对于管理体系认证，审核范围和准则，包括任何更改，应由（　　）确定。

　　A. 认证机构　　　　　　　　B. 客户
　　C. 审核组　　　　　　　　　D. 认证机构与客户商讨后

33. 依据 ISO/IEC 17021-1，审核目的应由认证机构确定，审核范围和准则，包括（　　），应由认证机构在与客户商讨后确定。

　　A. 标准　　　　　　　　　　B. 审核方法
　　C. 审核频次　　　　　　　　D. 任何更改

34. 对于管理体系认证，审核范围和审核准则由（　　）确定。

　　A. 审核组长　　　　　　　　B. 受审核方或申请方
　　C. 认证机构审核管理人员　　D. 认证机构与申请方协商

35. 对于管理体系认证，下列说法不正确的是（　　）。

　　A. 审核组可以由一名或多名审核员组成
　　B. 至少配备一名经认可具有专业能力的成员
　　C. 实习审核员可在技术专家指导下承担审核任务
　　D. 实习审核员不可以单独审核

36. 对于管理体系认证，认证机构应根据实现审核目的所需的能力以及公正性要求来选择和任命审核组成员，包括审核组长以及必要的（　　）。

　　A. 专业审核员　　　　　　　B. 技术专家
　　C. 审核员　　　　　　　　　D. 专职审核员

37. 对于管理体系认证，关于现场审核中的技术专家，以下说法正确的是（　　）。

　　A. 不是审核组成员
　　B. 应当在审核员的指导下进行工作
　　C. 不能单独成组实施审核，但可以和其他审核员一同实施审核
　　D. 应当指导审核工作

38. 对于管理体系认证，（   ）可以就审核准备、策划或审核向审核组提出建议。

   A. 观察员　　　　　　　　　B. 技术专家

   C. 向导　　　　　　　　　　D. 陪同人员

39. 对于管理体系认证，（   ）可以是客户组织的成员、咨询人员、实施见证的认可机构人员、监管人员或其他有合理理由的人员。

   A. 观察员　　　　　　　　　B. 技术专家

   C. 向导　　　　　　　　　　D. 陪同人员

40. 对于管理体系认证，以下说法不正确的是（   ）。

   A. 审核组长和审核员所需的知识和技能可以通过技术专家和翻译人员来补充

   B. 结合审核或一体化审核的审核组长宜至少对两个标准有深入的知识，并了解该审核所使用的其他标准

   C. 如果仅有一名审核员，该审核员应有能力履行适用于该审核的审核组长职责

   D. 在审核过程中，为确保实现审核目的，可以改变工作分配

41. 对于管理体系认证，关于实习审核员，以下说法正确的是（   ）。

   A. 如具有专业能力，可以独立实施审核

   B. 工作量不能计入审核人日，因此不作为审核组成员

   C. 必须在审核员指导下实施审核

   D. 可以在审核员的指导和帮助下，作为实习审核组长领导审核组完成审核任务

42. 对于管理体系认证，现场审核中，以下哪一项不是向导的作用（   ）。

   A. 建立沟通与联系　　　　　B. 审核路线引导

   C. 帮助回答审核中的提问　　D. 现场证实审核员发现的审核证据

43. 对于管理体系认证，下列文件应在现场审核前通知受审核方的是（   ）。

   A. 检查表　　　　　　　　　B. 审核计划

   C. 审核工作文件　　　　　　D. 以上都需要

44. 对于管理体系认证，下列哪种文件应在现场审核前通知受审核方？（   ）。

   A. 审核计划　　　　　　　　B. 检查表

   C. 审核工作文件和表式　　　D. 审核方案

45. 对于管理体系认证，认证周期内的初次认证审核是指（   ）。

   A. 现场审核前的初访

   B. 第一阶段审核

C. 组织提出申请后认证周期内的首次正式审核

D. 预审核

46. 依据 ISO/IEC 17021-1，在作初次认证审核结论时，审核组应对在第一阶段和第二阶段中收集的所有（　　）进行分析，以评审审核发现并就审核结论达成一致。

  A. 审核证据   B. 信息和证据

  C. 审核发现   D. A + C

47. 对于管理体系认证，关于审核组的组成，以下说法错误的是（　　）。

A. 初次认证审核一、二阶段审核组的组成应是相同的

B. 受审核方可以对审核组的组成提出异议

C. 审核组中可以包括技术专家

D. 审核组长由认证机构指定

48. 对于管理体系认证，第一阶段的输出（　　）审核报告的所有要求。

  A. 应满足   B. 不必满足

  C. 应包括   D. 包括

49. 依据 ISO/IEC 17021-1，认证机构在确定第一阶段和第二阶段的间隔时间时，应考虑（　　）。

A. 受审核方解决第一阶段不符合项所需的时间

B. 受审核方解决第一阶段识别的任何需关注问题所需的时间

C. 受审核方根据自己的情况确定的时间

D. 与受审核方协商确定的时间

50. 对于管理体系认证，管理体系第一阶段审核的目的包括（　　）。

A. 确定审核范围

B. 确定受审核方是否具备认证注册的条件

C. 评价受审核方的管理体系是否已建立并得到有效实施

D. 以上都正确

51. 环境管理体系第二阶段审核的内容一般不包括（　　）。

A. 重要环境因素是否受到有效的控制

B. 组织确定的环境管理体系范围的合理性

C. 目标指标、方案是否按照预定的计划安排实施或完成

D. 体系监测及内审程序的实施，以及管理评审的实施情况

52. 对于管理体系认证，关于初次认证审核的两个阶段审核的描述，以下不正确的是（　　）。

A. 第一阶段审核不要求正式的审核计划

B. 认证机构应将第一阶段目的是否达到及第二阶段是否准备就绪的书面结

论告知客户

C. 第一阶段的输出要满足审核报告的所有要求

D. 第二阶段审核应在客户的现场进行

53. 对于管理体系认证，首次会议应考虑以下哪些方面（　　）。

A. 确认与保密有关事宜

B. 确认审核组的健康安全事项、应急和安全程序

C. 有关审核可能被终止的条件的信息

D. 以上全部

54. 对于管理体系认证，关于现场审核的首、末次会议，以下描述正确的（　　）。

A. 现场审核的首、末次会议通常由审核组长主持

B. 现场审核首次会议必须由审核组长主持，末次会议必须由受审核组织的最高管理者主持

C. 现场审核的首、末次会议必须由受审核组织的最高管理者主持

D. 现场审核的首、末次会议可以由审核组长和审核组成员共同主持

55. 对于管理体系认证，下列哪一项不是首次会议必需包括的内容？（　　）。

A. 确认审核目标、范围、准则　　B. 确认有关保密事项

C. 对不符合项采取纠正措施的要求　D. 确认向导的安排、作用和身份

56. 对于管理体系认证，首次会议的主要目的包括（　　）。

A. 为审核制定计划

B. 确定实施审核所需的资源和审核员人数

C. 介绍实施审核采用的方法和程序

D. 以上全部

57. 按照 ISO/IEC 17021-1 要求，当可获得的审核证据显示审核目的无法实现，或显示存在紧急和重大的风险（如安全风险）时，审核组长应向客户，如果可能还应向（　　）报告这一情况，以确定适当的行动。

A. 认证机构　　　　　　　　B. 监管机构

C. 审核委托方　　　　　　　D. 审核机构

58. 对于管理体系认证，审核员在不符合项的提出及纠正和跟踪验证中需要完成的工作不包括（　　）。

A. 现场审核中确定不符合项

B. 对受审核方如何纠正不符合提出改进建议

C. 对受审核方提出纠正措施的整改要求

D. 进行不符合项纠正措施的跟踪验证

59. 对于管理体系认证，当受审核方与审核组因审核发现有分歧意见时，其

解决的方式是（　　）。

　　A. 终止审核　　　　　　　　B. 审核组报认证机构进行解决

　　C. 交当地环保局决定　　　　D. 记录尚未解决的问题

60. 对于管理体系认证，关于不符合，与客户讨论的目的是为了（　　）。

　　A. 提示不符合的原因　　　　B. 使不符合得到理解

　　C. 拟定不符合的解决办法　　D. 以上都不对

61. 对于管理体系认证，现场审核中的末次会议应由（　　）主持。

　　A. 向导　　　　　　　　　　B. 企业的最高管理者

　　C. 企业授权的代表　　　　　D. 审核组长

62. 第三方管理体系认证时，（　　）享有对审核报告的所有权。

　　A. 受审核方　　　　　　　　B. 监管机构

　　C. 认证机构　　　　　　　　D. 以上都对

63. 对于管理体系认证，认证审核报告由审核组长负责编写，并经批准分发，你认为正确的是（　　）。

　　A. 审核报告的所有权归认证机构　　B. 审核报告的所有权归审核组

　　C. 审核报告的所有权归受审核方　　D. 审核报告的所有权归审核委托方

64. 对于管理体系认证，认证机构应为每次审核向客户提供书面报告。审核组可以识别改进机会，但不应提供（　　）。

　　A. 改进措施　　　　　　　　B. 纠正和预防措施建议

　　C. 咨询　　　　　　　　　　D. 提出具体解决办法的建议

65. 对于管理体系认证，审核报告通常由（　　）。

　　A. 审核方与受审核方共同编写　　B. 组长和管代编写

　　C. 组长负责编写　　　　　　　　D. 组员负责编写

66. 对于管理体系认证，在第三方认证审核时，（　　）不是审核员的职责。

　　A. 收集审核证据得出审核发现

　　B. 确定不合格项

　　C. 对发现的不合格项制定纠正措施

　　D. 验证受审核方所采取的纠正措施的有效性

67. 依据 GB/T 27021.1，对于审核中发现的不符合，认证机构应要求客户（　　）分析原因，并说明为消除不符合已采取或拟采取的具体纠正和纠正措施。

　　A. 针对已经发现的不合格　　B. 30 天内

　　C. 在规定期限内　　　　　　D. 以上都是

68. 依据 ISO/IEC 17021-1，认证机构应审查客户提交的纠正和纠正措施，以确定其是否可被接受，（　　）应予以记录。

　　A. 所取得的为不符合的解决提供支持的证据

197

B. 纠正和纠正措施实施过程的证据

C. 对不符合的解决进行审查和验证的记录

D. 改进的结果

69. 对于管理体系认证，可以通过审查受审核方提供的文件化信息，或在必要时实施现场验证来验证纠正和纠正措施的有效性。验证活动通常由（　　）完成。

A. 审核组成员　　　　　　　B. 审核组长

C. 认证机构　　　　　　　　D. 专业审核员

70. 对于管理体系认证，认证机构应确保做出授予或拒绝认证、扩大或缩小认证范围、暂停或恢复认证、撤销认证或变更新认证的决定人员或委员会不是（　　）。

A. 审核方案管理人员　　　　B. 审核组长

C. 审核员　　　　　　　　　D. 实施审核的人员

71. 依据 ISO/IEC 17021-1 标准，认证机构应确保做出认证决定的人员或委员会（　　）人员。

A. 不是与受审核方所在行业有关的　B. 不是实施审核的

C. 是实施审核的　　　　　　D. 以上都不对

72. 依据 GB/T 27021.1，以下哪项不属于认证机构对客户做出的与认证有关的决定？（　　）

A. 授予证书

B. 保持证书

C. 更新、扩大、缩小、暂停和撤销证书

D. 特殊审核通知

73. 对于管理体系认证，认证结论最终由（　　）正式发布。

A. 审核组长　　　　　　　　B. 审核组经充分讨论后

C. 认证机构技术委员会　　　D. 认证机构

74. 对于管理体系认证，如果认证机构不能在第二阶段审核结束后（　　）内验证对（　　）不符合实施的纠正和纠正措施，则应在推荐认证前再实施一次第二阶段审核。（真题）

A. 3 个月、/　　　　　　　B. 6 个月、/

C. 3 个月、严重　　　　　　D. 6 个月、严重

75. 对于管理体系认证，如果认证机构不能在第二阶段结束后（　　）个月内验证对严重不符合实施的纠正和纠正措施，则应在推荐认证前再实施一次第二阶段审核。

A. 1　　　　　　　　　　　B. 3

C. 6 　　　　　　　　　　　　D. 9

76. 对于管理体系认证，以下哪种说法是正确的？（　　）

A. 再认证时可以不进行文件评审

B. 认证机构根据再认证的结果，以及认证周期内的体系评价结果和认证使用方的投诉，做出是否再次认证注册的决定

C. 再认证和监督审核都不是完整体系审核

D. 再认证和初次审核的审核内容和方法是相同的

77. 依据 ISO/IEC 17021-1，认证机构应根据（　　），做出是否更新认证的决定。

A. 再认证审核的结果，以及认证周期内体系评价结果和认证使用方的投诉

B. 审核结论

C. 审核发现

D. 审核思路

78. 对于管理体系认证，认证机构应在证实获证客户持续满足管理体系标准要求后保持对其的认证。认证机构可以根据审核组长的（　　）保持对客户的认证，而无需对这一结论进行独立复核。

A. 推荐性意见　　　　　　　　B. 审核结论

C. 整个认证周期的审核结论　　D. 肯定性结论

79. 对于管理体系认证，以下说法正确的是（　　）。

A. 再认证审核可以不进行文件审核

B. 再认证审核可以只进行一次现场审核

C. 再认证和监督审核都不是完整的体系审核

D. 再认证和初次审核的内容和方法都是相同的

80. 依据 GB/T 27021.1，当管理体系、组织或管理体系的运作环境（如法律的变更）有重大变更时，再认证审核活动可能需要（　　）。

A. 重点审核变化部分　　　　　B. 有第一阶段

C. 有文件规定　　　　　　　　D. 实施审核的人员

81. 某公司的环境管理体系认证证书有效期是 2021 年 3 月 18 日，公司于证书到期前 3 个月内重新向原来的认证机构提出申请，该认证机构受理了申请，并对该公司进行的认证活动称为（　　）。

A. 二阶段审核　　　　　　　　B. 再认证

C. 监督审核　　　　　　　　　D. 预审核

82. 依据 GB/T 27021.1 标准，管理体系证书暂停的时间通常不超过（　　）。

A. 3 个月　　　　　　　　　　B. 6 个月

C. 9 个月　　　　　　　　　　D. 12 个月

83. 对于管理体系认证，现场审核过程中，当受审核方提出扩大认证范围的要求时，审核组长应该（　　）。

　A. 宣布终止审核

　B. 明确告知受审核方不能接受此要求，仍按原计划进行审核

　C. 与审核委托方和受审核方进行沟通

　D. 本着以顾客为关注焦点的原则，同意受审核方的要求

84. 依据 GB/T 27021.1 标准，发生以下（　　）情景时，认证机构应暂停获证客户的认证资格。

　A. 客户的获证管理体系持续地或严重的不满足认证要求，包括对管理体系有效性的要求

　B. 获证客户不允许按要求的频次实施监督或再认证审核

　C. 获证客户主动请求暂停

　D. A + B + C

85. 依据 GB/T 27021.1 标准，以下哪种说法是错误的？（　　）

　A. 审核组长和审核员需要的知识和技能可以通过技术专家和翻译人员补充

　B. 技术专家可不在审核员指导下工作

　C. 管理体系的初次认证审核应分为两个阶段实施：第一阶段和第二阶段

　D. 初次认证后第一次监督审核应在认证决定日期起 12 个月内进行

86. 服务认证中，用顾客满意度（　　）构建特定服务的可测量关键特性指标。

　A. 卡诺模型　　　　　　　　　B. 戴明模型

　C. 克劳士比模型　　　　　　　D. 朱兰模型

87. （　　）的监督环节要求周期性地从生产线选取样品用于确定活动，以核实初次获证后所生产的产品符合规定要求。

　A. 产品认证方案类型 3　　　　B. 产品认证方案类型 2

　C. 产品认证方案类型 4　　　　D. 产品认证方案类型 5

88. （　　）主要适用于服务和过程的认证。

　A. 产品认证方案类型 6　　　　B. 产品认证方案类型 2

　C. 产品认证方案类型 4　　　　D. 产品认证方案类型 5

89. 我国的 CCC 强制性产品认证方案和认证制度采用（　　）。

　A. 产品认证方案类型 6　　　　B. 产品认证方案类型 2

　C. 产品认证方案类型 4　　　　D. 产品认证方案类型 5

90. 针对服务特性，就适用于服务体验的情况，应考虑（　　）实施服务认证模式的决策。

　A. 服务接触方式　　　　　　　B. 服务提供方式

C. 服务过程的复杂性　　　　　D. 服务风险

91. 认证评价人员的初始能力评价应包括在评价活动中应用所需（　　）的本领的证实。

A. 知识和技能　　　　　　　B. 培训和经验
C. 教育和培训　　　　　　　D. 教育、培训和经验

92. 认证机构的业务过程管理即运用合格评定技术，在认证制度的框架下运作（　　）的过程。

A. 认证方案　　　　　　　　B. 认证程序
C. 评价活动　　　　　　　　D. 确定功能

二、多项选择题

1. （　　）的符合性评价，可以保证法律法规、标准和技术规范的要求得到切实满足。

A. 公正性　　　　　　　　　B. 专业性
C. 权威性　　　　　　　　　D. 客观性

2. 认证机构认证人员的能力管理包括（　　）。

A. 能力准则的确定　　　　　B. 人员能力评价
C. 参与认证活动的人员的管理　D. 人员的选聘

3. 认证是一种（　　）的评价活动，可以借助认证推动组织提高管理水平，通过持续改进，不断改善产品和服务质量。

A. 客观　　　　　　　　　　B. 专业
C. 科学　　　　　　　　　　D. 公正

4. 认证可以提高政府管理经济社会的（　　）。

A. 能力　　　　　　　　　　B. 权威
C. 效率　　　　　　　　　　D. 公正性

5. 管理原则是认证机构的能力管理及运作绩效的指导和基础，管理原则包括（　　）、能力、责任、对投诉的回应和基于风险的方法。

A. 公正性　　　　　　　　　B. 专业性
C. 公开性　　　　　　　　　D. 保密性

6. 认证决定包括（　　）。是指认证机构对申请组织或客户做出的。

A. 授予　　　　　　　　　　B. 拒绝
C. 暂停、撤销　　　　　　　D. 更新

7. 产品认证机构应给客户提供正式的认证文件，认证文件信息包括（　　）。

A. 认证机构的名称和地址　　B. 获证日期
C. 认证范围　　　　　　　　D. 认证有效期或终止日期

8. 认证按照认证对象划分为（　　）。
   A. 人员认证　　　　　　　　B. 服务认证
   C. 自愿性认证　　　　　　　D. 强制性认证

9. 《中华人民共和国认证认可条例》中"认证"是指由认证机构证明（　　）符合相关技术规范、相关技术规范的强制性要求或者标准的合格评定活动。
   A. 产品　　　　　　　　　　B. 服务
   C. 管理体系　　　　　　　　D. 过程

10. 对于产品认证申请，产品认证机构应获取依据相关认证方案完成认证过程的所有必要信息。这些信息包括（　　）。
    A. 拟认证的产品　　　　　　B. 认证所依据的标准
    C. 使用产品的顾客信息　　　D. 客户的实际位置

11. 产品认证的评价活动包括（　　）。
    A. 文件审查　　　　　　　　B. 顾客访问
    C. 产品检验　　　　　　　　D. 质量管理体系审核

12. 产品认证机构应对所获得的申请信息进行评审以确保（　　）。
    A. 认证机构和客户之间任何已知的理解上的分歧已经得到解决
    B. 认证范围得到确定
    C. 实施所有评价活动的方法是可行的
    D. 认证机构有能力并能够实施认证活动

13. 产品认证机构应指派至少一人根据（　　）以及其他相关的所有信息做出产品认证决定。
    A. 评价　　　　　　　　　　B. 复核
    C. 检验　　　　　　　　　　D. 检验和审核

14. 有要求时，认证机构对实施影响产品认证的变更所采取的措施应包括（　　）。
    A. 评价
    B. 复核
    C. 决定
    D. 颁发修订后的正式认证文件以扩大或缩小认证范围

15. 对于管理体系认证，初次认证的审核方案应包括（　　）。
    A. 特殊审核　　　　　　　　B. 获证后两次监督审核
    C. 两阶段初次审核　　　　　D. 证书到期前的再认证审核

16. 对于管理体系认证，初次认证审核方案应包括（　　）。
    A. 两阶段初次审核

B. 认证决定后第一年至第三年的监督审核

C. 认证决定后第一年和第二年的监督审核

D. 认证决定后的第三年在认证到期前进行的再认证审核

17. 依据 ISO/IEC 17021-1 标准，以下关于审核方案的说法正确的是（　　）。

A. 认证周期的审核方案应覆盖全部的管理体系要求

B. 审核方案的确定和任何后续调整应考虑客户的规模，其管理体系、产品和过程的范围与复杂程度，以及经过证实的管理体系有效性水平和以前审核的结果

C. 监督审核应至少每个日历年进行一次

D. 审核方案的第一个周期从初次认证决定算起，以后的周期从证书颁发之日起算

18. 对于管理体系认证，认证机构应确定审核时间，关于审核时间描述正确的是（　　）。

A. 往返于审核场所之间所花费的时间不计入管理体系认证审核时间

B. 不被指派为审核员的审核组成员（即技术专家、翻译人员、观察员和实习审核员）所花费的时间不计入审核时间

C. 认证机构可以使用 ISO/IEC TS 17023（GB/T 27204《合格评定 确定管理体系认证审核时间指南》）建立的指南来确定管理体系认证审核时间

D. 使用翻译人员不需要额外增加审核时间

19. 对于管理体系认证，在确定审核时间时，认证机构应考虑（　　）。

A. 相关管理体系标准的要求

B. 客户及其管理体系的复杂程度

C. 管理体系范围内活动的分包情况

D. 场所的数量和规模、地理位置以及对多场所的考虑

20. 对于管理体系认证，观察员可以是（　　）或其他有合理理由的人员。

A. 客户组织的成员　　　　　B. 监管人员

C. 实施见证的认可机构人员　　D. 咨询人员

21. 对于管理体系认证，决定审核组的规模和组成时，应考虑（　　）因素。

A. 语言和文化　　　　　　　B. 审核范围和准则

C. 是否是结合审核　　　　　D. 相关方的要求

22. 对于管理体系认证，（　　）可以独立承担审核义务。

A. 实习审核员　　　　　　　B. 审核员

C. 技术专家　　　　　　　　D. 审核组长

23. 对于管理体系认证，以下哪些文件不需要在现场审核前通知受审核

方?（　　）

  A. 审核计划   B. 检查表

  C. 审核组的审核工作文件和表式   D. 认证机构的审核方案

24. 按照 GB/T 27021.1 标准规定，下列哪些是第一阶段审核的目的?（　　）

  A. 审核客户的文件化的管理体系信息

  B. 审核客户理解和实施标准要求的情况，特别是对管理体系的关键绩效或重要的因素、过程、目标和运作的识别情况

  C. 审核二阶段所需资源的配置情况，并与客户商定第二阶段的细节

  D. 评价客户管理体系的实施情况

25. 依据 ISO/IEC 17021-1 标准，第二阶段审核应在受审核方现场进行，覆盖的内容包括（　　）。

  A. 与适用的管理体系标准或其他规范性文件的所有要求的符合情况及证据

  B. 依据关键绩效目标和指标，对绩效进行的监视、测量、报告和评审

  C. 客户过程的运作控制

  D. 内部审核和管理评审

26. 按照 ISO/IEC 17021-1 规定，首次会议应考虑以下哪些方面?（　　）

  A. 确认与保密有关事宜

  B. 确认适用用于审核组的相关的工作安全、应急和安保程序

  C. 说明可能提前终止审核的条件

  D. 确认审核计划

27. 按照 ISO/IEC 17021-1，首次会议应考虑以下哪些方面?（　　）

  A. 确认与保密有关事宜

  B. 确认适用于审核组的相关的工作安全、应急和安保程序

  C. 说明可能提前终止审核的条件

  D. 确认审核检查表

28. 依据 ISO/IEC 17021-1 标准，在审核中应通过适当的抽样来获取与（　　）相关的信息。

  A. 审核方案   B. 审核目的

  C. 审核范围   D. 审核准则

29. 对于管理体系认证，在第三方认证审核时，审核员的职责应包括（　　）。

  A. 实施审核

  B. 确定不合格项

  C. 对发现的不合格项指定纠正措施

  D. 验证受审核方所采取的纠正措施的有效性

30. 对于管理体系认证，审核组至少应向认证机构提供（　　）信息，以

做出授予初次认证的决定。

A. 对是否授予认证的推荐性意见及附带的任何条件

B. 对受审核方是否遵守法律法规的确认

C. 对提供给认证机构用于申请评审的信息的确认

D. 对是否达到审核目的的确认

31. 对于管理体系认证，为使认证机构做出认证决定，审核组至少应向认证机构提供以下信息（   ）。

A. 审核报告

B. 对不符合的意见，适用时，还包括对客户采取的纠正和纠正措施的意见

C. 审核计划

D. 对是否授予认证的推荐性意见及附带的任何条件或评论

32. 依据 ISO/IEC 17021-1 标准，认证机构应根据（   ），做出是否更新认证的决定。

A. 内部审核和管理评审的过程　　B. 认证使用方的投诉

C. 认证周期内的体系评价结果　　D. 再认证审核的结果

33. 对于管理体系认证，认证监督活动可以包括（   ）。

A. 对获证客户管理体系满足认证标准（如 GB/T 19001 等）要求情况的现场审核

B. 认证机构就认证的有关方面询问获证客户

C. 审查获证客户对其运作的说明（如宣传材料、网页）

D. 要求获证客户提供文件化信息（纸质或电子介质）

34. ISO/IEC 17021-1 标准规定，监督活动应包括（   ）。

A. 对获证客户管理体系满足认证标准规定要求情况的现场审核

B. 认证机构就认证的有关方面询问获证客户

C. 审查获证客户对其运作的说明

D. 其他监视获证客户绩效的方法

35. 对于管理体系认证，认证机构在进行再认证审核的策划时应考虑（   ）。

A. 管理体系在认证周期内的绩效，包括调阅以前的监督审核报告

B. 当获证组织或管理体系的运作环境有重大变更时，再认证审核活动可能需要有第一阶段审核

C. 对于多场所认证应确保现场审核具有足够的覆盖范围，以提供对认证的信任

D. 由初审的审核组实施再认证审核，以确保审核的连续性和一致性

36. 对于管理体系认证，在监督审核中对所发现的问题，视问题的严重程度，对获证方可以采用的处置方式包括（   ）。

A. 暂停证书　　　　　　　　B. 撤销证书

C. 注销证书　　　　　　　D. 保持证书

37. 发生以下哪些情况时，依据 ISO/IEC 17021-1，认证机构应暂停获证客户的认证资格。（　　）

   A. 客户的获证管理体系持续地或严重的不满足认证要求，包括对管理体系有效性的要求
   B. 获证客户不允许按要求的频次实施监督或再认证审核
   C. 获证客户主动请求暂停
   D. 客户未能在认证机构规定的时限内解决不符合

38. 对于管理体系认证，初次认证审核第一阶段的目的是（　　）。

   A. 审查客户的文件化管理体系信息
   B. 确定第二阶段的准备情况
   C. 收集关于客户的管理体系范围的必要信息
   D. 审查客户理解和实施标准要求的情况

39. 对于管理体系认证，特殊审核可能包括（　　）。

   A. 扩大范围审核　　　　　B. 不通知或较短时间通知的审核
   C. 暂停恢复　　　　　　　D. 补充审核

40. 对于管理体系认证，初次认证审核方案应包括（　　）。

   A. 初次审核　　　　　　　B. 产品抽样检验活动
   C. 监督审核　　　　　　　D. 再认证审核

41. 服务认证过程是通过采用合格评定功能法的各阶段活动，结合服务业态与体验，针对（　　），运用顾客满意度卡诺模型构建特定服务的可测量关键特性指标，以服务体验为主的认证模式开展的认证评价活动。

   A. 服务接触方式　　　　　B. 通用的服务特性
   C. 顾客满意度　　　　　　D. 服务质量

42. 服务认证的输出至少应标明（　　）。

   A. 认证的服务名称
   B. 认证的服务范围
   C. 关键接触过程与服务特性
   D. 各项关键特性体验效果的量化数据及其图示

43. 产品认证方案类型 6，对服务和过程认证，这种方案的监督环节宜包括（　　）。

   A. 对管理体系的周期性审核　　B. 对服务与过程的周期性评价
   C. 对服务质量的评价　　　　　D. 对顾客满意度的评价

44. 建立、选择和应用服务认证模式时，应考虑对服务特性测评和服务管理

能力审核的（　　）。

　　A. 技术需求　　　　　　　　B. 适宜性

　　C. 选择　　　　　　　　　　D. 组合

45. 服务认证模式包括（　　）。

　　A. 公开的服务特性检验　　　B. 神秘顾客（暗访）的服务特性检测

　　C. 服务管理审核　　　　　　D. 顾客满意度调查

46. 组合或确定服务认证模式时需要考虑（　　）。

　　A. 服务的复杂度　　　　　　B. 服务风险及认证风险

　　C. 认证成本及时间　　　　　D. 顾客的期望与要求

47. 依据认证机构开展的认证业务类型，可以把认证机构分为（　　）。

　　A. 产品认证机构　　　　　　B. 管理体系认证机构

　　C. 服务认证机构　　　　　　D. 特种职业人员注册或认证机构

48. 认证机构需要考虑与提供有能力的、一致的和公正的认证相关的风险。风险可能与（　　）有关。

　　A. 审核目的　　　　　　　　B. 所审核的客户组织及其运行环境

　　C. 利益相关方的认知　　　　D. 标志的使用

49. 认证机构的信息管理包括（　　）、认证机构与认证组织间的信息交换。

　　A. 公开信息　　　　　　　　B. 认证文件

　　C. 认证资格的引用和标志的使用　　D. 信息保密

50. 认证文件应标明（　　）。

　　A. 认证有效期或与认证周期一致的应进行再认证的日期

　　B. 审核获证客户时所用的标准和（或）其他规范性文件，包括发布状态的标示

　　C. 认证用标准和（或）其他规范性文件所要求的任何其他信息

　　D. 在颁发经过修改的认证文件时，区分新文件与任何已作废文件的方法

三、判断题

1. 认证机构出具的第三方证明（可能是书面证书，或者是符合性标志），具有保密性、社会性、规范性。　　　　　　　　　　　　　　（　　）

2. 为保证认证结果的公正性，复核和认证决定不能由一个人完成。（　　）

3. 复核和认证决定由相同的人一并做出时，应将基于复核的认证决定的建议形成文件。　　　　　　　　　　　　　　　　　　　　　　（　　）

4. 认证机构应对其认证决定负责并保留认证决定权。　　　　　　（　　）

5. 认证机构应对整个管理体系认证周期制定审核方案，以清晰地识别所需的审核活动，这些审核活动用以证实客户的管理体系符合认证所依据标准或其他规范性文件的要求。　　　　　　　　　　　　　　　　　　　（　　）

6. 认证作为市场经济调整社会经济秩序的主要方法，促进市场经济体制的健康、有效运行。（　　）

7. 当某类获证产品（或其包装，或所附资料）需要持续使用授权的认证标志时，应建立再认证机制，并应包括对加施标志的产品进行定期的再认证，以确保符合产品要求的证实持续有效。（　　）

8. 对于管理体系认证，初次认证审核方案只包括两阶段初次审核。（　　）

9. 对于管理体系认证，监督审核应至少每年（应进行再认证的年份除外）进行一次。初次认证后的第一次监督审核应在认证决定日期起12个月内进行。（　　）

10. 对于管理体系认证，当客户管理体系包含在多个地点进行的相同活动时，如果认证机构在审核中使用多场所抽样，则应制定抽样计划以确保对该管理体系的正确审核。（　　）

11. 对于管理体系认证，审核目的应由认证机构确定。（　　）

12. 管理体系认证审核是合规性审核。（　　）

13. 对于管理体系认证，实习审核员不可以参与审核。（　　）

14. 对于管理体系认证，技术专家可以就审核准备、策划或审核向审核组提出建议。技术专家不应担任审核组中的审核员。技术专家应由审核员陪同。（　　）

15. 管理体系认证审核中，向导的职责可以是代表客户观察审核、应审核员请求提供澄清或信息。（　　）

16. 对于管理体系认证，第二阶段的目的是评价客户管理体系的实施情况，包括有效性。（　　）

17. 对于管理体系认证，认证机构和受审核方应享有对审核报告的所有权。（　　）

18. 对于管理体系认证，可以通过审查客户提供的文件化信息，或在必要时实施现场验证来验证纠正和纠正措施的有效性。验证活动通常由审核组成员完成。（　　）

19. 服务认证制度一般包括初次认证、再认证和持续监督评价。（　　）

20. 所有类型的产品认证方案包括选取、确定、复核、决定和证明、监督。（　　）

21. 产品认证方案类型2、3、4的监督环节包括对生产过程的周期性评价。（　　）

22. 产品认证方案类型5，如果监督环节包括管理体系审核，则管理体系初始审核是必需的。（　　）

23. 管理体系认证制度是指实施第三方管理体系认证的规则、程序和对实施第三方管理体系认证的管理。管理体系认证制度包括了第三方管理体系认证的

规则、程序和管理活动的内容。（　　）

24. 各类管理体系（如质量管理体系、环境管理体系等）认证的对象有所不同，但这些对象具有共同特性，都是被认证组织的管理系统及过程，即组织建立的管理制度及实施和管理绩效。（　　）

25. 认证机构需针对管理体系认证特定专业或特定组织制定管理体系审核方案。（　　）

26. 服务认证制度应基于认证模式，它由一种或多种认证模式组成。（　　）

27. 服务特性检测，是一种以基于服务特性体验形成行为和情绪等相关参数的定性指标为主的测评。（　　）

28. 顾客调查（功能感知）是一种针对服务体验者就该项服务功能特性满足规定要求的程度的调查。顾客调查认证模式与顾客满意度调查是一样的模式。（　　）

29. 既往服务足迹检测（验证感知）是一种定性为主的认证模式，具有技术含量高、经济成本高和（或）服务体验风险高等特征。（　　）

30. 服务设计审核和服务管理审核可视作同类，统称为服务管理能力审核。（　　）

31. "人—人"接触时，可采用神秘顾客（暗访）测评的服务认证模式。（　　）

32. "机—机"接触时，可采用公开测评的服务认证模式。（　　）

33. 认证的总体目标是使所有相关方相信认证对象满足规定要求。（　　）

34. 获证组织的责任是获得认证的产品、管理体系或服务要能始终一致地符合认证准则的要求。（　　）

35. 认证机构最高管理层应对管理体系认证活动的保密性做出承诺。（　　）

36. 认证机构的认证文件有特定的含义，一般指认证证书及证书附件等。（　　）

37. 认证文件应标明认证机构的名称、地址和认证标志；可以使用其他标识（如认可标识、客户的徽标），但不能产生误导或含混不清。（　　）

38. 当法律要求认证机构或者合同安排（例如与认可机构签订的）授权认证机构提供保密信息时，认证机构不应将拟提供的信息提前通知有关客户或个人。（　　）

四、问答题

1. 简述认证的定义，以及认证的功能、认证的作用。

2. 简述产品认证制度和产品认证方案的定义，以及二者的联系与区别。

3. 简述管理体系认证制度和管理体系认证方案的定义，以及二者的联系与区别。

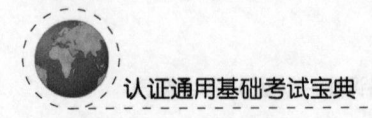

4. 简述 7 种产品认证方案类型的特点。

5. 服务认证模式有哪些？请对"服务特性检验和（或）检测"、"顾客调查（功能感知）"做简单的说明。

6. 请简述认证的总体目标、认证的价值、认证机构的管理原则。

7. 请简述认证的本质。

8. 请简述各类认证人员的职责。

答案点拨解析

一、单项选择题

题号	答案	解析
1	A	见 4.2.3 节之 1 之 3)
2	B	理解题，见 4.1.1 节表 4-1 第 2 项之 2.2 之 2)
3	C	理解题，见 4.2.1 节方框中 GB/T 27065 标准 7.4.3 条款之"注"：产品认证中的评价任务可能包括设计评估和文件审查、取样、检测、检验、质量管理体系审核、生产过程的评价等活动
4	A	理解题，见 4.2.1 节方框中 GB/T 27065 标准 7.3.1 条款
5	A	见 4.2.1 节方框中 GB/T 27065 标准 7.6.2 条款下面的说明
6	A	见 4.3.1 节之 2 之 1)
7	B	见 4.4.1 节之 3 之 3)
8	A	见 4.1.1 节表 4-1 第 1 项，GB/T 27000 标准 5.5 条款
9	A	见 4.1.1 节表 4-1 第 2 项之 2.1 之 3)
10	D	见 4.2.1 节方框中 GB/T 27065 标准 7.7.3 条款
11	A	见 4.2.1 节方框中 GB/T 27065 标准 7.9.1 条款之"注 2"
12	D	见 4.2.1 节方框中 GB/T 27065 标准 7.11.3 条款
13	B	见 4.2.2 节（GB/T 27021.1 标准 9.2.3.2 条款）
14	D	见 4.2.2 节（GB/T 27021.1 标准 9.2.3.4 条款）
15	A	见 4.2.2 节（GB/T 27021.1 标准 9.2.3.1 条款）
16	D	见 4.2.2 节（GB/T 27021.1 标准 9.2.3.4 条款）
17	A	见 4.2.2 节（GB/T 27021.1 标准 9.3.1.2.4 条款）
18	B	见 4.2.2 节（GB/T 27021.1 标准 9.2.3.4 条款）：理解题，认证机构应提前与客户就审核计划进行沟通，并商定审核日期。沟通的过程中，客户（受审核方）对审核计划进行确认
19	C	见 4.2.2 节（GB/T 27021.1 标准 9.1.3.3 条款）
20	C	见 4.2.2 节（GB/T 27021.1 标准 9.3.1.3 条款）
21	C	见 4.2.2 节（GB/T 27021.1 标准 9.1.3.2 条款）
22	B	见 4.2.2 节（GB/T 27021.1 标准 9.1.3.1 条款）

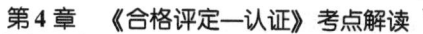

(续)

题号	答案	解析
23	C	见4.2.2节方框中GB/T 27021.1标准9.1.3.3条款
24	D	见4.2.2节（GB/T 27021.1标准9.6.4条款）
25	B	见4.2.2节方框中GB/T 27021.1标准9.1.3.1条款
26	B	见4.2.2节方框中GB/T 27021.1标准9.1.3.1条款
27	A	见4.2.2节方框中GB/T 27021.1标准9.1.3.1条款
28	C	见4.2.2节方框中GB/T 27021.1标准9.1.4.2条款
29	C	见4.2.2节方框中GB/T 27021.1标准9.1.5条款
30	D	见4.2.2节方框中GB/T 27021.1标准9.1.5条款
31	A	见4.2.2节方框中GB/T 27021.1标准9.2.1.1条款：审核目的应由认证机构确定。审核范围和准则，包括任何更改，应由认证机构在与客户商讨后确定
32	D	见4.2.2节方框中GB/T 27021.1标准9.2.1.1条款
33	D	见4.2.2节方框中GB/T 27021.1标准9.2.1.1条款
34	D	见4.2.2节方框中GB/T 27021.1标准9.2.1.1条款
35	C	理解题，见4.2.2节方框中GB/T 27021.1标准9.2.2.1.4条款：实习审核员可以参与审核，此时要指派一名审核员作为评价人员。评价人员应有能力接管实习审核员的任务，并对实习审核员的活动和审核发现最终负责
36	B	见4.2.2节方框中GB/T 27021.1标准9.2.2.1.1条款
37	B	见4.2.2节方框中GB/T 27021.1标准9.2.2.2.2条款
38	B	见4.2.2节方框中GB/T 27021.1标准9.2.2.2.2条款之"注"
39	A	见4.2.2节方框中GB/T 27021.1标准9.2.2.2.1条款
40	B	见4.2.2节方框中GB/T 27021.1标准9.2.2.1.2条款的"注"
41	C	见4.2.2节方框中GB/T 27021.1标准9.2.2.1.4条款
42	C	见4.2.2节方框中GB/T 27021.1标准9.2.2.2.3条款
43	B	理解题，见4.2.2节方框中GB/T 27021.1标准9.2.3.4条款
44	A	理解题，见4.2.2节方框中GB/T 27021.1标准9.2.3.4条款
45	C	理解题，见4.2.2节方框中GB/T 27021.1标准9.3.1条款。管理体系的初次认证审核应分两个阶段实施：第一阶段和第二阶段。两个阶段的审核都属于初次认证审核。无初防、预审核之说
46	B	见4.2.2节方框中GB/T 27021.1标准9.3.1.4条款。
47	A	理解题，结合4.2.2节方框中GB/T 27021.1标准9.2.2条款、9.2.3.5条款理解
48	B	见4.2.2节方框中GB/T 27021.1标准9.3.1.2.3条款"注"
49	B	见4.2.2节方框中GB/T 27021.1标准9.3.1.2.4条款
50	A	见4.2.2节方框中GB/T 27021.1标准9.3.1.2.2条款d)
51	B	管理体系范围的确定在第一阶段进行，见4.2.2节方框中GB/T 27021.1标准9.3.1.2.2条款d)

（续）

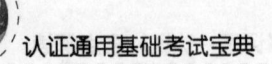

题号	答案	解析
52	C	第一阶段的输出不必满足审核报告的所有要求，见4.2.2节方框中GB/T 27021.1标准9.3.1.2.3条款"注"
53	D	见4.2.2节方框中GB/T 27021.1标准9.4.2条款
54	A	结合4.2.2节方框中GB/T 27021.1标准9.4.2条款、9.4.7.1条款来判断
55	C	见4.2.2节方框中GB/T 27021.1标准9.4.2条款
56	C	见4.2.2节方框中GB/T 27021.1标准9.4.2条款
57	A	见4.2.2节方框中GB/T 27021.1标准9.4.3.2条款
58	B	见4.2.2节方框中GB/T 27021.1标准9.4.8.1条款；审核组可以识别改进机会，但不应提出具体解决办法的建议
59	D	见4.2.2节方框中GB/T 27021.1标准9.4.5.4条款
60	B	见4.2.2节方框中GB/T 27021.1标准9.4.5.3条款
61	D	见4.2.2节方框中GB/T 27021.1标准9.4.7.1条款
62	C	见4.2.2节方框中GB/T 27021.1标准9.4.8.1条款
63	A	见4.2.2节方框中GB/T 27021.1标准9.4.8.1条款
64	D	见4.2.2节方框中GB/T 27021.1标准9.4.8.1条款
65	C	见4.2.2节方框中GB/T 27021.1标准9.4.8.2条款
66	C	见4.2.2节方框中GB/T 27021.1标准9.4.9条款
67	C	见4.2.2节方框中GB/T 27021.1标准9.4.9条款
68	A	见4.2.2节方框中GB/T 27021.1标准9.4.10条款
69	A	见4.2.2节方框中GB/T 27021.1标准9.4.10条款的"注"
70	D	见4.2.2节方框中GB/T 27021.1标准9.5.1.1条款
71	B	见4.2.2节方框中GB/T 27021.1标准9.5.1.1条款
72	D	与认证有关的决定包括授予、拒绝、保持认证，扩大或缩小认证范围，更新、暂停、在暂停后恢复、撤销认证
73	D	见4.2.2节方框中GB/T 27021.1标准9.5.2条款
74	D	见4.2.2节方框中GB/T 27021.1标准9.5.3.2条款
75	C	见4.2.2节方框中GB/T 27021.1标准9.5.3.2条款
76	B	结合4.2.2节方框中GB/T 27021.1标准9.5.4、9.6.3条款来判断
77	A	见4.2.2节方框中GB/T 27021.1标准9.5.4条款
78	D	见4.2.2节方框中GB/T 27021.1标准9.6.1条款
79	B	理解题，再认证审核是对完整体系的审核，再认证审核需要进行文件评审，再认证审核与初次审核的审核内容和方法不尽相同
80	B	见4.2.2节方框中GB/T 27021.1标准9.6.3.1.3条款
81	B	持续维持认证资格的认证是再认证，见4.2.2节方框中GB/T 27021.1标准9.6.3条款
82	B	见4.2.2节方框中GB/T 27021.1标准9.6.5.4条款之"注"

第4章 《合格评定—认证》考点解读

(续)

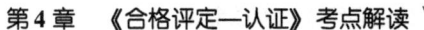

题号	答案	解 析
83	C	见4.2.2节方框中GB/T 27021.1标准9.4.3.3条款
84	D	见4.2.2节方框中GB/T 27021.1标准9.6.5.2条款
85	B	见4.2.2节方框中GB/T 27021.1标准9.2.2.2.2条款
86	A	见4.2.3节之1之2)
87	A	见4.3.1节之2之1)方框中GB/T 27067标准5.3.5条款
88	A	见4.3.1节之2之1)方框中GB/T 27067标准5.3.8条款
89	D	见4.3.1节之2之1)方框下面的说明
90	A	见4.3.3节之4之3)，RB/T 314标准6.2.2条款
91	A	见4.4.2节之2)
92	A	见4.4.3节之2

二、多项选择题

题号	答案	解 析
1	ABC	理解题，见4.1.1节表4-1第2项之2.2之1)
2	ABC	见4.4.2节之2之2)
3	ABC	见4.1.2节表4-2第2项之1)
4	AC	见4.1.2节表4-2第2项之3)
5	ACD	见4.4.1节之3之3)
6	ABCD	见4.2.2节方框中GB/T 27021.1标准9.5.1.1条款下面的说明：认证决定是指认证机构对申请组织或客户做出的授予或拒绝认证、扩大或缩小认证范围、暂停或恢复认证、撤销认证或更新认证的决定
7	ABCD	见4.2.1节方框中GB/T 27065标准7.7.1条款
8	AB	见4.1.3节表4-3第1项
9	ABC	见4.1.1节表4-1第1项，《中华人民共和国认证认可条例》第二条
10	ABD	见4.2.1节方框中GB/T 27065标准7.2条款
11	ACD	见4.2.1节方框中GB/T 27065标准7.4.3条款之"注"
12	ABCD	见4.2.1节方框中GB/T 27065标准7.3.1条款
13	AB	见4.2.1节方框中GB/T 27065标准7.6.2条款
14	ABCD	见4.2.1节方框中GB/T 27065标准7.10.3条款
15	BCD	见4.2.2节（GB/T 27021.1标准9.1.3.2条款）
16	ACD	见4.2.2节方框中GB/T 27021.1标准9.1.3.2条款
17	ABC	见4.2.2节方框中GB/T 27021.1标准9.1.3条款
18	ABC	见4.2.2节方框中GB/T 27021.1标准9.1.4.2条款注1、注2，9.1.4.4条款及其"注"
19	ABCD	见4.2.2节方框中GB/T 27021.1标准9.1.4.2条款
20	ABCD	见4.2.2节方框中GB/T 27021.1标准9.2.2.2.1条款的"注"；观察员可以是客户组织的成员、咨询人员、实施见证的认可机构人员、监管人员或其他有合理理由的人员

（续）

题号	答案	解析
21	ABC	见4.2.2节方框中GB/T 27021.1标准9.2.2.1.2条款
22	BD	理解题，见4.2.2节方框中GB/T 27021.1标准9.2.2条款
23	BCD	理解题，从4.2.2节方框中GB/T 27021.1标准9.2.3.4条款知，现场审核前，需将审核计划通知受审核方，BCD不需通知受审核方
24	ABC	见4.2.2节方框中GB/T 27021.1标准9.3.1.2.2条款
25	ABCD	见4.2.2节方框中GB/T 27021.1标准9.3.1.3条款
26	ABCD	见4.2.2节方框中GB/T 27021.1标准9.4.2条款
27	ABC	见4.2.2节方框中GB/T 27021.1标准9.4.2条款
28	BCD	见4.2.2节方框中GB/T 27021.1标准9.4.4.1条款
29	ABD	审核员不应该对发现的不合格项指定纠正措施
30	ACD	见4.2.2节方框中GB/T 27021.1标准9.5.3.1条款
31	ABD	见4.2.2节方框中GB/T 27021.1标准9.5.3.1条款
32	BCD	见4.2.2节方框中GB/T 27021.1标准9.5.4条款
33	ABCD	见4.2.2节方框中GB/T 27021.1标准9.6.2.1.2条款
34	ABCD	见4.2.2节方框中GB/T 27021.1标准9.6.2.1.2条款
35	ABC	理解题，结合4.2.2节方框中GB/T 27021.1标准9.6.3.1.2、9.6.3.1.3条款理解。多场所认证应确保现场审核具有足够的覆盖范围。没有标准规定由初审的审核组实施再认证审核
36	ABD	根据监督审核结果认证机构可以保持、暂停、撤销或缩小认证范围，没有注销这种方式
37	ABC	见4.2.2节方框中GB/T 27021.1标准9.6.5.2条款
38	ABCD	见4.2.2节方框中GB/T 27021.1标准9.3.1.2.2条款
39	AB	见4.2.2节方框中GB/T 27021.1标准9.6.4条款；特殊审核包括扩大认证范围、提前较短时间通知的审核
40	ACD	见4.2.2节方框中GB/T 27021.1标准9.1.3.2条款
41	AB	见4.2.3节之1之3)
42	ABCD	见4.2.3节之1之3)
43	AB	见4.3.1节之2之1)方框中GB/T 27067标准5.3.8条款
44	AB	见4.3.3节之3之3)
45	ABC	见4.3.3节之3之5)方框中RB/T 314标准5.2.2条款
46	ABCD	见4.3.3节之4之1)
47	ABCD	见4.4.1节之2
48	ABCD	见4.4.1节之3表4-4第7项
49	ABCD	见4.4.3节之1
50	ABCD	见4.4.3节之1表4-6第2项

第4章 《合格评定—认证》考点解读

三、判断题

题号	答案	解 析
1	×	认证机构出具的证明（可能是书面证书或符合性标志），具有社会性、规范性。证书、符合性标志不保密
2	×	见4.2.1节方框中GB/T 27065标准7.6.2条款之"注"：复核和认证决定可由同一个人或同一组人一并完成，但复核和决定应由未参与评价过程的人员进行
3	×	见4.2.1节方框中GB/T 27065标准7.5.2条款：除非复核和认证决定由相同的人一并做出，否则应将基于复核的认证决定的建议形成文件
4	√	见4.2.1节方框中GB/T 27065标准7.6.1条款
5	√	见4.2.2节方框中GB/T 27021.1标准9.1.3.1条款
6	×	见4.1.2节表4-2第2项之2)：第三方认证作为市场经济调整社会经济秩序的**最终方法**，可以促进市场经济体制的健康、有效运行
7	×	见4.2.1节方框中GB/T 27065标准7.9.3条款。对产品认证而言，是监督机制，不是再认证机制
8	×	见4.2.2节方框中GB/T 27021.1标准9.1.3.2条款
9	×	见4.2.2节方框中GB/T 27021.1标准9.1.3.3条款。不是"每年"，是"每个日历年"
10	×	见4.2.2节方框中GB/T 27021.1标准9.1.5条款。不是"抽样计划"，是"抽样方案"
11	√	见4.2.2节方框中GB/T 27021.1标准9.2.1.1条款。
12	×	见4.2.2节方框中GB/T 27021.1标准9.2.1.2条款之b) 之"注"
13	×	见4.2.2节方框中GB/T 27021.1标准9.2.2.1.4条款
14	√	见4.2.2节方框中GB/T 27021.1标准9.2.2.2.2条款
15	√	见4.2.2节方框中GB/T 27021.1标准9.2.2.2.3条款
16	√	见4.2.2节方框中GB/T 27021.1标准9.3.1.3条款
17	×	见4.2.2节方框中GB/T 27021.1标准9.4.8.1条款
18	√	见4.2.2节方框中GB/T 27021.1标准9.4.10条款之"注"
19	√	见4.2.3节之1之3)
20	×	见4.3.1节之2之1)方框中GB/T 27067标准5.3.1条款。"监督"要根据需要才有，产品认证类型1a和1b没有"监督"
21	×	见4.3.1节之2之1)方框中GB/T 27067标准5.3.4条款。产品认证类型2监督环节不包括对生产过程的周期性评价
22	√	见4.3.1节之2之1)方框中GB/T 27067标准5.3.7条款
23	√	见4.3.2节之1
24	√	见4.3.2节之4之1)
25	√	见4.3.2节之5之1)
26	√	见4.3.3节之3之1)
27	×	见4.3.3节之3之5)方框中RB/T 314标准5.2.2条款之"注1"

(续)

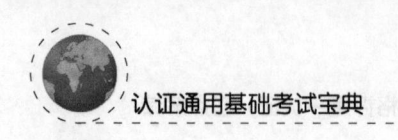

题号	答案	解 析
28	×	见4.3.3节之3之5）方框中RB/T 314标准5.2.2条款之"注2"
29	×	见4.3.3节之3之5）方框中RB/T 314标准5.2.2条款之"注3"
30	√	见4.3.3节之3之5）方框中RB/T 314标准5.2.2条款之"注5"
31	√	见4.3.3节之4之3），RB/T 314标准6.2.2条款
32	√	见4.3.3节之4之3），RB/T 314标准6.2.2条款
33	√	见4.4.1节之3之1）
34	√	见4.4.1节之3 表4-4 第3项
35	×	见4.4.2节之1 表4-5 第2项
36	√	见4.4.3节之1 表4-6 第2项
37	√	见4.4.3节之1 表4-6 第2项之3）之⑦
38	×	见4.4.3节之1 表4-6 第4项之4）

四、问答题

1. 见4.1.1节表4-1第1项、4.1.2节表4-2。

1）认证的定义：与产品、过程、体系或人员有关的第三方证明。

2）认证的功能：认证可以通过专业的合格评定过程，确认法律法规、标准和技术规范的要求得到满足；通过有公信力的公示性证明，传递信息，建立需求方对认证对象的信任。

3）认证的作用：

① 认证是一种客观、专业、科学的评价活动，可以借助认证推动组织提高管理水平，通过持续改进，不断改善产品和服务质量。

② 第三方认证作为市场经济调整社会经济秩序的最终方法，可以促进市场经济体制的健康、有效运行。

③ 认证可以提高政府管理经济社会的能力和效率。

④ 认证活动还可以起到维护公共利益、保护生态环境、促进社会和谐稳定和可持续发展的作用。

2. 见4.3.1节之1。

1）产品认证制度的定义：实施产品认证的规则、程序和对实施认证的管理。

2）产品认证方案的定义：针对特定的产品，适用相同要求、规则和程序的认证制度。

3）产品认证制度和产品认证方案的联系与区别：两个定义的内涵相近，产品认证制度是宏观的、通用的产品认证规则、程序和管理要求；而产品认证方案是产品认证制度的具体表现，适用于有相同规定要求的、已经明确的产品类别的产品认证规则、程序和管理要求，即具体针对某类别的产品认证制度。通常，国家主管部门建立产品认证制度，认证机构制定针对具体产品类别的产品认证方案。不过有时国家主管部门既建立产品认证制度，又建立产品认证方案。

3. 见4.3.2节之1、2。

1）管理体系认证制度：实施第三方管理体系认证的规则、程序和对实施第三方管理体系认证的管理。

2）管理体系认证方案：应用相同的规定要求、特定规则与程序的，与管理体系有关的合格评定制度。

3）管理体系认证制度和管理体系认证方案的联系与区别：两个定义的内涵相近，管理体系认证制度是对管理体系宏观的、通用的认证规则、程序和管理要求；而管理体系认证方案是针对特定的管理体系制定的，适用于有相同规定要求的、具体规则与程序的特定管理体系相关的认证规则、程序和管理要求，即具体针对管理体系的某专业范围或针对某特定组织的管理体系认证制度，是通用的管理体系认证制度的细化和展开。

4. 见4.3.1节之2之1）。

7种产品认证方案类型的特点如下：

1）所有类型的产品认证方案包括选取、确定、复核、决定和证明。

2）依据不同的监督活动将产品认证方案分为不同类型。类型1a和1b中，由于证明仅仅针对被确定的产品本身，所以没有监督要求。对其他类型来说，以下5）~9）概括了可以采用的不同监督活动的使用方法和适用情形。

3）方案类型1a：该方案将选取一个或多个样品实施确定活动，并针对所选取的产品类型出具符合性证书或其他符合性声明（比如信函），证书或声明要详细描述产品特性。

4）方案类型1b：这种方案是按照规定的选取和确定要求，针对批次产品实施的认证。

5）方案类型2：这种方案的监督环节要求周期性地在市场选取样品用于确定活动，以核实初次获证后生产的产品符合规定要求。

6）方案类型3：这种方案的监督环节要求周期性地从生产线选取样品用于确定活动，以核实初次获证后所生产的产品符合规定要求。这种监督包括对生产过程的周期性评价。

7）方案类型4：这种方案的监督环节可以周期性地从生产线或市场选取样品，或两者皆有，用于确定活动，以核实初次获证后生产的产品符合规定要求。这种监督包括对生产过程的周期性评价。

8）方案类型5：这种方案的监督环节可以周期性地从生产线或市场选取样品，或两者皆有，用于确定活动，以核实初次获证后生产的产品符合规定要求。

这种监督包括对生产过程的周期性评价或管理体系审核，或两者皆有。

9）方案类型 6：这种方案主要适用于服务和过程的认证。对服务和过程认证，这种方案的监督环节宜包括对管理体系的周期性审核，以及对服务与过程的周期性评价。

5. 见 4.3.3 节之 3 之 5）。

1）服务认证模式包括但不限于：

① 公开的服务特性检验。

② 神秘顾客（暗访）的服务特性检验。

③ 公开的服务特性检测。

④ 神秘顾客（暗访）的服务特性检测。

⑤ 顾客调查（功能感知）。

⑥ 既往服务足迹检测（验证感知）。

⑦ 服务能力确认或验证。

⑧ 服务设计审核。

⑨ 服务管理审核。

2）服务特性检验和（或）检测，可统称为服务特性测评；其中服务特性检验，又称服务体验感知，是一种以定性服务特性指标为主的测评；服务特性检测，又称服务体验测量，是一种以基于服务特性体验形成行为和情绪等相关参数的定量指标为主的测评。

3）顾客调查（功能感知）是一种针对服务体验者就该项服务功能特性满足规定要求的程度的调查。

6. 见 4.4.1 节之 3。

1）认证的总体目标是使所有相关方相信认证对象满足规定要求。

2）认证的价值取决于第三方通过公正、有能力的评定所建立的公信力的程度。

3）认证机构的管理原则：公正性、能力、责任、公开性、保密性、对投诉的回应和基于风险的方法。

7. 见 4.1.1 节表 4-1 第 2 项。

认证的本质是：

1）认证是一种依据法律法规、标准和技术规范对产品、服务、管理体系是否满足要求所进行的合格评定活动。

2）认证是一种由独立、公正、权威的第三方所实施的合格评定活动。

3）认证通过正式的证明（通常是书面的）对合格评定的结果加以确认。

8. 见 4.4.2 节之 2 之 1）。

认证人员包括认证管理人员和认证评价人员。认证管理人员包括认证申请

评审人员、认证/审核方案管理人员、认证评定人员、认证人员专业能力评价人员、培训指导与管理人员、管理职能人员。认证评价人员包括评价人员（对产品认证而言是工厂检查员，对管理体系认证而言是审核员，对服务认证而言是审查员）和技术专家。各类认证人员职责如下：

1）认证申请评审人员：核查认证申请及相关信息的充分性、准确性，并评审其个性化特征；确认认证机构满足认证要求的能力（人员能力、业务范围、时间等）；解决认证机构与申请组织之间的理解差异，为建立审核方案提供输入。

2）认证/审核方案管理人员：基于申请评审过程的输出，制定认证/审核方案；对整个认证周期评价活动（产品检测、工厂检查、审核、监督、再认证）做出安排；组织评价活动的准备和实施，并在方案实施过程中根据变化和需要进行调整。

3）认证评定人员：对认证评价活动的结果进行复核，并做出认证授予或拒绝认证、扩大或缩小认证范围、暂停或恢复认证、撤销认证或更新认证的决定。

4）认证人员专业能力评价人员：在参与认证活动之前的初始能力评价或在人员履职的连续评价中，依据认证人员能力准则对认证人员的专业能力进行评价的人员。

5）培训指导与管理人员：在认证人员能力保持和提升活动（培训、技术研究、认证技术知识管理等）进行策划、指导和监督的管理人员。

6）管理职能人员（管理层和行政人员）：认证机构管理层负有重要的职责，如管理体系建立与运行、公正性管理、财务监督、认证业务开拓、认证流程管理、对投诉和申述回应、认证决定、合同安排及资源提供等。行政人员负责管理层职责的执行和综合事务的管理。

7）认证评价人员（检查员、审核员、审查员）：承担具体认证项目的评价工作，如产品认证的管理体系评审、管理体系认证的文件审核和现场审核、服务认证的现场评审和服务特性测评等。

8）技术专家：在认证评价活动中，对认证评价人员的评价工作给予技术上的培训、指导和咨询等支持性工作，以确保认证评价工作的专业性及有效性。

第 5 章 《合格评定—检验检测》考点解读

考试大纲要求

理解、掌握检验检测相关的基本概念：
1) 检验检测相关名词术语的含义及相互之间的区别；
2) 检验检测在合格评定过程中的具体要求；
3) 检验机构、检测机构能力的通用要求；
4) 我国检验检测机构资质认定的基本要求。

考点知识讲解

5.1 检验检测概述

5.1.1 检验、检测的定义

1. 检验、检查

下面方框中是 GB/T 27020—2016/ISO/IEC 17020：2012《合格评定 各类检验机构的运作要求》中关于"检验"的定义，以及 GB/T 27000—2006/ISO/IEC 17000：2004《合格评定 词汇和通用原则》中关于"检查"的定义。

> **来自 GB/T 27020 标准：**
> **3.1 检验**
> 对产品（3.2）、过程（3.3）、服务（3.4）或安装的审查，或对其设计的审查，并确定其与特定要求的符合性，或在专业判断的基础上确定其与通用要求的符合性。
> 注1：过程的检验可以包括人员、设施、技术或方法。

注2：检验程序或方案可以将检验仅局限于审查。
注3：引用 GB/T 27000—2006 定义4.3。
注4：本标准中所使用的术语"项目"在不同情况下可指相应的产品、过程、服务或安装。

来自 GB/T 27000 标准：
4.3 检查
审查产品设计、产品（3.3）、过程或安装并确定其与特定要求的符合性，或根据专业判断确定其与通用要求的符合性的活动。
注1：对过程的检查可以包括对人员、设施、技术和方法的检查。
注2：检查有时也称为检验。
[说明："检查"定义里面的"产品"包括服务]

1）检查有时也称为检验，现在一般用"检验"这个定义。请注意不要和 GB/T 19000—2016/ISO 9000：2015《质量管理体系 基础和术语》中的"检验"定义混淆，这里的"检验"适合合格评定领域。

《合格评定基础》一书认为，在合格评定活动中，检验有时也称为检查或审查。检查结果可用于支持认证。

2）检查覆盖非常广泛的领域及特性。例如，它可能包括商品和产品货物监管，对量值、质量、安全性、适用性的确定，以及工厂、安装、运行体系的符合性和设计适应性。检查也可能包括食宿、航空服务、旅游服务等行业的等级划分体系。

3）"检验机构"以前叫"检查机构"。

2. 检测

下面方框中是 GB/T 27000—2006/ISO/IEC 17000：2004《合格评定 词汇和通用原则》中关于"检测"的定义。

4.2 检测
按照程序（3.2）确定合格评定对象的一个或多个特性的活动。
注1："检测"主要适用于材料、产品或过程。

《合格评定基础》一书对检测的定义是：检测是按照程序确定合格评定对象的一个或多个特性，进行处理或提供服务所组成的技术操作。

3. 检验检测机构

《检验检测机构资质认定管理办法》第二条：检验检测机构是指依法成立，依据相关**标准**或者**技术规范**，利用仪器设备、环境设施等技术条件和专业技能，对产品或者法律法规规定的**特定对象**进行**检验检测**的**专业技术组织**。

5.1.2 与检验、检测相关的术语

《合格评定基础》一书提到了以下几个术语，以及这些术语间的联系、差异：

1）检测：也被称为试验、测试。

2）试验：按照程序确定一个或多个特性。[GB/T 19000—2016 标准中，试验是指按照要求对特定的预期用途或应用的确定]

3）验证。这里的"验证"适合合格评定领域。《合格评定基础》一书指出，在我国的法制计量领域，"验证"也称为"检定"。下面方框中是 GB/T 27025—2019/ISO/IEC 17025：2017《检测和校准实验室能力的通用要求》中关于"验证"的定义。

3.8 验证

提供客观证据，证明给定项目满足**规定要求**。

例1：证实在测量取样质量小至 10mg 时，对于相关量值和测量程序，给定标准物质的均匀性与其声称的一致。

例2：证实已达到测量系统的性能特性或法定要求。

例3：证实可满足目标测量不确定度。

注1：适用时，宜考虑测量不确定度。

注2：项目可以是，例如一个过程、测量程序、物质、化合物或测量系统。

注3：满足规定要求，如制造商的规范。

注4：在国际法制计量术语（VIML）中定义的验证，以及在合格评定中通常所讲的验证，是指测量系统的检查并加标记和（或）出具验证证书。

注5：验证不宜与校准混淆。不是每个验证都是确认。

注6：在化学中，验证实体特性或活性时，需要描述该实体或活性的结构或特性。

4）确认。

这里的"确认"适合合格评定领域。下面方框中是 GB/T 27025—2019/ISO/IEC 17025：2017《检测和校准实验室能力的通用要求》中关于"确认"的定义。

3.9 确认

对规定要求满足**预期用途**的验证。

示例：通常用于测量水中氮的质量浓度的测量程序，经过**确认**后也可用于测量人体血清中氮的质量浓度。

《合格评定基础》一书认为：

① 确认是通过检查并提供客观证据，以证实某一特定预期用途的特定要求得到满足。

② 合格评定机构应对非标准方法、实验室设计（制定）的方法、超出其预期范围使用的标准方法、扩充和修改过的标准方法进行确认，以证实该方法适用于预期的用途。

③ 确认包括对要求的详细说明、对方法特定量的测定、对利用该方法能满足要求的核查以及对有效性的声明。<u>确认通常是成本、风险和技术可行性之间的一种平衡</u>。

例题分析

1. （单项选择题）检验是指对产品、过程、服务或安装的审查，或对其设计的审查，并确定其与特定要求的符合性，或在（　　）的基础上确定其与通用要求的符合性。

   A. 专业判断　　　　　　　　B. 客观证据
   C. 通用准则　　　　　　　　D. 技术规范

   答案及分析：选择 A。见 5.1.1 节之 1 方框中 GB/T 27020 标准 3.1 条款。

2. （单项选择题）对过程的检验可以包括对（　　）的检查。

   A. 人员、设施、技术或方法　　B. 人员、设备、材料、方法和环境
   C. 人员、设施、技术和材料　　D. 人员、设施、方法、环境和测量

   答案及分析：选择 A。见 5.1.1 节之 1 方框中 GB/T 27020 标准 3.1 条款之"注1"。

3. （单项选择题）（　　）是指按照程序确定合格评定对象的一个或多个特性的活动。

   A. 检验　　　　　　　　　　B. 检查
   C. 检测　　　　　　　　　　D. 测量

   答案及分析：选择 C。见 5.1.1 节之 2 方框中 GB/T 27000 标准 4.2 条款。

4. （单项选择题）检验检测机构是指依法成立，依据相关标准或者技术规范，利用仪器设备、环境设施等技术条件和专业技能，对（　　）进行检验检测的专业技术组织。

   A. 产品或者法律法规规定的特定对象　B. 产品和过程
   C. 产品和服务　　　　　　　　　　　D. 产品、服务和过程

   答案及分析：选择 A。见 5.1.1 节之 3。

5. （判断题）确认是指提供客观证据，证明给定项目满足规定要求。（　　）

   答案及分析：×。见 5.1.2 节之 4）。

6. （多项选择题）验证是指提供客观证据，证明给定项目满足规定要求。

这里的项目可以是（　　）。

  A. 过程   B. 测量程序
  C. 物质、化合物   D. 测量系统

答案及分析：选择 ABCD。见 5.1.2 节之 3）方框中 GB/T 27025 标准 3.8 条款之"注 2"。

7.（单项选择题）在国际法制计量术语（VIML）中定义的（　　），以及在合格评定中通常所讲的（　　），是指测量系统的检查并加标记和（或）出具验证证书。

  A. 验证   B. 校准
  C. 确认   D. 比对

答案及分析：选择 A。见 5.1.2 节之 3）方框中 GB/T 27025 标准 3.8 条款之"注 4"。

8.（单项选择题）确认是指对规定要求满足（　　）的验证。

  A. 预期用途   B. 技术规范
  C. 法规与技术规范   D. 标准

答案及分析：选择 A。见 5.1.2 节之 4）方框中 GB/T 27025 标准 3.9 条款。

5.2　合格评定—检测

讲的主要是对 GB/T 27025—2019/ISO/IEC 17025：2017《检测和校准实验室能力的通用要求》（也即 CNAS-CL 01：2018《检测和校准实验室能力认可准则》）条款的介绍与理解。

5.2.1　GB/T 27025 标准中的几个术语

下面方框中是 GB/T 27025 标准中的几个术语。

3.3　实验室间比对

按照预先规定的条件，由两个或多个实验室对相同或类似的物品进行测量或检测的组织、实施和评价。

3.4　实验室内比对

按照预先规定的条件，在同一实验室（3.6）内部对相同或类似的物品进行测量或检测的组织、实施和评价。

3.5　能力验证

利用实验室间比对，按照预先制定的准则评价参加者的能力。

> **3.6 实验室**
> 从事下列一种或多种活动的机构：
> ——检测。
> ——校准。
> ——与后续检测或校准相关的抽样。
> 注1：在本标准中，"实验室活动"指上述三种活动。

5.2.2　GB/T 27025 标准的几个要素（合格评定对检测的要求）

合格评定对检测的要求的主要要素有：检测人员、检测设施和环境条件、检测设备、检测方法、检测样品、检测技术记录、测量不确定度、检测结果的有效性、检测报告、检测活动的不符合。

1. 检测人员

1）人员素质、合理的结构、适时地培训、严格的考核、管理和监督，形成一个完整的**人员管理体系**，是认可机构对其能力评审最关键的要素。

2）实验室应使用**长期雇佣人员或签约人员**并确保所有从事与检测工作有关的人员具备相应的**资格和能力**且受到监督。

3）某些技术领域可能要求从事某些工作的人员持有**个人资格证书**，实验室有责任满足这些指定人员持证上岗的要求。人员持证上岗的要求可能是法定的、特殊领域标准包含的，或是客户要求的。

2. 检测设施和环境条件

1）设施和环境条件是确保检测结果的**准确性**和**有效性**的重要因素，实验室应确保设施和环境条件满足检验检测的要求。设施和环境条件是否有利于检测的正确实施，有两个**判断依据**：不会使检测结果无效；不会对所要求的测量质量产生不良影响。

2）当相关的规范、方法和程序对环境条件有要求，或环境条件影响结果的有效性时，实验室应监测、控制和记录环境条件（GB/T 27025 标准 6.3.3 条款）。

3. 检测设备

1）设备是实现检测的技术手段，是测量仪器、软件、测量标准、标准物质、参考数据、试剂、消耗品或辅助装置等的总称。

2）实验室租借设备时，要满足标准、CNAS 的有关规定。

3）《合格评定基础》一书指出：实验室所使用的检测设备应达到要求的**准确度**，并符合相应的检测要求。对结果有重要影响的**设备的关键量或值**，应制定**校准计划**并使用标签等标识标明设备的校准状态或有效期。用于检测的设备在投入使用或重新投入使用前应进行**核查和/或校准**。

下面方框中的内容来自 GB/T 27025—2019 标准。

> 6.4.3 实验室应有处理、运输、储存、使用和按计划维护设备的程序，以确保其功能正常并**防止污染或性能退化**。
>
> 6.4.4 当设备投入使用或重新投入使用前，实验室应**验证**其符合规定的要求。
>
> 6.4.5 用于测量的设备应能达到所需的**测量准确度和（或）测量不确定度**，以提供有效结果。
>
> 6.4.6 在下列情况下，测量设备应进行校准：
> ——当测量准确度或测量不确定度影响报告结果的有效性；和（或）
> ——为建立报告结果的计量溯源性，要求对设备进行校准。
> 注：影响报告结果有效性的设备类型可包括：
> ——用于直接测量被测量的设备，例如使用天平测量质量。
> ——用于修正测量值的设备，例如温度测量。
> ——用于从多个量计算获得测量结果的设备。
>
> 6.4.7 实验室应制定**校准方案**，并应进行**复核**和必要的**调整**，以保持对校准状态的信心。
>
> 6.4.8 所有需要校准或具有规定有效期的设备应使用标签、编码或其他方式予以**标识**，以使设备使用者方便地识别校准状态或有效期。
>
> 6.4.9 如果设备有过载或处置不当、给出可疑结果、已显示有缺陷或超出规定要求时，应停止使用。这些设备应予以隔离以防误用，或加贴**标签/标记**以清晰表明该设备已停用，直至经过验证表明其能正常工作。实验室应检查设备缺陷或偏离规定要求的影响，并应启动不符合工作管理程序（见 7.10）。
>
> 6.4.10 当需要利用**期间核查**以保持对设备性能的信心时，应按程序进行核查。
>
> 6.4.11 如果校准和标准物质数据中包含参考值或修正因子，实验室应确保该参考值和修正因子得到适当的更新和应用，以满足规定的要求。
>
> 6.4.12 实验室应有切实可行的措施，防止设备被**意外调整**而导致结果无效。

4）检测设备的**期间核查**。设备的期间核查不是再校准，校准主要是解决设备示值"准"的问题，而期间核查主要是检查设备校准状态"稳"的问题。设备的期间核查也不是必需的，只有当需要时才进行。若设备单靠周期校准尚不能确保其在校准有效期内校准状态的可信度时（例如，设备的性能不太稳定，容易产生漂移；使用频率高，经常带离固定场所；或使用不当，或因出现过载

易造成测量结果可疑；或临近校准有效期，而又用于关键性能的检测），则有必要进行期间核查。

4. 检测方法

1）实验室应使用适当的方法和程序开展所有实验室活动，适当时，包括测量不确定度的评定以及使用统计技术进行数据分析（GB/T 27025 标准 7.2.1.1 条款）。

2）**编制作业指导书的原则是**：如果标准、规范、方法不能被操作人员直接使用；或其内容不便于理解，规定不够简明或缺少足够的信息；或方法中有可选择的步骤，会在方法运用时造成因人而异，可能影响检测结果时，则有必要制定作业指导书。

3）当客户未指定所用的方法时，实验室应选择适当的方法并通知客户。推荐使用国际标准、区域标准或国家标准发布的方法，或由知名技术组织或有关科技文献或期刊中公布的方法，或设备制造商规定的方法。实验室制定或修改的方法也可使用（GB/T 27025 标准 7.2.1.4 条款）。

4）在开始检测之前，实验室应**验证**能正确应用标准的方法，并应保存验证方法的记录［GB/T 27025 标准 7.2.1.5 条款：实验室在引入方法前，应验证能够正确地运用该方法，以确保实现所需的方法性能。应保存验证记录。如果发布机构修订了方法，应依据方法变化的内容重新进行验证］。

5）实验室应对非标准方法、实验室制定的方法、超出预定范围使用的标准方法，或其他修改的标准方法进行**确认**。确认应尽可能全面，以满足预期用途或应用领域的要求。可用以下一种或多种技术进行方法确认（GB/T 27025 标准 7.2.2.1 条款）：

① 使用参考标准或标准物质进行校准或评估偏倚和精密度。
② 对影响结果的因素进行系统性评审。
③ 通过改变受控参数（如培养箱温度、加样体积等）来检验方法的稳健度。
④ 与其他已确认的方法进行结果比对。
⑤ 实验室间比对。
⑥ 根据对方法原理的理解以及抽样或检测方法的实践经验，评定结果的测量不确定度。

5. 检测样品

见下面方框中 GB/T 27025 标准的摘选（有改进）和标识。

> 7.4.1 实验室应有检测样品的运输、接收、处置、保护、存储、保留、清理或返还的程序，包括为保护检测样品的完整性以及实验室与客户利益所需的所有规定。在物品的处置、运输、保存/等候、制备、检测过程中，应注意避免样品变质、污染、丢失或损坏。应遵守随样品提供的操作说明。

7.4.2 实验室应有清晰标识检测样品的系统 [**建立检测样品标识系统**]。实验室应在样品的保管期间保留该标识。标识系统应确保样品在实物上、记录或其他文件中不被混淆。适当时，标识系统应包含一个样品或一组样品的细分和样品的传递。

7.4.3 接收检测样品时，应记录与规定条件的偏离 [**样品的适用性检查**]。当对样品是否适于检测有疑问，或当样品不符合所提供的描述时，实验室应在开始工作之前询问客户，以得到进一步的说明，并记录询问的结果。当客户知道偏离了规定条件仍要求进行检测或校准时，实验室应在报告中做出免责声明，并指出偏离可能影响的结果。

7.4.4 如样品需要在规定环境条件下储存或调置，应保持、监控和记录这些环境条件。

6. 检测技术记录

1）实验室活动的技术记录是进行检测所得数据和信息的累积，它们表明检测是否达到了规定的质量或规定的过程参数。

2）（GB/T 27025 标准 7.5.1 条款）实验室应确保每一项实验室活动的技术记录包含结果、报告和足够的信息，以便在可能时识别影响测量结果及其测量不确定度的因素，并确保能在尽可能接近原条件的情况下重复该实验室活动。技术记录应包括每项实验室活动以及审查数据结果的日期和责任人。原始的观察结果、数据和计算应在观察或获得时予以记录 [《合格评定基础》一书强调：不允许追记、整理、重抄]，并应按**特定任务**予以识别。

3）（GB/T 27025 标准 7.5.2 条款）实验室应确保技术记录的修改可以追溯到前一个版本或原始观察结果。应保存原始的以及修改后的数据和文档，包括修改的日期、标识修改的内容和负责修改的人员。

7. 测量不确定度

1）测量不确定度是与测量结果关联的一个参数，用于表征合理赋予被测量值的分散性。开展检测的实验室应评定测量不确定度。当由于检测方法的原因难以严格评定测量不确定度时，实验室应基于对理论原理的理解或使用该方法的实践经验进行评估。

2）通常测量结果的好坏用测量误差来衡量，但是测量误差只能表现测量的**短期**质量。测量过程是否持续受控，测量结果是否保持稳定一致，测量能力是否符合规定的要求，就需要用测量不确定度来衡量。

3）（GB/T 27025 标准 7.6.3 条款）对某一特定方法，如果已确定并验证了结果的测量不确定度，实验室只要证明已识别的**关键影响因素**受控，则不需要对每个结果评定测量不确定度。

4）实验室应识别测量不确定度的贡献。不确定度的来源包括（但不限于）所用的参考标准和标准物质、方法和设备、环境条件、被检测物品的性能和状态以及操作人员。

8. 检测结果的有效性

见下面方框中 GB/T 27025 标准的摘选（有改进）和标识。

7.7.1 实验室应有监控结果有效性的程序。**记录结果数据的方式**应便于发现其发展趋势，如可行，应采用**统计技术**审查结果。实验室应对监控进行策划和审查，适当时，监控应包括但不限于以下方式［**实验室内部质量监控技术方法**］：

a）使用标准物质或质量控制物质。
b）使用其他已校准能够提供可溯源结果的仪器。
c）测量和检测设备的功能核查。
d）适用时，使用核查或工作标准，并制作控制图。
e）测量设备的期间核查。
f）使用相同或不同方法重复检测。
g）留存样品的重复检测。
h）物品不同特性结果之间的相关性。
i）报告结果的审查。
j）实验室内比对。
k）盲样测试。

7.7.2 可行和适当时，实验室应通过与其他实验室进行结果比对来监控能力水平。监控应予以策划和审查，包括但不限于以下一种或两种措施［**实验室利用外部力量进行质量监控的技术方法**］：

a）参加能力验证。
b）参加除能力验证之外的实验室间比对。

7.7.3 实验室应分析监控活动的数据用于控制实验室活动，适用时实施改进。如果发现监控活动数据分析结果超出预定的准则，应采取适当措施以防止**报告不正确的结果**。

---

9. 检测报告

见下面方框中 GB/T 27025 标准的摘选（有改进）和标识。

7.8.1 总则

7.8.1.1 结果在发出前应经过审查和批准。

7.8.1.2 实验室应准确、清晰、明确和客观地出具结果，并且应**包括**

客户同意的、解释结果（说明检测）所必需的以及所用方法要求的全部信息[**检测报告包括的信息**]。实验室通常以**报告**的形式提供结果（例如检测报告、校准证书或抽样报告）。所有发出的报告应作为**技术记录**予以保存。

7.8.1.3 如客户同意，可用简化方式报告结果，如果未向客户报告7.8.2至7.8.7中所列的信息，客户应能方便地获得。[说明：<u>报告结果可以简化，但原始记录不能简化</u>]

7.8.2 （检测或抽样）**报告的通用要求**

7.8.2.1 除非实验室有有效的理由，每份报告应至少包括下列信息，以最大限度地减少误解或误用的可能性：

a）标题（例如"检测报告"或"抽样报告"）。

b）实验室的名称和地址。

c）实施实验室活动的地点，包括客户设施、实验室固定设施以外的场所、相关的临时或移动设施。

d）将报告中所有部分标记为完整报告的一部分的唯一性标识，以及表明报告结束的清晰标识。

e）客户的名称和联络信息。

f）所用方法的识别。

g）物品的描述、明确的标识，以及必要时，物品的状态。

h）检测物品的接收日期，以及对结果的有效性和应用至关重要的抽样日期。

i）实施实验室活动的日期。

j）报告的发布日期。

k）如与结果的有效性或应用相关时，实验室或其他机构所用的**抽样计划**和**抽样方法**。

l）<u>结果仅与被检测或被抽样物品有关的声明</u>。

m）结果，适当时，带有测量单位。

n）对方法的补充、偏离或删减。

o）报告批准人的识别。

p）当结果来自于外部供应商时所做的清晰标识。

注：在报告中声明除全文复制外，未经实验室批准不得部分复制报告，可以确保报告不被部分摘用。

7.8.2.2 除客户提供的信息外，实验室应对报告中的**所有信息**负责。客户提供的数据应予以明确标识。此外，当客户提供的信息可能影响结果的有效性时，报告中应有免责声明。当实验室不负责抽样时（如样品由客户提供），应在报告中声明结果<u>适用</u>于<u>收到的样品</u>。

7.8.3 检测报告的特定要求

7.8.3.1 除 7.8.2 所列要求之外，当**解释检测结果**需要时，检测报告还应包含以下信息：

a）特定的检测条件信息，如环境条件。

b）相关时，与要求或规范的符合性声明（见 7.8.6）。

c）适用时，在下列情况下，带有与被测量相同单位的测量不确定度或与被测量相对形式的测量不确定度（如百分比）：

——测量不确定度与检测结果的有效性或应用相关时。

——客户有要求时。

——测量不确定度影响与规范限的符合性时。

d）适当时，意见和解释（见 7.8.7）。

e）特定方法、法定管理机构或客户要求的其他信息。

7.8.6 报告符合性声明

7.8.6.1 当做出与规范或标准的符合性声明时，实验室应考虑与所用判定规则相关的风险水平（如错误接受、错误拒绝以及统计假设），将所使用的判定规则形成文件，并应用判定规则。

注：如果客户、法规或规范性文件规定了判定规则，则无需进一步考虑风险水平。

7.8.6.2 实验室在报告符合性声明时应清晰标示：

a）符合性声明适用的结果。

b）满足或不满足的规范、标准或其中条款。

c）应用的判定规则（除非规范或标准中已包含）。

7.8.7 报告意见和解释

7.8.7.1 当表述意见和解释时，实验室应确保只有授权人员才能发布相关意见和解释。实验事应将意见和解释的依据形成文件。

注：注意区分意见和解释与 GB/T 27020 中的检验声明、GB/T 27065 中的产品认证声明以及 7.8.6 中符合性声明的差异。

7.8.7.2 报告中的意见和解释应基于被检测物品的结果，并清晰地予以标注。

7.8.7.3 当以对话方式直接与客户沟通意见和解释时，应保存对话记录。

7.8.8 报告修改

7.8.8.1 当更改、修订或重新发布已发出的报告时，应在报告中清晰标识修改的信息，适当时标注修改的原因。

> 7.8.8.2 修改已发出的报告时，应仅以追加文件或数据传送的形式，并包含以下声明：
> "对序列号为……（或其他标识）报告的修改"，或其他等效文字。
> 这类修改应满足本标准的所有要求。
> 7.8.8.3 当有必要发布全新的报告时，应予以**唯一性标识**，并注明所替代的原报告。

10. 检测活动的不符合

《合格评定基础》一书指出，**检测的不符合**不是泛指管理体系及其运作中出现的所有的不符合项，而是**仅指**检测过程中的任何方面或结果不符合实验室自身的程序规定或与客户约定的要求。从这点看出，《合格评定基础》一书将不符合分为两类：管理体系不符合、检测活动不符合。

实验室应建立并实施**不符合检测工作的控制程序**。检测活动不符合的管理，详见下面方框中 GB/T 27025 标准的摘选（有改进）和标识。

> **7.10 不符合工作**
> 7.10.1 当实验室活动或结果不符合自身的程序或与客户协商一致的要求时（例如设备或环境条件超出规定限值、监控结果不能满足规定的准则），实验室应有程序予以实施。该程序应确保：
> a) 确定不符合工作管理的职责和权力。
> b) 基于实验室建立的风险水平采取措施（包括必要时暂停或重复工作以及扣发报告）。
> c) 评价不符合工作的严重性，包括分析对先前结果的影响。
> d) 对不符合工作的可接受性做出决定。
> e) 必要时，通知客户并召回。
> f) 规定批准恢复工作的职责。
> 7.10.2 实验室应保存不符合工作和执行 7.10.1 中 b) 至 f) 规定的措施的记录。
> 7.10.3 当评价表明不符合工作可能再次发生时，或对实验室的运行与其管理体系的符合性产生怀疑时，实验室应采取纠正措施。

例题分析

1. （多项选择题）测量不确定度是用于衡量（　　）的。(真题)
   A. 测量过程是否持续受控　　　　B. 测量活动是否经济便利

C. 测量能力是否符合确定的要求　　D. 测量结果是否能保持稳定一致

答案及分析：选择 ACD。见 5.2.2 节之 7 之 2）。

2.（多项选择题）实验室是指从事下列一种或多种活动的机构，这些活动是（　　）。

A. 检测　　　　　　　　　　　　B. 校准

C. 检验　　　　　　　　　　　　D. 与后续检测或校准相关的抽样

答案及分析：选择 ABD。见 5.2.1 节方框中 GB/T 27025 标准 3.6 条款。

3.（单项选择题）利用实验室间比对，按照预先制定的准则评价参加者的能力。这是指（　　）。

A. 能力验证　　　　　　　　　　B. 能力比对

C. 能力确认　　　　　　　　　　D. 能力认可

答案及分析：选择 A。见 5.2.1 节方框中 GB/T 27025 标准 3.5 条款。

4.（多项选择题）人员素质、（　　），形成一个完整的实验室人员管理体系，是认可机构对实验室能力评审最关键的要素。

A. 合理的结构　　　　　　　　　B. 适时地培训

C. 严格的考核　　　　　　　　　D. 管理和监督

答案及分析：选择 ABCD。见 5.2.2 节之 1 之 1）。

5.（多项选择题）当相关的规范、方法和程序对环境条件有要求，或环境条件影响结果的有效性时，实验室应（　　）环境条件。

A. 监测　　　　　　　　　　　　B. 控制

C. 保持　　　　　　　　　　　　D. 记录

答案及分析：选择 ABD。见 5.2.2 节之 2 之 2）（GB/T 27025 标准 6.3.3 条款）。

6.（单项选择题）若实验室设备单靠周期校准尚不能确保其在校准有效期内校准状态的可信度时，则有必要进行（　　）。

A. 期间核查　　　　　　　　　　B. 期间校准

C. 定期保养　　　　　　　　　　D. 日常保养

答案及分析：选择 A。见 5.2.2 节之 3 之 4）。

7.（多项选择题）实验室应使用适当的（　　）开展所有实验室活动。

A. 方法　　　　　　　　　　　　B. 标准

C. 技术规范　　　　　　　　　　D. 程序

答案及分析：选择 AD。见 5.2.2 节之 4 之 1）。

8.（多项选择题）实验室应对非标准方法进行确认并保存确认记录。请问可用以哪些技术进行方法确认？（　　）

A. 使用参考标准或标准物质进行校准或评估偏倚和精密度

B. 对影响结果的因素进行系统性评审

C. 与其他已确认的方法进行结果比对

D. 根据对方法原理的理解以及抽样或检测方法的实践经验，评定结果的测量不确定度

答案及分析：选择 ABCD。见 5.2.2 节之 4 之 5)。

9. (单项选择题) 标识系统应确保实验室样品在实物上、（　　）不被混淆。

A. 记录或其他文件中　　　　B. 传输中

C. 检测中　　　　　　　　　D. 试验中

答案及分析：选择 A。见 5.2.2 节之 5 方框中 GB/T 27025 标准 7.4.2 条款。

10. (判断题) 实验室原始的观察结果、数据和计算应在观察或获得时予以记录。如不能及时记录，要做好追记、整理、重抄。(　　)

答案及分析：×。见 5.2.2 节之 6 之 2)。

11. (多项选择题) 测量不确定度来源包括（但不限于)（　　）、被测物品的性能和状态以及操作人员。

A. 所用的参考标准和参考物质　　B. 所用方法和设备

C. 环境条件　　　　　　　　　　D. 测量误差

答案及分析：选择 ABC。见 5.2.2 节之 7 之 4)。

12. (多项选择题) 实验室应通过与其他实验室进行结果比对来监控能力水平。监控包括但不限于（　　）。

A. 参加能力验证

B. 参加除能力验证之外的实验室间比对

C. 同行评审

D. 互相评审

答案及分析：选择 AB。见 5.2.2 节之 8 方框中 GB/T 27025 标准 7.7.2 条款。

13. (多项选择题) 实验室在报告符合性声明时应清晰标示（　　）。

A. 符合性声明适用的结果

B. 满足或不满足的规范、标准或其中条款

C. 应用的判定规则（除非规范或标准中已包含）

D. 客户要求

答案及分析：选择 ABC。见 5.2.2 节之 9 方框中 GB/T 27025 标准 7.8.6.2 条款。

14. (多项选择题) 不符合检测工作的控制程序包括（　　）。

A. 评价不符合工作的严重性　　B. 对不符合工作的可接受性做出决定

C. 必要时，通知客户并召回　　D. 规定批准恢复工作的职责

答案及分析：选择 ABCD。见 5.2.2 节之 10 方框中 GB/T 27025 标准 7.10.1 条款。

5.3 合格评定—检验

讲的主要是对 GB/T 27020—2016/ISO/IEC 17020：2012《合格评定 各类检验机构的运作要求》（即 CNAS-CI 01：2012《检验机构能力认可准则》）条款的介绍与理解。

GB/T 27020 标准规定了检验机构能力的通用认可要求。

5.3.1 检验的基本要求

见下面方框中 GB/T 27020 标准的摘选和标识。

引言

[GB/T 27020 标准的目的] 制定本标准的目的是增强对检验机构的信任。

检验机构[也称检查机构]代表私人客户、其母体组织或官方机构实施评审，目的是向上述机构提供被检项目对法规、标准、规范、检验方案或合同的符合性信息。检验参数包括数量、质量、安全、适用性和运行中的装置或系统的持续安全符合情况。为了使检验机构的服务被客户、监管机构所接受，特将检验机构应遵守的通用要求统一成本标准。

本标准涵盖了检验机构的活动，这些活动包括对材料、产品、安装、工厂、过程、工作程序或服务进行审查，确定其对要求的符合性，以及随后向客户报告这些活动的结果，需要时，向官方机构报告。检验可涉及被检项目的所有阶段，包括设计阶段。在从事检验活动时，尤其是评价对通用要求的符合性时，通常要求进行专业判断。

本标准可用做认可、同行评审或其他评审的要求文件。

应用到具体领域时，可对本标准的要求进行解释。

当活动具有共性时，检验活动可与检测和认证活动交叉。然而，[检验与检测和认证的重要区别] 检验与检测和认证的重要区别是很多类型的检验活动包含了用专业判断来确认对通用要求的符合性。因而检验机构需要具备执行检验任务的必要能力。

检验可以是包含于大的过程中的一项活动。例如，在产品认证方案中，检验可作为一种监督活动。检验可以是维护保养之前的一项活动，或者是简单地提供被检项目的信息而不做出是否满足要求的决定。在这种情况下，可能需要进一步的解释。

[**检验机构分类的本质：依据独立性程度分类**] 将检验机构分成 A 类、B 类或者 C 类，本质上是对检验机构**独立性**的一种衡量。检验机构可证明的**独立性**能够增强客户对该机构有能力公正地开展检验活动的信心。

1 范围

本标准规定了对**检验机构**的**能力**及其从事检验活动的**公正性**和**一致性**的要求。

本标准适用于本标准所定义的 A、B、C 类检验机构，且适用于检验的任何阶段。

注：检验的各阶段包括设计阶段、型式试验、初始检验、运行检验或监督。

3 术语和定义

3.6 检验制度

规则、程序和实施检验的管理。

注1：检验制度可以在国际、区域、国家或国家之下的层面上运作。

注2：引用 GB/T 27000—2006 定义 2.7。

3.7 检验方案

使用了相同的规定要求、特定规则和程序的某项检验制度（3.6）。

注1：检验方案可以在国际、区域、国家或国家之下的层面上运作。

注2：方案有时也称作"计划"。

注3：引用 GB/T 27000—2006 定义 2.8。

3.8 公正性

客观性的体现。

注1：客观性意味着利益冲突不存在或者已解决，不会对检验机构的活动产生不利影响。

注2：其他有助于表达公正性要素的术语有：独立，无利益冲突，没有成见，没有偏见，中立，公平，思想开明，不偏不倚，超然和平衡。

5.3.2 检验机构的基本要求

检验机构的基本要求包括人员、设备和设施、检验方法、检验项目和样品的处置、记录、检验报告、分包、检验机构的分类要求等。

1. 人员

见下面方框中 GB/T 27020 标准的摘选和标识。

6.1.2 检验机构应雇用或签约足够的人员，这些人员应具有从事检验活动的类型、范围和工作量所需的能力，需要时，还应包括**专业判断能力**[《合格评定基础》一书认为，应具有根据检验结果对总要求的符合性**做出专业判断和出具相应报告**的能力]。

6.1.3 负责检验的人员应具备与所执行的检验相适当的**资格、培训、经验和符合要求的知识**［《合格评定基础》一书这样表达：负责检验的人员应具备相应的资格、培训经历、相应工作经验并熟知所执行检验的要求］。这些人员还应具备以下相关知识：

——所检验产品的制造、过程运行和服务提供的技术。

——产品使用、过程运行和服务提供的方式。

——产品使用中可能出现的任何缺陷、过程运行中的任何失效、服务提供中的任何缺失。他们应理解与产品正常使用、过程运行、服务提供有关的偏离导致的重要影响。

2. 设施与设备

见下面方框中 GB/T 27020 标准的摘选和标识。

6.2.1 检查机构应有可获得的、适宜的、充足的设施和设备，以胜任及安全的方式开展与检查活动相关的一切活动。

6.2.2 检验机构应对获得和使用用于检验活动的特定设施和设备有规定。

6.2.3 检验机构应确保 6.2.1 中提到的设施和设备用于**预期用途**时的**持续适宜性**。

6.2.4 应界定所有对检验结果有显著影响的设备，**适当时，应有唯一识别**。

6.2.5 应按照形成文件的程序和作业指导书，对所有设备（见 6.2.4）进行维护。

6.2.6 适当时，对检验结果有显著影响的测量设备，在投入使用前应校准，此后按照制定的计划进行校准。

6.2.7 应制定并执行设备的校准计划，以确保检验机构进行的测量适用时可溯源到国家或国际测量标准；当无法溯源到国家或国际测量标准时，检验机构应保留检验结果相关性或准确性的证据。

6.2.13 如果检验机构使用了与检验活动相关的计算机或自动化设备，应确保：

a）计算机软件是适用的。

注：可由下列方法实现：

——使用前的运算确认。

——相关硬件或软件的定期再确认。

——相关硬件或软件改变后的再确认。

——需要时的软件升级。

b) 建立并实施保护数据完整性和安全性的程序。

c) 计算机和自动化设备得以维护,以保证其功能正常。

6.2.14 检验机构应制定处置缺陷设备的程序文件。**缺陷设备**应停用、并隔离、做明显的标识或标记。检验机构应检验缺陷设备对之前检验的影响,必要时,采取适当的纠正措施。

3. 检验方法

见下面方框中 GB/T 27020 标准的摘选和标识。

7.1.1 检验机构应根据所实施的检验活动,使用要求中规定的**检验方法和程序**。没有规定方法和程序时,检验机构应制定特定的检验方法和程序(见7.1.3)。如果检验机构认为客户建议的检验方法不合适时,应通知客户。

注:进行**检验所依据的要求**通常在法规、标准、规范、检验方案或合同中规定 [检验依据的来源]。规范可能包括客户或内部要求。

7.1.2 当缺少形成文件的指导书可能影响检验过程的**有效性**时 [《合格评定基础》一书认为,检验机构应使用对符合性做出判断的要求中规定的检验方法],检验机构应制定和使用针对检验计划、抽样和检验技术方面形成文件的指导书。

7.1.3 当检验机构必须使用非标准的检验方法或程序时,这些方法和程序应合理并形成完整的文件。

7.1.7 应及时记录检验过程中获得的观测资料和数据,以防丢失有关信息。

4. 检验项目和样品的处置

见下面方框中 GB/T 27020 标准的摘选和标识。

7.2.1 检验机构应使**被检验项目和样品**可以被唯一性识别,以避免混淆。

7.2.2 检验机构应确定检验项目是否已做好了准备。

7.2.3 检验员应记录发现的或被告知的任何明显的异常情况。当对拟检验的项目**适宜性**有疑问,或该项目与所提供的描述不符时,检验机构在进行下一步工作前,应与客户联系。

5. 记录

见下面方框中 GB/T 27020 标准的摘选和标识。

7.3.1 检验机构应保持一个**记录体系**(见8.4)以表明有效执行检验程序且**能够对检验活动进行评价**。

7.3.2 检验报告或证书在内部应能追溯到实施该项检验的检验员。

6. 检验报告

见下面方框中 GB/T 27020 标准的摘选和标识。

> 7.4.1 检验机构完成的工作应包含在可追溯的检验报告或检验证书中。
>
> 7.4.2 任何检验报告/证书应包括所有以下内容：
>
> a）签发机构的标识。
>
> b）唯一性标识和签发日期。
>
> c）检验日期。
>
> d）检验项目的标识。
>
> e）获授权人员的签名或其他批准标记。
>
> f）适用时的符合性声明。
>
> g）检验结果，7.4.3 所列情况除外。
>
> 注：附录 B 中给出了检验报告或证书中可以包括的可选要素。
>
> 7.4.3 只有当检验机构还给出含有检验结果的检验报告，且检验证书和检验报告互相可追溯时，检验机构方可签发不包括检验结果［见7.4.2g)］的检验证书。
>
> 7.4.4 凡 7.4.2 列明的所有信息应正确、准确、清晰表述。当检验报告或证书中包含分包方提供的结果时，这些结果应可明确识别。
>
> **附录 B**
>
> （资料性附录）
>
> **检验报告和证书中的可选要素**
>
> 检验报告和证书中可包括下列可选要素：
>
> a）文件的名称，如检验报告或检验证书，适当时。
>
> b）客户的标识。
>
> 注：如果被检验物品的所有人不是客户，可在检验报告或证书中指明物品所有人。
>
> c）预定的检验工作描述。
>
> d）从原来的工作范围所省略的内容。
>
> e）识别或简述所使用的检验方法和程序，并应说明与认定的方法和程序的偏离、扩展或排除使用。
>
> f）测量、检测所用设备的标识。
>
> g）适用时，如果在检验方法或程序中没有规定，应指出所用抽样方法或对抽样方法进行描述，以及抽样地点、抽样时间、抽样方案、抽样人的有关信息。
>
> h）检验地点的有关信息。
>
> i）相关时，检验时环境条件的有关信息。

j) 检验结果只针对预定工作、检验项目或检验批次的声明。

k) 不得部分复制检验报告的声明。

l) 检验员的标记或签章。

m) 实施检验工作人员的名字（或唯一性标识），如果未使用电子授权的话，还应有签名（见7.4.2）。

7. 分包

见下面方框中 GB/T 27020 标准的摘选和标识。

6.3.1 通常情况下，检验机构应自行执行合同任务。当检验机构分包检验工作的**任何一部分**时，应确保并能够证明该分包方有能力承担相应的检验活动，适当时，应符合本标准或其他相关合格评定标准中有关要求的规定。

6.3.2 检验机构应向客户说明其将某一部分检验工作分包的意图。

6.3.3 当检验工作的一部分由分包方完成时，确定该检验工作是否符合要求的责任仍应由检验机构承担。

6.3.4 检验机构应记录和保留对分包方能力的详细调查记录，以及分包方符合本标准或其他相关合格评定标准的适用要求的详细调查结果。检验机构应维持所有分包方名录。

8. 检验机构的分类要求

见下面方框中 GB/T 27020 标准的摘选和标识。

4.1.6 检验机构的独立性程度应满足其所从事的服务所应具备的相应条件。基于这些条件，检验机构应满足附录 A 中规定的最低要求，概述如下：

a) 提供**第三方检验**的检验机构应满足 A.1 中 **A 类检验机构**（第三方检验机构）的要求。

b) 提供第一方检验和（或）第二方检验，且作为某个从事与被检验产品的设计、生产、供应、安装、使用或维护有关的组织中的**一个独立且可识别的部分**，仅为其母体机构提供检验服务（内部检验机构）的检验机构，应满足 A.2 中 B 类检验机构的要求。

c) 提供第一方检验和（或）第二方检验，且作为某个从事与被检验产品的设计、生产、供应、安装、使用或维护有关的组织中的**一个可识别但不一定独立的一部分**，为其母体机构或其他机构提供检验服务的检验机构，应满足 A.3 中 C 类检验机构的要求。

附录 A
(规范性附录)
检验机构的独立性要求
A.1　检验机构（A 类）的要求
4.1.6a) 中所指的检验机构应满足以下要求。

a) <u>检验机构应**独立于**所涉及的各方</u>。

b) <u>检验机构及其人员不应从事任何可能违背检验判断的**独立性**和**完整性**的活动</u>。尤其不得从事检验对象的设计、生产、供应、安装、采购、拥有、使用或维护。

注1：不排除在客户和检验机构之间的技术信息交流（如检验发现的解释或澄清要求或培训）。

注2：不排除检验机构运作所必需的检验对象的采购、拥有或使用，也不排除由个人出于私人目的对检验对象的采购、拥有或使用。

c) 检验机构不应是某个从事检验对象的设计、生产、供应、安装、采购、拥有、使用或维护的法律实体的一部分。

注1：不排除在客户和检验机构所属法律实体下属任何其他部分之间的技术信息交流（如检验发现的解释或澄清要求或培训）。

注2：不排除同一法律实体下属另一部分运作所必需的检验对象的采购、拥有、维护或使用，也不排除由个人出于私人目的对检验对象的采购、拥有、维护或使用。

d) 检验机构不应与某个从事检验对象的设计、生产、供应、安装、采购、拥有、使用或维护的独立的法律实体有如下关联：

1) 共同的所有权，除非所有者没有能力影响检验的输出。

例1：具有许多利益相关者的合作类型的公司结构，但他们（个人或作为团体）没有能力影响检验的输出。

例2：由几家独立的法律实体（姐妹公司）在共同的母公司下组成的控股公司，其中，无论是姐妹公司还是母公司，都不能影响检验的输出。

2) 共同的所有者在董事会或机构类似机构中任命的人，除非这些人的岗位对检验的输出没有影响。

例：为公司融资的银行在董事会任命的总览公司如何运作但没有涉及任何决策的人。

3) 直接向同一等级的管理层汇报，除非这样不会影响检验的输出。

注：与检验对象的设计、生产、供应、安装、采购、拥有、使用或维护无关的事情是允许向同一等级的管理层汇报的。

4) 可能有能力影响检验输出的合约承诺或其他方式。

A.2 检验机构（B类）的要求

4.1.6 b）中所指的检验机构应满足以下要求：

a）检验服务仅提供给检验机构的母体组织。

b）**检验人员与其他岗位人员的职责**应通过组织识别和检验机构在母体组织内部的隶属关系明确分开。

c）检验机构及其人员不应从事任何可能违背检验判断的**独立性**和**完整性**的活动。尤其不得从事检验对象的设计、生产、供应、安装、使用或维护。

注1：不排除在检验机构和其母体组织的其他部分之间的技术信息交流，如检验发现的解释或澄清要求或培训。

注2：不排除检验机构运作所必需的检验对象的采购、拥有或使用，也不排除由个人出于私人目的对检验对象的采购、拥有、维护或使用。

A.3 检验机构（C类）的要求

4.1.6 c）中所指的检验机构应满足以下要求：

a）检验机构应在组织机构内采取防范措施，确保**检验和其他活动的职责充分分离**。

b）C类检验机构针对同一对象所开展的设计、生产、供应、安装、服务、维护和检验均不应由同一个人完成。一个例外是有法规要求明确允许 C 类机构的某个人可以针对同一个对象既做设计、生产、供应、安装、服务、维护又做检验，只要这种例外不会危害检验结果。

注：C类检验机构进行的检验不能作为同一检验活动的第三方检验，因为 C 类机构不满足 A 类检验机构的独立性要求。

5.3.3 检验机构的内部管理体系要求

检验机构应按照方式 A 或方式 B 建立并保持能持续满足本标准的**管理体系**。

1. 检验机构管理方式 A

见下面方框中 GB/T 27020 标准的摘选和标识。

> **8.1.2 方式 A**
>
> 检验机构管理体系应包括：
>
> ——管理体系文件（如手册、政策、职责界定，见8.2）。
>
> ——文件控制（见8.3）。
>
> ——记录控制（见8.4）。
>
> ——管理评审（见8.5）。
>
> ——内部审核（见8.6）。

——纠正措施（见8.7）。

——预防措施（见8.8）。

——投诉和申诉（见7.5和7.6）。

8.2 管理体系文件（方式A）

8.2.1 检验机构的最高管理者应制定和保持满足本标准的**政策和目标**并形成文件，且应确保该政策和目标在检验机构组织的各级人员中能够得到理解和执行。

8.2.2 最高管理者应对建立与实施管理体系的承诺和持续符合本标准的有效性提供证据。

8.2.3 检验机构的最高管理者应在管理层指定一名人员，无论该成员在其他方面的职责如何，应使其具有以下方面的职责和权力：

a）确保管理体系所需的过程和程序得到建立、实施和保持。

b）向最高管理者报告管理体系的**绩效**和**任何改进的需求**。

8.2.4 满足本标准要求的所有相关文件、过程、体系、记录等应被包括、引用或链接至管理体系文件。

8.2.5 所有涉及检验活动的人员应获得适用其职责的相关管理体系文件和信息。

8.3 文件控制（方式A）

8.3.1 检验机构应建立程序，以控制使本标准得到满足的相关文件（内部或外部）。

8.3.2 该程序应规定以下控制要求：

a）文件发布前得到批准，以确保文件是**充分**与**适宜**的。

b）必要时，对文件进行**评审**与**更新**，并再次批准。

c）确保文件的更改和现行修订**状态**得到识别。

d）确保在使用处可获得有关版本的适用文件。

e）确保文件保持清晰、易于识别。

f）确保外来文件得到识别，并控制其分发。

g）防止作废文件的非预期使用，如果出于某种目的而保留作废文件，对这些文件进行适当标识。

注：文件可以使用任何形式或类型的介质，并包括专利和内部开发软件。

8.4 记录控制（方式A）

8.4.1 检验机构应建立程序，以规定与实施本标准有关的记录所需的控制，包括识别、贮存、保护、检索、处置及保存期限。

8.4.2 检验机构应建立程序，以明确与其合同、**法律责任**相一致的记录保存期限。对这些记录的获取应与保密安排相一致。

8.5 管理评审（方式A）

8.5.1 总则

8.5.1.1 检验机构最高管理者应建立程序，按计划的时间间隔对管理体系进行评审，以确保其持续**适用性**、**充分性**和**有效性**。评审应包括声明满足本标准有关的政策和目标。

8.5.1.2 此类评审应至少每年进行一次。或者，分成几部分进行的一次完整的评审（滚动式评审）应在12个月内完成。

8.5.1.3 应保留评审记录。

8.5.2 评审输入

管理评审输入应包括以下相关信息：

a) 内部和外部审核的结果。
b) 与满足本标准有关的客户和相关方的反馈。
c) 预防和纠正措施的状态。
d) 以往管理评审的跟踪措施。
e) 目标的完成情况。
f) 可能影响管理体系的变更。
g) 申诉和投诉。

8.5.3 评审输出

评审输出应包括以下相关决定和措施：

a) 管理体系和过程有效性的改进。
b) 检验机构满足本标准相关的改进。
c) 资源需求。

8.6 内部审核（方式A）

8.6.1 检验机构应建立内部审核程序，以验证其满足本标准要求，并验证其管理体系得以**有效实施和保持**。

注：GB/T 19011提供了实施内部审核的指南。

8.6.2 应策划审核方案，策划时应考虑拟审核的过程和区域的重要性以及以往审核的结果。

8.6.3 检验机构应以计划和系统的方式定期实施覆盖全部程序的内部审核，以验证管理体系的有效实施。

8.6.4 内部审核应至少每12个月进行一次。依据管理体系的可证实**有效性**和**稳定性**，内部审核的频率可进行调整。

8.6.5 检验机构应确保：

a) 内部审核由熟悉检验、审核和本标准要求的具备资格的人员实施。

b) 审核员不应审核自己的工作。

c) 将审核结果告知被审核区域的负责人。

d) 根据内部审核结果及时采取适当的措施。

e) 识别所有改进的机会。

f) 将审核结果形成文件。

8.7 纠正措施（方式 A）

8.7.1 检验机构应建立程序，识别和管理其运作中的不符合。

8.7.2 需要时，检验机构还应采取措施消除**不符合的原因**以**防止再发生**。

8.7.3 纠正措施应与所发现问题的影响程度相适应。

8.7.4 该程序应规定以下要求：

a) 识别不符合。

b) 确定不符合的原因。

c) 纠正不符合。

d) 评价确保不符合不再发生的措施需求。

e) 确定并及时实施所需措施。

f) 记录所采取措施的结果。

g) 评审纠正措施的有效性。

8.8 预防措施（方式 A）

8.8.1 检验机构应建立程序，以采取预防措施消除导致**潜在不符合产生的原因**。

8.8.2 所采取预防措施应与潜在问题的可能影响程度相适应。

8.8.3 预防措施程序应规定以下要求：

a) 识别潜在的不符合及其原因。

b) 评价防止不符合发生的措施的需求。

c) 确定和实施所需的措施。

d) 记录所采取措施的结果。

e) 评审采取的预防措施的有效性。

注：纠正措施和预防措施的程序不一定要分别制定。

2. 检验机构管理方式 B

检验机构已经按照 ISO 9001 要求建立并保持管理体系，且能支持和证实其满足 GB/T 27020 标准的要求，则符合管理体系条款（见 GB/T 27020 标准 8.2～8.8 条款）的要求。

例题分析

1. （判断题）当活动具有共性时，检验活动可与检测和认证活动交叉进行。（   ）(真题)

   答案及分析：√。见 5.3.1 节方框中 GB/T 27020 标准"引言"。

2. （单项选择题）检验机构可证明的（   ）能够增强客户对该机构有能力公正地开展检验活动的信心。

   A. 独立性　　　　　　　　　B. 自主性
   C. 公开性　　　　　　　　　D. 客观性

   答案及分析：选择 A。见 5.3.1 节方框中 GB/T 27020 标准"引言"最后一段话。

3. （单项选择题）（   ）是指使用了相同的规定要求、特定规则和程序的某项检验制度。

   A. 检验方案　　　　　　　　B. 检验规程
   C. 检验作业指导书　　　　　D. 检验程序

   答案及分析：选择 A。见 5.3.1 节方框中 GB/T 27020 标准 3.7 条款。

4. （多项选择题）负责检验的人员应具备（   ）的要求。(真题)

   A. 相应的资格　　　　　　　B. 相应工作经验
   C. 相应的培训　　　　　　　D. 熟知所执行的检验

   答案及分析：选择 ABCD。见 5.3.2 节之 1 方框中 GB/T 27020 标准 6.1.3 条款中的解释。

5. （单项选择题）如果检验机构认为客户建议的检验方法不适当，以下正确的是（   ）。(真题)

   A. 不必通知顾客
   B. 抓紧修改检验方法
   C. 应通知客户
   D. 按照惯例进行检验，然后告知客户结果

   答案及分析：选择 C。见 5.3.2 节之 3 方框中 GB/T 27020 标准 7.1.1 条款。

6. （单项选择题）分包检验工作的（   ）时，应确保并能够证明其分包方有能力承担相应的服务。(真题)

   A. 部分活动　　　　　　　　B. 重要工作
   C. 任何一部分　　　　　　　D. 核心检查任务

   答案及分析：选择 C。见 5.3.2 节之 7 方框中 GB/T 27020 标准 6.3.1 条款。

7. （单项选择题）检验机构应确保设施和设备用于预期用途时的（   ）。

    A. 可靠性　　　　　　　　　　B. 持续适宜性

    C. 安全性　　　　　　　　　　D. 完好性

答案及分析：选择 B。见 5.3.2 节之 2 方框中 GB/T 27020 标准 6.2.3 条款。

8. （单项选择题）当无法溯源到国家或国际测量标准时，检验机构应保留检验结果的（   ）。

    A. 相关性或准确性的证据　　　B. 证据

    C. 有效性的证据　　　　　　　D. 可信性的证据

答案及分析：选择 A。见 5.3.2 节之 2 方框中 GB/T 27020 标准 6.2.7 条款。

9. （判断题）必须时，检验机构可以使用非标准的检验方法或程序，但这些方法和程序应合理并形成完整的文件。（   ）

答案及分析：√。见 5.3.2 节之 3 方框中 GB/T 27020 标准 7.1.3 条款。

10. （判断题）检验机构应使被检验项目和样品可以被唯一性识别，以避免混淆。（   ）

答案及分析：√。见 5.3.2 节之 4 方框中 GB/T 27020 标准 7.2.1 条款。

11. （单项选择题）检验机构应保持一个（   ）以表明有效执行检验程序且能够对检验活动进行评价。

    A. 记录体系　　　　　　　　　B. 文件体系

    C. 可追溯体系　　　　　　　　D. 证据链条

答案及分析：选择 A。见 5.3.2 节之 5 方框中 GB/T 27020 标准 7.3.1 条款。

12. （判断题）检验机构完成的工作应包含在可追溯的检验报告或检验证书中。（   ）

答案及分析：√。见 5.3.2 节之 6 方框中 GB/T 27020 标准 7.4.1 条款。

13. （判断题）B 类检验机构是母体机构中一个独立且可识别的部分。（   ）

答案及分析：√。见 5.3.2 节之 8 方框中 GB/T 27020 标准 4.1.6 b）条款。

14. （判断题）检验机构管理方式 B 是指检验机构已经按照 ISO 9001 要求建立并保持管理体系，且能支持和证实其满足 GB/T 27020 标准的要求。（   ）

答案及分析：√。见 5.3.3 节之 2。

15. （多项选择题）对于检验机构管理方式 A，检验机构管理体系包括（   ）。

    A. 管理体系文件　　　　　　　B. 管理评审

    C. 纠正措施　　　　　　　　　D. 投诉和申诉

答案及分析：选择 ABCD。见 5.3.3 节之 1 方框中 GB/T 27020 标准 8.1.2 条款。

5.4 检验检测机构的资质认定

[检验检测作用] 检验检测是国家质量基础和国家科技体系的重要组成部分，是保障经济运行、加强质量安全、服务科技进步和产业发展、维护群众利益和国家利益的基础技术手段。检验检测是各行各业都离不开的技术活动。

[检验检测机构的资质认定] 检验检测机构的资质认定是国家对检验检测机构进入检验检测行业的一项**行政许可**制度。国家为此制定了《检验检测机构资质认定管理办法》。

5.4.1 检验检测机构资质认定的基本要求

见下面方框中《检验检测机构资质认定管理办法》的摘选和标识。

第二条　本办法所称**检验检测机构**，是指依法成立，依据相关**标准**或者**技术规范**，利用仪器设备、环境设施等技术条件和专业技能，对**产品或者法律法规规定的特定对象**进行检验检测的专业技术组织。[检验检测机构是对从事检验、检测和检验检测活动机构的总称，一般指产品检验检测实验室、校准实验室（计量室）]

本办法所称**资质认定**，是指省级以上质量技术监督部门依据有关**法律法规和标准、技术规范**的规定，对检验检测机构的基本条件和技术能力是否符合**法定要求**实施的评价许可。

资质认定包括检验检测机构计量认证。

第三条　[**需取得资质认定的检验检测机构**] 检验检测机构从事下列活动，应当取得资质认定：

（一）为司法机关做出的裁决出具具有**证明作用**的数据、结果的。

（二）为行政机关做出的行政决定出具具有证明作用的数据、结果的。

（三）为仲裁机构做出的仲裁决定出具具有证明作用的数据、结果的。

（四）为社会经济、公益活动出具具有证明作用的数据、结果的。

（五）其他法律法规规定应当取得资质认定的。

第九条　[**检验检测机构资质认定的条件**] 申请资质认定的检验检测机构应当符合以下条件：

（一）依法成立并能够承担相应法律责任的法人或者其他组织。

（二）具有与其从事检验检测活动相适应的检验检测**技术人员**和**管理人员**。

（三）具有固定的工作场所，工作环境满足检验检测要求。

（四）具备从事检验检测活动所必需的检验检测设备设施。

（五）具有并有效运行保证其检验检测活动独立、公正、科学、诚信的管理体系。

（六）符合有关法律法规或者标准、技术规范规定的特殊要求。

5.4.2 检验检测机构的资质认定评审

检验检测机构的资质认定评审是按照《检验检测机构资质认定评审准则》进行的。《检验检测机构资质认定评审准则》的第 4 章是评审要求，包括了 6 大要素、50 个条款。《〈检验检测机构资质认定评审准则〉及释义》包含了评审要求及其解释。《合格评定基础》一书中主要是对评审要求"释义"的介绍，所以下面的方框中主要是《〈检验检测机构资质认定评审准则〉及释义》中的"释义"摘选（有改进），评审要求在很多地方只保留条款号。

3.3 资质认定评审

国家认证认可监督管理委员会和省级质量技术监督部门依据《中华人民共和国行政许可法》的有关规定，自行或者委托专业技术评价机构，组织评审人员，对检验检测机构的**基本条件**和**技术能力**是否符合《检验检测机构资质认定评审准则》和评审补充要求所进行的**审查和考核**。

4. 评审要求

4.1 依法成立并能够承担相应法律责任的法人或者其他组织。

【条文解释】本条款是对检验检测机构的法律地位和法律责任的要求。

4.1.1 【条文解释】

1. 依法设立的法人包括机关法人、事业单位法人、企业法人和社会团体法人。

其他组织包括取得工商行政机关颁发的"营业执照"的企业法人分支机构、特殊普通合伙检验检测企业、民政部门登记的民办非企业单位（法人）、经核准登记的司法鉴定机构等。

2. **检验检测机构作为检验检测活动的第一责任人**，应对其出具的检验检测数据、结果负责，并承担相应法律责任。

4.1.2 【条文解释】

1. 检验检测机构应明确其内部组织构成，并通过**组织结构图**来表述。非独立法人的检验检测机构，应明确其与所属法人以及所属法人的其他组成部门的相互关系。

4.1.3 检验检测机构及其人员从事检验检测活动，应遵守国家相关法律法规的规定，遵循**客观独立、公平公正、诚实信用**原则，恪守职业道德，承担社会责任。

4.1.5 检验检测机构及其人员应对其在检验检测活动中所知悉的**国家秘密、商业秘密和技术秘密**负有保密义务。

4.2 具有与其从事检验检测活动相适应的检验检测技术人员和管理人员。

【条文解释】

检验检测机构应有与其检验检测活动相适应的**检验检测技术人员**和**管理人员**，应建立和保持人员管理程序。

4.2.1 【条文解释】

1. 检验检测机构应制定人员管理程序，该管理程序应对检验检测机构人员的**资格确认、任用、授权和能力保持**等进行规范管理。检验检测机构应与其人员建立劳动或录用关系，对技术人员和管理人员的**岗位职责、任职要求和工作关系**予以明确，使其与岗位要求相匹配，并有相应权力和资源，确保管理体系运行。

2. 检验检测机构应拥有为保证管理体系的有效运行、出具正确检验检测数据和结果所需的**技术人员**（检验检测的操作人员、结果验证或核查人员）和**管理人员**（对质量、技术负有管理职责的人员，包括**最高管理者、技术负责人、质量负责人**等）。

4.2.2 【条文解释】

1. 检验检测机构**最高管理者**应对管理体系全面负责，承担领导责任和履行承诺。最高管理者负责管理体系的建立和有效运行；满足相关法律法规要求和客户要求；提升客户满意度；运用过程方法建立管理体系和分析风险、机遇；组织质量管理体系的管理评审。

2. 检验检测机构最高管理者应确保制定质量方针和质量目标；**确保管理体系要求融入检验检测的全过程**；确保管理体系所需的资源；确保管理体系实现其预期结果。

3. 检验检测机构最高管理者应识别检验检测活动的风险和机遇，配备适宜的资源，并实施相应的质量控制。

4.2.3 【条文解释】

1. 检验检测机构应有**技术负责人**全面负责技术运作。

2. 检验检测机构应指定**质量负责人**，赋予其明确的责任和权力，确保管理体系在任何时候都能得到实施和保持。质量负责人应能与检验检测机构决定政策和资源的最高管理者直接接触和沟通。

3. 检验检测机构应规定技术负责人和质量负责人的职责。

4. 检验检测机构应指定**关键管理人员（包括最高管理者、技术负责人、质量负责人等）的代理人**，以便其因各种原因不在岗位时，有人员能够代行其有关职责和权力，以确保检验检测机构的各项工作持续正常地进行。

4.2.4 【条文解释】

1. **授权签字人**是由检验检测机构提名，经**资质认定**部门考核合格后，在其资质认定授权的能力范围内签发检验检测报告或证书的人员。

3. **非授权签字人**不得对外签发检验检测报告或证书。检验检测机构**不得设置授权签字人的代理人员**。

4.2.5 【条文解释】

1. 检验检测机构应对所有从事抽样、操作设备、检验检测、签发检验检测报告或证书以及提出意见和解释的人员，按其岗位任职要求，根据相应的**教育**、**培训**、**经历**、**技能**进行**能力确认**并持证上岗。

2. 检验检测机构应设置覆盖其检验检测能力范围的监督员。监督员应按计划对检验检测人员进行监督。检验检测机构可根据监督结果对人员能力进行评价并确定其培训需求，监督记录应存档，监督报告应输入管理评审。

4.2.7 【条文解释】

检验检测机构应建立并保留所有**技术人员**的档案，应有相关**资格**、**能力确认**、**授权**、**教育**、**培训和监督**的记录，并包含授权和能力确认的日期。

4.3 具有固定的工作场所，工作环境满足检验检测要求

【条文解释】

检验检测机构应具有满足检验检测所需要的工作场所，并依据**标准**、**技术规范和程序**，识别检验检测所需要的**环境条件**，并对环境条件进行控制。

4.3.2 【条文解释】

1. 检验检测机构应识别检验检测所需的环境条件，当环境条件对结果的质量有影响时，检验检测机构应编写必要的文件。并有相应的环境条件控制措施，确保环境条件不会使检验检测结果无效，或不会对检验检测质量产生不良影响。

2. 在检验检测机构固定设施以外的场所进行抽样、检验检测时，应予以特别关注，必要时，应提出相应的控制要求并记录，以保证环境条件符合检验检测标准或者技术规范的要求。

4.3.3 【条文解释】

1. 检验检测标准或者技术规范对环境条件有要求，以及检验检测机构发现环境条件影响检验检测结果质量时，检验检测机构应**监测**、**控制和记录**环境条件。

3. 检验检测机构在环境条件存在影响检验检测的风险和隐患时，需停止检验检测，并经有效处置后，方可恢复检验检测活动。

4.3.4 【条文解释】

1. 检验检测机构应有内务管理程序，对检验检测场所的**安全和环境**的评价，应以检验检测标准或者技术规范提出的要求为依据。

2. 当相邻区域的活动或工作，出现不相容或相互影响时，检验检测机构应对相关区域进行有效隔离，采取措施消除影响，**防止干扰**或者**交叉污染**。

3. 检验检测机构应对人员进入或使用对检验检测质量有影响的区域予以控制，应根据自身的特点和具体情况确定控制的范围。在确保不对检验检测质量产生不利影响的同时，还应保护客户和检验检测机构的机密及所有权，保护进入或使用相关区域的人员的安全。

4.4 具备从事检验检测活动所必需的检验检测设备设施

【条文解释】

检验检测机构应依据**检验检测标准**或者**技术规范**配备满足要求的设备和设施。

4.4.1 【条文解释】

1. 检验检测机构应正确配备检验检测所需要的仪器设备，包括**抽样工具、物品制备、数据处理与分析**。所用仪器设备的技术指标和功能应满足要求，量程应与被测参数的技术指标范围相适应。

3. 检验检测机构租用仪器设备开展检验检测时，应确保：

a) 租用仪器设备的管理应纳入本检验检测机构的管理体系。

4.4.3 【条文解释】

1. 对检验检测结果有显著影响的设备，包括辅助测量设备（例如用于测量环境条件的设备），检验检测机构应制定**检定或校准计划**，确保检验检测结果的**计量溯源性**。

2. 检验检测机构应确保用于检验检测和抽样的设备及其软件达到要求的**准确度**，并符合相应的检验检测技术要求。设备（包括用于抽样的设备）在投入使用前应进行检定或校准等方式，以确认其是否满足检验检测标准或者技术规范。

4. 无法溯源到国家或国际测量标准时，测量结果应溯源至 RM（标准物质）、公认的或约定的测量方法、标准，或通过比对等途径，证明其测量结果与同类检验检测机构的一致性。

6. 当仪器设备经校准给出一组修正信息时，检验检测机构应确保有关数据得到及时修正，计算机软件也应得到更新，并在检验检测工作中加以使用。

8. 需要时，检验检测机构对特定设备进行**期间核查**以保持稳定性。检验检测机构应根据设备的稳定性和使用情况来判断设备是否需要进行期间核查。

4.4.4 【条文解释】

2. 检验检测机构应指定人员操作重要的、关键的仪器设备以及技术复杂的大型仪器设备，**未经指定的人员不得操作该设备**。

3. 设备使用和维护的最新版说明书（包括设备制造商提供的有关手册）应便于检验检测人员取用。用于检验检测并对结果有影响的设备及其软件，如可能，均应加以**唯一性标识**。

4. 应对经检定或校准的仪器设备的检定或校准结果进行**确认**。只要可行，应使用标签、编码或其他标识确认其检定或校准状态。

6. 设备脱离了检验检测机构，这类设备返回后，在使用前，检验检测机构须对其**功能**和**检定、校准状态**进行**核查**，得到满意结果后方可使用。

4.4.5 【条文解释】

曾经过载或处置不当、给出可疑结果，或已显示有缺陷、超出规定限度的设备，均应停止使用。这些设备应予隔离以防误用，或加贴标签、标记以清晰表明该设备已停用，直至修复。修复后的设备为确保其性能和技术指标符合要求，必须经**检定、校准或核查**表明其能正常工作后方可投入使用。检验检测机构还应对这些因**缺陷**或**超出规定极限**而对过去进行的检验检测活动造成的**影响**进行**追溯**，发现不符合应执行不符合工作的处理程序，暂停检验检测工作、不发送相关检验检测报告或证书，或者追回之前的检验检测报告或证书。

4.4.6 【条文解释】

检验检测机构应建立和保持标准物质的管理程序。可能时，**标准物质**应溯源到 SI 单位或有证标准物质。检验检测机构应对标准物质进行**期间核查**，同时按照程序要求，安全处置、运输、存储和使用**标准物质**，以防止污染或损坏，确保其完整性。

4.5 具有并有效运行保证其检验检测活动独立、公正、科学、诚信的管理体系

【条文解释】

检验检测机构的管理和技术运作应通过建立健全、持续改进、有效运行的管理体系来实现。检验检测机构应建立并有效实施实现质量方针、目标和履行承诺，保证其检验检测活动独立、公正、科学、诚信的管理体系。

4.5.1 【条文解释】

1. **管理体系**是指为建立方针和目标并实现这些目标的体系。**包括质量管理体系、技术管理体系和行政管理体系**。管理体系的运作包括体系的建立、体系的实施、体系的保持和体系持续改进。

2. 检验检测机构应建立符合自身实际状况，适应自身检验检测活动并保证其**独立、公正、科学、诚信**的管理体系。

4. 检验检测机构应将其**管理体系、组织结构、程序、过程、资源**等过程要素文件化。文件可分为四类：质量手册、程序文件、作业指导书、质量和技术记录表格。

5. 检验检测机构管理体系形成文件后，应当以适当的方式传达有关人员，使其能够"**获取、理解、执行**"管理体系。

4.5.2 【条文解释】

1. **质量方针**由最高管理者制定、贯彻和保持，是检验检测机构的**质量宗旨和方向**。

4. 质量目标包括年度目标和中长期目标。各相关部门可以根据检验检测机构的目标制定本部门的质量目标。质量目标应在管理评审时予以评审。

4.5.3 【条文解释】

1. 检验检测机构依据制定的文件管理控制程序，对文件的**编制、审核、批准、发布、标识、变更和废止**等各个环节实施控制，并依据程序控制管理体系的相关文件。文件包括法律法规、标准、规范性文件、质量手册、程序文件、作业指导书和记录表格，以及通知、计划、图纸、图表、软件等。

2. 文件可承载在各种载体上，可以是数字存储设施如光盘、硬盘等，或是模拟设备如磁带、录像带或磁带机，还可以采用缩微胶片、纸张、相纸等。

3. 检验检测机构应**定期审查文件**，防止使用无效或作废文件。

4.5.4 【条文解释】

1. 检验检测机构应依据制定的评审客户要求、标书和合同的相关程序，对**合同评审**和对**合同的偏离**加以有效控制，记录必要的评审过程或结果。

2. 检验检测机构应与客户充分沟通，了解客户需求，并对自身的技术能力和资质状况能否满足客户要求进行评审。若有关要求发生修改或变更时，需进行重新评审。对客户要求、标书或合同有不同意见，应在签约之前协调解决。

3. 对于出现的偏离，检验检测机构应与客户沟通并取得客户同意，将变更事项通知相关的检验检测人员。

4.5.5 【条文解释】

1. 检验检测机构因工作量、关键人员、设备设施、环境条件和技术能力等原因，需分包检验检测项目时，应分包给依法取得检验检测机构资质认定并有能力完成分包项目的检验检测机构，具体分包的检验检测项目应当事先取得委托人书面同意，并在检验检测报告或证书中清晰标明分包情况。检验检测机构应要求承担分包的检验检测机构提供合法的检验检测报告或证书，并予以使用和保存。

3. 除非客户或法律法规指定的分包，检验检测机构应对分包结果负责。

4.5.6 【条文解释】

1. 为保证采购物品和相关服务的质量，检验检测机构应当对采购物品和相关服务进行有效的控制和管理，应按制定的程序对服务、供应品、试剂、消耗材料的购买、验收、存储进行控制，以保证检验检测结果的质量。

3. 检验检测机构应对**影响检验检测质量**的重要消耗品、供应品和服务的供货单位和服务提供者进行评价，并保存这些评价的记录和获批准的合格供货单位和服务提供者名单。

4.5.7 【条文解释】

1. 检验检测机构应与客户沟通，全面了解客户的需求，为客户解答有关检验检测的技术和方法。

2. 定期以适当的方式征求客户意见并深入分析，改进管理体系。

3. 让客户了解、理解检验检测过程，是与客户交流的重要手段。在保密、安全、不干扰正常检验检测前提下，允许客户或其代表，进入为其检验检测的相关区域观察检验检测活动。

4.5.8 【条文解释】

1. 检验检测机构应指定部门和人员接待和处理客户的投诉，明确其职责和权利。对客户的每一次投诉，均应按照规定予以处理。

2. 与客户投诉相关的人员、被客户投诉的人员，应采取适当的回避措施。对投诉人的回复决定，应由**与投诉所涉及的检验检测活动无关的人员**做出，包括对该决定的审查和批准。

3. 检验检测机构应对投诉的处理过程及结果及时形成记录，并按规定全部归档。只要可能，检验检测机构应将**投诉处理过程的结果**正式通知投诉人。

4.5.9 【条文解释】

1. **不符合**是指检验检测活动不满足标准或者技术规范的要求、与客户约定的要求或者不满足体系文件的要求。

2. 检验检测机构应明确如何对**不符合的严重性**和**可接受性**进行评价，规定当识别出不符合时采取的纠正措施，并明确**使工作恢复**的职责。

4. 当不符合可能影响检验检测数据和结果时，应通知客户，并取消不符合时所产生相关结果。

4.5.10 【条文解释】

1. 纠正措施是指为消除已发现的不符合或其他不期望发生的情况所采取的措施。检验检测机构应当在识别出不符合、**在管理体系发生不符合**或**在技术运作中出现对政策和程序偏离**等情况时，应实施纠正措施。

2. 检验检测机构应针对分析的原因制定纠正措施，纠正措施应编制成文件并加以实施，对纠正措施实施的结果应进行跟踪验证，确保纠正措施的有效性。

3. 预防措施是指为消除潜在不符合或其他潜在风险所采取的措施。检验检测机构应当主动识别技术或管理方面潜在的不符合，制定和实施预防措施。应记录并跟踪所实施的预防措施及其结果，评价验证预防措施的有效性。

4. 检验检测机构应在实施质量方针、质量目标，应用审核结果、数据分析、纠正措施、预防措施、管理评审时持续改进管理体系。对日常的监督活动中发现的管理体系运行的问题予以改正。检验检测机构应保留持续改进的证据。

4.5.11 【条文解释】

1. **记录分为质量记录**和**技术记录**两类。

2. 每项检验检测的记录应包含**充分的**信息，该检验检测在尽可能接近原始条件情况下能够重复。

3. 记录应包括**抽样人员**、每项**检验检测人员**和**结果校核人员**的签字或等效标识。

4. 观察结果、数据应在产生时予以记录。不允许补记、追记、重抄。

5. 书面记录形成过程中如有错误，应采用杠改方式，并将改正后的数据填写在杠改处。实施记录改动的人员应在更改处签名或等效标识。

6. 所有记录的存放条件应有安全保护措施，对电子存储的记录也应采取与书面媒体同**等**措施，并加以保护及**备份**，防止未经授权的侵入及修改，以避免原始数据的丢失或改动。

7. 记录可存于不同媒体上，包括书面、电子和电磁。

4.5.12 【条文解释】

1. **内部审核**是检验检测机构自行组织的管理体系审核，按照管理体系文件规定，对其管理体系的各个环节组织开展的有**计划的**、**系统的**、**独立的**检查活动。

2. 内部审核通常每年一次，由**质量负责人**策划内审并制定审核方案，内部审核应当覆盖管理体系的所有要素，应当覆盖与管理体系有关的所有部门、所有场所和所有活动。

3. 内审员应当经过培训。

4. 在人力资源允许的情况下，应当保证内审员与其审核的部门或工作无关，确保内部审核工作的客观性、独立性。

5. 内部审核发现问题应采取纠正、纠正措施并跟踪验证其有效性，对发现的潜在不符合制定和实施预防措施。

6. 内部审核过程及其采取的纠正、纠正措施、预防措施均应予以记录。内部审核记录应清晰、完整、客观、准确。

4.5.13 【条文解释】

1. **管理评审**是最高管理者定期系统地对管理体系的**适宜性、充分性、有效性**进行评价，以确保其符合质量方针和质量目标。

2. 管理评审通常 12 个月一次。

3. 管理评审由最高管理者主持。

4. 检验检测机构应当编制管理评审计划。

5. 最高管理者应确保管理评审输出的实施。

6. 检验检测机构应当对评审结果形成评审报告，对提出的改进措施，最高管理者应确保负有管理职责的部门或岗位人员启动有关工作程序，在规定的时间内完成改进工作，并对改进结果进行跟踪验证。

7. 应保留管理评审的记录。

4.5.14 【条文解释】

1. 检验检测机构应建立和保持检验检测方法控制程序。检验检测机构应使用适合的方法（包括抽样方法）进行检验检测，该方法应**满足客户需求**，也应是检验检测机构**获得资质认定许可的方法**。

2. 检验检测方法包括**标准方法**和**非标准方法**，非标准方法包含自制方法。

3. 当客户指定的方法是企业的方法时，则不能直接作为**资质认定许可的方法**，只有经过检验检测机构转换为其自身的方法并经确认后，方可申请检验检测机构资质认定。

4. 检验检测机构在初次使用标准方法前，应**证实**能够正确地运用这些标准方法。如果标准方法发生了变化，应重新予以证实，并提供相关证明材料。

5. 检验检测机构在使用非标准方法前应进行确认，以确保该方法适用于预期的用途，并提供相关证明材料。如果方法发生了变化，应重新予以确认，并提供相关证明材料。

6. 如果标准、规范、方法不能被操作人员直接使用，或其内容不便于理解，规定不够简明或缺少足够的信息，或方法中有可选择的步骤，会在方法运用时造成因人而异，可能影响检验检测数据和结果正确性时，则应制定作业指导书（含附加细则或补充文件）。

7. **偏离**指一定的允许范围、一定的数量和一定的时间段等条件下的**书面许可**。检验检测机构应建立允许偏离方法的文件规定。**不应将非标准方法作为方法偏离处理。**

8. 当客户建议的方法不适合或已过期时，应通知客户。如果客户坚持使用不适合或已过期的方法时，检验检测机构应在委托合同和结果报告中予以说明，应在结果报告中明确该方法获得资质认定的情况。

9. 检验检测机构应制定程序规范自己制定的检验检测方法的设计开发、资源配置、人员、职责和权限、输入与输出等过程，自己制定的方法必须经**确认**后使用。在方法制定过程中，需进行**定期评审**，以验证客户的需求能得到满足。使用自制方法完成客户任务时，需事前征得客户同意，并告知客户可能存在的风险。

4.5.15 【条文解释】

检验检测机构申请资质认定的检验检测项目中，**相关检验检测方法有测量不确定度的要求时，检验检测机构应建立和保持应用评定测量不确定度的程序**，作为评审时检验检测结果的必需应有的程序，**检验检测机构应给出相应检验检测能力的评定测量不确定度案例**。鼓励检验检测机构在**测试出现临界值、进行内部质量控制或客户有要求时，采用测量不确定度方法。**

4.5.16 【条文解释】

1. 检验检测机构应当对所有媒介上的数据予以保护，制定数据保护程序，保证数据的**完整性**和**安全性**。

2. 检验检测机构应当确保自行研发的软件适用于预定的目的，**使用前确认其适用性**，并进行定期、改变或升级后的**再次确认**，应保留相关记录。维护计算机和自动设备以确保其功能正常，并提供保护检测和校准数据完整性所必需的环境和运行条件。

4.5.17 【条文解释】

1. 检验检测机构应建立抽样计划和程序，抽样程序应对抽取样品的选择、抽样计划、提取和制备进行描述，以提供所需的信息。抽样计划和程序

在抽样的地点应能够得到。抽样计划应根据适当的统计方法制定，分析抽样对检验检测结果的影响，抽样过程应注意需要控制的因素，以确保检验检测结果的有效性。

2. 当客户要求对已有文件规定的抽样程序进行添加、删减或有所偏离时，检验检测机构应审视这种偏离可能带来的风险。根据任何偏离不得影响检验检测质量的原则，要对偏离进行评估，经批准后方可实施偏离。应详细记录这些要求和相关的抽样资料，并记入包含检验检测结果的所有文件中，同时告知相关人员。

3. 当抽样作为检验检测工作的一部分时，检验检测机构应有程序记录与抽样有关的资料和操作。这些记录应**包括**所用的抽样程序、抽样人的识别、环境条件（如果相关）、必要时有抽样位置的图示或其他等效方法，如适用，还应包括抽样程序所依据的统计方法。

4.5.18 【条文解释】

1. 检验检测机构应当制定和实施样品管理程序，**规范样品的运输**、接收、制备、处置、存储过程。

2. 检验检测机构应当建立**样品的标识系统**，对样品应有**唯一性标识**和检验检测过程中的**状态标识**。应保存样品在检验检测机构中完整的流转记录，以备核查。流转记录包含**样品群组的细分**和样品在检验检测机构内外部的传递。

3. 检验检测机构在样品接收时，应对其**适用性**进行检查，记录异常情况或偏离。当对样品是否适合于检验检测存有疑问，或当样品与所提供的说明不相符时，或者对所要求的检验检测规定得不够详尽时，检验检测机构应在开始工作之前问询客户，予以明确，并记录下讨论的内容。

4. 检验检测机构应有程序和适当的设施避免样品在存储、处置和准备过程中发生退化、污染、丢失或损坏。如通风、防潮、控温、清洁等，并做好相关记录。应根据法律法规及客户的要求规定样品的保存期限。

4.5.19 【条文解释】

1. 检验检测机构应制定质量控制程序，明确检验检测过程控制要求，覆盖资质认定范围内的全部检验检测项目类别，有效监控检验检测结果的**稳定性**和**准确性**。

2. 检验检测机构应分析**质量控制的数据**，当发现质量控制数据超出**预先确定的判据**时，应采取有计划的措施来纠正出现的问题，并防止报告错误的结果。

3. 检验检测机构应建立和有效实施能力验证或者检验检测机构间比对程序，如通过能力验证或者机构间比对发现某项检验检测结果不理想时，应系统地分析原因，采取适宜的纠正措施，并通过试验来验证其有效性。

4. <u>检验检测机构应参加资质认定部门所要求的**能力验证**或者**检验检测机构间比对**</u>活动。

4.5.20 【条文解释】

1. 检验检测机构应准确、清晰、明确和客观地出具检验检测报告或证书，可以书面或电子方式出具。检验检测机构应制定检验检测报告或证书控制程序，**保证出具的报告或证书满足以下基本要求**：（1）检验检测依据正确，符合客户的要求；（2）报告结果及时，按规定时限向客户提交结果报告；（3）结果表述准确、清晰、明确、客观，易于理解；（4）使用法定计量单位。

2. 检验检测报告或证书应有**唯一性标识**。

3. 检验检测报告或证书批准人的**签字或等效的标识**。

4. 检验检测报告或证书应当按照要求加盖**资质认定标志和检验检测专用章**。

6. 检验检测机构开展由客户送样的委托检验时，检验检测数据和结果仅对来样负责。

4.5.21 【条文解释】

当客户需要对检验检测结果做出说明，或者检验检测过程中已经出现的某种情况需在报告中做出说明，或对其结果需要做出说明时，检验检测机构应本着对客户负责的精神和对自身工作的完备性要求，对结果报告给出必要的附加信息。这些信息包括：对检验检测方法的偏离、增加或删减，以及特定检验检测条件的信息，如环境条件；相关时，符合（或不符合）要求、规范的声明；适用时，评定测量不确定度的声明。当不确定度与检测结果的有效性或应用有关，或客户的指令中有要求，或当不确定度影响到对规范限度的符合性时，还需要提供不确定度的信息；适用且需要时，提出意见和解释；特定检验检测方法或客户所要求的附加信息。

4.5.22 【条文解释】

检验检测机构从事包含**抽样环节的检验检测任务**，并出具检验检测报告或证书时，其检验检测报告或证书还应包含但不限于以下内容：抽样日期；抽取的物质、材料或产品的清晰标识（适当时，包括制造者的名称、标示的型号或类型和相应的系列号）；抽样位置，包括简图、草图或照片；所用的抽样计划和程序；抽样过程中可能影响检验检测结果的环境条件的详细信息；与抽样方法或程序有关的标准或者技术规范，以及对这些标准或者技术规范的偏离、增加或删减等。

4.5.23 【条文解释】

1. 检验检测结果不合格时，客户会要求检验检测机构做出"意见和解释"，用于改进和指导。对检验检测机构而言，"意见和解释"属于附加服务。对检验检测报告或证书做出"意见和解释"的人员，应具备相应的经验，掌握与所进行检验检测活动相关的知识，熟悉检测对象的设计、制造和使用，并经过必要的培训。

2. 检验检测报告或证书的意见和解释可包括（但不限于）下列内容：

a）对检验检测结果符合（或不符合）要求的意见（客户要求时的补充解释）。

b）履行合同的情况。

c）如何使用结果的建议。

d）改进的建议。

4.5.24 当检验检测报告或证书包含了由分包方出具的检验检测结果时，这些结果应予以清晰标明。

【条文解释】

按照4.5.5条款的条文解释进行评审。

4.5.25 【条文解释】

1. 当需要使用电话、传真或其他电子（电磁）手段来传送检验检测结果时，检验检测机构应满足保密要求，采取相关措施确保数据和结果的**安全性、有效性和完整性**。当客户要求使用该方式传输数据和结果时，检验检测机构应有客户要求的记录，并确认接收方的真实身份后方可传送结果，切实为客户保密。

4.5.26 【条文解释】

1. 当需要对已发出的结果报告作更正或增补时，应按规定的程序执行，详细记录更正或增补的内容，重新编制新的更正或增补后的检验检测报告或证书，并注以区别于原检验检测报告或证书的**唯一性标识**。

2. 若原检验检测报告或证书不能收回，应在发出新的更正或增补后的检验检测报告或证书的同时，声明原检验检测报告或证书作废。

4.5.27 【条文解释】

1. 检验检测机构建立**检验检测报告或证书**的**档案**，应将每一次检验检测的合同（委托书）、检验检测原始记录、检验检测报告或证书等一并归档。

2. 检验检测报告或证书档案的保管期限应**不少于6年**，若评审补充要求另有规定，则按评审补充要求执行。

4.6 符合有关法律法规或者标准、技术规范规定的特殊要求

特定领域的检验检测机构，应符合国家认证认可监督管理委员会按照国家有关法律法规、标准或者技术规范，针对不同行业和领域的特殊性，制定和发布的评审补充要求。

【条文解释】

1. 国家认监委按照国家有关法律法规、标准或者技术规范，针对不同行业和领域（如：公安刑侦和司法鉴定）的特殊性，制定和发布资质认定评审补充要求。

2. 对于开展相关特殊行业和领域的检验检测活动的机构，除满足本准则的要求外，还应满足相应的评审补充要求，并按照本准则和评审补充要求的规定，完善和有效运行管理体系，配置满足要求的技术资源，使其各项管理和技术过程能在符合要求的基础上有效运行，满足特殊行业和领域的需要。

例题分析

1. （判断题）检验检测机构资质认定，是指省级以上质量技术监督部门依据有关法律法规和标准、技术规范的规定，对检验检测机构的基本条件和技术能力是否符合法定要求实施的评价许可。（　　）

答案及分析：√。见5.4.1节方框中《检验检测机构资质认定管理办法》第二条。

2. （判断题）检验检测机构作为检验检测活动的第一责任人，应对其出具的检验检测数据、结果负责，并承担相应法律责任。（　　）

答案及分析：√。见5.4.2节方框中《〈检验检测机构资质认定评审准则〉及释义》4.1.1【条文解释】之2。

3. （多项选择题）检验检测机构及其人员从事检验检测活动，应遵守国家相关法律法规的规定，遵循（　　）原则，恪守职业道德，承担社会责任。

A. 客观独立　　　　　　　B. 公平公正
C. 诚实信用　　　　　　　D. 客户至上

答案及分析：选择ABC。见5.4.2节方框中《〈检验检测机构资质认定评审准则〉及释义》4.1.3条款。

4. （判断题）检验检测机构的授权签字人不在时，可以授权代理人员对外签发检验检测报告或证书。（　　）

答案及分析：×。见5.4.2节方框中《〈检验检测机构资质认定评审准则〉及释义》4.2.4【条文解释】之3。

5. （多项选择题）检验检测机构应建立并保留所有技术人员的档案，应有相关（　　）的记录，并包含授权和能力确认的日期。

　　A. 资格、能力确认　　　　　　B. 授权
　　C. 教育、培训　　　　　　　　D. 监督

　　答案及分析：选择 ABCD。见 5.4.2 节方框中《〈检验检测机构资质认定评审准则〉及释义》4.2.7【条文解释】。

6. （单项选择题）需要时，检验检测机构对特定设备进行（　　）以保持稳定性。

　　A. 期间核查　　　　　　　　　B. 日常检查
　　C. 日常保养　　　　　　　　　D. 期间校准

　　答案及分析：选择 A。见 5.4.2 节方框中《〈检验检测机构资质认定评审准则〉及释义》4.4.3【条文解释】之 8。

7. （判断题）检验检测机构应对经检定或校准的仪器设备的检定或校准结果进行确认。只要可行，应使用标签、编码或其他标识确认其检定或校准状态。（　　）

　　答案及分析：√。见 5.4.2 节方框中《〈检验检测机构资质认定评审准则〉及释义》4.4.4【条文解释】之 4。

8. （多项选择题）检验检测机构的管理体系是指为建立方针和目标并实现这些目标的体系，包括（　　）。

　　A. 质量管理体系　　　　　　　B. 技术管理体系
　　C. 行政管理体系　　　　　　　D. 运行管理体系

　　答案及分析：选择 ABC。见 5.4.2 节方框中《〈检验检测机构资质认定评审准则〉及释义》4.5.1【条文解释】之 1。

9. （多项选择题）检验检测机构应建立符合自身实际状况，适应自身检验检测活动并保证其（　　）的管理体系。

　　A. 独立　　　　　　　　　　　B. 公正
　　C. 科学　　　　　　　　　　　D. 诚信

　　答案及分析：选择 ABCD。见 5.4.2 节方框中《〈检验检测机构资质认定评审准则〉及释义》4.5.1【条文解释】之 2。

10. （单项选择题）检验检测机构对投诉人的回复决定，应由与投诉所涉及的检验检测活动的（　　）做出，包括对该决定的审查和批准。

　　A. 无关的人员　　　　　　　　B. 负责人
　　C. 上级负责人　　　　　　　　D. 质量负责人

　　答案及分析：选择 A。见 5.4.2 节方框中《〈检验检测机构资质认定评审准则〉及释义》4.5.8【条文解释】之 2。

11. （多项选择题）检验检测机构的记录分为（　　）。

　　A. 质量记录　　　　　　　　B. 技术记录

　　C. 管理记录　　　　　　　　D. 结果记录

　　答案及分析：选择 AB。见5.4.2节方框中《〈检验检测机构资质认定评审准则〉及释义》4.5.11【条文解释】之1。

12. （判断题）检验检测机构的检验检测方法包括标准方法和非标准方法，非标准方法包含自制方法。（　　）

　　答案及分析：√。见5.4.2节方框中《〈检验检测机构资质认定评审准则〉及释义》4.5.14【条文解释】之2。

13. （单项选择题）应保存样品在检验检测机构中完整的（　　），以备核查。（　　）包含样品群组的细分和样品在检验检测机构内外部的传递。

　　A. 流转记录　　　　　　　　B. 检验检测记录

　　C. 技术记录　　　　　　　　D. 质量记录

　　答案及分析：选择 A。见5.4.2节方框中《〈检验检测机构资质认定评审准则〉及释义》4.5.18【条文解释】之2。

14. （单项选择题）检验检测机构的检验检测报告或证书档案的保管期限应不少于（　　），若评审补充要求另有规定，则按评审补充要求执行。

　　A. 6 年　　　　　　　　　　B. 5 年

　　C. 10 年　　　　　　　　　 D. 8 年

　　答案及分析：选择 A。见5.4.2节方框中《〈检验检测机构资质认定评审准则〉及释义》4.5.27【条文解释】之2。

15. （判断题）检验检测机构建立检验检测报告或证书的档案，应将每一次检验检测的合同（委托书）、检验检测原始记录、检验检测报告或证书等分类归档。（　　）

　　答案及分析：×。见5.4.2节方框中《〈检验检测机构资质认定评审准则〉及释义》4.5.27【条文解释】之1。

同步练习强化

一、单项选择题

1. 检验是指对产品、过程、服务或安装的（　　），或对其设计的（　　），并确定其与特定要求的符合性，或在专业判断的基础上确定其与通用要求的符合性。

　　A. 审查　　　　　　　　　　B. 检查

　　C. 评价　　　　　　　　　　D. 检测

2. 《合格评定基础》一书认为,在合格评定活动中,检验有时也称为( )。
   A. 检查   B. 验证
   C. 审查   D. A 或 C

3. 检测是按照程序确定合格评定对象的( )特性的活动。
   A. 一个   B. 指定
   C. 多个   D. A 或 C

4. 实验室内比对是指按照预先规定的条件,在同一实验室内部对相同或类似的物品进行( )的组织、实施和评价。
   A. 测量   B. 检测
   C. 试验   D. A 或 B

5. 实验室间比对是指按照预先规定的条件,由两个或多个实验室对相同或类似的物品进行测量或检测的( )。
   A. 组织   B. 实施
   C. 评价   D. 以上全部

6. ( )条件是确保检测结果的准确性和有效性的重要因素,实验室应确保( )条件满足检验检测的要求。
   A. 设施   B. 环境
   C. 人员   D. A + B

7. 当相关的规范、方法和程序对环境条件有要求,或环境条件影响结果的有效性时,实验室应( )环境条件。
   A. 监测   B. 控制
   C. 记录   D. 以上全部

8. 设施和环境条件是否有利于检测的正确实施,依据的判断标准是( )。
   A. 不会使检测结果无效
   B. 不会对所要求的测量质量产生不良影响
   C. 不会使检测无法顺利进行
   D. A + B

9. 用于检测的设备在投入使用或重新投入使用前应进行( )。
   A. 验收   B. 校准
   C. 核查   D. B + C

10. 实验室应使用适当的方法和程序开展所有实验室活动,适当时,包括( )。
    A. 测量不确定度的评定   B. 使用统计技术进行数据分析

C. A 或 B   D. A + B

11. 在开始检测之前，实验室应（　　）能正确应用标准的方法，并应保存（　　）方法的记录。
   A. 验证   B. 确认
   C. 试验   D. 检测

12. 实验室应对非标准方法、实验室制定的方法、超出预定范围使用的标准方法，或其他修改的标准方法进行（　　）并保存（　　）记录。
   A. 确认   B. 验证
   C. 试用   D. 试验

13. 实验室检测样品的标识系统应包含（　　）。
   A. 一个样品或一组样品的细分   B. 样品的传递
   C. A 或 B   D. A 和 B

14. 实验室应确保每一项实验室活动的技术记录包含结果、报告和足够的信息，以便（　　）。
   A. 在可能时识别影响测量结果及其测量不确定度的因素
   B. 确保能在尽可能接近原条件的情况下重复该实验室活动
   C. A 或 B
   D. A 和 B

15. 实验室应确保技术记录的修改可以追溯到（　　）。
   A. 前一个版本   B. 原始观察结果
   C. A 或 B   D. A 和 B

16. 实验室应保存原始的以及修改后的数据和文档，包括（　　）。
   A. 修改的日期   B. 标识修改的内容
   C. 负责修改的人员   D. 以上全部

17. 实验室修改已发出的报告时，应仅以（　　）的形式。
   A. 追加文件   B. 数据传送
   C. A 或 B   D. A 和 B

18. GB/T 27020 标准规定了对检验机构的能力及其从事检验活动的（　　）的要求。
   A. 公正性   B. 一致性
   C. A 或 B   D. A + B

19. 检验机构管理评审的输出包括（　　）。
   A. 决定   B. 措施
   C. A 或 B   D. A + B

20. 检验检测机构应具有满足检验检测所需要的工作场所，并依据

（　　），识别检验检测所需要的环境条件，并对环境条件进行控制。

　　A. 标准　　　　　　　　　　B. 技术规范

　　C. 程序　　　　　　　　　　D. 以上全部

21. 检验检测标准或者技术规范对环境条件有要求，以及检验检测机构发现环境条件影响检验检测结果质量时，检验检测机构应（　　）环境条件。

　　A. 监测　　　　　　　　　　B. 控制

　　C. 记录　　　　　　　　　　D. 以上全部

22. 检验检测机构应有内务管理程序，对检验检测场所的（　　）的评价，应以检验检测标准或者技术规范提出的要求为依据。

　　A. 安全　　　　　　　　　　B. 环境

　　C. A 或 B　　　　　　　　　D. A + B

23. 检验检测机构为确保修复后的设备的性能和技术指标符合要求，必须经（　　）表明其能正常工作后方可投入使用。

　　A. 检定　　　　　　　　　　B. 校准

　　C. 核查　　　　　　　　　　D. A、B 或 C

24. 检验检测机构应建立和保持标准物质的管理程序。可能时，标准物质应溯源到（　　）。

　　A. SI 单位　　　　　　　　　B. 有证标准物质

　　C. A 或 B　　　　　　　　　D. A + B

25. 检验检测机构应明确如何对不符合的（　　）进行评价，规定当识别出不符合时采取的纠正措施，并明确（　　）的职责。

　　A. 严重性和可接受性，使工作恢复　　B. 严重性，使工作恢复

　　C. 严重性和可接受性，采取纠正措施　D. 可接受性，使工作恢复

26. 检验检测机构应当在识别出不符合、在（　　）等情况时，应实施纠正措施。

　　A. 管理体系发生不符合

　　B. 在技术运作中出现对政策和程序偏离

　　C. A 或 B

　　D. A + B

27. 书面记录形成过程中如有错误，应采用（　　）方式，并将改正后的数据填写在（　　）处。实施记录改动的人员应在更改处签名或等效标识。

　　A. 杠改　　　　　　　　　　B. 划改

　　C. 标记　　　　　　　　　　D. 涂改

28. 检验检测机构的内部审核是检验检测机构自行组织的管理体系审核，按

照管理体系文件规定，对其管理体系的各个环节组织开展的有（　　）检查活动。

  A. 计划的　　　　　　　　B. 系统的
  C. 独立的　　　　　　　　D. 以上全部

29. 检验检测机构在初次使用标准方法前，应（　　）能够正确地运用这些标准方法。如果标准方法发生了变化，应重新予以（　　），并提供相关证明材料。

  A. 证实　　　　　　　　　B. 试用
  C. 检查　　　　　　　　　D. 检验

30. 检验检测机构在使用非标准方法前应进行（　　），以确保该方法适用于预期的用途，并提供相关证明材料。如果方法发生了变化，应重新予以（　　），并提供相关证明材料。

  A. 确认　　　　　　　　　B. 证实
  C. 验证　　　　　　　　　D. 检验

31. 检验检测机构应当建立样品的标识系统，对样品应有（　　）和检验检测过程中的（　　）。

  A. 唯一性标识，状态标识　　B. 识别性标识，状态标识
  C. 唯一性标识，过程标识　　D. 识别性标识，过程标识

32. 检验检测机构应参加资质认定部门所要求的（　　）活动。

  A. 能力验证　　　　　　　B. 检验检测机构间比对
  C. A 或 B　　　　　　　　D. A + B

33. 当需要使用电话、传真或其他电子（电磁）手段来传送检验检测结果时，检验检测机构应满足保密要求，采取相关措施确保数据和结果的（　　）。

  A. 安全性　　　　　　　　B. 有效性
  C. 完整性　　　　　　　　D. 以上全部

二、多项选择题

1. 检验是指对（　　）的审查，或对其设计的审查，并确定其与特定要求的符合性，或在专业判断的基础上确定其与通用要求的符合性。

  A. 产品、服务　　　　　　B. 过程
  C. 安装　　　　　　　　　D. 体系

2. 在下列哪些情况下，需要对检测设备进行期间核查？（　　）

  A. 设备的性能不太稳定
  B. 使用频率高，经常带离固定场所
  C. 使用不当，或因出现过载易造成测量结果可疑
  D. 临近校准有效期，而又用于关键性能的检测

3. 如样品需要在规定环境条件下储存或调置，应（   ）这些环境条件。
   A. 保持   B. 监控
   C. 记录   D. 改进
4. 实验室内部采取的质量监控技术方法有（   ）。
   A. 使用标准物质或质量控制物质   B. 测量和检测设备的功能核查
   C. 实验室内比对   D. 使用相同或不同方法重复检测
5. 实验室检测报告应包括（   ）全部信息。
   A. 客户同意的   B. 解释结果（说明检测）所必需的
   C. 所用方法要求的   D. 检测过程的
6. 检验机构可代表（   ）实施评审。
   A. 私人客户   B. 其母体组织
   C. 官方机构   D. 技术部门
7. 检验参数包括质量、（   ）。
   A. 数量
   B. 安全
   C. 适用性
   D. 运行中的装置或系统的持续安全符合情况
8. 检验机构的活动，这些活动包括对材料、产品、安装、（   ）进行审查。
   A. 工厂   B. 过程
   C. 工作程序   D. 服务
9. 检验制度指（   ）的管理。
   A. 规则   B. 程序
   C. 实施检验   D. 检验改进
10. 任何检验报告/证书应包括以下哪些内容？（   ）
    A. 检验项目的标识   B. 获授权人员的签名或其他批准标记
    C. 适用时的符合性声明   D. 客户的标识
11. 检验检测机构应对检验检测机构人员的（   ）等进行规范管理。
    A. 资格确认   B. 任用
    C. 授权   D. 能力保持
12. 检验检测机构应对所有从事（   ）的人员，按其岗位任职要求，根据相应的教育、培训、经历、技能进行能力确认并持证上岗。
    A. 抽样   B. 操作设备、检验检测
    C. 签发检验检测报告或证书   D. 提出意见和解释

13. 检验检测机构的记录应包括（　　）的签字或等效标识。
    A. 抽样人员　　　　　　　　　　B. 每项检验检测人员
    C. 结果校核人员　　　　　　　　D. 客户人员

14. 当抽样作为检验检测工作的一部分时，检验检测机构应有程序记录与抽样有关的资料和操作。这些记录应包括所用的（　　），如适用，还应包括抽样程序所依据的统计方法。
    A. 抽样程序
    B. 抽样人的识别
    C. 环境条件（如果相关）
    D. 必要时有抽样位置的图示或其他等效方法

15. 检验检测机构的检验检测报告或证书的意见和解释可包括（但不限于）下列哪些内容？（　　）
    A. 对检验检测结果符合（或不符合）要求的意见（客户要求时的补充解释）
    B. 履行合同的情况
    C. 如何使用结果的建议
    D. 改进的建议

三、判断题

1. "检测"主要适用于材料、产品或过程。　　　　　　　　　　　　（　　）
2. 检测也被称为试验、测试。　　　　　　　　　　　　　　　　　（　　）
3. 合格评定机构应对非标准方法、实验室设计（制定）的方法、超出其预期范围使用的标准方法、扩充和修改过的标准方法进行验证，以证实该方法适用于预期的用途。　　　　　　　　　　　　　　　　　　　　　　　　　（　　）
4. 检测设备是实现检测的技术手段，是测量仪器、软件、测量标准、标准物质等的总称，参考数据、试剂、消耗品或其他辅助装置是检测设备的附属物。
　　　　　　　　　　　　　　　　　　　　　　　　　　　　　　（　　）
5. 校准主要是解决设备示值"准"的问题，而期间核查主要是检查设备校准状态"稳"的问题。　　　　　　　　　　　　　　　　　　　　　　（　　）
6. 通常测量结果的好坏用测量不确定度来衡量，但是测量不确定度只能表现测量的短期质量。　　　　　　　　　　　　　　　　　　　　　　（　　）
7. 实验室更改、修订或重新发布已发出的报告时，应在报告中清晰标识修改的信息，同时要标注修改的原因。　　　　　　　　　　　　　　　（　　）
8. 实验室有必要发布全新的报告时，应予以唯一性标识，并注明所替代的原报告。　　　　　　　　　　　　　　　　　　　　　　　　　　　（　　）
9. 当评价表明不符合工作可能再次发生时，或对实验室的运行与其管理体系的符合性产生怀疑时，实验室应采取纠正措施。　　　　　　　　　（　　）

10. 适当时，对检验结果有显著影响的测量设备，在投入使用前应校准，此后按照制定的计划进行校准。（   ）

11. 检验报告或证书在内外部应能追溯到实施该项检验的检验员。（   ）

12. 当检验工作的一部分由分包方完成时，确定该检验工作是否符合要求的责任应由分包方承担。（   ）

13. C类检验机构是一个可识别但不一定独立的一部分，为其母体机构或其他机构提供检验服务的检验机构。（   ）

14. A类检验机构应独立于所涉及的各方。（   ）

15. B类检验机构的检验服务仅提供给检验机构的母体组织。（   ）

16. 资质认定评审是指国家认证认可监督管理委员会和省级质量技术监督部门依据《中华人民共和国行政许可法》的有关规定，自行或者委托专业技术评价机构，组织评审人员，对检验检测机构的基本条件和技术能力是否符合《检验检测机构资质认定评审准则》和评审补充要求所进行的评价许可。（   ）

17. 检验检测机构应确保用于检验检测的设备（包括用于抽样的设备）在投入使用前应进行检定或校准等方式，以确认其是否满足检验检测标准或者技术规范。（   ）

18. 设备脱离了检验检测机构，这类设备返回后，在使用前，检验检测机构须对其进行校准，得到满意结果后方可使用。（   ）

19. 除非是客户或法律法规指定的分包，检验检测机构应对分包结果负责。（   ）

20. 当客户指定的方法是企业的方法时，则不能直接作为资质认定许可的方法，只有经过检验检测机构转换为其自身的方法并经确认后，方可申请检验检测机构资质认定。（   ）

21. 偏离指一定的允许范围、一定的数量和一定的时间段等条件下的书面许可。检验检测机构应建立允许偏离方法的文件规定。不应将非标准方法作为方法偏离处理。（   ）

22. 鼓励检验检测机构在测试出现临界值、进行内部质量控制或客户有要求时，采用测量不确定度方法。（   ）

四、问答题

1. 请简述"检测""检验""检查""试验""验证"及"确认"等术语的定义。

2. 请简述检测设备的期间核查与校准有什么不同？

3. 合格评定对检测的要求有哪些主要要素？

4. 请简述检测实验室内部的质量监控技术方法有哪些？

5. 请简述检验机构的基本要求。

6. 申请资质认定的检验检测机构应当符合哪些条件？
7. 请简述检验检测机构资质认定的评审要求。
8. 实验室对非标准方法、实验室制定的方法、超出预定范围使用的标准方法，或其他修改的标准方法进行确认的技术有哪些？
9. 检验报告应包括的内容有哪些？

答案点拨解析

一、单项选择题

题号	答案	解析
1	A	见5.1.1节之1方框中GB/T 27020标准3.1条款
2	D	见5.1.1节之1之1)
3	D	见5.1.1节之2方框中GB/T 27000标准4.2条款
4	D	见5.2.1节方框中GB/T 27025标准3.4条款
5	D	见5.2.1节方框中GB/T 27025标准3.3条款
6	D	见5.2.2节之2之1)
7	D	见5.2.2节之2之2)
8	D	见5.2.2节之2之1)
9	D	见5.2.2节之3之3)
10	D	见5.2.2节之4之1)，GB/T 27025标准7.2.1.1条款
11	A	见5.2.2节之4之4)
12	A	见5.2.2节之4之5)
13	D	见5.2.2节之5方框中GB/T 27025标准7.4.2条款
14	D	见5.2.2节之6之2)
15	C	见5.2.2节之6之3)，GB/T 27025标准7.5.2条款
16	D	见5.2.2节之6之3)，GB/T 27025标准7.5.2条款
17	C	见5.2.2节之9方框中GB/T 27025标准7.8.8.2条款
18	D	见5.3.1节方框中GB/T 27020标准的"范围"
19	D	见5.3.3节之1方框中GB/T 27020标准8.5.3条款
20	D	见5.4.2节方框中《〈检验检测机构资质认定评审准则〉及释义》4.3【条文解释】
21	D	见5.4.2节方框中《〈检验检测机构资质认定评审准则〉及释义》4.3.3【条文解释】之1
22	D	见5.4.2节方框中《〈检验检测机构资质认定评审准则〉及释义》4.3.4【条文解释】之1
23	D	见5.4.2节方框中《〈检验检测机构资质认定评审准则〉及释义》4.4.5【条文解释】
24	C	见5.4.2节方框中《〈检验检测机构资质认定评审准则〉及释义》4.4.6【条文解释】

(续)

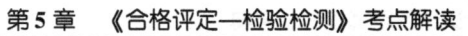

题号	答案	解析
25	A	见5.4.2节方框中《〈检验检测机构资质认定评审准则〉及释义》4.5.9【条文解释】之2
26	C	见5.4.2节方框中《〈检验检测机构资质认定评审准则〉及释义》4.5.10【条文解释】之1
27	A	见5.4.2节方框中《〈检验检测机构资质认定评审准则〉及释义》4.5.11【条文解释】之5
28	D	见5.4.2节方框中《〈检验检测机构资质认定评审准则〉及释义》4.5.12【条文解释】之1
29	A	见5.4.2节方框中《〈检验检测机构资质认定评审准则〉及释义》4.5.14【条文解释】之4
30	A	见5.4.2节方框中《〈检验检测机构资质认定评审准则〉及释义》4.5.14【条文解释】之5
31	A	见5.4.2节方框中《〈检验检测机构资质认定评审准则〉及释义》4.5.18【条文解释】之2
32	C	见5.4.2节方框中《〈检验检测机构资质认定评审准则〉及释义》4.5.19【条文解释】之4
33	D	见5.4.2节方框中《〈检验检测机构资质认定评审准则〉及释义》4.5.25【条文解释】之1

二、多项选择题

题号	答案	解析
1	ABC	见5.1.1节之1方框中 GB/T 27020 标准 3.1 条款
2	ABCD	见5.2.2节之3之4)
3	ABC	见5.2.2节之5方框中 GB/T 27025 标准 7.4.4 条款
4	ABCD	见5.2.2节之8方框中 GB/T 27025 标准 7.7.1 条款
5	ABC	见5.2.2节之9方框中 GB/T 27025 标准 7.8.1.2 条款
6	ABC	见5.3.1节方框中 GB/T 27020 标准 "引言"
7	ABCD	见5.3.1节方框中 GB/T 27020 标准 "引言"
8	ABCD	见5.3.1节方框中 GB/T 27020 标准 "引言"
9	ABC	见5.3.1节方框中 GB/T 27020 标准 3.6 条款
10	ABC	见5.3.2节之6方框中 GB/T 27020 标准 7.4.2 条款、附录B,客户的标识是可选要素
11	ABCD	见5.4.2节方框中《〈检验检测机构资质认定评审准则〉及释义》4.2.1【条文解释】之1
12	ABCD	见5.4.2节方框中《〈检验检测机构资质认定评审准则〉及释义》4.2.5【条文解释】之1

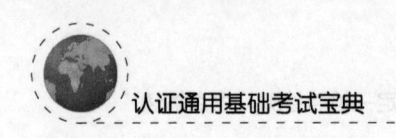

（续）

题号	答案	解析
13	ABC	见5.4.2节方框中《〈检验检测机构资质认定评审准则〉及释义》4.5.11【条文解释】之3
14	ABCD	见5.4.2节方框中《〈检验检测机构资质认定评审准则〉及释义》4.5.17【条文解释】之3
15	ABCD	见5.4.2节方框中《〈检验检测机构资质认定评审准则〉及释义》4.5.23【条文解释】之2

三、判断题

题号	答案	解析
1	√	见5.1.1节之2方框中GB/T 27000标准4.2条款
2	√	见5.1.2节之1)
3	×	见5.1.2节之4) 之②，是"确认"，不是"验证"
4	×	见5.2.2节之3之1)
5	√	见5.2.2节之3之4)
6	×	见5.2.2节之7之2)
7	×	见5.2.2节之9方框中GB/T 27025标准7.8.8.1条款
8	√	见5.2.2节之9方框中GB/T 27025标准7.8.8.3条款
9	√	见5.2.2节之10方框中GB/T 27025标准7.10.3条款
10	√	见5.3.2节之2方框中GB/T 27020标准6.2.6条款
11	×	见5.3.2节之5方框中GB/T 27020标准7.3.2条款
12	×	见5.3.2节之7方框中GB/T 27020标准6.3.3条款
13	√	见5.3.2节之8方框中GB/T 27020标准4.1.6 c)条款
14	√	见5.3.2节之8方框中GB/T 27020标准附录A.1条款
15	√	见5.3.2节之8方框中GB/T 27020标准附录A.2条款
16	×	见5.4.2节方框中《〈检验检测机构资质认定评审准则〉及释义》3.3条款
17	√	见5.4.2节方框中《〈检验检测机构资质认定评审准则〉及释义》4.4.3【条文解释】之2
18	×	见5.4.2节方框中《〈检验检测机构资质认定评审准则〉及释义》4.4.4【条文解释】之6
19	√	见5.4.2节方框中《〈检验检测机构资质认定评审准则〉及释义》4.5.5【条文解释】之3
20	√	见5.4.2节方框中《〈检验检测机构资质认定评审准则〉及释义》4.5.14【条文解释】之3
21	√	见5.4.2节方框中《〈检验检测机构资质认定评审准则〉及释义》4.5.14【条文解释】之7
22	√	见5.4.2节方框中《〈检验检测机构资质认定评审准则〉及释义》4.5.15【条文解释】

四、问答题

1. 见 5.1.1 节、5.1.2 节。

1）检测：检测是按照程序确定合格评定对象的一个或多个特性，进行处理或提供服务所组成的技术操作。检测也被称为试验、测试。

2）检验：对产品、过程、服务或安装的审查，或对其设计的审查，并确定其与特定要求的符合性，或在专业判断的基础上确定其与通用要求的符合性。在合格评定活动中，检验有时也称为检查或审查。

3）检查：审查产品设计、产品、过程或安装并确定其与特定要求的符合性，或根据专业判断确定其与通用要求的符合性的活动。检查结果可用于支持认证。

4）试验：按照程序确定一个或多个特性。

5）验证：提供客观证据，证明给定项目满足规定要求。验证不宜与校准混淆。不是每个验证都是确认。

6）确认：对规定要求满足预期用途的验证。

2. 见 5.2.2 节之 3 之 4）。

设备的期间核查不是再校准，校准主要是解决设备示值"准"的问题，而期间核查主要是检查设备校准状态"稳"的问题。

3. 见 5.2.2 节。

合格评定对检测的要求的主要要素有：

1）检测人员。

2）检测设施和检测条件。

3）检测设备。

4）检测方法。

5）检测样品。

6）检测技术记录。

7）测量不确定度。

8）检测结果的有效性。

9）检测报告。

10）检测活动的不符合。

4. 见 5.2.2 节之 8。

检测实验室内部的质量监控技术方法有：

1）使用标准物质或质量控制物质。

2）使用其他已校准能够提供可溯源结果的仪器。

3）测量和检测设备的功能核查。

4）适用时，使用核查或工作标准，并制作控制图。

5）测量设备的期间核查。

6）使用相同或不同方法重复检测。

7）留存样品的重复检测。

8）物品不同特性结果之间的相关性。

9）报告结果的审查。

10）实验室内比对。

11）盲样测试。

5. 见5.3.2节。

检验机构的基本要求包括人员、设备和设施、检验方法、检验项目和样品的处置、记录、检验报告、分包、检验机构的分类要求等。

6. 见5.4.1节方框中《检验检测机构资质认定管理办法》第九条。

申请资质认定的检验检测机构应当符合以下条件：

1）依法成立并能够承担相应法律责任的法人或者其他组织。

2）具有与其从事检验检测活动相适应的检验检测技术人员和管理人员。

3）具有固定的工作场所，工作环境满足检验检测要求。

4）具备从事检验检测活动所必需的检验检测设备设施。

5）具有并有效运行保证其检验检测活动独立、公正、科学、诚信的管理体系。

6）符合有关法律法规或者标准、技术规范规定的特殊要求。

7. 见5.4.2节方框中《〈检验检测机构资质认定评审准则〉及释义》之4.1、4.2、4.3、4.4、4.5、4.6节第一句话。

检验检测机构资质认定的评审要求有6大要素：

1）依法成立并能够承担相应法律责任的法人或者其他组织。

2）具有与其从事检验检测活动相适应的检验检测技术人员和管理人员。

3）具有固定的工作场所，工作环境满足检验检测要求。

4）具备从事检验检测活动所必需的检验检测设备设施。

5）具有并有效运行保证其检验检测活动独立、公正、科学、诚信的管理体系。

6）符合有关法律法规或者标准、技术规范规定的特殊要求。

8. 见5.2.2节之4之5）。

实验室对非标准方法、实验室制定的方法、超出预定范围使用的标准方法，或其他修改的标准方法进行确认的技术有：

1）使用参考标准或标准物质进行校准或评估偏倚和精密度。

2）对影响结果的因素进行系统性评审。

3）通过改变受控参数（如培养箱温度、加样体积等）来检验方法的稳健度。

4）与其他已确认的方法进行结果比对。

5）实验室间比对。

6）根据对方法原理的理解以及抽样或检测方法的实践经验，评定结果的测量不确定度。

9. 见 5.3.2 节之 6 方框中 GB/T 27020 标准 7.4.2 条款。

检验报告应包括所有以下内容：

1）签发机构的标识。

2）唯一性标识和签发日期。

3）检验日期。

4）检验项目的标识。

5）获授权人员的签名或其他批准标记。

6）适用时的符合性声明。

7）检验结果（检验证书有检验结果时除外）。

第 6 章 《合格评定—认可》考点解读

考试大纲要求

理解、掌握认可的概念：
1）认可的意义及合格评定与认可的关系。
2）认可与认证的关系及区别。
3）我国认可机构及其对认证的作用。
4）中国认可制度的建立，中国认可管理体系及认可制度的分类。
5）认可的程序及要求。
6）与认可及认可机构相关的定义。

考点知识讲解

6.1 认可

6.1.1 认可的概念

1. 《中华人民共和国认证认可条例》所称"认可"

《中华人民共和国认证认可条例》第二条所称认可，是指由认可机构对认证机构、检查机构、实验室以及从事评审、审核等认证活动人员的能力和执业资格，予以承认的合格评定活动。

2. GB/T 27011—2019《合格评定 认可机构要求》中的"认可"定义

下面方框中的内容来自 GB/T 27011—2019 标准。

> **3.1 认可**
> 正式表明合格评定机构（3.4）具备实施特定合格评定工作**能力**的第三方证明。

3. 认可机构

下面方框中的内容来自 GB/T 27011—2019 标准。

> **3.2 认可机构**
> 实施认可（3.1）的权威机构。
> 注：认可机构的权威通常源于政府。

认可机构应是经注册的**法律实体**。认可机构的组织结构和运作应保证其活动的**客观性**和**公正性**。

4. 认可证书

《合格评定基础》一书的定义：认可证书是表明认可机构认可的，合格评定机构所申请并经评审合格的活动范围已被确定的一份或一组正式文件。[认可证书：表明所确定的活动范围已被认可的一份或一组正式文件]

5. 认可标识

《合格评定基础》一书的定义：认可标识是认可机构颁发给其认可的合格评定机构使用的，表示其获得认可资格的标志。[认可标识：认可机构颁发，供已认可合格评定机构使用，表示其已获得认可的标识]

6.1.2 认可的意义

认可一般分为**认证机构认可、检验机构认可、检测机构认可**和**从事评审、审核等认证活动人员的能力认可**。

1. 认证机构认可的意义

认证机构分为管理体系认证机构、产品认证机构和人员认证机构等。

管理体系认证机构的认可，是基于 GB/T 27011—2019《合格评定　认可机构要求》的要求，以 GB/T 27021《合格评定　管理体系审核认证机构要求》为准则进行的评审过程，目的是证实管理体系认证机构具备开展管理体系认证活动的能力。

产品认证机构的认可，是基于 GB/T 27011—2019《合格评定　认可机构要求》的要求，以 GB/T 27065—2015《合格评定　产品、过程和服务认证机构要求》为准则进行的评审过程，目的是证实产品认证机构具备开展产品认证活动的能力。

人员认证机构的认可，是基于 GB/T 27011—2019《合格评定　认可机构要求》的要求，以 GB/T 27024—2014《合格评定　人员认证机构通用要求》为准则进行的评审过程，目的是证实人员认证机构具备开展人员认证活动的能力。

认证机构取得认可，有以下作用：

1）表明认证机构符合认可准则要求，并具备按相应认证标准开展有关认证服务的**能力**。

2）增强认证机构的市场竞争能力，赢得政府部门、社会各界的信任。

3）取得**国际互认协议集团**成员国家和地区认可机构对认证机构能力的信任。

4）参与国际和区域间合格评定机构双边、多边合作交流。

5）可在获认可业务范围内颁发带有 CNAS 国家认可标志和国际互认标志的认证证书。

6）列入获得 CNAS 认可的认证机构名录，提高认证机构知名度。

2. 检测机构认可的意义

检测机构认可通常包括检测机构认可和校准机构认可。检测机构的认可，是基于 GB/T 27011—2019《合格评定　认可机构要求》的要求，以 GB/T 27025—2019《检测和校准实验室能力的通用要求》为准则进行的评审过程，目的是证实检测机构具备开展检测和校准活动的能力。

检测机构取得认可，有下列 5 个方面的需要：

1）贸易发展的需要。检测机构认可体系在全球范围内得到了重视和发展。

2）政府管理部门的需要。通过实验室认可，可保证各类实验室能按照一个统一的标准进行能力评价。

3）社会公正和社会公证活动的需要。通过检测机构认可，可保证实验室的检测/校准能力得到社会承认。

4）产品认证发展的需要。

5）检测机构自我改进和参与检测市场竞争的需要。

6.1.3　合格评定、认可、认证的关系

1. 合格评定与认可的关系

1）合格评定有关的定义。

合格评定有关的定义见下面方框中 GB/T 27000 标准的摘选。

2.1　合格评定

与产品（3.3）、过程、体系、人员或机构有关的规定要求（3.1）得到满足的证实。

注1：合格评定的专业领域包括本标准其他地方所定义的活动，如检测（4.2）、检查（4.3）和认证（5.5），以及对合格评定机构（2.5）的认可（5.6）。

注2：本标准所称的"合格评定对象"或"对象"包含接受合格评定的特定材料、产品、安装、过程、体系、人员或机构。

产品的定义（见3.3的注1）包含服务。

2.5　合格评定机构

从事合格评定服务的机构。

注：认可机构（2.6）不是合格评定机构。

2.7　合格评定制度

实施合格评定（2.1）的规则、程序（3.2）和对实施合格评定的管理。

注：合格评定制度可以在国际、区域、国家或国家之下的层面上运作。

2.8　合格评定方案

与适用相同规定要求（3.1）、具体规则与程序（3.2）的特定合格评定对象相关的合格评定制度（2.6）。

注：合格评定方案可以在国际、区域、国家或国家之下的层面上运作。

2）合格评定与认可的关系。

合格评定的活动包括检测、检验、认证以及对合格评定机构的认可。

《合格评定基础》一书认为，认可机构开展认可活动的依据是**国家法规、国际标准**和**国际惯例**。认可工作处于合格评定活动的最高端。认可是通过具有权威性、独立性和专业性的第三方机构按照**国际标准**等**认可规范**所进行的**技术评价**。评价机构是由经政府授权的专业机构来进行，也就是认可机构。

GB/T 27011—2019 标准"引言"：认可覆盖的活动包括但不限于检测、校准、检验、管理体系认证、人员认证、产品认证、过程认证、服务认证、能力验证提供、标准物质生产和审定核查。

认可机构通常以非营利方式运作，通过**定期评审**合格评定机构，确保其符合相关国际标准及其他规范性文件的要求。

对合格评定机构实施认可的体系旨在根据基于**国际共识**的**标准**及**合格评定方案**提供一致的合格评定，以此加强公共健康及安全、改善环境及福利、支持监管者及最终用户。

2. 认可与认证的区别

认可与认证的区别见表6-1。

表6-1　认可与认证的区别

区　别	要　点
1. 实施的主体不同	认可活动的主体是**权威机构**，其权限通常来自政府。中国合格评定国家认可委员会得到了国务院授权的中国国家认证认可监督管理委员会（CNCA）的正式授权，是中国的官方认可机构 认证活动的主体是独立于供方和客户的第三方，它可以是官方的，也可以是民间的、私有的，不具有法律上的权威性
2. 实施的客体不同	认可活动的对象是合格评定机构，即提供下列合格评定服务的组织：校准、检测、检验、管理体系认证、人员注册和产品认证 认证的对象是产品、服务和管理体系，认证的客体是需要进行认证审核的各类组织，比如企业或其他组织

(续)

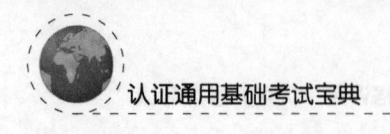

区别	要点
3. 实施效力的比较	认可是政府或其授权部门做出的"第三方证明",具有权威性;认证是认证机构所做出的第三方的"书面保证",具有客观公正性、可信性。 认证认可活动应当遵循客观独立、公开公正、诚实信用的原则(《中华人民共和国认证认可条例》第六条)
4. 活动性质的比较	认可既可以是强制性的,也可以是自愿性的 认证既可以是强制性的,也可以是自愿性的

6.1.4 认可的一般程序

《合格评定基础》一书是以 GB/T 27011—2005《合格评定 认可机构通用要求》老标准来讲述认可流程。认可流程包括认可申请、资源评估、评审准备、文件和记录的审查、现场评审、评审发现的分析和评审报告、认可的决定和授予、复评和监督。复评和监督是合格评定机构保持认可授予的条件,其他环节是获得认可授予的条件。

GB/T 27011—2019《合格评定 认可机构要求》里的认可流程是:认可申请、资源评估、评审准备、成文信息的审查、评审、认可决定与认可信息、监督评审和复评。

本书按 GB/T 27011—2019 的要求介绍认可的一般程序,请考生注意与《合格评定基础》一书的不同之处。

认可的一般程序见 GB/T 27011—2019 标准第 7 章,下面方框中的内容是 GB/T 27011—2019 标准的摘选和标识。

> **7 过程要求**
> **7.1 认可要求**
> 对合格评定机构进行认可的通用要求,应根据合格评定机构运作相关的国际标准和(或)其他规范性文件制定。
> **7.2 认可申请**
> 7.2.1 认可机构应要求由申请认可的合格评定机构授权的代表提出正式申请,内容包括:
> a) 合格评定机构的基本情况,包括法律实体、名称、地址、法律地位及人力与技术资源。
> b) 合格评定机构的基本信息,如:当其是更大法律实体的一部分时,两者的关系;所有实体场所的地址;在所有场所(包括虚拟场所)开展活动的信息。

c) 7.8.3 规定的界定清晰的合格评定机构申请认可范围，适用时，包括能力限制范围。

d) 持续符合认可要求和履行合格评定机构义务的**承诺**。

7.2.2 评审开始前，认可机构应要求申请认可的合格评定机构提供覆盖认可要求的信息。

7.2.3 认可机构应审查合格评定机构提供的信息，以确定该认可申请是否适宜进入评审阶段。

7.2.4 在认可申请或初始评审的任何节点，如果有证据表明合格评定机构存在欺诈行为、故意提供虚假信息或隐瞒信息，则认可机构应拒绝申请或终止评审过程。

7.2.5 如果认可机构在初始评审前实施**预访问**，应获得合格评定机构的同意。认可机构应有明确规则规定预访问的实施并注意避免提供咨询。

7.3 资源评估

7.3.1 认可机构应评估其对申请的合格评定机构实施评审的能力，该评估应从自身政策和程序、具备的能力以及是否有适用的参与评审及认可决定的人员等方面来进行。

7.3.2 资源评估还应包括认可机构及时实施初次评审的能力。初次评审不能及时进行时，应通知合格评定机构。

7.4 评审准备

7.4.1 认可机构应根据**评审的范围**指派评审组，评审组应由一名评审组长和根据需要确定的、数量适当的**评审员**和（或）**专家**组成。在选择评审组时，认可机构应确保为每次评审所选择的评审组具备适当的**专业知识与技能**。评审组作为一个整体，尤其应：

a) 在特定的认可范围内具有相应的知识。

b) 有足够的理解力，能够对合格评定机构在认可范围内的运作能力实施可靠的评审。

7.4.2 认可机构应提前足够时间将评审组成员和观察员姓名及所属组织告知合格评定机构，使合格评定机构可以对指派的评审组成员或观察员提出异议并给出理由。认可机构应有处理上述异议的规定。

7.4.3 认可机构应明确地规定评审组的任务。

7.4.4 认可机构应建立形成文件的程序，对合格评定机构在其认可范围内实施的所有活动的**能力**进行评审，无论这些活动在何处实施。这些程序应说明如何使用**现场评审**与其他**评审技术**相结合的方式，为合格评定机构申请认可和已认可的范围符合相关**认可准则**提供足够的信心。

7.4.5 该程序还应确保评审组对认可范围内**有代表性**的合格评定活动样本进行评审，评审中应抽取**足够数量**的**场所和人员样本**，以确定合格评定机构在其认可范围内开展活动的**能力**。

7.4.6 以上活动的选择，认可机构应考虑认可范围覆盖的活动、场所和人员带来的风险。

7.4.7 认可机构应制定**评审计划**，以覆盖评审的活动、活动所涉及的场所、适用时接受评审的人员、利用的评审技术，包括适宜时或适用时进行<u>见证</u>。认可机构应对见证不适宜或不适用的情况给出正当理由。

7.4.8 认可机构应与合格评定机构确认评审日期和计划。

7.4.9 认可机构应确保评审组获得适当的文件、以往评审的记录（适用时）及合格评定机构的相关文件和记录。

7.5 成文信息的审查

7.5.1 评审组应审查合格评定机构提供的所有相关成文信息，<u>以评价其体系与相关标准和其他认可要求的**符合性**</u>。

7.5.2 认可机构根据成文信息的审查情况，可以决定不实施后续的评审。在此情况下，认可机构应将结果和理由**书面通报**合格评定机构。

7.6 评审

7.6.1 认可机构应有形成文件的程序描述使用的评审技术、评审技术的使用条件和评审时间确定的规则。该程序还应包括认可机构如何向合格评定机构报告**评审发现**。

7.6.2 无论**现场评审**还是**远程评审**，评审组均应以**首次会议**开始评审。首次会议上应明确评审目的和认可要求，确认评审计划和评审范围。

7.6.3 评审组应根据**评审计划**开展评审。

［说明：对认证机构的评审包括办公室评审、见证评审（需要时）。办公室评审是指在认证机构办公场所实施的评审。见证评审是指通过对认证机构实施认证活动过程的观察而进行的评审］

7.6.4 评审组应分析**现场评审前**和**现场评审过程中**收集的所有相关信息和客观证据，<u>通过确认合格评定机构与认可相关要求的**符合性**来**确定其能力**</u>。

7.6.5 评审组不能就某项评审发现形成结论时，应当提请认可机构予以澄清。

7.6.6 认可机构形成文件的报告程序应规定下列要求：

a）对于现场评审或远程评审，评审组在评审结束后应与合格评定机构召开会议［说明：此会议可称为末次会议］，报告评审发现，以**书面形式**陈

述所有不符合项，并应给予合格评定机构就**评审发现**（包括不符合，如有）及其依据澄清的机会。

b) 认可机构应在规定时限内向合格评定机构提供关于评审结果的**书面评审报告**，不应有不当延误。该报告应包括**对能力的评价意见**以及**所评审范围**，还应明确为满足所有认可要求而需要解决的不符合（如有）。评审报告中对**能力评价的意见**应足以支持**评审结论**。评审组在某些方面提出的可能的改进建议也可提交给合格评定机构，但不应给出具体的解决方案。

c) 如果有关评审结果的报告［见 b)］与评审结束时提供的结果［见 a)］不一致，认可机构应向被评审的合格评定机构做出书面解释。

7.6.7 认可机构应对评审报告的所有内容负责。

7.6.8 当识别出不符合，认可机构应规定采取纠正和（或）纠正措施的时限。认可机构应要求合格评定机构对不符合的程度及原因进行分析（如：根本原因分析），并说明在规定时间内为解决已识别的不符合采取或计划采取的特定措施。

7.6.9 认可机构应审查合格评定机构针对不符合做出的整改，并确定所采取措施的充分性和适宜性。

如发现其整改不充分，应要求其提供进一步的信息。此外，可要求提供所采取措施得到有效实施的**证据**，或进行**跟踪评审**以验证纠正措施实施的有效性［说明：纠正措施的评审验证一般有**书面验证**和**现场验证**两种方式］。

7.7 认可决定

7.7.1 认可机构应对所有类型的认可决定过程做出描述。

7.7.2 认可机构应确保每项批准、保持、扩大、缩小、暂停或撤销的认可决定由具备能力的且**未参与评审的人员或委员会**做出。如果保持不涉及复评（见7.9.4）且不涉及范围变更，或合格评定机构主动要求缩小、暂停或撤销，认可机构可实施不包含独立认可决定的过程。

7.7.3 提供给认可决定人员的信息应包括：

a) 合格评定机构的唯一识别信息。
b) 评审日期和类型（如：初评，复评）。
c) 参加评审的评审员和技术专家（适用时）的姓名。
d) 所有已评审场所的唯一识别信息。
e) 经过评审的认可范围。
f) 评审报告。
g) 对合格评定机构采用的内部组织架构和程序的充分性与适宜性的陈述以对其能力树立信心，该陈述是根据合格评定机构与认可要求的符合性确定的。

h) 能够证明所有不符合得到满意回应的足够信息。

i) 相关时，任何有助于通过确定合格评定机构要求满足情况确认其能力的进一步信息。

j) **适用时**，就建议的范围**提出认可决定的推荐意见**。

7.7.4 在做出决定前，认可机构应有充分的信息来判断认可要求已得到满足。

7.7.5 认可机构应基于对获得的所有信息（见7.9.3）和任何其他相关信息的评价做出认可决定，不应有不当延误；认可决定及其理由（相关时）应通知合格评定机构，不应有不当延误。

7.7.6 认可机构使用另一认可机构的评审结果时，应确保该认可机构按本标准的要求运作。

7.8 认可信息

7.8.1 认可机构应向已认可的合格评定机构提供认可信息。这些信息应标明：

a) 认可机构的身份标识与徽标（相关时）。

b) 获得认可的合格评定机构名称，若该名称与其法律实体名称不同，还应标明其法律实体名称。

c) 认可范围。

d) 获得认可的合格评定机构的场所，适用时，包括在认可范围内每一场所实施的合格评定活动。

e) 获得认可的合格评定机构唯一的认可识别信息。

f) 认可的生效日期，适用时，认可的有效期或更新日期。

g) 符合性声明以及评审该合格评定机构所采用的标准和（或）其他规范性文件（包括版次或修订）。

注：信息可以**认可证书**或其他适当的方式（如电子媒介）提供。

7.8.2 认可的**生效日期**应**是认可决定之日或之后的日期**。

7.8.3 认可范围应至少标明：

a) 对于认证机构：

——认证的类型（如：管理体系、产品、过程、服务或人员）。

——**认证方案**。

——适用时，对管理体系、产品、过程、服务或人员进行认证所依据的标准、规范性文件和（或）法规要求。

——相关时，行业类别。

——相关时，产品、过程、服务及人员类别。

b）对于检验机构：
——检验机构的类型（ISO/IEC 17020 中规定的类型）。
——相关时，检验方案。
——获得认可批准的检验领域和范围。
——适用时，包括实施检验所依据的适用的法规、检验方法、标准和（或）规范。

c）对于校准实验室：
——校准和测量能力（CMC）应以下列形式表述。
——被测量或参考物质。
——校准/测量方法/规程和被校准/测量的仪器/材料的类型。
——适用时，测量范围和附加参量，如外加电压的频率。
——测量不确定度。

d）对于检测实验室（包括医学实验室）：
——检测的材料或产品。
——检测的成分/参数或特性。
——所从事的检测项目或检测类型，适用时，使用的技术、方法和（或）设备。

e）对于能力验证提供者：
——能力验证提供者有能力提供的计划。
——能力验证项目类型。
——待鉴定、测量或检测的待测量或特性，或适用时，待测量或特性的类型。

f）对于标准物质生产者：
——标准物质的具体类别［有证标准物质和（或）标准物质］。
——标准物质的基体。
——成分特征。
——赋予特性值所使用的方法。

g）对于审定核查机构：
——活动的识别［审定和（或）核查］。
——开展审定和（或）核查活动适用的标准、规范性文件、法规要求。
——相关时，审定和（或）核查方案。
——相关时，行业类别。

h）对于其他合格评定机构：
——合格评定机构获得认可的特定合格评定活动。

——适用时开展合格评定活动依据的标准、规范性文件、法规要求。

——相关时，合格评定方案。

——相关时，行业类别。

7.8.4 如果认可机构使用弹性认可范围，应有形成文件的程序规定其如何处理与管理弹性范围。该程序应包括认可机构如何满足 7.8.3 中 a)~h)，包括说明 a)~h) 所要求的信息如何得到维护，如何在要求时可获取。

7.9 认可周期

7.9.1 认可周期开始于**做出批准初次认可的决定**或**复评（7.9.4）决定**之日或之后。认可周期最长不应超过 **5 年**。

7.9.2 在认可周期内，认可机构应运用**评审方案**来评审合格评定机构活动，以确保认可范围内的相关场所中**具有代表性的合格评定活动**得到评审（见 7.4.4）。认可机构在制定评审方案时，应考虑其对合格评定机构管理体系及活动的了解，以及合格评定机构的表现等因素。

7.9.3 基于风险考虑，评审方案应确保**标准的要求、其他规范性文件要求**（包括对合格评定机构的要求）以及**认可范围**得到评审。至少**每 2 年**应对认可范围的样本评审一次。两次连续的现场评审的时间间隔不应超过 2 年[**监督评审时间要求**]。如果认可机构确定现场评审不适用，应使用其他**评审技术**替代现场评审并达到相同的目的。认可机构应证明使用该技术的**适宜性**（如：远程评审）。

7.9.4 认可周期结束前，应策划并实施**复评**，复评策划**应考虑认可周期内从评审活动中收集的信息。复评应确认合格评定机构能力，并覆盖合格评定机构获得认可应符合的标准的**全部要求**。应在复评后出认可决定。

7.9.5 认可机构可根据投诉、变更，或其他可能影响合格评定机构满足认可要求能力的事件安排**非例行评审**。认可机构应告知合格评定机构这种可能性。

7.10 扩大认可

7.10.1 认可机构应有形成文件的程序规定认可范围的扩大。基于扩大范围覆盖的活动或场所带来的风险，认可机构应明确适用的**评审技术**并考虑 7.3~7.9 的相关要求。

7.10.2 审核评审方案和策划后续评审时，认可机构应考虑已批准的扩大认可范围情况。

7.11 暂停、撤销或缩小认可

7.11.1 认可机构应有形成文件的程序和准则规定暂停、撤销和缩小认可的条件。当获得认可的合格评定机构**违反认可规则**、不能满足认可要求，

或**主动**申请暂停、撤销或缩小认可时,认可机构应做出暂停、撤销或缩小认可的决定。

7.11.2 当证实存在欺诈行为,或合格评定机构故意提供虚假信息,或隐瞒信息,认可机构应**撤销**其认可资格。

7.11.3 认可机构应将认可暂停的恢复程序和准则形成文件。

《合格评定基础》一书对实验室能力验证和其他比对进行了讲解。实验室能力验证和其他比对环节是认可机构加入和维持国际相互承认协议的必要条件之一。

实验室间比对是指按照预先规定的条件,由两个或多个实验室对相同或类似的物品进行测量或检测的组织、实施和评价。

实验室能力验证是指利用实验室间比对,按照预先制定的准则评价参加者的能力。

《合格评定基础》一书认为,实验室能力验证活动包括以下三个方面:

1)能力验证计划。

2)经认可机构批准或合作的实验室间比对。

3)测量审核活动。

实验室能力验证的有多种**方法**,常用的有以下两个:

1)**实验室间比对**。不同实验室对同一个样品进行检验检测,检验检测结果的偏差是不是在可接受的范围内。

2)**盲样**。实验室从上级实验室领取盲样,按照规定的方法进行检验检测,检验检测结果的偏差是不是在可接受的范围内。

原则上通过认可的实验室**每年要参加一次**实验室能力验证活动。

例题分析

1.(多项选择题)认可评审组还应随机抽取合格评定机构(   )的工作人员,对其进行评审。**(真题)**

　　A. 从事认可工作的　　　　　B. 有代表性的
　　C. 一定数量的　　　　　　　D. 正式聘用的

答案及分析:选择 BC。见 GB/T 27011—2005 老标准 7.7.3 条款(《合格评定基础》P196):评审组应见证合格评定机构一定数量的、有代表性的工作人员的表现,为确认合格评定机构在整个认可范围内的能力提供保证。

2.(单项选择题)认证机构取得认可,有以下哪方面的作用?(   )**(真题)**

　　A. 表明认证机构符合法规要求　　B. 增加认证机构的利润

C. 表明认证机构符合认可准则要求　D. 表明认证机构获得国家承认

答案及分析：选择 C。见 6.1.2 节之 1 之 1)。

3. （多项选择题）认可的程序通常包括（　　）。(真题)

   A. 文件和记录的审查　　　　　B. 复评和监督
   C. 现场评审　　　　　　　　　D. 认可申请

   答案及分析：选择 ABCD。见 6.1.4 节，这是按 GB/T 27011—2005《合格评定　认可机构通用要求》老标准来描述的。

4. （判断题）认可机构对获得认可的合格评定机构进行的复评和监督，是合格评定机构保持认可授予的条件。（　　）(真题)

   答案及分析：√。见 6.1.4 节。

5. （单项选择题）认证机构取得认可，表明该认证机构取得（　　）互认协议集团成员国家和地区认可机构对认证机构能力的信任。

   A. 国际　　　　　　　　　　　B. 地区
   C. 国内　　　　　　　　　　　D. 以上全部

   答案及分析：选择 A。见 6.1.2 节之 1 之 3)。

6. （单项选择题）认证机构取得认可，表明该认证机构符合认可准则要求，并具备按相应认证标准开展有关认证服务的（　　）。

   A. 能力　　　　　　　　　　　B. 行政许可
   C. 基本条件　　　　　　　　　D. 合法性

   答案及分析：选择 A。见 6.1.2 节之 1 之 1)。

7. （单项选择题）认可是指正式表明（　　）具备实施特定合格评定工作能力的第三方证明。

   A. 认可机构　　　　　　　　　B. 合格评定机构
   C. 认证机构　　　　　　　　　D. 检验机构

   答案及分析：选择 B。见 6.1.1 节之 2（GB/T 27011 标准 3.1 条款）。

8. （单项选择题）认可是政府或其授权部门做出的"第三方证明"，具有（　　）。

   A. 客观性　　　　　　　　　　B. 专业性
   C. 公正性　　　　　　　　　　D. 权威性

   答案及分析：选择 D。见 6.1.3 节之 2 表 6-1 第 3 项。

9. （多项选择题）从认可活动的性质上看，认可可能是（　　）的。

   A. 指定性　　　　　　　　　　B. 强制性
   C. 自愿性　　　　　　　　　　D. 客户要求

   答案及分析：选择 BC。见 6.1.3 节之 2 表 6-1 第 4 项。

10. （多项选择题）《中华人民共和国认证认可条例》所称认可，是指由认可机构对（　　）的能力和执业资格，予以承认的合格评定活动。

A. 认证机构　　　　　　　　B. 检查机构
C. 实验室　　　　　　　　　D. 从事认证活动人员

答案及分析：选择 ABCD。见 6.1.1 节（《中华人民共和国认证认可条例》第二条）。

11. （判断题）中国的认可机构是政府机构，不需要注册为法律实体。（　　）

答案及分析：×。见 6.1.1 节之 3。

6.2　我国认可制度和认可方案

6.2.1　我国认可制度的建立

我国认可制度的建立分三个阶段：

1）从萌芽到形成概念阶段。

2）从概念到开展工作阶段。

1993 年，我国颁布《中华人民共和国产品质量法》，对认证机构的能力评审即认可做出规定，"认可"首次在我国以法律法规的形式出现，"认可"概念正式形成。

3）从开展工作到形成制度化的认可制度阶段。

2001 年成立的中国国家认证认可监督管理委员会（CNCA）是国务院授权的履行行政管理职能，统一管理、监督和综合协调全国认证认可工作的主管机构。

2003 年 9 月，我国颁布《中华人民共和国认证认可条例》，使认证认可工作全面走向法制化的道路。

2006 年成立的中国合格评定国家认可委员会（CNAS）是根据《中华人民共和国认证认可条例》的规定，由国家认证认可监督管理委员会批准设立并授权的国家机构，统一负责对认证机构、实验室和检查机构等相关机构的**认可**工作。实现了我国认可体系的集中统一，形成了"统一体系、共同参与"的认可工作体制。

6.2.2　我国认可的管理体系

中国合格评定国家认可委员会（CNAS）按照 GB/T 27011—2019/ISO/IEC 17011：2017《合格评定　认可机构要求》建立和保持**认可管理体系**，为国内外的合格评定机构提供认可服务。

《合格评定基础》一书认为，中国合格评定国家认可委员会（CNAS）**认可活动范围**包括对认证机构、检测和校准实验室、检查机构、能力验证提供者和标准物质生产者的认可。

CNAS 对外发布的文件由**机构规则**和**认可规范**两大类文件构成。

1. 中国合格评定国家认可委员会（CNAS）认可制度体系表

认可制度体系表是对 CNAS 认可制度**类别、层级和体系结构**的基本体现。认可制度体系表是根据认可制度的内在联系进行排列组合，从**认可门类、基本认可制度、专项认可制度**和**分项认可制度**四个层次逐级展开，表达了不同认可制度间的相互关系，体现了认可制度的整体规划。认可制度体系表可从 CNAS 网站下载。

我国的认可制度覆盖了国际通行的**认证机构认可、实验室认可、检验机构认可、审定与核查机构认可** 4 大认可门类。

截至 2022 年 1 月，已制定的认可制度见表 6-2。

表 6-2　认可制度统计表

统计项（按门类）	认证机构认可	实验室认可	检验机构认可	共　计
基本认可制度	5	9	1	15
专项认可制度	26	11	1	38
分项认可制度	31	16	1	48

2. 认可规范

认可规范是**认可规则、认可准则、认可指南和认可方案**文件的总称。《合格评定基础》一书认为，认可制度的管理体系由**认可规范**文件来体现。

1）认可规则（R 系列）。

认可规则（R 系列）：CNAS 实施认可活动的政策和程序，包括**通用规则**和**专项规则**类文件。

2）认可准则（C 系列）。

认可准则（C 系列）：CNAS 认可的合格评定机构应满足的基本要求。包括**基本准则**（如等同采用的相关 ISO/IEC 标准、导则等）以及对其的**应用指南或应用说明**（如采用的 IAF、ILAC 制定的对相关 ISO/IEC 标准、导则的应用指南，或其他相关组织制定的规范性文件，以及 CNAS 针对特别行业制定的特定要求等）文件。

3）认可指南（G 系列）。

认可指南（G 系列）：CNAS 对认可准则的说明或应用指南，包括通用和专项说明或应用指南类文件。

4) 认可方案（S 系列）。

认可方案（S 系列）：是 CNAS 针对特别领域或行业对上述认可规则、认可准则和认可指南的补充。

《合格评定基础》一书认为，认可规范根据申请认可的合格评定机构的门类不同分别制定和发布，一般包括：通用规则、专用规则、基本准则、专用准则、认可指南和认可方案等。

3. 认可方案说明

《合格评定基础》一书认为，认可方案是认可机构对认证机构申请认可提出的**特定要求和指南**，不同的认可领域有不同的认可方案。认证机构申请认可时，要按照认可方案要求进行。认可方案与相关认可规则、认可准则共同用于认可机构对认证机构的认可。

认证机构认可、实验室认可和检验机构认可都有相应的认可方案。**认可方案**是认可机构对合格评定机构进行认可的依据，同时也是认证机构、实验室和检验机构申请认可的依据，包含认可申请、认可的前期准备（认可机构和认可对象）、认可的办公室评审、见证评审、认可决定、监督评审及复评等流程。

例题分析

1. （单项选择题）为使我国的认可活动顺利进行，CNAS 制定了中国认可制度的管理体系。管理体系由认可规则、认可准则、认可指南和（　　）四部分组成。(真题)

　　A. 专用规则　　　　　　　　B. 技术报告
　　C. 认可规范文件　　　　　　D. 认可方案

答案及分析：选择 D。见 6.2.2 节之 2。

2. （单项选择题）我国认证认可制度覆盖了国际通行的（　　）认可。(真题)

　　A. 政府、社会团体、企业　　　B. 实验室、企业、认证机构
　　C. 认证机构、企业、政府机关　D. 检验机构、实验室、认证机构

答案及分析：选择 D。见 6.2.2 节之 1。

3. （多项选择题）认可机构的管理体系由认可规范文件来体现，认可规范包括（　　）。

　　A. 认可规则　　　　　　　　B. 认可准则
　　C. 认可指南　　　　　　　　D. 认可方案

答案及分析：选择 ABCD。见 6.2.2 节之 2。

4.（判断题）认可准则（C系列）是指CNAS认可的合格评定机构应满足的基本要求。包括通用准则（如等同采用的相关ISO/IEC标准、导则等）以及对其的应用指南或应用说明文件。（　　）

答案及分析：×。见6.2.2节之2之2）。不是"通用准则"，而是"基本准则"。

5.（判断题）认可指南（G系列）是指CNAS对认可准则的说明或应用指南，包括通用和专项说明或应用指南类文件，是被认可的合格评定机构应满足的基本要求。（　　）

答案及分析：×。见6.2.2节之2之3）。认可指南（G系列）不是被认可的合格评定机构应满足的基本要求。

6.（单项选择题）（　　）是CNAS针对特别领域或行业对认可规则、认可准则和认可指南的补充。

A. 认可方案（S系列）　　　　　B. 认可规则（R系列）
C. 认可准则（C系列）　　　　　D. 认可指南（G系列）

答案及分析：选择A。见6.2.2节之2之4）。

7.（多项选择题）认可制度体系表是根据认可制度的内在联系进行排列组合，从（　　）四个层次逐级展开，表达了不同认可制度间的相互关系，体现了认可制度的整体规划。

A. 认可门类　　　　　　　　　　B. 基本认可制度
C. 专项认可制度　　　　　　　　D. 分项认可制度

答案及分析：选择ABCD。见6.2.2节之1。

8.（单项选择题）（　　）用于认可机构对认证机构的认可。

A. 认可方案　　　　　　　　　　B. 认可规则
C. 认可准则　　　　　　　　　　D. 以上全部

答案及分析：选择D。见6.2.2节之3。

6.3　认可机构

6.3.1　认可机构的相关定义

下面方框中是来自GB/T 27011—2019《合格评定　认可机构要求》中的有关认可机构的相关定义。

> **3.2　认可机构**
> 实施认可（3.1）的权威机构。
> 注：认可机构的权威通常源于政府。

3.3 认可机构徽标
认可机构（3.2）用来自我识别的徽标。

3.6 认可范围
申请认可或已获得认可（3.1）批准的特定合格评定活动。

3.8 认可方案
有关合格评定机构认可（3.1）的规则和程序，这些规则和程序遵循相同的要求。

3.11 认可过程
认可方案（3.8）规定的，从申请认可到批准和保持认可（3.1）的所有活动。

3.12 认可标识
认可机构（3.2）颁发，供已认可合格评定机构使用，表示其已获得认可的标识。

3.13 认可决定
批准（3.14）、保持（3.15）、扩大（3.16）、缩小（3.17）、暂停（3.18）及撤销（3.19）认可（3.1）的决定。

3.14 批准认可
对确定的认可范围（3.6）授予认可（3.1）。

3.15 保持认可
确认持续保持特定认可范围的认可（3.1）。

3.16 扩大认可
在认可范围（3.6）中增加合格评定活动。

3.17 缩小认可
取消部分认可范围（3.6）。

3.18 暂停认可
临时对全部或部分认可范围（3.6）进行限制。

3.19 撤销认可
取消全部认可（3.1）范围。

3.24 评审技术
认可机构（3.2）实施评审（3.22）所使用的方法。

注：评审技术包括但并不限于：
——现场评审。
——远程评审（3.26）。
——见证（3.25）。

——文件评审。
——档案评审。
——测量审核。
——对能力验证或其他实验室间比对的评审。
——确认审核。
——不通知的检查。
——面谈。

3.25 见证
认可机构（3.2）对合格评定机构（3.4）在其认可范围（3.6）内实施合格评定活动的观察。

《合格评定基础》一书还给出了以下3个定义：

1）认证机构认可。

认证机构认可是正式表明认证机构具备实施特定合格评定工作能力的第三方证明。认证机构认可过程主要分为三阶段：申请、评审和评定批准。

2）实验室认可。

实验室机构认可是正式表明检测和/或校准实验室具备实施特定指定类型的检测和/或校准能力的第三方证明。

3）检查机构认可。

检查机构认可是正式表明检查机构具备实施特定检查工作能力的第三方证明。

6.3.2 认可机构介绍

1. 认可机构的国际概况

1）国际实验室认可合作组织（ILAC）。ILAC的成员分为全权成员、联系成员、准成员、区域合作组织和相关管理协会。区域合作组织成员分别是亚太地区APLAC、欧洲EA、美洲IAAC。南部非洲SADCA和非洲AFRAC。APLAC是有关实验室、检查机构及标准物质生产者认可的区域合作组织。

2）国际认可论坛（IAF）。1993年成立，总目标是实现"一次检测、一次检查、一次认证、全球承认"。

2. 中国合格评定国家认可委员会（CNAS）

1）CNAS宗旨（来自CNAS网站）。

中国合格评定国家认可委员会的宗旨是推进合格评定机构按照相关的标准和规范等要求加强建设，促进合格评定机构以**公正的行为、科学的手段、准确的结果**有效地为社会提供服务。

2) CNAS 主要任务（来自 CNAS 网站）。

① 按照我国有关法律法规、国际和国家标准、规范等，建立并运行合格评定机构国家认可体系，制定并发布认可工作的规则、准则、指南等规范性文件。

② 对境内外提出申请的合格评定机构开展能力评价，做出认可决定，并对获得认可的合格评定机构进行认可监督管理。

③ 负责对认可委员会徽标和认可标识的使用进行指导和监督管理。

④ 组织开展与认可相关的人员培训工作，对评审人员进行资格评定和聘用管理。

⑤ 为合格评定机构提供相关技术服务，为社会各界提供获得认可的合格评定机构的公开信息。

⑥ 参加与合格评定及认可相关的国际活动，与有关认可及相关机构和国际合作组织签署双边或多边认可合作协议。

⑦ 处理与认可有关的申诉和投诉工作。

⑧ 承担政府有关部门委托的工作。

⑨ 开展与认可相关的其他活动。

3) CNAS 的组织结构。

CNAS – J01《中国合格评定国家认可委员会章程》中对 CNAS 的组织结构有说明，下面方框中的内容是 CNAS – J01 的摘选和标识。

> **第一章　总则**
>
> **第一条**　中国合格评定国家认可委员会（以下简称"认可委员会"）是根据《中华人民共和国认证认可条例》的规定，由国家认证认可监督管理委员会批准设立并授权的国家认可机构，统一负责对认证机构、实验室和检验机构等相关机构（以下简称"合格评定机构"）的认可工作，英文名称为：China National Accreditation Service for Conformity Assessment（英文缩写为：CNAS）。
>
> **第二条**　认可委员会的宗旨是推进合格评定机构按照相关的标准和规范等要求加强建设，促进合格评定机构以**公正的行为、科学的手段、准确的结果**有效地为社会提供服务。
>
> **第三条**　认可委员会依据国家相关**法律法规**、国际和国家**标准**、**规范**等开展认可工作，遵循**客观公正、科学规范、权威信誉、廉洁高效**的工作原则。认可委员会确保认可工作的公正性，并对做出的认可决定负责。
>
> **第三章　组织机构**
>
> **第七条**　认可委员会的组织机构包括：全体委员会、执行委员会、认证机构专门委员会、实验室专门委员会、检验机构专门委员会、评定专门委员会、申诉专门委员会、最终用户专门委员会和秘书处，根据需要还可增设其他专门委员会。

第八条 全体委员会由与认可工作有关的政府部门、合格评定机构、合格评定服务对象、合格评定使用方和相关的专业机构与技术专家等方面代表组成。全体委员会的构成应符合利益均衡的原则，任何一方均不占支配地位。

全体委员会的委员组成由国家认证认可监督管理委员会批准。

第九条 执行委员会由全体委员会主任、常务副主任、副主任及秘书长组成，每届任期四年。

全体委员会主任为执行委员会主任，全体委员会常务副主任为执行委员会副主任，全体委员会副主任及秘书长为执行委员会委员。

第十条 认证机构专门委员会、实验室专门委员会、检验机构专门委员会是由全体委员会批准设立的专门委员会，按照利益均衡的原则，主要由相关的利益方代表组成。

第十一条 评定专门委员会、申诉专门委员会和最终用户专门委员会是由全体委员会批准设立的专门委员会，由相关人员组成。

第十三条 **秘书处**为认可委员会的常设执行机构，设在中国合格评定国家认可中心，为**认可委员会的法律实体**。

第四章 职责

第十五条 **全体委员会**是认可委员会的最高权力机构，对认可体系的建立和运行全面负责，包括以下方面：

一、制定认可委员会章程；

二、批准发布认可委员会的方针、政策、规则和准则等重要认可文件；

三、监督认可委员会方针、政策、规则和准则等的实施情况；

四、监督认可工作的财务状况；

五、决定认可资格；

六、监督与外部机构签订协议；

七、设立并授权专门委员会、专门工作机构负责开展相关的活动；

八、授权秘书长负责秘书处的工作；

九、决定认可委员会的其他重要事项。

第十七条 执行委员会在全体委员会闭会期间履行全体委员会授予的职责。

第十八条 认证机构专门委员会、实验室专门委员会和检验机构专门委员会的职责是负责审议或批准相应认可领域的认可规则、准则、指南和方案等公开文件，对相应认可规则、准则和指南文件的实施进行技术指导，向全体委员会提出相关建议。

根据工作需要，认证机构专门委员会、实验室专门委员会和检验机构专门委员会可设立若干专业委员会，承担相应的专业技术工作。

第十九条 评定专门委员会的职责是根据认可规则和准则等的要求，对认可评审的结论及相关信息进行审查，并做出有关是否批准、扩大、缩小、暂停、撤销认可资格的决定意见。

第二十条 申诉专门委员会的职责是对认可申诉组织进行调查，并做出认可申诉处理的决定。

第二十一条 最终用户专门委员会的职责是向 CNAS 提出有关建议和意见，反馈有关合格评定结果的信息。

第二十二条 秘书处负责开展认可委员会的日常工作，对认可委员会的工作承担法律责任，主要职责为：

一、执行全体委员会的决议，并向全体委员会报告工作；

二、编制认可规则、准则和指南等认可工作的公开文件；

三、制定和实施内部管理体系文件；

四、签订与外部机构的协议；

五、受理认可申请，组织认可评审，签发认可证书，实施认可后续监督；

六、受理认可申诉，处理认可投诉；

七、开展认可相关的其他活动。

例题分析

1. （单项选择题）（　　）是指申请认可或已获得认可批准的特定合格评定活动。

　　A. 认可范围　　　　　　　　B. 认可过程

　　C. 认可评审　　　　　　　　D. 认可决定

答案及分析：选择 A。见 6.3.1 节方框中 GB/T 27011 标准 3.6 条款。

2. （判断题）经认可的合格评定机构可以在其颁发的所有证明（证书）上使用认可标识，是其获得认可资格的标志。（　　）

答案及分析：×。经认可的合格评定机构可在认可范围内的报告或证书上使用认可标识。

3. （多项选择题）认可决定包括（　　）的决定。

　　A. 批准认可、保持认可　　　B. 扩大认可、缩小认可

　　C. 暂停认可　　　　　　　　D. 撤销认可

答案及分析：选择 ABCD。见 6.3.1 节方框中 GB/T 27011 标准 3.13 条款。

4．（判断题）批准认可是指对确定的认可范围授予认可。（   ）

答案及分析：√。见 6.3.1 节方框中 GB/T 27011 标准 3.14 条款。

5．（单项选择题）中国合格评定国家认可委员会的宗旨是推进合格评定机构按照相关的标准和规范等要求加强建设，促进合格评定机构以（   ）有效地为社会提供服务。

A．公正的行为　　　　　　　　B．科学的手段

C．准确的结果　　　　　　　　D．以上全部

答案及分析：选择 D。见 6.3.2 节之 2 之 1）。

6．（多项选择题）中国合格评定国家认可委员会依据国家相关法律法规、国际和国家标准、规范等开展认可工作，遵循（   ）的工作原则。

A．客观公正　　　　　　　　　B．科学规范

C．权威信誉　　　　　　　　　D．廉洁高效

答案及分析：选择 ABCD。见 6.3.2 节之 2 之 3）方框中《中国合格评定国家认可委员会章程》第三条。

7．（单项选择题）中国合格评定国家认可委员会（   ）的职责是根据认可规则和准则等的要求，对认可评审的结论及相关信息进行审查，并做出有关是否批准、扩大、缩小、暂停、撤销认可资格的决定意见。

A．评定专门委员会　　　　　　B．认证机构专门委员会

C．执行委员会　　　　　　　　D．最终用户专门委员会

答案及分析：选择 A。见 6.3.2 节之 2 之 3）方框中《中国合格评定国家认可委员会章程》第十九条。

同步练习强化

一、单项选择题

1．认可机构的组织结构和运作应保证其活动的（   ）。

A．客观性和公正性　　　　　　B．公正性和独立性

C．权威性和科学性　　　　　　D．权威性和公正性

2．对管理体系认证机构进行认可的准则是（   ）。

A．GB/T 27021　　　　　　　　B．GB/T 27065

C．GB/T 27024　　　　　　　　D．GB/T 27025

3．通过实验室认可，可保证各类实验室能按照一个统一的标准进行（   ）。

A．能力评价　　　　　　　　　B．检测工作

C. 检测实验 D. 试验

4. 对合格评定机构实施认可的体系旨在根据基于国际共识的标准及合格评定方案提供一致的（　　），以此加强公共健康及安全、改善环境及福利、支持监管者及最终用户。

A. 合格评定 B. 认可
C. 评审 D. 认证

5. 认可流程中资源评估的内容包括认可机构及时实施初次评审的（　　）。初次评审不能及时进行时，应通知合格评定机构。

A. 能力 B. 时间
C. 人员 D. 以上全部

6. 认可机构应根据（　　）指派评审组，评审组应由一名评审组长和根据需要确定的、数量适当的评审员和（或）专家组成。

A. 认可的目的 B. 评审的范围
C. 认可的范围 D. 以上全部

7. 应确保评审组对认可范围内有代表性的合格评定活动样本进行评审，评审中应抽取足够数量的场所和人员样本，以确定合格评定机构在其认可范围内开展活动的（　　）。

A. 能力 B. 专业知识
C. 技能 D. 经验

8. 认可机构评审组在现场评审前，应审查合格评定机构提供的所有相关成文信息，以评价合格评定机构的（　　）。

A. 体系的有效性
B. 体系与相关标准和其他认可要求的符合性
C. 体系的符合性和有效性
D. 体系的适宜性

9. 认可机构应有（　　）描述使用的评审技术、评审技术的使用条件和评审时间确定的规则。

A. 形成文件的程序 B. 评审方案
C. 认可方案 D. 认可准则

10. 认可机构评审组应分析（　　）收集的所有相关信息和客观证据，通过确认合格评定机构与认可相关要求的符合性来确定其能力。

A. 现场评审前 B. 现场评审过程中
C. A + B D. A 或 B

11. 认可机构评审组不能就某项评审发现形成结论时，应当提请（　　）

予以澄清。

A. 认可机构 B. 合格评定机构

C. A+B D. A 或 B

12. 认可机构应在（ ）向合格评定机构提供关于评审结果的书面评审报告。

A. 规定时限内 B. 评审方案要求的时间内

C. 现场评审结束时 D. 认可方案规定的时间内

13. 认可机构应在规定时限内向合格评定机构提供关于评审结果的书面评审报告，该报告应包括（ ）。

A. 对能力的评价意见

B. 所评审范围

C. 应明确为满足所有认可要求而需要解决的不符合（如有）

D. 以上全部

14. 在认可流程中，当识别出不符合，（ ）应规定采取纠正和（或）纠正措施的时限。

A. 认可机构 B. 评审组

C. 评审组与合格评定机构 D. 认可机构和合格评定机构

15. 在认可周期内，认可机构应运用（ ）来评审合格评定机构活动，以确保认可范围内的相关场所中具有代表性的合格评定活动得到评审。

A. 评审方案 B. 认可方案

C. 认可准则 D. 认可规则

16. 实验室能力验证活动包括（ ）。

A. 能力验证计划

B. 经认可机构批准或合作的实验室间比对

C. 测量审核活动

D. 以上全部

17. 中国合格评定国家认可委员会（CNAS）按照（ ）建立和保持认可管理体系，为国内外的合格评定机构提供认可服务。

A. GB/T 27011 B. GB/T 27021

C. GB/T 27025 D. GB/T 27065

18. （ ）是指 CNAS 实施认可活动的政策和程序，包括通用规则和专项规则类文件。

A. 认可规则（R 系列） B. 认可准则（C 系列）

C. 认可指南（G 系列） D. 认可方案（S 系列）

19. 见证是指认可机构对合格评定机构在其认可范围内实施合格评定活动的（　　）。

　　A. 观察　　　　　　　　　　B. 评审

　　C. 检查　　　　　　　　　　D. 验证

20. 认可机构评审组对合格评定机构开展评审时，评审组应根据（　　）开展评审。

　　A. 评审计划　　　　　　　　B. 评审方案

　　C. 认可方案　　　　　　　　D. 认可准则

二、多项选择题

1. 合格评定是指与（　　）有关的规定要求得到满足的证实。

　　A. 产品　　　　　　　　　　B. 过程、体系

　　C. 人员　　　　　　　　　　D. 机构

2. 合格评定的专业领域包括的活动有（　　）。

　　A. 检测　　　　　　　　　　B. 检查

　　C. 认证　　　　　　　　　　D. 对合格评定机构的认可

3. 认可是通过具有（　　）的第三方机构按照国际标准等认可规范所进行的技术评价。

　　A. 权威性　　　　　　　　　B. 独立性

　　C. 专业性　　　　　　　　　D. 科学性

4. 认可覆盖的活动包括但不限于（　　）。

　　A. 检测、校准、检验

　　B. 管理体系认证、人员认证、产品认证、过程认证、服务认证

　　C. 能力验证提供

　　D. 标准物质生产和审定核查

5. 对合格评定机构实施认可的体系旨在根据基于国际共识的（　　）提供一致的合格评定，以此加强公共健康及安全、改善环境及福利、支持监管者及最终用户。

　　A. 标准　　　　　　　　　　B. 合格评定方案

　　C. 认可规范　　　　　　　　D. 认可准则

6. 认证是认证机构所做出的第三方的"书面保证"，具有（　　）。

　　A. 客观公正性　　　　　　　B. 可信性

　　C. 权威性　　　　　　　　　D. 政府保障性

7. 认证认可活动应当遵循（　　）的原则。

　　A. 客观独立　　　　　　　　B. 公开公正

C. 质优价廉　　　　　　　　D. 诚实信用

8. 认可流程包括认可申请、（　　）、认可决定与认可信息、监督评审和复评。

A. 资源评估　　　　　　　　B. 评审准备

C. 成文信息的审查　　　　　D. 评审

9. 认可机构应评估其对申请的合格评定机构实施评审的能力，该评估应从自身（　　）等方面来进行。

A. 政策和程序

B. 具备的能力

C. 是否有适用的参与评审及认可决定的人员

D. 资源

10. 认可机构应制定评审计划，以覆盖（　　），包括适宜时或适用时进行见证。

A. 评审的活动　　　　　　　B. 活动所涉及的场所

C. 适用时接受评审的人员　　D. 利用的评审技术

11. 基于风险考虑，认可机构的评审方案应确保（　　）得到评审。

A. 标准的要求　　　　　　　B. 其他规范性文件要求

C. 认可范围　　　　　　　　D. 关键活动

12. 认可机构实施评审所使用的评审技术包括（　　）。

A. 见证　　　　　　　　　　B. 档案评审

C. 测量审核　　　　　　　　D. 不通知的检查

13. 首次会议上应（　　）。

A. 明确评审目的　　　　　　B. 明确认可要求

C. 确认评审计划　　　　　　D. 确认评审范围

14. 认可机构对合格评定机构的纠正措施的评审验证一般有（　　）两种方式。

A. 书面验证　　　　　　　　B. 现场验证

C. 远程验证　　　　　　　　D. 文件评审

15. 认证机构的认可范围应至少标明（　　）。

A. 认证的类型（如：管理体系、产品、过程、服务或人员）

B. 认证方案

C. 适用时，对管理体系、产品、过程、服务或人员进行认证所依据的标准、规范性文件和（或）法规要求

D. 相关时，产品、过程、服务及人员类别

三、判断题

1. 对产品认证机构进行认可的准则是 GB/T 27024。（　　）
2. 认证机构取得认可，就可在其业务范围内颁发带有 CNAS 国家认可标志和国际互认标志的认证证书。（　　）
3. 合格评定的专业领域包括的活动有检测、检查和认证，以及对合格评定机构的认可，但认可机构不是合格评定机构。（　　）
4. 认可工作处于合格评定活动的最高端。（　　）
5. 认证活动的主体是独立于供方和客户的第三方，它可以是官方的，也可以是民间的、私有的，具有法律上的权威性。（　　）
6. 认可申请内容包括持续符合认可要求和履行合格评定机构义务的承诺。（　　）
7. GB/T 27011 标准中的资源评估是指认可机构对申请认可的合格评定机构的资源进行评估。（　　）
8. 认可机构评审组在某些方面提出的可能的改进建议也可提交给合格评定机构，但不应给出具体的解决方案。（　　）
9. 认可机构应确保每项批准、保持、扩大、缩小、暂停或撤销的认可决定由具备能力的且参与评审的人员或委员会做出。（　　）
10. 认可的生效日期应是认可决定之日或之后的日期。（　　）
11. 认可机构至少每 2 年应对认可范围的样本评审一次。（　　）
12. 当证实存在欺诈行为，或合格评定机构故意提供虚假信息，或隐瞒信息，认可机构应注销其认可资格。（　　）
13. CNAS 对外发布的文件由机构规则和认可规范两大类文件构成。（　　）
14. 认证机构申请认可时，要按照认可方案要求进行。（　　）
15. 认可方案是指有关合格评定机构认可的规则和程序，这些规则和程序遵循相同的要求。（　　）
16. 认可过程是指认可方案规定的，从申请认可到批准和保持认可的所有活动。（　　）
17. 复评应确认合格评定机构能力，并覆盖合格评定机构获得认可应符合的标准的主要要求。（　　）

四、问答题

1. 请简述认可与认证的区别。
2. 请简述实验室认可的意义。
3. 请简述认可流程。
4. 简述认证机构认可的意义。
5. 请简述中国合格评定国家认可委员会（CNAS）的宗旨。

答案点拨解析

一、单项选择题

题号	答案	解 析
1	A	见 6.1.1 节之 3
2	A	见 6.1.2 节之 1
3	A	见 6.1.2 节之 2 之 2)
4	A	见 6.1.3 节之 1 之 2)，GB/T 27011—2019 标准"引言"
5	A	见 6.1.4 节方框中 GB/T 27011 标准 7.3.2 条款
6	B	见 6.1.4 节方框中 GB/T 27011 标准 7.4.1 条款
7	A	见 6.1.4 节方框中 GB/T 27011 标准 7.4.5 条款
8	B	见 6.1.4 节方框中 GB/T 27011 标准 7.5.1 条款
9	A	见 6.1.4 节方框中 GB/T 27011 标准 7.6.1 条款
10	C	见 6.1.4 节方框中 GB/T 27011 标准 7.6.4 条款
11	A	见 6.1.4 节方框中 GB/T 27011 标准 7.6.5 条款
12	A	见 6.1.4 节方框中 GB/T 27011 标准 7.6.6 b) 条款
13	D	见 6.1.4 节方框中 GB/T 27011 标准 7.6.6 b) 条款
14	A	见 6.1.4 节方框中 GB/T 27011 标准 7.6.8 条款
15	A	见 6.1.4 节方框中 GB/T 27011 标准 7.9.2 条款
16	D	见 6.1.4 节方框下面段落
17	A	见 6.2.2 节
18	A	见 6.2.2 节之 2 之 1)
19	A	见 6.3.1 节方框中 GB/T 27011 标准 3.25 条款
20	A	见 6.1.4 节方框中 GB/T 27011 标准 7.6.3 条款

二、多项选择题

题号	答案	解 析
1	ABCD	见 6.1.3 节之 1 之 1) 方框中 GB/T 27000 标准 2.1 条款
2	ABCD	见 6.1.3 节之 1 之 1) 方框中 GB/T 27000 标准 2.1 条款"注 1"
3	ABC	见 6.1.3 节之 1 之 2)
4	ABCD	见 6.1.3 节之 1 之 2)，GB/T 27011—2019 标准"引言"
5	AB	见 6.1.3 节之 1 之 2)，GB/T 27011—2019 标准"引言"
6	AB	见 6.1.3 节之 2 表 6-1 第 3 项
7	ABD	见 6.1.3 节之 2 表 6-1 第 3 项，《中华人民共和国认证认可条例》第六条
8	ABCD	见 6.1.4 节，按 GB/T 27011—2019 标准陈述
9	ABC	见 6.1.4 节方框中 GB/T 27011 标准 7.3.1 条款

(续)

题号	答案	解析
10	ABCD	见 6.1.4 节方框中 GB/T 27011 标准 7.4.7 条款
11	ABC	见 6.1.4 节方框中 GB/T 27011 标准 7.9.3 条款
12	ABCD	见 6.3.1 节方框中 GB/T 27011 标准 3.24 条款
13	ABCD	见 6.1.4 节方框中 GB/T 27011 标准 7.6.2 条款
14	AB	见 6.1.4 节方框中 GB/T 27011 标准 7.6.9 条款中的说明
15	ABCD	见 6.1.4 节方框中 GB/T 27011 标准 7.8.3 a) 条款

三、判断题

题号	答案	解析
1	×	见 6.1.2 节之 1
2	×	见 6.1.2 节之 1 之 5)，不是"在其业务范围内"，而是"在其获认可业务范围内"
3	√	见 6.1.3 节之 1 之 1) 方框中 GB/T 27000 标准 2.1 条款"注 1"、2.5 条款"注"
4	√	见 6.1.3 节之 1 之 2)
5	×	见 6.1.3 节之 2 表 6-1 第 1 项，认证活动的主体不具有法律上的权威性
6	√	见 6.1.4 节方框中 GB/T 27011 标准 7.2.1 d) 条款
7	×	见 6.1.4 节方框中 GB/T 27011 标准 7.3.1 条款，GB/T 27011 标准中的资源评估是指认可机构评估其对申请的合格评定机构实施评审的能力。通俗地讲，就是认可机构评估自己有无能力对申请的合格评定机构实施评审
8	√	见 6.1.4 节方框中 GB/T 27011 标准 7.6.6 b) 条款
9	×	见 6.1.4 节方框中 GB/T 27011 标准 7.7.2 条款
10	√	见 6.1.4 节方框中 GB/T 27011 标准 7.8.2 条款
11	√	见 6.1.4 节方框中 GB/T 27011 标准 7.9.3 条款
12	×	见 6.1.4 节方框中 GB/T 27011 标准 7.11.2 条款，不是"注销"，是"撤销"
13	√	见 6.2.2 节
14	√	见 6.2.2 节之 3
15	√	见 6.3.1 节方框中 GB/T 27011 标准 3.8 条款
16	√	见 6.3.1 节方框中 GB/T 27011 标准 3.11 条款
17	×	见 6.1.4 节方框中 GB/T 27011 标准 7.9.4 条款

四、问答题

1. 见 6.1.3 节之 2 表 6-1。

认可与认证的区别有：

1) 实施的主体不同。认可活动的主体是权威机构，其权限通常来自政府。认证活动的主体是独立于供方和客户的第三方，它可以是官方的，也可以是民

307

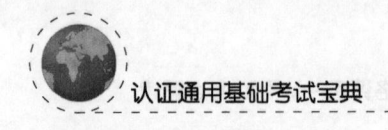

间的、私有的，不具有法律上的权威性。

2）实施的客体不同。认可的对象是合格评定机构，认可的客体是提供下列合格评定服务的组织：校准、检测、检验、管理体系认证、人员注册和产品认证。认证的对象是产品、服务和管理体系，认证的客体是需要进行认证审核的各类组织，比如企业或其他组织。

3）实施效力的比较。认可是政府或其授权部门做出的"第三方证明"，具有权威性。认证是认证机构所做出的第三方的"书面保证"，具有客观公正性、可信性。

4）活动性质的比较。认可既可以是强制性的，也可以是自愿性的。认证既可以是强制性的，也可以是自愿性的。

2. 见6.1.2节之2。

实验室认可的意义表现在以下5个需要：

1）贸易发展的需要：检测机构认可体系在全球贸易中得到了重视和发展。

2）政府管理部门的需要：政府管理部门在履行宏观调控、规范市场行为和保护消费者的健康和安全的职责中需要客观、准确的检测数据来支持其管理行为。这就促使检测数据的提供者——检测机构去获得认可以证实其能力。

3）社会公正和社会公证活动的需要：社会公正和社会公证活动对检测机构提供的检测数据有需求，这样促使检测机构获得认可，以保证其能力得到社会承认。

4）产品认证发展的需要：产品认证需要检测机构的检测结果支持。

5）检测机构自我改进和参与检测市场竞争的需要：检测机构获得认可，可以实现检测机构的自我改进和自我完善，并在市场竞争中向社会、客户证明自己的能力。

3. 见6.1.4节。

GB/T 27011—2019《合格评定 认可机构要求》里的认可流程是：认可申请、资源评估、评审准备、成文信息的审查、评审、认可决定与认可信息、监督评审和复评。

4. 见6.1.2节之1。

认证机构认可的意义表现为认证机构取得认可有以下作用：

1）表明认证机构符合认可准则要求，并具备按相应认证标准开展有关认证服务的能力。

2）增强认证机构的市场竞争能力，赢得政府部门、社会各界的信任。

3）取得国际互认协议集团成员国家和地区认可机构对认证机构能力的信任。

4）参与国际和区域间合格评定机构双边、多边合作交流。

5）可在获认可业务范围内颁发带有 CNAS 国家认可标志和国际互认标志的认证证书。

6）列入获得 CNAS 认可的认证机构名录，提高认证机构知名度。

5. 见 6.3.2 节之 2。

中国合格评定国家认可委员会（CNAS）的宗旨是：推进合格评定机构按照相关的标准和规范等要求加强建设，促进合格评定机构以公正的行为、科学的手段、准确的结果有效地为社会提供服务。

第 2 部分
审核通用知识

说明：

"审核通用知识"方面的考试内容是以中国认证认可协会组织编写的《审核概论》作为出题参考课本，所以本书中所讲的考核要点都来自《审核概论》中的内容，同时尽量按《审核概论》一书的编排顺序安排章节顺序。

第 7 章

《审核基础知识》考点解读

考试大纲要求

理解审核的概念、审核有关的术语、审核的特征、审核原则。

考点知识讲解

7.1 概述

7.1.1 与审核有关的术语

下面方框 1 中是来自 GB/T 19011—2021/ISO 19011：2018 标准中的 20 个与审核有关的术语。方框 2 中是 CCAA《审核概论》中要求关注的术语，这些术语主要应用于评价技术与方法之中。

> **GB/T 19011—2021 标准**
> **3　术语和定义**
> **3.1　审核**
> 为**获得客观证据**（3.8）并对其进行客观的**评价**，以确定满足**审核准则**（3.7）的程度所进行的**系统的、独立的**并**形成文件的过程**。
> 注1：内部审核，有时称为**第一方审核**，由组织自己或以组织的名义进行。
> 注2：通常，外部审核包括**第二方审核**和**第三方审核**。**第二方审核**由组织的相关方，如顾客或由其他人员以相关方的名义进行。**第三方审核**由独立的审核组织进行，如提供合格认证/注册的组织或政府机构。
> **3.2　多体系审核**
> 在一个**受审核方**（3.13），对两个或两个以上**管理体系**（3.18）一起实

施的审核（3.1）。[说明：旧标准称为"结合审核"]

注：当两个或多个不同领域的管理体系整合到单一管理体系中时，称为**整合管理体系**。

3.3 联合审核

在一个受审核方（3.13），由两个或两个以上审核组织同时实施的审核（3.1）。

3.4 审核方案

针对**特定时间段**所策划并**具有特定目标**的一组（一次或多次）**审核(3.1)** 安排。

3.5 审核范围

审核（3.1）的内容和界限。

注1：审核范围通常包括对实际和虚拟位置、职能、组织单元、活动和过程以及所覆盖的时期的描述。

注2：虚拟位置是指组织执行工作或提供服务所使用的在线环境，该在线环境允许无论实际位置如何的个人执行过程。

3.6 审核计划

对审核（3.1）活动和安排的描述。

3.7 审核准则

用于与客观证据（3.8）进行比较的一组要求（3.23）。

注1：如果审核准则是法定的（包括法律或法规的）要求，则审核发现（3.10）中经常使用"合规"或"不合规"这两个词。

注2：要求可以包括方针、程序、作业指导书、法定要求、合同义务等。

3.8 客观证据

支持事物存在或其真实性的数据。

注1：客观证据可通过观察、测量、试验或其他方法获得。

注2：通常，用于审核（3.1）目的的客观证据，是由与审核准则（3.7）相关的记录、事实陈述或其他信息所组成并可验证。

3.9 审核证据

与**审核准则（3.7）**有关并**能够证实**的记录、事实陈述或其他信息。

3.10 审核发现

将收集的审核证据（3.9）**对照**审核准则（3.7）进行评价的结果。

注1：审核发现表明符合（3.20）或不符合（3.21）。

注2：审核发现可导致识别风险、改进机会或记录良好实践。

注3：如果审核准则选自法律要求或法规要求，审核发现被称为合规或不合规。

3.11 审核结论

考虑了审核目标和**所有审核发现（3.10）**后得出的**审核（3.1）结果**。

3.12 审核委托方

要求审核（3.1）的组织或个人。

注：在内部审核的情况下，审核委托方也可以是受审核方（3.13）或审核方案管理人员。外部审核的要求可以来自监管机构、合同方或潜在客户或现有客户等来源。

3.13 受审核方

被审核的组织或组织的一部分。

3.14 审核组

实施审核（3.1）的一名或多名人员，需要时，由技术专家（3.16）提供支持。

注1：审核组（3.14）中的一名审核员（3.15）被指定作为审核组长。

注2：审核组可包括实习审核员。

3.15 审核员

实施审核（3.1）的人员。

3.16 技术专家

〈审核〉向审核组（3.14）提供特定知识或专业技术的人员。

注1：特定知识或专业技术是指与受审核的组织、活动、过程、产品、服务、专业领域，或语言或文化有关的知识或技术。

注2：对审核组（3.14）而言，技术专家不作为审核员（3.15）。

3.17 观察员

随同审核组（3.14）但不作为审核员（3.15）的人员。

注：观察员可以是客户组织的成员、咨询人员、实施见证的认可机构人员、监管人员或其他有合理理由的人员（GB/T 27021.1 标准 9.2.2.2.1 条款）。

3.20 合格（符合）

满足要求（3.23）。

3.21 不合格（不符合）

未满足要求（3.23）。

3.22 能力

应用知识和技能实现预期结果的本领。

CCAA《审核概论》中要求关注的术语

说明：考试大纲对是否要掌握这类术语没有明确说明，提请考生注意。

一、来自 GB/T 19000 的术语

3.7.8 绩效

可测量的结果。

注1：绩效可能涉及定量的或定性的结果。

注2：绩效可能涉及活动（3.3.11）、过程（3.4.1）、产品（3.7.6）、服务（3.7.7）、体系（3.5.1）或组织（3.2.1）的管理（3.3.3）。

3.7.9 风险

不确定性的影响。

注1：影响是指偏离预期，可以是正面的或负面的。

注2：不确定性是一种对某事件，或是事件的局部的结果或可能性缺乏理解或知识方面的信息（3.8.2）的情形。

注3：通常，风险是通过有关可能事件（GB/T 23694—2013 中的定义，4.5.1.3）和后果（GB/T 23694—2013 中的定义，4.6.1.3）或两者的组合来描述其特性的。

注4：通常，风险是以某个事件的后果（包括情况的变化）及其发生的可能性（GB/T 23694—2013 中的定义，4.6.1.1）的组合来表述的。

注5："风险"一词有时仅在有负面后果的可能性时使用。

3.7.11 有效性

完成策划的活动并得到策划结果的程度。

3.8.1 数据

关于客体（3.6.1）的事实。

3.8.2 信息

有意义的数据（3.8.1）。

3.8.12 验证

通过提供客观证据（3.8.3）对规定要求（3.6.4）已得到满足的认定。

注1：验证所需的客观证据可以是检验（3.11.7）结果或其他形式的确定（3.11.1）结果，如：变换方法进行计算或文件（3.8.5）评审。

注2：为验证所进行的活动有时被称为鉴定过程（3.4.1）。

注3："已验证"一词用于表明相应的状态。

3.8.13 确认

通过提供客观证据（3.8.3）对特定的预期用途或应用要求（3.6.4）已得到满足的认定。

注1：确认所需的客观证据可以是试验（3.11.8）结果或其他形式的确定（3.11.1）结果，如：变换方法进行计算或文件（3.8.5）评审。

注2："已确认"一词用于表明相应的状态。

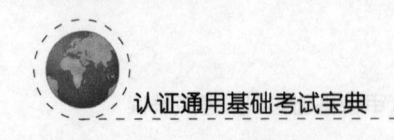

注3：确认所使用的条件可以是实际的或是模拟的。

3.11.1 确定

查明一个或多个特性（3.10.1）及特性值的活动。

3.11.2 评审

对客体（3.6.1）实现所规定目标（3.7.1）的适宜性、充分性或有效性（3.7.11）的确定（3.11.1）。

示例：管理评审、设计和开发（3.4.8）评审、顾客（3.2.4）要求（3.6.4）评审、纠正措施（3.12.2）评审和同行评审。

注：评审也可包括确定效率（3.7.10）。

3.11.3 监视

确定（3.11.1）体系（3.5.1）、过程（3.4.1）、产品（3.7.6）、服务（3.7.7）或活动的状态。

注1：确定状态可能需要检查、监督或密切观察。

注2：通常，监视是在不同的阶段或不同的时间，对客体（3.6.1）状态的确定。

3.11.4 测量

确定数值的过程（3.4.1）。

注1：根据GB/T 3358.2，确定的数值通常是量值。

二、来自 GB/T 27065/ISO/IEC 17065《合格评定 产品、过程和服务认证机构要求》中的术语

3.3 评价

合格评定活动中的选取和确定功能的组合。

这里只对一些易混淆的地方做些讲解，考生需认真去看术语与定义的原文。

1. 审核方案

1）审核方案由审核方案管理人员制定，是指导审核的重要依据。

2）审核方案是审核策划的结果，是对具有特定时间段和特定目标的一组审核的安排。

3）审核方案具有以下特点：

①"特定时间段"，根据受审核组织的规模、性质和复杂程度，一个审核方案可以包括在某一时间段内发生的一次或多次审核，这个审核方案所覆盖的是这一时间段的一组审核。

②"特定目标"，每次审核都有其具体目标，一个审核方案要考虑的是针对这一特定时间段的一组审核所具有的总体目标。实现此目标的方式可以不同，可以针对受审核方某一管理体系的单一审核，也可以是多体系审核或联合审核。

2. 审核计划

1）审核计划描述的是一次具体的审核活动及活动的安排。审核计划是对一次具体的审核活动进行策划后形成的结果之一，通常应形成文件。

2）审核计划不同于审核方案，是每次审核活动的具体计划。审核计划的编制应满足审核方案的有关要求。

3）每次审核都要编制审核计划，审核计划由审核组长编制。审核计划的内容包括审核目标、审核范围、审核准则、审核组成员及分工、审核时间安排等。

3. 审核准则

1）审核准则是用于与**客观证据**进行比较的一组要求。要求可以包括方针、程序、作业指导书、法定要求、合同义务等，如 GB/T 19001 标准、受审核方证实管理体系符合性和有效性的成文信息以及有关的法律法规等。

2）审核准则的作用是作为判断客观证据符合性和有效性的依据。

3）如果审核准则是法定的要求，则审核发现中经常使用"合规"或"不合规"这两个词。

4. 审核证据

1）审核证据包括记录、事实陈述或其他信息，这些信息可以通过文件的方式（如各种记录）获取，也可以用通过陈述的方式（如面谈）或通过现场观察的方式等获取。

2）审核证据是能够被证实的信息，不能证实的信息不能作为审核证据，即这种信息应能够被证明是真实的、确实存在的。

3）审核证据是与审核准则有关的信息。例如，对质量管理体系认证，审核准则包括质量管理体系要求，但不包括财务方面的要求，所以财务方面的信息不能构成审核证据。

4）审核证据可以是定性的，如员工的质量意识；也可以是定量的，如不合格品率。

5）审核证据的合法性，一方面是审核证据必须与其应遵守的相关法律、法规有关，与受审核方所选定的审核所依据的标准有关；另一方面是审核证据的收集必须符合相关审核程序，在双方约定的认证合同的环境下规范实施。

5. 审核发现

1）审核发现是将已收集到的审核证据对照审核准则进行比较，从而得出的评价的结果。需要注意的是，审核发现中的"发现"是名词，而不是动词，评价的依据是审核准则，不能是其他，如某个人的看法或某单位的经验。

2）审核发现是一种符合性评价的结果，可能是符合，也可能是不符合。如果审核准则选自法律法规要求或其他要求，审核发现可表述为合规或不合规。

3）通过评价还可以发现哪些过程或活动需要改进或可以改进，因此当审核目的有规定时，审核发现可导致识别改进的机会或记录良好实践。

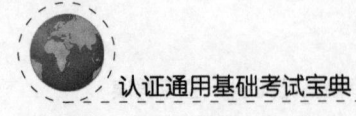

4）审核发现带有一定的主观性，要考虑这种主观性给审核结论带来的风险。

6. 审核结论

1）审核准则、审核证据、审核发现和审核结论之间的关系。审核组通过收集和验证与审核准则有关的信息获得审核证据，并依据审核准则对审核证据进行评价获得审核发现，在综合汇总分析所有审核发现的基础上，考虑此次审核目标而做出最终的审核结论。由此可见，审核准则是判断审核证据符合性的依据，审核证据是获得审核发现的基础，审核发现是做出审核结论的基础。图7-1所示为审核证据、审核准则、审核发现和审核结论之间的关系。

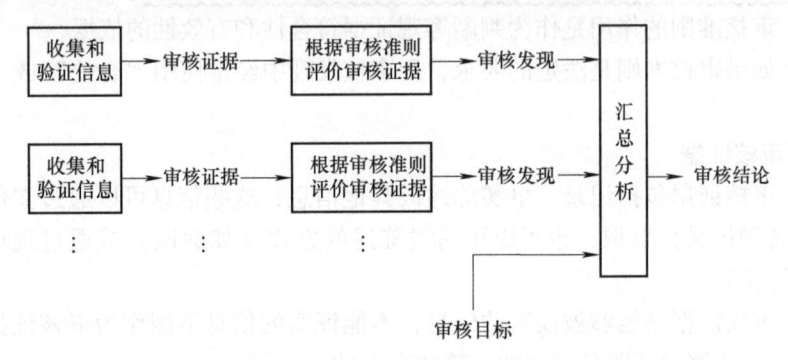

图 7-1　审核证据、审核准则、审核发现和审核结论之间的关系

2）审核结论是审核组得出的有关该次审核的审核结果，而不是审核组的某一个审核人员得出的审核结果。

3）审核结论以审核发现为基础，是在考虑了（包括系统地分析、研究）审核目标和所有审核发现的基础上得出的综合的、整体的审核结果。

4）审核结论与审核目标有关，审核目标不同，审核结论也不同。如审核目标包括"识别管理体系潜在的改进方面"，审核结论则应包括提出改进的建议；如审核的目标是为了管理体系认证，审核结论则应确定管理体系符合审核准则的程度，提出是否推荐认证的建议。

5）管理体系的审核结论通常从符合性和有效性两方面做出。

7. 技术专家

1）技术专家是指向审核组提供技术支持的人员。

2）技术专家可以在审核组中发挥其提供技术支持的作用，但应在审核员的指导下进行工作，技术专家是审核组成员，但不能作为审核员实施审核。

3）技术专家提供的技术支持的内容是指与受审核的组织、过程或活动，语言或文化有关的知识或技术，如提供有关专业方面的知识或技术，作为翻译提供语言（如少数民族语言）方面的支持等。

8. 审核委托方

1）审核委托方是指要求审核的组织或个人。

2）审核委托方可以是组织，也可以是人员。

3）审核委托方要求的事项是审核。

4）审核委托方可以是受审核方，也可以是依据法律法规或合同有权要求审核的任何组织，如顾客、认证机构或其他管理机构。

5）对于内部审核，审核委托方可以是受审核方或审核方案管理人员；对于外部审核，可以是监管机构、合同方或潜在客户或现有客户等。

6）在第三方认证审核中，对于认证机构而言，认证委托方是申请认证的组织；对审核组而言，审核委托方是认证机构。

9. "审核"的理解

1）审核的目的是"确定满足审核准则的程度"，这要通过"获得客观证据并对其进行客观的评价"的活动实现。审核的特点是系统的、独立的和形成文件的。"系统的"是指审核活动是一项正式、有序的活动。"正式"是指按合同、有授权；"有序"是指有组织、有计划地按规定的程序（从策划、准备、实施到跟踪验证以及记录、报告）进行的审核。"独立的"是指对审核证据的收集、分析和评价是客观的、公正的，应避免任何外来因素的影响以及审核员自身因素的影响，如要求审核的人员与受审核的活动无责任关系；"形成文件的"是指审核过程要有文件支持，形成文件，如审核策划阶段应形成审核计划、审核实施阶段应做好必要的记录、审核结束阶段应编制审核报告等。

2）审核的类型有内部审核（第一方审核）和外部审核（第二方、第三方审核）两大类。第一方审核（内审）是由组织自己或以组织的名义进行，用于组织内部进行体系评审的目的。第二方审核是组织对供方或以组织的名义对供方的审核，以及组织的相关方或以相关方的名义对组织的审核。第三方审核是由外部独立的，即独立于第一方和第二方之外的审核组织（如那些提供认证或注册服务的认证机构或政府机构）对组织进行的审核。

3）多体系审核和联合审核。当两个或更多的不同领域的管理体系被共同审核时，称为**多体系审核**（说明：旧标准中称为**"结合审核"**）。当两个或两个以上审核组织合作，共同审核同一个受审核方时，称为联合审核。

10. "审核范围"的理解

1）审核范围是指审核的内容和界限，例如：组织的实际和虚拟位置、职能、组织单元、受审核的活动和过程以及审核所覆盖的时期。

2）**审核范围**通常包括实际和虚拟位置、职能、组织单元、活动和过程及所覆盖的时期。

①"实际位置"是指受审核方所处的地理位置或其活动发生的场所位置，包括固定的、流动的和临时的位置。例如：某化工厂坐落的地址；某航空公司的航线（流动位置是指在固定场所之外的活动与过程发生的位置，除航线外，还有旅游线路、运输服务等）；某施工单位的施工现场等。

"虚拟位置"是指组织执行工作或提供服务所使用的在线环境，该在线环境允许无论实际位置如何的个人执行过程。

②"职能、组织单元"是指受审核的管理体系所涉及的组织的部门或职能或岗位，如组织的管理层、产品开发部、采购部、质量部、金工车间，或针对特定任务成立的临时性组织形式，例如项目部、课题组等。

③"活动和过程"指的是受审核的管理体系所涉及的活动和过程。尤其要关注与产品重要特性、重要环境因素、高职业伤害风险直接相关的过程和活动。与此相关的活动与过程如果没有纳入审核范围，将直接影响审核的可信度。

在确定审核范围时，还需要考虑那些在组织固定场所之外进行的活动或过程（如运输服务、建筑施工项目等），以及分包给外包方实施的活动和过程。

④"覆盖的时期"是指审核需要追溯的时间范围。例如，某组织每年进行一次内审，则其每次内审所覆盖的时期至少为一年。

3）多体系审核范围的确定。不同的管理体系所关注的管理事项不同，以及在实施多体系审核时，可能不同的管理体系的审核目的不同，因此，其审核范围也不尽相同。任何一个管理体系都应单独明确其审核范围。

4）针对每一次具体的审核，**审核范围应形成文件**，包括对实际和虚拟位置、职能、组织单元、组织单元、活动和过程以及所覆盖的时期的描述。

例题分析

1. （单项选择题）认证审核的目的是（ ）。
   A. 寻找不符合　　　　　　　B. 评价并确定满足审核准则的程度
   C. 评价体系的适宜性　　　　D. 评价体系的完整性
   答案及分析：选择 B。见本书 7.1.1 节方框 1 中 GB/T 19011 标准 3.1 条款。

2. （单项选择题）当两个或两个以上不同领域的管理体系被一起审核时，称为（ ）。
   A. 多体系审核　　　　　　　B. 联合审核
   C. 组合审核　　　　　　　　D. 整合审核
   答案及分析：选择 A。见本书 7.1.1 节方框 1 中 GB/T 19011 标准 3.2 条款。老标准叫"结合审核"。

3. （单项选择题）组织对其材料供应商的审核属于（　　）。

A. 第一方审核　　　　　　　　B. 第二方审核

C. 第三方审核　　　　　　　　D. 以上都有可能

答案及分析：选择 B。见本书 7.1.1 节方框 1 中 GB/T 19011 标准 3.1 条款"注 2"。

4. （单项选择题）质量管理体系内部审核的准则包括（　　）。（真题）

A. 审核方案　　　　　　　　　B. GB/T 19001 标准

C. 审核员的审核经验　　　　　D. 专业知识

答案及分析：选择 B。理解题，参考本书 7.1.1 节方框 1 中 GB/T 19011 标准 3.7 条款。

5. （单项选择题）在审核客户服务部时，该部门负责人介绍了收集和利用顾客满意信息的具体要求和方法，该部门负责人介绍的内容是（　　）。（真题）

A. 审核准则　　　　　　　　　B. 审核发现

C. 审核结论　　　　　　　　　D. 审核证据

答案及分析：选择 A。理解题，参见本书 7.1.1 节方框 1 中 GB/T 19011 标准 3.7 条款。

6. （单项选择题）审核准则、审核证据、审核发现三者之间的关系为（　　）。（真题）

A. 将审核证据对照审核准则形成审核发现

B. 将审核发现对照审核准则形成审核证据

C. 将审核准则形成审核证据，从而形成审核发现

D. 三者毫无关系

答案及分析：选择 A。理解题，参见本书 7.1.1 节方框 1 中 GB/T 19011 标准 3.10 条款。

7. （单项选择题）在形成审核结论时，应考虑下述（　　）因素。（真题）

A. 被审核方的意见　　　　　　B. 所有审核发现

C. 委托方的意见　　　　　　　D. 审核机构的要求

答案及分析：选择 B。理解题，参见本书 7.1.1 节方框 1 中 GB/T 19011 标准 3.11 条款（或参见本书 7.1.1 节之 6）。

8. （单项选择题）确定审核范围时应考虑（　　）。（真题改进）

A. 组织的实际和虚拟位置、职能、组织单元

B. 覆盖的时期

C. 组织的活动和过程

D. 以上全部

答案及分析：选择 D。见本书 7.1.1 节方框 1 中 GB/T 19011 标准 3.5 条款。

9.（多项选择题）审核范围的确定应考虑（　　）。

A. 组织的实际和虚拟位置　　　　B. 组织的职能、组织单元

C. 组织的活动和过程　　　　　　D. 覆盖的时期

答案及分析：选择 ABCD。见本书 7.1.1 节方框 1 中 GB/T 19011 标准 3.5 条款。

10.（单项选择题）当两个或两个以上不同领域的管理体系被一起审核时，称为（　　）。(真题)

A. 多体系审核（结合审核）　　　B. 合并领域审核

C. 内部审核　　　　　　　　　　D. 联合审核

答案及分析：选择 A。见本书 7.1.1 节方框 1 中 GB/T 19011 标准 3.2 条款。老标准叫"结合审核"。

11.（单项选择题）与审核准则有关的并且能够证实的记录、事实陈述或其他信息是（　　）。(真题)

A. 审核活动　　　　　　　　　　B. 审核证据

C. 审核报告　　　　　　　　　　D. 审核记录

答案及分析：选择 B。见本书 7.1.1 节方框 1 中 GB/T 19011 标准 3.9 条款。

12.（单项选择题）审核员将现场看到、查到的证据对照标准和相关要求进行评价，开出不符合报告，这是（　　）。(真题)

A. 审核发现　　　　　　　　　　B. 审核证据

C. 审核准则　　　　　　　　　　D. 审核结论

答案及分析：选择 A。理解题，见本书 7.1.1 节方框 1 中 GB/T 19011 标准 3.10 条款。

13.（单项选择题）审核方案是针对（　　）的一组（一次或多次）审核安排。(真题)

A. 具有特定目的　　　　　　　　B. 审核管理要求

C. 特定时间段所策划　　　　　　D. 特定时间段所策划并具有特定目标

答案及分析：选择 D。见本书 7.1.1 节方框 1 中 GB/T 19011 标准 3.4 条款。

7.1.2　审核简述

1. "大审核"概念

CCAA《审核概论》一书中有关审核的概念、内涵，审核技术及其实践，都是基于"大审核"概念，即不仅仅是局限于管理体系审核，还覆盖了产品认证和服务认证过程中所涉及的各类现场的审核活动。

2. 与审核有关的国际标准

《审核概论》一书介绍了国际标准化组织以及 IAF（国际认可论坛）、CAS-

CO（国际标准化组织合格评定委员会）制定与审核有关的两类国际标准。

1）与审核指南有关的标准，包括 GB/T 19011（ISO 19011）《管理体系审核指南》、ISO/IEC 27007《信息技术 安全技术 信息安全管理体系审核指南》等。

2）与认证机构的审核过程管理和审核人员能力管理有关的标准，包括 GB/T 27021.1（ISO/IEC 17021-1）《合格评定 管理体系审核认证机构要求 第1部分：要求》、GB/T 27065（ISO/IEC 17065）《合格评定 产品、过程和服务认证机构要求》，以及 GB/T 27021.2（ISO/IEC 17021-2）《合格评定 管理体系审核认证机构要求 第2部分：环境管理体系审核与认证能力要求》、GB/T 27021.3（ISO/IEC 17021-3）《合格评定 管理体系审核认证机构要求 第3部分：质量管理体系审核与认证能力要求》等 GB/T 27021（ISO/IEC 17021）系列标准。

3. 审核是审核员的基本功

审核员的基本功包括掌握审核活动的特点，熟悉审核活动的内在规律和逻辑性，并在实践中熟练运用审核方法，实现审核目标。

审核是一项专门的与**评价**有关的技术活动。**审核的特征**决定了这项活动的**特殊性**和**专属性**。《审核概论》一书认为审核活动及其审核活动的管理与下列事项有关：

1）通常审核均具有明确的目的，为实现其预期目的，审核员需遵循若干原则，并按照规定的程序实施审核活动。

2）审核员胜任审核任务所需的能力，除通用的知识和技能以外，还需有对特定审核任务所需的知识和技能。

3）审核是一种评价管理过程有效性、识别风险和确定满足要求的方法。在各类认证活动中，均包含了审核方法的运用，即审核的实施。

4）审核活动是一种集成的活动。被审核的对象是一个复杂的集合体。一个成功的审核项目不仅与现场审核中审核人员的能力表现有关，还与认证机构显性和隐性的认证过程的管理有关。所以，审核人员需要熟悉和掌握 GB/T 19011、GB/T 27021.1、GB/T 27065 中有关审核过程的要求。

5）审核活动客观上存在着风险，识别和评估审核风险是认证过程管理的重要方面。对审核风险进行识别和评估，进而采取有效的控制措施，以提高审核的有效性和提高认证结果的置信度，这是认证机构的责任。

7.2 审核的分类

审核是一项评价活动，按照不同的分类方式可将审核分成不同类型，《审核概论》一书的审核的分类见表7-1。

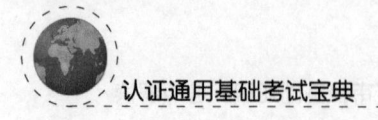

表7-1　审核的分类

序号	分类方式	审核类型	
1	按审核委托方划分的审核类型	第一方审核	定义：由组织自己或以组织的名义对自身进行的审核
			目的：第一方审核主要用于管理评审和组织其他内部目的，也可作为组织自我合格声明的基础。管理体系第一方审核的目的有： 1) 保障管理体系正常运行和改进的需要 2) 作为一种管理手段，促进组织内部管理有效性的提高 3) 为外部审核前做准备
			审核准则：组织自己制定的符合相关标准要求的管理体系文件和相关联产品的法律、法规、标准及其合同等
		第二方审核	定义：第二方审核是由组织的相关方（如顾客）或由其他人员以相关方的名义进行的审核
			目的： 1) 合同前的评定（选择合格供方） 2) 在有合同关系的情况下，验证组织的管理体系是否正常运行，管理体系和产品质量能否持续满足要求，从而促进供方改进管理体系，给组织以持续的信心 3) 沟通和加强供需双方对质量要求的共识
			审核准则：第二方审核的依据主要是合同，适用的法律、法规和标准等也是第二方审核的准则
		第三方审核	定义：第三方审核是由外部独立于第一方和第二方之外的审核组织（如被认可的认证机构或其委托的审核机构）进行的审核。这种审核按照规定的程序和方法进行 在第三方审核中，由被认可的认证机构或其委托的审核机构，依据认证方案的要求实施的以认证为目的的审核，其结果通常是对受审核方的管理体系或产品和服务是否符合规定要求给出书面证明（合格证书），又叫认证或注册
			目的： 1) 确定管理体系是否符合规定要求 2) 确定管理体系实现规定目标的有效性 3) 确定受审核方是否可以认证/注册 4) 为受审核方提供改进的机会 5) 为潜在的顾客提供信任 6) 减少重复的第二方审核 7) 确定满足适用的法律、法规及合同要求的能力
			审核准则：第三方审核的依据主要是管理体系标准和与产品有关的标准及其他规定要求，其次还包括受审核方的管理体系文件和适用的法律、法规、标准及其他要求等

(续)

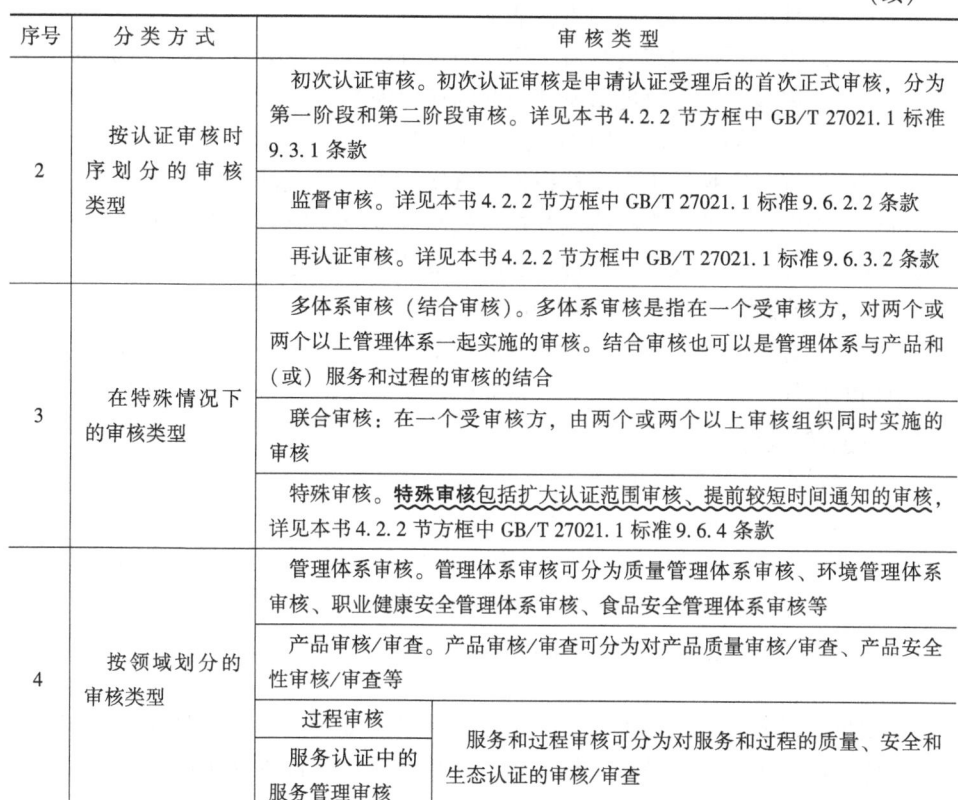

序号	分类方式	审核类型	
2	按认证审核时序划分的审核类型	初次认证审核。初次认证审核是申请认证受理后的首次正式审核，分为第一阶段和第二阶段审核。详见本书 4.2.2 节方框中 GB/T 27021.1 标准 9.3.1 条款	
		监督审核。详见本书 4.2.2 节方框中 GB/T 27021.1 标准 9.6.2.2 条款	
		再认证审核。详见本书 4.2.2 节方框中 GB/T 27021.1 标准 9.6.3.2 条款	
3	在特殊情况下的审核类型	多体系审核（结合审核）。多体系审核是指在一个受审核方，对两个或两个以上管理体系一起实施的审核。结合审核也可以是管理体系与产品和（或）服务和过程的审核的结合	
		联合审核：在一个受审核方，由两个或两个以上审核组织同时实施的审核	
		特殊审核。**特殊审核**包括扩大认证范围审核、提前较短时间通知的审核，详见本书 4.2.2 节方框中 GB/T 27021.1 标准 9.6.4 条款	
4	按领域划分的审核类型	管理体系审核。管理体系审核可分为质量管理体系审核、环境管理体系审核、职业健康安全管理体系审核、食品安全管理体系审核等	
		产品审核/审查。产品审核/审查可分为对产品质量审核/审查、产品安全性审核/审查等	
		过程审核	服务和过程审核可分为对服务和过程的质量、安全和生态认证的审核/审查
		服务认证中的服务管理审核	

7.3 审核原则

下面方框中的内容是 GB/T 19011—2021 标准第 4 章 "审核原则" 的摘要。

> **4 审核原则**
>
> **审核的特征**在于其遵循若干原则。这些原则有助于使审核成为支持管理方针和控制的有效与可靠的工具，并为组织提供可以改进其绩效的信息。遵循这些原则是得出相关的和充分的审核结论的前提，也是使独立工作的审核员在相似的情况下得出相似结论的前提。
>
> 第 5 章至第 7 章中给出的指南基于下列 7 项原则。
>
> a）**诚实正直**：职业的基础。
> 审核员和审核方案管理人员应：
> ——以诚实和负责任的道德精神从事他们的工作。

——只承担有能力去做的审核活动。
——以不偏不倚的态度从事工作，即对待所有事务保持公正和无偏见。
——在审核时，对可能影响其判断的任何因素保持警觉。

b）公正表达：真实、准确地报告的义务。

审核发现、审核结论和审核报告应真实和准确地反映审核活动。应报告在审核过程中遇到的重大障碍以及在审核组和受审核方之间未解决的分歧意见。沟通应是真实、准确、客观、及时、清楚和完整的。

c）职业素养：在审核中尽责并具有判断力。

审核员应珍视他们所执行的任务的重要性以及审核委托方和其他相关方对他们的信任。在工作中具有职业素养的一个重要因素是能够在所有审核情况下做出合理的判断。

d）保密性：信息安全。

审核员应审慎使用和保护在履职过程中获得的信息。审核员或审核委托方不应为个人利益不适当地或以损害受审核方合法利益的方式使用审核信息。这个概念包括正确处理敏感或保密的信息。

e）独立性：审核公正性和审核结论客观性的基础。

审核员应独立于受审核的活动（只要可行时），并且在任何情况下都应不带偏见，没有利益上的冲突。对于内部审核，如可行，审核员应独立于被审核的职能。审核员在整个审核过程应保持客观性，以确保审核发现和审核结论仅建立在审核证据的基础上。

对于小型组织，内审员也许不可能完全独立于被审核的活动，但是应尽一切努力消除偏见和体现客观。

f）基于证据的方法：在一个系统的审核过程中得出可信和可重现的审核结论的合理方法。

审核证据应是能够验证的。由于审核是在有限的时间内并在有限的资源条件下进行的，因此审核证据应建立在可获得信息的样本的基础上。应合理地进行抽样，因为这与审核结论的可信性密切相关。

g）基于风险的方法：考虑风险和机遇的审核方法。

基于风险的方法应对审核的策划、实施和报告具有实质性影响，以确保审核关注于对审核委托方重要的事项和对实现审核方案目标重要的事项。

审核原则共有 7 项：诚实正直、公正表达、职业素养、保密性、独立性、基于证据的方法、基于风险的方法。审核原则的具体要求，请考生仔细阅读标准条款。这里只讲述审核原则的理解要点。

1. 审核的特征

GB/T 19011 标准明确指出：审核的特征在于其遵循若干原则。《审核概论》一书从审核的定义（审核：为获得客观证据并对其进行客观的评价，以确定满足审核准则的程度所进行的系统的、独立的并形成文件的过程）出发，附加了下列内容：

1）审核的基础。**审核的三个特点——"系统的""独立的""形成文件的"**——奠定了审核的基础。

2）**审核的基本特征：**公正性、客观性和独立性。

2. 审核原则的说明

《审核概论》一书认为，审核原则是审核员、审核方案管理人员和实施审核工作所必须遵循的基本原则，是对审核员、审核方案管理人员等道德品德、思想作风、业务水平的明确要求，也是规范审核工作的重要指导思想。遵循这些原则是确保审核的客观性、符合性和有效性的基础。

3. 遵守审核原则的意义

1）为使审核结果有价值且为审核有关的各方接受，就应遵循审核原则。

2）遵循审核原则是得出相关的和充分的审核结论的前提，也是使独立工作的审核员在相似的情况下得出相似结论的前提。

3）对于一个认证机构所从事的某一领域的管理体系认证审核，只有针对每一组织的每项具体审核活动都按同一程序和规则进行，都遵守一致的审核原则，才能保证不同审核人员组成的不同审核组对同一管理体系的审核才能得出相似的结论。

4）对于一个国家的认证认可体系，只有国家授权的认可组织和其认可的认证机构都按同样的原则管理、规范认可评审活动和认证审核活动，不同认证机构所颁发的认证证书才有同样的效力。共同遵守约定的审核原则是国际上对认可与认证证书相互承认的基础。

5）标准不可能就所有可能发生的情况给出特定的要求和行动指南，此时要求按原则采取相应的行动。

例题分析

1. （单项选择题）遵循审核原则是确保审核的（　　）的基础。
   A. 客观性、符合性和充分性　　B. 公正性、专业性和符合性
   C. 客观性、符合性和有效性　　D. 公正性、专业性和有效性
   答案及分析：选择 C。见本书 7.3 节之 2。

2. (单项选择题)审核的特征在于其遵循若干原则,以下不属于审核特征的是( )。

A. 公正性 B. 客观性
C. 独立性 D. 形成文件

答案及分析:选择 D。见本书 7.3 节之 1 之 2)。

3. (单项选择题)审核的( )三个特点奠定了审核的基础。

A. 系统的、独立性和形成文件 B. 公正性、有效性和符合性
C. 客观性、符合性和有效性 D. 公正性、客观性和独立性

答案及分析:选择 A。见本书 7.3 节之 1 之 1)。

4. (多项选择题)以下哪些体现了"保密性"这一审核原则?( )。(真题改进)

A. 审慎使用审核信息 B. 正确处理敏感信息
C. 不为个人利益使用审核信息 D. 审核过程中尽量少做记录

答案及分析:选择 ABC。见本书 7.3 节方框中 GB/T 19011 标准条款 4 之 d)。

5. (多项选择题)以下哪些体现了"基于证据的方法"的审核原则?( )(真题)

A. 审核证据是能够验证的
B. 审核员独立于受审核的活动
C. 审核证据是建立在可获得信息的样本的基础上
D. 抽样的合理性与审核结论的可信性密切相关

答案及分析:选择 ACD。见本书 7.3 节方框中 GB/T 19011 标准条款 4 之 f)。

6. (单项选择题)审核原则( ),是审核公正性和审核结论的客观性的基础。(真题)

A. 诚实正直 B. 明断自立
C. 独立性 D. 基于证据的方法

答案及分析:选择 C。见本书 7.3 节方框中 GB/T 19011 标准条款 4 之 e)。

7. (多项选择题)根据定义,审核的特点具有( )。(真题)

A. 协调性 B. 科学性
C. 系统性 D. 独立性

答案及分析:选择 CD。见 7.3 节之 1 之 1)。

8. (多项选择题)管理体系认证的特殊审核包括( )。(真题)

A. 提前较短时间通知的审核 B. 扩大范围的审核
C. 缩小范围的审核 D. 对重大质量事故的审核

答案及分析:选择 AB。见 7.2 节表 7-1 第 3 项。

7.4 认证中的审核活动

7.4.1 审核是认证的关键活动之一

《审核概论》一书认为，审核是认证的关键活动之一，也是认证最基本的活动。

1. 合格评定功能法

合格评定由以下三项功能有序组成，在需要证实满足规定要求时，这些功能可以满足这一需要（可查阅 GB/T 27000/ISO/IEC 17000 标准附录 A)：

——选取。
——确定。
——复核与证明。
——监督（如需要）。(《审核概论》一书这样表达)

所有类型的合格评定都遵循相同的基本方法，如图 7-2 所示。功能法每项功能包括的活动见表 7-2（《审核概论》一书这样表达）。

图 7-2 合格评定功能法

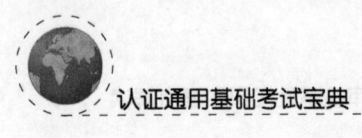

表 7-2　功能法每项功能包括的活动

功　能	开展的活动
选取	1）明确符合性评定所依据的标准或有关文件的规定 2）选取拟被评定对象样品 3）统计抽样技术的规范（适宜时）
确定	1）为确定评定对象的规定特性而进行的测试 2）对评定对象物理特性的检查 3）对评定对象相关的体系和记录的审核 4）对评定对象的质量评估 5）对评定对象的规范和图纸的审查 说明：检测、检查、审核和同行评审等术语表示不同类型的确定活动
复核与证明	1）评定从确定阶段收集的评定对象符合规定要求的证据 2）返回确定阶段，以解决不符合项的问题 3）拟定并发布符合性声明 4）在合格产品上加贴符合性标志
监督	1）在生产现场或通往市场的供应链中进行确定活动 2）在市场中进行确定活动 3）在使用现场进行确定活动 4）评审确定活动的结果 5）返回确定阶段，以解决不符合项的问题 6）拟定并发布持续符合性确认书 7）如果有不符合项，启动补救和预防措施

2. 审核是合格评定活动中的关键活动之一

各类认证活动，遵循的基本原则是一致的，审核是合格评定活动中的关键活动之一，其**关键性**体现在合格评定的可信度将基于审核证据的获取及审核结论的得出。

7.4.2　管理体系认证、产品认证和服务认证中的审核活动

说明：考试大纲对是否要掌握这一节的内容没有明确说明，提请考生注意。

根据《中华人民共和国认证认可条例》，我国的认证共分为三类，即：管理体系认证、产品认证和服务认证。

1. 管理体系认证中的审核

《审核概论》一书认为：管理系统认证是"与管理体系有关的第三方证明"，是一种"证实"活动。审核的实施为这种"证实"提供了用于评价的充分客观证据与有用信息。现场审核的一致性和有效性直接决定了认证的有效性。

2. 产品认证中的审核活动

《审核概论》一书认为：产品认证是由第三方通过检验评定企业的质量管理体系和样品型式试验来确认企业的产品、过程或服务是否符合特定要求，是否具备持续稳定地生产符合标准要求产品的能力，并给予书面证明的程序。GB/T 27067《合格评定 产品认证基础和产品认证方案指南》中提出了6种产品认证方案。

产品认证中的认证方案做出的相关安排，包括审核活动，如：产品认证中的验厂审核或生产线一致性检查。

3. 在服务认证中的服务管理审核

GB/T 27067《合格评定 产品认证基础和产品认证方案指南》提出的"方案类型6"，主要适用于服务和过程审核。下面方框中的内容是GB/T 27067标准中对服务认证和过程审核描述的摘要。

5.3.8 方案类型6

这种方案主要适用于服务和过程的认证。

服务通常是无形的，但确定活动并不仅仅局限于<u>无形要素的评价</u>（比如组织程序有效性、管理滞后和响应能力等）。在某些情况下，可以通过对服务中<u>有形要素涉及的过程、资源及管理的评价</u>，作为表明符合性的支持证据。例如，针对公共交通的质量而进行的对车辆清洁检查。

对于过程认证，情况非常类似。例如，适用时，焊接过程的确定活动可以包括对焊接样品焊缝的检测和检查。

对服务和过程认证，这种方案的<u>监督环节宜包括对管理体系的周期性审核，以及对服务与过程的周期性评价</u>。

例题分析

1.（单项选择题）合格评定由三项功能有序组成，在需要证实满足规定要求时，这些功能可以满足这一需要。三项功能包括（　　）

　　A. 抽样、审核、认证　　　　　B. 访谈、观察、评审
　　C. 选取、确定、复核与证明　　D. 抽样、评价、评审

答案及分析：选择C。见本书7.4.1节之1。

2.（单项选择题）合格评定功能法中的"复核与证明"功能的输出是（　　）。

　　A. 规定要求的满足情况　　　　B. 经证实满足规定要求
　　C. 被选项的信息　　　　　　　D. 认证证书

答案及分析：选择B。见本书7.4.1节图7-2。

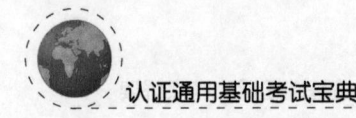

3.（多项选择题）合格评定功能法中的"确定"功能开展的活动有（　　）。

A. 对评定对象物理特性的检查

B. 对评定对象相关的体系和记录的审核

C. 对评定对象的规范和图纸的审查

D. 在合格产品上加贴符合性标志

答案及分析：选择 ABC。见本书 7.4.1 节表 7-2。

4.（单项选择题）审核是合格评定活动中的关键活动之一，其关键性体现在合格评定的（　　）将基于审核证据的获取及审核结论的得出。

A. 公正性　　　　　　　　B. 可信度

C. 客观性　　　　　　　　D. 独立性

答案及分析：选择 B。见本书 7.4.1 节之 2。

5.（多项选择题）根据《中华人民共和国认证认可条例》，我国的认证分为（　　）。

A. 管理体系认证　　　　　B. 产品认证

C. 服务认证　　　　　　　D. 人员认证

答案及分析：选择 ABC。见本书 7.4.2 节。

同步练习强化

一、单项选择题

1. 质量管理体系审核与质量管理体系认证的共同点包括（　　）。（真题）

A. 都对质量管理体系实施现场审核及编制审核报告

B. 都要颁发证书

C. 都是一种第三方审核

D. 以上都不是

2. 当质量管理体系、环境管理体系、职业健康安全管理体系被一起审核时，称为（　　）。（真题）

A. 整合审核　　　　　　　B. 第二方审核

C. 联合审核　　　　　　　D. 多体系审核（结合审核）

3. 质量管理体系审核是用来确定（　　）。（真题）

A. 组织的管理效率

B. 产品和服务符合有关法律法规的程度

C. 质量管理体系满足审核准则的程度

D. 质量手册与标准的符合程度

4. 当有建立合同关系的意向时，到供方进行体系评价是（　　）。（真题）
   A. 第一方审核　　　　　　　　B. 第二方审核
   C. 第三方审核　　　　　　　　D. 以上都不是
5. 组织对其材料供应商的审核属于（　　）。（真题）
   A. 第一方审核　　　　　　　　B. 第二方审核
   C. 第三方审核　　　　　　　　D. 以上都有可能
6. 由行业协会对组织进行的审核是（　　）。（真题）
   A. 第一方审核　　　　　　　　B. 第二方审核
   C. 第三方审核　　　　　　　　D. 联合审核
7. 以下明显属于第二方审核的是（　　）。（真题）
   A. 某集团公司内其中一个分公司对另一个分公司的审核
   B. 认证机构代表某集团公司对其供方的审核
   C. 某集团公司组成审核组对下属的一个分公司的审核
   D. 认证机构代表政府主管部门对其行业内组织的评优审查
8. 质量管理体系内部审核的准则包括（　　）。（真题）
   A. 审核方案　　　　　　　　　B. GB/T 19001 标准
   C. 审核员的审核经验　　　　　D. 专业知识
9. 在审核客户服务部时，该部门负责人介绍了收集和利用顾客满意信息的具体要求和方法，该部门负责人介绍的内容是（　　）。（真题）
   A. 审核准则　　　　　　　　　B. 审核发现
   C. 审核结论　　　　　　　　　D. 审核证据
10. 以下不属于质量管理体系审核准则的是（　　）。（真题）
    A. 公司与顾客签订的协议
    B. 公司生产用工艺卡片
    C. 岗位操作法
    D. 向导提供的竞争对手的《生产操作规范》
11. 以下不属于审核准则的是（　　）。（真题）
    A. 顾客的隐含要求　　　　　　B. 组织的产品的检验记录
    C. 生产设备维护管理规定　　　D. 认证产品所执行的产品标准
12. 环境管理体系内部审核的依据可以是（　　）。（真题）
    A. 环境管理体系文件
    B. 适用于本组织的环境法律法规和其他要求
    C. 环境管理体系标准及顾客的合同
    D. A + B + C
13. 对于一个建筑施工企业而言，以下哪一项不是环境管理体系审核的审核

准则（　　）。（真题）

  A. 噪声的检测报告　　　　　　B. GB/T 24001 标准

  C. 施工垃圾管理规定　　　　　　D.《建筑施工场界环境噪声排放标准》

14. 在对某印染厂进行环境管理体系审核时，以下属于审核准则的是（　　）。（真题）

  A. GB/T 24001—2016 标准

  B. 组织编制的 EMS 文件

  C. GB 4287《纺织染整工业水污染排放标准》

  D. 以上都是

15. 下述哪项最有可能不是审核的准则（　　）。（真题）

  A. 管理体系标准　　　　　　　　B. 相关方的要求

  C. 法律法规要求　　　　　　　　D. 股东的要求

16. 审核准则是指用于与（　　）进行比较的一组要求。（真题改进）

  A. 审核证据　　　　　　　　　　B. 客观证据

  C. 审核发现　　　　　　　　　　D. 以上都是

17. 审核员用来作为参照所收集的关于主体事项的审核证据进行比较的方针、惯例程序或要求是（　　）。（真题）

  A. 审核证据　　　　　　　　　　B. 审核发现

  C. 审核结论　　　　　　　　　　D. 审核准则

18. 以下哪一种情况可以作为质量管理体系审核证据（　　）。（真题）

  A. 钢铁生产企业的操作人员自带的午餐

  B. 向导说："公司这几年在产品安全性方面投入了大量的研发资金"

  C. 化工企业的安全科科长说："这几年公司在生产安全上投入了大量的资金"

  D. 设计科科长说："我们确实这几年在产品安全性方面投入了大量的研发资金"

19. 以下哪种情况可作为质量管理体系审核的审核证据（　　）。（真题）

  A. 审核员见相邻的另一个企业正在施工的人员未带安全带

  B. 审核员在食品加工企业的车间内发现分拣包装操作人员未按规定操作

  C. 向导向审核员解释不合格品的处理情况

  D. 观察员查看受审核方工艺控制记录

20. 审核证据是与审核准则有关并能够证实的记录、事实陈述或其他信息，以下哪一种情况不可以作为审核证据（　　）。（真题）

  A. 技术部经理说"技术部采用方差分析法进行分析时，认为数据都是服从正态分布的，所以从不检验数据的正态性"

  B. 受审核方供应商说"这家单位用我们的产品从来都不做进货检验的，对我们充分信任。"

C. 对受审核组织某供应商进行评价的记录

D. 对某受审核组织新产品设计和开发输入的评审记录

21. 以下哪种情况可以作为环境管理体系审核的审核证据？（   ）（真题）

A. 质检员按检验规程的要求对某产品进行检验

B. 审核员看见某操作者正在处理危险废料

C. 审核员看见一台 PH 值测定仪没有贴检定标签

D. 审核员认为废气处理应编制作业指导书

22. 以下可以作为环境管理体系审核证据的是（   ）。（真题）

A. 审核员看见操作人员正在分选废料

B. 质检员按检验规程的要求对某产品进行检验

C. 审核员看见一台声级仪没有贴检定标签，认为这台声级仪没有检定

D. 审核员认为污水处理站应编制一份污水处理的程序文件

23. 以下哪种信息不可以作为审核证据（   ）。（真题）

A. 现场看到的生活垃圾桶内有含油抹布

B. 检测报告显示废气排放超标

C. 车间主任说危险物交给了有资质的处置方

D. 管理评审报告

24. 下面哪一种情况是审核证据？（   ）（真题）

A. 陪同人员质检科长向审核员反映："供应科从非合格供方 A 处采购硫酸"

B. 供应科长承认从非合格供方 A 处采购硫酸

C. 因为在合格供方名录中找不到硫酸供应商 A，所以审核员认为供应科从非合格供方 A 处采购硫酸

D. 以上都是

25. 在审核客户服务部时，该部门负责人介绍了收集和利用顾客满意信息的具体要求和方法，这是（   ）。（真题）

A. 审核准则   B. 审核发现

C. 审核结论   D. 审核证据

26. 以下哪些是质量管理体系审核的审核发现？（   ）（真题）

A. 机加工操作人员加工零件的方法和相应的作业指导书的规定是一致的

B. 机加工操作人员正在按一份图纸加工零件

C. 机修车间负责人向审核员提供了《设备维护保养规程》

D. 机修车间的操作人员每周对各车间的生产设备进行一次检修

27. 审核准则、审核证据、审核发现三者之间的关系为（   ）。（真题）

A. 将审核证据对照审核准则形成审核发现

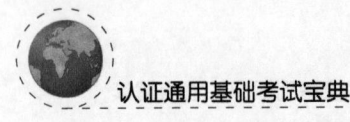

B. 将审核发现对照审核准则形成审核证据

C. 将审核准则形成审核证据，从而形成审核发现

D. 三者毫无关系

28. 将收集到的审核证据对照（　　）进行评价的结果是审核发现。(真题)

   A. GB/T 19001 标准　　　　　　B. 法律、法规要求

   C. 审核准则　　　　　　　　　　D. 质量管理体系文件

29. 审核发现是指（　　）。(真题)

   A. 审核中观察到的客观事实

   B. 将收集的审核证据对照审核准则进行评价的结果

   C. 审核的不合格项

   D. 审核中的观察项

30. 以下哪一项是环境管理体系审核的审核发现（　　）。(真题)

   A. 审核员查看了电镀车间排放的污水化验报告

   B. 审核员查看了《污水处理和检验控制程序》

   C. 污水处理站提供生产污水的检测报告，审核员将检测结果与《污水综合排放标准》及控制进行核对，表明没有超标排放

   D. 审核员看见污水排放口排出深黄色的水，认为该企业的污水超标排放

31. 在形成审核结论时，应该考虑下述因素（　　）。(真题)

   A. 被审核方的意见　　　　　　　B. 所有审核发现

   C. 委托方的意见　　　　　　　　D. 审核机构的要求

32. 审核委托方可以是（　　）。(真题)

   A. 受审核方自己　　　　　　　　B. 受审核方的上级公司

   C. 某顾问公司　　　　　　　　　D. A＋B＋C

33. 依据 GB/T 19011 标准，技术专家是指（　　）。(真题)

   A. 向受审核方提供特定知识和技术的人员

   B. 向审核组提供特定知识或专业技术的人员

   C. 向审核委托方提供特定知识或技术的人员

   D. 随行审核组的技术顾问，但不是审核组的成员

34. 观察员可来自（　　），可陪同审核组但不参与审核。(真题)

   A. 受审核方　　　　　　　　　　B. 监管机构

   C. 其他见证审核的相关方　　　　D. 以上全都是

35. （　　）可以是客户组织的成员、咨询人员、实施见证的认可机构人员、监管人员或其他有合理理由的人员。(真题)

   A. 观察员　　　　　　　　　　　B. 技术专家

   C. 向导　　　　　　　　　　　　D. 陪同人员

36. 审核方案（   ）。（真题）

   A. 是针对特定时间段所策划并具有特定目的的一组（一次或多次）审核安排

   B. 就是对审核进行策划后形成的文件

   C. 是审核检查方案

   D. 是审核计划

37. 针对特定时间段所策划并具有特定目标的一组（一次或多次）审核安排。称为（   ）。（真题）

   A. 审核计划　　　　　　　　B. 审核发现
   C. 审核方案　　　　　　　　D. 特殊审核

38. 审核范围的描述通常应包括（   ）。

   A. 实际位置、产品、活动和过程以及所覆盖的时期
   B. 实际和虚拟位置、职能、组织单元、活动和过程以及所覆盖的时期
   C. 实际位置、产品、活动和过程
   D. 实际位置、组织单元、产品、活动和过程

39. 确定环境管理体系审核范围时可以考虑（   ）。（真题）

   A. 组织的管理权限和产品范围　　B. 组织的活动范围和现场区域
   C. 组织自己确定的区域　　　　　D. A + B

40. 确定审核范围时应考虑（   ）。（真题）

   A. 组织的实际位置与组织单元　　B. 覆盖的时期
   C. 组织的活动和过程　　　　　　D. 以上全部

41. （   ）是对审核活动和安排的描述。（真题）

   A. 审核计划　　　　　　　　B. 审核方案
   C. 审核范围　　　　　　　　D. 审核准则

42. 以下对有关"审核计划"和"审核方案"概念的理解正确的是（   ）。（真题）

   A. 审核方案的输出就是审核计划
   B. 审核方案和审核计划都是审核策划的结果
   C. 审核方案和审核计划都是审核组长的职责
   D. 审核方案和审核计划都应该形成文件

43. GB/T 19011 标准提供关于审核方案管理和管理体系审核的策划和实施以及审核员和审核组能力的评价指南，这里所提及的能力是指（   ）。（真题）

   A. 实施审核的能力
   B. 应用知识和技能获得预期结果的本领
   C. 掌握审核方法与技巧
   D. 管理审核组的本领

44. 环境管理体系审核中，以下哪种情况可构成不符合？（　　）（真题）

　　A. 宾馆餐厅没有处理泔水的作业指导书

　　B. 两位管理者之间提供不出内部交流的记录

　　C. 喷涂废气处理装置故障停运 10 天未修好但仍在进行喷漆作业

　　D. 喷涂作业人员因为紧张没有完整回答审核员提出的问题

45. 环境管理体系审核中，以下哪种情况已构成不符合？（　　）（真题）

　　A. 宾馆餐厅没有处理泔水的作业指导书

　　B. 两位管理者之间提供不出内部交流的记录

　　C. 生产现场某过程没有按该过程的安全规程操作

　　D. 两位管理者没有按规定做出内部信息交流的记录

46. 绩效是"可测量的结果"，绩效可能涉及（　　）的结果。

　　A. 定量　　　　　　　　　B. 定性

　　C. 定量的或定性　　　　　D. 可量化

47. 风险是"不确定性的影响"，不确定性是一种对某个事件，或是事件的局部的（　　）缺乏理解或知识方面的信息的情形。

　　A. 结果　　　　　　　　　B. 结果或可能性

　　C. 可能性　　　　　　　　D. 结果和可能性

48. 下面关于"风险"正确的是（　　）。

　　A. 风险通常是以某个事件的后果（包括情况的变化）及其发生的可能性的组合来表述的

　　B. 风险通常是以某个事件的后果（包括情况的变化）来表述的

　　C. 风险通常是以某个事件的后果（包括情况的变化）及其发生的可能性以及发现的可能性的组合来表述的

　　D. 风险通常是以某个事件的发生的可能性来表述的

49. （　　）是完成策划的活动并得到策划结果的程度。

　　A. 效果　　　　　　　　　B. 绩效

　　C. 有效性　　　　　　　　D. 效率

50. （　　）是关于客体的事实。

　　A. 文件　　　　　　　　　B. 记录

　　C. 数据　　　　　　　　　D. 信息

51. 设计和开发活动中的"变换方法进行计算"的活动是（　　）。（真题）

　　A. 设计输出　　　　　　　B. 设计评审

　　C. 设计验证　　　　　　　D. 设计控制

52. 对样机进行的型式试验是（　　）。（真题）

　　A. 设计输出　　　　　　　B. 设计评审

C. 设计验证 D. 设计确认
53. 确认是"通过提供客观证据对（ ）已得到满足的认定"。
A. 特定的预期用途或应用要求 B. 规定要求
C. 顾客要求和期望 D. 顾客和其他相关方要求
54. 验证是"通过提供客观证据对（ ）已得到满足的认定"。
A. 特定的预期用途或应用要求 B. 规定要求
C. 顾客要求和期望 D. 顾客和其他相关方要求
55. 查明一个或多个特性及特性值的活动是（ ）。
A. 检验 B. 监视
C. 确定 D. 测量
56. 评审是对客体实现所规定目标的适宜性、充分性或有效性的（ ）。
A. 确定 B. 检查
C. 监视 D. 检验
57. 监视是通过检查、监督或密切观察，确定体系、过程、产品、服务或活动的（ ）。
A. 运行状态 B. 合格状态
C. 动态 D. 状态
58. 测量是确定（ ）的过程。
A. 数值 B. 量值
C. 合格 D. 状态
59. 审核是一项专门的与（ ）有关的技术活动。
A. 评价 B. 认证
C. 确定 D. 确认
60. 第三方审核的目的不包括（ ）。
A. 确定管理体系是否符合规定要求
B. 确定管理体系实现规定目标的有效性
C. 为受审核方提供改进的机会
D. 保障管理体系正常运行和改进的需要
61. 客观证据是支持事物存在或其真实性的（ ）。
A. 数据 B. 信息
C. 记录 D. 事实
62. （ ）在于其遵循若干原则。
A. 审核的特征 B. 审核的特点
C. 审核的意义 D. 审核的要求
63. 下面错误的是（ ）。
A. 审核员应独立于受审核的活动（只要可行时），并且在任何情况下都应

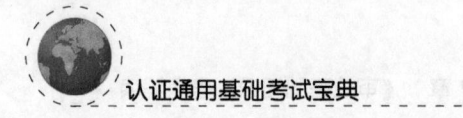

不带偏见，没有利益上的冲突

B. 对于内部审核，如可行，审核员应独立于被审核的职能

C. 审核员在整个审核过程应保持客观性，以确保审核发现和审核结论仅建立在审核证据的基础上

D. 对于所有组织，内审员必须完全独立于被审核活动

64. 审核员在整个审核过程应保持（　　），以确保审核发现和审核结论仅建立在（　　）的基础上。

  A. 客观性，审核证据   B. 独立性，客观证据

  C. 客观性，客观证据   D. 独立性，审核证据

65. 依据 GB/T 19011—2021 标准，以下哪一项不属于与审核有关的原则（　　）。（真题改进）

  A. 道德行为   B. 公正表达

  C. 独立性   D. 职业素养

66. GB/T 19011—2021《管理体系审核指南》标准审核原则中的"保密性"指的是（　　）安全。（真题）

  A. 信息   B. 产品

  C. 人身   D. 管理体系

67. 在一个系统的审核过程中，得出可信的和可重现的审核结论的合理方法是（　　）。（真题）

  A. 审核发现   B. 基于客观事实的方法

  C. 收集审核证据的方法   D. 基于证据的方法

68. 考虑风险和机遇的审核方法是（　　）。

  A. 基于风险的方法   B. 基于风险和机遇的方法

  C. 基于风险的思维   D. 过程方法

69. 审核员在工作中具有职业素养的一个重要因素是能够（　　）。（真题）

  A. 做出合理的判断

  B. 在审核情况下做出合理的判断

  C. 在所有审核情况下做出合理的判断

  D. 在特殊审核情况下做出合理的判断

70. 确定审核发现的原则是（　　）。（真题）

  A. 应以可以预见的分析结果为依据   B. 应以获得并验证的证据为基础

  C. 应获得审核方认可   D. 应符合认证机构的要求

71. 根据 GB/T 19011—2021 审核原则"基于证据的方法"，即在一个系统的审核过程中，得出可信的和可重现的审核结论的合理的方法，审核证据应

（　　）。（真题）

　　A. 是能够验证的

　　B. 是能够证实的

　　C. 是建立在可获得信息的样本的基础上

　　D. A + C

72. 审核原则中的（　　）是审核公正性和审核结论的客观性的基础。（真题）

　　A. 诚实正直　　　　　　　　B. 明确自立

　　C. 独立性　　　　　　　　　D. 基于证据的方法

73. 审核原则（　　）要求在审核中尽责并具有判断力。

　　A. 职业素养　　　　　　　　B. 公正表达

　　C. 诚实正直　　　　　　　　D. 基于证据的方法

74. 关于审核原则"公正表达"，不正确的是（　　）。

　　A. 真实、准确地报告的义务。

　　B. 审核发现、审核结论和审核报告应真实和准确地反映审核活动

　　C. 应报告在审核过程中遇到的重大障碍以及在审核组和受审核方之间未解决的分歧意见

　　D. 以不偏不倚的态度从事工作，即对待所有事务保持公正和无偏见

75. 合格评定功能法中"确定"功能的输出是（　　）。

　　A. 规定要求的满足情况　　　B. 经证实满足规定要求

　　C. 被选项的信息　　　　　　D. 认证证书

76. 合格评定功能法中"选取"功能开展的活动不包括（　　）。

　　A. 明确符合性评定所依据的标准或有关文件的规定

　　B. 选取拟被评定对象样品

　　C. 统计抽样技术的规范（适宜时）

　　D. 对评定对象物理特性的检查

77. 《审核概论》一书认为，GB/T 27067《合格评定　产品认证基础和产品认证方案指南》中提出了（　　）产品认证方案。

　　A. 6 种　　　　　　　　　　B. 8 种

　　C. 5 种　　　　　　　　　　D. 3 种

78. GB/T 27067《合格评定　产品认证基础和产品认证方案指南》提出的（　　），主要适用于服务和过程审核。

　　A. 方案类型 6　　　　　　　B. 方案类型 5

　　C. 方案类型 4　　　　　　　D. 方案类型 3

79. 审核过程包括的活动有（　　）。

　　A. 获得客观证据　　　　　　B. 对客观证据进行客观评价

341

C. 确定满足审核准则的程度　　　　D. 以上全部

80. 审核的对象可以是（　　）。
A. 产品、管理体系　　　　　　　B. 产品、过程和服务
C. 产品、过程和服务、管理体系　　D. 产品、过程和管理体系

81. 质量管理体系审核是用来确定（　　）。
A. 组织的管理效率
B. 产品和服务符合有关法律法规要求的程度
C. 质量管理体系满足审核准则的程度
D. 质量管理体系文件与标准的符合程度

82. 如审核目的是为了管理体系认证，那么（　　）则应确定管理体符合审核准则的程度，提出是否推荐认证的建议。
A. 审核准则　　　　　　　　　　B. 审核证据
C. 审核发现　　　　　　　　　　D. 审核结论

83. 如果审核准则选自法律要求或法规要求，审核发现被称为（　　）。
A. 符合或不符合　　　　　　　　B. 合规或不合规
C. 合法或不合法　　　　　　　　D. 满足或不满足

84. 第二方审核的目的可以是（　　）。
A. 合同签订前选择合格供方
B. 在有合同关系的情况下，验证组织的管理体系是否正常运行
C. 沟通和加强供需双方质量要求的共识
D. 以上都是

85. 由组织自己或以组织的名义进行，用于管理评审和其他内部目的的审核是（　　）。
A. 第一方审核　　　　　　　　　B. 第二方审核
C. 第三方审核　　　　　　　　　D. 结合审核

86. 审核发现表明符合或不符合，可导致识别风险、改进机会或记录（　　）。
A. 审核结果　　　　　　　　　　B. 审核证据
C. 良好实践　　　　　　　　　　D. 良好案例

87. 以下说法不正确的是（　　）。
A. 审核准则是判断审核证据符合性的依据
B. 审核证据是获得审核发现的基础
C. 审核发现是做出审核结论的基础
D. 审核结论是综合汇总分析所有审核证据的基础上得出的

88. 在第三方审核中，由被认可的认证机构或其委托的审核机构，依据认证方案的要求实施的以认证为目的的审核，其结果通常是对受审核方的管理体系

或产品和服务是否符合规定要求给出（　　）。
- A. 书面证明
- B. 推荐或不推荐认证
- C. 合格申明
- D. 认证结论

89. 考虑了审核目标和所有审核发现后得出的审核结果是（　　）。
- A. 审核准则
- B. 审核证据
- C. 审核发现
- D. 审核结论

90. 将收集的审核证据对照审核准则进行评价的结果是（　　）。
- A. 审核发现
- B. 审核准则
- C. 审核证据
- D. 审核结论

91. 质量管理体系审核是用来确定（　　）。
- A. 组织的管理效率
- B. 产品和服务符合有关法律法规的程度
- C. 质量管理体系满足审核准则的程度
- D. 质量手册与标准的符合程度

92. 当有建立合同关系的意向时，到供方进行体系评价是（　　）。
- A. 第一方审核
- B. 第二方审核
- C. 第三方审核
- D. 以上都不是

93. 组织对外包过程供方的审核属于（　　）。
- A. 第一方审核
- B. 第二方审核
- C. 第三方审核
- D. 认证审核

94. 由行业协会对组织进行的审核是（　　）。
- A. 第一方审核
- B. 第二方审核
- C. 第三方审核
- D. 联合审核

95. 以下明显属于第二方审核的是（　　）。
- A. 某集团公司内其中一个分公司对另一个分公司的审核
- B. 认证机构代表某集团公司对其供方的审核
- C. 某集团公司组成审核组对下属的一个分公司的审核
- D. 认证机构代表政府主管部门对其行业内组织的评优审查

96. 审核范围通常不包括对（　　）的描述。
- A. 职能、组织单元
- B. 认证依据
- C. 活动和过程
- D. 实际和虚拟位置

97. 下述哪些文件不必描述审核范围（　　）。
- A. 审核计划
- B. 审核报告
- C. 审核作业指导书
- D. 认证证书

二、多项选择题

1. 下列不属于质量管理体系审核准则的是（　　）。（真题）
   A. 公司编写的质量管理体系文件
   B. 化工公司收集的适用环境相关的法律法规
   C. 化工公司的消防演练记录
   D. 化工公司的产品检验规程

2. 以下属于环境管理体系审核准则的有（　　）。（真题）
   A. GB/T 19011 标准
   B. GB/T 24001 标准
   C. 适用的与环境有关法律、法规和其他要求
   D. 受审核方的环境管理体系文件

3. 在对某纺织厂进行环境管理体系审核的审核准则的是（　　）。（真题）
   A. GB/T 24001—2016 标准　　　B. 组织的运行控制程序
   C. 产品质量法　　　　　　　　D. 纺织染整工业适用的法律法规

4. 审核证据可以包括（　　）。（真题）
   A. 环保局关于组织超标排放的罚款通知书
   B. 组织污水排放口的检测数据
   C. 周围居民的投诉和抱怨
   D. 企业周围有部分农田麦苗死亡但责任尚未确定的事实

5. 关于现场审核过程中的观察员，以下说法正确的是（　　）。（真题）
   A. 观察员是审核组成员　　　　B. 观察员可来自受审核方
   C. 可以是监管机构派来的　　　D. 可以是见证审核的其他相关方

6. 审核范围的确定应考虑（　　）。（真题）
   A. 组织的管理权限　　　　　　B. 组织的活动领域
   C. 组织的现场区域　　　　　　D. 覆盖的时期

7. 环境管理体系审核中，以下哪些可以构成不符合（　　）。（真题）
   A. 生产车间工人没戴安全帽　　B. MSDS 不清晰
   C. 控制噪声的设施已损坏　　　D. 危险化学品库房有警戒标识

8. 质量管理体系审核中，以下哪些情况可构成不符合？（　　）（真题）
   A. 小餐馆没有如何煮面条的策划文件
   B. 两位管理者之间提供不出内部交流的记录
   C. 生产现场某过程没有按该过程作业指导书操作
   D. 检验员未在检验记录上签字

9. 在环境管理体系审核中，以下哪些可以构成不符合（　　）。（真题）
   A. 生产车间工人没戴安全帽

B. 危险化学品库房的管理人员不知道甲苯的 MSDS 所描述的信息
C. 控制噪声的设施已损坏
D. 危险化学品库房有警戒标识

10．"评价"是合格评定活动中的（　　）功能的组合。
A. 选取　　　　　　　　　　B. 确定
C. 证明　　　　　　　　　　D. 监督

11．审核员的基本功包括（　　）。
A. 掌握审核活动的特点
B. 熟悉审核活动的内在规律和逻辑性
C. 在实践中熟练运用审核方法，实现审核目标。
D. 按标准要求建立相关管理体系

12．对审核风险进行识别和评估，进而采取有效的控制措施，以（　　），这是认证机构的责任。
A. 提高审核的有效性　　　　B. 提高认证结果的置信度
C. 确保审核的客观性　　　　D. 确保审核的独立性

13．按审核委托方划分审核类型，可将审核分为（　　）。
A. 第一方审核、第二方审核　B. 结合审核、联合审核
C. 特殊审核　　　　　　　　D. 第三方审核

14．第三方审核的依据是（　　）。
A. 管理体系标准和与产品有关的标准及其他规定要求
B. 受审核方的管理体系文件
C. 适用的法律、法规、标准及其他要求
D. 认证合同

15．按认证审核时序划分审核类型，可将审核分为（　　）。
A. 初次认证审核　　　　　　B. 监督审核
C. 特殊审核　　　　　　　　D. 再认证审核

16．特殊审核包括（　　）。
A. 扩大认证范围审核　　　　B. 提前较短时间通知的审核
C. 结合（多体系）审核　　　D. 联合审核

17．在特殊情况下的审核类型包括（　　）。
A. 扩大认证范围审核　　　　B. 提前较短时间通知的审核
C. 结合（多体系）审核　　　D. 联合审核

18．按领域划分审核类型，可将审核分为（　　）。
A. 管理体系审核　　　　　　B. 产品审核/审查
C. 过程审核　　　　　　　　D. 服务认证中的服务管理审核

19. 产品审核/审查可分为（　　）。
    A. 产品质量审核/审查　　　　B. 产品安全性审核/审查
    C. 产品符合性审核/审查　　　D. 产品可用性审核/审查

20. 服务和过程审核可分为对服务和过程的（　　）审核/审查。
    A. 质量　　　　　　　　　　B. 安全
    C. 生态认证　　　　　　　　D. 符合性

21. 审核基本特征包括（　　）。
    A. 公正性　　　　　　　　　B. 客观性
    C. 独立性　　　　　　　　　D. 保密性

22. 依据 GB/T 19011—2021 标准，审核原则包括（　　）。（真题改进）
    A. 道德行为　　　　　　　　B. 公正表达
    C. 独立性　　　　　　　　　D. 基于风险的方法

23. 以下属于审核原则的是（　　）。（真题）
    A. 基于证据的方法　　　　　B. 公正表达
    C. 诚实正直　　　　　　　　D. 职业素养

24. 基于风险的方法应对审核的策划、实施和报告具有实质性影响，以确保审核关注于（　　）。
    A. 对审核委托重要的事项　　B. 对实现审核方案目标重要的事项
    C. 对受审核方重要的事项　　D. 对实现审核目标重要的事项

25. "诚实正直"这一审核原则要求审核员和审核方案管理人员应（　　）。
    A. 以诚实和负责任的道德精神从事他们的工作
    B. 只承担有能力去做的审核活动
    C. 以不偏不倚的态度从事工作，即对待所有事务保持公正和无偏见
    D. 在审核时，对可能影响其判断的任何因素保持警觉

26. 管理系统认证中，现场审核的（　　）直接决定了认证的有效性。
    A. 一致性　　　　　　　　　B. 有效性
    C. 公正性　　　　　　　　　D. 独立性

27. 产品认证是由第三方通过（　　）来确认企业的产品、过程或服务是否符合特定要求，是否具备持续稳定地生产符合标准要求产品的能力，并给予书面证明的程序。
    A. 检验评定企业的质量管理体系　　B. 样品抽验检验
    C. 样品型式试验　　　　　　　　　D. 质量管理体系认证

28. 服务和过程认证的监督环节包括（　　）。
    A. 对管理体系的周期性审核　　　　B. 对服务与过程的周期性评价
    C. 对服务和过程进行认证监督审核　D. 对管理体系进行监督审核

29. 审核是一个评价过程，具有（　　）特点。
A. 系统的　　　　　　　　　B. 独立的
C. 客观的　　　　　　　　　D. 形成文件的

三、判断题

1. 审核是指为获得审核证据并对其进行客观的评价，以确定满足审核准则的程度所进行的系统的、独立的并形成文件的过程。　　　　　　（　　）
2. 联合审核是指在一个受审核方，对两个或两个以上管理体系一起实施的审核。　　　　　　　　　　　　　　　　　　　　　　　　（　　）
3. 审核证据是支持事物存在或其真实性的数据。　　　　　　（　　）
4. 质量管理体系审核范围与受审核方质量管理体系的范围是一样的。
　　　　　　　　　　　　　　　　　　　　　　　　　　　　（　　）
5. 审核结论是指考虑了审核目标和所有审核发现后得出的审核结果。
　　　　　　　　　　　　　　　　　　　　　　　　　　　　（　　）
6. 遵循审核原则是得出相关的和充分的审核结论的前提，也是使独立工作的审核员在相似的情况下得出相似结论的前提。　　　　　　　（　　）
7. 审核员应独立于受审核的活动（只要可行时），并且在任何情况下都应不带偏见，没有利益上的冲突。对于内部审核，审核员应独立于被审核的职能。审核员在整个审核过程应保持客观性，以确保审核发现和审核结论仅建立在审核证据的基础上。对于所有组织，内审员必须完全独立于被审核活动。（　　）

四、问答题

1. 遵守审核原则的意义是什么？
2. 审核的定义和内涵是什么？
3. 请论述审核、审核准则、审核证据、审核发现、审核结论之间的关系。
4. 请描述审核的类型。
5. 请说明第一、第二、第三方审核的主要目的和准则。
6. 简要说明审核活动在各类认证中的应用。
7. 简述审核员应遵循的审核原则。
8. 分别说出什么是审核准则、审核证据、审核发现、审核结论。

请根据下面的场景分别列举哪个是审核准则、审核证据、审核发现、审核结论。

公司技术资料档案库主要存放重要保密的资料，《库房保管制度》规定库房在夏季不得超过22℃。审核员李工在仓库巡视时注意到墙上挂有一温度计，上前查看发现其显示温度为20℃。并继续查阅了近一个月的库房温度、湿度记录，就记录了下来。李工依据各项要求评价了审核中看到和查到的有关资料保管情况，认为资料保管符合规定要求和公司的文件规定。

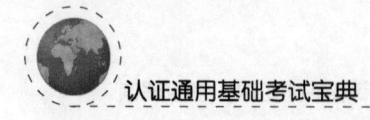

现场审核结束后，审核组汇总了大家收集的信息，讨论认为公司内的各种影响档案保管的环境因素（如保管温度、湿度、洁净度等）都按规定严格执行了，都在审核报告中指出"资料储存环境的管理符合要求"。（真题）

答案点拨解析

一、单项选择题

题号	答案	解析
1	A	理解题，审核，不仅仅是局限于管理体系审核，还覆盖了管理体系认证中所涉及的各类现场的审核活动。见本书7.1.2节之1
2	D	见本书7.1.1节方框1中GB/T 19011标准3.2条款
3	C	理解题，根据7.1.1节方框1中GB/T 19011标准3.1条款"审核"的定义去理解
4	B	见7.1.1节方框1中GB/T 19011标准3.1条款之"注2"
5	B	见7.1.1节方框1中GB/T 19011标准3.1条款之"注2"
6	B	见7.1.1节方框1中GB/T 19011标准3.1条款之"注2"
7	B	见7.1.1节方框1中GB/T 19011标准3.1条款之"注2"
8	B	见7.1.1节之3
9	A	见7.1.1节之3，"收集和利用顾客满意信息的具体要求和方法"是作业指导，是审核准则
10	D	理解题，此处竞争对手的《生产操作规范》不能作为审核准则
11	B	检验记录可作为审核证据
12	D	有时顾客在合同中会对组织的内审提出要求，尤其在汽车配件行业
13	A	噪声的检测报告可以作为审核证据
14	D	见7.1.1节之3
15	D	见7.1.1节之3
16	B	见本书7.1.1节方框1中GB/T 19011标准3.7条款
17	D	理解题，参见本书7.1.1节方框1中GB/T 19011标准3.7条款
18	D	见7.1.1节之4
19	D	见7.1.1节之4
20	B	见7.1.1节之4。供应商所说未经审核员证实。
21	B	见7.1.1节之4。A是质量检验，不是环境管理体系的审核对象；B选项正确；C选项，pH值测定仪没有贴检定标签，不能说明没有检定，需要进一步证实；D选项是审核员的个人观点，不是事实
22	A	见7.1.1节之4。B选项不属于环境管理体系；C选项的事实需进一步验证；D选项只是表明一个观点而非事实；A选项可以作为审核证据
23	C	见7.1.1节之4。车间主任的说法需要验证
24	B	参见7.1.1节之4

第7章 《审核基础知识》考点解读

(续)

题号	答案	解析
25	D	参见7.1.1节之4。收集和利用顾客满意信息的具体要求和方法本身是审核准则，但此处是部门负责人向审核员介绍收集和利用顾客满意信息的具体要求和方法，是一种事实陈述，这是审核证据
26	A	参见7.1.1节之5
27	A	参见7.1.1节之5
28	C	参见7.1.1节之5
29	B	见本书7.1.1节方框1中GB/T 19011标准3.10条款
30	C	参见7.1.1节之5
31	B	见本书7.1.1节方框1中GB/T 19011标准3.11条款
32	D	见本书7.1.1节方框1中GB/T 19011标准3.12条款
33	B	见本书7.1.1节方框1中GB/T 19011标准3.16条款
34	D	参见本书7.1.1节方框1中GB/T 19011标准3.17条款。观察员可来自受审核方、监管机构或其他见证审核的相关方
35	A	参见本书7.1.1节方框1中GB/T 19011标准3.17条款
36	A	参见本书7.1.1节方框1中GB/T 19011标准3.4条款
37	C	参见本书7.1.1节方框1中GB/T 19011标准3.4条款
38	B	参见本书7.1.1节方框1中GB/T 19011标准3.5条款
39	D	参见本书7.1.1节方框1中GB/T 19011标准3.5条款
40	D	参见本书7.1.1节方框1中GB/T 19011标准3.5条款
41	A	参见本书7.1.1节方框1中GB/T 19011标准3.6条款
42	B	A选项表述不严谨，"过程"才讲"输出"，审核方案不是"过程"。B选项正确。C选项不对，因为审核方案管理是审核方案管理人员的职责，不是审核组长。D选项不对，因为标准没有明文规定要将审核方案形成文件
43	B	参见本书7.1.1节方框1中GB/T 19011标准3.22条款
44	C	不符合是审核证据与审核准则对照的结果。AB虽然都有审核证据，但没有对照审核准则，无法确定是否不符合；C选项构成不符合；D选项没有收集到审核证据
45	D	AB选项不能确定不符合；C选项不是环境相关的；D选项，有规定，不按规定执行。参见本书7.1.1节方框1中GB/T 19011标准3.21条款
46	C	参见本书7.1.1节方框2中GB/T 19000标准3.7.8条款
47	B	参见本书7.1.1节方框2中GB/T 19000标准3.7.9条款
48	A	参见本书7.1.1节方框2中GB/T 19000标准3.7.9条款
49	C	参见本书7.1.1节方框2中GB/T 19000标准3.7.11条款
50	C	参见本书7.1.1节方框2中GB/T 19000标准3.8.1条款
51	C	参见本书7.1.1节方框2中GB/T 19000标准3.8.12条款
52	D	型式试验的依据是产品标准，产品标准中的试验条件是按产品使用环境设置或模拟，所以型式试验是设计确认手段之一

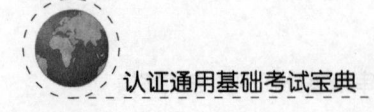

（续）

题号	答案	解　析
53	A	参见本书7.1.1节方框2中GB/T 19000标准3.8.13条款
54	B	参见本书7.1.1节方框2中GB/T 19000标准3.8.12条款
55	C	参见本书7.1.1节方框2中GB/T 19000标准3.11.1条款
56	A	参见本书7.1.1节方框2中GB/T 19000标准3.11.2条款
57	D	参见本书7.1.1节方框2中GB/T 19000标准3.11.3条款
58	A	参见本书7.1.1节方框2中GB/T 19000标准3.11.4条款
59	A	见本书7.1.2节之3
60	D	参见本书7.2节表7-1。D选项是第一方审核的目的
61	A	见本书7.1.1节方框1中GB/T 19011标准3.8条款
62	A	见本书7.3节方框中GB/T 19011标准第4章第一句话
63	D	参见本书7.3节方框中GB/T 19011标准条款4之e)。对于小型组织，内审员也许不可能完全独立于被审核的活动，但是应尽一切努力消除偏见和体现客观
64	A	参见本书7.3节方框中GB/T 19011标准条款4之e)
65	A	审核原则共有7项：诚实正直、公正表达、职业素养、保密性、独立性、基于证据的方法、基于风险的方法
66	A	参见本书7.3节方框中GB/T 19011标准条款4之d)
67	D	参见本书7.3节方框中GB/T 19011标准条款4之f)
68	A	参见本书7.3节方框中GB/T 19011标准条款4之g)
69	C	参见本书7.3节方框中GB/T 19011标准条款4之c)
70	B	参见本书7.3节方框中GB/T 19011标准条款4之f)
71	D	参见本书7.3节方框中GB/T 19011标准条款4之f)
72	C	参见本书7.3节方框中GB/T 19011标准条款4之e)
73	A	参见本书7.3节方框中GB/T 19011标准条款4之c)
74	D	参见本书7.3节方框中GB/T 19011标准条款4之b)
75	A	参见本书7.4.1节图7-2
76	D	参见本书7.4.1节表7-2
77	A	参见本书7.4.2节之2
78	A	参见本书7.4.2节之3
79	D	见7.1.1节方框1中GB/T 19011标准3.1条款
80	C	参见本书7.2节表7-1之4
81	C	见7.1.1节方框1中GB/T 19011标准3.1条款。这类题往往要紧扣定义
82	D	理解题，见7.1.1节之6之4)
83	B	见7.1.1节方框1中GB/T 19011标准3.10条款之"注3"
84	D	参见本书7.2节表7-1
85	A	参见本书7.2节表7-1
86	C	见7.1.1节方框1中GB/T 19011标准3.10条款之"注2"

(续)

题号	答案	解析
87	D	参见7.1.1节方框1中GB/T 19011标准3.11条款，审核结论是考虑了审核目标和所有审核发现后得出的审核结果
88	A	参见本书7.2节表7-1
89	D	见7.1.1节方框1中GB/T 19011标准3.11条款
90	A	见7.1.1节方框1中GB/T 19011标准3.10条款
91	C	见7.1.1节之方框1中GB/T 19011标准的"3.1审核"，理解题
92	B	见7.1.1节之方框1中GB/T 19011标准的"3.1审核"
93	B	见7.1.1节之方框1中GB/T 19011标准的"3.1审核"
94	B	见7.1.1节之方框1中GB/T 19011标准的"3.1审核"
95	B	见7.1.1节之方框1中GB/T 19011标准的"3.1审核"
96	B	见7.1.1节方框1中GB/T 19011标准3.5条款。
97	D	理解题。认证证书上体现的是认证范围

二、多项选择题

题号	答案	解析
1	BC	理解题，参见7.1.1节之3。B是环境管理体系的审核准则；C是记录，不是审核准则
2	BCD	参见7.1.1节之3。GB/T 19011是管理体系审核指南，不是审核准则
3	ABD	参见7.1.1节之3。产品质量法不能作为环境管理体系的审核准则
4	ABC	参见7.1.1节之4
5	BCD	参见本书7.1.1节方框1中GB/T 19011标准3.17条款
6	ABCD	参见本书7.1.1节方框1中GB/T 19011标准3.5条款
7	BC	工人没戴安全帽属于职业健康安全管理体系的问题
8	CD	参见本书7.1.1节方框1中GB/T 19011标准3.21条款
9	BC	工人没戴安全帽属于职业健康安全管理体系的问题
10	AB	参见7.1.1节方框2中GB/T 27065标准3.3条款
11	ABC	见本书7.1.2节之3
12	AB	见本书7.1.2节之3之5)
13	AD	见本书7.2节表7-1
14	ABC	见本书7.2节表7-1
15	ABD	见本书7.2节表7-1
16	AB	见本书7.2节表7-1之3
17	ABCD	见本书7.2节表7-1之3
18	ABCD	见本书7.2节表7-1之4
19	AB	见本书7.2节表7-1之4
20	ABC	见本书7.2节表7-1之4

（续）

题号	答案	解　析
21	ABC	见本书7.3节之1之2）
22	BCD	审核原则共有7项：诚实正直、公正表达、职业素养、保密性、独立性、基于证据的方法、基于风险的方法
23	ABCD	同上面22题
24	AB	参见本书7.3节方框中GB/T 19011标准条款4之g）
25	ABCD	参见本书7.3节方框中GB/T 19011标准条款4之a）
26	AB	参见本书7.4.2节之1
27	AC	参见本书7.4.2节之2
28	AB	参见本书7.4.2节之3方框中GB/T 27067标准5.3.8条款
29	ABD	参见本书7.3节之1之1）

三、判断题

题号	答案	解　析
1	×	见7.1.1节方框1中GB/T 19011标准3.1条款，是"获得客观证据"，不是"获得审核证据"
2	×	见7.1.1节方框1中GB/T 19011标准3.2条款，是"多体系审核"，不是"联合审核"
3	×	见7.1.1节方框1中GB/T 19011标准3.8条款，是"客观证据"，不是"审核证据"
4	×	审核范围应与审核方案和审核目标相一致，审核范围可以与管理体系的范围一致，也可能不一致
5	√	见7.1.1节方框1中GB/T 19011标准3.11条款
6	√	见7.3节方框中GB/T 19011标准第4章
7	×	见7.3节方框中GB/T 19011标准4 e）条款。对于小型组织，内审员也许不可能完全独立于被审核的活动，但是应尽一切努力消除偏见和体现客观

四、问答题

1. 见本书7.3节之3。

遵守审核原则的意义是：

1）为使审核结果有价值且为审核有关的各方接受，就应该遵循审核原则。

2）遵循审核原则是得出相关的和充分的审核结论的前提，也是使独立工作的审核员在相似的情况下得出相似结论的前提。

3）对于一个认证机构所从事的某一领域的管理体系认证审核，只有针对每一组织的每项具体审核活动都按同一程序和规则进行，都遵守一致的审核原则，才能保证不同审核人员组成的不同审核组对同一管理体系的审核才能得出相似的结论。

4）对于一个国家的认证认可体系，只有国家授权的认可组织和其认可的认证机构都按同样的原则管理、规范认可评审活动和认证审核活动，不同认证机构所颁发的认证证书才有同样的效力。共同遵守约定的审核原则是国际上对认可与认证证书相互承认的基础。

5）标准不可能就所有可能发生的情况给出特定的要求和行动指南，此时要求按原则采取相应的行动。

2. 参见本书 7.1.1 节方框 1 中 GB/T 19011 标准 3.1 条款，以及 7.1.1 节之 9。

1）审核的定义是：为获得客观证据并对其进行客观的评价，以确定满足审核准则的程度所进行的系统的、独立的并形成文件的过程。

2）审核的内涵是：

① 审核的目的是为了"确定满足审核准则的程度"，这要通过"获得客观证据并对其进行客观的评价"的活动实现。

② 审核的特点是系统的、独立的和形成文件的。"系统的"是指审核活动是一项正式、有序的活动。"正式"是指按合同有授权；"有序"是指有组织、有计划地按规定的程序（从策划、准备、实施到跟踪验证以及记录、报告）进行的审核。"独立的"是指对审核证据的收集、分析和评价是客观的、公正的，应避免任何外来因素的影响以及审核员自身因素的影响，如要求审核的人员与受审核的活动无责任关系；"形成文件的"是指审核过程要有适当的文件支持，形成必要的文件，如审核策划阶段应形成审核计划、审核实施阶段应做好必要的记录、审核结束阶段应编制审核报告等。

3. 审核、审核准则、审核证据、审核发现、审核结论之间的关系如下：

在审核过程中收集和验证与审核准则有关的信息以获得审核证据，并依据审核准则对审核证据进行评价获得审核发现，在综合汇总分析所有审核发现的基础上，考虑此次审核目标而做出最终的审核结论。

由此可见，从审核过程获得审核证据，审核准则是判断审核证据符合性的依据，审核证据是获得审核发现的基础，审核发现是做出审核结论的基础。

4. 见本书 7.2 节表 7-1。

1）按审核委托方分类，审核包括第一方审核、第二方审核、第三方审核。

2）按认证审核时序分类，审核包括初次认证审核、监督审核、再认证审核。

3）特殊情况下的审核包括多体系（结合）审核、联合审核、特殊审核。

4）按领域分类，审核包括管理体系审核、产品审核/审查、过程审核、服务认证中的服务管理审核。

5. 见本书 7.2 节表 7-1。此处不再重复。

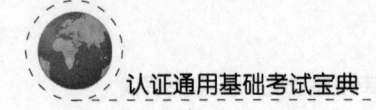

6. 见本书7.4.2节。

认证共分为三类，即：管理体系认证、产品认证和服务认证。

1）审核在管理体系认证中的应用：

管理系统认证是"与管理体系有关的第三方证明"，是一种"证实"活动。审核的实施为这种"证实"提供了用于评价的充分客观证据与有用信息。现场审核的一致性和有效性直接决定了认证的有效性。

2）审核在产品认证中的应用：

产品认证中的认证方案做出的相关安排，包括审核活动，如：产品认证中的验厂审核或生产线一致性检查。

3）审核在服务认证中的应用：

服务通常是无形的，但确定活动并不仅仅局限于无形要素的评价（比如组织程序有效性、管理滞后和响应能力等）。在某些情况下，可以通过对服务中有形要素涉及的过程、资源及管理的评价，作为表明符合性的支持证据。对于过程认证，情况非常类似。

服务和过程认证的监督环节宜包括对管理体系的周期性审核，以及对服务与过程的周期性评价。

7. 见本书7.3节。

审核员应遵循的审核原则包括：诚实正直、公正表达、职业素养、保密性、独立性、基于证据的方法、基于风险的方法。

8. 定义见7.1.1节方框1。

1）相关定义如下：

① 审核准则：用于与客观证据进行比较的一组要求。

② 审核证据：与审核准则有关并能够证实的记录、事实陈述或其他信息。

③ 审核发现：将收集的审核证据对照审核准则进行评价的结果。

④ 审核结论：考虑了审核目标和所有审核发现后得出的审核结果。

2）场景中的对应情况：

① 审核准则：《库房保管制度》。

② 审核证据：墙上挂的温度计，其显示温度为20℃；近一个月的库房温度、湿度记录。

③ 审核发现：依据各项要求评价了审核中看到和查到的有关资料保管情况，认为资料保管符合规定要求和公司的文件规定。公司内的各种影响档案保管的环境因素（如保管温度、湿度、洁净度等）都按规定严格执行了。

④ 审核结论：资料储存环境的管理符合要求。

第8章 《审核方案管理》考点解读

考试大纲要求

理解和掌握认证方案的概念、审核方案与审核计划的基本概念、审核方案的建立、审核方案的实施、评审和改进、审核方案的管理。

考点知识讲解

认证方案的概念见本书4.3.2节之2。审核方案与审核计划的基本概念见本书7.1.1节。

审核方案管理主要依据GB/T 19011—2021标准。在此先对GB/T 19011—2021标准做一简单介绍。

GB/T 19011—2021标准在"引言"中明确指出：

1）审核结果能为业务策划的分析提供输入，还能有助于识别改进需求和活动。

2）审核可以针对不同的审核准则分别或组合进行，审核准则包括但不限于：

——在一个或多个管理体系标准中确定的要求。

——有关相关方规定的方针和要求。

——法律法规要求。

——组织或其他各方确定的一个或多个管理体系过程。

——与管理体系提供的特定输出有关的管理体系计划（例如，质量计划、项目计划）。

3）GB/T 19011—2021标准为所有规模和类型的组织以及不同范围和规模的审核提供指导，包括由大型审核组实施的审核，通常是大型组织的审核；以及无论大型或小型组织中，由单个审核员实施的审核。应视审核方案的范围、复杂程度和规模情况而应用GB/T 19011—2021标准。

4) GB/T 19011—2021 标准**专注于**内部审核（第一方）和组织对其外部供方和其他外部相关方进行的审核（第二方）。GB/T 19011—2021 标准也可用于**第三方管理体系认证以外**的其他目的的外部审核。GB/T 27021.1《合格评定 管理体系审核认证机构要求 第 1 部分：要求》为第三方认证的管理体系审核提供了要求（见本书 4.2.2 节），GB/T 19011—2021 标准可以提供有用的附加指导（见表 8-1）。

表 8-1　不同类型的审核

第一方审核	第二方审核	第三方审核
内部审核	外部供方审核	认证和/或认可审核
	其他外部相关方审核	法律、法规和类似的审核

5) GB/T 19011—2021 标准旨在适用于广泛的潜在使用者，包括审核员、实施管理体系的组织和出于合同或法规原因需要进行管理体系审核的组织。GB/T 19011—2021 标准的使用者可以在制定自己的审核相关的要求时应用 GB/T 19011—2021 标准。

6) GB/T 19011—2021 标准中的指南也可用于自我声明的目的，并且可对从事审核员培训或人员认证的组织提供帮助。

7) 可以根据组织的管理体系的规模和成熟度等级的不同，来使用 GB/T 19011—2021 标准。还应考虑受审核的组织的性质和复杂程度，以及拟实施的审核的目的和范围。

8) 当两个或多个不同领域的管理体系一起审核时，采用多体系审核的方法。当这些体系整合到单一的管理体系中时，审核的原则和过程与多体系审核相同（有时称为一体化审核）。

9) GB/T 19011—2021 标准对审核方案的管理、管理体系审核的策划和实施，以及审核员和审核组的能力和评价提供指南。

GB/T 19011—2021 标准在第 1 章"范围"中对 GB/T 19011—2021 标准适用范围做了说明：

1) GB/T 19011—2021 标准提供了管理体系审核的指南，包括审核原则、审核方案管理和管理体系审核实施，以及评价参与审核过程的人员能力的指南。这些活动涉及审核方案管理人员、审核员和审核组。

2) GB/T 19011—2021 标准适用于需要策划和实施管理体系内部审核、外部审核或需要管理审核方案的所有组织。

3) 只要对于所需的特定能力予以特殊考虑，GB/T 19011—2021 标准也可应用于其他类型的审核。

8.1 审核方案管理概述

下面方框中的内容是 GB/T 19011—2021 标准 5.1 条款的内容。

> **5.1 总则**
>
> 应建立审核方案,其中可包括针对一个或多个管理体系标准或其他要求、单独实施的审核或结合实施的审核(多体系审核)。
>
> 审核方案的范围和程度应基于受审核方的规模和性质,以及拟审核的管理体系的性质、功能、复杂程度、风险和机遇的类型以及成熟度等级。
>
> 当大多数重要职能外包并在其他组织的领导下管理时,管理体系的功能性可能更加复杂。需要特别注意最重要的决定在何处做出,以及管理体系的最高管理者的构成。
>
> 在多个地点/场所(例如,不同国家)的情况下,或重要职能外包并在另一组织的领导下管理的情况时,应特别注意审核方案的设计、策划和确认。
>
> 对于较小或复杂程度较低的组织,审核方案可以适当地调整。
>
> 为了解受审核方所处的环境,审核方案应考虑受审核方的:
>
> ——组织目标。
> ——有关的外部和内部因素。
> ——有关相关方的需求和期望。
> ——信息安全和保密要求。
>
> 内部审核方案的策划,以及某些情况下对审核外部供方的方案的策划,可用于为组织的其他目标做出贡献。
>
> 审核方案管理人员应确保保持审核的完整性,并确保审核没有被施加不当影响。
>
> 审核应**优先考虑**将资源和方法分配给管理体系中**内在风险较高**和**绩效水平较低**的事项。
>
> 应指派有能力的人员来管理审核方案。
>
> 审核方案应包括以下信息,并识别资源,以使审核能够在规定的时限内有效和高效地实施:
>
> a) 审核方案的目标。
> b) 与审核方案有关的风险和机遇(见5.3)及应对措施。
> c) 审核方案内每次审核的范围(详略程度、边界、地点)。
> d) 审核的日程安排(数量/持续时间/频次)。
> e) 审核类型,如内部或外部。

f) 审核准则。
g) 拟采用的审核方法。
h) 选择审核组成员的准则。
i) 相关的成文信息。

在更详细的审核策划完成之前，上述的某些信息可能无法获得。

<u>应持续监视和测量</u>审核方案的执行情况（见5.6），以**确保实现其目标**。

<u>应评审</u>审核方案，以识别变更的需求和可能的改进机会（见5.7）。

图1所示是审核方案的管理流程（也即正文中的图8-1）。

　　GB/T 19011—2021标准第5章是有关审核方案的管理指南。分为7个条款，包括总则、确立审核方案的目标、确定和评价审核方案的风险和机遇、建立审核方案、实施审核方案、监视审核方案、评审和改进审核方案。

　　GB/T 19011—2021标准5.1条款是总则，明确了影响审核方案的范围和程度的因素、审核方案的内容、对审核方案的整体管理要求，并给出了审核方案管理的流程图。

1. 审核方案的作用

　　审核方案是针对特定时间段所策划并具有特定目标的一组（一次或多次）审核安排。审核方案的有效实施与审核方案管理者、审核员密切相关。

　　对审核方案的理解已在本书7.1.1节之1进行了讲解。

　　建立审核方案，可以起到以下作用：

　　1）为审核活动的实施提供一整套基于策划、实施、监督和改进的管理方法和手段，适用于对不同规模、不同类型和不同范围的组织的审核活动。

　　2）保证审核过程的有效性。

　　3）审核方案的严谨性、系统性、科学性和对方案的持续改进，使得审核过程这项主要依靠人的能力来实施的过程，通过有效审核，<u>使组织管理过程的增值成为可能</u>。

　　4）审核方案聚焦于效率、一致性和有效性的实现。审核过程的结果验证审核目标的实现。而审核目标实质上是对要求、约束或限制的遵守程度的证明，并能够实现推动组织的管理过程持续改进。

　　5）对于认证机构而言，审核方案管理是认证管理的重要部分，贯穿于认证活动的始终。为确保审核过程及评价结果满足要求，认证机构应针对**每一个认证项目的认证活动**进行全面策划，按照策划组织实施，根据实施结果加以改进。

2. 审核方案的要求

　　1）策划的审核方案应基于风险的考虑并系统、全面、具有逻辑、环环相扣、具有可追溯性、可连续监测、可持续稳定改进。

2）审核方案由一系列成文信息组成。与审核方案有关的全部活动安排可以包括在一份文件中，也可以在不同的文件中分别规定。

3）第一方、第二方、第三方审核目的的不同，其审核方案策划的输出形式和内容也会有所不同。

4）通常情况下，认证机构可根据每个认证客户的规模、性质和复杂程度，策划一个认证周期的审核方案，也可针对某一次具体审核策划审核方案。

5）审核方案可以包括针对一个或多个管理体系标准的审核，可单独实施，也可结合实施。

3. 审核方案的分类

CCAA《审核概论》一书是这样划分的：

1）依据审核目的，可划分为第一阶段审核方案、第二阶段审核方案、监督审核方案、提前较短时间的审核（必要时）方案、再认证审核方案等。

2）依据审核方式可划分为联合审核方案、多体系（结合）审核方案等。

3）依据认证客户的不同需求还可有特定审核方案，如扩大认证范围审核方案。

4. 审核方案的范围和程度要考虑的因素

1）审核方案的范围和程度应基于受审核方的规模和性质，以及拟审核的管理体系的性质、功能、复杂程度、风险和机遇的类型以及成熟度等级。

2）当大多数重要职能外包并在其他组织的领导下管理时，管理体系的功能性可能更加复杂。需要特别注意最重要的决定在何处做出，以及管理体系的最高管理者的构成。

3）为了解受审核方所处的环境，审核方案应考虑受审核方的组织目标、有关的外部和内部因素、有关相关方的需求和期望、信息安全和保密要求。

5. 审核方案的内容

审核方案应包括以下信息，并识别资源，以使审核能够在规定的时限内有效和高效地实施：

1）审核方案的目标。

2）与审核方案有关的风险和机遇及应对措施。

3）审核方案内每次审核的范围（详略程度、边界、地点）。

4）审核的日程安排（数量/持续时间/频次）。

5）审核类型，如内部或外部。

6）审核准则。

7）拟采用的审核方法。

8）选择审核组成员的准则。

9）相关的成文信息。

6. 审核方案的管理要求

1) 应指派有能力的人员来管理审核方案。审核方案管理通常可涉及认证机构的合同评审人员、专业能力评价人员、审核组长及认证决定人员等。

2) 审核方案管理人员应确保保持审核的完整性,并确保审核没有被施加不当影响。

3) 审核应优先考虑将资源和方法分配给管理体系中内在风险较高和绩效水平较低的事项。应优先配置审核方案所确定的资源,以确保审核实施的有效性。

4) 审核方案的管理就是对审核方案所涉及活动的策划、实施、监视以及评审和改进。按图 8-1 所示流程对审核方案进行管理:

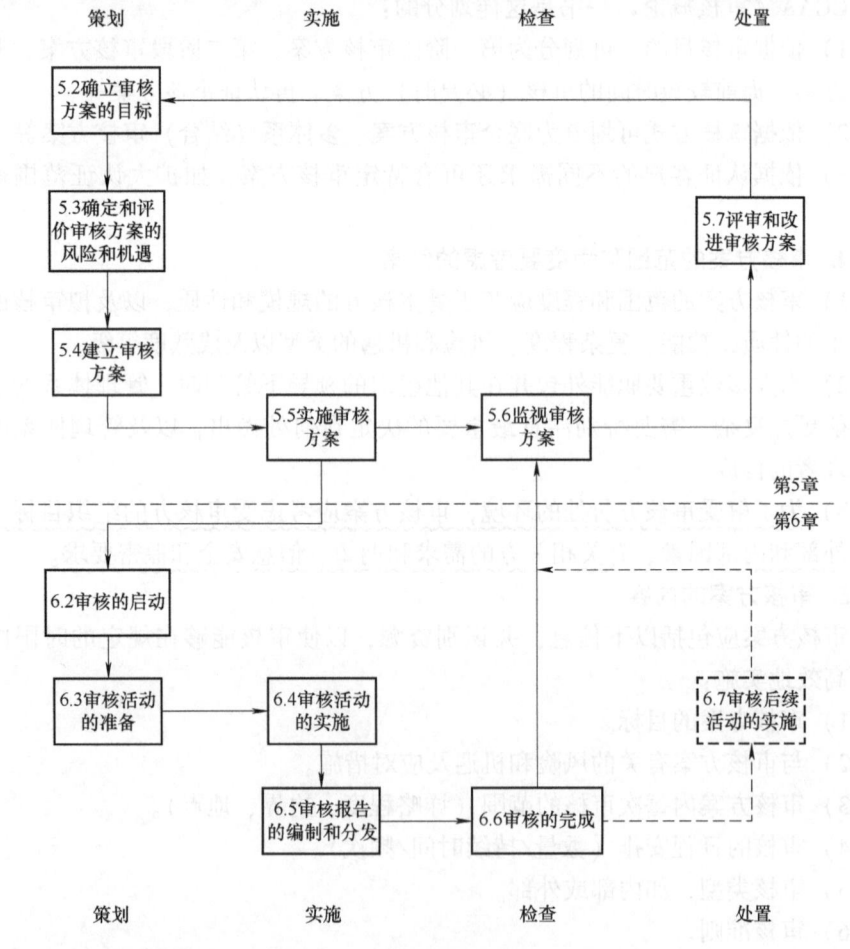

```
策划            实施            检查            处置

┌──────────┐
│5.2确立审核│
│  方案的目标│
└────┬─────┘
     │
     ▼
┌──────────┐                                  ┌──────────┐
│5.3确定和评│                                  │5.7评审和改│
│价审核方案的│                                  │进审核方案 │
│  风险和机遇│                                  └────▲─────┘
└────┬─────┘                                       │
     ▼
┌──────────┐
│5.4建立审核│
│   方案    │
└────┬─────┘
     │       ┌──────────┐   ┌──────────┐
     └──────▶│5.5实施审核│──▶│5.6监视审核│
             │   方案    │   │   方案    │
             └────┬─────┘   └──────────┘
                                              第5章
- - - - - - - - - - - - - - - - - - - - - - - 第6章
     ▼
┌──────────┐
│6.2审核的启动│
└────┬─────┘
     │
     ▼
┌──────────┐   ┌──────────┐                  ┌──────────┐
│6.3审核活动│──▶│6.4审核活动│                  │6.7审核后续│
│  的准备   │   │   的实施  │                  │ 活动的实施│
└──────────┘   └────┬─────┘                  └──────────┘
                    ▼
               ┌──────────┐   ┌──────────┐
               │6.5审核报告│──▶│6.6审核的完成│
               │的编制和分发│   └──────────┘
               └──────────┘

策划            实施            检查            处置
```

注1:图中表示了 PDCA 循环在 GB/T 19011 中的应用。
注2:图中条款号指的是 GB/T 19011 的相关条款。

图 8-1　审核方案的管理流程

① 确立审核方案的目标。

② 确定和评价审核方案的风险和机遇。

③ 建立审核方案，包括：审核方案管理人员的作用和职责，审核方案管理人员的能力，确立审核方案的范围和详略程度，确定审核方案资源。

④ 实施审核方案，包括：规定每次审核的目标、范围和准则，选择和确定审核方法，选择审核组成员，为审核组长分配每次的审核职责，管理审核方案结果，管理和保持审核方案记录。

⑤ 监视审核方案。应持续<u>监视和测量</u>审核方案的执行情况，以确保实现其**目标**。

⑥ 评审和改进审核方案。应<u>评审</u>审核方案，以识别变更的需求和可能的改进机会。

例题分析

1.（多项选择题）审核方案的范围和程度应基于（　　）。

A. 受审核方的规模和性质

B. 拟审核的管理体系的性质、功能、复杂程度

C. 拟审核的管理体系的风险和机遇的类型

D. 拟审核的管理体系的成熟度等级

答案及分析：选择 ABCD。见本书 8.1 节方框中 GB/T 19011—2021 标准 5.1 条款。

2.（多项选择题）为了解受审核方所处的环境，审核方案应考虑受审核方的（　　）。

A. 组织目标　　　　　　　　　B. 有关的外部和内部因素

C. 有关相关方的需求和期望　　D. 信息安全和保密要求

答案及分析：选择 ABCD。见本书 8.1 节方框中 GB/T 19011—2021 标准 5.1 条款。

3.（单项选择题）审核应优先考虑将资源和方法分配给管理体系中（　　）的事项。

A. 内在风险较高和绩效水平较低　　B. 内在风险较低和绩效水平较高

C. 内在风险较高和绩效水平较高　　D. 内在风险较低和绩效水平较低

答案及分析：选择 A。见本书 8.1 节方框中 GB/T 19011—2021 标准 5.1 条款。

4.（单项选择题）审核应优先考虑将（　　）分配给管理体系中内在风险

较高和绩效水平较低的事项。

  A. 资源和方法   B. 资源

  C. 审核方案   D. 资源和信息

答案及分析：选择 A。见本书 8.1 节方框中 GB/T 19011—2021 标准 5.1 条款。

5.（多项选择题）审核方案的有效实施与（　　）密切相关。(真题)

  A. 认可机构   B. 审核员

  C. 认证机构的监督   D. 审核方案的管理者

答案及分析：选择 BD。见 8.1 节之 1。

6.（多项选择题）对审核方案的管理是（　　）。(真题)

  A. 认证管理的重要部分   B. 贯穿于认证活动的始终

  C. 限于审核过程与审核活动   D. 人员管理的一部分

答案及分析：选择 AB。见 8.1 节之 1 之 5）。

8.2　确立审核方案的目标

下面方框中的内容是 GB/T 19011—2021 标准 5.2 条款的内容。

> **5.2　确立审核方案的目标**
>
>   审核委托方应确保确立审核方案目标以指导审核的策划与实施，并确保审核方案得到有效执行。审核方案的目标应与**审核委托方的战略方向**相一致，并支持管理体系的方针和目标。
>
>   这些目标可以基于以下方面的考虑。
>
>   a）有关相关方的需求和期望，包括外部的和内部的。
>
>   b）过程、产品、服务和项目的特性和要求，以及它们的任何变更。
>
>   c）管理体系要求。
>
>   d）对外部供方进行评价的需求。
>
>   e）受审核方管理体系的成熟度等级和绩效水平，反映在相关绩效指标（如 KPI）、不合格或事件的发生或相关方的投诉。
>
>   f）已识别的受审核方的风险和机遇。
>
>   g）以往审核的结果。
>
>   **审核方案目标的示例**可包括：
>
>   ——识别改进管理体系及其绩效的机会。
>
>   ——评价受审核方确定其所处环境的能力。
>
>   ——评价受审核方确定风险和机遇以及识别和实施有效措施以应对这些风险和机遇的能力。

> ——符合所有相关要求，例如法律法规要求、合规承诺、管理体系标准的认证要求。
> ——获得并保持对外部供方能力的信任。
> ——确定受审核方管理体系的持续适宜性、充分性和有效性。
> ——评价管理体系目标与组织战略方向的相容性和一致性。

审核方案的目标是指审核委托方通过实施审核方案中的一组审核所要达到的目的。由于审核方案是一组审核的策划与安排，所以审核方案的目标是一组审核的目标。组织在编制审核方案前，要明确确定有关审核方案的目标。

《审核概论》一书强调，审核方案的建立是审核活动实现审核目标的保证，也是确保审核活动有效和高效的关键。

1. 确定审核方案目标时考虑的因素

GB/T 19011—2021 标准 5.2 条款 a) ~ g) 要求确定审核方案目标时要考虑 7 个因素。4.2.2 节方框中 GB/T 27021.1 标准 9.1.3.2 条款之"注 2"，对认证审核方案要考虑的因素做了说明。

2. 审核方案的目标

GB/T 19011—2021 标准 5.2 条款中列举了 7 个审核方案的目标。不同的审核有不同的目的，相应的审核方案也有不同的目标。

第三方审核的审核方案的目标是为认证的批准、保持、扩大、缩小、暂停和撤销提供依据。第二方审核的审核方案的目标则是为需方组织是否与供方建立或保持合同关系提供依据。第一方审核的审核方案的目标可以是满足体系依据的标准或程序的要求；也可以是发现改进管理体系的机会。

CCAA《审核概论》一书提供了一个管理体系认证、产品认证和服务认证中的审核方案的目标的例子（见表 8-2）。

表 8-2 管理体系认证、产品认证和服务认证中的审核方案的目标

序 号	举 例 项	目 标 阐 述
1	体系审核目标	审核方案的目标例子可以包括下列各项： ——确定改进管理体系及其绩效的机会 ——评价受审核方的能力以确定其背景 ——评价受审核方确定风险和机遇的能力，确定并实施有效的行动来应对 ——符合所有相关要求，例如法律法规要求，合规承诺，管理体系标准认证 ——获得和保持对外部供方能力的信心 ——确定受审核方管理系统的持续适宜性、充分性和有效性 ——评价管理体系的目标与管理体系方针、组织总体目标的兼容性和一致性

(续)

序号	举例项	目标阐述
2	产品检查目标	工厂质量保证能力要求的审核，确认能力要求得到满足
3	服务审查目标	服务设计的审核，确认设计能力；服务管理的审核，确认服务管理能力

例题分析

1. （单项选择题）审核方案的目标应与（　　）的战略方向相一致，并支持管理体系的方针和目标。

A. 审核委托方　　　　　　B. 受审核方
C. 相关方　　　　　　　　D. 顾客

答案及分析：选择 A。见本书 8.2 节方框中 GB/T 19011—2021 标准 5.2 条款。

2. （单项选择题）（　　）是指审核委托方通过实施审核方案中的一组审核所要达到的目的。

A. 审核方案的目标　　　　B. 审核目标
C. 审核方案的作用　　　　D. 审核方案的实现

答案及分析：选择 A。见本书 8.2 节。

3. （多项选择题）确定审核方案目标时考虑的因素有（　　）。

A. 有关相关方的需求和期望，包括外部的和内部的
B. 过程、产品、服务和项目的特性和要求，以及它们的任何变更
C. 已识别的受审核方的风险和机遇
D. 以往审核的结果

答案及分析：选择 ABCD。见本书 8.2 节方框中 GB/T 19011—2021 标准 5.2 条款。

8.3　确定和评价审核方案的风险和机遇

下面方框中的内容是 GB/T 19011—2021 标准 5.3 条款的内容。

> **5.3　确定和评价审核方案的风险和机遇**
> 　　某些与受审核方所处环境相关的风险和机遇可能与审核方案有关联，并且可能影响审核方案目标的实现。在确定审核方案和资源要求时，**审核方案管理人员**应识别并向审核委托方提出所考虑的风险和机遇，以便能够适当地应对。

可能存在与以下方面相关的风险：
　　a）策划，例如未能建立相关的审核目标，及未能确定审核的范围和详略程度、数量、持续时间、地点和日程安排。
　　b）资源，例如在时间、设备和/或培训不足的情况下制定审核方案或实施审核。
　　c）审核组的选择，例如有效实施审核的整体能力不足。
　　d）沟通，例如无效的外部/内部沟通过程/渠道。
　　e）实施，例如审核方案内的审核工作协调不力，或未考虑信息安全和保密性。
　　f）对成文信息的控制，例如：未有效确定审核员和有关相关方所要求的必要成文信息；未能充分保护审核记录以证明审核方案的有效性。
　　g）监视、评审和改进审核方案，例如对审核方案的结果监视无效。
　　h）受审核方的协助与配合以及抽样的证据的可获得性。
　　改进审核方案的机会可包括：
　　——允许在一次访问中进行多个审核。
　　——尽量减少到达场所的时间和距离。
　　——将审核组的能力水平与达到审核目标所需的能力水平相匹配。
　　——将审核日期与受审核方关键人员的时间相协调。

某些与受审核方所处环境相关的风险和机遇可能与审核方案有关联，并且可能影响审核方案目标的实现。在确定审核方案和资源要求时，审核方案管理人员应识别并向审核委托方提出所考虑的风险和机遇，以便能够适当地应对。

GB/T 19011—2021 标准 5.3 条款 a)~h) 列举了 8 个方面的风险，最后又列举了 4 个方面的机会。

例题分析

1. （单项选择题）在确定审核方案和资源要求时，（　　）应识别并向审核委托方提出所考虑的风险和机遇，以便能够适当地应对。

　　A. 审核组　　　　　　　　B. 审核方案管理人员
　　C. 审核员　　　　　　　　D. 审核组长

答案及分析：选择 B。见本书 8.3 节方框中 GB/T 19011—2021 标准 5.3 条款。

2. （多项选择题）改进审核方案的机会可包括（　　）。
　　A. 允许在一次访问中进行多个审核

B. 尽量减少到达场所的时间和距离

C. 将审核组的能力水平与达到审核目标所需的能力水平相匹配

D. 将审核日期与受审核方关键人员的时间相协调

答案及分析：选择 ABCD。见本书 8.3 节方框中 GB/T 19011—2021 标准 5.3 条款。

3. （单项选择题）依据 GB/T 19011—2021 标准的要求，在建立、实施、监视、评审和改进审核方案过程中存在多种风险，这些风险不包括（　　）。（真题改进）

A. 未能设定合适的审核目标

B. 未能确定审核方案范围和详略程度

C. 审核未能通过给审核认证的组织带来的损失

D. 没有有效沟通审核方案

答案及分析：选择 C。理解题，参见本书 8.3 节方框中 GB/T 19011—2021 标准 5.3 条款。

8.4　建立审核方案

GB/T 19011—2021 标准中，建立审核方案包括：审核方案管理人员的作用和职责，审核方案管理人员的能力，确立审核方案的范围和详略程度，确定审核方案资源。

《审核概论》一书认为，审核方案建立的过程是审核过程管理的重要组成部分，也是有效开展审核活动的基础。需要通过对审核服务提供过程的设计，识别和确定审核的全过程。

审核委托方应制定与审核方案有关活动的管理程序，为开展审核活动提供路径。

8.4.1　审核方案管理人员的作用和职责

下面方框中的内容是 GB/T 19011—2021 标准 5.4～5.4.1 条款的内容。

5.4　建立审核方案

5.4.1　审核方案管理人员的作用和职责

审核方案管理人员应：

a）根据相关目标（见 5.2）和任何已知的约束确立审核方案的范围和详略程度。

b）确定可能影响审核方案的外部和内部因素以及风险和机遇，并实施应对这些因素的措施，适当时将这些措施纳入所有相关的审核活动。

c）适当时，通过分配角色、责任和授权，以及支持领导作用，确保审核组的选择和审核活动的总体能力。

d）建立所有相关的过程，包括：

——协调和安排审核方案内的所有审核。

——确定审核目标、审核范围和审核准则，确定审核方法，并选择审核组。

——评价审核员。

——适当时建立外部和内部沟通过程。

——争议的解决和投诉的处理。

——审核的后续活动，如适用。

——适当时向审核委托方和有关相关方报告。

e）确定并确保提供所有必要的资源。

f）确保准备和保持适当的成文信息，包括审核方案记录。

g）监视、评审和改进审核方案。

h）将审核方案与审核委托方进行沟通，适当时与有关相关方沟通。

审核方案管理人员应请**审核委托方**批准其方案。

GB/T 19011—2021 标准 5.4.1 条款 a）~h）明确了审核方案管理人员 8 个方面的作用和职责。审核方案管理人员应请审核委托方批准其方案。

《审核概论》一书将审核方案管理人员的作用和职责细分为两个方面：

1）需要审核方案管理人员直接负责活动的实施，包括：

① 确定审核方案的目的和审核方案的范围和程度。

② 规定职责，制定程序。

③ 识别所需要的资源。

④ 监视、评审和改进审核方案。

2）需要审核方案的人员采取措施，确保活动有效实施方面的职责（管理职责）。包括：

① 确保审核资源的提供。

② 确保审核方案的有效实施，并为其提供支持。

③ 确保有关审核方案实施和管理的文件与记录的有效管理。

8.4.2 审核方案管理人员的能力

下面方框中的内容是 GB/T 19011—2021 标准 5.4.2 条款的内容。

> **5.4.2 审核方案管理人员的能力**
>
> 审核方案管理人员应具有有效和高效地管理方案及其相关风险和机遇以及外部和内部因素的必要能力，包括以下知识：
> a）审核原则（见第4章）、方法和过程（见A.1和A.2）。
> b）管理体系标准、其他相关标准和参考/指导文件。
> c）关于受审核方及其所处环境的信息（例如，受审核方的外部/内部因素、有关相关方及其需求和期望、业务活动、产品、服务和过程）。
> d）适用于受审核方业务活动的法律法规要求和其他要求。
>
> 适当时，可以考虑风险管理、项目和过程管理以及信息和通信技术（ICT）的知识。
>
> 审核方案管理人员应参与适当的持续提升活动，以保持管理审核方案的必要能力。

1. 审核方案管理人员的能力

审核方案管理人员应具有有效和高效地管理方案及其相关风险和机遇以及外部和内部因素的必要能力，并具备5个方面的知识：

1）审核原则、方法和过程。

2）管理体系标准、其他相关标准和参考/指导文件。

3）关于受审核方及其所处环境的信息（例如，受审核方的外部/内部因素、有关相关方及其需求和期望、业务活动、产品、服务和过程）。

4）适用于受审核方业务活动的法律法规要求和其他要求。

5）适当时，可以考虑风险管理、项目和过程管理以及信息和通信技术（ICT）的知识。

审核方案管理人员应参与适当的持续提升活动，以保持管理审核方案的必要能力。

2. 认证机构审核方案管理人员的能力

认证机构相关认证职能具备的知识和技能见本书11.1节之3。《审核概论》一书对审核方案管理人员的能力提出的要求是：

1）理解审核原则。

2）理解审核员的能力以及审核组整体能力的概念。

3）理解审核技术的应用，这里指审核员对受审核方开展审核所需要运用的知识和技能。

4）具有最基本的组织和协调能力，掌握基本的IT化工具为其对项目的管理提供技术支撑。

5) 了解与受审核活动相关的技术和业务，例如：特定行业的过程、产品和服务的技术特性，特定行业的检测技术和质量控制的技术。

6) 了解与受审核方活动、产品有关的适用法律法规要求和其他要求。

8.4.3 确立审核方案的范围和详略程度

下面方框中的内容是 GB/T 19011—2021 标准 5.4.3 条款的内容。

> **5.4.3 确立审核方案的范围和详略程度**
>
> 审核方案管理人员应确定审核方案的范围和详略程度，这取决于受审核方提供的关于其所处环境的信息（见5.3）。
>
> 注：在某些情况下，根据受审核方的结构或活动，审核方案可能只包括一次审核（例如一个小型项目和组织）。
>
> 影响审核方案范围和详略程度的其他因素可包括：
>
> a) 每次审核的目标、范围、持续时间，以及审核次数和报告方式，适用时，还包括审核后续活动。
>
> b) 管理体系标准或其他适用准则。
>
> c) 受审核的活动的数量、重要性、复杂性、相似性和地点。
>
> d) 影响管理体系有效性的因素。
>
> e) 适用的审核准则，例如有关管理体系标准的经策划的安排、法律法规要求以及组织承诺的其他要求。
>
> f) 以往的内部或外部审核和管理评审的结果，如适用。
>
> g) 以往审核方案的评审结果。
>
> h) 语言、文化和社会因素。
>
> i) 相关方的关注点，例如顾客投诉、不符合法律法规要求和组织承诺的其他要求，或供应链因素。
>
> j) 受审核方所处环境或其运行以及相关风险和机遇的重大变化。
>
> k) 支持审核活动的信息和通信技术的可用性，尤其是使用远程审核方法的情况（见 A.16）。
>
> l) 内部和外部事件的发生，如产品或者服务不合格、信息安全泄密事件、健康和安全事件、犯罪行为或环境事件。
>
> m) 业务风险和机遇，包括应对它们的措施。

1. 确立审核方案的范围和详略程度

审核方案管理人员应确定审核方案的范围和详略程度，以确保审核方案的制定与实施是适宜的。

审核方案的范围和详略程度取决于受审核方提供的关于其所处环境的信息。

GB/T 19011—2021 标准 5.4.3 条款明确指出了 13 个影响审核方案范围和详略程度的其他因素。

2. 认证机构确定审核方案应考虑的因素

《审核概论》一书认为，认证机构审核方案的对象是一个具体的客户组织。审核方案不应仅局限于某一个认证制度类别（如：QMS 认证、EMS 认证）。认证机构所确定的审核方案既有用于通用审核活动的普适化的审核方案，更应针对具体组织特点制定适用的审核方案，从而降低认证审核活动的风险。

表 8-3 是认证机构各类审核方案的相关要点以及应考虑的因素。

表 8-3 认证机构各类审核方案的相关要点以及应考虑的因素

序号	审核方案	相关要点以及应考虑的因素
1	常用审核方案	应基于以下方面的考虑来获取认证客户的相关信息： 1）认证客户管理体系的范围及其复杂程度 2）认证客户的组织规模及拟审核的场所 3）产品/服务、活动/过程的复杂程度及风险程度 4）认证客户管理体系的成熟度或有效性水平 5）相关方的关注点 6）法律法规及其行业性的强制要求 7）以往的审核结论或以往审核方案的评审结果 8）认证客户组织或其运作的重大变化 9）认证客户所处的地域、文化、语言等 审核方案输入的客户信息： 1）组织名称、隶属关系、所有制、组织结构、规模及其职能 2）拟申请的认证类型 3）拟申请的认证范围（产品/服务、过程/活动、区域） 4）生产/服务活动的特点（包括生产/服务活动的连续性、周期性、季节性、阶段性） 5）管理体系覆盖的有效人数 6）有关删减和分包情况 7）倒班情况和时间安排 8）多场所及其分布情况（固定场所、临时场所和流动性场所） 9）近期发生的、对体系运作有重大影响的投诉、事故或曝光情况 10）相关的行政许可和法律法规要求 11）管理体系的现状及有效性水平 12）拟申请认证的时间 13）使用的语言等

(续)

序号	审核方案	相关要点以及应考虑的因素
1	常用审核方案	审核方案的输出： 1）审核目标 2）审核准则和其他规范性文件 3）审核频次 4）审核范围 5）审核时机 6）审核时间的确定 7）审核组要求 8）审核内容和要求（包括抽样要求和关注重点）等
		审核频次的确定： 1）认证机构应根据与每个认证客户签订的认证协议和/或认证客户变化的信息来确定并调整其审核频次。通常，一个认证周期的审核频次包括初次认证审核、两次监督审核和认证到期前的再认证审核 2）当管理体系、组织或管理体系的运作环境（如法律的变更）有重大变更时，再认证审核活动可能需要有第一阶段。此类变更可能在认证周期中的任何时间发生，认证机构可能需要实施特殊审核。该特殊审核可能需要或不需要两阶段审核 3）当出现下列情况时，应在审核方案中考虑调整相应的审核频次，如可包括缩短审核周期、增加审核频次或是增加提前较短时间通知的审核： ① 认证客户出现重大质量、环境、职业健康安全及食品安全事故等 ② 认证客户发生影响认证基础的重大变更，如所有权、规模、产品/服务、人员、设备变化等 ③ 国家行政主管部门的要求或抽查的结果
2	已认可的认证转换审核方案	在确立审核方案时，认证机构应根据获证客户认证转换的申请，充分考虑该客户以往的审核信息，包括： 1）历次审核所反映的管理体系建立、实施、保持和改进的情况 2）产品/服务质量的状况 3）顾客满意情况和投诉 4）质量、环境、职业健康安全监督和抽查情况 5）上次审核的不合格情况 6）文审意见和结论等 当认证机构难以充分获得该申请客户以往全部的认证材料，或对客户目前/以前所持有的认证的充分性存在疑问时，其审核方案应考虑是否将该客户作为新客户对待，或仅针对所发现的问题区域进行监督审核

(续)

序号	审核方案	相关要点以及应考虑的因素
3	扩大认证范围审核方案	1) 在确立该类审核方案时,可考虑客户拟扩大认证范围所涉及的产品、过程和活动及其场所与原认证范围的相关性 2) 当拟扩大的认证范围与原有认证范围的相关程度低,如完全不同的产品、重要环境因素或危险源产生的影响完全不同时,该审核方案的范围宜充分覆盖拟扩大范围所涉及的产品、过程、活动和场所,包括对管理体系文件评审,以及为满足扩大范围的认证要求而需要的审核活动 3) 当这一审核与监督审核同时进行时,其审核时间宜为监督审核的时间与扩大认证范围所需审核时间之和(可考虑因部分管理活动或过程合并审核,而减少相应的审核时间)
4	多体系结合审核方案	结合审核方案在满足 GB/T 27021.1 标准 9.1.3 条款的要求及 GB/T 19011《管理体系审核指南》有关审核方案管理的指南之外,认证机构在制定结合审核方案及对其实施管理时还应至少考虑以下因素: 1) 结合审核的目标 2) 结合审核所涉及的管理体系标准和/或规范性文件 3) 结合审核中各管理体系所涉及的技术领域 4) 结合审核的风险识别 5) 根据结合审核的风险识别,认证应采取的控制和降低认证风险的措施 6) 结合审核有效性的保证措施 7) 对两阶段审核要求及其审核内容与结合审核计划的协调做出安排

8.4.4 确定审核方案资源

下面方框中的内容是 GB/T 19011—2021 标准 5.4.4 条款的内容。

5.4.4 确定审核方案资源

在确定审核方案的资源时,审核方案管理人员应考虑:

a) 开发、实施、管理和改进审核活动所需的财务和时间资源。

b) 审核方法(见 A.1)。

c) 具备适合特定审核方案目标的能力的审核员和技术专家的个人和整体的可用性。

d) 审核方案的范围和详略程度(见 5.4.3)及审核方案的风险和机遇(见 5.3)。

e) 旅途时间和费用、住宿及其他审核需求。

f）不同时区的影响。
　　g）信息和通信技术的可用性（例如，利用支持远程协作的技术来建立远程审核所需的技术资源）。
　　h）需要的任何工具、技术和设备的可用性。
　　i）在建立审核方案期间确定的必要成文信息的可获得性（见 A.5）。
　　j）与设施有关的要求，包括任何安全许可和设备（例如，背景调查、个人防护装备、穿戴洁净室服装的能力）。

1. 审核所需的资源类型

审核所需要的资源，适用时，包括以下几个方面：

1）财务资源，如审核员的培训费用。
2）设施资源，如审核期间的办公设施。
3）人力资源，如审核员、技术专家。
4）技术资源，如审核指导书。
5）时间资源，如审核时间和审核人员路途时间。
6）后勤资源，如审核人员的交通和食宿安排。
7）其他资源，如通信工具、审核工作文件、信息资源、照相及录音设备。

2. 确定审核方案的资源时，应考虑的内容

GB/T 19011—2021 标准 5.4.4 条款明确要求，在确定审核方案的资源时，要考虑 10 个方面的内容。

例题分析

1.（单项选择题）下面哪一个不是审核方案管理人员的作用和职责？（　　）

A. 审核方案的范围和详略程度
B. 确定可能影响审核方案的外部和内部因素以及风险和机遇
C. 策划并建立审核计划
D. 确保审核组的选择和审核活动的总体能力

答案及分析：选择 C。见本书 8.4.1 节方框中 GB/T 19011—2021 标准 5.4.1 条款。

2.（单项选择题）GB/T 19011—2021 标准中，建立审核方案不包括（　　）。

A. 审核方案管理人员的能力　　B. 确立审核方案的范围和详略程度
C. 选择和确定审核方法　　　　D. 确定审核方案资源

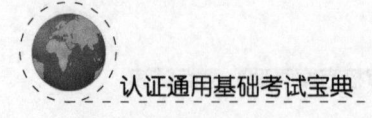

答案及分析：选择 C。见本书 8.4 节。

3. （单项选择题）审核方案建立的过程是（　　），也是有效开展审核活动的基础。（真题）

A. 审核过程管理的重要组成部分　　B. 认证机构全体人员的重要工作
C. 审核员的重要工作　　　　　　　D. 审核组长的责任

答案及分析：选择 A。见 8.4 节开始。

8.5　审核方案的实施

GB/T 19011—2021 标准中，审核方案的实施包括：审核方案管理人员应开展的工作，规定每次审核的目标、范围和准则，选择和确定审核方法，选择审核组成员，为审核组长分配每次的审核职责，管理审核方案结果，管理和保持审核方案记录。

《审核概论》一书在审核方案的实施一节，还针对认证审核讲了审核计划以及审核方案的调整管理。其中的审核计划就是 GB/T 27021.1 标准 9.2.3 条款的内容，见本书 4.2.2 节，这里就不再重复了。本书在 8.5.8 节中就审核方案的调整管理的要点做简单讲解。

8.5.1　审核方案管理人员应开展的工作

下面方框中的内容是 GB/T 19011—2021 标准 5.5～5.5.1 条款的内容。

> 5.5　实施审核方案
> 5.5.1　总则
> 一旦建立了审核方案（见 5.4.3）并确定了相关资源（见 5.4.4），就需要实施运行计划和协调方案内的所有活动。
> 审核方案管理人员应：
> a) 利用既定的外部和内部沟通渠道，将审核方案的有关部分，包括所涉及的风险和机遇向有关相关方沟通，并定期向其通报审核方案的进展情况。
> b) 规定每次审核的目标、范围和准则。
> c) 选择审核方法（见 A.1）。
> d) 协调和安排审核和与审核方案有关的其他活动。
> e) 确保审核组具备必要的能力（见 5.5.4）。
> f) 向审核组提供必要的人员和总体资源（见 5.4.4）。

g）确保审核按照审核方案进行，管理在方案部署期间出现的所有运行风险、机遇和因素（即意外事件）。

h）确保有关审核活动的相关成文信息得到妥善管理和保持（见5.5.7）。

i）规定和实施监视审核方案所需的运行控制（见5.6）。

j）评审审核方案，以识别其改进机会（见5.7）。

GB/T 19011—2021 标准 5.5.1 条款明确要求在实施审核方案时，审核方案管理人员要开展 10 个方面的工作。

8.5.2 规定每次审核的目标、范围和准则

下面方框中的内容是 GB/T 19011—2021 标准 5.5.2 条款的内容。

5.5.2 规定每次审核的目标、范围和准则

每次审核应基于明确的审核目标、范围和准则。这些应该与总体审核方案的目标相一致。

审核目标规定每次审核应完成什么，可包括以下内容：

a）确定所审核的管理体系或其一部分与审核准则的符合程度。

b）评价管理体系帮助组织满足相关法律法规要求以及组织所承诺的其他要求的能力。

c）评价管理体系在实现其预期结果方面的有效性。

d）识别潜在的改进管理体系的机会。

e）评价管理体系对于受审核方所处环境和战略方向的适宜性和充分性。

f）评价管理体系在不断变化的环境下建立和实现目标及有效应对风险和机遇的能力，包括相关措施的实施能力。

审核范围应与审核方案和审核目标相一致。它包括拟审核的位置、职能、活动和过程以及审核覆盖的时期等因素。

审核准则是确定合格的依据。这可以包括以下一项或多项：适用的方针、过程、程序、包括目标的绩效准则、法律法规要求、管理体系要求、由受审核方确定的所处环境及风险和机遇的信息（包括相关的外部/内部相关方要求）、行业行为规范或其他策划的安排。

如果审核目标、范围或准则有任何变化，应根据需要修改审核方案，并与相关方沟通，适当时获得批准。

当同时对多个领域进行审核时，审核目标、范围和准则与每个领域的相关审核方案保持一致是非常重要的。一些领域的范围可能反映整个组织，而另一些领域的范围可能反映整个组织的一部分。

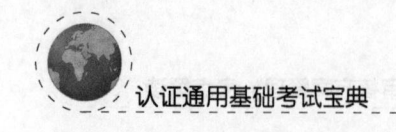

8.5.3 选择和确定审核方法

下面方框中的内容是 GB/T 19011—2021 标准 5.5.3 条款的内容。

> **5.5.3 选择和确定审核方法**
>
> 审核方案管理人员应根据规定的**审核目标、范围和准则**，选择和确定有效和高效地实施审核的方法。
>
> 审核可以现场、远程或组合的方式进行。这些方法的使用，尤其应基于相关风险和机遇予以适当平衡。
>
> 当两个或多个审核组织对同一受审核方进行联合审核时，管理不同审核方案的人员应就审核方法达成一致，并考虑对审核资源和审核策划的影响。如果受审核方运行两个或多个不同领域的管理体系，审核方案可以包括多体系审核。

审核方案管理人员应根据规定的审核目标、范围和准则，选择和确定有效和高效地实施审核的方法。表 8-4 给出了适当的审核方法（来自 GB/T 19011—2021 标准附录 A.1 表 A.1）。

表 8-4 审核方法

审核员与受审核方之间的相互作用程度	审核员的位置	
	现场	远程
有人员互动	进行访谈 在受审核方参与的情况下完成检查表和问卷 在受审核方参与的情况下进行文件评审抽样	借助交互式的通信手段： ——进行访谈 ——通过远程向导观察工作情况 ——完成检查表和问卷 ——在受审核方参与的情况下进行文件审核
无人员互动	进行文件评审（例如记录、数据分析） 观察工作情况 进行现场巡视 完成检查表 抽样（例如产品）	进行文件评审（例如记录、数据分析） 在考虑社会和法律法规要求的前提下，通过监视手段来观察工作情况 分析数据

现场审核活动在受审核方的现场进行。远程审核活动在受审核方现场以外的地点进行，无论距离远近。

互动的审核活动包含受审核方人员和审核组之间的相互交流。无互动的审核活动不存在与受审核方代表的交流，但需要使用设备、设施和文件。

8.5.4 选择审核组成员

下面方框中的内容是 GB/T 19011—2021 标准 5.5.4 条款的内容。

> **5.5.4 选择审核组成员**
>
> 审核方案管理人员应指定审核组成员，包括审核组长和特定审核所需的任何技术专家。
>
> 选择审核组应考虑在规定的范围内实现每次审核目标所需的能力。如果只有一名审核员，该审核员应履行审核组长的所有适用职责。
>
> 注：第7章包含关于确定审核组成员所要求的能力的指南，并描述了评价审核员的过程。
>
> 为确保审核组的整体能力，**应实施以下步骤**：
> ——识别实现审核目标所需的能力。
> ——选择审核组成员，以便使审核组具有必要的能力。
>
> 在确定具体审核的审核组规模和组成时，**应考虑以下事项**：
>
> a) 考虑到审核范围和准则，实现审核目标所需的审核组整体能力。
> b) 审核的复杂程度。
> c) 审核是否是多体系审核或联合审核。
> d) 所选择的审核方法。
> e) 避免审核过程中的任何利益冲突，确保客观性和公正性。
> f) 审核组成员工作能力以及与受审核方代表和有关相关方互动的能力。
> g) 相关的外部/内部因素，如审核语言，以及受审核方的社会和文化特性，这些因素可以通过审核员自身的技能或通过技术专家的支持予以解决，同时考虑到对翻译的需求。
> h) 拟审核的过程的类型和复杂程度。
>
> 在适当情况下，审核方案管理人员应就审核组的组成与组长协商。
>
> 如果审核组中的审核员没有具备必要的能力，应使用具有相关能力的技术专家来支持审核组。
>
> 审核组可以包括实习审核员，但实习审核员应在审核员的指导和帮助下参与审核。
>
> 在审核期间，可能需要改变审核组的组成，例如，如果出现利益冲突或能力问题。当出现这种情况，应在做出任何改变之前，与适当的各方（例如，审核组长、审核方案管理人员、审核委托方或受审核方）解决该问题。

对审核组而言，技术专家不作为审核员。技术专家应由审核员陪同。技术专家可以就审核准备、策划或审核向审核组提出建议。

审核组可以包括实习审核员,但实习审核员应在审核员的指导和帮助下参与审核。

《审核概论》一书还对认证审核选择和指派审核组进行了讲解,这些内容见本书 4.2.2 节方框中 GB/T 27021.1 标准 9.2.2 条款,这里不再重复。

8.5.5 为审核组长分配每次的审核职责

下面方框中的内容是 GB/T 19011—2021 标准 5.5.5 条款的内容。

5.5.5 为审核组长分配每次的审核职责

审核方案管理人员应向审核组长分配实施每次审核的职责。

为确保审核工作的有效策划,应在计划的审核日期之前的足够时间内分配审核职责。

为确保有效实施每次审核,应向审核组长提供以下信息:
a) 审核目标。
b) 审核准则和任何相关的成文信息。
c) 审核范围,包括受审核的组织及其受审核的职能和过程的识别。
d) 审核过程和相关方法。
e) 审核组的组成。
f) 受审核方的联系方式、审核活动的地点、时间段和持续时间。
g) 实施审核所必需的资源。
h) 评价和应对所识别的风险和机遇以实现审核目标所需的信息。
i) 支持审核组长与受审核方就审核方案有效性进行互动的信息。

适当时,分配信息还应包括以下内容:
——在审核员或受审核方或双方的语言不同的情况下,审核工作和报告的语言。
——所需要的审核报告输出及其发放对象。
——审核方案所要求的与保密和信息安全有关的事项。
——对审核员的任何健康、安全和环境安排。
——出行或访问远程场所的要求。
——任何安全和授权要求。
——任何需要评审的行动,例如以往审核的后续行动。
——与其他审核活动的协调,例如,不同的审核组在不同地点审核相似或相关的过程或联合审核。

在实施联合审核时,在开始审核之前,重要的是,实施审核的组织间就每一方的具体责任,尤其是关于被任命的审核组长的权限达成一致。

在计划的审核日期之前的足够时间内，审核方案管理人员应向审核组长分配实施每次审核的职责，以确保审核工作的有效策划。

审核方案管理人员应向审核组长提供必要的信息，包括标准中 a) ~ i) 9 条信息，适当时，还应按标准要求提供其他 8 条信息。

8.5.6 管理审核方案结果

下面方框中的内容是 GB/T 19011—2021 标准 5.5.6 条款的内容。

> **5.5.6 管理审核方案结果**
> 审核方案管理人员应**确保**实施以下活动。
> a) 对审核方案内的每次审核的目标的实现进行评价。
> b) 评审和批准关于审核范围和目标的达成情况的审核报告。
> c) 评审针对审核发现所采取的措施的有效性。
> d) 向有关相关方分发审核报告。
> e) 确定任何后续审核的必要性。
> 适当时，审核方案管理人员应考虑：
> ——将审核结果和**最佳实践**与组织的其他区域进行沟通，以及
> ——对其他过程的影响。

8.5.7 管理和保持审核方案记录

下面方框中的内容是 GB/T 19011—2021 标准 5.5.7 条款的内容。

> **5.5.7 管理和保持审核方案记录**
> 审核方案管理人员应**确保**审核记录的形成、管理和保持，以**证明**审核方案的实施。应当建立过程以确保与审核记录相关的任何信息安全和保密需求得到规定。
> 记录可以包括以下内容。
> a) 与审核方案有关的记录，如：
> ——审核日程安排。
> ——审核方案目标、审核方案范围和详略程度。
> ——审核方案的风险和机遇以及相关的外部和内部因素的应对。
> ——对审核方案有效性的评审。
> b) 与每次审核相关的记录，如：
> ——审核计划和审核报告。
> ——客观审核证据和审核发现。

——不符合报告。
——纠正和纠正措施报告。
——审核后续活动报告。
c）涉及以下主题的与审核组有关的记录，如。
——审核组成员的能力和绩效评价。
——审核组和审核组成员的选择准则和审核组的组成。
——能力的保持和提高。
记录的形式和详细程度应证明已经实现审核方案的目标。

《审核概论》一书还对认证记录的管理做了讲解，讲解的内容是 GB/T 27021.1 标准 9.9 条款的摘录，见本书 4.2.2 节。

8.5.8　认证审核中审核方案的调整管理

1. 决定审核方案调整的因素

认证机构根据每次审核的结果和审核中收集到的相关信息，决定是否对审核方案进行必要的调整或更新。审核方案是否需要调整，应基于以下因素（不限于）：

1）第一阶段审核的结果。
2）以往的审核发现和审核结论。
3）客户及其管理体系的变更。
4）认证范围的变更。
5）有关的投诉。
6）经证实的管理体系的有效性水平。
7）持续改进的情况。
8）来自客户的最新需求。
9）外部环境的变化（如法规、认证要求的变更）等。

2. 各认证阶段审核方案调整的要点

各认证阶段审核方案调整的要点见表 8-5（根据《审核概论》一书内容提炼）。

表 8-5　各认证阶段审核方案调整的要点

序号	阶段	审核方案调整要点
1	第一阶段审核后的审核方案调整	根据第一阶段的审核发现及其收集到的其他信息，对第二阶段审核方案进行必要的修改和调整，以便： 1）确定是否需要为审核组补充专业能力和增补审核员 2）审查审核时间的充分性 3）根据实际场所的数量及其运作情况，调整审核的抽样量 4）确定进入第二阶段审核的时机等

第 8 章 《审核方案管理》考点解读

（续）

序号	阶段	审核方案调整要点
2	监督审核前的审核方案调整	每次监督审核前，认证机构应基于上一次审核的结果、认证客户的最新信息，包括变更的情况，以及对认证客户日常管理的情况、审核方案的评审结果等，调整监督审核方案。该调整可能涉及： 1）增加对体系文件的评审 2）扩大或缩小认证范围，如新增、扩、改建项目或某种产品长时间（如2年）未进行生产 3）增加审核时间，如增加了产品的生产/服务场所等 4）针对客户管理体系的相关问题，确定本次审核所要求的内容等
3	再认证审核前的审核方案调整	1）再认证审核实施前，认证机构应在充分考虑表8-5中序号2内容的基础上，根据客户认证周期内的**管理体系绩效**和以往**监督审核的结果**，调整或更新再认证审核方案 2）当认证周期内客户发生质量、环境、职业健康安全和食品安全事故，或获证组织及其管理体系，包括组织的运作环境发生重大变化时，再认证审核方案可能需要增加有关的第一阶段审核
4	认证审核过程中的审核方案调整	随着审核的进展，审核方案的内容可能因审核中收集到的信息，或审核中存在的不确定因素而发生变化，<u>认证机构应考虑来自审核组审核过程中反馈的以下信息，修改或调整审核方案</u>： 1）客户信息不充分导致的审核资源配备不足 2）发生突发事件 3）审核中可供评审的样本量不足 4）客户提供的申请信息与实际情况不符（如雇员数量、倒班、场所数量及其分布情况等） 5）审核时，未覆盖到的区域，或认证范围内所涉及的产品/服务无相关的专业活动现场 6）客户出现重大质量、环境、职业健康安全事故等 调整后的审核方案可能是：补充或调整审核组内的专业审核员，增加或减少审核时间，调整审核抽样量，缩小审核范围，中断审核等

例题分析

1.（单项选择题）以下说法错误的是（　　）。
   A. 首次会议应确认审核计划
   B. 审核组长应该能够指导实习审核员进行审核
   C. 审核方案中的目的应当考虑其他相关方的需求
   D. 现场审核过程中，由审核组长确定审核范围
   答案及分析：选择 D。见本书 8.5.1 节方框中 GB/T 19011 标准 5.5.1 条款

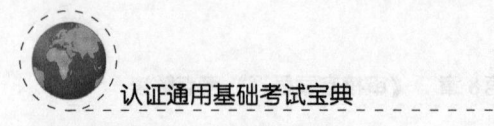

之b）：审核方案管理人员规定每次审核的目标、范围和准则。

2.（单项选择题）依据 GB/T 19011 标准中（　　）的要求，应为每次审核确定审核目标、范围和准则。

A. 审核方案　　　　　　　　B. 审核计划
C. 审核报告　　　　　　　　D. 审核实施

答案及分析：选择 A。见本书 8.5.2 节方框中 GB/T 19011 标准 5.5.2 条款。

3.（单项选择题）如果审核目标、范围或准则发生变化，应根据需要修改（　　）。

A. 审核计划　　　　　　　　B. 审核方案
C. 审核范围　　　　　　　　D. 审核准则

答案及分析：选择 B。见本书 8.5.2 节方框中 GB/T 19011 标准 5.5.2 条款。

4.（多项选择题）审核方案管理人员应根据规定的（　　），选择和确定有效和高效地实施审核的方法。

A. 审核目标　　　　　　　　B. 审核范围
C. 审核方案　　　　　　　　D. 审核准则

答案及分析：选择 ABD。见本书 8.5.3 节方框中 GB/T 19011 标准 5.5.3 条款。

5.（多项选择题）审核员在无人员互动的情况下进行现场审核，审核方法有（　　）。

A. 文件评审　　　　　　　　B. 观察工作状况
C. 抽样　　　　　　　　　　D. 访谈

答案及分析：选择 ABC。见本书 8.5.3 节表 8-4。

6.（多项选择题）（　　）可以独立承担审核任务。

A. 实习审核员　　　　　　　B. 审核员
C. 技术专家　　　　　　　　D. 审核组长

答案及分析：选择 BD。见本书 8.5.4 节的要点理解。

7.（多项选择题）管理审核方案结果的活动包括（　　）。

A. 对审核方案内的每次审核的目标的实现进行评价
B. 评审和批准关于审核范围和目标的达成情况的审核报告
C. 评审针对审核发现所采取的措施的有效性
D. 确定任何后续审核的必要性

答案及分析：选择 ABCD。见本书 8.5.6 节方框中 GB/T 19011 标准 5.5.6 条款。

8.（单项选择题）认证机构应考虑来自（　　），修改或调整审核方案。

(真题)

A. 市场客户的满意度　　　　B. 经营相关方的建议和要求

C. 审核组审核过程中反馈的相关信息　D. 组织领导意图

答案及分析：选择 C。见 8.5.8 节之 2 表 8-5 第 4 项。

8.6　监视审核方案

下面方框中的内容是 GB/T 19011—2021 标准 5.6 条款的内容。

> **5.6　监视审核方案**
> 审核方案管理人员应确保对以下内容的评价：
> a) 日程安排是否执行以及**审核方案目标是否实现。**
> b) 审核组成员的绩效，包括审核组长和技术专家。
> c) 审核组实施审核计划的能力。
> d) 审核委托方、受审核方、审核员、技术专家和其他有关各方的反馈。
> e) 整个审核过程中成文信息的充分性。
>
> 某些因素可能表明需要修改审核方案。这些因素可包括以下内容的变化：
> ——审核发现。
> ——经证实的受审核方管理体系的有效性水平和成熟度等级。
> ——审核方案的有效性。
> ——审核范围或审核方案范围。
> ——受审核方的管理体系。
> ——标准以及组织所承诺的其他要求。
> ——外部供方。
> ——已识别的利益冲突。
> ——审核委托方的要求。

1. 审核方案监视的内容

审核方案管理人员应确保对以下内容的评价：

1) 日程安排是否执行以及审核方案目标是否实现。指每次审核，是否符合相关的日程安排，审核方案的目标是否实现。

2) 审核组成员的绩效，包括审核组长和技术专家。审核组成员在每次审核时，对审核方案的执行情况、实现审核目标的程度。

3) 审核组实施审核计划的能力。在规定的时间内，利用所提供的资源，完成审核范围内所有审核内容，并实现审核的目标。

4) 审核委托方、受审核方、审核员、技术专家和其他有关各方的反馈。

5）整个审核过程中成文信息的充分性。

《审核概论》一书强调，对审核方案监视和评审的目的就是确定审核方案的适宜性以及实施的有效性，并识别实施纠正和预防措施及其他改进活动。

2. 审核方案的修改

在对审核方案进行监视时，可能会发现审核方案与实际情况不相符，因此审核组织要考虑修改审核方案。下列因素的变化可能导致需要修改审核方案，如：

1）审核发现。如审核时发现多个严重不符合，此时可能需要修改审核方案，增加审核次数。

2）经证实的受审核方管理体系的有效性水平和成熟度等级。

3）审核方案的有效性。

4）审核范围或审核方案范围。

5）受审核方的管理体系。如受审核方的组织结构进行了重大调整、企业进行了重组，此时都需修改审核方案。

6）标准以及组织所承诺的其他要求。如标准发生了改变。

7）外部供方。组织的供方发生可能影响产品质量的重大变化时，组织可能需要修改审核方案，增加对供应商审核的内容。

8）已识别的利益冲突。

9）审核委托方的要求。

8.7　评审和改进审核方案

下面方框中的内容是 GB/T 19011—2021 标准 5.7 条款的内容。

5.7　评审和改进审核方案

审核方案管理人员和审核委托方应评审审核方案，以评估其目标是否已经实现。从审核方案评审中得到的经验教训应作为方案改进的输入。

审核方案管理人员应确保：

——评审审核方案的全面实施状况。

——识别改进的区域和机会。

——在必要时对审核方案做出变更。

——按照 7.6，评审审核员的持续专业发展。

——报告审核方案的结果并适当时与审核委托方和有关相关方进行评审。

审核方案评审应考虑以下事项：

a）审核方案监视的结果和趋势。
b）审核方案过程和相关成文信息的符合性。
c）有关相关方进一步的需求和期望。
d）审核方案记录。
e）可替代的或新的审核方法。
f）可替代的或新的审核员评价方法。
g）应对与审核方案有关的风险和机遇以及内部和外部因素的措施的有效性。
h）与审核方案有关的保密和信息安全事宜。

1. 评审审核方案的目的

1）审核方案管理人员和审核委托方应评审审核方案,以评估其目标是否已经实现。

2）从审核方案评审中得到的经验教训应作为方案改进的输入。

2. 评审和改进审核方案的要求

这是改进审核方案的要求。审核方案管理人员应确保:

1）评审审核方案的全面实施状况。

2）识别改进的区域和机会。

3）在必要时对审核方案做出变更。

4）按照 GB/T 19011 标准 7.6 条款（保持并提高审核员能力）的要求,评审审核员的持续专业发展。

5）报告审核方案的结果并适当时与审核委托方和有关相关方进行评审。

3. 审核方案评审应考虑的事项

1）审核方案监视的结果和趋势。

2）审核方案过程和相关成文信息的符合性。

3）有关相关方进一步的需求和期望。

4）审核方案记录。

5）可替代的或新的审核方法。

6）可替代的或新的审核员评价方法。

7）应对与审核方案有关的风险和机遇以及内部和外部因素的措施的有效性。

8）与审核方案有关的保密和信息安全事宜。

这些是改进审核方案的输入信息。

4. 认证机构对审核方案的综合性评审

《审核概论》一书就认证机构对审核方案的综合性评审进行了讲解,这里讲一讲其中的要点。

1）综合性评审的信息输入包括:

① 认证客户的信息。
② 认证评审的信息。
③ 审核方案确定和调整的结果（如审核时间、范围、要求等）。
④ 审核计划。
⑤ 审核方案实施中审核组反馈的信息（如产品、过程、规模、场所等）。
⑥ 认证决定过程形成的信息。
⑦ 再认证审核前对管理体系有效性的评价。
⑧ 获证客户有关暂停、事故、投诉的信息。

2）认证机构应在适当的时机对审核方案的适宜性和有效性进行**综合性评审**，以识别改进的机会，并采取必要的纠正措施。"有效性"指通过实施审核方案中所确定的一组审核是否实现了审核方案的目的。"适宜性"指所建立的审核方案与相关方需求和期望及审核实践中发生的变化是否适宜。

审核方案的改进结果可同时作为认证机构持续改进的信息输入或重要依据。

3）审核方案应动态管理，要能把审核过程之中积累的经验传承下来。

8.8 认证机构对审核方案的管理

认证中的审核方案的建立、调整见本书 4.2.2 节方框中 GB/T 27021.1 标准 9.1.3 条款，这里不再重复。

这里就审核方案的文件化、审核方案的管理内容、增值审核的"五段十八要点"中要掌握的关键点进行讲解。

1. 认证机构审核方案的文件化

《审核概论》一书认为，认证机构审核方案的文件化体现在：

1）审核方案的程序。
2）申请、合同评审的结果及引发的措施的记录。
3）认证合同及其引用文件。

2. 认证机构审核方案的管理内容

认证机构审核方案的管理内容见表 8-6，这是《审核概论》一书的看法。

表 8-6 认证机构审核方案的管理内容

序号	活动	开展的工作
1	基础性管理活动	1）对审核方案的管理进行授权 2）确定与审核方案有关的通用性的活动安排 3）实施综合性的审核方案的监视和评审活动 4）实施改进活动

（续）

序号	活动	开展的工作
2	与某个受审核方有关的针对性的管理活动	1) 进行认证合同评审，签订认证合同 2) 策划和实施每次审核 3) 监视和评审审核方案 4) 调整和改进审核方案

3. 增值审核的"五段十八要点"

说明：考试大纲中没有对这一内容的明确要求。

增值审核的"五段十八要点"是《审核概论》一书提出来的。增值审核的"五段十八要点"总结提炼和扩展了 GB/T 19011 中强调的"审核后续活动的实施"，是行之有效的方法。增值审核中的五段——<u>职业根基</u>、<u>预研</u>、<u>精准聚焦</u>、<u>研究判断</u>、<u>增值</u>，同布鲁姆的认知目标分类相吻合，也同马斯洛需求层次理论相吻合。布鲁姆的认知目标分类包括：基础知识、理解、应用、分析判断、综合应用。马斯洛需求层次理论包括：生存、安全、社交、尊重、自我实现。

增值审核的"五段十八要点"的内容见表 8-7。

表 8-7 增值审核的"五段十八要点"的内容

序号	阶段	要点
1	职业根基	1) 观察力和好奇心 2) 勤奋 3) 执着 4) 沟通能力 5) 宣讲能力 6) 逻辑能力 7) 知识结构 8) 团队
2	预研 （预研是将审核的原则、要求等同客户实际状况结合的关键）	9) 技术资料 10) 理解组织
3	精准聚焦	11) 绩效 12) 顾客要求 13) 关键的少数
4	研究判断	14) 问正确的问题 15) 假设推理。假设推理是指个人根据非现实情境，抽象出其实质成分并得出逻辑结论的思维过程 16) 根因查找
5	增值	17) 改进方向。审核中针对短板给企业提供改进方向 18) 提质增效

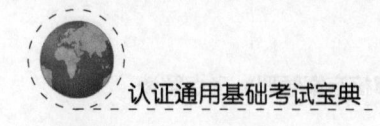

同步练习强化

说明：与认证审核有关的题目涉及本书第4章。

一、单项选择题

1. 审核结果能为（　　）提供输入，还能有助于识别改进需求和活动。
   A. 业务策划的分析　　　　　　B. 管理体系的分析
   C. 审核组　　　　　　　　　　D. 审核委托方

2. （　　）标准为第三方认证的管理体系审核提供了要求。
   A. GB/T 19011　　　　　　　　B. GB/T 27021.1
   C. GB/T 19004　　　　　　　　D. GB/T 19001

3. 规定每次审核的目标、范围和准则时，应保证审核范围应与（　　）和审核目标相一致。审核范围包括拟审核的位置、职能、活动和过程以及审核覆盖的时期等因素。
   A. 审核计划　　　　　　　　　B. 审核方案
   C. 审核委托方要求　　　　　　D. 审核准则

4. 如果审核目标、范围或准则有任何变化，应根据需要修改（　　）。
   A. 审核计划　　　　　　　　　B. 审核方案
   C. 审核范围　　　　　　　　　D. 审核准则

5. 当同时对多个领域进行审核时，审核目标、范围和准则与每个领域的相关（　　）保持一致是非常重要的。
   A. 审核计划　　　　　　　　　B. 审核方案
   C. 审核原则　　　　　　　　　D. 管理体系

6. 审核目的最终由（　　）确定。（真题）
   A. 审核组长　　　　　　　　　B. 审核委托方
   C. 顾客　　　　　　　　　　　D. 认证机构

7. 关于环境管理体系审核的描述，正确的是（　　）。（真题）
   A. 审核主要依据环境管理体系标准进行
   B. 按审核方与受审核方的关系，可将体系审核分为内部审核、外部审核及第三方审核三种
   C. 审核针对受审核方环境管理体系的充分性和实用性进行
   D. 外部审核主要依据受审核单位的环境管理体系文件进行

8. 实施审核方案可涉及以下哪一方面的工作？（　　）
   A. 确定每次审核目的、范围和准则　　B. 评审文件的适宜性和充分性
   C. 编写审核检查表　　　　　　　　　D. 制定审核计划

9. 下列哪项工作不是审核组长的职责（　　）。
   A. 编制审核计划　　　　　　　B. 指导编写审核报告
   C. 制定审核方案　　　　　　　D. 主持首次会议
10. 下列说法不正确的是（　　）。（真题）
   A. 审核组可以由一名或多名审核员组成
   B. 至少配备一名经认可具有专业能力的成员
   C. 实习审核员可在技术专家指导下承担审核任务
   D. 审核组长由审核员担任
11. 下列关于实习审核员的正确描述是（　　）。（真题）
   A. 必要时可以单独成组，但不能独立开具不符合报告
   B. 不能单独成组，也不能单独提供涉及审核现场的专业技术支持
   C. 不能单独成组，但有可能提供涉及审核现场的专业技术支持
   D. 以上都不对
12. 如果只有一名审核员，该审核员应承担（　　）的适用的全部职责。（真题）
   A. 审核评定人员　　　　　　　B. 审核员
   C. 审核方案管理人员　　　　　D. 审核组长
13. 审核方案管理人员应确保审核记录的形成、管理和（　　），以证明审核方案的实施。应当建立过程以确保与审核记录相关的任何（　　）得到规定。
   A. 保持，信息安全和保密需求　B. 保留，信息安全和保密需求
   C. 保持，保存期限　　　　　　D. 保留，保存期限
14. （　　）应确保审核记录的形成、管理和保持，以证明审核方案的实施。
   A. 审核组长　　　　　　　　　B. 审核方案管理人员
   C. 审核组　　　　　　　　　　D. 审核委托方
15. 下面哪个记录不是与每次审核相关的记录？（　　）
   A. 审核计划和审核报告　　　　B. 审核日程安排
   C. 纠正和纠正措施报告　　　　D. 审核后续活动报告
16. （　　）应评审审核方案，以评估其目标是否已经实现。从审核方案评审中得到的经验教训应作为方案改进的输入。
   A. 审核方案管理人员和审核组　B. 审核方案管理人员和审核委托方
   C. 审核方案管理人员和审核组长　D. 审核组和审核委托方
17. （　　）应指定审核组成员。
   A. 审核委托方　　　　　　　　B. 审核方案管理人员
   C. 审核组长　　　　　　　　　D. 审核委托方负责人

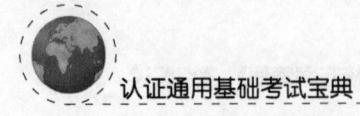

18. 审核方案的管理人员应指定审核组成员,包括( )。
   A. 审核组长和审核员
   B. 审核组长和特定审核所需的任何技术专家
   C. 审核组长和特定审核所需要的技术专家或实习审核员
   D. 审核组所有人员

19. ( )标准对审核方案的管理、管理体系审核的策划和实施,以及审核员和审核组的能力和评价提供指南。
   A. GB/T 19011   B. GB/T 27021.1
   C. GB/T 19004   D. GB/T 19022

20. 关于审核方案,以下说法正确的是( )。
   A. 审核范围应与审核方案和审核目标相一致
   B. 即使审核目标、范围或准则发生变化,也不可修改审核方案
   C. 当对两个或更多的管理体系同时进行审核时,审核目标、范围和准则与相关审核方案的目标可以不一致
   D. 每次审核,审核目标、范围和准则不一定形成文件

21. 在确定审核方案资源时,需要考虑以下哪些方面?( )
   A. 审核方法   B. 审核方案的风险和机遇
   C. 信息和通信技术的可用性   D. 以上都对

22. 认证审核方案的目标应满足以下要求( )。
   A. 与认证机构的战略方向相一致,并支持管理体系的方针和目标
   B. 考虑相关方的需求和期望
   C. 与审核客户的战略方向相一致,并支持管理体系的方针和目标
   D. B + C

23. 关于审核方案的实施,以下说法错误的是( )。
   A. 审核方案会通过每一单个的审核项目得以实施
   B. 审核方案的策划最终仅以审核计划的方式体现
   C. 选择和确定审核方法属于审核方案实施活动
   D. 审核方案的记录是审核方案实施的结果之一

24. 以下哪个不属于审核方案管理人员的职责?( )
   A. 根据相关目标和任何已知的约束确立审核方案的范围和详略程度
   B. 为每次审核编制审核计划
   C. 建立所有的与审核方案相关的过程
   D. 监视、评审和改进审核方案

25. 下面哪一个不是与审核方案有关的记录?( )
   A. 审核日程安排

B. 审核方案目标、审核方案范围和详略程度

C. 审核计划和审核报告

D. 对审核方案有效性的评审

26. （　　）应根据规定的审核目标、范围和准则，选择和确定有效和高效地实施审核的方法。

　　A. 审核组长　　　　　　　　B. 审核方案管理人员

　　C. 审核委托方　　　　　　　D. 审核委托方负责人

二、多项选择题

1. 下列说法哪些是错误的？（　　）

　　A. GB/T 19011—2021 标准专注于内部审核（第一方）和组织对其外部供方和其他外部相关方进行的审核（第二方）

　　B. GB/T 19011—2021 标准专注于第一方审核和外部审核

　　C. GB/T 19011—2021 标准不适用于审核员培训或人员认证的组织

　　D. GB/T 19011—2021 标准可用于第三方管理体系认证以外的其他目的的外部审核

2. 根据 GB/T 19011—2021，审核方案的管理包括（　　）。

　　A. 确立审核方案的目标　　　　B. 确定和评价审核方案的风险和机遇

　　C. 建立审核方案，实施审核方案　D. 监视、评审和改进审核方案

3. 审核方案应包括以下（　　）信息，并识别资源，以使审核能够在规定的时限内有效和高效地实施。

　　A. 审核方案的目标

　　B. 与审核方案有关的风险和机遇及应对措施

　　C. 拟采用的审核方法

　　D. 选择审核组成员

4. 审核方案管理人员应具有有效和高效地管理（　　）的必要能力。

　　A. 审核方案　　　　　　　　B. 与审核方案相关的风险和机遇

　　C. 审核结果　　　　　　　　D. 外部和内部因素

5. 根据 GB/T 19011—2021 标准，审核方案管理人员应具备下列哪些知识？（　　）

　　A. 审核原则、方法和过程

　　B. 管理体系标准、其他相关标准和参考/指导文件

　　C. 关于受审核方及其所处环境的信息

　　D. 适用于受审核方业务活动的法律法规要求和其他要求

6. 根据 GB/T 19011—2021 标准，影响审核方案范围和详略程度的其他因素

可包括（　　）。

　　A. 影响管理体系有效性的因素

　　B. 适用的审核准则

　　C. 相关方的关注点，例如顾客投诉

　　D. 业务风险和机遇，包括应对它们的措施

7. 根据 GB/T 19011—2021 标准，在确定审核方案的资源时，审核方案管理人员应考虑下面哪些方面的内容？（　　）

　　A. 审核方法

　　B. 审核方案的范围和详略程度及审核方案的风险和机遇

　　C. 在建立审核方案期间确定的必要成文信息的可获得性

　　D. 与设施有关的要求，包括任何安全许可和设备

8. 根据 GB/T 19011—2021 标准，建立审核方案包括（　　）。

　　A. 审核方案管理人员的作用和职责　　B. 审核方案管理人员的能力

　　C. 确立审核方案的范围和详略程度　　D. 确定审核方案资源

9. 根据 GB/T 19011—2021 标准，审核方案的实施包括（　　）。

　　A. 选择和确定审核方法　　　　　　B. 为审核组长分配每次的审核职责

　　C. 管理审核方案结果　　　　　　　D. 管理和保持审核方案记录

10. 下列哪些方面不是审核方案管理人员的工作？（　　）

　　A. 规定每次审核的目标、范围和准则

　　B. 为审核组成员分配任务

　　C. 选择审核方法

　　D. 编制审核计划

11. 审核准则包括（　　）。

　　A. 管理体系要求、法律法规要求

　　B. 包括目标的绩效准则

　　C. 由受审核方确定的所处环境及风险和机遇的信息

　　D. 行业行为规范或其他策划的安排

12. GB/T 19011—2021 标准规定，决定审核组的规模和组成时，应考虑（　　）。（真题改进）

　　A. 审核的复杂程度　　　　　　　　B. 所选择的审核方法

　　C. 审核组长的专业能力　　　　　　D. 拟审核的过程的类型和复杂程度

13. 下列说法正确的是（　　）。（真题）

　　A. 审核组可以由一名或多名审核员组成

　　B. 审核组应至少配备一名经认可具有专业能力的成员

　　C. 实习审核员可在技术专家指导下承担审核任务

D. 审核组长由审核员担任

14. 依据 GB/T 19011—2021，在确定特定审核的审核组的规模和组成时，应考虑（　　）。（真题改进）

　　A. 审核的复杂程度

　　B. 所选择的审核方法

　　C. 审核范围和准则

　　D. 避免审核过程中的任何利益冲突，确保客观性和公正性

15. GB/T 19011—2021 标准规定，决定审核组的规模和组成时，应考虑（　　）。（真题改进）

　　A. 审核的复杂程度　　　　　　B. 所选择的审核方法

　　C. 审核组的整体能力　　　　　D. 相关的外部/内部因素，如审核语言

16. 以下说法正确的有（　　）。（真题）

　　A. 审核组中至少应有一名具备专业能力的审核员

　　B. 实习审核员和技术专家都是审核组的正式成员

　　C. 审核组中至少有一名具有相关专业能力的成员

　　D. 技术专家是审核组成员之一，故也应参与做审核结论

17. 为确保有效实施每次审核，应向审核组长提供以下哪些信息？（　　）

　　A. 审核目标

　　B. 审核范围，包括受审核的组织及其受审核的职能和过程的识别

　　C. 审核过程和相关方法

　　D. 审核组的组成

18. 认证审核过程中可能进行审核方案调整，调整后的审核方案可能是（　　）。

　　A. 增加或减少审核时间　　　　B. 调整审核抽样量

　　C. 缩小审核范围　　　　　　　D. 中断审核

19. 关于监视审核方案，审核方案管理人员应确保对以下哪些内容进行评价？（　　）

　　A. 日程安排是否执行以及审核方案目标是否实现

　　B. 审核组实施审核计划的能力

　　C. 审核委托方、受审核方、审核员、技术专家和其他有关各方的反馈

　　D. 整个审核过程中成文信息的充分性

20. 下列哪些因素的变化可能导致需要修改审核方案？（　　）

　　A. 审核发现　　　　　　　　　B. 审核方案的有效性

　　C. 外部供方　　　　　　　　　D. 已识别的利益冲突

21. 审核方案评审应考虑的事项有哪些？（　　）

　　A. 审核方案监视的结果和趋势

B. 审核方案记录

C. 可替代的或新的审核方法

D. 与审核方案有关的保密和信息安全事宜

22. 关于评审和改进审核方案，审核方案管理人员应确保（   ）。

A. 评审审核方案的全面实施状况

B. 识别改进的区域和机会

C. 在必要时对审核方案做出变更

D. 报告审核方案的结果并适当时与审核委托方和有关相关方进行评审

23. 认证机构审核方案的基础性管理活动包括（   ）。

A. 对审核方案的管理进行授权

B. 确定与审核方案有关的通用性的活动安排

C. 实施综合性的审核方案的监视和评审活动

D. 实施改进活动

24. 增值审核的"五段十八要点"中的五段包括（   ）。

A. 职业根基、预研　　　　　　　B. 基础知识、预研

C. 精准聚焦、研究判断、增值　　D. 分析判断、综合应用、增值

25. 增值审核的"五段十八要点"中的"研究判断"包括（   ）。

A. 问正确的问题　　　　　　　　B. 假设推理

C. 改进方向　　　　　　　　　　D. 根因查证

26. 增值审核的"五段十八要点"中的"精准聚焦"包括（   ）。

A. 问正确的问题　　　　　　　　B. 绩效

C. 顾客要求　　　　　　　　　　D. 关键的少数

27. 审核方案可能的风险包括（   ）。

A. 策划不充分、资源配备不足　　B. 信息沟通不畅

C. 执行过程偏离审核方案目标　　D. 监视、评审、改进审核方案不及时

28. 确定审核方案的资源需考虑的因素包括（   ）。

A. 影响管理体系有效性的因素　　B. 审核方法

C. 审核方案的范围、风险和机遇　D. 信息和通信技术的可用性

29. 能够表明审核方案得到执行的证据包括（   ）。

A. 审核计划　　　　　　　　　　B. 审核报告

C 审核员能力评价记录　　　　　D. 认证证书

30. 关于审核方案，以下说法正确的是（   ）。

A. 审核方案是审核计划的一种

B. 审核方案可包括一段时期内各种类型的审核

C. 审核方案即年度内部审核计划

D. 审核方案是审核计划的输入

31. 确立审核方案的目标可以基于以下哪些方面的考虑？（　　）。
A. 有关相关方的需求和期望 B. 管理体系要求
C. 对外部供方进行评价的需求 D. 已识别的受审核方的风险和机遇

32. 审核方案可根据以下哪些信息的变化，进行修改？（　　）
A. 审核发现 B. 获证组织顾客发生重大投诉
C. 已识别的利益冲突 D. 受审核方的管理体系发生重大变更

33. 审核方案聚焦于（　　）的实现。
A. 效率 B. 一致性
C. 符合性 D．有效性

34. 审核方案的范围和程度应基于受审核方的规模和性质，以及（　　）。
A. 拟审核的管理体系的性质、功能
B. 拟审核的管理体系的复杂程度
C. 拟审核的管理体系的风险和机遇的类型
D. 拟审核的管理体系的成熟度等级

35. 审核方案可能存在以下哪些方面的风险？（　　）
A. 未能确定审核的范围和详略程度、数量、持续时间、地点和日程安排
B. 在设备和/或培训不足的情况下制定审核方案
C. 审核组有效实施审核的整体能力不足
D. 无效的外部/内部沟通过程

36. 对审核方案管理人员的能力要求，以下说话正确的是（　　）。
A. 理解审核原则
B. 理解审核员的能力以及审核组整体能力的概念
C. 具有最基本的组织和协调能力，掌握基本的 IT 化工具为其对项目的管理提供技术支撑
D. 了解与受审核活动相关的技术和业务

37. 审核方案管理人员应根据规定的（　　），选择和确定有效和高效地实施审核的方法。
A. 审核目标 B. 审核范围
C. 审核准则 D. 审核方案

38. 审核方案的确定和任何后续调整应考虑（　　）。
A. 客户的规模
B. 客户管理体系、产品和过程的范围与复杂程度
C. 经过证实的管理体系有效性水平
D. 以前审核的结果

三、判断题

1. GB/T 19011—2021 标准专注于内部审核（第一方）和组织对其外部供方和其他外部相关方进行的审核（第二方）。GB/T 19011—2021 标准也可用于第三方管理体系认证的审核。（   ）

2. GB/T 19011—2021 标准专注于第一方审核和第二方审核。（   ）

3. GB/T 19011—2021 标准专注于第一方审核和外部审核。（   ）

4. GB/T 19011—2021 标准不适合从事审核员培训或人员认证的组织。（   ）

5. 应建立管理体系审核方案，其中可包括针对一个或多个管理体系标准或其他要求、单独实施的审核或结合实施的审核（多体系审核）。（   ）

6. 最高管理者应确保确立管理体系审核方案目标以指导审核的策划与实施，并确保审核方案得到有效执行。（   ）

7. 管理体系审核方案目标可包括确定受审核方管理体系的持续适宜性、充分性和有效性。（   ）

8. 为确保管理体系审核过程及评价结果满足要求，认证机构应针对每一个认证项目的认证活动进行全面策划。（   ）

9. 认证的价值取决于第三方通过公正、有能力的评定所建立的公信力的程度。（   ）

10. 管理体系初次认证审核方案应包括两阶段初次审核、认证决定之后的第一年与第二年的监督审核和第三年在认证到期前进行的再认证审核。（   ）

11. 管理体系认证第一个三年的认证周期从认证证书批准日算起。（   ）

12. 审核方案管理人员应评审审核方案的总体实施状况，识别改进的区域和机会，但不涉及审核方案的修改。（   ）

13. 审核方案的管理就是对审核方案所涉及活动的策划、实施。（   ）

14. 管理体系监督审核应至少每个日历年（应进行再认证的年份除外）进行一次。初次认证后的第一次监督审核应在认证证书批准日期起 12 个月内进行。（   ）

15. 管理体系认证周期的审核方案应覆盖全部的管理体系要求。（   ）

16. 在现场管理体系审核活动中，如果出现需要改变审核范围的情况。审核组就对对审核范围的改变做出决定。（   ）

17. 审核组长应根据相关目标和任何已知的约束确立审核方案的范围和详略程度。（   ）

18. 审核方案管理人员应请审核委托方批准其审核方案。（   ）

19. 审核组长应规定每次审核的目标、范围和准则，选择审核方法。（   ）

20. 审核目标可包括评价管理体系对于受审核方所处环境和战略方向的适宜性和充分性。( )

21. 审核可以现场、远程或组合的方式进行。这些方法的使用，尤其应基于相关风险和机遇予以适当平衡。( )

22. 审核方案管理人员应指定审核组成员。( )

四、问答题

1. 请简要陈述审核方案的定义与内涵。
2. 审核方案如何体现特定受审核方组织的特点？
3. 如何在审核方案中设定审核记录的方式，以更好地体现审核的逻辑性和有利于审核发现的得出？
4. 简述审核方案管理人员在审核方案管理中的职责和任务。
5. 请问审核方案的评审和改进通常包括哪些活动？
6. 影响增值审核的因素有哪些？如何利用审核方案促进审核过程的增值？
7. 请简述审核方案的内容。
8. 审核方案管理包括哪些方面？

答案点拨解析

一、单项选择题

题号	答案	解　析
1	A	见本书第 8 章开始部分 GB/T 19011—2021 标准"引言"
2	B	见本书第 8 章开始部分 GB/T 19011—2021 标准"引言"
3	B	见本书 8.5.2 节方框中 GB/T 19011—2021 标准 5.5.2 条款
4	B	见本书 8.5.2 节方框中 GB/T 19011—2021 标准 5.5.2 条款
5	B	见本书 8.5.2 节方框中 GB/T 19011—2021 标准 5.5.2 条款
6	B	理解题，结合 GB/T 19011 标准 5.2、5.5.2 条款理解
7	A	理解题，参见本书 8.5.2 节方框中 GB/T 19011 标准 5.5.2 条款理解
8	A	见本书 8.5 节开头
9	C	理解题，参见本书 8.4.1 节方框中 GB/T 19011 标准 5.4.1 条款；审核方案管理人员应请审核委托方批准其方案
10	C	理解题，参见本书 8.5.4 节方框中 GB/T 19011 标准 5.5.4 条款；审核组可以包括实习审核员，但实习审核员应在审核员的指导和帮助下参与审核
11	C	理解题，参见本书 8.5.4 节方框中 GB/T 19011 标准 5.5.4 条款。要保证审核组具有相关专业能力，提供涉及审核现场的专业技术支持的人员可以是审核员、实习审核员，也可以是技术专家
12	D	见本书 8.5.4 节方框中 GB/T 19011 标准 5.5.4 条款

(续)

题号	答案	解析
13	A	见本书8.5.7节方框中GB/T 19011标准5.5.7条款
14	B	见本书8.5.7节方框中GB/T 19011标准5.5.7条款
15	B	见本书8.5.7节方框中GB/T 19011标准5.5.7条款
16	B	见本书8.7节方框中GB/T 19011标准5.7条款
17	B	见本书8.5.4节方框中GB/T 19011标准5.5.4条款
18	B	见本书8.5.4节方框中GB/T 19011标准5.5.4条款
19	A	见GB/T 19011—2021标准"引言":GB/T 19011—2021标准对审核方案的管理、管理体系审核的策划和实施,以及审核员和审核组的能力和评价提供指南
20	A	见本书8.5.2节方框中GB/T 19011标准5.5.2条款
21	D	见本书8.4.4节方框中GB/T 19011标准5.4.4条款
22	D	见本书8.2节方框中GB/T 19011标准5.2条款:审核方案的目标应与审核委托方的战略方向相一致,并支持管理体系的方针和目标。在第三方认证审核中,对于认证机构而言,认证委托方是申请认证的组织
23	B	审核计划替代不了审核方案的控制活动
24	B	见本书8.4.1节方框中GB/T 19011标准5.4.1条款
25	C	见本书8.5.7节方框中GB/T 19011标准5.5.7条款
26	B	见本书8.5.3节方框中GB/T 19011标准5.5.3条款

二、多项选择题

题号	答案	解析
1	BC	见本书第8章开始部分GB/T 19011—2021标准"引言"
2	ABCD	见本书8.1节之6之4)
3	ABC	见本书8.1节之5。审核方案包括选择审核组成员的准则,而不是选择审核组成员
4	ABD	见本书8.4.2节之1
5	ABCD	见本书8.4.2节之1
6	ABCD	见本书8.4.3节方框中GB/T 19011—2021标准5.4.3条款
7	ABCD	见本书8.4.4节方框中GB/T 19011—2021标准5.4.4条款
8	ABCD	见本书8.4节开始
9	ABCD	见本书8.5节开始
10	BD	见本书8.5.1节方框中GB/T 19011—2021标准5.5.1条款
11	ABCD	见本书8.5.2节方框中GB/T 19011—2021标准5.5.2条款
12	ABD	见本书8.5.4节方框中GB/T 19011—2021标准5.5.4条款
13	ABD	理解题,参见本书8.5.4节方框中GB/T 19011—2021标准5.5.4条款
14	ABCD	见本书8.5.4节方框中GB/T 19011—2021标准5.5.4条款
15	ABCD	见本书8.5.4节方框中GB/T 19011—2021标准5.5.4条款

(续)

题号	答案	解析
16	BC	理解题，参见本书 8.5.4 节方框中 GB/T 19011—2021 标准 5.5.4 条款。要保证审核组具有相关专业能力。具备这个专业能力的人可以是审核员，也可以是技术专家。技术专家是审核组的成员，但不能担任审核员
17	ABCD	见本书 8.5.5 节方框中 GB/T 19011—2021 标准 5.5.5 条款
18	ABCD	见本书 8.5.8 节表 8-5 之"序号 4"
19	ABCD	见本书 8.6 节方框中 GB/T 19011—2021 标准 5.6 条款
20	ABCD	见本书 8.6 节方框中 GB/T 19011—2021 标准 5.6 条款
21	ABCD	见本书 8.7 节方框中 GB/T 19011—2021 标准 5.7 条款
22	ABCD	见本书 8.7 节方框中 GB/T 19011—2021 标准 5.7 条款
23	ABCD	见本书 8.8 节之 2 表 8-6
24	AC	见本书 8.8 节之 3 表 8-7
25	ABD	见本书 8.8 节之 3 表 8-7
26	BCD	见本书 8.8 节之 3 表 8-7
27	ABCD	理解题，参见本书 8.3 节方框中 GB/T 19011—2021 标准 5.3 条款
28	BCD	见本书 8.4.4 节方框中 GB/T 19011—2021 标准 5.4.4 条款
29	ABC	见本书 8.5.7 节方框中 GB/T 19011—2021 标准 5.5.7 条款
30	BD	理解题，参见 GB/T 19011—2021 标准 3.4、6.3.2 条款
31	ABCD	见本书 8.2 节方框中 GB/T 19011—2021 标准 5.2 条款
32	ACD	见本书 8.6 节方框中 GB/T 19011—2021 标准 5.6 条款
33	ABD	见本书 8.1 节之 1 之 4)
34	ABCD	见本书 8.1 节方框中 GB/T 19011—2021 标准 5.1 条款
35	ABCD	见本书 8.3 节方框中 GB/T 19011—2021 标准 5.3 条款
36	ABCD	见本书 8.4.2 节之 2
37	ABC	见本书 8.5.3 节方框中 GB/T 19011—2021 标准 5.5.3 条款
38	ABCD	见 4.2.2 节方框中 GB/T 27021.1 标准 9.1.3.2 条款

三、判断题

题号	答案	解析
1	×	见第 8 章开头，GB/T 19011—2021 标准"引言"：GB/T 19011—2021 标准专注于内部审核（第一方）和组织对其外部供方和其他外部相关方进行的审核（第二方）。GB/T 19011—2021 标准也可用于第三方管理体系认证以外的其他目的的外部审核
2	√	见第 8 章开头，GB/T 19011—2021 标准"引言"
3	×	见第 8 章开头，GB/T 19011—2021 标准"引言"。GB/T 19011—2021 标准不用于第三方认证审核
4	×	见第 8 章开头，GB/T 19011—2021 标准"引言"：GB/T 19011—2021 标准中的指南也可用于自我声明的目的，并且可对从事审核员培训或人员认证的组织提供帮助

（续）

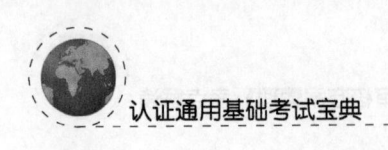

题号	答案	解析
5	√	见8.1节方框中GB/T 19011—2021标准5.1条款
6	×	见8.2节方框中GB/T 19011—2021标准5.2条款：审核委托方应确保确立审核方案目标以指导审核的策划与实施，并确保审核方案得到有效执行。老标准GB/T 19011—2013是"最高管理者"
7	√	见8.2节方框中GB/T 19011—2021标准5.2条款中"审核方案目标的示例"
8	√	见8.1节之1之5）
9	√	见4.4.1节之3之2）
10	√	见4.2.2节方框中GB/T 27021.1标准9.1.3.2条款
11	×	见4.2.2节方框中GB/T 27021.1标准9.1.3.2条款：第一个三年的认证周期从初次认证决定算起
12	×	见8.7节方框中GB/T 19011—2021标准5.7条款：在必要时对审核方案做出变更
13	×	见8.1节之6之4）：审核方案的管理就是对审核方案所涉及活动的策划、实施、监视以及评审和改进
14	×	见4.2.2节方框中GB/T 27021.1标准9.1.3.3条款
15	√	见4.2.2节方框中GB/T 27021.1标准9.1.3.1条款
16	×	见4.2.2节方框中GB/T 27021.1标准9.4.3.3条款：如果在现场审核活动的进行中发现需要改变审核范围，审核组长应与客户查该需要，并报告认证机构
17	×	见8.4.1节方框中GB/T 19011—2021标准5.4.1条款。是"审核方案管理人员"，不是"审核组长"
18	√	见8.4.1节方框中GB/T 19011—2021标准5.4.1条款
19	×	见8.5.1节方框中GB/T 19011—2021标准5.5.1条款
20	√	见8.5.2节方框中GB/T 19011—2021标准5.5.2条款
21	√	见8.5.3节方框中GB/T 19011—2021标准5.5.3条款
22	√	见8.5.4节方框中GB/T 19011—2021标准5.5.4条款

四、问答题

1. 参见本书8.1节。

1）审核方案的定义是：针对特定时间段所策划并具有特定目标的一组（一次或多次）审核安排。

2）审核方案的内涵是：为审核活动的实施提供一整套基于策划、实施、监督和改进的管理方法和手段，保证审核过程的有效性。

2. 参见本书8.1节。

为了使审核方案体现特定受审核方组织的特点，需按下面的要求开展工作：

1）在确定审核方案的范围和程度时，要基于受审核方的规模和性质，以及拟审核的管理体系的性质、功能、复杂程度、风险和机遇的类型以及成熟度等级。

2）审核方案要考虑受审核方的组织目标、有关的外部和内部因素、有关相关方的需求和期望、信息安全和保密要求。

3. 参见本书 8.5.7 节。

1）审核方案管理人员应确保审核记录的形成、管理和保持，以证明审核方案的实施。

2）应当建立过程以确保与审核记录相关的任何信息安全和保密需求得到规定。

3）记录的内容、形式和要求。

① 与审核方案有关的记录，如：
——审核日程安排。
——审核方案目标、审核方案范围和详略程度。
——审核方案的风险和机遇以及相关的外部和内部因素的应对。
——对审核方案有效性的评审。

② 与每次审核相关的记录，如：
——审核计划和审核报告。
——客观审核证据和审核发现。
——不符合报告。
——纠正和纠正措施报告。
——审核后续活动报告。

③ 涉及以下主题的与审核组有关的记录，如：
——审核组成员的能力和绩效评价。
——审核组和审核组成员的选择准则和审核组的组成。
——能力的保持和提高。

记录的形式和详细程度应证明已经实现审核方案的目标。可以是文件、报告、表格；可以是电子的或纸质的。详细程度一要可支持审核结论，二要可实现追溯。

4. 见本书 8.5.1 节。

审核方案管理人员在审核方案管理中的职责和任务有：

1）利用既定的外部和内部沟通渠道，将审核方案的有关部分，包括所涉及的风险和机遇向有关相关方沟通，并定期向其通报审核方案的进展情况。

2）规定每次审核的目标、范围和准则。

3）选择审核方法。

4）协调和安排审核和与审核方案有关的其他活动。

5）确保审核组具备必要的能力。

6）向审核组提供必要的人员和总体资源。

7）确保审核按照审核方案进行，管理在方案部署期间出现的所有运行风险、机遇和因素（即意外事件）。

8）确保有关审核活动的相关成文信息得到妥善管理和保持。

9）规定和实施监视审核方案所需的运行控制。

10）评审审核方案，以识别其改进机会。

5. 见本书 8.7 节。

审核方案管理人员应确保：

1）评审审核方案的全面实施状况。

2）识别改进的区域和机会。

3）在必要时对审核方案做出变更。

4）按照 GB/T 19011 标准 7.6 条款（保持并提高审核员能力）的要求，评审审核员的持续专业发展。

5）报告审核方案的结果并适当时与审核委托方和有关相关方进行评审。

审核方案评审应考虑以下事项：

① 审核方案监视的结果和趋势。

② 审核方案过程和相关成文信息的符合性。

③ 有关相关方进一步的需求和期望。

④ 审核方案记录。

⑤ 可替代的或新的审核方法。

⑥ 可替代的或新的审核员评价方法。

⑦ 应对与审核方案有关的风险和机遇以及内部和外部因素的措施的有效性。

⑧ 与审核方案有关的保密和信息安全事宜。

6. 见本书 8.8 节。

1）影响增值审核的因素可归纳为"五段十八要点"。"五段十八要点"内容包括职业根基（观察力和好奇心、勤奋、执着、沟通能力、宣讲能力、逻辑能力、知识结构、团队）、预研（技术资料、理解组织）、精准聚焦（绩效、顾客要求、关键的少数）、研究判断（问正确的问题、假设推理、根因查证）、增值（改进方向、提质增效）。

2）为了促进审核过程的增值，应将增值审核的"五段十八要点"融合到审核方案中。具体操作上可这样进行：

① 在选择审核组成员时，要保证审核组成员具备增值审核的"职业根基"。"职业根基"的 8 个要点（观察力和好奇心、勤奋、执着、沟通能力、宣讲能力、逻辑能力、知识结构、团队）是选择、评价审核组成员的基础。

② 在建立审核方案时，要对受审核方进行"预研"，理解受审核方及其环境，了解受审核方所在行业的关键技术和新技术、具体产品标准、行业发展方

向和趋势等。为建立审核方案、实施审核方案打下坚实的基础。

③ 在选择和确定审核方法以及具体的审核实施中，要做到"精准聚焦"，抓住关键绩效、顾客要求以及关键的少数，持续关注审核核心目标的完成。

④ 审核中，要做好"研究判断"，问正确的问题，将假设推理运用到循证过程中，要做好根因查证，找到问题背后的根本原因。

⑤ 审核中针对短板给受审核方提供改进方向，做到提质增效，使审核"增值"成为必然。

7. 参见本书8.1节。

审核方案应包括以下信息，并识别资源，以使审核能够在规定的时限内有效和高效地实施：

1）审核方案的目标；
2）与审核方案有关的风险和机遇及应对措施；
3）审核方案内每次审核的范围（详略程度、边界、地点）；
4）审核的日程安排（数量/持续时间/频次）；
5）审核类型，如内部或外部；
6）审核准则；
7）拟采用的审核方法；
8）选择审核组成员的准则；
9）相关的成文信息。

8. 解题参见8.1节之6之4）。

审核方案管理包括：

1）确立审核方案的目标。
2）确定和评价审核方案的风险和机遇。
3）建立审核方案，包括：审核方案管理人员的作用和职责，审核方案管理人员的能力，确立审核方案的范围和详略程度，确定审核方案资源。
4）实施审核方案，包括：规定每次审核的目标、范围和准则，选择和确定审核方法，选择审核组成员，为审核组长分配每次的审核职责，管理审核方案结果，管理和保持审核方案记录。
5）监视审核方案。应持续监视和测量审核方案的执行情况，以确保实现其目标。
6）评审和改进审核方案。应评审审核方案，以识别变更的需求和可能的改进机会。

第 9 章 《审核过程》考点解读

考试大纲要求

理解和掌握审核阶段的划分、典型的审核流程与认证流程及其相关性与区别、审核启动阶段包括的活动、审核准备阶段包括的活动、审核活动实施阶段包括的活动、审核报告的编制和分发、审核的后续活动。

考点知识讲解

9.1 审核过程概述

审核活动是审核方案的一个组成部分,是指每一项具体审核工作的开展过程,其实施效果直接影响审核方案总目标的实现。GB/T 19011—2021 标准第 6 章《实施审核》为作为审核方案一部分的审核活动的准备与实施提供了指南。图 9-1 给出了典型的审核中实施的活动的概述。GB/T 19011—2021 标准第 6 章的<u>适用程度</u>取决于具体审核的目标和范围。[《审核概论》一书认为,审核各阶段活动的适用程度取决于具体审核范围和复杂程度,以及审核结论的预期用途。]

典型的管理体系审核实施的审核活动可以划分为以下 6 个阶段:

1)审核的启动。审核的启动包括与受审核方建立联系、确定审核的可行性。

2)审核活动的准备。审核活动的准备包括审核准备阶段的成文信息评审、审核的策划、审核组工作分配、准备审核所需的成文信息。

3)审核活动的实施。审核活动的实施包括:为向导和观察员分配角色和职责、举行首次会议、审核中的沟通、审核信息的可获取性和访问、实施审核时的成文信息评审、收集和验证信息、形成审核发现、确定审核结论、举行末次会议。

4)审核报告的编制和分发。审核报告的编制和分发包括审核报告的编制、

审核报告的分发。

5) 审核的完成。当所有策划的审核活动已经执行或出现与审核委托方约定的情形时（例如出现了妨碍完成审核计划的非预期情形），审核即告结束。

6) 审核后续活动的实施。审核后续活动的实施包括受审核方在商定的时间内，对不符合的纠正、原因分析和纠正措施，以及审核委托方的评审和验证。

与认证有关的第三方审核还应遵守 GB/T 27021.1/ISO/IEC 17021-1《合格评定 管理体系审核认证机构要求第1部分：要求》的要求。审核和认证过程的典型流程见图9-2。《管理体系认证基础》一书将管理体系认证分为6个主要过程：认证前的活动、初次认证策划、审核实施、初次认证决定、监督审核和再认证。审核流程是认证流程的重要组成部分。

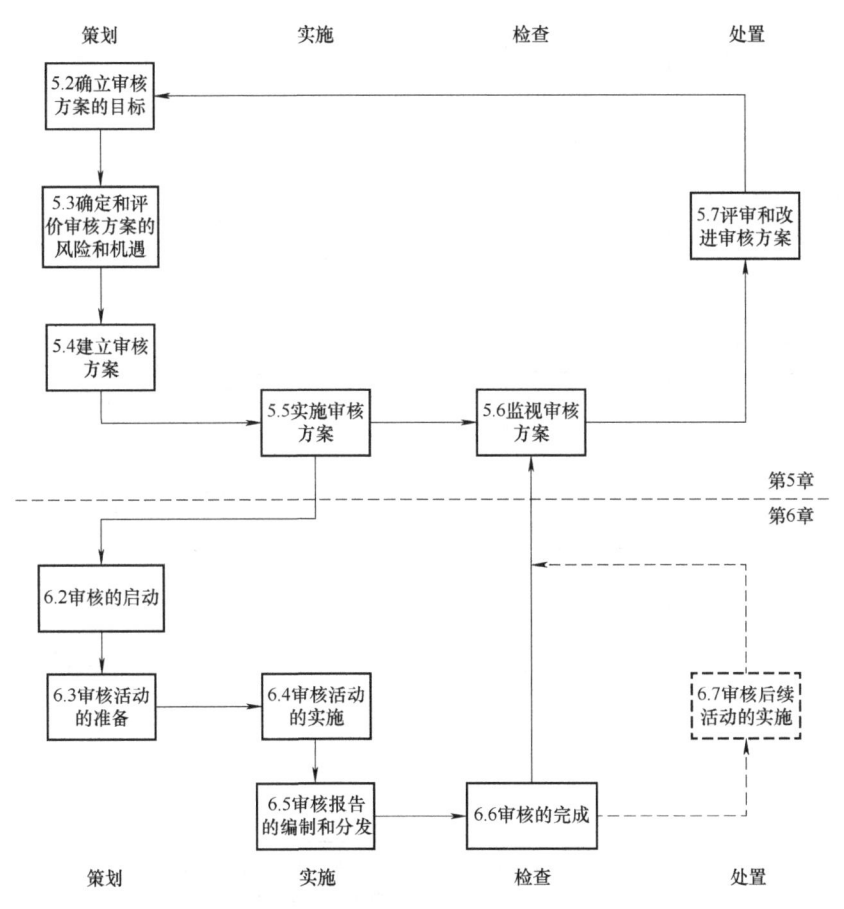

注1：图中表示了 PDCA 循环在 GB/T 19011 中的应用。
注2：图中条款号指的是 GB/T 19011 的相关条款。

图9-1　典型的审核活动（图中下半部分）

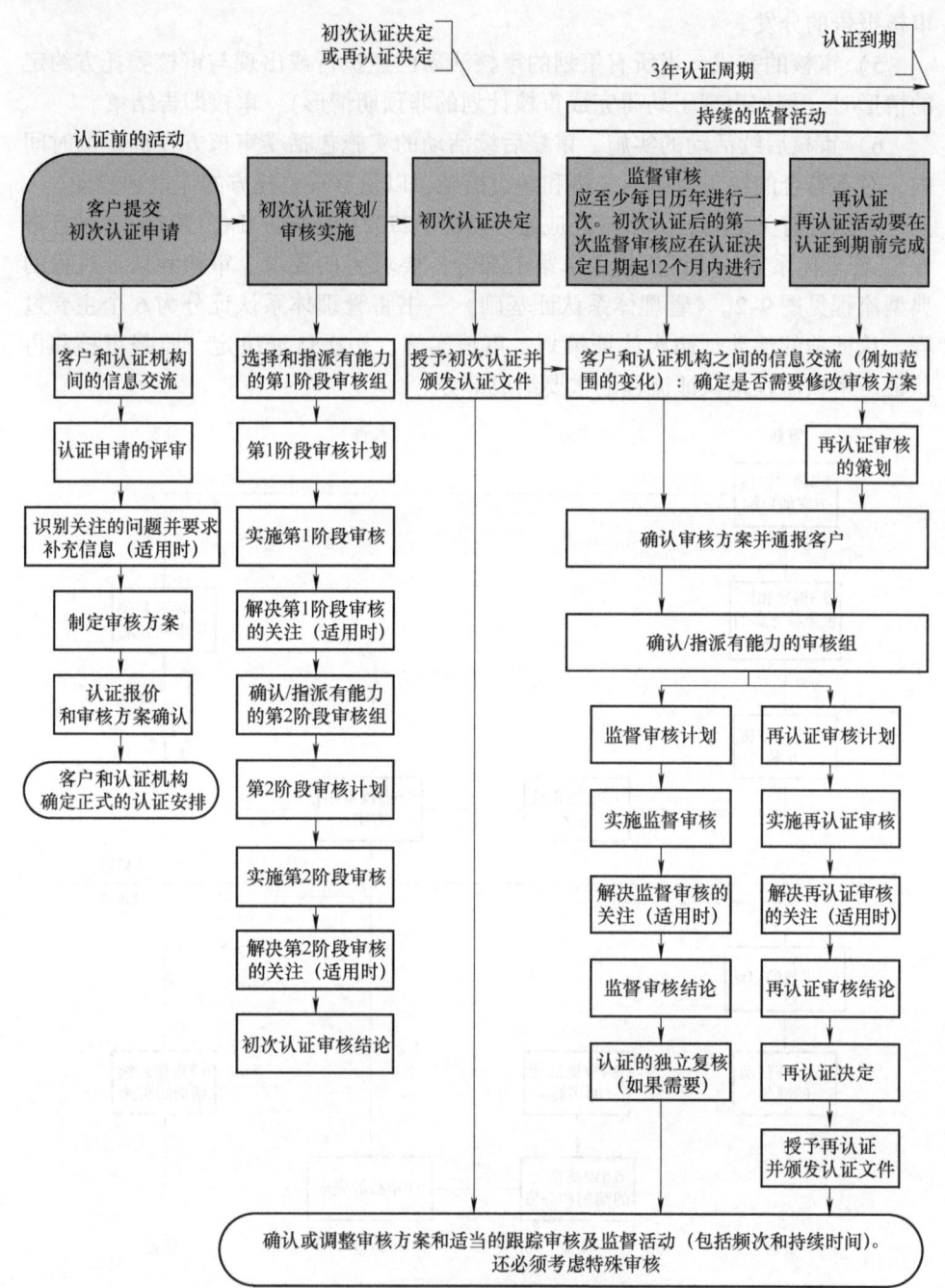

图 9-2 审核和认证过程的典型流程

认证前的活动

- 客户提交初次认证申请
  - 客户和认证机构间的信息交流
  - 认证申请的评审
  - 识别关注的问题并要求补充信息（适用时）
  - 制定审核方案
  - 认证报价和审核方案确认
  - 客户和认证机构确定正式的认证安排

初次认证策划/审核实施

- 选择和指派有能力的第1阶段审核组
- 第1阶段审核计划
- 实施第1阶段审核
- 解决第1阶段审核的关注（适用时）
- 确认/指派有能力的第2阶段审核组
- 第2阶段审核计划
- 实施第2阶段审核
- 解决第2阶段审核的关注（适用时）
- 初次认证审核结论

初次认证决定

- 授予初次认证并颁发认证文件

（初次认证决定或再认证决定 → 3年认证周期 → 认证到期）

持续的监督活动

- 监督审核应至少每日历年进行一次。初次认证后的第一次监督审核应在认证决定日期起12个月内进行
- 客户和认证机构之间的信息交流（例如范围的变化）：确定是否需要修改审核方案
- 再认证审核的策划
- 确认审核方案并通报客户
- 确认/指派有能力的审核组

监督审核
- 监督审核计划
- 实施监督审核
- 解决监督审核的关注（适用时）
- 监督审核结论
- 认证的独立复核（如果需要）

再认证（再认证活动要在认证到期前完成）
- 再认证审核计划
- 实施再认证审核
- 解决再认证审核的关注（适用时）
- 再认证审核结论
- 再认证决定
- 授予再认证并颁发认证文件

确认或调整审核方案和适当的跟踪审核及监督活动（包括频次和持续时间）。还必须考虑特殊审核

图 9-2 审核和认证过程的典型流程

9.2 审核的启动

实施审核的责任应该由指定的审核组长承担，直到审核完成。

启动一项审核应考虑上面图 9-1 中的步骤，但顺序可以因受审核方、审核过程和具体情境而不同。

审核的启动包括与受审核方建立联系、确定审核的可行性。

9.2.1 与受审核方建立联系

下面方框中的内容是 GB/T 19011—2021 标准 6.2.2 条款的内容。

6.2.2 与受审核方建立联系

审核组长应确保与受审核方进行联系：

a) 确认受审核方代表的沟通渠道。

b) 确认实施审核的权限。

c) 提供有关审核目标、范围、准则、方法和审核组组成（包括任何技术专家）的相关信息。

d) 请求有权使用用于策划的相关信息，包括关于组织已识别的风险和机遇以及如何应对这些风险和机遇的信息。

e) 确定与受审核方的活动、过程、产品和服务有关的适用法律法规要求和其他要求。

f) 确认与受审核方关于保密信息的披露程度和处理的协议。

g) 对审核做出安排，包括日程安排。

h) 确定任何特定地点的访问、健康和安全、安保、保密或其他安排。

i) 同意观察员的出席及审核组对向导或翻译人员的需求。

j) 确定受审核方与特定审核有关的任何利益、关注或风险领域。

k) 与受审核方或审核委托方解决审核组的组成问题。

审核组长负责用正式的（如书面送达审核通知书）或非正式（如电话口头通知）的方式与受审核方就审核的实施进行初步联系。

初步联系的目的有 11 个，见 GB/T 19011—2021 标准 6.2.2 条款 a)～k)。

9.2.2 确定审核的可行性

下面方框中的内容是 GB/T 19011—2021 标准 6.2.3 条款的内容。

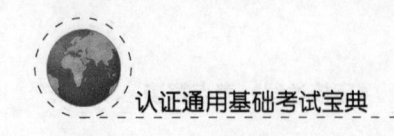

> **6.2.3 确定审核的可行性**
>
> 应确定审核的可行性，以确信能够实现**审核目标**。
>
> 确定审核的可行性应考虑是否具备以下因素：
> a）用于策划和实施审核的充分和适当的信息。
> b）受审核方的充分合作。
> c）实施审核所需的足够的时间和资源。
> 注：资源包括有权使用充分和适当的信息和通信技术。
>
> <u>当审核不可行时，应向审核委托方提出替代方案并与受审核方协商一致</u>。

审核的可行性是指审核委托方与受审核方双方都能够为审核进行必要的安排，使审核具备实施的条件。

在实施审核前，由审核方案管理人员或审核组长确定审核的可行性，这对于确保审核能够得以实施、确保实现审核目标是必要的。

1. 确定审核可行性需要考虑的因素

1）用于策划和实施审核的充分和适当的信息，包括：

① 受审核方及其管理体系的基本信息，如组织的性质、名称、地址、法律地位与资质、审核的范围、规模、组织结构、主要设备与设施、场所、产品、过程、环境因素、危险源、适用的相关法律法规要求等基本情况。

② 管理体系文件的制定与实施情况。

③ 有关管理体系运行充分性的基本情况。如是否进行了内部审核与管理评审，审核期间能否进行正常的生产和（或）服务提供等信息。

2）受审核方的充分合作。

3）实施审核所需的足够的时间和资源。

<u>当审核不可行时，应向审核委托方提出替代方案并与受审核方协商一致</u>。

2. 确定审核可行性的方式

《审核概论》一书指出，审核方案的管理人员或审核组长，可对从受审核方获得的信息以及审核委托方的资源情况等进行评审，以确定审核是否可行。确定审核可行性的方式根据审核类型的不同而有所不同。

3. 审核不可行性的替代建议

《审核概论》一书要求，当审核不可行时，双方应提出替代建议，并协商一致，如推迟审核、改变审核目的、调整审核范围等。

<u>当存在下列情况时，审核不可行</u>：

1）管理体系运行不充分，包括运行时间不够或未进行内审和管理评审等。

2）在法律法规符合性方面，未获得相应资质，或出现严重违规情况；预定

的审核日期无法正常开展生产或服务提供，或管理者代表及其他重要人员不在场；在预定的审核日期前，没有足够的时间进行审核组的选择、文件评审、编制审核计划等工作。

例题分析

1. （多项选择题）根据 GB/T 19011 标准，审核的启动可涉及以下哪些活动？（　　）（真题改进）

　　A. 确定审核目的、范围和准则　　B. 与受审核方建立联系
　　C. 确定审核的可行性　　　　　　D. 制定审核计划

　　答案及分析：选择 BC。见本书 9.2 节开头。

2. （单项选择题）审核的启动可涉及到以下哪一方面的工作？（　　）（真题改进）

　　A. 确定审核的可行性　　　　　　B. 评审文件的适宜性和充分性
　　C. 编写审核检查表　　　　　　　D. 制定审核计划

　　答案及分析：选择 A。见本书 9.2 节开头。

3. （单项选择题）根据 ISO 19011 标准，属于审核流程的活动有（　　）。（真题）

　　A. 监督审核　　　　　　　　　　B. 审核的启动
　　C. 申请审核　　　　　　　　　　D. 再认证审核

　　答案及分析：选择 B。见 9.1 节开头有关审核活动的 6 个阶段。

4. （判断题）审核流程是认证流程的重要组成部分。（　　）（真题）

　　答案及分析：√。见 9.1 节开头的最后一段话。

5. （单项选择题）审核启动阶段，当确认审核不可行时，应向审核委托方提出替代建议，并（　　）。（真题）

　　A. 与受审核方协商一致　　　　　B. 停止后续工作
　　C. 查找问题原因　　　　　　　　D. 向监管部门报告

　　答案及分析：选择 A。见 9.2.2 节方框中 GB/T 19011—2021 标准 6.2.3 条款。

9.3　审核活动的准备

　　审核活动的准备包括审核准备阶段的成文信息评审（也称文件初审）、审核的策划（编制审核计划）、审核组工作分配、准备审核所需的成文信息四项工作。

9.3.1　审核准备阶段的成文信息评审

下面方框 1 中的内容是 GB/T 19011—2021 标准 6.3.1 条款的内容。下面方框 2 中的内容是 GB/T 19011—2021 标准附录 A.5 的内容。

6.3　审核活动的准备

6.3.1　成文信息评审

应评审受审核方的相关管理体系的成文信息，以：

——收集信息，例如过程、职能方面的信息，以了解受审核方的运行，准备审核活动和适用的审核工作文件（见 6.3.4）。

——了解成文信息的范围和程度的概况，以确定是否可能符合审核准则，并发现可能关注的区域，如缺陷、遗漏或冲突。

成文信息应包括但不限于：管理体系文件和记录，以及以前的审核报告。评审应考虑受审核方组织所处的环境，包括其规模、性质和复杂程度，以及相关风险和机遇。还应考虑审核范围、准则和目标。

注：A5 提供了如何验证信息的指南。

A.5　验证信息

在可行的情况下，审核员应考虑信息是否提供了充足的客观证据来证实要求已得到满足，例如，信息是否：

a) 完整（成文信息中包含所有期望的内容）。

b) 正确（内容符合标准和法规等其他可靠来源）。

c) 一致（成文信息本身以及与相关文件都是一致的）。

d) 现行有效（内容是最新的）。

还应考虑被验证的信息是否提供足够的客观证据来证明满足要求。

如果信息的提供方式不同于预期（例如，由不同的个人、替代载体），则应评估证据的完整性。

根据数据保护相关的适用法规，需要格外关注信息安全（尤其是审核范围之外，但又包含在文件中的信息）。

---

1. 审核准备阶段成文信息评审的目的

成文信息评审贯穿审核的全过程。审核准备阶段的成文信息评审也称文件初审，是对受审核方成文信息的初步审查，是审核活动的基础。

审核准备阶段成文信息评审的目的主要有 2 个方面：

1) 收集信息，例如过程、职能方面的信息，以了解受审核方的运行，准备审核活动和适用的审核工作文件，如编制审核计划，准备审核检查表。

2）了解成文信息的范围和程度的概况，以确定是否可能符合审核准则，并发现可能关注的区域，如缺陷、遗漏或冲突。

2. 审核准备阶段成文信息评审的依据

《审核概论》一书认为，评审依据是审核方案中确定的审核准则，主要包括与受审核方产品、过程和服务有关的标准及相关规范，管理体系标准，适用的法律、法规和其他要求等。

3. 审核准备阶段成文信息评审的内容

审核准备阶段评审的成文信息应包括但不限于：<u>管理体系文件和记录，以及以前的审核报告</u>。

评审应考虑受审核方组织所处的环境，包括其规模、性质和复杂程度，以及相关风险和机遇。还应考虑审核范围、准则和目标。如相对简单的组织可能只需要评审管理手册，监督审核通常只对更改的文件进行评审。

《审核概论》一书将审核准备阶段成文信息评审的内容进行了扩充，成文信息评审的内容包括：

1）方针和目标。
2）描述管理体系覆盖范围的文件化信息。
3）描述管理体系整体情况、过程及相互作用的文件化信息。
4）与管理体系相关的重要的文件和记录，例如质量计划、资质许可及相关文件等。
5）以往的审核报告。
6）必要时，可包括"标准"（如管理体系标准）要求的其他文件化信息。
7）需要时，其他文件信息，如认证机构要求的生产工艺流程，以及组织现场有关的平面图等。

4. 审核准备阶段成文信息评审的方式

<u>由审核组长或组长指定的审核组成员进行，但审核组长应掌握文件评审的结果</u>。

评审地点可以在受审核方之外进行（第三方审核一般按此方式），也可以在受审核方处进行（内部审核一般按此方式）。

初次认证审核在第一阶段审核中，文件评审可以在现场活动之前进行，也可以结合现场活动进行。但在任何情况下，文件评审都应在第二阶段审核前完成。

5. 审核准备阶段成文信息评审的要求

1）在可行的情况下，审核员应考虑信息是否提供了充足的客观证据来证实要求已得到满足，例如，信息是否：

① 完整（成文信息中包含所有期望的内容）。

② 正确（内容符合标准和法规等其他可靠来源。《审核概论》一书将"正确性"与"符合性"等同）。

③ 一致（成文信息本身以及与相关文件都是一致的。《审核概论》一书统称"系统性""协调性"为"一致性"）。

④ 现行有效（内容是最新的）。

2）考虑被验证的信息是否提供足够的客观证据来证明满足要求。

3）如果信息的提供方式不同于预期（例如，由不同的个人、替代载体），则应评估证据的完整性。

4）根据数据保护相关的适用法规，需要格外关注信息安全（尤其是审核范围之外，但又包含在文件中的信息）。

5）应评审成文信息是否覆盖了审核范围并提供足够的信息来支持审核目标。用于描述组织管理体系覆盖范围的文件是否识别并清楚界定了组织管理体系现场区域、运行单位、活动、产品和服务等的覆盖范围。

6）对于第三方审核，成文信息评审发现成文信息有不符合、不适宜或不充分时，应形成书面文件评审意见，并以文件评审报告的形式，通知审核委托方和审核方案管理人员及受审核方。

《审核概论》一书认为，审核准备阶段文件审核只是对受审核方文件的初审，主要是审核文件的**符合性**。

6. 审核准备阶段成文信息评审的结论

《审核概论》一书指出，对于认证审核，通常有以下三种结论：

1）通过。可以进行现场审核。

2）基本通过。不影响现场审核的实施。审核组长应通知受审核方进行修改，由审核组在进入现场前或后予以验证。

3）需要对成文信息进行修改。审核组长应通知审核方案管理者和受审核方，并按规定采取相应的措施，如要求受审核方修改，并经审核组长验证符合后方能进行现场审核。

9.3.2 审核的策划（编制审核计划）

下面方框中的内容是 GB/T 19011—2021 标准 6.3.2 条款的内容。

6.3.2 审核的策划

6.3.2.1 采用基于风险的方法策划

审核组长应根据审核方案中的信息和受审核方提供的成文信息，采用基于风险的方法来策划审核。

审核策划应考虑审核活动对受审核方过程的风险,为审核委托方、审核组和受审核方就实施审核达成一致提供基础。策划应促进审核活动的高效安排和协调,以便有效地实现目标。

审核计划的详细程度应反映审核的范围和复杂程度,以及未实现审核目标的风险。在进行审核策划时,审核组长应考虑以下事项:

a) 审核组的组成及其整体能力。
b) 适当的抽样技术(见 A.6)。
c) 提高审核活动的有效性和效率的机会。
d) 由于无效的审核策划造成的实现审核目标的风险。
e) 实施审核造成的受审核方的风险。

审核组成员的存在可能对受审核方的健康和安全、环境和质量及其产品、服务、人员或基础设施的安排产生不利影响,从而对受审核方造成风险(例如,洁净室设施的污染)。

对于多体系审核,应特别关注不同管理体系的运行过程与任何相互抵触的目标以及优先事项之间的相互作用。

6.3.2.2 审核策划的具体内容

审核策划的规模和内容可以不同,例如,在初次审核和后续审核之间,以及在内部审核和外部审核之间。审核策划应具有充分的灵活性,以允许随着审核活动的进展而进行必要的调整。

审核策划应包括或涉及以下内容:

a) 审核目标。
b) 审核范围,包括组织及其职能的识别,以及受审核的过程。
c) 审核准则和引用的成文信息。
d) 拟实施审核活动的位置(实际和虚拟)、日期、预期时间和持续时间,包括与受审核方管理者的会议。
e) 审核组对熟悉受审核方的设施和过程的需求(例如,通过实地考察或评审信息和通信技术)。
f) 拟采用的审核方法,包括为了获得足够的审核证据需要进行**审核抽样的程度**。
g) 审核组成员以及向导和观察员或翻译人员的角色和职责。
h) 在考虑与拟审核的活动有关的风险和机遇的基础上配置适当的资源。

适当时,审核策划应考虑:
——明确受审核方本次审核的代表。

——审核工作和审核报告所用的语言，如果与审核员或受审核方或两者的语言不同时。

——审核报告的主题。

——后勤和沟通安排，包括对受审核地点的具体安排。

——为应对实现审核目标的风险和产生的机遇而采取的任何具体行动。

——与保密和信息安全有关的事项。

——来自以往审核或其他来源的任何后续行动，如经验教训、项目评审。

——对所策划的审核的任何后续活动。

——在联合审核的情况下，与其他审核活动的协调。

审核计划应提交给受审核方。审核计划的任何问题应当在审核组长、受审核方和（如有必要）审核方案管理人员之间解决。

下面1~3是GB/T 19011—2021标准6.3.2条款的理解要点。4是针对《审核概论》一书中"审核路线"的理解要点。

1. 采用基于风险的方法进行审核策划

1）审核组长应根据审核方案中的信息和受审核方提供的成文信息，采用基于风险的方法来策划审核。

2）审核策划应考虑审核活动对受审核方过程的风险，为审核委托方、审核组和受审核方就实施审核达成一致提供基础。策划应促进审核活动的高效安排和协调，以便有效地实现目标。

3）**审核计划的详细程度**应反映审核的范围和复杂程度，以及未实现审核目标的风险。在进行审核策划（编制审核计划）时，审核组长应考虑以下事项：

① 审核组的组成及其整体能力。

② 适当的抽样技术。

③ 提高审核活动的有效性和效率的机会。

④ 由于无效的审核策划造成的实现审核目标的风险。

⑤ 实施审核造成的受审核方的风险。

4）审核组成员的存在可能对受审核方的健康和安全、环境和质量及其产品、服务、人员或基础设施的安排产生不利影响，从而对受审核方造成风险（例如，洁净室设施的污染）。

5）对于多体系审核，应特别关注不同管理体系的运行过程与任何相互抵触的目标以及优先事项之间的相互作用。

2. 审核策划的具体内容（审核计划的内容）

通常情况下，审核策划应包括或涉及以下内容（也是审核计划包括的内容）：

1）审核目标。

2）审核范围，包括组织及其职能的识别，以及受审核的过程。

3）审核准则和引用的成文信息。

4）拟实施审核活动（适用时，包括临时场所的访问和远程审核活动）的位置（实际和虚拟）、日期、预期时间和持续时间，包括与受审核方管理者的会议。

5）审核组对熟悉受审核方的设施和过程的需求（例如，通过实地考察或评审信息和通信技术）。

6）<u>拟采用的审核方法，包括为了获得足够的审核证据需要进行审核抽样的程度</u>。

7）审核组成员以及向导和观察员或翻译人员的角色和职责。

8）在考虑与拟审核的活动有关的风险和机遇的基础上配置适当的资源。

9）适当时，审核策划应考虑：

① 明确受审核方本次审核的代表。

② 审核工作和审核报告所用的语言，如果与审核员或受审核方或两者的语言不同时。

③ 审核报告的主题。

④ 后勤和沟通安排，包括对受审核地点的具体安排。

⑤ 为应对实现审核目标的风险和产生的机遇而采取的任何具体行动。

⑥ 与保密和信息安全有关的事项。

⑦ 来自以往审核或其他来源的任何后续行动，如经验教训、项目评审。

⑧ 对所策划的审核的任何后续活动。

⑨ 在联合审核的情况下，与其他审核活动的协调。

3. 审核策划的要求（审核计划的要求）

1）审核策划的规模和内容可以不同，例如，在初次审核和后续审核之间，以及在内部审核和外部审核之间。

2）审核策划应具有充分的灵活性，以允许随着审核活动的进展而进行必要的调整。

3）审核策划的重要的输出是审核计划。认证机构应确保为审核方案中确定的每次审核编制审核计划。<u>认证审核第一阶段不要求正式的审核计划。而第二阶段是对受审核方管理体系实施的符合性、有效性进行全面审核，因此审核计划包括标准要求的所有过程和活动</u>。

审核方案与审核计划的主要联系和区别见表9-1。

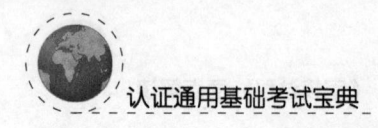

表 9-1　审核方案和审核计划的主要联系和区别

项　目	审核方案	审核计划
定义	针对特定时间段所策划并具有特定目标的一组（一次或多次）审核安排	对审核活动和安排的描述
审核目标	一项审核方案涉及多次审核活动的目标，不同的审核活动也会有不同的目标	一次审核活动的具体目标，是审核方案目标的一部分
范围	一项审核方案可涉及全部体系、所有产品、所有过程	一项计划可能涉及全部体系、所有产品、所有过程，也可能涉及部分的体系、过程和产品
内容	审核方案通常包括：受审核基本信息、审核风险分析、审核的频次、审核思路与安排（包括资源配置）、审核关注点等	审核计划的内容是有关一次具体的审核活动和安排的描述，审核计划通常包括审核目的、审核范围、审核依据、审核组成员及分工、审核部门及内容、审核时间安排等
建立/编制	审核方案管理人员	审核组长
关系	审核方案包括对审核计划的要求	审核计划是审核方案的具体化，应满足审核方案的要求，并作为审核方案监视的依据之一

4）审核计划应提交给受审核方。审核计划的任何问题应当在审核组长、受审核方和（如有必要）审核方案管理人员之间解决。受审核方对审核计划的任何异议应当在现场审核前予以解决。

5）审核计划应符合审核方案的要求，由审核委托方评审和接受，并应在现场审核前提交受审核方，经受审核方确认，也便于受审核方提前做出安排。

4. 审核路线与审核方式

《审核概论》一书指出，审核方式是指总体上如何进行审核的方式，常用的有顺向追踪、逆向追溯、按过程审核、按部门审核 4 种审核方式。实际审核时，可以根据不同的审核对象使用不同的审核方式或结合起来使用。无论是按部门审核还是按过程审核，都可以与顺向追踪、逆向追溯相结合。

1）按部门审核的方式。这种方式是以部门为单位进行审核，即在某一部门，针对涉及该部门的有关过程进行审核。这种方式为多数组织所采纳。

优点是审核时间较为集中，所以审核效率高，对受审核方正常的生产经营活动影响小；缺点是审核内容比较分散，过程的覆盖可能不够全面。

2）按过程审核的方式。按过程审核是以过程为线索进行审核，即针对同一过程的不同环节到各个部门进行审核，以便做出对该过程的审核结论。

优点是目标集中，判断清晰，较好地把握了体系中各个过程的运行状况；缺点是审核效率低，对受审核方正常的生产经营活动影响较大，审核一个过程

往往要涉及许多部门，因而各个部门要重复接受多次审核才能完成任务。

3）顺向追踪。顺向追踪的方式是按体系运行的顺序进行审核，即按计划→实施→结果的顺序进行审核。

优点是可以系统了解体系运行的整个过程，系统性强，可观察接口，信息量大。缺点是一般耗时较长。

4）逆向追溯。逆向追溯的方式是按体系运作的相反方向进行审核，即按结果→实施→策划的反向顺序进行审核。

优点是目标集中，针对性强，有利于发现问题；缺点是问题复杂时不易理清，受时间和审核经验的限制，不易达到预期的效果，对审核员能力要求高。

5. 审核的工作量及时间

1）**审核时间**是指为客户组织策划并完成一次完整且有效的管理体系审核所需要的时间。根据有效人数等因素计算审核时间。有效人数包括认证范围内涉及的所有人员（固定人员、临时人员和兼职人员，含每个班次的人员）。覆盖于认证范围内的非固定人员（如：承包商人员）也应包括在有效人数内。

2）CNAS-CC105《确定管理体系审核时间》标准2.1.1条款：所有类型审核的**审核时间**包括在客户场所（有形的或虚拟的）现场的总时间（即管理体系认证审核时间；审核时间的一部分，包括从首次会议到末次会议之间实施审核活动的所有时间，一般称现场审核时间），以及在现场以外实施策划、文件审查、与客户人员之间的相互活动和编写报告等活动的时间。

3）CNAS-CC105标准2.1.2条款：管理体系认证审核时间（现场审核时间）通常不宜少于审核时间的80%。这适用于初次审核、监督审核和再认证审核。

4）一个审核人日通常为8小时，是否可以包括午饭休息时间以当地法定要求为准。

5）CNAS-CC105标准2.2.2条款明确指出：<u>不应通过增加每个工作日的工作小时数来减少审核人日数</u>。可以考虑允许对倒班活动进行高效的审核，这可能需要在一个工作日中增加小时数。

6）CNAS-CC105标准3.9条款中要求管理体系审核时间调整时，减少量不应超过30%。

7）《审核概论》一书认为，多个管理体系的结合审核（多体系审核）人日减少量不得超过每个体系审核时间相加总和的20%。

8）对于多数需在现场实施第一阶段审核的情况，<u>第一阶段现场审核所需的审核时间一般不宜少于1个审核人日</u>。对于人数较少（如有效雇员的数量少于10人的组织）、风险较低的受审核组织可适当降低至0.5个人日。

9）对于已经实施了第一阶段现场审核的项目，<u>第二阶段审核所用审核时间不宜低于第一阶段和第二阶段总的审核时间的70%</u>。

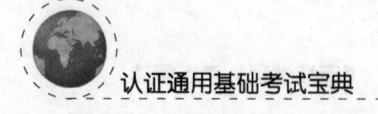

部分非现场实施第一阶段审核的情况，第二阶段现场审核所需的审核时间，《审核概论》一书要求不宜低于总审核时间的80%。

10)《审核概论》一书就应用计算机辅助审核技术（CAAT）的审核时间作了说明：应用计算机辅助审核技术（CAAT）的审核时间可计入总的现场审核时间，但不宜超过总的现场审核时间的50%。如果CAAT审核时间占所确定的现场审核时间的30%以上，认证机构应证明其合理性，并在审核实施前获得认可机构的特别批准。

11) 每年实施监督审核的总时间约为初次认证审核时间的1/3。

12) CNAS-CC105标准第6章：再认证审核时间宜根据更新的客户信息计算，而不是简单按初次认证审核（第一阶段+第二阶段）时间的2/3计算。通常做法是：假设基于更新的信息对组织实施初次认证审核（第一阶段+第二阶段），再认证审核时间约为该初次认证所需时间的2/3。作为特例，如果再认证时组织的情况与初次认证审核时相同，则再认证审核时间大约为初次认证审核时间的2/3。

6. 其他

《审核概论》一书还讲了认证审核、结合审核（多体系审核）、多场所组织的抽样等内容。认证审核见本书4.2.2节。结合审核（多体系审核），考生可以看看《审核概论》一书中的介绍。这里对多场所组织的抽样做一个简单的讲解。

1) 抽样要求。

① 当每个场所均运行非常相似的过程、活动时，允许对这组场所抽样。

② 根据CNAS-CC11：2018《多场所组织的管理体系审核与认证》，多场所抽样的样本中应有一部分根据有关因素选取（《审核概论》一书中称为：选择性抽样），一部分随机抽取（《审核概论》一书中称为：非选择性抽样）。

③ 至少25%的样本应随机抽取。其余部分的选择应使得证书有效期内所选场所之间的差异尽可能地大。

2) 抽样数量。

根据CNAS-CC11：2018《多场所组织的管理体系审核与认证》，每次审核最少访问的场所数量是：

① **初次认证审核**：样本的数量应为场所数量的平方根（$y = \sqrt{x}$），计算结果向上取整为最接近的整数，其中y为将抽样场所的数量、x为场所总数。

② **监督审核**：每年的抽样数量应为场所数量的平方根乘以0.6即（$y = 0.6 \times \sqrt{x}$），计算结果向上取整为最接近的整数。

③ **再认证审核**：样本的数量应与初次审核相同。然而，如果证明管理体系在认证周期中是有效的，样本的数量可以减少至乘以系数0.8即（$y = 0.8 \times \sqrt{x}$），计算结果向上取整为最接近的整数。

《审核概论》一书在确定多场所抽样样本量时，考虑了风险的情况。

抽取的样本量：

$$y = k \times \sqrt{x}$$

式中：

——y 为抽取的样本量，计算结果向上取整为最接近的整数。

——x 为场所总数。

——k 为抽样系数：抽样系数根据产品、活动的风险水平和审核性质确定，见表9-2。

表9-2 抽样系数

风险水平	初次审核 k	监督审核 k	再认证审核 k
低到中	1	0.6	0.8
高	1.2	0.7	1.0

3）在初次认证审核、每次再认证审核以及作为监督的一部分在每个日历年至少一次的审核中，都应对中心职能进行审核。也就是说每次都应该审核中心职能（老标准中称"中心职能"为"组织总部"）。

4）CNAS－CC11标准7.7.1条款：在任何独立场所发现不符合，无论是由内部审核发现或经由认证机构的审核发现，应开展调查以确定其他场所是否可能受到影响。因此，认证机构应要求组织对不符合评审，以确定这些不符合是否指出了适用于其他场所的总体上的系统不足。如果发现确实如此，应同时对中心职能及受到影响的独立场所实施纠正措施并验证。如果发现并非如此，组织应能够向认证机构证明其限定后续纠正措施范围的正当理由。

9.3.3 审核组工作分配

下面方框中的内容是GB/T 19011—2021标准6.3.3条款的内容。

> **6.3.3 审核组工作分配**
> 审核组长与审核组协商后，应将审核具体过程、活动、职能或地点的职责，分配给每个成员，适当时分配决策权。此项分配应兼顾公正性、客观性和审核员能力以及资源的有效利用，以及审核员、实习审核员和技术专家的不同角色和职责。
> 适当时，审核组会议应由审核组长召开，以分配工作任务并决定可能的变更。为确保实现审核目标，可随着审核的进展调整所分配的工作。

1）审核组长与审核组协商后，应将审核具体过程、活动、职能或地点的职责，分配给每个成员，适当时分配决策权。

2)审核组工作分配应兼顾公正性、客观性、审核员能力、资源的有效利用。

3)实习审核员在审核员指导下开展工作,技术专家在审核员的指导下向审核组提供技术支持。

4)为确保实现审核目标,可随着审核的进展调整所分配的工作。

9.3.4 准备审核所需的成文信息

下面方框1中的内容是GB/T 19011—2021标准6.3.4条款的内容。方框2中的内容是GB/T 19011—2021标准附录A.6的内容。方框3中的内容是GB/T 19011—2021标准附录A.13的内容。

6.3.4 准备审核所需的成文信息

审核组成员应收集和评审与其审核任务有关的信息,并利用任何适当的载体为审核准备成文信息。

审核用成文信息可以包括但不限于:

a)纸质的或数字化的检查表。

b)审核抽样具体内容。

c)视听信息。

这些载体的使用不应限制审核活动的范围和程度,因其可随着审核中收集的信息而发生变化。

注:A.13给出了准备审核工作文件的指南。

为审核准备和产生的成文信息应至少保留到审核完成或审核方案中规定的时间。

6.6描述了审核完成后成文信息的保留。审核组成员应始终妥善保护在审核过程中创建的涉及保密或专有信息的成文信息。

A.6 抽样

A.6.1 总则

在审核过程中,如果检查所有可获得的信息是不实际或不经济的,则需进行审核抽样,例如记录太过庞大或地域分布太过分散,以至于无法对总体中的每个项目进行检查。为了对总体形成结论,对大的总体进行审核抽样,就是在全部数据集(总体)中,选择小于100%数量的项目以获取并评价总体某些特征的证据。

审核抽样的目的是提供信息,以使审核员确信能够实现审核目标。

抽样的风险是从总体中抽取的样本也许不具有代表性，从而可能导致审核员的结论出现偏差，与对总体进行全面检查的结果不一致。其他风险可能源于抽样总体内部的变异和所选择的抽样方法。

典型的审核抽样包括以下**步骤**：
a) 明确抽样的目标。
b) 选择抽样总体的范围和组成。
c) 选择抽样方法。
d) 确定样本量。
e) 进行抽样活动。
f) 收集、评价和报告结果并形成文件。

抽样时，应考虑可用数据的质量，因为抽样数量不足或数据不准确将不能提供有用的结果。应根据**抽样方法**和所要求的**数据类型**（如为了推断出特定行为模式或得出对总体的推论）选择适当的样本。

对样本的报告应考虑样本量、选择的方法以及基于这些样本和一定置信水平做出的估计。

审核可以采用判断抽样（见 A.6.2）或者统计抽样（见 A.6.3）。

A.6.2 判断抽样

判断抽样依赖于审核组的能力和经验（见第 7 章）。

对于判断抽样，可以考虑以下方面：
a) 在审核范围内的以前的审核经验。
b) 实现审核目标的要求（包括法律法规要求）的复杂程度。
c) 组织的过程和管理体系要素的复杂程度及其相互作用。
d) 技术、人员因素或管理体系的变化程度。
e) 以前识别的重大风险和改进的机会。
f) 管理体系监视的输出。

判断抽样的缺点是，可能无法对审核发现和审核结论的不确定性进行统计估计。

A.6.3 统计抽样

如果决定要使用统计抽样，抽样方案应基于审核目标和抽样总体的特征。

统计抽样设计使用一种基于概率论的样本选择过程。当每个样本只有两种可能的结果时（例如正确或错误、通过或不通过）使用**计数抽样**。当样本的结果是连续值时使用**计量抽样**。

抽样方案应考虑检查的结果是计数的还是计量的。例如，当要评价完成的表格与程序规定的要求的符合性时，可以使用计数抽样。当调查食品安全事件的发生次数或安全漏洞的数量时，计量抽样可能更加合适。

能影响审核抽样方案的因素是：

a）组织所处的环境、规模、性质和复杂程度。
b）具备能力的审核员的数量。
c）审核的频次。
d）单次审核时间。
e）外部所要求的置信水平。
f）不良事件和/或意外事件的发生。

当制定统计抽样方案时，审核员能够接受的抽样风险水平是一个重要的考虑因素，这通常称为**可接受的置信水平**。例如，5%的抽样风险对应95%的置信水平。5%的抽样风险意味着审核员能够接受被检查的100个样本中有5个（或20个中有1个）不能反映其真值，该真值通过检查总体样本得出。

当使用统计抽样时，审核员应适当描述工作情况，并形成文件。这应包括抽样总体的描述，用于评价的抽样准则（例如：什么是可接受的样本），使用的统计参数和方法，评价的样本数量以及获得的结果。

A.13 准备审核工作文件

当准备审核工作文件时，审核组应针对每份文件考虑下列问题：

a）使用这份工作文件时将产生哪些审核记录？
b）哪些审核活动与此特定的工作文件相关联？
c）谁将是此工作文件的使用者？
d）准备此工作文件需要哪些信息？

对于多体系审核，准备的工作文件应通过下列活动避免审核活动的重复：

——汇集不同准则的类似要求；

——协调相关检查表和问卷的内容。

审核工作文件应充分关注审核范围内管理体系的所有要素，可通过任何载体提供。

1. 准备审核所需的成文信息的要求

审核组成员应收集和评审与其审核任务有关的信息。在此基础上，依据管理体系标准、法律法规和其他要求、受审核方的管理体系文件，准备必要的审核所需的成文信息，用于审核过程的参考和记录审核证据。

1）收集和评审与审核任务有关的信息。

这些信息包括：

① 本次审核的目的、范围和准则。
② 审核计划。
③ 受审核方的管理体系文件以及准备阶段文件评审的结果。
④ 事先获得的有关受审核方管理体系的其他信息，如组织机构、资源、产品、法律法规、过程和活动及职能分配等方面的信息。

2）准备审核所需的成文信息。

这些成文信息主要用于进行现场审核过程中审核工作的提示、参考和记录审核进行的情况和审核证据。审核所需的成文信息包括但不限于：

① 纸质的或数字化的检查表。
② 审核抽样具体内容，如判断抽样、统计抽样方案。
③ 视听信息，如用视频或音频录制的方式记录信息和证据。
④ 记录信息（如支持性证据、审核发现和会议记录）的表格。

这些载体的使用不应限制审核活动的范围和程度，因其可随着审核中收集的信息而发生变化。审核员要保持检查表的灵活性，在实际审核过程中，可以对检查表的内容进行适当调整。

当准备审核工作文件（审核所需的成文信息）时，审核组应针对每份文件考虑下列问题：

① 使用这份工作文件时将产生哪些审核记录？
② 哪些审核活动与此特定的工作文件相关联？
③ 谁将是此工作文件的使用者？
④ 准备此工作文件需要哪些信息？

对于多体系审核，准备的工作文件应通过下列活动避免审核活动的重复：

① 汇集不同准则的类似要求。
② 协调相关检查表和问卷的内容。

审核工作文件应充分关注审核范围内管理体系的所有要素，可通过任何载体提供。

3）审核所需的成文信息的保留。

① 为审核准备和产生的成文信息应至少保留到<u>审核完成</u>或审核方案中规定的时间。
② GB/T 19011—2021 标准 6.6 条款描述了审核完成后成文信息的保留。
③ 审核组成员应始终妥善保护在审核过程中创建的涉及保密或专有信息的成文信息。

2. 检查表

1）检查表的作用。

检查表确定了具体审核任务实施的路线、内容与方法的框架，用于对审核

员实施审核的提示和参考。作用有：

① 保持审核目标的清晰和明确。

② 保持审核内容的周密和完整。

③ 保持审核节奏和连续性。

④ 减少审核员的偏见和随意性。

⑤ 作为审核实施的记录存档。

2) 检查表的内容。

检查表由审核员在规定的表格上编写，应体现审核的思路、方式、方法和抽样方案。检查表的内容可包括：

① 审核的场所、部门、过程、活动——到哪儿查？

② 审核的对象——找谁查？

③ 审核的项目或问题——查什么？对于生产现场，一般查4M1E。

④ 审核的方法（包括抽查计划）——怎么查？

3) 编制检查表的依据。

① 管理体系标准。

② 受审核方的管理体系文件化信息（包括方针、目标，描述管理体系覆盖范围和整体情况、过程及相互作用的文件化信息等）。

③ 适用的法律、法规、标准/相关规范和其他要求。

④ 收集到的受审核方有关信息。

⑤ 合同。在第二方审核时，合同是重要依据之一。

⑥ 审核计划。

4) 编制检查表的基本思路。

检查表应体现审核的思路。审核是按照PDCA的循环（策划、实施、检查、处置）的思路对过程进行审核。审核的一般思路为：

① 过程是如何确定和规定的？相关职责是否明确规定？标准中要求的输入、输出是什么？

② 文件化信息和规定是否得到实施和保持？

③ 实施的结果如何？是否满足预期的目标？

④ 过程需要做哪些改进？

5) 编制检查表的注意要点。

① 依据标准和受审核方文件化信息确定检查表的内容。

② 应用过程方法的思路设计检查表。

③ 以部门审核为主的检查表，应列出该部门有关的主要过程的审核内容和方法。以过程审核为主的检查表，应写明要查的主要部门和方法，过程的流程应清楚。

④ 应选择典型的问题，注重关键过程和主要因素，突出被审核部门的主要职能或过程的特点。

⑤ 抽样应有代表性。

⑥ 注意审核内容的逻辑顺序。

⑦ 应考虑审核员的经验、知识等。对不熟练的审核员，应为其编制比较详细的检查表。

6）使用检查表的注意事项。

① 检查表是审核员的工作文件，是一种审核辅助工具，因此没有必要向受审核方展示，也不需要由受审核方确认。

② 切忌机械地按检查表中所列问题逐条照本宣科地进行。

③ 现场审核中应按所编制的检查表实施审核，不要随意偏离。但必要时，应根据实际情况，对检查表的内容进行调整和补充。

④ 审核中如果发生审核范围的改变，可不局限于原审核范围。

⑤ 审核过程中应综合运用提问、观察、查阅文件化信息（文件和记录）、核实、追踪等方法审核检查表中的审核项目要点。

3. 审核抽样

1）审核抽样要求。

① 审核抽样的目的是提供信息，以使审核员确信能够实现审核目标。

② **抽样的风险**是从总体中**抽取的样本**也许不具有代表性，从而可能导致审核员的结论出现偏差，与对总体进行全面检查的结果不一致。其他风险可能源于抽样总体内部的变异和所选择的抽样方法。抽样带来的风险虽然是不可能避免的，但应通过选择抽样方法等措施避免或减少风险。

③ 典型的审核抽样包括以下步骤：

a) 明确抽样的目标。

b) 选择抽样总体的范围和组成。

c) 选择抽样方法。

d) 确定样本量。

e) 进行抽样活动。

f) 收集、评价和报告结果并形成文件。

④ 抽样时，应考虑可用数据的质量，因为抽样数量不足或数据不准确将不能提供有用的结果。应根据抽样方法和所要求的数据类型（如为了推断出特定行为模式或得出对总体的推论）选择适当的样本。

⑤ 对样本的报告应考虑样本量、选择的方法以及基于这些样本和一定置信水平做出的估计。

审核可以采用**判断抽样**或者**统计抽样**。

⑥ 不同性质的场所、职能、产品、过程，不能进行抽样审核。目前对多场所组织的抽样方法，属于典型的统计抽样方法。

2）判断抽样（老标准叫"条件抽样"）。

判断抽样依赖于审核组的能力和经验。

对于判断抽样，可以考虑以下方面：

① 在审核范围内的以前的审核经验。
② 实现审核目标的要求（包括法律法规要求）的复杂程度。
③ 组织的过程和管理体系要素的复杂程度及其相互作用。
④ 技术、人员因素或管理体系的变化程度。
⑤ 以前识别的重大风险和改进的机会。
⑥ 管理体系监视的输出。

判断抽样的缺点是，可能无法对审核发现和审核结论的不确定性进行统计估计。

3）统计抽样。

如果决定要使用统计抽样，抽样方案应基于审核目标和抽样总体的特征。

统计抽样是指同时具备随机选取样本、运用概率论评价样本结果这两个特征的抽样方法。统计抽样一般分为四种不同的类型：简单随机抽样、等距抽样（又称为：机械抽样、系统抽样）、分层抽样（又称为：类型抽样）、整群抽样。

统计抽样设计使用一种基于概率论的样本选择过程。当每个样本只有两种可能的结果时（例如正确或错误、通过或不通过）使用**计数抽样**。当样本的结果是连续值时使用**计量抽样**。

抽样方案应考虑检查的结果是计数的还是计量的。例如，当要评价完成的表格与程序规定的要求的符合性时，可以使用计数抽样。当调查食品安全事件的发生次数或安全漏洞的数量时，计量抽样可能更加合适。

能影响审核抽样方案的因素是：

① 组织所处的环境、规模、性质和复杂程度。
② 具备能力的审核员的数量。
③ 审核的频次。
④ 单次审核时间。
⑤ 外部所要求的置信水平。
⑥ 不良事件和/或意外事件的发生。

当制定统计抽样方案时，审核员能够接受的抽样风险水平是一个重要的考虑因素，这通常称为可接受的置信水平。例如，5%的抽样风险对应95%的置信水平。5%的抽样风险意味着审核员能够接受被检查的100个样本中有5个（或20个中有1个）不能反映其真值，该真值通过检查总体样本得出。

当使用统计抽样时，审核员应适当描述工作情况，并形成文件。这应包括抽样总体的描述，用于评价的抽样准则（例如：什么是可接受的样本），使用的统计参数和方法，评价的样本数量以及获得的结果。

4）合理抽样。

《审核概论》一书认为审核抽样方案如果遵循"明确总体，合理抽样"原则，就是采用了"统计抽样"。"合理抽样"体现在以下几个方面：

① 保证样本有一定的量。**通常抽 3~12 个样本**。

② 分层抽样（按代表性对全体子样分层进行抽样）。

③ 适度均衡抽样（根据总体大小，大则多抽样，小则少抽样）。

④ 独立随机抽样（在一个总体中所有子样被抽取的机会是相同的）。

⑤ 覆盖全面。抽样要覆盖审核范围总体的所有方面。

例题分析

1.（单项选择题）以下关于文件评审的表述正确的是（　　）。
A. 在现场审核前及现场审核时都应进行文件评审
B. 只有在第一阶段审核时进行文件评审，第二阶段审核不需要开展文件评审
C. 只有在现场审核前进行文件评审，现场审核时，无需开展文件评审
D. 由组长与受审方确定文件评审的时机
答案及分析：选择 A。结合本书 9.3.1 节、9.4.5 节来理解。

2.（单项选择题）管理体系认证工作中，启动文件审核的时间为（　　）。（真题）
A. 合同评审时　　　　　　B. 现场审核活动之前
C. 一阶段审核完成后　　　D. 二阶段审核时
答案及分析：选择 B。结合本书 9.3.1 节来理解。

3.（单项选择题）审核活动的准备可不涉及到以下哪一方面的工作？（　　）（真题）
A. 确定审核目的、范围和准则　　B. 评审文件的符合性
C. 编写审核检查表　　　　　　　D. 制定审核计划
答案及分析：选择 A。结合本书 9.3 节来理解。确定审核目的、范围和准则属于实施审核方案要开展的工作。

4.（单项选择题）在现场审核活动开始前，以下说法正确的是（　　）。（真题）
A. 审核计划无须取得审核委托方同意便可提交给受审核方
B. 受审核方对审核计划的任何异议应当现场审核前予以解决

C. 任何经修改的审核计划在继续审核前不必征得各方的同意

D. 审核计划在现场审核开始后不能再修改

答案及分析：选择 B。结合本书 9.3.2 节之 3、9.4.3 节来理解本题。

5. （多项选择题）审核员应怎样使用检查表？（　　）（真题）

A. 将检查表提前交给受审核方，以便他们做好准备

B. 将检查表作为审核的工具

C. 严格按检查表所列的问题逐个提问，然后进行核查

D. 检查表的使用不能限制现场审核活动的内容

答案及分析：选择 BD。见本书 9.3.4 节之 2 之 6)。

6. （单项选择题）审核准备阶段的成文信息评审的目的包括（　　）。（真题）

A. 学习审核程序　　　　　　B. 收集信息

C. 熟悉审核方法　　　　　　D. 了解认证情况

答案及分析：选择 B。见 9.3.1 节方框 1 中 GB/T 19011—2021 标准 6.3.1 条款。

7. （判断题）审核方案与审核计划不同，审核计划是对一次具体的审核活动和安排的描述。（　　）（真题）

答案及分析：√。见 9.3.2 节之 3 表 9-1。

8. （单项选择题）审核抽样的目的是（　　），以使审核员确信能够实现审核目标。（真题）

A. 提供信息　　　　　　　　B. 降低成本

C. 节约时间　　　　　　　　D. 节省财力

答案及分析：选择 A。见 9.3.4 节方框 2 中 GB/T 19011—2021 标准附录 A.6.1。

9. （判断题）审核方案是每次审核的总体安排，审核计划是每次审核的具体安排。（　　）

答案及分析：×。见 9.3.2 节之 3 表 9-1。审核方案是针对特定时间段所策划并具有特定目标的一组（一次或多次）审核安排。审核计划是对审核活动和安排的描述。

10. （单项选择题）对多场所审核的抽样可采取（　　）。

A. 非选择性的抽样　　　　　B. 选择性抽样

C. A+B　　　　　　　　　　D. A 或 B

答案及分析：选择 C。见 9.3.2 节之 6 之 1) 之②。

11. （判断题）多场所抽样的样本至少 30% 应随机抽取。（　　）

答案及分析：×。见 9.3.2 节之 6 之 1) 之③。

12.（单项选择题）受审核方在同城有 5 个住宅楼的建筑施工现场，均在基础施工阶段，在制定初次认证审核计划时应考虑相同现场抽取的样本量最少为（　　）。

A. 4 个　　　　　　　　　　　　　B. 1 个

C. 2 个　　　　　　　　　　　　　D. 3 个

答案及分析：选择 D。见 9.3.2 节之 6 之 2）之①：样本的数量应为场所数量的平方根（$y = \sqrt{x}$），计算结果向上取整为最接近的整数。$\sqrt{5} = 2.2$，所以样本量取 3。

13.（单项选择题）多场所抽样的原则不包括（　　）。

A. 所有的场所都由同一管理体系覆盖，并得到统一管理评审

B. 中心职能也可以抽样

C. 应对组织有代表性的场所进行审核

D. 组织根据内审程序对所有的场所都实施了审核，并实施了管理评审

答案及分析：选择 B。见 9.3.2 节之 6 之 3）。

14.（单项选择题）一个管理体系减少审核时间的总量不应多于基准审核时间的（　　）。

A. 60%　　　　　　　　　　　　　B. 50%

C. 40%　　　　　　　　　　　　　D. 30%

答案及分析：选择 D。见 9.3.2 节之 5 之 6）。

15.（单项选择题）第一阶段现场审核所需的审核时间一般不宜少于（　　）审核人日。对于人数少于 10 人、风险较低的受审核组织可适当降低至 0.5 个人日。对于已经实施了第一阶段现场审核的项目，第二阶段审核时间不宜低于第一阶段和第二阶段总的审核时间的（　　）。

A. 0.5 个，70%　　　　　　　　　B. 1 个，80%

C. 0.5 个，80%　　　　　　　　　D. 1 个，70%

答案及分析：选择 D。见 9.3.2 节之 5 之 8）、9）。

16.（单项选择题）管理体系认证审核时间（现场审核时间）通常不宜少于审核时间的（　　）。这适用于初次审核、监督审核和再认证审核。

A. 70%　　　　　　　　　　　　　B. 80%

C. 90%　　　　　　　　　　　　　D. 2/3

答案及分析：选择 B。见 9.3.2 节之 5 之 3）。

17.（单项选择题）当审核条件基本不变时，对一个特定的管理体系的监督审核时间是初次审核时间的（　　）。

A. 2/3　　　　　　　　　　　　　B. 3/5

C. 1/2　　　　　　　　　　　　　D. 1/3

答案及分析：选择 D。见 9.3.2 节之 5 之 11）。

18.（单项选择题）符合多场所抽样条件的多场所监督审核的抽样数量为（　　），x 为场所总数。

A. $\sqrt{x}$　　　　　　　　　　B. $0.7\sqrt{x}$
C. $0.8\sqrt{x}$　　　　　　　　　D. $0.6\sqrt{x}$

答案及分析：选择 D。见 9.3.2 节之 6 之 2）之②。

9.4　审核活动的实施

审核活动的实施包括：为向导和观察员分配角色和职责、举行首次会议、审核中的沟通、审核信息的可获取性和访问、实施审核时的成文信息评审、收集和验证信息、形成审核发现、确定审核结论、举行末次会议。

审核活动通常按照本书 9.1 节图 9-1 所示的确定顺序进行。这个顺序可以根据具体审核的情境而改变。不同类型的审核，其审核活动的顺序可能不同。

《审核概论》一书讲到了管理体系认证初次审核的两个阶段，本书已在 4.2.2 节讲述，这里不再重复。

9.4.1　为向导和观察员分配角色和职责

下面方框中的内容是 GB/T 19011—2021 标准 6.4.2 条款的内容。

> **6.4.2　为向导和观察员分配角色和职责**
>
> 如有需要，向导和观察员获得审核组长、审核委托方和/或受审核方的批准，可陪同审核组。向导和观察员不得影响或干扰审核工作的实施。如果不能保证这一点，审核组长应有权拒绝观察员在某些审核活动中出现。
>
> 对观察员的关于访问、健康和安全、环境、安保和保密的任何安排应受审核委托方和受审核方约定管理。
>
> 由受审核方指定的**向导**应协助审核组，并**根据审核组长或被指派的审核员的要求采取行动**。他们的职责应包括：
>
> a）协助审核员确定参加访谈的人员并确认时间和地点。
>
> b）安排访问受审核方的特定地点。
>
> c）确保审核组成员和观察员了解和遵守关于特定地点的访问、健康和安全、环境、安保、保密和其他问题的安排的规则，并确保任何风险已得到应对。
>
> d）适当时，代表受审核方见证审核。
>
> e）在需要时做出澄清或协助收集信息。

1. 向导的作用和责任

向导由受审核方指定，其作用是：

1）协助审核员确定参加访谈的人员并确认时间和地点。

2）安排访问受审核方的特定地点。

3）确保审核组成员和观察员了解和遵守关于特定地点的访问、健康和安全、环境、安保、保密和其他问题的安排的规则，并确保任何风险已得到应对。

4）适当时，代表受审核方见证审核。

5）在需要时做出澄清或协助收集信息。

2. 观察员的作用和责任

观察员可以是客户组织的成员、咨询人员、实施见证的认可机构人员、监管人员或其他有合理理由的人员。观察员对审核组的审核活动进行观察，不参与具体审核活动。审核组应确保观察员不对审核过程或审核结果造成不当影响或干预。

9.4.2 举行首次会议

下面方框中的内容是 GB/T 19011—2021 标准 6.4.3 条款的内容。

6.4.3 举行首次会议

首次会议的目的是：

a）确认所有参与者（如受审核方、审核组）同意审核计划。

b）介绍审核组及其角色。

c）确保所有策划的审核活动能够实施。

首次会议应与受审核方管理者以及受审核的职能或过程的适当的负责人一起举行。会议期间，应提供提问的机会。

会议详细程度应与受审核方对审核过程的熟悉程度相一致。在许多情况下，例如小型组织的内部审核，首次会议可简单地包括告知正在进行一项审核以及解释审核的性质。

对于其他审核情况，会议可能是正式的，并应保留出席记录。会议应由审核组长主持。

适当时，应考虑介绍下列事项：

——其他参加者，包括观察员和向导、翻译人员和他们的角色概述。

——管理由于审核组成员的到场而导致的组织风险的审核方法。

适当时，应考虑确认下列事项：

——审核目标、范围和准则。

——审核计划和与受审核方有关的其他相关安排，如末次会议的日期和时间，审核组与受审核方管理者之间的任何临时会议，以及所需的任何变更。

——审核组与受审核方之间的正式沟通渠道。

——审核所使用的语言。

——在审核中，持续对受审核方通报审核进度。

——审核组所需的资源和设施的可用性。

——有关保密及信息安全的事宜。

——对审核组的关于访问、健康和安全、安保、紧急情况和其他的安排。

——能够影响审核实施的现场活动。

适当时，应考虑提供关于下列事项的信息。

——报告审核发现的方法，包括分级准则（如果有）。

——终止审核的条件。

——如何处理审核期间可能的审核发现。

——由受审核方就审核发现或结论做出反馈（包括投诉或申诉）的任何渠道。

1. 首次会议的目的

首次会议是现场审核的开始。首次会议的目的有：

1）确认所有参与者（如受审核方、审核组）同意审核计划。

2）介绍审核组及其角色。

3）确保所有策划的审核活动能够实施。

2. 首次会议的内容

GB/T 19011—2021 标准 6.4.3 条款提出了首次会议内容包括 15 个方面（介绍 2 个事项，确认 9 个事项，提供 4 个信息）；本书第 4 章 4.2.2 节提到了 GB/T 27021.1 标准 9.4.2 条款提出了第三方审核首次会议内容包括 16 个方面。考题中有时融合了两个标准的内容。

3. 首次会议的要求

1）首次会议应准时、简短、明了。

2）首次会议时间以不超过半小时为宜。

3）受审核方主要领导应参加首次会议。特殊情况下应指定代表参加。审核组不应强求某一公司领导非参加不可。

4）审核计划如有需要可做适当调整。

5）对于内部审核外的其他审核，首次会议可能是正式的，并应保留出席记

录。小型组织的内部审核,首次会议可以只需要简单地告知正在进行一项审核以及解释审核的性质。

6) 会议期间,应提供提问的机会。

9.4.3 审核中的沟通

下面方框中的内容是 GB/T 19011—2021 标准 6.4.4 条款的内容。

> **6.4.4 审核中的沟通**
>
> 在审核期间,可能有必要对审核组内部以及审核组与受审核方、审核委托方、可能的外部相关方(例如监管机构)之间的沟通做出<u>正式安排</u>,尤其是法律法规要求强制性报告不符合的情况。
>
> 审核组应**定期**讨论,以交换信息,评估审核进度,以及需要时重新分配审核组成员的工作。
>
> 在审核中,适当时,审核组长应**定期**向受审核方和审核委托方沟通进度、重要审核发现和任何关注。如果审核中收集的证据显示存在紧急的和重大的风险,<u>应立即报告给受审核方</u>,适当时向审核委托方报告。对于超出审核范围之外的引起关注的问题,<u>应予记录并向审核组长报告</u>,以便与审核委托方和受审核方进行可能的沟通。
>
> 当获得的审核证据表明不能达到审核目标时,审核组长应向审核委托方和受审核方报告理由以确定适当的措施。<u>这些措施可以包括审核策划、审核目标或审核范围的变更或终止审核</u>。
>
> 对于随着审核活动的进行而出现的**任何变更审核计划的需求**,适当时<u>应由审核方案管理人员和审核委托方评审和接受,并提交给受审核方</u>。

1. 沟通简要说明

在审核期间,可能有必要对审核组内部以及审核组与受审核方、审核委托方、可能的外部相关方(例如监管机构)之间的沟通做出正式安排,尤其是法律法规要求强制性报告不符合的情况。

会议是一种沟通方式,现场审核的整个过程包括召开一系列会议:审核组准备会议、首次会议、审核组内部会议、审核组与受审核方沟通会议、末次会议。

审核中的沟通包括:审核组内部沟通、审核组与受审核方之间的沟通、审核组与审核委托方之间的沟通、审核组与外部机构(如相关政府部门)的沟通。

2. 沟通要点

沟通的要点有:

1) 审核组应定期讨论,以交换信息,评估审核进度,以及需要时重新分配审核组成员的工作。

2）在审核中，适当时，审核组长应定期向受审核方和审核委托方沟通进度、重要审核发现和任何关注。

3）如果审核中收集的证据显示存在紧急的和重大的风险，应立即报告给受审核方，适当时向审核委托方报告。

4）对于超出审核范围之外的引起关注的问题，应予记录并向审核组长报告，以便与审核委托方和受审核方进行可能的沟通。

5）当获得的审核证据表明不能达到审核目标时，审核组长应向审核委托方和受审核方报告理由以确定适当的措施。这些措施可以包括审核策划、审核目标或审核范围的变更或终止审核。

6）对于随着审核活动的进行而出现的任何变更审核计划的需求，适当时应由审核方案管理人员和审核委托方评审和接受，并提交给受审核方。

7）《审核概论》一书要求，当出现法律要求强制性报告的不符合情况时，如受审核方发生相应行业属于重大（较大）级别以上的，与环境污染等有关的事故/事件和（或）引起新闻媒体及社会关注的事故/事件信息时，应及时向认证监管部门报告。

表9-3 是审核中几个重要的沟通。

表9-3 审核中几个重要的沟通

沟通类别	沟通内容
1. 有关审核组组成及审核日期与受审核方的沟通	在完成审核策划后，认证机构的审核计划安排人员要将拟定的审核日期、审核组组成与受审核方进行沟通，并允许受审核方对审核日期和审核组成员提出要求和建议
2. 审核组长编制计划前与受审核方的沟通	审核组长接到审核任务后，要依据审核方案编制审核计划，为了确保审核计划符合组织的实际，审核组要就生产季节性、倒班情况、作息时间与审核方进行沟通。计划编制后，在经过认证机构项目管理人员对计划进行的评审后，须将审核计划在现场审核前提交受审核方确认
3. 审核前的审核组内部沟通	审核组长介绍受审核方概况，请熟悉该专业的审核组成员或技术专家介绍受审核方产品和过程特点、生产流程、关键和特殊过程/重要环境因素/主要危险源及不可接受的风险，主要法律法规和标准要求，审核计划安排和分工说明，审核的关注点及注意事项，上次审核的不符合及纠正措施有效性情况（如有的话）
4. 认证审核第二阶段审核前审核组内部沟通	第一阶段审核的情况及遗留问题，受审核方产品和过程的特点、生产流程、关键和特殊过程/重要环境因素/主要危险源及不可接受的风险，主要法律法规和标准要求，审核的关注点及注意事项，审核计划安排和分工说明

(续)

沟通类别	沟通内容
5. 审核过程中审核组内部沟通	1）审核计划的安排是否合适，是否适应受审核方的实际情况，是否需要调整 2）审核组的分工是否合理，是需要调整 3）审核的关注点及注意事项 4）审核是否按计划进行，是否完成了预期的进展 5）审核中出现的异常情况及其应对措施 6）审核组成员从不同渠道所获得的信息汇总及相互补充验证，确定并实施应跟踪的审核信息 7）评审审核发现，包括确定不符合
6. 审核过程中审核组与受审核方的沟通	1）审核进展通报 2）审核中收集的证据表明存在紧急和重大风险时的风险情况报告 3）当已获证据表明不能达到审核目的时，对审核调整的沟通。如组织的实际人数与其申请书中声明的人数严重不符，出现了严重违反法律法规的情况 4）超出审核范围之外的需要引起关注的问题，如在实施质量管理体系审核时，发现组织的大量污染物未经处理直接排放
7. 审核过程中审核组与审核委托方的沟通	1）适当时，审核组长应定期向审核委托方沟通进度、重要审核发现和任何关注 2）如果审核中收集的证据显示存在紧急的和重大的风险，适当时向审核委托方报告 3）对于超出审核范围之外的引起关注的问题，应予记录并与审核委托方进行可能的沟通 4）当获得的审核证据表明不能达到审核目标时，审核组长应向审核委托方报告理由以确定适当的措施。这些措施可以包括审核策划、审核目标或审核范围的变更或终止审核 5）对于随着审核活动的进行而出现的任何变更审核计划的需求，适当时应由审核方案管理人员和审核委托方评审和接受 6）如果在现场审核活动的进行中发现需要改变审核范围，审核组长应与客户查该需要，并报告认证机构（针对认证审核）
8. 末次会议前审核组内部沟通	1）根据审核目标，评审审核发现和审核期间收集的任何其他适当信息 2）考虑审核过程中固有的不确定因素，对审核结论达成一致 3）如果审核计划中有规定，提出建议 4）讨论审核后续活动（如适用） 如是认证审核，末次会议前审核组内部沟通的内容有： 1）对照审核目的和审核准则，审查审核发现和审核中获得的任何其他适用的信息，并对不符合分级 2）考虑审核过程中固有的不确定性，就审核结论达成一致 3）就任何必要的跟踪活动达成一致 4）确认审核方案的适宜性，或识别任何为将来的审核所需要的修改（例如认证范围、审核时间或日期、监督频次、审核组能力）

（续）

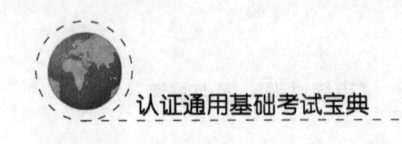

沟通类别	沟通内容
9. 末次会议前审核组与受审核方管理层的沟通	审核组在完成了内部沟通后，在末次会议前要与受审核方管理层就本次审核的主要审核发现、需要进一步澄清的问题、可能影响审核结论的不确定因素、良好的管理实践和主要运行绩效、现场审核结论、改进建议进行沟通，并请受审核方管理体系负责人确认审核组开具的不符合报告，并就审核结论达成一致

9.4.4　审核信息的可获取性和访问

下面方框 1 中的内容是 GB/T 19011—2021 标准 6.4.5 条款的内容。方框 2 中的内容是 GB/T 19011—2021 标准附录 A.1、附录 A.2 条款的内容。

6.4.5　审核信息的可获取性和访问

所选择的审核方法取决于所确定的审核目标、范围和准则，以及持续时间和场所。该场所是审核组可以获得特定审核活动所需信息的场所，可能包括实际位置和虚拟位置。

在何处、何时以及如何访问审核信息，对审核至关重要。这与创建、使用和/或存储信息的位置无关。基于这些问题，需要确定审核方法（见表 A.1）。审核可以混合使用多种方法。此外，根据审核情境，审核期间可能需要改变审核方法。

A.1　审核方法的应用

可以采用一系列的审核方法实施审核。本附录给出了常用的审核方法的说明。选择审核方法取决于所确定的审核目标、范围和准则以及持续的时间和地点，还应考虑可获得的审核员能力和应用审核方法出现的任何**不确定性**。灵活运用各种不同的审核方法及其组合，可以使得审核过程及其结果的效率和有效性最佳化。

审核绩效与被审核的管理体系内相关人员的相互作用以及实施审核所采用的技术有关。可以单独或组合运用表 A.1 提供的审核方法示例，以实现审核目标。如果一次审核使用多名成员组成的审核组，可以同时使用现场和远程的方法。

注：有关访问实际地点的附加信息见 A.15。

表 A.1 审核方法

审核员与受审核方之间的相互作用程度	审核员的位置	
	现场	远程
有人员互动	进行访谈 在受审核方参与的情况下完成检查表和问卷 在受审核方参与的情况下进行文件评审抽样	借助交互式的通信手段： ——进行访谈 ——通过远程向导观察工作情况 ——完成检查表和问卷 ——在受审核方参与的情况下进行文件审核
无人员互动	进行文件评审（例如记录、数据分析） 观察工作情况 进行现场巡视 完成检查表 抽样（例如产品）	进行文件评审（例如记录、数据分析） 在考虑社会和法律法规要求的前提下，通过监视手段来观察工作情况 分析数据

现场审核活动在受审核方的现场进行。远程审核活动在受审核方现场以外的地点进行，无论距离远近

互动的审核活动包含受审核方人员和审核组之间的相互交流。无互动的审核活动不存在与受审核方代表的交流，但需要使用设备、设施和文件

在策划阶段，审核方案管理人员或审核组长对具体审核中审核方法的有效运用负责。审核组长对实施审核活动负责。

远程审核活动的可行性取决于一些因素（例如，实现审核目标的风险水平、审核员和受审核方人员之间的信任程度以及监管要求）。

在审核方案中，应确保适宜和平衡地应用远程和现场审核方法，以确保圆满实现审核方案的目标。

A.2 过程方法审核

根据 ISO/IEC 导则 第 1 部分 附录 SL 规定，"过程方法"的应用是对所有 ISO 管理体系标准的要求。审核员应理解审核一个管理体系即是审核一个组织的过程以及它们与一个或多个管理体系标准之间的相互作用。当活动被当作形成连贯系统的相互关联的过程得到理解并加以管理时，可以更有效和高效地实现一致的和可预见的结果。

1）在何处、何时以及如何访问审核信息，对审核至关重要，所以需要确定审核方法。

2）选择审核方法取决于所确定的审核目标、范围和准则以及持续的时间和地点，还应考虑可获得的审核员能力和应用审核方法出现的任何不确定性。

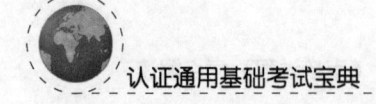

3）灵活运用各种不同的审核方法及其组合，可以使得审核过程及其结果的效率和有效性最佳化。

4）审核绩效与被审核的管理体系内相关人员的相互作用以及实施审核所采用的技术有关。

5）审核方法（收集信息的方法）包括但不限于访谈、观察、成文信息评审。审核可以混合使用多种方法。此外，根据审核情境，审核期间可能需要改变审核方法。

9.4.5　实施审核时的成文信息评审

下面方框中的内容是 GB/T 19011—2021 标准 6.4.6 条款的内容。

> **6.4.6　实施审核时的成文信息评审**
>
> 应评审受审核方的相关成文信息，以：
>
> ——确定文件所述的体系与审核准则的符合性。
>
> ——收集信息以支持审核活动。
>
> 注：A.5 提供了关于如何验证信息的指南（见本书 9.3.1 节方框 2）。
>
> 只要不影响审核实施的有效性，评审可以与其他审核活动相结合，并贯穿在审核的全过程。
>
> 如果在审核计划规定的时间框架内无法提供充分的成文信息，审核组长应告知审核方案管理人员和受审核方。应根据审核目标和范围决定审核是否继续进行或暂停，直到成文信息问题得到解决。

1. 实施审核时成文信息评审的目的

应评审受审核方的相关成文信息，以：

1）确定文件所述的体系与审核准则的符合性。

2）收集信息以支持审核活动。

2. 实施审核时成文信息评审的要求

1）在可行的情况下，审核员应考虑信息是否提供了充足的客观证据来证实要求已得到满足，例如，信息是否：

① 完整（成文信息中包含所有期望的内容）。

② 正确（内容符合标准和法规等其他可靠来源。《审核概论》一书将"正确性"与"符合性"等同）。

③ 一致（成文信息本身以及与相关文件都是一致的。《审核概论》一书统称"系统性""协调性"为"一致性"）。

④ 现行有效（内容是最新的）。

2）被验证的信息是否提供足够的客观证据来证明满足要求。

3）如果信息的提供方式不同于预期（例如，由不同的个人、替代载体），则应评估证据的完整性。

4）根据数据保护相关的适用法规，需要格外关注信息安全（尤其是审核范围之外，但又包含在文件中的信息）。

3. 实施审核时成文信息评审的方式

1）只要不影响审核实施的有效性，评审可以与其他审核活动相结合，并贯穿在审核的全过程。

2）第一方审核时，往往不单独对文件进行评审，可能只是在审核过程中必要时对文件进行评审，特别是在文件进行了修订后。第二方审核，一般是结合现场审核对顾客所关心的问题相关的文件进行必要的评审。而第三方审核，按照 GB/T 27021.1 的要求，在初次审核时，文件评审是第一阶段的重要内容之一，在第二阶段审核及以后的监督审核的现场审核过程中都要持续地对文件进行审核，在再认证审核时还要重新全面地对文件进行专门的审核。

4. 实施审核时成文信息评审的结论

最终有关管理体系文件的充分性和适宜性的总体结论需要在现场审核之后才能做出。

如果在审核计划规定的时间框架内，受审核方无法提供充分的成文信息，审核组长应告知审核方案管理人员和受审核方。应根据审核目标和范围决定审核是否继续进行或暂停，直到成文信息问题得到解决。

9.4.6 收集和验证信息

下面方框 1 中的内容是 GB/T 19011—2021 标准 6.4.7 条款的内容。方框 2 中的内容是 GB/T 19011—2021 标准附录 A.14 条款的内容。方框 3 中的内容是 GB/T 19011—2021 标准附录 A.15 条款的内容。方框 4 中的内容是 GB/T 19011—2021 标准附录 A.17 条款的内容。

6.4.7 收集和验证信息

在审核中，应通过适当的抽样收集与审核目标、范围和准则有关的信息，包括与职能、活动和过程间的接口有关的信息，并应尽可能加以验证。

注1：验证信息见 A.5（见本书 9.3.1 节方框2）。

注2：关于抽样的指南见 A.6（见本书 9.3.4 节方框2）。

只有经过某种程度<u>验证</u>的信息才能被接受为审核证据。在验证程度较低的情况下，审核员应运用其专业判断来确定可将其作为证据的可信度。<u>应记录导致审核发现的审核证据</u>。在收集客观证据的过程中，审核组如果意识到任何新的或变化的情况，或风险或机遇，应相应地予以关注。

图 2 给出了从收集信息到得出审核结论的典型过程的概述。

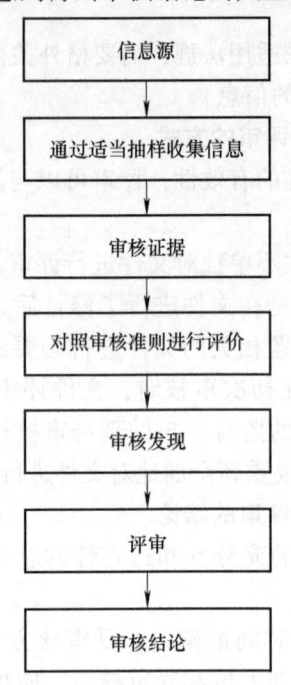

```
信息源
  ↓
通过适当抽样收集信息
  ↓
审核证据
  ↓
对照审核准则进行评价
  ↓
审核发现
  ↓
评审
  ↓
审核结论
```

图 2　收集和验证信息的典型过程概述

收集信息的方法包括但不限于：
——访谈。
——观察。
——成文信息评审。

注 3：选择信息源和观察的指南见 A.14。
注 4：访问受审核方场所的指南见 A.15。
注 5：进行访谈的指南见 A.17。

A.14　信息源的选择

可根据审核的范围和复杂程度选择不同的信息源。信息源可能包括：

a）与员工和其他人员访谈。

b）观察活动和周围的工作环境与条件。

c）成文信息，例如方针、目标、计划、程序、标准、指导书、执照和许可、规范、图纸、合同和订单。

d）记录，例如检验记录、会议纪要、审核报告、监视方案和测量结果的记录。

e）数据汇总、分析和绩效指标。

f）有关受审核方抽样方案和抽样、测量过程的控制程序的信息。

g）其他来源的报告，例如顾客的反馈、外部调查和测量、来自外部机构和外部供方评级的其他相关信息。

h）数据库和网站。

i）模拟和建模。

A.15 对受审核方的现场访问

在现场访问中，为了**最小化**审核活动与受审核方工作过程的**相互干扰**，并确保审核组成员的健康和安全，应考虑以下方面。

a）策划访问时：

——确保允许进入审核范围所确定的受审核方的相关场所。

——向审核员提供有关现场访问的足够信息，这些信息涉及的方面包括安保、健康（例如检疫）、职业健康安全、文化习俗和工作时间，如适用，还包括要求的和推荐的预防接种和检查放行。

——如适用，与受审核方确认提供审核组所需的个人防护装备（PPE）。

——在考虑到安全和保密事宜的情况下，与受审核方确认关于移动设备和照相机的使用的安排，包括记录信息，如地点和设备的照片、截屏副本或文件复印件、活动和访谈视频。

——除了非计划的特别审核，确保受访人员知晓审核目标和范围。

b）现场活动时：

——避免任何对操作过程不必要的干扰。

——确保审核组恰当使用个人防护装备（如适用）。

——确保应急程序得到沟通（例如紧急出口、集合地点）。

——安排好沟通以尽可能避免工作的中断。

——依据审核范围确定审核组的规模以及向导和观察员的数量，以尽可能地避免干扰运作过程。

——即使具备能力或持有执照，除非经明确许可，不要触摸或操作任何设备。

——如果在现场访问期间发生事件，审核组长应与受审核方（如果需要，包括审核委托方）一起评审该状况，就是否中断、重新安排或继续审核达成一致。

——如果以任何载体复制文件，应预先征得许可并考虑保密和安全事宜。

　　——做笔记时，应避免收集个人信息，除非出于审核目标或审核准则的要求。

　　c) 虚拟审核活动：

　　——确保审核组使用约定的远程访问协议，包括所要求的设备、软件等。

　　——如果对任何形式的文件进行截屏，需事先征得许可并考虑保密和安全事宜，并避免未经本人许可的个人录音和录像。

　　——如果在远程访问期间发生事件，审核组长应与受审核方、必要时与审核委托方一起评审该状况，就是否中断、重新安排或继续审核达成一致。

　　——使用远程位置的平面图/示意图作为参考。

　　——在审核中断期间保持对隐私的尊重。

　　需考虑在将来如果不再需要保留信息和审核证据时，对信息和审核证据（无论其载体类型）予以处置。

A.17　实施访谈

　　访谈是一种重要的收集信息的方法，并且应以适于当时情境和受访人员的方式进行。访谈可以是面对面进行，也可以通过其他通信方法。但是，审核员应考虑以下内容：

　　a) 受访人员应来自承担审核范围涉及的活动或任务的适当的层次和职能。

　　b) 通常在受访人员正常的工作时间和工作地点（可行时）进行。

　　c) 在访谈之前和访谈期间应尽量使受访人员放松。

　　d) 应解释访谈和做笔记的原因。

　　e) 访谈可以从请受访人员描述其工作开始。

　　f) 注意选择提问的方式（例如，开放式、封闭式、引导式提问，欣赏式探询）。

　　g) 意识到虚拟环境中非语言交流有限，应关注在寻找客观证据时使用的问题类型。

　　h) 应与受访人员总结和评审访谈结果。

　　i) 应感谢受访人员的参与和合作。

　　现场审核是使用抽样检查的方法，收集并验证与审核目的、范围和准则有关的信息，从而获得审核证据的过程。现场审核在整个审核工作中占有非常重

要的地位，审核发现以及最终的审核结论都是依据现场审核的结果得出的，因此，在现场审核过程中运用适宜的审核方法收集并验证信息，获得能够证实的审核证据是成功审核的关键。GB/T 19011—2021 标准中的图 2 展示了收集和验证信息的典型过程。

1. 明确要收集的信息

在审核中，应通过适当的抽样收集与审核目标、范围和准则有关的信息，包括与职能、活动和过程间的接口有关的信息，并应尽可能加以验证。

审核中所收集信息的代表性、相关性、充分性、适宜性与真实性，将影响审核实施的有效性。

2. 信息源的选择

可根据审核的范围和复杂程度选择不同的信息源。GB/T 19011—2021 标准附录 A.14 条款明确了信息源来自 9 个方面。

3. 收集信息的方法（审核方法）

收集信息的方法包括但不限于：

1）访谈。GB/T 19011—2021 标准附录 A.17 条款提出了面谈要考虑的 9 个方面的事项。

2）观察。观察包括听、嗅、触、看多种方法的综合应用，即听声音、闻气味、四肢的接触、观察现场状况等。GB/T 19011—2021 标准附录 A.15 条款明确了现场访问的要求，对策划访问提出了 5 个要考虑的事项；对现场活动提出了 9 个要考虑的事项；对虚拟审核活动提出了 5 个要考虑的事项。

3）成文信息评审。

4. 信息的验证

只有经过某种程度验证的信息才能被接受为审核证据。

在审核过程中，审核员通过运用适宜的方法和技巧收集到的信息很多，但只有与审核准则有关并且能够证实的信息才能成为审核证据。道听途说、假设、主观臆断、猜测等不能证实的信息不能作为审核证据。

为获得审核证据，审核员在需要时应对收集的信息进行验证，验证方法通常可包括：

1）观察实际操作情况与文件规定的符合性验证。

2）审核记录与文件规定的符合性的验证。

3）听相关人员描述的情况与文件规定符合性及记录的一致性验证。

4）在某一场所、部门或对某一人员的审核与对另一场所、部门和人员审核获得情况一致性的验证。

5）通过必要的实际测量来证实活动和过程的结果或记录的符合性、有效性和真实性。

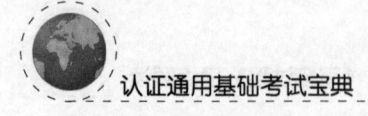

6）现场访问顾客或相关方对符合性进行验证。

5. 记录审核证据

审核员应将获得的审核证据进行记录，记录时应注意以下几个方面：

1）记录的内容可包括：审核取证的时间、地点、面谈的对象、主题事件、主要过程和活动实施概要、观察到的事实、凭证材料、涉及的文件、记录、标识等。

2）记录的审核证据应全面反映审核的情况。<u>不应只记录有问题的信息，也应记录审核中能够证实受审核方管理体系符合要求和有效运行的信息，特别是主要过程和关键活动的符合性和有效性信息</u>，并能为审核报告中相应的评价和结论提供依据。

GB/T 19011 标准 6.4.7 条款明确要求要记录导致审核发现的审核证据。

3）对于审核中发现有问题的有关信息，审核员应确保所记录的反映不符合事实的主要情节清楚，包括实现可追溯性的必要信息，如：时间、地点、面谈的对象、涉及的文件、记录、标识等，是否需要记录具体数据，由审核员依据不符合事实的性质决定。

4）记录的信息应清楚、准确、具体、具有重查性，只有完整、准确的信息才能作为做出正确判断的依据。

6. 审核的技巧

这是《审核概论》介绍的一些审核技巧。

1）提问的技巧。

① 开放式提问。开放式提问是指需要通过说明、解释来展示答案的提问方法。所提的问题包括：主题式问题、扩展性问题、讨论式问题、调查式问题、重复性问题、假设性问题、验证性问题等 7 个问题。

② 封闭式提问。封闭式提问是指询问的话题对方用简单的"是"或"否"，"对"或"不对"就可以回答的提问。

③ 澄清式提问。澄清式提问可以用以获取专门的信息，并节约时间将开放式和封闭式提问结合起来，带有主观导向的含义，用以获得一个快速回答或审核员希望支持正确答案时使用的提问类型。

2）倾听的技巧。

要记住，信息是通过看、问、听获得的，不能从讲话中获得。

审核员要注意认真听取被访者的回答，并做出适当的反应。首先必须对回答表现出兴趣，保持眼神接触，用适当的口头认可的话语，如"是的"、"我明白了"来表明自己的理解，谈话时要注意观察对方的表情，在受审核方对提问产生误解或答非所问时，审核员应礼貌地加以引导，千万不要做出不恰当的反应。

3) 观察的技巧。

耳听为虚，眼见为实，审核员判断，某项质量活动的符合性和有效性，是以眼见的文件、记录、结果为客观证据的，观察和提问是审核中不可截然分开的调查方法，从提问中了解情况，从观察中获得证实。常有正向顺序观察法，按产品工艺路线去审核去观察，及逆向顺序观察法，先从产品最后一道过程向前推的观察方法，例如观察一个生产组织，先了解售后服务及用户的反映和投诉，然后再查检验、生产过程控制、采购、技术文件等反顺序进行观察。

在审核过程中，审核员应仔细观察运行所需工作环境、设备设施等条件、活动的运行状况、环境因素及危险源的分布和控制、相关人员的操作活动等，获得有益的信息。

4) 记录的技巧。

审核员应确保审核证据的可追溯性，为此必须详细地进行记录，如采用笔录、录音、照相等方式，所做的记录包括时间、地点、人物、事实描述、凭证材料、涉及的文件、各种标识。这些信息均应字迹清楚、准确具体，易于再查。只有所获取的记录准确、完整，才能为审核结果做出合理的判断。

7. 审核活动实施过程的控制

审核活动实施过程的控制是审核组长的责任，审核组成员要配合。

1) 审核计划的控制。

① 依照计划进行审核。

② 当获得的审核证据表明不能达到审核目标时，审核组长应向审核委托方和受审核方报告理由以确定适当的措施。这些措施可以包括审核策划、审核目标或审核范围的变更或终止审核。

③ 对于随着审核活动的进行而出现的任何变更审核计划的需求，适当时应由审核方案管理人员和审核委托方评审和接受，并提交给受审核方。

2) 审核活动的控制。

① 明确总体、合理抽样。

② 辨识关键过程，注重有效性证据。

③ 注意相关影响。

④ 审核客观性控制。

⑤ 审核气氛的控制。

⑥ 审核规范纪律的控制。

3) 审核结果的控制。

① 以可验证的客观事实为基础做出审核结论。

② 所有不符合报告的事实应得到受审核方确认。

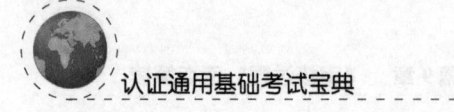

③ 审核结论应是审核组内部充分讨论、达成共识的结果，审核组应对审核结论负责。

④ 审核组长应尝试解决审核组与客户之间关于审核证据或审核发现的任何分歧意见，未解决的分歧点应予以记录。

9.4.7　形成审核发现

下面方框1中的内容是 GB/T 19011—2021 标准 6.4.8 条款的内容。方框2中的内容是 GB/T 19011—2021 标准附录 A.3、A.4、A.7、A.8、A.9、A.10、A.11、A.12、A.16、A.18 条款的内容。

6.4.8　形成审核发现

应对照审核准则评价审核证据以确定审核发现。审核发现能表明符合或不符合审核准则。当审核计划有规定时，具体的审核发现应包括符合项和良好实践以及它们的支持证据、改进机会和对受审核方提出的任何建议。

应记录不符合及支持不符合的审核证据。

可以根据组织所处的环境及其风险对不符合进行分级。这种分级可以是定量的（如1分至5分），也可以是定性的（如轻微的、严重的）。应与受审核方一起评审不符合，以确认审核发现是准确的，并使受审核方理解不符合。应尽一切努力解决与审核证据或审核发现有关的任何分歧意见。未解决的问题应记录在审核报告中。[说明：《审核概论》一书这样表述：审核组应当与受审核方一起评审不符合。其目的是确认审核证据的准确性，并使受审核方理解接受不符合。如果受审核方对审核证据或审核发现有不同意见，审核组应当做出必要解释，努力解决存在的分歧，但审核员应避免提示不符合的原因或解决方法。如经讨论，双方未就上述问题达成一致，应当记录尚未解决的问题]

审核组应根据需要在审核的**适当阶段**评审审核发现。

注1：A.18 给出了对审核发现的识别和评价的附加指南。

注2：与法律法规要求或其他要求相关的审核准则的符合或不符合，有时被称为合规或不合规。

A.3　专业判断

审核员应在审核过程中运用专业判断，避免以牺牲管理体系预期结果为代价而只专注于标准中每个条款的具体要求。某些 ISO 管理体系标准条款并不适合以一套准则与一项程序或作业指导书的内容直接对照的方式来进行审核。在这些情况下，审核员应使用专业判断来确定条款的意图是否得到了满足。

A.4 绩效结果

审核员应在整个审核过程中关注管理体系的预期结果。尽管过程及过程结果是重要的，但管理体系的结果及其绩效才是关键的。考虑不同管理体系的整合程度及其预期结果也同样重要。

缺少某个过程或文件对高风险或复杂的组织可能是个严重问题，但对其他组织却不一定那么严重。

A.7 管理体系内的合规审核

审核组应考虑受审核方是否具有以下有效过程：

a) 识别其法律法规要求及其承诺的其他要求。
b) 管理其活动、产品和服务，以实现对这些要求的合规。
c) 评价其合规状况。

除了本文件中给出的通用指南之外，在评估受审核方为确保对相关要求的合规而实施的过程时，审核组应考虑受审核方是否：

1) 具有识别合规要求的变化并将其视为变更管理的一部分的有效过程。
2) 有具备能力的人员管理其合规过程。
3) 根据监管方或其他相关方的要求，保持并提供关于其合规状况的适当的成文信息。
4) 在内部审核方案中包括了合规要求。
5) 应对任何不合规情况。
6) 在管理评审中考虑合规绩效。

A.8 对组织环境的审核

许多管理体系标准要求组织确定其所处的环境，包括有关相关方的需求和期望以及外部和内部因素。为做到这一点，组织可使用各种战略分析和规划的技术。

审核员应确认组织已经为此建立了适宜的过程并有效地运用，以便这些过程的结果为管理体系范围的确定以及管理体系的建立提供可靠的基础。要做到这一点，审核员应考虑与下列有关的客观证据：

a) 所使用的过程或方法。
b) 参与该过程的人员的适宜性和能力。
c) 过程的结果。
d) 对结果的应用，以确定管理体系的范围和建立。
e) 适当时，对所处环境进行定期评审。

审核员应具有有关特定专业的知识并理解组织可以使用的管理工具，以便判断用于确定组织环境的过程的有效性。

A.9　对领导作用和承诺的审核

许多管理体系标准提高了对最高管理者的要求。

这些要求包括通过对管理体系的有效性承担责任以及履行一些职责来证实其承诺和领导作用。这些包括最高管理者自己承担的任务和其他的可以委派的任务。

审核员应收集客观证据，证明最高管理者参与和管理体系相关的决策的程度，并证实其确保管理体系有效性的承诺。这可以通过评审相关过程的结果（例如，方针、目标、可用资源、来自最高管理者的沟通）和与员工访谈来确定最高管理者的参与程度来实现。

审核员还应力求与最高管理者进行访谈，以确认他们充分了解与其管理体系相关的特定领域的问题，以及他们的组织所处的环境，以便他们能够确保管理体系达到预期结果。

审核员应不仅关注最高管理者层面的领导作用，适当时，还应审核其他层次的管理者的领导作用和承诺。

A.10　对风险和机遇的审核

审核组织风险和机遇的确定和管理可作为单个审核的一部分工作。此项审核工作的核心目标是：

——确认风险和机遇识别过程的可信性。

——确认正确地确定和管理了风险和机遇。

——评审组织如何应对其所确定的风险和机遇。

对组织确定风险和机遇的方法的审核不应作为孤立的活动来进行。应隐含在对管理体系的整个审核过程中，包括对最高管理者的访谈。审核员应按照下列步骤审核并收集如下客观证据：

a）组织用于确定其风险和机遇的输入，可包括：

——对外部和内部因素的分析。

——组织的战略方向。

——与特定领域的管理体系有关的相关方以及他们的要求。

——风险的潜在来源，例如环境因素、安全危险源等。

b）评价风险和机遇的方法，不同领域和专业可能不同。

组织对其风险和机遇的处理，包括其希望接受的风险水平以及如何控制风险，需要审核员应用专业判断。

A.11　生命周期

某些特定领域的管理体系要求将生命周期观点应用于产品和服务。审核员不应将采用生命周期的方法视为一种要求。生命周期观点包括组织对产品

和服务生命周期各个阶段的控制和影响的考虑。生命周期的阶段包括原材料获取、设计、生产、运输/交付、使用、寿命结束后处理和最终处置。这种方法能够使组织在考虑其范围时，识别在哪些区域可以最小化其对环境的影响，同时为组织增加价值。审核员应就组织如何依据其战略以及如下方面，而开展的对生命周期观点的应用进行专业判断：

a）产品或服务的寿命。
b）组织对供应链的影响。
c）供应链的长度。
d）产品的技术复杂程度。

如果组织已将若干管理体系整合到一个单一的管理体系中以满足其自身的需要，审核员则应仔细地检查有关生命周期考虑的任何重叠。

A.12 对供应链的审核

可以要求对供应链进行针对特定要求的审核。应根据适于供方和外部供方类型的审核准则来制定供方审核方案。供应链审核的范围可以是不同的，例如，完整的管理体系审核、单一过程审核、产品审核、技术状态审核。

A.16 对虚拟活动和场所的审核

当组织使用在线环境（例如公司局域网、"计算云"）开展工作或提供服务，允许人员无论实际身处何地均可执行过程时，则实施虚拟审核。对虚拟场所的审核有时被称为虚拟审核。远程审核是指当"面对面"的方法不现实或不理想时，使用技术来收集信息、与受审核方访谈等。

虚拟审核遵循标准的审核过程，同时使用技术来验证客观证据。受审核方和审核组应确保虚拟审核的适当技术要求，可包括：

——确保审核组使用约定的远程访问协议，包括所要求的设备、软件等。

——在审核前进行技术检查，以解决技术问题。

——确保应急计划可用并得到沟通（如中断访问、使用替代技术），包括在必要时提供额外审核时间。

审核员能力应包括：

——审核时使用适当的电子设备和其他技术的技术技能。

——主持虚拟会议的经验，以进行远程审核。

在召开虚拟首次会议或进行虚拟审核时，审核员应考虑以下事项：

——与虚拟审核或远程审核有关的风险。

——使用远程位置的平面图/示意图来参考或定位电子信息。

——协助防止背景噪声干扰和中断。

——在进行文件截屏或任何形式的录音和录像前征得同意，并考虑保密和安全事宜。

——确保在审核中断期间的保密和隐私，如通过关闭麦克风、暂停摄像。

A.18 审核发现

A.18.1 确定审核发现

当确定审核发现时，应考虑以下内容：

a) 以往审核记录和结论的跟踪。

b) 审核委托方的要求。

c) 支持审核发现的客观证据的准确性、充分性和适宜性。

d) 所策划的审核活动的实现程度和所策划的结果的达成程度。

e) 非常规实践的发现，或改进的机会。

f) 样本量。

g) 审核发现的分类（如果有）。

A.18.2 记录符合

对于符合的记录，应考虑以下内容：

a) 对判断符合的审核准则的描述或引用。

b) 支持符合性和有效性的审核证据（适用时）。

c) 符合性陈述（适用时）。

A.18.3 记录不符合

对于不符合的记录，应考虑以下内容：

a) 描述或引用审核准则。

b) 审核证据。

c) 不符合陈述。

d) 相关的审核发现（适用时）。

A.18.4 与多个准则相关的审核发现的处理

在审核中，有可能识别出与多个准则相关的审核发现。在多体系审核中，当审核员识别出与一个准则相关的审核发现时，应考虑到这一审核发现对其他管理体系中相应或类似准则的可能影响。

根据审核委托方的安排，审核员可能提出：

a) 分别对应每个准则的审核发现；或

b) 对照多个准则的一个审核发现。

根据审核委托方的安排，审核员可以指导受审核方如何应对这些审核发现。

1. 审核发现的性质

1）审核发现是对照审核准则评价审核证据得出的结果。审核发现能表明符合或不符合审核准则。

2）当审核计划有规定时，具体的审核发现应包括符合项和良好实践以及它们的支持证据、改进机会和对受审核方提出的任何建议。

3）可以根据组织所处的环境及其风险对不符合进行分级。这种分级可以是定量的（如1分至5分），也可以是定性的（如轻微的、严重的）。

严重不符合、轻微不符合的定义与理解如下：

① GB/T 27021.1 标准 3.12 条款关于"严重不符合"的定义：严重不符合是指影响管理体系实现预期结果的能力的不符合。严重不符合可能是下列情况：

a）对过程控制是否有效或者产品或服务能否满足规定要求存在严重的怀疑。

b）多项轻微不符合都与同一要求或问题有关，可能表明存在系统性失效，从而构成一项严重不符合。

② GB/T 27021.1 标准 3.13 条款关于"轻微不符合"的定义：轻微不符合是指不影响管理体系实现预期结果的能力的不符合。《审核概论》一书将"轻微不符合"叫作"一般不符合"，认为出现下列情况时构成轻微不符合项：

a）所发现的不符合是个别的、偶然的、孤立的。

b）对整个系统产生的影响比较轻微。

③ 出现下列情况之一，原则上可构成严重不符合项：

a）体系出现系统性失效。如管理体系标准的一项或多项要求完全没有实施，管理体系标准的某项要求在多个部门重复出现失效现象。

b）体系运行区域性失效（可能由多个轻微不符合组成）。如某一部门或场所的全面失效现象。例如某成品仓库出现了账、卡、物不符，标识不清，状态不明，库房漏雨，出库交付手续混乱等全面失效现象。

c）可能产生严重的后果。如可能产生严重质量事故；可能严重降低对产品和过程的控制能力。

d）组织违反法律法规或其他要求的行为较严重。

2. 确定审核发现时要考虑的事项

审核组应根据需要在审核的适当阶段评审审核发现。

应与受审核方一起评审不符合，以确认审核发现是准确的，并使受审核方理解不符合。应尽一切努力解决与审核证据或审核发现有关的任何分歧意见。未解决的问题应记录在审核报告中。

当确定审核发现时，应考虑以下内容：

1）以往审核记录和结论的跟踪。

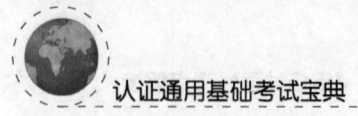

2）审核委托方的要求。

3）支持审核发现的客观证据的准确性、充分性和适宜性。

4）所策划的审核活动的实现程度和所策划的结果的达成程度。

5）非常规实践的发现，或改进的机会。

6）样本量。

7）审核发现的分类（如果有）。

3. 记录审核发现

1）记录符合。

对于符合的记录，应考虑以下内容。

① 对判断符合的审核准则的描述或引用。

② 支持符合性和有效性的审核证据（适用时）。

③ 符合性陈述（适用时）。

2）记录不符合。

对于不符合的记录，应考虑以下内容：

① 描述或引用审核准则。

② 审核证据。

③ 不符合陈述。

④ 相关的审核发现（适用时）。

4. 与多个准则相关的审核发现的处理

在审核中，有可能识别出与多个准则相关的审核发现。在多体系审核中，当审核员识别出与一个准则相关的审核发现时，应考虑到这一审核发现对其他管理体系中相应或类似准则的可能影响。

根据审核委托方的安排，审核员可能提出：

1）分别对应每个准则的审核发现；或

2）对照多个准则的一个审核发现。

根据审核委托方的安排，审核员可以指导受审核方如何应对这些审核发现。

5. 不符合条款判定原则

根据发现的不符合项，判定它不符合管理体系（如 ISO 9001）的哪个过程（或条款），应依据以下准则（《审核概论》一书提出了下面的前4条）：

1）以客观事实为依据，不增加信息，不减少信息。

2）就近不就远。所谓就近不就远的原则是指在审核判定中，有适用的具体条款，就不再用综合性条款（总要求的条款）。如：设计验证没有记录，就应判定不符合 ISO 9001 之 8.3.4（设计和开发控制）条款，而不应判不符合 ISO 9001 之 7.5.3（成文信息的控制）条款。

3）由表及里。审核中查出不符合事实，又发现不符合原因，应按原因适用

的条款判定。如操作人员未按规定程序操作，跟踪审核查明是没有岗前或换岗培训造成。则判定不符合 ISO 9001 之 7.2c）（能力）条款。

4）事实陈述、判定的条款和理由三者相一致。

5）该细则细。如计量器具因调整而失效，应判定不符合 ISO 9001 之 7.1.5.2 c）条款，而不应笼统判定不符合 ISO 9001 之 7.1.5.2 条款。

6）切忌片面性（透过表象抓实质）。某一问题重复出现，可能是培训不到位造成，此时应判定不符合 ISO 9001 之 7.2c）条款。

7）严格区分易混淆的条款。使用适宜的设备中的问题，判不符合 ISO 9001 之 8.5.1 d）。设备管理中的问题，判不符合 ISO 9001 之 7.1.3。产品放行检验、验证无章可循，判不符合 ISO 9001 之 8.1b）。有产品放行检验、验证规定但不执行，判不符合 ISO 9001 之 8.6。生产和服务过程中未按规定进行监视和测量，判不符合 ISO 9001 之 8.5.1c）。监测设备的管理问题，判不符合 ISO 9001 之 7.1.5。生产过程中使用监测设备不正确，判不符合 ISO 9001 之 8.5.1b）。生产过程中的人员不胜任，判不符合 ISO 9001 之 8.5.1e）。人员管理中的问题，可能不符合 ISO 9001 之 7.1.2 或 7.2 或 7.3。生产过程有了作业指导书未执行或执行不到位，判不符合 ISO 9001 之 8.5.1。因没有作业指导书或作业指导书不正确而导致错误，判不符合 ISO 9001 之 8.1b）。

8）合理不合法，以法为准。在管理体系文件中，已做出规定的条款就是一个组织的"法规"，不是可执行也可不执行，写到要做到，不能放空炮。对一些因客观条件变化，某些条文不尽合理的．在未修改前仍应按原规定执行。

9）综合性条款判断时要慎重（如 ISO 9001 之 4.4、5.3、7.1.1、7.5.1 等条款）。要判定综合性的条款不符合时，一定要慎重，是什么问题就指明是什么，不能以偏概全，全面否定。

6. 不符合报告的内容

开具得较好的不符合项有三个部分的内容（见 GB/T 19011 附录 A.18.3 条款）：

1）审核证据。

2）要求（审核准则）。

3）不符合的陈述。

《审核概论》一书认为不符合报告的内容主要包括不符合事实描述、对应的审核准则的具体要求，以及不符合的分级（如严重不符合、一般不符合）。常见的**不符合报告的内容**有：

1）受审核方名称。

2）受审核的部门或问题发生的地点。

3）审核员和向导。

4) 审核日期。
5) 不符合事实的描述：描述应准确具体，包括发生的时间、地点、涉及的人员（一般不写人名而写职务、工号等）、事情发生的细节。
6) 不符合的审核准则（如标准、文件等的名称和条款）。
7) 不符合的严重程度。
8) 审核员签字、审核组长认可签字和受审核方确认签字。
9) 纠正措施要求的说明。
10) 不符合原因分析。
11) 纠正措施计划及预计完成日期。
12) 纠正措施的完成情况及验证记录。

9.4.8 确定审核结论

下面方框中的内容是 GB/T 19011—2021 标准 6.4.9 条款的内容。

> **6.4.9 确定审核结论**
> **6.4.9.1 准备末次会议**
> 审核组在末次会议之前应充分讨论，以：
> a) 根据审核目标，评审审核发现和审核期间收集的任何其他适当信息。
> b) 考虑审核过程中固有的不确定因素，对审核结论达成一致。
> c) 如果审核计划中有规定，提出建议。
> d) 讨论审核后续活动（如适用）。
>
> **6.4.9.2 审核结论内容**
> 审核结论应陈述以下内容：
> a) 管理体系与审核准则的符合程度和其稳健程度，包括管理体系在达到预期结果方面的有效性、风险的识别以及受审核方为应对风险而采取的行动的有效性。
> b) 管理体系的有效实施、保持和改进。
> c) 审核目标的实现情况、审核范围的覆盖情况和审核准则的履行情况。
> d) 为识别趋势，在已审核的不同区域中获得的，或来自联合审核或以前的审核中的类似审核发现。
>
> 如果审核计划中有规定，审核结论可提出改进的建议或今后审核活动的建议。

1. 充分讨论，准备末次会议

在末次会议之前，审核组要进行一次充分的讨论，对审核发现及收集到的任何其他适当信息进行汇总分析，目的是对管理体系符合性、有效性进行评价，

并做出审核结论。

审核组充分讨论的内容有：

1）根据审核目标，评审审核发现和审核期间收集的任何其他适当信息。其他适当信息包括：

① 产品质量/环保/安全健康方面的趋势。
② 以往的事故。
③ 受审核方的态度影响了审核目的的达到等。

2）考虑审核过程中固有的不确定因素，对审核结论达成一致。

3）如果审核计划中有规定，提出建议。

4）讨论审核后续活动（如适用），如针对不符合的纠正措施的验证方式等。

2. 评价管理体系的符合性和有效性

管理体系的审核不仅应关注体系的符合性，还应关注体系的有效性，以便持续改进，不断地改善组织绩效。

《审核概论》一书，提出对以下方面进行综合分析，以评价管理体系的符合性和有效性：

1）管理体系文件化信息与标准的符合性。
2）方针、目标指标的适宜性和实现情况及能力。
3）管理体系达到预期结果的情况。
4）管理体系绩效符合要求的程度。
5）相关方满意度。
6）管理体系运行结果的合规性。
7）自我完善和持续改进机制的建立与作用。
8）管理者和员工的意识和参与情况。
9）相关方对受审核组织有关的投诉、抱怨情况。
10）其他需关注的方面。

根据上述综合分析及审核发现的不符合，审核组对受审核方管理体系的符合性和有效性做出评价：

1）基于组织内外部环境所面临的风险和机遇是否得到了充分的考虑。
2）管理体系与相关标准的符合程度，以及实施程度。
3）管理体系实施的有效程度，主要包括：特定部门/区域的过程优、缺点，绩效符合要求和适用法律、法规的程度等。
4）建立和实施自我完善、自我改进管理体系有效性的机制情况。

3. 确定审核结论

审核结论是"考虑了审核目标和所有审核发现后得出的审核结果"。审核结论陈述的内容包括：

1）管理体系与审核准则的符合程度和其稳健程度，包括管理体系在达到预期结果方面的有效性、风险的识别以及受审核方为应对风险而采取的行动的有效性。

2）管理体系的有效实施、保持和改进。

3）审核目标的实现情况、审核范围的覆盖情况和审核准则的履行情况。

4）为识别趋势，在已审核的不同区域中获得的，或来自联合审核或以前的审核中的类似审核发现。

如果审核计划中有规定，审核结论可提出改进的建议或今后审核活动的建议。

《审核概论》一书认为，审核结论是审核组根据审核目的，在对受审核方管理体系符合性、有效性进行综合评价的基础上得出的最终审核结果。审核结论取决于审核组收集审核证据的客观性、充分性。审核结论可陈述以下内容（这些内容来自 GB/T 19011—2013 老标准 6.4.8 条款，提请考生注意）：

1）管理体系与审核准则的符合程度及其稳定程度，包括管理体系满足所声称的目标的有效性。

2）管理体系的有效实施、保持和改进。

3）管理评审过程在确保管理体系持续的适宜性、充分性、有效性和改进方面的能力。

4）审核目标的完成情况、审核范围的覆盖情况，以及审核准则的履行情况。

5）审核发现的根本原因（如果审核计划中有要求）。

6）为识别趋势从其他领域获得的相似的审核发现。

7）如果审核计划中有规定，审核结论可提出改进的建议或今后审核活动的建议。

审核结论可导致下列结果：

1）对第一方审核，提出有关改进的建议。

2）对第二方审核，建立业务关系。

3）对认证第三方审核，推荐认证注册建议。

4）未来的审核活动（如再认证审核、监督审核）。

对于第三方审核，审核组做出的是否通过和保持认证的推荐性意见有三种：

1）推荐认证注册。

2）有条件推荐认证注册。

3）不推荐认证注册。

审核组做出的审核结论（注意，各认证机构做出审核结论的标准可能不一样）只是向认证机构提出的推荐性审核结论。在任何时候，认证结论和批准注册都是由认证机构做出的。

9.4.9 举行末次会议

下面方框中的内容是 GB/T 19011—2021 标准 6.4.10 条款的内容。

> **6.4.10 举行末次会议**
> 应召开末次会议，以提出**审核发现**和**审核结论**。
> 末次会议应由审核组长主持，并有受审核方的管理者出席，适当时包括：
> ——受审核的职能或过程的负责人。
> ——审核委托方。
> ——审核组其他成员。
> ——审核委托方和/或受审核方确定的其他有关相关方。
>
> 适用时，审核组长应告知受审核方在审核过程中遇到的可能降低审核结论可信程度的情况。如果管理体系有规定或与审核委托方达成协议，与会者应就针对审核发现而制定的行动计划的时间框架达成一致。
>
> 会议的详细程度应考虑管理体系实现受审核方目标的有效性，包括考虑其所处环境以及风险和机遇。
>
> 末次会议中，还应考虑受审核方对审核过程的熟悉程度，以确保向与会者提供正确的详细程度。
>
> 在一些情况下，会议可以是正式的，应保留会议记录，包括出席记录。对于另一些情况，例如内部审核，末次会议可以不太正式，只是沟通审核发现和审核结论。
>
> 适当时，**末次会议**应向受审核方说明下列**内容**：
> a) 告知所收集的审核证据是基于可获得的信息样本，不一定充分代表受审核方过程的总体有效性。
> b) 报告的方法。
> c) 如何根据商定的过程应对审核发现。
> d) 未充分应对审核发现的可能后果。
> e) 以受审核方管理者理解和认同的方式提出审核发现和审核结论。
> f) 任何相关的审核后续活动（例如，纠正措施的实施和评审、审核投诉的处理、申诉的过程）。
>
> 应讨论审核组与受审核方之间关于审核发现或审核结论的分歧，并尽可能予以解决。如果不能解决，应予以记录。
>
> 如果审核目标有规定，可以提出改进机会的建议，并强调该建议没有约束性。

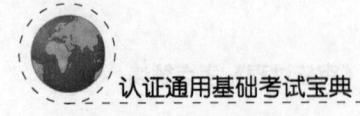

1. 末次会议的目的

末次会议是在现场审核结束前举行的一次会议,《审核概论》一书认为其目的是:

1)向受审核方说明审核情况,以使其能够清楚地理解审核的结果。

2)向受审核方正式宣布审核结果和审核结论。

3)提出纠正措施要求。

4)提出证后监督审核要求(认证的第三方审核时)。

2. 末次会议内容

应召开末次会议,以提出审核发现和审核结论。适当时,末次会议应向受审核方说明下列内容:

1)告知所收集的审核证据是基于可获得的信息样本,不一定充分代表受审核方过程的总体有效性。

2)报告的方法。

3)如何根据商定的过程应对审核发现。

4)未充分应对审核发现的可能后果。

5)以受审核方管理者理解和认同的方式提出审核发现和审核结论。

6)任何相关的审核后续活动(例如,纠正措施的实施和评审、审核投诉的处理、申诉的过程)。

7)应讨论审核组与受审核方之间关于审核发现或审核结论的分歧,并尽可能予以解决。如果不能解决,应予以记录。

8)如果审核目标有规定,可以提出改进机会的建议,并强调该建议没有约束性。

《审核概论》一书例举了15项认证审核末次会议的内容/议程:

1)与会者签到。

2)审核组感谢受审核方的支持和配合。

3)重申审核的目的、准则、范围。

4)简要介绍审核过程。

5)报告审核发现。

6)澄清有关问题。

7)说明审核抽样的局限性。必要时,审核组长应告知受审核方在审核过程中遇到的问题。

8)降低审核结论可信程度的情况。

9)宣布审核结论,包括关于认证的推荐性意见。

10)说明审核报告发放日期。

11)提出对不符合项的纠正措施要求。

12）重申审核组公正性保密的承诺。

13）证后监督及认证证书使用规定说明（结论为推荐通过认证/注册时）。

14）请受审核方领导发言。

15）宣布末次会议结束。

3. 末次会议要求

1）末次会议是现场审核的结论性会议，通常在审核组完成了现场审核活动、获得了审核发现并做出了审核结论之后进行。《审核概论》一书认为，末次会议标志审核计划规定的工作全部完成，在现场审核活动结束前召开。

末次会议应由审核组长主持，并有受审核方的管理者出席，适当时包括：

① 受审核的职能或过程的负责人。

② 审核委托方。

③ 审核组其他成员。

④ 审核委托方和/或受审核方确定的其他有关相关方。

2）时间一般不超过 1 小时。

3）适用时，审核组长应告知受审核方在审核过程中遇到的可能降低审核结论可信程度的情况。

4）如果管理体系有规定或与审核委托方达成协议，与会者应就针对审核发现而制定的行动计划的时间框架达成一致。

5）会议的详细程度应考虑管理体系实现受审核方目标的有效性，包括考虑其所处环境以及风险和机遇。

6）末次会议中，还应考虑受审核方对审核过程的熟悉程度，以确保向与会者提供正确的详细程度。

7）在一些情况下，会议可以是正式的，应保留会议记录，包括出席记录。对于另一些情况，例如内部审核，末次会议可以不太正式，只是沟通审核发现和审核结论。

认证审核之类的末次会议是正式会议，末次会议应做好记录并保存，记录包括与会人员签到表。

8）通常情况下，在末次会议之前，审核组可安排一次与受审核方领导的沟通。其目的是通报审核发现、介绍对受审核方管理体系的评价和审核结论，澄清问题、求得共识。避免在末次会议上审核组与受审核部门对不符合报告争执不休。

9）末次会议应适当肯定受审核方取得的成功经验和好的做法，不要一味谈问题。

10）使受审核方了解审核发现和审核结论。

例题分析

1. （单项选择题）审核活动的实施不包括（　　）。
   A. 确定审核结论　　　　　　　　B. 收集和验证信息
   C. 举行首末次会议　　　　　　　D. 审核组工作分配
   答案及分析：选择 D。见本书 9.4 节开头。审核组工作分配属于审核活动的准备。

2. （单项选择题）首次会议的目的包括（　　）。（真题）
   A. 确认所有有关方（例如受审核方、审核组）对审核计划的安排达成一致
   B. 确保所策划的审核活动能够实施
   C. 介绍审核组成员
   D. 以上都是
   答案及分析：选择 D。见本书 9.4.2 节。

3. （单项选择题）审核实施阶段的文件评审，你认为下列说法不正确的是（　　）。
   A. 确定文件所属的体系与审核准则的符合性
   B. 确定文件实施的有效性
   C. 收集信息以支持审核活动
   D. 文件评审可以与其他审核活动相结合
   答案及分析：选择 B。见本书 9.4.5 节。

4. （单项选择题）当获得的审核证据表明不能达到审核目标时，审核组长应向审核委托方和受审核方报告理由以确定适当的措施。这些措施不包括（　　）。（真题改进）
   A. 审核策划的变更　　　　　　　B. 审核目标、审核范围的变更
   C. 终止审核　　　　　　　　　　D. 受审核方提交审核证据
   答案及分析：选择 D。见本书 9.4.3 节方框中 GB/T 19011—2021 标准 6.4.4 条款。

5. （单项选择题）受审核方指派的向导应当协助审核组并且根据（　　）的要求行动。
   A. 受审核方　　　　　　　　　　B. 审核委托方
   C. 审核组长或被指派的审核员　　D. 认证机构
   答案及分析：选择 C。见本书 9.4.1 节方框中 GB/T 19011—2021 标准 6.4.2 条款。

6. （多项选择题）关于审核证据的获取，说法正确的（　　）。（真题改进）

A. 导致审核发现的审核证据应予以记录

B. 只有验证的信息方可作为审核证据

C. 信息获取的方法应包括：访谈、观察、成文信息评审

D. 对过程之间的接口有关的信息不必收集

答案及分析：选择ABC。见本书9.4.6节方框1中GB/T 19011—2021标准6.4.7条款。

7. （多项选择题）依据GB/T 19011—2021标准，针对审核中的不符合，以下哪些是正确的？（　　）（真题改进）

A. 应记录不符合

B. 应记录支持不符合的审核证据

C. 应对不符合进行分级，分级的级别包括"严重"和"一般"

D. 应与受审核方一起评审不符合

答案及分析：选择ABD。见本书9.4.7节方框1中GB/T 19011—2021标准6.4.8条款。对不符合进行分级不是必须的。

8. （多项选择题）适当时，末次会议应向受审核方阐明下列哪些内容？（　　）

A. 任何相关的审核后续活动（例如，纠正措施的实施和评审、审核投诉的处理、申诉的过程）

B. 应讨论审核组与受审核方之间关于审核发现或审核结论的分歧，并尽可能予以解决。如果不能解决，应予以记录

C. 提出纠正和纠正措施的具体改进要求

D. 如果审核目标有规定，可以提出改进机会的建议，并强调该建议没有约束性

答案及分析：选择ABD。见本书9.4.9节方框中GB/T 19011—2021标准6.4.10条款。

9. （多项选择题）远程无人员互动的审核方法有（　　）。

A. 进行文件评审（例如记录、数据分析）

B. 在考虑社会和法律法规要求的前提下，通过监视手段来观察工作情况

C. 分析数据

D. 通过远程向导观察工作情况

答案及分析：选择ABC。见本书9.4.4节方框中GB/T 19011—2021标准附录A.1表A.1。

10. （单项选择题）在现场审核时，应尽量减少审核活动与受审核方工作过程的（　　）。（真题）

A. 相互理解　　　　　　　　B. 相互交流

C. 相互干扰　　　　　　　　　D. 互动

答案及分析：选择 C。见 9.4.6 节方框 3 中 GB/T 19011—2021 标准附录 A.15。

11. （判断题）为保持审核一致性，不同类型的审核，其审核活动的顺序应完全相同。（　　）**(真题)**

答案及分析：×。见 9.4 节开头：不同类型的审核，其审核活动的顺序可能不同。

12. （判断题）访谈是一种重要的收集信息的方法，并且应以适于当时情境和受访人员的方式进行。（　　）（真题改进）

答案及分析：√。见 9.4.6 节方框 4 中 GB/T 19011—2021 标准附录 A.17。考生注意，GB/T 19011—2013 老标准，用的是"面谈"，而不是"访谈"。

13. （多项选择题）在审核过程中需要根据审核的范围和复杂程度，从（　　）中选择数据源。**(真题)**

　A. 认证机构管理者　　　　　　B. 记录、成文信息
　C. 观察活动和周围的工作环境与条件　　D. 数据汇总、分析和绩效指标

答案及分析：选择 BCD。见 9.4.6 节方框 2 中 GB/T 19011—2021 标准附录 A.14。

14. （单项选择题）审核组应根据需要，在（　　）评审审核发现。**(真题)**

　A. 审核的适当阶段　　　　　　B. 审核的末次会议时
　C. 审核结论形成时　　　　　　D. 审核结束时

答案及分析：选择 A。见 9.4.7 节方框 1 中 GB/T 19011—2021 标准 6.4.8 条款最后一句话。

15. （多项选择题）管理体系认证审核末次会议的内容包括（　　）。

　A. 报告审核发现　　　　　　　B. 宣布审核结论
　C. 提出认证的推荐性意见　　　D. 提出改进措施

答案及分析：选择 ABC。见 9.4.9 节之 2。

16. （多项选择题）当审核中获得的证据表明不能达到审核目标时，审核组应（　　）。**(真题)**

　A. 终止本次审核　　　　　　　B. 向受审核方报告
　C. 向审核委托方报告　　　　　D. 向受审核方的上级主管报告

答案及分析：选择 BC。见 9.4.3 节方框中 GB/T 19011—2021 标准 6.4.4 条款。

17. （多项选择题）审核组应与受审核方一起评审不符合，其目的是（　　）。**(真题)**

　A. 使受审核方理解不合格　　　B. 确认证据的准确性

C. 帮助受审核方纠正　　　　　　D. 获得受审核方承认

答案及分析：选择 AB。见 9.4.7 节方框 1 中 GB/T 19011—2021 标准 6.4.8 条款中的说明。

18.（多项选择题）现场审核有人员互动时，在受审核方参与的情况下，可以采用的审核方法有（　　）。(真题改进)

A. 文件评审　　　　　　　　　　B. 进行访谈
C. 完成检查表　　　　　　　　　D. 完成问卷

答案及分析：选择 ABCD。见 9.4.4 节方框 2 中 GB/T 19011—2021 标准附录 A.1 之表 A.1。请注意与老标准 GB/T 19011—2013 的区别。

19（单项选择题）互动的审核活动主要是指（　　）的相互交流。(真题)

A. 审核组内成员　　　　　　　　B. 受审核方与认证机构
C. 审核组与受审核方人员　　　　D. 审核组成员与认证机构

答案及分析：选择 C。见 9.4.4 节方框 2 中 GB/T 19011—2021 标准附录 A.1 之表 A.1 下面一句话。

20.（多项选择题）出现下列哪种情况之一，原则上可构成严重不符合项？（　　）

A. 体系出现系统性失效
B. 体系运行区域性失效
C. 可能产生严重的后果
D. 组织违反法律法规或其他要求的行为较严重

答案及分析：选择 ABCD。见 9.4.7 节之 1 之 3）之③。

9.5　审核报告的编制和分发

9.5.1　审核报告的编制

下面方框中的内容是 GB/T 19011—2021 标准 6.5.1 条款的内容。

> **6.5.1　审核报告的编制**
> 审核组长应根据审核方案报告审核结论。审核报告应提供完整、准确、简明和清晰的审核记录，并包括或引用以下内容：
> a) 审核目标。
> b) 审核范围，特别是明确受审核的组织（受审核方）和职能或过程。
> c) 明确审核委托方。
> d) 明确审核组和受审核方在审核中的参与者。

> e) 进行审核活动的日期和地点。
> f) 审核准则。
> g) 审核发现和相关证据。
> h) 审核结论。
> i) 对审核准则遵循程度的陈述。
> j) 审核组与受审核方之间未解决的分歧意见。
> k) 审核本质上是一种抽样活动；因此，存在被查验的审核证据不具代表性的风险。
>
> 适当时，审核报告还可以包括或引用以下内容：
> ——包括日程安排的审核计划。
> ——审核过程综述，包括遇到可能降低审核结论可靠性的障碍。
> ——确认在审核范围内，已按审核计划达到审核目标。
> ——审核范围内未覆盖的区域，包括任何证据可获得性、资源或保密问题，并附有相关解释理由。
> ——审核结论综述及支持审核结论的主要审核发现。
> ——识别的良好实践。
> ——商定的后续行动计划（如果有）。
> ——关于内容保密性质的陈述。
> ——对审核方案或后续审核的影响。

1. 审核报告的内容

1) GB/T 19011—2021 标准 6.5.1 条款提出了审核报告可以包括或引用的 20 项内容，其中必须包括 GB/T 19011—2021 标准 6.5.1 条款中 a)～k) 共 11 项，再加上在适当时可以包括或引用的 9 项。

2) 本书在 4.2.2 节讲到了认证审核的审核报告内容：GB/T 27021.1 标准 9.4.8.2 条款提出了审核报告应包括或引用的 18 项内容，GB/T 27021.1 标准 9.4.8.3 条款提出了审核报告还应包含的 3 项内容，所以审核报告共有 21 项内容。

2. 审核报告的编写要求

1) 审核组长应确保审核报告的编制，并对审核报告的内容负责。《审核概论》一书认为，审核报告是对审核工作、审核结果、审核结论的综合性记载文件，作为报告审核过程及其结果的最终载体。

2) 审核报告可以在末次会议之前编制，也可以在完成现场审核后编制。

3) 审核报告应经审核委托方授权人的批准。第三方认证时应经认证机构的授权人批准。

4）审核组长应根据审核方案报告审核结论。

5）审核组可以识别改进机会，但不应提出具体解决办法的建议。

9.5.2 审核报告的分发

下面方框中的内容是 GB/T 19011—2021 标准 6.5.2 条款的内容。

> **6.5.2 审核报告的分发**
>
> 审核报告应在**商定的时间期限内**提交。如果延迟，应向受审核方和审核方案管理人员通告原因。
>
> 审核报告应按审核方案的规定**注明日期**，并经适当的评审和批准。
>
> 审核报告应分发至**审核方案或审核计划规定的**有关相关方。
>
> 在分发审核报告时，应考虑采取适当措施确保保密。

1）审核报告应在商定的时间期限内提交。如果延迟，应向受审核方和审核方案管理人员通告原因。

2）审核报告应按审核方案的规定注明日期，并经适当的评审和批准。

3）审核报告应分发至审核方案或审核计划规定的有关相关方。对第三方认证审核，认证机构应为每次审核向客户提供书面审核报告。审核报告的接收者由审核委托方确定。

4）审核报告属审核委托方所有。对第三方认证审核，认证机构应享有对审核报告的所有权。

5）在分发审核报告时，应考虑采取适当措施确保保密。

例题分析

1.（单项选择题）关于审核报告日期的注明，以下说法正确的是（　　）。（真题改进）

A. 审核报告注明的日期应当是末次会议结束的日期

B. 审核报告注明的日期应当是不符合项整改完成的日期

C. 审核报告注明的日期应当是认证机构评审和批准的日期

D. 审核报告应按审核方案的规定注明日期

答案及分析：选择 D。见本书 9.5.2 节方框中 GB/T 19011—2021 标准 6.5.2 条款。

2.（单项选择题）依据 GB/T 19011—2021 标准，以下关于审核报告的描述错误的是（　　）。（真题改进）

A. 审核报告如果不能在商定的时间提交，应向受审核方和审核方案管理人

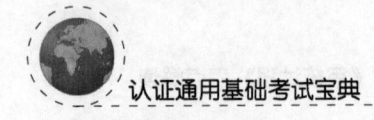

员通告原因

B. 审核报告属于审核委托方所有

C. 审核报告应该经过批准后分发

D. 对于第三方审核,审核报告应该提交认可机构

答案及分析:选择 D。参见本书 9.5.2 节。审核报告应分发至审核方案或审核计划规定的有关相关方。如果没有规定,就不需要将审核报告提交给认可机构。

3.(单项选择题)审核报告应在商定的时间期限内提交,如果延迟,应向(　　)通告原因。(真题改进)

A. 认证机构　　　　　　　　　B. 受审核方

C. 审核方案管理人员　　　　　D. B + C

答案及分析:选择 D。见本书 9.5.2 节方框中 GB/T 19011—2021 标准 6.5.2 条款。

4.(多项选择题)审核报告应提供完整、准确、简明和清晰的审核记录,并包括或引用的内容有(　　)(真题)

A. 审核的费用情况

B. 明确审核组和受审核方在审核中的参与者

C. 明确审核委托方

D. 审核发现和相关证据

答案及分析:选择 BCD。见 9.5.1 节方框中 GB/T 19011—2021 标准 6.5.1 条款。

5.(多项选择题)适当时,审核报告可包括或引用的内容有(　　)。(真题)

A. 审核结论　　　　　　　　　B. 审核过程综述

C. 识别的良好实践　　　　　　D. 对审核方案或后续审核的影响

答案及分析:选择 BCD。见 9.5.1 节方框中 GB/T 19011—2021 标准 6.5.1 条款。

9.6　审核的完成

下面方框中的内容是 GB/T 19011—2021 标准 6.6 条款的内容。

> **6.6　审核的完成**
> 当所有策划的审核活动已经执行或出现与审核委托方约定的情形时(例如出现了妨碍完成审核计划的非预期情形),审核即告结束。

> 审核的相关成文信息应根据参与各方的协议，按照审核方案或适用要求予以保存或处置。
>
> 除非法律要求，若没有得到审核委托方和受审核方（适当时）的明确批准，审核组和审核方案管理人员不应向任何其他方泄露审核中获得的任何信息或审核报告。如果需要披露审核文件的内容，应尽快通知审核委托方和受审核方。
>
> 从审核中获得的经验教训可为**审核方案**和**受审核方**识别风险和机遇。

1. 审核结束的条件

审核结束的条件有两条：

1) 当所有策划的审核活动已经执行。

2) 出现与审核委托方约定的情形时（例如出现了妨碍完成审核计划的非预期情形），审核即告结束。

2. 与审核相关的文件保存

审核的相关成文信息应根据参与各方的协议，按照审核方案或适用要求予以保存或处置。

审核的相关成文信息包括受审核方提交的管理体系文件化信息（如手册、程序）、记录及证明等，以及在审核过程中形成的记录，如审核计划、检查表与审核记录、不符合报告、会议记录、审核报告等。

3. 信息保密

1) 除非法律要求，若没有得到审核委托方和受审核方（适当时）的明确批准，审核组和审核方案管理人员不应向任何其他方泄露审核中获得的任何信息或审核报告。

2) 如果需要披露审核文件的内容，应尽快通知审核委托方和受审核方。

4. 经验应用

从审核中获得的经验教训可为审核方案和受审核方识别风险和机遇。

例题分析

1. （单项选择题）关于审核的完成，以下说法正确的是（   ）。（真题改进）

A. 现场审核末次会议的结束，审核即告结束

B. 分发了经批准的审核报告，审核即告结束

C. 受审核方不符合项整改通过审核组验证，审核即告结束

D. 当所有策划的审核活动已经执行或出现与审核委托方约定的情形时（例如出现了妨碍完成审核计划的非预期情形），审核即告结束

答案及分析：选择 D。见本书 9.6 节方框中 GB/T 19011—2021 标准 6.6 条款。

2.（多项选择题）从审核中获得的经验教训可为（   ）识别风险和机遇。
A. 审核方案　　　　　　　　　　B. 受审核方
C. 审核组　　　　　　　　　　　D. 审核委托方

答案及分析：选择 AB。见 9.6 节方框中 GB/T 19011—2021 标准 6.6 条款。

9.7　审核后续活动的实施

下面方框中的内容是 GB/T 19011—2021 标准 6.7 条款的内容。

> **6.7　审核后续活动的实施**
> 　　根据审核目标，审核结果可以表明采取纠正、纠正措施或改进机会的需求。此类措施通常由受审核方确定并在<u>商定的时间框架内</u>实施。适当时，受审核方应将这些措施的实施状况告知审核方案管理人员和/或审核组。
> 　　应对措施的完成情况及有效性进行验证。<u>验证可以是**后续审核活动**</u>的一部分。结果应报告给审核方案管理人员，并报告给审核委托方进行管理评审。

1. 审核后续活动的实施

1) 根据审核目标，审核结果可以表明采取纠正、纠正措施或改进机会的需求。此类措施通常由受审核方确定并在商定的时间框架内实施。《审核概论》一书认为措施完成的期限通常由受审核方与审核组按审核方案的要求商定。

《审核概论》一书认为审核后续活动的目的有：

① 对已经发生的不符合及时进行纠正，防止或减少已出现的不符合所造成的不良影响。

② 促使受审核方针对已发现的不符合项认真分析，找出不符合的原因，并采取适当的纠正措施防止类似不符合再次发生，从而改进管理体系运行的有效性。

③ 通过对纠正措施的实施及对其有效性验证，促使受审核方对现有不符合采取措施，避免产生严重后果。

2) 适当时，受审核方应将这些措施的实施状况告知审核方案管理人员和/或审核组。

3) 应对措施的完成情况及有效性进行验证。验证可以是后续审核活动的一部分。验证通常由本次审核组的成员进行。

4) 验证结果应报告给审核方案管理人员，并报告给审核委托方进行管理评审。

2. 验证纠正措施的方式

验证方式主要取决于不符合问题的严重性、影响程度，以及纠正措施的复杂程度，被验证信息的可信度。

纠正措施验证方式一般有三种：

1）现场验证（部分或全面复审）。此方式适用于严重不符合和只有到现场才能验证其完成情况及其有效性的不符合。

2）书面验证（办公室验证或称异地验证）。不到受审核方现场，而是通过审查受审核方提供的纠正措施完成的证据，验证纠正措施的完成情况及其有效性。"轻微不符合"通常采取此办法。

3）在随后的审核时验证。先对受审核方提交的纠正措施计划的可行性进行确认，纠正措施的有效性则在下次的审核（如监督审核）中验证。此种方式适用于发生的不符合对受审核方的管理体系影响极其轻微，或纠正措施实施的效果需花费较长时间才能验证的场合。

例题分析

1. （单项选择题）对审核后续活动，下列说法正确的是（　　）。（真题改进）

   A. 如需采取纠正、纠正措施，此类措施通常由受审核方确定并在商定的时间框架内实施，不视为审核的一部分
   B. 受审核方应将这些措施的状态告知国家政府相关部门
   C. 应对纠正措施的完成情况及有效性进行验证，但验证不是随后审核的一部分
   D. 审核方案可规定由审核组成员进行审核后续活动，通过发挥审核组成员的专长实现增值。在这种情况下，在随后审核活动中不必保持独立性

   答案及分析：选择 A。参见本书 9.7 节方框中 GB/T 19011—2021 标准 6.7 条款。审核、审核后续活动是不同阶段的工作。对纠正措施的完成情况及有效性的验证是审核后续活动的一部分，但不是审核的一部分。审核后续活动中也要保持独立性。

2. （单项选择题）审核后续活动不包括（　　）。（真题改进）

   A. 审核组提出纠正措施建议
   B. 受审核方纠正措施的确定及实施
   C. 受审核方向审核方案管理人员和/或审核组报告实施情况
   D. 审核组的验证

   答案及分析：选择 A。参见本书 9.7 节。在末次会议上，审核组可以按规定提出纠正措施建议。末次会议不属于审核后续活动。

3. （多项选择题）审核后续活动的目的有（   ）。

A. 对已经发生的不符合及时进行纠正，防止或减少已出现的不符合所造成的不良影响

B. 促使受审核方针对已发现的不符合项认真分析，找出不符合的原因，并采取适当的纠正措施防止类似不符合再次发生，从而改进管理体系运行的有效性

C. 通过对纠正措施的实施及对其有效性验证，促使受审核方对现有不符合采取措施，避免产生严重后果

D. 为了审核组的验证

答案及分析：ABC。见本书 9.7 节之 1 之 1）。

4. （判断题）审核的后续活动按照要求可以不用形成成文信息。（   ）（真题）

答案及分析：×。理解题，审核后续活动中采取的纠正、纠正措施等都应形成成文信息。

同步练习强化

说明：与认证审核有关的题目涉及本书第 4 章。

一、单项选择题

1. 根据 GB/T 19011—2021 标准，"审核的完成"属于 PDCD 循环中的（   ）阶段。

A. P   B. D
C. C   D. A

2. 审核启动时，与受审核方建立联系不包括（   ）。

A. 确认实施审核的权限

B. 请求有权使用用于策划的相关信息

C. 选择审核组成员

D. 确定受审核方与特定审核有关的任何利益、关注或风险领域

3. 在确定审核的可行性时，当发现审核不可行时，应向（   ）提出替代方案并与受审核方协商一致。

A. 受审核方   B. 审核委托方
C. 审核方案管理人员   D. 审核组

4. 现场审核准备阶段的工作内容主要是（   ）。（真题改进）

A. 组织审核组，任命审核组长   B. 编制审核计划和检查表
C. 确定审核的可行性   D. 与受审核方案建立初步联系

5. 现场审核活动前应评审受审核方的文件，以确定文件所述的体系与（   ）

的符合性。(真题改进)

  A. 管理体系标准（ISO 9001 等）

  B. 适合环境法律法规和其他要求

  C. 相关方的要求

  D. 审核准则

6. 审核组进入现场前进行的成文信息审核的目的是（ ）。(真题改进)

  A. 收集信息以准备审核活动和适用的审核工作文件

  B. 收集信息以支持审核活动

  C. 了解文件实施的程度

  D. A + B

7. 下列对于审核计划的表述不正确的是（ ）。(真题改进)

  A. 审核计划应当在现场审核活动开始前，经审核委托方评审和接受，并在现场审核活动开始后及时提交给受审核方

  B. 受审核方对审核计划的任何异议应当在审核组长、受审核方和审核方案管理人员之间予以解决

  C. 任何经修改的审核计划，应当在继续审核前征得各方的同意

  D. 可以包括审核工作和审核报告所用的语言、审核后续活动等内容

8. 在编制审核计划时，审核组长不必考虑（ ）。

  A. 专业审核员的能力   B. 审核对组织形成的风险

  C. 多现场数量   D. 组织文件的数量

9. 在编制审核计划时，审核组长不必考虑（ ）。(真题改进)

  A. 审核组的组成   B. 审核对组织形成的风险

  C. 多现场数量   D. 认证结果

10. 当受审核方对审核计划提出异议时，正确的做法是（ ）。(真题改进)

  A. 审核组长可以不予理会，仍然按照原计划实施

  B. 审核组长必须按照受审核方的意见对原计划进行修改

  C. 应当在审核组长、受审核方和审核方案管理人员之间得到解决

  D. 应由认证机构进行裁决

11. 下列哪种文件应在现场审核前通知受审核方？（ ）(真题改进)

  A. 检查表   B. 审核计划

  C. 审核工作文件和表式   D. 以上全部

12. 审核计划不包括以下哪项？（ ）(真题改进)

  A. 审核目标   B. 检查表

  C. 适当时，后勤和沟通安排   D. 适当时，审核报告的主题

13. 审核计划的详细程度应反映审核的范围和复杂程度，以及未实现审核目标的（　　）。（真题改进）

　　A. 程度　　　　　　　　　　　B. 风险
　　C. 影响因素　　　　　　　　　D. 可行性

14. 以下不属于一个生产企业审核计划的内容是（　　）。
　　A. 抽样的生产现场名称　　　　B. 生产区域的审核要素
　　C. 审核时间安排　　　　　　　D. 审核风险的分析与报告

15. 编制审核计划应考虑（　　）。
　　A. 适当的抽样技术　　　　　　B. 审核组的组成及其整体能力
　　C. 实施审核造成的受审核方的风险　　D. A + B + C

16. 关于检查表，以下说法正确的是（　　）。
　　A. 是审核员对审核活动进行具体策划的结果
　　B. 应提前交给受审核部门的人员认可
　　C. 必须经过管理者代表的批准
　　D. 有标准规定的统一格式

17. 一般来说，检查表由（　　）编制。
　　A. 受审核方　　　　　　　　　B. 审核员
　　C. 审核方案管理人员　　　　　D. 技术专家

18. 检查表应（　　）。
　　A. 对现场审核的人员分工及时间进行安排
　　B. 策划对审核对象的审核思路
　　C. 使用时严格按检查表提问
　　D. 提交委托方确认

19. 当制定统计抽样方案时，审核员能够接受的抽样风险水平是一个重要的考虑因素。通常称为可接受的置信水平。（　　）的抽样风险对应95%的置信水平。

　　A. 20%　　　　　　　　　　　B. 15%
　　C. 5%　　　　　　　　　　　　D. 2%

20. 在末次会议上审核组长强调"本次审核是抽样审核"的含义包括（　　）。
　　A. 应该对管理体系进一步抽样
　　B. 抽样审核带来的风险是不可能避免的
　　C. 组织管理体系中没有不符合项
　　D. 推脱没有发现不符合项的责任

21. 抽样的风险是（　　）的样本也许不具有代表性，从而可能导致审核员的结论出现偏差，与对总体进行全面检查的结果不一致。

A. 抽取的 B. 随机抽取的
C. 从总体中抽取的 D. 从不同层次中抽取的

22. 依据 GB/T 19011—2021 标准，审核过程中抽样包括统计抽样和（　　）。（真题改进）
    A. 系统抽样 B. 分层抽样
    C. 调查抽样 D. 判断抽样

23. （　　）依赖于审核组的能力和经验。
    A. 统计抽样 B. 分层抽样
    C. 调查抽样 D. 判断抽样

24. （　　）的缺点是，可能无法对审核发现和审核结论的不确定性进行统计估计。
    A. 统计抽样 B. 分层抽样
    C. 调查抽样 D. 判断抽样

25. 审核抽样时使用统计抽样，此时抽样方案应基于审核目标和（　　）。
    A. 抽样总体的特征 B. 样本量
    C. 抽样总体 D. 置信水平

26. 统计抽样的抽样方案应考虑检查的结果是计数的还是计量的。当调查食品安全事件的发生次数或安全漏洞的数量时，（　　）可能更加合适。
    A. 调查抽样 B. 计数抽样
    C. 计量抽样 D. 判断抽样

27. 审核活动的实施不包括（　　）。（真题改进）
    A. 确定审核结论 B. 收集和验证信息
    C. 举行首末次会议 D. 审核组工作分配

28. 下列哪个内容不属于审核活动的实施的内容？（　　）。（真题改进）
    A. 收集和验证信息 B. 形成审核发现
    C. 验证不符合项纠正的有效性 D. 举行末次会议

29. 依据 GB/T 19011—2021 标准的要求，针对向导和观察员，以下错误的是（　　）。（真题改进）
    A. 他们可以陪同审核组
    B. 他们不应影响或干扰审核的进行
    C. 审核组长有权拒绝观察员参加特定的审核活动
    D. 他们可以代表受审核方对审核进行见证

30. 向导的作用及职责不包括（　　）。（真题改进）
    A. 确保审核组成员了解和遵守有关场所的安全、安保规则
    B. 安排访问受审核方的特定地点

C. 代表受审核方对审核进行见证

D. 收集审核证据

31. 首次会议应考虑以下哪些方面（   ）。（真题改进）

A. 确认有关保密及信息安全的事宜

B. 确认对审核组的健康和安全、安保、紧急情况的安排

C. 提供终止审核的条件的信息

D. 以上全部

32. 下列哪一项不是首次会议必需包括的内容？（   ）（真题改进）

A. 确认审核目标、范围、准则

B. 确认有关保密事项

C. 对不符合项采取纠正措施的要求

D. 介绍向导的安排、作用和身份

33. 首次会议的内容包括（   ）。（真题改进）

A. 为审核制定计划

B. 确定实施审核所需的资源和审核员人数

C. 介绍报告审核发现的方法，包括分级准则

D. 以上全部

34. 当获得的审核证据表明不能达到审核目的时，审核组长可以（   ）。（真题改进）

A. 宣布停止受审核方的生产/服务活动

B. 向审核委托方和受审核方报告理由，以确定适当的措施

C. 不提交审核报告

D. 以上各项都不可以

35. 根据 GB/T 19011—2021 标准，关于审核的沟通，以下说法不正确的是（   ）。（真题）

A. 审核组应定期讨论，以交换信息

B. 适当时，审核组长应定期向受审核方沟通进度、重要审核发现和任何关注

C. 适当时，审核组长应定期向审核委托方沟通进度、重要审核发现和任何关注

D. 如果审核中收集的证据显示存在紧急的和重大的风险，应当及时向审核委托方报告，但不需要报告受审核方

36. 在某部门审核时，审核计划的时间为 2 小时，部门经理说必须要处理一件急事，需要 2 个小时后才能回来，你应当如何处理？（   ）（真题）

A. 先休息，等他回来后审核

B. 先看资料，等他回来后，再澄清相关情况

C. 与组长和管代沟通，考虑调整时间

D. 告诉经理时间紧，最好不要离开

37. 审核中的沟通不包括（　　）。

A. 审核中不符合项的纠正措施

B. 审核进展

C. 审核发现

D. 超出审核范围之外引起关注的问题

38. 审核过程中，适当时审核组长应定期向受审核方、审核委托方沟通（　　）。（真题改进）

A. 出现重大环境事故　　　　　B. 超出审核范围的情况

C. 审核进度和任何关注　　　　D. 以上全部

39. 在审核中，如果收集的证据显示受审核方存在紧急的和重大的风险，应及时报告受审核方，适当时向（　　）报告。（真题）

A. 认证机构　　　　　　　　　B. 监管机构

C. 审核委托方　　　　　　　　D. 审核机构

40. 依据 GB/T 19011—2021 标准，关于审核中的沟通，以下说法正确的是（　　）。（真题改进）

A. 审核组应当定期讨论，以交换信息

B. 审核组长必须定期向受审核方沟通审核进度和任何关注

C. 审核组长必须定期向审核委托方沟通审核进度和任何关注

D. 当审核证据显示有紧急的和重大的风险（如安全、环境或质量方面）时，应当及时向审核委托方报告，但不需报告受审核方

41. 根据 GB/T 19011—2021 标准，关于审核中的沟通，以下说法不正确的是（　　）。

A. 审核组应定期讨论，以交换信息

B. 适当时，审核组长应定期向受审核方沟通审核进度、重要审核发现和任何关注

C. 适当时，审核组长应定期向审核委托方沟通审核进度、重要审核发现和任何关注

D. 如果审核中收集的证据显示存在紧急的和重大的风险，应当及时向审核委托方报告，但不需要报告受审核方

42. 对于随着审核活动的进行而出现的任何变更审核计划的需求，适当时应由（　　）和审核委托方评审和接受，并提交给受审核方。

A. 受审核方　　　　　　　　　B. 审核方案管理人员

C. 审核组长　　　　　　　　　　D. 受审核方负责人

43. 选择审核方法取决于所确定的审核目标、范围和准则以及持续的时间和地点，还应考虑可获得的审核员能力和应用审核方法出现的任何（　　）。

A. 风险　　　　　　　　　　　　B. 不确定性
C. 偏差　　　　　　　　　　　　D. 难点

44. 关于实施审核时的成文信息评审，你认为下列说法不正确的是（　　）。

A. 确定文件所述的体系与审核准则的符合性
B. 确定文件实施的有效性
C. 收集信息以支持审核活动
D. 成文信息评审可以与其他审核活动相结合

45. 依据 GB/T 19011—2021 标准，针对审核实施时的成文信息评审，以下错误的是（　　）。

A. 如果提供的成文信息不充分，审核组长应告知审核方案管理人员和受审核方
B. 成文信息评审可以与其他审核活动相结合，并贯穿在审核的全过程
C. 如果提供的成文信息不充分，审核组长应根据审核目标和范围决定审核是否继续进行或暂停
D. 必须由审核组长进行

46. 以下关于成文信息评审的表述正确的是（　　）。

A. 在现场审核前及现场审核时都应进行成文信息评审
B. 只有在第一阶段审核时进行成文信息评审，第二阶段审核不需要开展成文信息评审
C. 只在现场审核前进行成文信息评审，现场审核时无需开展成文信息评审
D. 由组长与受审方确定成文信息评审的时机

47. 质量管理体系审核中一般不采用以下哪种方法收集信息（　　）（真题改进）

A. 访谈　　　　　　　　　　　　B. 成文信息评审
C. 抽取产品送认可的实验室检测　　D. 观察

48. 关于信息的收集和验证，以下说法错误的是（　　）。（真题改进）

A. 应通过适当的抽样收集并验证与审核目标、范围和准则有关的信息
B. 与职能、活动和过程间接口有关的信息
C. 导致审核发现的审核证据既可以做记录，也可以不做记录
D. 只有经过某种程度验证的信息才能被接受为审核证据

49. 审核证据是与审核准则有关并能够证实的记录、事实陈述或其他信息。以下哪一种情况不可以作为审核证据？（　　）（真题改进）

A. 技术部经理说"技术部采用方差分析法进行分析时，认为数据都是服从

正态分布的，所以从不检验数据的正态性"

B. 受审核方供应商说"这家单位用我们的产品从来都不做进货检验的，对我们充分信任"

C. 对受审核组织某供应商进行评价的记录

D. 对某受审核组织新产品设计和开发输入的评审记录

50. （　　）是一种重要的收集信息的方法，并且应以适于当时情境和受访人员的方式进行。（真题改进）

　　A. 现场观察　　　　　　　　B. 访谈
　　C. 提问　　　　　　　　　　D. 成文信息评审

51. 进行质量管理体系审核时，以下可以作为审核证据的是（　　）。（真题改进）

　　A. 陪同人员说"他们供应科是从非合格供方中采购的这种关键材料"

　　B. 在某钳工的工具箱中发现一把自制的匕首

　　C. 财务主管说"我们建立体系的投资太大了，已经影响了与顾客沟通感情的投入了"

　　D. 供应科长说"我们确有一种关键材料是从非合格供方中采购的"

52. 收集和验证信息的典型过程是（　　）。

　　A. 信息源——通过适当抽样收集信息——审核证据——对照审核准则进行评价——审核发现——评审——审核结论

　　B. 信息源——通过适当抽样收集信息——对照审核准则进行评价——审核证据——审核发现——评审——审核结论

　　C. 通过适当抽样收集信息——信息源——审核证据——对照审核准则进行评价——审核发现——评审——审核结论

　　D. 信息源——通过适当抽样收集信息——审核发现——对照审核准则进行评价——审核证据——评审——审核结论

53. 可根据（　　）和复杂程度选择不同的信息源。

　　A. 审核目标　　　　　　　　B. 审核范围
　　C. 审核准则　　　　　　　　D. 审核计划

54. 关于评审审核发现，以下说法正确的是（　　）。（真题改进）

　　A. 审核组应当在审核过程中随时评审审核发现

　　B. 审核组应当根据需要在审核的适当阶段评审审核发现

　　C. 审核组应当根据受审核方的要求评审审核发现

　　D. 审核组应当根据认证机构的要求评审审核发现

55. 审核组应当与受审按方一起评审不符合，以便（　　）。（真题改进）

　　A. 以确认审核发现是准确的，并使受审核方理解不符合

477

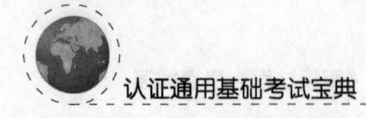

B. 受审核方接受不符合

C. 为末次会议顺利召开做准备

D. 商定纠正措施的验证方式

56. 当受审核方与审核组因审核发现有分歧意见时，其解决的方式是（ ）。（真题改进）

A. 终止审核

B. 审核组报认证机构进行解决

C. 交当地环保局决定

D. 未解决的问题应记录在审核报告中

57. 对于符合性的记录，应考虑的内容不包括（ ）。（真题改进）

A. 对判断符合的审核准则的描述或引用

B. 支持符合性和有效性的审核证据（适用时）

C. 所有的审核发现

D. 符合性陈述（适用时）

58. 审核方法不包括（ ）。（真题改进）

A. 访谈   B. 查阅文件和资料

C. 与相关方探讨   D. 查看现场情况

59. 审核方法不包括下列哪一项？（ ）

A. 访谈

B. 查阅受审核方的管理体系文件和记录

C. 到当地政府机构查阅有关资料

D. 查看受审核方提供的有关外来记录和文件

60. 现场审核中的末次会议应由（ ）主持。（真题）

A. 向导   B. 企业的最高管理者

C. 企业授权的代表   D. 审核组长

61. 管理体系审核中审核报告阶段不包括（ ）。

A. 审核报告的编制   B. 审核报告批准

C. 审核报告分发   D. 审核完成

62. 依据 GB/T 19011—2021 标准，审核报告应分发至（ ）。

A. 受审核方

B. 受审核方的上级主管部门

C. 审核方案或审核计划规定的有关相关方

D. 以上全部

63. 当所有策划的（ ）已经执行或出现与审核委托方约定的情形时（例如出现了妨碍完成审核计划的非预期情形），审核即告结束。

A. 审核计划　　　　　　　　　　B. 审核内容
C. 审核方案　　　　　　　　　　D. 审核活动

64. 一次审核的结束是指（　　）。
A. 末次会议结束
B. 当所有策划的审核活动已经执行或出现与审核委托方约定的情形时
C. 分发了经批准的审核报告
D. 对不符合项纠正措施进行验证后

65. 审核的相关成文信息应根据参与各方的协议，按照（　　）予以保存或处置。
A. 审核方案或适用要求　　　　　B. 审核委托方要求
C. 审核方案管理人员要求　　　　D. 审核组要求

66. 从审核中获得的经验教训可为（　　）和受审核方识别风险和机遇。
A. 审核方案　　　　　　　　　　B. 审核委托方
C. 审核方案管理人员　　　　　　D. 审核组

67. 审核中发现的不符合，应当由（　　）进行纠正和纠正措施。
A. 审核员　　　　　　　　　　　B. 外聘咨询师
C. 受审核方　　　　　　　　　　D. 审核组与受审核方

68. 当样本的结果是连续值时使用（　　）。
A. 判断抽样　　　　　　　　　　B. 统计抽样
C. 计数抽样　　　　　　　　　　D. 计量抽样

69. 审核员对建筑工程公司的采购产品审核时，根据自己的专业经验，把对随后的产品实现或最终产品（建筑工程）影响程度大的，如钢筋、水泥等原材料作为重点进行抽样。这类抽样属于（　　）。
A. 判断抽样　　　　　　　　　　B. 统计抽样
C. 计数抽样　　　　　　　　　　D. 计量抽样

70. （　　）是审核方案的一个组成部分，是指每一项具体审核工作的开展过程，其实施效果直接影响到审核方案总目标的实现。
A. 结合审核　　　　　　　　　　B. 认证
C. 审核活动　　　　　　　　　　D. 第一、二、三方审核

71. 为确保实现审核目标，审核组长可随着审核的进展调整（　　）。
A. 所分配的工作　　　　　　　　B. 审核时间
C. 审核人员　　　　　　　　　　D. 审核对象

72. 审核准备阶段的成文信息评审应考虑受审核方组织所处的环境，包括其规模、性质和复杂程度，以及相关风险和机遇。还应考虑审核范围、（　　）和审核目标。

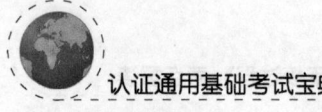

A. 审核原则 B. 审核准则
C. 审核方案 D. 审核计划

73. 编制审核计划时,应考虑受审核方组织的场所的数量、性质等。当组织具有多个相同场所时,应对( )进行审核

A. 每一个场所进行审核 B. 采用抽样的方式
C. A+B D. A 或 B

74. 审核启动时,请求有权使用用于策划的相关信息,包括( )。

A. 组织已经识别的风险和机遇
B. 组织如何应对这些风险和机遇的信息
C. 组织已经识别的风险以及如何应对这些风险的信息
D. 组织已识别的风险和机遇以及如何应对这些风险和机遇的信息

75. 实施审核的责任应该由指定的( )承担,直到审核完成。

A. 审核组 B. 审核组长
C. 审核方案管理人员 D. 审核机构

76. 审核所需的成文信息包括但不限于( )。

A. 纸质的或数字化的检查表 B. 审核抽样具体内容
C. 视听信息 D. 以上全部

77. 审核后续活动包括( )。(真题改进)

A. 受审核方纠正措施的确定及实施
B. 受审核方向审核方案管理人员和/或审核组报告实施情况
C. 审核组的验证
D. 以上全部

78. 统计抽样是指同时具备( )这两个特征的抽样方法。

A. 随机选取样本、运用概率论评价样本结果
B. 计数抽样样本、运用概率论评价样本结果
C. 统计抽样、运用概率论评价样本结果
D. 条件抽样、运用概率论评价样本结果

79. 以下哪些不是审核活动的实施阶段的活动( )。

A. 举行首次会议 B. 文件初审
C. 收集和验证信息 D. 举行末次会议

80. 审核组长负责编制审核报告,审核报告应提供完整、准确、简明和清晰的( )。

A. 审核结论 B. 审核发现
C. 审核证据 D. 审核记录

81. 在末次会议之前，审核组可与受审核方领导层沟通，（　　），以澄清问题、求得共识。

　　A. 通报审核发现　　　　　　　　B. 通报审核结论

　　C. 介绍对受审核方管理体系的评价　D. 以上全部

82. 在多体系审核中，当审核员识别出与一个准则相关的审核发现时，应考虑到这一审核发现对其他管理体系中相应或类似准则的（　　）。

　　A. 关联性　　　　　　　　　　　B. 可能影响

　　C. 不符合　　　　　　　　　　　D. 以上全部

83. 在审核中，适当时，审核组长应定期向受审核方和审核委托方沟通（　　）。

　　A. 出现的重大事故　　　　　　　B. 超出审核范围的情况

　　C. 审核进度、重要审核发现和任何关注　D. 以上全部

84. 以下哪一项标志着现场审核的开始（　　）。

　　A. 审核组长接受审核任务　　　　B. 成文信息的评审

　　C. 审核组到了审核现场　　　　　D. 召开首次会议

85. 对于审核中发现有问题的有关信息，审核员应确保所记录的反映不符合事实的主要情节清楚，包括（　　）的必要信息。

　　A. 涉及的具体人员姓名　　　　　B. 实现可追溯性

　　C. 实现审核目标　　　　　　　　D. 证实

86. 根据不符合问题的严重性、影响程度，以及纠正措施的复杂程度，被验证信息的可信度，纠正措施的验证方式有（　　）。

　　A. 现场验证　　　　　　　　　　B. 书面验证

　　C. 在随后的审核时验证　　　　　D. 以上全部

87. 当所有策划的（　　）已经执行或出现与审核委托方约定的情形时（例如出现了妨碍完成审核计划的非预期情形），审核即告结束。

　　A. 审核计划　　　　　　　　　　B. 审核内容

　　C. 审核方案　　　　　　　　　　D. 审核活动

88. 在审核期间，如果受审核方发生了与环境污染等有关的事故/事件和（或）引起新闻媒体及社会关注的事故/事件信息时，应及时向（　　）报告。

　　A. 认证机构　　　　　　　　　　B. 方案管理人员

　　C. 认证监管部门　　　　　　　　D. 当地执法部门

89. （　　）情况下，第一阶段审核可不在受审核方的现场进行。

　　A. 组织规模小

　　B. 对申请人的组织结构、过程、资源、重要影响因素及其控制方式等已有了足够了解

C. A + B

D. A 或 B

90. 在末次会议，审核组长应向受审核方说明审核抽样的（   ）。

A. 风险性 　　　　　　　　　　　　B. 局限性

C. 代表性 　　　　　　　　　　　　D. 随机性

91. 审核报告应分发至（   ）规定的有关相关方。

A. 审核方案 　　　　　　　　　　　B. 审核计划

C. A + B 　　　　　　　　　　　　D. A 或 B

92. 审核准备阶段的成文信息评审，应评审成文信息是否覆盖了审核范围并提供足够的信息来支持（   ）。

A. 审核目标 　　　　　　　　　　　B. 审核证据

C. 审核发现 　　　　　　　　　　　D. 审核结论

93. 审核组长应根据审核方案中的信息和受审核方提供的成文信息，采用（   ）来策划审核。

A. 基于审核准则 　　　　　　　　　B. 基于风险的方法

C. 基于审核范围 　　　　　　　　　D. 以上全部

94. 当制定统计抽样方案时，审核员能够接受的抽样风险水平是一个重要的考虑因素，这通常称为可接受的（   ）。

A. 抽样方案 　　　　　　　　　　　B. 置信水平

C. 风险水平 　　　　　　　　　　　D. 不确定性

95. 审核计划的详细程度应反映审核的范围和复杂程度，以及（   ）。

A. 实施审核造成的受审核方的风险

B. 未实现审核目标的风险

C. 拟采用的审核方法

D. 对所策划的审核的任何后续活动

96. 根据审核目标，审核结果可以表明采取纠正、（   ）的需求。

A. 纠正或改进措施 　　　　　　　　B. 纠正和预防措施

C. 纠正措施或改进机会 　　　　　　D. 纠正措施

97. 审核抽样的目的是（   ），以使审核员确信能够实现审核目标。

A. 提供证据 　　　　　　　　　　　B. 提供信息

C. 以上皆是 　　　　　　　　　　　D. 以上皆非

98. 审核计划中应包括或涉及拟采用的审核方法，包括为了获得足够的审核证据需要进行（   ）。

A. 审核抽样的程度 　　　　　　　　B. 审核方案的设计

C. 审核人员的培训 　　　　　　　　D. 抽样方案的设计

99. 当要评价完成的表格与程序规定的要求的符合性时，如何抽样更加合适？（　　）。
   A. 统计抽样　　　　　　　　　B. 随机抽样
   C. 计量抽样　　　　　　　　　D. 计数抽样

二、多项选择题

1. 典型的管理体系审核实施可以划分为以下哪几个阶段？（　　）。
   A. 审核的启动，审核活动的准备
   B. 审核活动的实施，审核报告的编制与分发
   C. 审核活动的监视，审核活动的改进
   D. 审核的完成，审核后续活动的实施

2. 审核启动时，确定审核的可行性应考虑的因素有（　　）。
   A. 用于策划和实施审核的充分和适当的信息
   B. 受审核方的充分合作。
   C. 实施审核所需的足够的时间
   D. 实施审核所需的足够的资源

3. 以下关于成文信息评审描述正确的是（　　）。（真题改进）
   A. 成文信息评审可以包括以前的审核报告
   B. 如果不影响审核实施的有效性，文件评审可以推迟至现场审核进行
   C. 可以结合初访进行文件评审
   D. 文件评审与组织的复杂程度有关

4. 审核准备阶段成文信息评审的目的有（　　）。
   A. 收集信息，以了解受审核方的运行，准备审核活动和适用的审核工作文件
   B. 收集信息以支持审核活动
   C. 了解成文信息的范围和程度的概况，以确定是否可能符合审核准则
   D. 发现可能关注的区域，如缺陷、遗漏或冲突

5. 在可行的情况下，审核员应考虑信息是否提供了充足的客观证据来证实要求已得到满足，例如，信息是否（　　）。
   A. 完整　　　　　　　　　　　B. 正确
   C. 一致　　　　　　　　　　　D. 现行有效

6. 依据 GB/T 19011—2021 标准，对于（　　），审核策划的规模和内容可以不同。（真题改进）
   A. 受审核方各部门的审核　　　B. 按特定要求的审核
   C. 初次审核和后续审核　　　　D. 内部和外部审核

7. 在编制审核计划时，审核组长需要考虑（　　）。（真题改进）
   A. 专业审核员的能力　　　　　B. 审核对组织形成的风险

C. 多现场数量 D. 认证费用

8. 审核计划应当（　　）。
   A. 经审核委托方批准
   B. 在现场审核前提交给受审核方
   C. 一经批准，在审核过程中不应变动
   D. 任何修改均应当经过受审核方同意

9. 以下哪些文件不需要在现场审核前通知受审核方？（　　）
   A. 审核计划 B. 检查表
   C. 审核组的审核工作文件和表式 D. 认证机构的审核方案

10. 管理体系审核方式是指总体上如何进行审核的方式，常用的有审核方式有（　　）。
    A. 顺向追踪 B. 逆向追溯
    C. 按过程审核 D. 按部门审核

11. 审核组长应根据（　　），采用基于风险的方法来策划审核。
    A. 审核方案中的信息 B. 审核准则
    C. 受审核方提供的成文信息 D. 审核目标

12. 审核计划的详细程度应反映（　　）。
    A. 审核准则 B. 审核的范围
    C. 复杂程度 D. 未实现审核目标的风险

13. 审核组长与审核组协商后，应将审核具体过程、活动、职能或地点的职责，分配给每个成员。此项分配应兼顾（　　），以及审核员、实习审核员和技术专家的不同角色和职责。
    A. 公正性、客观性 B. 独立性、保密性
    C. 审核员能力 D. 资源的有效利用

14. 对于结合审核，准备的工作文件应通过（　　）活动避免审核活动的重复。
    A. 汇集不同准则的类似要求 B. 观察活动和周围的工作环境
    C. 协调相关检查表和问卷的内容 D. 选择抽样方法并确定样本量

15. 审核员在现场审核时，怎样使用检查表？（　　）
    A. 把检查表提前交给受审核方，以便缩短审核时间
    B. 把检查表作为审核的辅助工具
    C. 按检查表中所列的问题进行提问，必要时可以偏离检查表
    D. 不按检查表审核

16. 审核员在现场审核时，怎样使用检查表？（　　）
    A. 把检查表提前交给受审核方，以便她们做好准备

B. 把检查表作为审核的辅助工具

C. 严格按检查表中所列的问题逐个提问,然后进行检查

D. 检查表的使用不能限制现场审核活动的内容

17. 依据 GB/T 19011—2021 标准,审核抽样的方法可以采用（　　）。(真题改进)

  A. 判断抽样   B. 序贯抽样

  C. 统计抽样   D. 连续抽样

18. 抽样的风险是从总体中抽取的样本也许不具有代表性。其他风险可能源于（　　）。

  A. 抽样总体内部的变异   B. 抽样总体范围

  C. 所选择的抽样方法   D. 随机抽样

19. 典型的审核抽样步骤包括（　　）。

  A. 明确抽样的目标,选择抽样总体的范围和组成

  B. 选择抽样方法,确定样本量

  C. 进行抽样活动

  D. 收集、评价和报告结果并形成文件

20. 审核抽样时,应根据（　　）选择适当的样本。

  A. 抽样方法   B. 数据类型

  C. 样本量   D. 抽样目标

21. 审核抽样时,对于判断抽样,可以考虑以下方面（　　）。

  A. 在审核范围内的以前的审核经验

  B. 组织的过程和管理体系要素的复杂程度及其相互作用

  C. 以前识别的重大风险和改进的机会

  D. 管理体系监视的输出。

22. 对于统计抽样,能影响审核抽样方案的因素是（　　）。

  A. 组织所处的环境、规模、性质和复杂程度

  B. 审核员的数量

  C. 单次审核时间

  D. 不良事件和/或意外事件的发生

23. 当准备审核工作文件时,审核组应针对每份文件考虑下列哪些问题？（　　）

  A. 使用这份工作文件时将产生哪些审核记录

  B. 哪些审核活动与此特定的工作文件相关联

  C. 谁将是此工作文件的使用者

  D. 准备此工作文件需要哪些信息

24. 统计抽样一般分为（   ）。
   A. 简单随机抽样　　　　　　　　B. 系统抽样
   C. 分层抽样　　　　　　　　　　D. 整群抽样

25. "明确总体，合理抽样"中，"合理抽样"体现在以下哪些方面？（   ）
   A. 保证样本有一定的量，通常抽 3～12 个样本
   B. 分层抽样
   C. 独立随机抽样
   D. 覆盖全面

26. 审核活动的实施包括（   ）。
   A. 举行首次会议　　　　　　　　B. 实施审核时的成文信息评审
   C. 收集和验证信息、形成审核发现　D. 确定审核结论、举行末次会议

27. 依据 GB/T 19011—2021 标准，首次会议的目的包括（   ）。（真题改进）
   A. 确认所有参与者（如受审核方、审核组）同意审核计划
   B. 介绍审核组及其角色
   C. 确保所有策划的审核活动能够实施
   D. 为审核组分配工作

28. 据 GB/T 19011—2021 标准，当获得的审核证据表明不能达到审核目标时，审核组长应向（   ）报告理由以确定适当的措施。（真题改进）
   A. 审核委托方　　　　　　　　　B. 认证机构
   C. 受审核方　　　　　　　　　　D. 审核方案管理人员

29. 在审核期间，可能有必要对（   ）之间的沟通做出正式安排，尤其是法律法规要求强制性报告不符合的情况。
   A. 审核组与受审核方　　　　　　B. 审核组与审核委托方
   C. 审核组与可能的外部相关方　　D. 审核组内部

30. 当获得的审核证据表明不能达到审核目标时，审核组长应向审核委托方和受审核方报告理由以确定适当的措施。这些措施可以是（   ）。
   A. 审核策划变更　　　　　　　　B. 审核目标变更
   C. 审核范围变更　　　　　　　　D. 终止审核

31. 所选择的审核方法取决于所确定的（   ）。
   A. 审核目标　　　　　　　　　　B. 审核范围
   C. 审核准则　　　　　　　　　　D. 持续时间和场所

32. 文件评审的作用不是为了确定（   ）。（真题改进）
   A. 确定文件所述的体系与审核准则的符合性
   B. 受审核方的管理体系运行的有效性

C. 受审核方的管理体系的充分性

D. 受审核方的管理体系与审核准则的适宜性

33. 在审核中，应通过适当的抽样收集与（　　）有关的信息，包括与职能、活动和过程间的接口有关的信息，并应尽可能加以验证。

A. 审核目标 　　　　　　　　　B. 审核原则

C. 审核范围 　　　　　　　　　D. 审核准则

34. 如果在现场访问期间发生事件，审核组长应与受审核方（如果需要，包括审核委托方）一起评审该状况，就是否（　　）达成一致。

A. 中断审核 　　　　　　　　　B. 重新安排审核

C. 继续审核 　　　　　　　　　D. 终止审核

35. 审核中所收集信息的代表性、相关性、（　　），将影响审核实施的有效性。

A. 充分性 　　　　　　　　　　B. 适宜性

C. 真实性 　　　　　　　　　　D. 符合性

36. 观察包括听、嗅、触、看多种方法的综合应用，即（　　）。

A. 听声音 　　　　　　　　　　B. 闻气味

C. 四肢的接触 　　　　　　　　D. 观察现场状况

37. 提问的技巧包括（　　）。

A. 开放式提问 　　　　　　　　B. 刺激式提问

C. 封闭式提问 　　　　　　　　D. 澄清式提问

38. 审核活动的控制包括（　　）。

A. 明确总体、合理抽样 　　　　B. 注意相关影响

C. 审核客观性控制 　　　　　　D. 审核气氛、纪律的控制

39. 依据 GB/T 19011—2021 标准，针对审核中的不符合，以下哪些是正确的？（　　）

A. 应记录不符合

B. 应记录支持不符合的审核证据

C. 应对不符合进行分类，分类包括"管理类"和"技术类"

D. 应与受审核方一起评审不符合

40. 当确定审核发现时，应考虑（　　）。（真题改进）

A. 以往审核记录和结论的跟踪

B. 审核委托方的要求

C. 样本量

D. 非常规实践的发现，或改进的机会

41. 依据 GB/T 19011—2021 标准，对于符合性的记录，应考虑的内容包括（　　）。(真题改进)
   A. 对判断符合的审核准则的描述或引用
   B. 支持符合性和有效性的审核证据（适用时）
   C. 所有的审核发现
   D. 符合性陈述（适用时）

42. 依据 GB/T 19011—2021 标准，对于不符合性的记录，应考虑的内容包括（　　）。
   A. 描述或引用审核准则　　　　　B. 审核证据
   C. 不符合陈述　　　　　　　　　D. 相关的审核发现（适用时）

43. 不符合条款判定原则包括（　　）。
   A. 以客观事实为依据，不增加信息，不减少信息
   B. 就近不就远。有适用的具体条款，就不再用综合性条款
   C. 审核中查出不符合事实，又发现不符合原因，应按原因适用的条款判定
   D. 事实陈述、判定的条款和理由三者相一致

44. 审核组在末次会议之前应充分讨论，内容包括（　　）。
   A. 根据审核目标，评审审核发现和审核期间收集的任何其他适当信息
   B. 考虑审核过程中固有的不确定因素，对审核结论达成一致
   C. 如果审核计划中有规定，提出建议
   D. 讨论审核后续活动（如适用）

45. 末次会议前，确定审核结论。审核结论应陈述以下哪些内容？（　　）
   A. 管理体系与审核准则的符合程度和其稳健程度
   B. 管理体系的有效实施、保持和改进
   C. 审核目标的实现情况、审核范围的覆盖情况和审核准则的履行情况
   D. 如果审核计划中有规定，审核结论可提出改进的建议或今后审核活动的建议

46. 末次会议应向受审核方说明下列哪些内容？（　　）
   A. 以受审核方管理者理解和认同的方式提出审核发现和审核结论
   B. 任何相关的审核后续活动（例如，纠正措施的实施和评审、审核投诉的处理、申诉的过程）
   C. 应讨论审核组与受审核方之间关于审核发现或审核结论的分歧，并尽可能予以解决。如果不能解决，应予以记录
   D. 如果审核目标有规定，可以提出改进机会的建议，并强调该建议没有约束性

47. 审核启动时，与受审核方建立联系的目的有（　　）。
   A. 确认实施审核的权限

B. 提供有关审核目标、范围、准则、方法和审核组组成（包括任何技术专家）的相关信息

C. 请求有权使用用于策划的相关信息，包括关于组织已识别的风险和机遇以及如何应对这些风险和机遇的信息

D. 确定与受审核方的活动、过程、产品和服务有关的适用法律法规要求和其他要求

48. 审核启动时，建立与受审核的初步联系，包括（　　）。

A. 确认实施审核的权限

B. 提供有关审核目标、范围、准则、方法和审核组组成的相关信息

C. 对审核做出安排

D. 确定审核计划和审核工作文件

49. 首次会议由审核组长主持，应对以下（　　）内容进行确认。

A. 审核目的、范围和准则

B. 审核组和受审核方之间的正式沟通渠道

C. 对审核组的关于访问、健康和安全、安保、紧急情况和其他的安排

D. 审核组和认证机构之间的正式沟通渠道

50. 在审核中，适当时，审核组长应定期向（　　）沟通进度、重要审核发现和任何关注。

A. 审核方案管理人员　　　　B. 受审核方

C. 审核委托方　　　　　　　D. 审核机构

51. 实施审核时，应评审受审核方的相关成文信息，以（　　）。

A. 确定文件所述的体系与审核准则的符合性

B. 收集运行实施的证据

C. 收集信息以支持审核活动。

D. 确定文件所述的体系的适宜性

52. 审核中，与成文信息有关的信息源可以是（　　）。

A. 方针和目标　　　　　　　B. 合同和订单

C. 检验记录　　　　　　　　D. 规范、图纸

53. 末次会议的目的是（　　）。

A. 向受审核方说明审核情况，以使其能够清楚地理解审核的结果

B. 向受审核方正式宣布审核结果和审核结论

C. 提出纠正措施要求

D. 提出证后监督审核要求（认证的第三方审核时）

54. 审核结论应陈述的内容包括（　　）。

A. 管理体系与审核准则的符合程度和其稳健程度

B. 管理体系的有效实施、保持和改进

C. 审核目标的实现情况、审核范围的覆盖情况和审核准则的履行情况

D. 为识别趋势，在已审核的不同区域中获得的类似审核发现

55. 审核组长应对审核过程进行控制，主要包括（　　）。
A. 审核计划的控制　　　　　　B. 审核活动的控制
C. 审核有效性的控制　　　　　D. 审核结果的控制

56. 收集和验证信息的过程是通过（　　）三个子过程把来自信息源的输入转化为审核结论的过程。
A. 通过适当抽样收集信息　　　B. 对照审核准则进行评价
C. 得出审核发现　　　　　　　D. 评审

57. 在审核中，应通过适当的抽样收集并验证（　　）。
A. 与审核目标、范围和准则有关的信息
B. 包括与职能、活动和过程间接口有关的信息
C. 审核发现
D. 不符合及纠正措施

58. 审核员应根据所承担的审核任务的范围和复杂程度确定充分适宜的信息源，信息源可包括（　　）。
A. 与员工及其他人员的面谈
B. 观察活动和周围工作环境和条件
C. 成文信息、记录
D. 有关受审核方抽样方案和抽样、测量过程的控制程序的信息

59. 为获得审核证据，审核员在需要时应对收集的信息进行验证，验证方法通常可包括（　　）。
A. 观察实际操作情况与文件规定的符合性验证
B. 审核记录与文件规定的符合性的验证
C. 通过必要的实际测量来证实
D. 通过受审核方送样

60. 不符合报告的哪些内容由审核员填写？（　　）
A. 不符合事实的描述　　　　　B. 审核准则的具体要求
C. 不符合的分级　　　　　　　D. 不符合原因分析

61. 当审核计划有规定时，具体的审核发现应包括（　　）。
A. 符合项及支持证据　　　　　B. 良好实践及支持证据
C. 改进机会　　　　　　　　　D. 对受审核方提出的任何建议

62. 在编制审核计划（审核策划）时，审核组长应考虑（　　）。
A. 审核组的组成及其整体能力

B. 适当的抽样技术
C. 受审核方的实际情况
D. 实施审核造成的受审核方的风险

63. 实施成文信息评审时，审核员应考虑信息的（   ）。
A. 完整性   B. 正确性
C. 一致性   D. 现行有效性

64. 审核中的合理抽样体现在（   ）。
A. 覆盖全面，保证样本有一定的量   B. 分层抽样
C. 适度均衡抽样   D. 独立随机抽样

65. 在审核过程中形成的记录，可以有（   ）等。
A. 审核计划   B. 检查表与审核记录
C. 不符合报告   D. 会议记录、审核报告

66. 审核报告中应包括或引用的内容有（   ）。
A. 审核目标、范围、准则
B. 审核发现和相关证据、审核结论
C. 审核组与受审核方之间未解决的分歧意见
D. 审核本质上是一种抽样活动；因此，存在被查验的审核证据不具代表性的风险

三、判断题

1. 认证审核在第一阶段审核中，文件评审可以在现场活动之前进行，也可以结合现场的活动进行。（   ）

2. 第二阶段的目的是评价受审核方管理体系的实施情况，包括有效性。第二阶段审核应至少部分活动在受审核方的现场进行。（   ）

3. 实施审核的责任应该由指定的审核组承担，直到审核完成。（   ）

4. 在实施审核前，应确定审核的可行性。当审核不可行时，应向受审核方提出替代方案。（   ）

5. 在审核准备阶段要进行成文信息评审，其他审核阶段视情况而定。（   ）

6. 可通过增加每个工作日的工作小时数来减少审核人日数。（   ）

7. 第一阶段现场审核所需的审核时间一般不宜少于0.5个审核人日。（   ）

8. 审核抽样的目的是提供信息，以使审核员确信能够实现审核目标。（   ）

9. 统计抽样依赖于审核组的能力和经验。（   ）

10. 为审核准备和产生的成文信息应至少保留到审核完成或审核方案中规定的时间。（　　）

11. 当获得的审核证据表明不能达到审核目标时，审核组长应向审核委托方和受审核方报告理由以确定终止审核。（　　）

12. 根据审核目标、范围和准则，以及持续时间和场所来选择审核方法。（　　）

13. 只有经过某种程度验证的信息才能被接受为审核证据。应记录审核证据。（　　）

14. 当审核计划有规定时，具体的审核发现应包括符合项和良好实践以及它们的支持证据、改进机会和对受审核方提出的任何建议。（　　）

15. 应与受审核方一起评审不符合，以确认审核发现是准确的，并引导受审核方寻找不符合的原因或解决方法。（　　）

16. 审核组应根据需要及时评审审核发现。（　　）

17. 多体系审核时，有可能识别出与多个准则相关的审核发现。根据审核委托方的安排，审核员可以指导受审核方如何应对这些审核发现。（　　）

18. 如果审核计划中有规定，审核结论可提出改进的建议或今后审核活动的建议。（　　）

19. 审核报告应分发至有关相关方。（　　）

20. 当所有策划的审核活动已经完成并分发了审核报告后，审核即告结束。（　　）

21. 根据审核目标，审核结果可以表明采取纠正、纠正措施或改进机会的需求。（　　）

四、问答题

1. 审核有几个阶段？每个阶段包括哪些主要活动？（真题改进）
2. 审核准备阶段成文信息评审的目的、内容是什么？
3. 审核计划应包括哪些内容？
4. 第一、第二阶段审核的目的和侧重点是什么？
5. 审核有几种方式？
6. 检查表的作用和主要内容是什么？
7. 现场审核的方法有哪几种？试举例说明。
8. 如何评价受审核方管理体系的有效性？
9. 不符合报告包括哪些内容？
10. 审核报告包括哪些内容？
11. 请简述管理体系认证过程和审核过程的内容及相互关系。
12. 如何做好审核活动实施过程的控制？

第9章 《审核过程》考点解读

13. 如何做好对受审核方组织环境的审核？
14. 审核组长与受审核方建立联系时，应考虑哪些方面？确定审核的可行性时要考虑哪些因素？

答案点拨解析

一、单项选择题

题号	答案	解 析
1	C	见本书9.1节图9-1
2	C	见本书9.2.1节方框中GB/T 19011—2021标准6.2.2条款
3	B	见本书9.2.2节方框中GB/T 19011—2021标准6.2.3条款
4	B	见本书9.2节。"组织审核组，任命审核组长"属于实施审核方案开展的工作；CD属于审核的启动
5	D	理解题。参见本书9.3.1节方框中GB/T 19011—2021标准6.3.1条款
6	A	见本书9.3.1节方框中GB/T 19011—2021标准6.3.1条款
7	A	参见本书9.3.2节之3之5)
8	D	理解题。参见本书9.3.2节方框中6.3.2.1条款
9	D	理解题。参见本书9.3.2节方框中6.3.2.1条款
10	C	参见本书9.3.2节方框中6.3.2.2条款；审核计划的任何问题应当在审核组长、受审核方和（如有必要）审核方案管理人员之间解决
11	B	参见本书9.3.2节之3之5)。审核计划在现场审核前提交受审核方，检查表、审核组的审核工作文件和表式不需提供给受审核方
12	B	参见本书9.3.2节之2
13	B	参见本书9.3.2节方框中6.3.2.1条款：审核计划的详细程度应反映审核的范围和复杂程度，以及未实现审核目标的风险
14	D	参见本书9.3.2节之2。审核计划包括在考虑与拟审核的活动有关的风险和机遇的基础上配置适当的资源等内容，但不需编写审核风险的分析与报告
15	D	参见本书9.3.2节方框中6.3.2.1条款
16	A	参见本书9.3.4节之2之6)
17	B	参见本书9.3.4节方框1中6.3.4条款：审核组成员应收集和评审与其审核任务有关的信息，并利用任何适当的载体为审核准备成文信息
18	B	参见本书9.3.4节之2之6)
19	C	见本书9.3.4节方框2中GB/T 19011—2021标准附录A.6.3条款
20	B	见本书9.3.4节之3
21	C	见本书9.3.4节方框2中GB/T 19011—2021标准附录A.6.1条款
22	D	见本书9.3.4节方框2中GB/T 19011—2021标准附录A.6.1条款：审核可以采用判断抽样或者统计抽样

(续)

题号	答案	解　析
23	D	见本书9.3.4节方框2中GB/T 19011—2021标准附录A.6.2条款
24	D	见本书9.3.4节方框2中GB/T 19011—2021标准附录A.6.2条款
25	A	见本书9.3.4节方框2中GB/T 19011—2021标准附录A.6.3条款
26	C	见本书9.3.4节方框2中GB/T 19011—2021标准附录A.6.3条款
27	D	见本书9.4节开头。审核组工作分配属于审核活动的准备
28	C	见本书9.4节开头。验证不符合项纠正的有效性属于审核后续活动，不属于审核活动的实施
29	D	见本书9.4.1节方框中GB/T 19011—2021标准6.4.2条款，观察员不能代表受审核方对审核进行见证
30	D	见本书9.4.1节方框中GB/T 19011—2021标准6.4.2条款。向导可以协助收集信息，但不是收集审核证据
31	D	见本书9.4.2节方框中GB/T 19011—2021标准6.4.3条款
32	C	见本书9.4.2节方框中GB/T 19011—2021标准6.4.3条款。"对不符合项采取纠正措施的要求"是末次会议的内容
33	C	见本书9.4.2节方框中GB/T 19011—2021标准6.4.3条款。AB是审核活动准备的内容
34	B	见本书9.4.3节方框中GB/T 19011—2021标准6.4.4条款
35	D	见本书9.4.3节方框中GB/T 19011—2021标准6.4.4条款
36	C	参考本书9.4.3节方框中GB/T 19011—2021标准6.4.4条款。对出现的可能变更审核计划的需求，应与审核组长、受审核方沟通
37	A	理解题。参见本书9.4.3节方框中GB/T 19011—2021标准6.4.4条款
38	C	见本书9.4.3节方框中GB/T 19011—2021标准6.4.4条款
39	C	见本书9.4.3节方框中GB/T 19011—2021标准6.4.4条款
40	A	见本书9.4.3节方框中GB/T 19011—2021标准6.4.4条款。在审核中，适当时，审核组长应定期向受审核方和审核委托方沟通进度、重要审核发现和任何关注。请注意：是"适当时"，而不是"必须"
41	D	见本书9.4.3节方框中GB/T 19011—2021标准6.4.4条款
42	B	见本书9.4.3节方框中GB/T 19011—2021标准6.4.4条款
43	B	见本书9.4.4节方框2中GB/T 19011—2021标准附录A.1条款
44	B	见本书9.4.5节方框中GB/T 19011—2021标准6.4.6条款
45	D	见本书9.4.5节方框中GB/T 19011—2021标准6.4.6条款。成文信评审由审核组成员进行
46	A	见本书9.4.5节之3。在现场审核前及现场审核时都应进行成文信息评审
47	C	见本书9.4.6节方框中GB/T 19011—2021标准6.4.7条款。管理体系审核收集信息的方法包括访谈、观察、成文信息评审
48	C	见本书9.4.6节方框中GB/T 19011—2021标准6.4.7条款

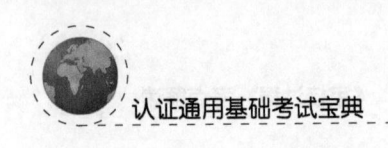

(续)

题号	答案	解析
49	B	受审核方供应商的说法需要证实
50	B	见本书9.4.6节方框4中的GB/T 19011—2021标准附录A.17条款
51	D	BC不在质量管理体系范围；陪同人员的说法需要证实
52	A	见本书9.4.6节方框中GB/T 19011—2021标准6.4.7条款
53	B	见本书9.4.6节方框2中的GB/T 19011—2021标准附录A.14条款
54	B	见本书9.4.7节方框1中的GB/T 19011—2021标准6.4.8条款
55	A	见本书9.4.7节方框1中的GB/T 19011—2021标准6.4.8条款
56	D	见本书9.4.7节方框1中的GB/T 19011—2021标准6.4.8条款
57	C	见本书9.4.7节方框2中的GB/T 19011—2021标准附录A.18.2条款
58	C	参见本书9.4.4节方框2中的GB/T 19011—2021标准附录A.1条款。审核方法包括访谈、观察、成文信息评审等
59	C	参见本书9.4.4节方框2中的GB/T 19011—2021标准附录A.1条款
60	D	见本书9.4.9节方框中的GB/T 19011—2021标准6.4.10条款
61	D	见本书9.5节
62	C	见本书9.5.2节方框中的GB/T 19011—2021标准6.5.2条款
63	D	见本书9.6节方框中的GB/T 19011—2021标准6.6条款
64	B	见本书9.6节方框中的GB/T 19011—2021标准6.6条款
65	A	见本书9.6节方框中的GB/T 19011—2021标准6.6条款
66	A	见本书9.6节方框中的GB/T 19011—2021标准6.6条款
67	C	见本书9.7节方框中的GB/T 19011—2021标准6.7条款
68	D	见本书9.3.4节方框中的GB/T 19011—2021标准附录A.6.3条款，统计抽样包括计量抽样、计数抽样
69	A	见本书9.3.4节方框中的GB/T 19011—2021标准附录A.6.2条款；判断抽样（老标准：条件抽样）依赖于审核组的能力和经验
70	C	见本书9.1节开头
71	A	见本书9.3.3节方框中的GB/T 19011—2021标准6.3.3条款
72	B	见本书9.3.1节方框中的GB/T 19011—2021标准6.3.1条款
73	D	见本书9.3.3节、9.3.4节，对于多场所组织，当每个场所均运行非常相似的过程、活动时，允许对这组场所抽样。否则不能抽样
74	D	见本书9.2.1节方框中的GB/T 19011—2021标准6.2.2条款
75	B	见本书9.2节开头
76	D	见本书9.3.4节方框1中的GB/T 19011—2021标准6.3.4条款
77	D	见本书9.7节方框中的GB/T 19011—2021标准6.7条款
78	A	见本书9.3.4节之3之3)
79	B	见本书9.4节开头
80	D	见本书9.5.1节方框中的GB/T 19011—2021标准6.5.1条款

(续)

题号	答案	解析
81	D	见本书9.4.9节之3之8)
82	B	见本书9.4.7节方框2中的GB/T 19011—2021标准附录A.18.4条款
83	C	见本书9.4.3节方框中的GB/T 19011—2021标准6.4.4条款
84	D	见本书9.4.2节之1
85	B	见本书9.4.6节之5之3)
86	D	见本书9.7节之2
87	D	见本书9.6节方框中的GB/T 19011—2021标准6.6条款
88	C	见本书9.4.3节之2之7)
89	D	理解题，参考4.2.2节
90	B	见本书9.4.9节之2
91	D	见本书9.5.2节方框中的GB/T 19011—2021标准6.5.2条款
92	A	见本书9.3.1节之5之5)
93	B	见本书9.3.2节方框中的GB/T 19011—2021标准6.3.2条款
94	B	见本书9.3.4节方框2中的GB/T 19011—2021标准附录A.6.3条款
95	B	见本书9.3.2节方框中的GB/T 19011—2021标准6.3.2.1条款
96	C	见本书9.7节方框中的GB/T 19011—2021标准6.7条款
97	B	见本书9.3.4节方框2中GB/T 19011标准附录A.6.1
98	A	见本书9.3.2节，GB/T 19011—2021标准6.3.2.2之f)条款
99	D	见本书9.3.4节，GB/T 19011—2021标准A.6.3条款

二、多项选择题

题号	答案	解析
1	ABD	见本书9.1节
2	ABCD	见本书9.2.2节方框中GB/T 19011—2021标准6.2.3条款
3	ABCD	见本书9.3.1节之3、4
4	ACD	见本书9.3.1节方框1中GB/T 19011—2021标准6.3.1条款。"收集信息以支持审核活动"属于实施审核时的成文信息评审
5	ABCD	见本书9.3.1节方框2中GB/T 19011—2021标准附录A.5
6	CD	见本书9.3.2节方框中GB/T 19011—2021标准6.3.2.2条款
7	ABC	参见本书9.3.2节方框中6.3.2.1条款
8	ABD	参见本书9.3.2节之3之5)
9	BCD	理解题，参见本书9.3.2节之3之5)。审核计划在现场审核前提交受审核方，检查表、审核组的审核工作文件和表式、审核方案不需提供给受审核方
10	ABCD	参见本书9.3.2节之4
11	AC	参见本书9.3.2节方框中6.3.2.1条款
12	BCD	参见本书9.3.2节方框中6.3.2.1条款

(续)

题号	答案	解 析
13	ACD	参见本书9.3.3节方框中6.3.3条款
14	AC	见本书9.3.4节方框3中GB/T 19011—2021标准附录A.13
15	BC	见本书9.3.4节之2之6)
16	BD	见本书9.3.4节之2之6)
17	AC	见本书9.3.4节方框2中GB/T 19011—2021标准附录A.6.1条款；审核可以采用判断抽样或者统计抽样
18	AC	见本书9.3.4节方框2中GB/T 19011—2021标准附录A.6.1条款
19	ABCD	见本书9.3.4节方框2中GB/T 19011—2021标准附录A.6.1条款
20	AB	见本书9.3.4节方框2中GB/T 19011—2021标准附录A.6.1条款
21	ABCD	见本书9.3.4节方框2中GB/T 19011—2021标准附录A.6.2条款
22	ABCD	见本书9.3.4节方框2中GB/T 19011—2021标准附录A.6.3条款
23	ABCD	见本书9.3.4节方框3中GB/T 19011—2021标准附录A.13条款
24	ABCD	见本书9.3.4节之3之3)
25	ABCD	见本书9.3.4节之3之4)
26	ABCD	见本书9.4节开头
27	ABC	见本书9.4.2节方框中GB/T 19011—2021标准6.4.3条款
28	AC	见本书9.4.3节方框中GB/T 19011—2021标准6.4.4条款
29	ABCD	见本书9.4.3节方框中GB/T 19011—2021标准6.4.4条款
30	ABCD	见本书9.4.3节方框中GB/T 19011—2021标准6.4.4条款
31	ABCD	见本书9.4.4节方框1中GB/T 19011—2021标准6.4.5条款
32	BCD	见本书9.4.5节方框中GB/T 19011—2021标准6.4.6条款
33	ACD	见本书9.4.6节方框1中GB/T 19011—2021标准6.4.7条款
34	ABC	见本书9.4.6节方框3中GB/T 19011—2021标准附录A.15条款
35	ABC	见本书9.4.6节之1
36	ABCD	见本书9.4.6节之3之2)
37	ACD	见本书9.4.6节之6之1)
38	ABCD	见本书9.4.6节之7之2)
39	ABD	见本书9.4.7节方框1中GB/T 19011—2021标准6.4.8条款。对不符合分类不是强制的
40	ABCD	见本书9.4.7节方框2中GB/T 19011—2021标准附录A.18.1条款
41	ABD	见本书9.4.7节方框2中GB/T 19011—2021标准附录A.18.2条款
42	ABCD	见本书9.4.7节方框2中GB/T 19011—2021标准附录A.18.3条款
43	ABCD	见本书9.4.7节之5
44	ABCD	见本书9.4.8节方框中GB/T 19011—2021标准6.4.9.1条款
45	ABCD	见本书9.4.8节方框中GB/T 19011—2021标准6.4.9.2条款
46	ABCD	见本书9.4.9节方框中GB/T 19011—2021标准6.4.10条款

（续）

题号	答案	解　析
47	ABCD	见本书9.2.1节方框中GB/T 19011—2021标准6.2.2条款
48	ABC	见本书9.2.1节方框中GB/T 19011—2021标准6.2.2条款
49	ABC	见本书9.4.2节方框中GB/T 19011—2021标准6.4.3条款
50	BC	见本书9.4.3节方框中GB/T 19011—2021标准6.4.4条款
51	AC	见本书9.4.5节方框中GB/T 19011—2021标准6.4.6条款
52	ABCD	见本书9.4.6节方框2中GB/T 19011—2021标准附录A.14条款之c)
53	ABCD	见本书9.4.9节之1
54	ABCD	见本书9.4.8节方框中GB/T 19011—2021标准6.4.9.2条款
55	ABD	见本书9.4.6节之7
56	ABD	见本书9.4.6节方框1中GB/T 19011—2021标准6.4.7条款中图2
57	AB	见本书9.4.6节方框1中GB/T 19011—2021标准6.4.7条款第一句话
58	ABCD	见本书9.4.6节方框2中GB/T 19011—2021标准附录A.14条款
59	ABC	见本书9.4.6节之4
60	ABC	见本书9.4.7节之6
61	ABCD	见本书9.4.7节方框1中GB/T 19011—2021标准6.4.8条款
62	ABD	见本书9.3.2节之1之3)
63	ABCD	见本书9.3.1节方框2中GB/T 19011—2021标准附录A.5条款
64	ABCD	见本书9.3.4节之3之4)
65	ABCD	见本书9.6节之2
66	ABCD	见本书9.5.1节方框中GB/T 19011—2021标准6.5.1条款

三、判断题

题号	答案	解　析
1	√	见9.3.1节之4
2	×	见4.2.2方框中GB/T 27021.1标准9.3.1.3条款：第二阶段的目的是评价客户管理体系的实施情况，包括有效性。第二阶段应在客户的现场进行
3	×	见9.2节开头：实施审核的责任应该由指定的审核组长承担，直到审核完成
4	×	见9.2.2节方框中GB/T 19011—2021标准6.2.3条款：当审核不可行时，应向审核委托方提出替代方案并与受审核方协商一致
5	×	见9.3.1节之1：成文信息评审贯穿审核的全过程
6	×	见9.3.2节之5之5)
7	×	见9.3.2节之5之8)
8	√	见9.3.4节方框2中GB/T 19011—2021标准附录A.6.1
9	×	见9.3.4节方框2中GB/T 19011—2021标准附录A.6.2：判断抽样依赖于审核组的能力和经验
10	√	见9.3.4节方框1中GB/T 19011—2021标准6.3.4条款

(续)

题号	答案	解析
11	×	见9.4.3节方框中GB/T 19011—2021标准6.4.4条款:当获得的审核证据表明不能达到审核目标时,审核组长应向审核委托方和受审核方报告理由以确定适当的措施
12	√	见9.4.4节方框1中GB/T 19011—2021标准6.4.5条款
13	×	见9.4.6节方框1中GB/T 19011—2021标准6.4.7条款:应记录导致审核发现的审核证据
14	√	见9.4.7节方框1中GB/T 19011—2021标准6.4.8条款
15	×	见9.4.7节方框1中GB/T 19011—2021标准6.4.8条款:审核员应避免提示不符合的原因或解决方法
16	×	见9.4.7节方框1中GB/T 19011—2021标准6.4.8条款:审核组应根据需要在审核的适当阶段评审审核发现
17	√	见9.4.7节方框2中GB/T 19011—2021标准附录A.18.4
18	√	见9.4.8节方框中GB/T 19011—2021标准6.4.9.2条款
19	×	见9.5.2节方框中GB/T 19011—2021标准6.5.2条款:审核报告应分发至审核方案或审核计划规定的有关相关方
20	×	见9.6节方框中GB/T 19011—2021标准6.6条款:当所有策划的审核活动已经执行或出现与审核委托方约定的情形时(例如出现了妨碍完成审核计划的非预期情形),审核即告结束
21	√	见9.7节方框中GB/T 19011—2021标准6.7条款

四、问答题

1. 参见本书9.1节。

审核有6个阶段:审核的启动、审核活动的准备、审核活动的实施、审核报告的编制与分发、审核的完成、审核后续活动的实施。

各阶段的活动有:

1)审核的启动包括与受审核方建立联系、确定审核的可行性。

2)审核活动的准备包括审核准备阶段的成文信息评审、审核的策划、审核组工作分配、准备审核所需的成文信息。

3)审核活动的实施包括:为向导和观察员分配角色和职责、举行首次会议、审核中的沟通、审核信息的可获取性和访问、实施审核时的成文信息评审、收集和验证信息、形成审核发现、确定审核结论、举行末次会议。

4)审核报告的编制和分发包括审核报告的编制、审核报告的分发。

5)审核的完成。当所有策划的审核活动已经执行或出现与审核委托方约定的情形时(例如出现了妨碍完成审核计划的非预期情形),审核即告结束。

6) 审核后续活动的实施包括受审核方在商定的时间内，对不符合的纠正、原因分析和纠正措施，以及审核委托方的评审和验证。

2. 见本书9.3.1节。

1) 审核准备阶段成文信息评审的目的。

审核准备阶段成文信息评审的目的主要有两个方面：

① 收集信息，例如过程、职能方面的信息，以了解受审核方的运行，准备审核活动和适用的审核工作文件，如编制审核计划，准备审核检查表。

② 了解成文信息的范围和程度的概况，以确定是否可能符合审核准则，并发现可能关注的区域，如缺陷、遗漏或冲突。

2) 审核准备阶段成文信息评审的内容。

审核准备阶段评审的成文信息应包括但不限于：管理体系文件和记录，以及以前的审核报告。

评审应考虑受审核方组织所处的环境，包括其规模、性质和复杂程度，以及相关风险和机遇。还应考虑审核范围、准则和目标。如监督审核通常只对更改的文件进行评审。

3. 见9.3.2节。

审核计划应包括或涉及以下内容：

1) 审核目标。

2) 审核范围，包括组织及其职能的识别，以及受审核的过程。

3) 审核准则和引用的成文信息。

4) 拟实施审核活动的位置、日期、预期时间和持续时间，包括与受审核方管理者的会议。

5) 拟采用的审核方法，包括为了获得足够的审核证据需要进行审核抽样的程度。

6) 审核组成员以及向导和观察员或翻译人员的角色和职责。

7) 在考虑与拟审核的活动有关的风险和机遇的基础上配置适当的资源。

4. 见本书4.2.2节。

1) 第一阶段审核的目的和侧重点。

第一阶段审核的目的有：

① 了解受审核方管理体系的基本情况。

② 确定受审核方对审核的准备程度。

③ 确定第二阶段审核的可行性和第二阶段审核的关注点。

第一阶段审核的侧重点有（见 GB/T 27021.1 标准 9.3.1.2.2 条款）：

① 审查客户的文件化的管理体系信息。

② 评价客户现场的具体情况，并与客户的人员进行讨论，以确定第二阶段的准备情况。

③ 审查客户理解和实施标准要求的情况，特别是对管理体系的关键绩效或重要的因素、过程、目标和运作的识别情况。

④ 收集关于客户的管理体系范围的必要信息。

⑤ 审查第二阶段所需资源的配置情况，并与客户商定第二阶段的细节。

⑥ 结合管理体系标准或其他规范性文件充分了解客户的管理体系和现场运作，以便为策划第二阶段提供关注点。

⑦ 评价客户是否策划和实施了内部审核与管理评审，以及管理体系的实施程度能否证明客户已为第二阶段做好准备。

2）第二阶段审核的目的和侧重点。

第二阶段审核的目的有：

① 评价受审核方管理体系的实施情况，包括有效性。

② 确定是否可以推荐认证注册。

第二阶段审核至少包括以下内容（侧重点，见 GB/T 27021.1 标准 9.3.1.3 条款）：

① 与适用的管理体系标准或其他规范性文件的所有要求的符合情况及证据。

② 依据关键绩效目标和指标，对绩效进行的监视、测量、报告和评审。

③ 受审核方管理体系的能力以及在符合适用法律法规要求和合同要求方面的绩效。

④ 受审核方过程的运作控制。

⑤ 内部审核和管理评审。

⑥ 受审核方针对方针的管理职责。

5. 见本书 9.3.2 节之 4。

审核方式是指总体上如何进行审核的方式，常用的有顺向追踪、逆向追溯、按过程审核、按部门审核四种审核方式。

1）按部门审核的方式。这种方式是以部门为单位进行审核，即在某一部门，针对涉及该部门的有关过程进行审核。这种方式为多数组织所采纳。

2）按过程审核的方式。按过程审核是以过程为线索进行审核，即针对同一过程的不同环节到各个部门进行审核，以便做出对该过程的审核结论。

3）顺向追踪。顺向追踪的方式是按体系运行的顺序进行审核，即按计划→实施→结果的顺序审核。

4）逆向追溯。逆向追溯的方式是按体系运作的相反方向进行审核，即按结果→实施→策划的反向顺序审核。

6. 见本书 9.3.4 节之 2。

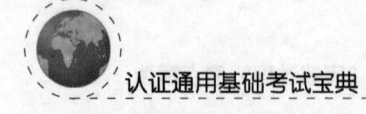

1）检查表的作用。

检查表确定了具体审核任务实施的路线、内容与方法的框架，用于对审核员实施审核的提示和参考。作用有：

① 保持审核目标的清晰和明确。
② 保持审核内容的周密和完整。
③ 保持审核节奏和连续性。
④ 减少审核员的偏见和随意性。
⑤ 作为审核实施的记录存档。

2）检查表的内容。

检查表的内容可包括：

① 审核的场所、部门、过程、活动——到哪儿查。
② 审核的对象——找谁查。
③ 审核的项目或问题——查什么。
④ 审核的方法（包括抽查计划）——怎么查。

7. 见本书 9.4.6 节。

现场审核的方法有：访谈、观察、成文信息评审。举例说明：

1）访谈：与员工、管理者及其他当事人面谈和提问，认真倾听受审核方的陈述。比如请总经理介绍管理评审的情况。

2）观察：在现场对受审核方过程活动的观察，周围工作条件环境的观察；要有充足的时间和专业知识与能力在现场观察，以获得真实的信息。如在实验室观察实验员进行试验的情况。

3）成文信息评审：查阅并评审相关文件；查阅相关记录；查阅数据汇总和分析的情况；查阅受审核方抽样的信息，过程控制程序和测量过程信息。如在质检室查阅和评审进料检验记录，检查记录的完整性和真实性，检查记录的数据与相关文件规定的符合性。

8. 见本书 9.4.8 节之 2。

从以下方面评价受审核方管理体系的有效性：

1）管理体系文件化信息与标准的符合性。
2）方针、目标指标的适宜性和实现情况及能力。
3）管理体系达到预期结果的情况。
4）管理体系绩效符合要求的程度。
5）相关方满意度。
6）管理体系运行结果的合规性，尤其是主要过程、关键因素、风险的控制情况。
7）内审、管理评审、纠正措施等自我完善和持续改进机制的有效性。

8）管理者和员工的意识和参与情况。

9）相关方对受审核组织有关的投诉、抱怨情况。

9. 见本书 9.4.7 节之 6。

不符合报告的内容一般包括：

1）受审核方名称。

2）受审核的部门或问题发生的地点。

3）审核员和向导。

4）审核日期。

5）不符合事实的描述；描述应准确具体，包括发生的时间、地点、涉及的人员（一般不写人名而写职务、工号等）、事情发生的细节。

6）不符合的审核准则（如标准、文件等的名称和条款）。

7）不符合的严重程度。

8）审核员签字、审核组长认可签字和受审核方确认签字。

9）纠正措施要求的说明。

10）不符合原因分析。

11）纠正措施计划及预计完成日期。

12）纠正措施的完成情况及验证记录。

10. 见本书 9.5.1 节。

审核报告主要包括或引用以下内容：

1）审核目标。

2）审核范围，特别是明确受审核的组织（受审核方）和职能或过程。

3）明确审核委托方。

4）明确审核组和受审核方在审核中的参与者。

5）进行审核活动的日期和地点。

6）审核准则。

7）审核发现和相关证据。

8）审核结论。

9）对审核准则遵循程度的陈述。

10）审核组与受审核方之间未解决的分歧意见。

11）审核本质上是一种抽样活动；因此，存在被查验的审核证据不具代表性的风险。

11. 解题参见 9.1 节。

1）管理体系认证分为 6 个主要过程：认证前的活动、初次认证策划、审核实施、认证决定、监督认证和再认证。

2）管理体系审核分为 6 个阶段：审核的启动、审核活动的准备、审核活动

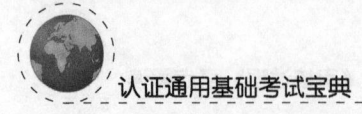

的实施、审核报告的编制与分发、审核的完成、审核后续活动的实施。

3）管理体系认证过程和审核过程的相互关系：管理体系认证过程包括了管体系审核的全部过程。审核过程是认证的一个关键过程。认证过程需要通过审核过程来实现。审核过程的结果是认证过程是否通过的一个重要依据。

12. 解题参见 9.4.6 节之 7，这里不再重复。

13. 解题参考 9.4.7 节中 GB/T 19011—2021 标准 A.8 条款。

1）应确认受审核方是否建立了确定、监视和评审其组织环境（包括有关相关方的需求和期望以及外部和内部因素）的过程？这些过程是否有效实施？过程的结果是否为管理体系范围的确定以及管理体系的建立提供了可靠的基础？

2）审核员应考虑收集与下列有关的客观证据：

① 受审核方确定、监视和评审其组织环境的过程。

② 受审核方确定、监视和评审其组织环境的人员的适宜性和能力。

③ 受审核方确定、监视和评审其组织环境的结果。

④ 受审核方对结果的应用，以确定管理体系的范围和建立。

⑤ 适当时，受审核方对所处环境进行定期评审。

这里对考生做个提醒，GB/T 19011—2021 标准 A.7、A.8、A.9、A.10、A.12、A.16 条款（见 9.4.7 节）是对管理体系相同的核心条款的审核要求，最好能够记住。

14. 解题参见 9.2.1 节中 GB/T 19011—2021 标准 6.2.2 条款、9.2.2 节中 GB/T 19011—2021 标准 6.2.3 条款。

第10章 《审核关键技术》考点解读

考试大纲要求

理解和掌握审核技术的基本概念、审核关键技术的核心内容、审核的基本方法。

考点知识讲解

10.1 审核关键技术概述

《审核概论》一书认为，审核关键技术的核心是**评价技术**。这项技术与认证领域内涉及的专业有关，与审核方法有关，与审核能力涉及的知识和技能有关。

10.1.1 与审核技术有关的几个基本概念

1. 技术

广义地定义：技术是人们为了满足自身的需求和愿望，遵循自然规律，在长期利用和改造自然的过程中积累起来的知识、经验、技巧和手段，是人们实现目的的操作方法，包括相关的理论知识、操作经验及技巧。

简明的定义：技术是为某一目的共同协作组成的各种工具和规则体系。

技术的三个主要特点，即目的性、社会性、多元性。

1) 目的性：任何技术从其诞生起就具有目的性。

2) 社会性：技术的社会性，技术的实现需要通过社会协作，得到社会支持，并受到社会多种条件的制约。

3) 多元性：是指技术既可表现为有形的工具装备、机器设备、实体物质等硬件；也可以表现为无形的工艺、方法、规则等知识软件；还可以表现为虽不是实体物质而却又有物质载体的信息资料、设计图纸等。

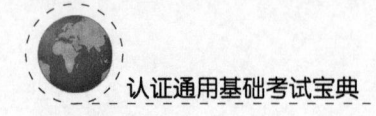

2. 专业

专业是专门的学问,是指人们长时期从事的具体业务作业规范。

《审核概论》一书认为,审核员的能力通常指:通用能力+某学科的水平+某一特定领域的知识和技能。后面两个方面均涉及了某一"专业"。

3. 技能

《审核概论》一书认为,技能是指能完成一定任务的活动方式。技能可以分为动作技能、智力技能、交流的技能等。

技能和能力不同,能力体现为顺利完成一项任务的个性心理特征。技能的形成以一定的能力为前提,也体现了能力发展的水平和差异。

4. 方法

方法是指"通过一连串有特定逻辑关系的动作来完成特定任务,这些有特定逻辑关系的动作所形成的集合整体就称之为人们做事的一种方法。"

方法的实施离不开人们的"态度"和"习惯"。态度是指思维、感觉、信念和按照它们去行动的一种倾向。习惯是指人们采用的几乎是潜意识的行为模式。

10.1.2 对审核技术的基本认识

1. 基本认识

审核作为一项技术,与理论知识、实践经验、操作技能和所掌握的方法等均有关系。审核技术同样具有目的性、社会性和多元性特点。

2. 审核技术关乎"专业"

在审核实践中,审核人员应具有的一定的专业水准。《审核概论》一书认为,审核员专业特点体现在以下几个方面:

——与审核有关的通用知识和技能。

——某一学科的专业水平(等级)(如,计算机技术与应用专业大学本科四年的学历)。

——特定领域的专业知识和技能(如,计算机软件开发和系统集成专业知识和技能)。

3. 审核的核心技术是"评价技术"

《审核概论》一书认为,评价技术是审核的核心技术。对这项技术的掌握可以从以下几个方面理解:

1)评价过程也是一种决策过程。评价过程是一种评判比较的认知过程,所以也是一种决策过程。

2)审核员须具备收集有形和无形证据的能力,并具有对收集的证据进行分析和综合评价,最终得出审核结论的能力。

3)有形证据通常是比较易于识别和评价的,而无形证据收集则对审核员有

更高的要求。这一点通常与专业有关,与审核技能有关,与经验有关。

认证活动涉及的所有职能的认证机构人员的能力是认证提供信任的必要条件。评价技术在应用层面具有相对复杂性。

4) 审核的特征决定了审核是基于样本对总体进行综合评价。综合评价在实际应用中具有下列显著作用:

① 综合评价能够对研究对象进行系统的描述。
② 综合评价能够对研究对象的整体状态进行综合测定。
③ 综合评价能够对研究对象的复杂表现进行层次分析。
④ 综合评价能够对研究对象进行聚类分析。
⑤ 综合评价能够有效地体现定量分析和定性分析相结合的分析方法。

例题分析

1.(多项选择题)审核人员应具有的一定的专业水准。其专业特点体现在以下哪几个方面?(　　)

　　A. 与审核有关的通用知识和技能　　B. 某一学科的专业水平
　　C. 特定领域的专业知识和技能　　　D. 特定领域的专业经验

答案及分析:选择 ABC。参见本书 10.1.2 节之 2。

2.(多项选择题)审核的特征决定了审核是基于样本对总体进行综合评价。综合评价在实际应用中具有哪些显著作用?(　　)

　　A. 综合评价能够对研究对象进行系统的描述
　　B. 综合评价能够对研究对象的整体状态进行综合测定
　　C. 综合评价能够对研究对象的复杂表现进行层次分析
　　D. 综合评价能够有效地体现定量分析和定性分析相结合的分析方法

答案及分析:选择 ABCD。参见本书 10.1.2 节之 3 之 4)。

10.2　审核技术

说明:此处章节的布局等同《审核概论》一书。

10.2.1　审核技术的构成

1. 合格评定技术

合格评定可以适用于产品、服务、过程、体系和人员,还可以适用于从事合格评定服务的机构(见 GB/T 27000/ISO/IEC 17000 标准附录 A.1.2 条款)。也就是说"合格评定对象"包括产品(包括服务)、过程、体系和人员,以及从

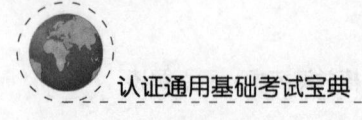

事合格评定服务的机构。

合格评定服务的各类使用者有其自身特定的需求。因此，不同类型的合格评定在实施时有很多不同。但是所有类型的合格评定都遵循相同的基本方法（见 GB/T 27000 标准附录 A.1.3 条款）。

1）选取（见 GB/T 27000 标准附录 A.2 条款）。

选取包括一系列策划和准备活动，其目的是收集或生成后续的确定功能所需的全部信息和输入。选取活动在数量和复杂程度上有很大差别。在某些情况下，可能几乎不需要进行选取活动。

选取合格评定对象时可能需要有所考虑。很多情况下，合格评定对象可能是大量的相同物品、正在进行的生产、一个连续的过程或体系或涉及多个场所。在取样或选取样本以进行确定活动时，可能需要考虑这些情况。

2）确定（见 GB/T 27000 标准附录 A.3 条款）。

进行确定活动的目的是获得关于合格评定对象或其样品满足规定要求情况的完整信息。确定活动的类型有检测、检查、审核和同行评审。

很多确定活动没有特定的名称或叫法。如按规定要求对设计或其他描述性信息的审查或分析。合格评定的每个分领域（如检测、认证、认可）所特有的确定活动可能有专门定义的术语。在实践中还没有用于表示所有确定活动的通用术语。

3）检测。

检测是应用最为普遍的合格评定技术。GB/T 27000 标准 4.2 条款将检测定义为："按照程序确定合格评定对象的一个或多个特性的活动。"检测的定义中有一个注释是：检测通常适用于材料、产品或过程。

在检测用于合格评定的情况下，其特性应包括在"规定要求"中，构成合格评定的重点。

4）检查。

检查是合格评定的一种形式。GB/T 27000 标准 4.3 条款将检查定义为："审查产品设计、产品、过程或安装并确定其与特定要求的符合性，或根据专业判断确定其与通用要求的符合性的活动。"对过程的检查可以包括对人员、设施、技术和方法的检查。检查有时也称为检验。

检查覆盖非常广泛的领域及特性。例如，它可能包括商品和产品货物监管、对量值、质量、安全性、适用性的确定，以及工厂、安装、运行体系的符合性和设计适应性。检查也可能包括食宿、航空服务、旅游服务等行业的等级划分体系。

5）审核。

GB/T19011—2021 标准 3.1 条款将审核定义为："为获得客观证据并对其进

行客观的评价，以确定满足审核准则的程度所进行的系统的、独立的并形成文件的过程。GB/T 19011 标准提供了审核指南。

6）评价。

GB/T 27065/ISO/IEC 17065《合格评定　产品、过程和服务认证机构要求》标准 3.3 条款将评价定义为："合格评定活动中的选取和确定功能的组合。"

评价的适用范围覆盖了收集符合性证据相关的一系列活动。这些活动包括检测、检验和审核，同时也适用于其他活动。

2. 根据 GB/T 27000/ISO/IEC 17000 标准对审核技术的进一步理解

GB/T 27000/ISO/IEC 17000 标准在"引言"中明确指出：合格评定与管理体系、计量、标准化及统计等其他领域相互影响。GB/T 27000 标准没有规定合格评定的界限，以保持其灵活性。

《审核概论》一书认为，审核关键技术的构成主要指：支撑认证认可的评价技术、支撑认证认可的检测验证技术、支撑认证认可的质量可靠性技术。

10.2.2　审核的基本方法

GB/T 19011—2021 标准附录 A.1 条款"审核方法的应用"指出：可以采用一系列的审核方法实施审核。GB/T 19011—2021 标准附录给出了常用的审核方法的说明。选择审核方法取决于所确定的审核目标、范围和准则以及持续的时间和地点，还应考虑可获得的审核员能力和应用审核方法出现的任何不确定性。灵活运用各种不同的审核方法及其组合，可以使得审核过程及其结果的效率和有效性最佳化。

1. 审核技术路线

《审核概论》一书描述的审核技术路线见图 10-1。

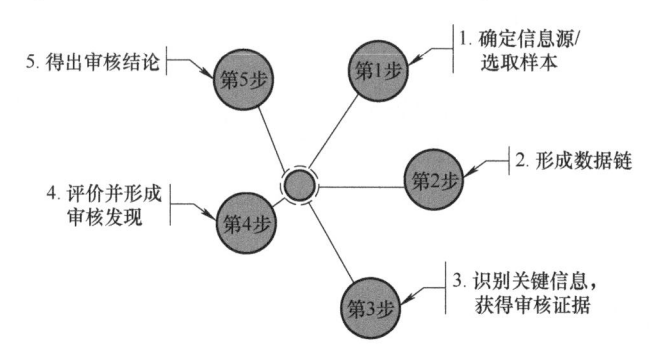

图 10-1　审核技术路线

审核技术路线展示了收集审核证据、形成审核发现、得出审核结论的思路和步骤。整个审核过程始终将管理体系实现期望的结果作为关注的焦点。通过审核记录、审核发现和审核报告等实现对审核证据的可重查性和可追溯性。

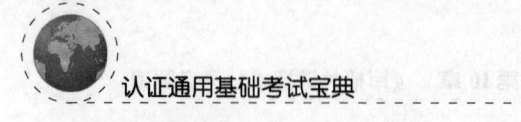

2. 审核的基本方法之一：抽样

本书已在 9.3.4 节之 3（GB/T 19011—2021 标准附录 A.6）对相应的审核抽样要求进行了讲解，这里不再重复。

3. 审核思路

1）审核方式。

审核方式包括按部门审核的方式、按过程审核的方式（基于过程的审核）、顺向追踪、逆向追溯。这些内容已在本书 9.3.2 节之 4 进行了讲解，这里不再重复。

2）审核的关注点。

《审核概论》一书认为，审核的关注点是：

① 审核的关注点首先是组织的总体目标、过程绩效如何和正在实现的程度。应始终关注在实现组织目标方面管理体系运行的趋势如何。

② 第二是顾客和法律法规的要求是什么？是如何被组织识别、确定并被纳入合规管理的？在实现管理体系的期望结果方面，过程是否有效。

③ 第三是在审核中应关注组织的最高管理者对审核过程及认证服务的期望。

3）审核方式的正确选择。

《审核概论》一书认为，审核抽样过程存在着不确定性，导致基于"样本"的审核具有一定的局限性。为了降低抽样造成的不确定性，审核抽样应遵循"明确总体、合理抽样"的原则，针对所选择的信息源，明确样本总量，并从中抽取代表性的样本与足够的样本量进行查证。

审核员应根据审核目标的不同，通过审核方案的策划选择适宜的审核方式，并确定审核的技术路线。同时，审核员可以根据特定的审核线索，选择合适的审核方式。

4. 收集审核证据的方法

审核证据是指"与审核准则有关并能够证实的记录、事实陈述或其他信息"。本书 9.4.6 节已对收集审核证据的方法进行了讲解，收集审核证据的方法包括但不限于：访谈、观察、成文信息评审。

《审核概论》一书，在此条目下还讲了信息的作用等，在此对其要点做些讲解。

1）信息的作用。

① 信息的代表性、相关性、充分性、适宜性与证实性影响审核实施的有效性。

② 确定充分和适当的信息源，采用适宜的方法收集信息并进行证实，是寻找审核证据，形成审核发现与得出可信的审核结论的基础。

2）信息的收集的思路。

根据审核目的所规定任务并对照审核准则要求，在审核范围中确定要审核

的项目和相关的问题，然后确定适当的信息源，并确定抽取的样本量以及验证信息的方法，进而寻找客观证据。

3）收集信息的方法。

《审核概论》一书讲了远程审核。远程审核是指可以借助交互通信手段进行审核，包括：

① 进行交谈（电话、QQ 对话、远程视频）。

② 完成检查单或问卷。

③ 文件审查。

10.2.3 基于过程的审核

CCAA《管理体系认证基础》一书第 7 章第 6 节《基于过程的质量管理体系审核方法》讲的就是基于过程的审核。《审核概论》一书在讲解基于过程的审核时，与《管理体系认证基础》一书有一点不同的地方。

1. 基于过程的审核

1）基于过程的审核特征。

《审核概论》一书认为基于过程的审核特征有 5 个：过程导向、顾客导向、结果导向、价值导向、关注组织过程和体系的持续改进。

对于基于过程的审核特征（主要是基于过程的 QMS 审核特征），《管理体系认证基础》一书只列出 4 个审核特征：顾客导向、过程导向、结果导向、关注管理体系的持续改进。没有价值导向。

① 顾客导向。

在审核中，审核员不仅考虑受审核方的需要，而且考虑受审核方顾客的需要，关注受审核方是否已经正确理解了顾客要求并在每个过程中予以落实。

② 过程导向。

在审核中，审核员关注过程、过程间的相互关系与接口和过程绩效，以及关注每个过程的绩效及其对管理体系整体绩效的影响。

③ 结果导向。

在审核中，审核员关注过程结果，并将审核发现与它对受审核方提供合格产品能力的影响相关联。

④ 关注管理体系的持续改进。

在审核中，审核员通过对过程绩效的系统分析，发现过程的波动和改进点，促进受审核方在管理体系的整体改进，提供增值服务。

2）基于过程的审核方法与技巧。

① 基于过程的审核与依据标准逐条款的要求进行审核的方法完全不同。审核计划在安排时应以过程为对象，过程确定后，再通过计划安排显示具体审核

时间和标准哪些条款的要求与这个过程有关。

② 将过程方法、PDCA 循环和基于风险的方法完全整合在一起使用。

3）基于过程的审核的准备步骤。

① 获得对组织业务过程的总体了解。

② 针对过程，开展下列活动：

a）识别组织的产品和服务及影响质量的主要过程。

b）检查过程之间的相互关系和相互作用。

c）确定所有过程是否被整合成一个系统，以及是否考虑了标准的所有要求。

d）对体系的过程进行分析，包括：识别每个过程的负责人、确定每个过程的输入、输出和约束条件（控制和资源限制）、确定每个过程的 PDCA 活动、针对每个过程编制审核用的检查清单。

③ 在初次认证审核前，编制三年一个认证周期的审核方案。方案中包括对组织各主过程和子过程的确认及完整周期内审核覆盖情况的策划。可以用"矩阵图"的方式给出直观的表述，为后续的审核计划安排提供便利。

基于过程的审核从查证过程开始。审核员在现场审核前要通过审核计划的安排来了解和熟悉组织的过程。

4）基于过程的审核的要求。

① 在审核中，审核员应当先与过程负责人面谈，此外还应当与其他关键人员面谈。

② 审核员应当对每个过程的运行逐一进行审查以获得客观证据。

③ 要在不符合的事实上达成共识，为过程的责任人真正有效地采取纠正措施提供过程增值。

④《审核概论》一书认为，审核员还可以识别改进机会。改进机会不是审核发现，而是基于标准提出的改进建议。

2. 审核轨迹

《审核概论》一书认为："审核轨迹"是一个系统化的基于特定样本，用来收集关于一系列相互关联过程的输出满足期望结果的证据的**方法**。证据必须有轨迹，且清晰明确。

审核轨迹的提出要求从事审核方案管理和审核计划编制的人员，有意识地去设计和规划审核的技术路线。审核轨迹能够清晰展现证据链，使得每一次对所选样本的审核结果都构成完整审核结论得出的有用信息。

"审核轨迹"是一种专业化的审核方法，使审核员能够识别过程的薄弱环节，并决定组织是否有能力满足特定的要求。"审核轨迹"的方法可适用于所有内部以及第二或第三方的审核。

10.2.4 远程审核技术

《审核概论》一书是依据 CNAS-CC14：2008《计算机辅助审核技术（CAAT）在获得认可的管理体系认证中的使用》来讲解远程审核技术的，但是在 2019 年，CNAS-CC14：2008 已经改版为 CNAS-CC14：2019《信息和通信技术（ICT）在审核中应用》，所以本书按 CNAS-CC14：2019 的要求讲解远程审核技术要点。

1. ICT（信息和通信技术）应用说明及要求

1）应用 ICT 可以优化审核的有效性和效率，并能为审核过程的完整性与可信性提供支持和保障。

2）ICT 是应用技术来收集、存储、检索、处理、分析和发送信息。它包括软件和硬件，例如：智能手机、手持设备、笔记本电脑、台式电脑、无人机、摄像机、可穿戴技术、人工智能及其他。

3）ICT 技术的应用可能同时适用于对当地现场和远程场所审核。

4）审核报告及相关记录应指出审核实施过程中所采用 ICT 的范围，以及为达到审核目的应用 ICT 的有效性。

5）如果范围中包括虚拟场所，认证的记录材料应注明包括虚拟场所并且应识别出在虚拟场所实施的活动。

2. 审核中应用 ICT（信息和通信技术）示例

包括但不限于：

1）会议：通过远程电信会议设施，包括音频、视频和数据共享。

2）通过远程接入方式对文件和记录的审核，同步的（即实时的）或是异步的（在适用时）。

3）通过静止影像、视频或音频录制的方式记录信息和证据。

4）提供对远程场所或潜在危险场所的视频或音频访问通道。

3. ICT（信息和通信技术）在审核中有效应用的目的

1）提供一项在审核中应用 ICT 的方法用以优化传统审核过程，该方法充分灵活并对其类别未做限定。

2）确保采取充分的控制以避免滥用，滥用可能危害审核过程的完整性与可信性。

3）为安全和可持续性原则提供支持。同时应采取措施，以确保贯穿于审核活动的安全性和保密性得到保持。

例题分析

1.（多项选择题）根据《审核概论》，合格评定技术包括（　　）。

A. 选取、确定　　　　　　　　　　B. 检定、校准

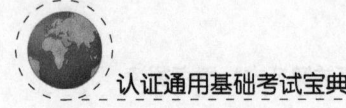

C. 检测、检查　　　　　　　　D. 审核、评价

答案及分析：选择 ACD。参见本书 10.2.1 节之 1。

2.（单项选择题）确定活动的类型有（　　）。

A. 检测、检查　　　　　　　　B. 审核

C. 同行评审　　　　　　　　　D. A + B + C

答案及分析：选择 D。参见本书 10.2.1 节之 1 之 2）。

3.（单项选择题）审核抽样过程存在着不确定性，导致基于"样本"的审核具有一定的局限性。为了降低抽样造成的不确定性，审核抽样应遵循（　　）的原则。

A. 明确总体、合理抽样　　　　B. 统计抽样

C. 判断抽样　　　　　　　　　D. 条件抽样

答案及分析：选择 A。参见本书 10.2.2 节之 3 之 3）。

4.（多项选择题）审核中应用 ICT（信息和通信技术）包括但不限于（　　）。

A. 利用网络进行沟通联系

B. 通过远程接入方式对文件和记录的审核

C. 通过静止影像、视频或音频录制的方式记录信息和证据

D. 提供对远程场所或潜在危险场所的视频或音频访问通道

答案及分析：选择 BCD。参见本书 10.2.4 节之 2。

5.（多项选择题）《审核概论》一书中的审核技术路线包括（　　）。

A. 确定信息源/选取样本，形成数据链　　B. 识别关键信息，获得审核证据

C. 评价并形成审核发现　　　　　　　　D. 得出审核结论

答案及分析：选择 ABCD。见 10.2.2 节之 1。

6.（多项选择题）以过程为导向的基于过程的审核中，审核员要关注（　　）。

A. 过程

B. 过程间的相互关系与接口

C. 过程绩效

D. 每个过程的绩效及其对整体绩效的影响

答案及分析：选择 ABCD。见 10.2.3 节之 1 之 1）之②。

7.（单项选择题）以结果为导向的基于过程的 QMS 审核中，审核员要关注过程结果，并将（　　）与它对受审核方提供合格产品能力的影响相关联。

A. 审核结论　　　　　　　　　B. 审核发现

C. 审核证据　　　　　　　　　D. 审核结果

答案及分析：选择 B。见 10.2.3 节之 1 之 1）之③。

8. （多项选择题）基于过程的 QMS 审核特征包括（   ）。
   A. 顾客导向　　　　　　　　　　B. 过程导向
   C. 结果导向　　　　　　　　　　D. 关注 QMS 的持续改进
   答案及分析：选择 ABCD。见 10.2.3 节之 1 之 1）。

9. （多项选择题）基于过程的质量管理体系审核特征之一是过程导向，即在审核中，审核员关注（   ）。
   A. 质量目标　　　　　　　　　　B. 过程间相互关系与接口
   C. 过程绩效　　　　　　　　　　D. 过程
   答案及分析：选择 BCD。见 10.2.3 节之 1 之 1）之②。

10.3　审核关键技术的应用

1. CASCO 工具箱

国际标准化组织合格评定委员会（ISO/CASCO）制定了一系列确定当前合格评定最佳实践的标准和指南。这些标准和指南构成了"CASCO 工具箱"。ISO/CASCO 出版的标准、指南及相关出版物构成的 CASCO 工具箱是集中的资源。工具箱中也包括了有关审核技术的工具类标准或指南。

2. 审核常用工具及使用

1）审核工具的用途。

工具主要用于审核信息的收集，审核证据的获取，审核发现的确定和审核结论的判定。

2）工具的使用。

审核工具包括检查表、审核抽样方案、记录信息（如支持性证据、审核发现和会议记录）的表格等。他们的使用见 9.3.4 节。

《审核概论》一书指出，认证机构做出认证决定时要求审核组向认证机构提供的信息中至少应包括审核报告、对于不符合的意见等。审核报告以审核记录为基础，是对审核活动中（包括文件评审和现场审核活动）形成的所有审核发现的归纳和总结，是基于审核目的并对所有审核发现进行分析、评价的结果。

认证机构可灵活地选择编写审核记录的方式和方法，应确保审核记录清晰、可信和可证实。

3. 审核中的审核技术应用

审核技术应用之一是识别产品特性、服务特性和过程特性。对某一组织产品和服务特性的识别、对组织过程特性的识别，这直接关乎认证过程的有效性和认证结果的可信度。

1）特性。GB/T 19000 标准 3.10.1 条款对特性的定义是：可区分的特征。

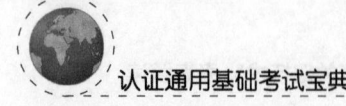

特性可以是固有的或赋予的。特性可以是定性的或定量的。有各种类别的特性，如：物理的（如：机械的、电的、化学的或生物学的特性）；感官的（如：嗅觉、触觉、味觉、视觉、听觉）；行为的（如：礼貌、诚实、正直）；时间的（如：准时性、可靠性、可用性、连续性）；人因工效的（如：生理的特性或有关人身安全的特性）；功能的（如：飞机的最高速度）。

2）功能。功能是指"满足需求的属性"，是产品的功用或用途。功能具有二重性：客观物质性和主观精神性。

3）性能。《审核概论》一书认为，性能是指产品所具有的性质与效用，通常情况下指产品的质量，性能越高表示其质量特性等级越高。

4）功能和性能的区别。功能是一个产品有哪些用途，它能干什么。性能是这个产品在干具体事情时候表现得怎么样。

4. 评价技术

《审核概论》一书认为：

1）**认证认可技术**是综合评价技术，包括评价技术（内容有评价要求、评价指标、评价程序、评价方法以及评价制度）、质量保证技术、检验检测技术。

2）支撑认证认可的**评价技术**，主要包括认证认可活动的选取技术、认证认可活动的确定技术、认证认可活动的证明技术、认证认可活动的监督技术和认证认可活动的支撑技术。

5. 审核技术的应用应满足认可规范的要求

认证的有效性有赖于认证机构遵循认可规范的要求，并履行其机构的职责和义务。审核技术在应用层面上应完全嵌入认证机构依据 GB/T 27021.1/ISO/IEC 17021-1 或 GB/T 27065/ISO/IEC 17065 所建立起来的认证流程中。

例题分析

1.（单项选择题）国际标准化组织合格评定委员会（ISO/CASCO）制定了一系列确定当前合格评定最佳实践的标准和指南。这些标准和指南构成了（　　）。

A. CASCO 工具箱　　　　　　B. 合格评定技术
C. 合格评定制度　　　　　　D. 合格评定体系

答案及分析：选择 A。参见本书 10.3 节之 1。

2.（单项选择题）（　　）是指"满足需求的属性"，是产品的功用或用途，具有客观物质性和主观精神性。

A. 性能　　　　　　　　　　B. 功能
C. 特性　　　　　　　　　　D. 合格评定体系

答案及分析：选择 B。参见本书 10.3 节之 3 之 2）。

3.（单项选择题）审核报告以审核记录为基础，是对审核活动中形成的所有（　　）的归纳和总结。

A. 审核证据　　　　　　　　B. 审核发现
C. 审核结论　　　　　　　　D. 客观证据

答案及分析：选择 B。参见本书 10.3 节之 2 之 2）。

同步练习强化

说明：有关的题目涉及到本书第 9 章。

一、单项选择题

1.《审核概论》一书认为，审核关键技术的核心是（　　）技术。

A. 审核　　　　　　　　　　B. 确定
C. 评价　　　　　　　　　　D. 评审

2.《审核概论》一书认为，审核技术具有（　　）特点。

A. 目的性、创新性、综合性　　B. 目的性、社会性、多元性
C. 社会性、适用性、科学性　　D. 科学性、适用性、多元性

3.《审核概论》一书认为，审核的核心技术是（　　）。

A. 访谈　　　　　　　　　　B. 观察
C. 评价技术　　　　　　　　D. 成文信息评审

4. 进行确定活动的目的是获得关于合格评定对象或其样品满足规定要求情况的（　　）。

A. 完整信息　　　　　　　　B. 客观证据
C. 记录　　　　　　　　　　D. 成文信息

5.（　　）覆盖非常广泛的领域及特性。例如，它可能包括商品和产品货物监管，对量值、质量、安全性、适用性的确定，以及工厂、安装、运行体系的符合性和设计适应性。

A. 检查　　　　　　　　　　B. 检测
C. 检验　　　　　　　　　　D. 合格评定

6.《审核概论》一书认为，审核的关注点包括（　　）。

A. 组织的总体目标、过程绩效如何和正在实现的程度
B. 顾客和法律法规的要求是什么？是如何被组织识别、确定并被纳入合规管理的？在实现管理体系的期望结果方面，过程是否有效
C. 组织的最高管理者对审核过程及认证服务的期望
D. A + B + C

7. 《审核概论》一书认为，信息的代表性、相关性、（　　）影响审核实施的有效性。
   A. 充分性　　　　　　　　　B. 适宜性
   C. 证实性　　　　　　　　　D. A+B+C

8. 根据 CNAS-CC14：2019《信息和通信技术（ICT）在审核中应用》的要求，ICT 技术（信息和通信技术）的应用可能同时适用于对（　　）审核。
   A. 当地现场　　　　　　　　B. 远程场所
   C. A+B　　　　　　　　　　D. A 或 B

9. 根据 CNAS-CC14：2019《信息和通信技术（ICT）在审核中应用》的要求，（　　）及相关记录应指出审核实施过程中所采用 ICT 的范围，以及为达到审核目的应用 ICT 的有效性。
   A. 审核报告　　　　　　　　B. 审核发现
   C. 审核证据　　　　　　　　D. 客观证据

10. 评价是合格评定活动中的（　　）和（　　）功能的组合。
    A. 选取，确定　　　　　　　B. 审核，批准
    C. 确定，复核　　　　　　　D. 检查，复核

二、多项选择题

1. 《审核概论》一书认为，审核关键技术的核心是评价技术。这项技术与（　　）有关。
   A. 认证领域内涉及的专业　　B. 与审核方法
   C. 与审核准则　　　　　　　D. 审核能力涉及的知识和技能

2. 《审核概论》一书认为，技术的三个主要特点是（　　）。
   A. 目的性　　　　　　　　　B. 社会性
   C. 专业性　　　　　　　　　D. 多元性

3. 《审核概论》一书认为，审核员的能力通常指（　　）。
   A. 教育　　　　　　　　　　B. 通用能力
   C. 某学科的水平　　　　　　D. 某一特定领域的知识和技能

4. 《审核概论》一书认为，技术的多元性表现为（　　）。
   A. 有形的工具装备、机器设备等硬件　B. 无形的工艺、方法等知识软件
   C. 物质载体的信息资料　　　　　　　D. 技术图纸

5. 《审核概论》一书认为，审核作为一项技术，与（　　）等均有关系。
   A. 理论知识　　　　　　　　B. 实践经验
   C. 操作技能　　　　　　　　D. 所掌握的方法

6. 评价的适用范围覆盖了收集符合性证据相关的一系列活动。这些活动包

括（　　），同时也适用于其他活动。

  A. 检测   B. 检验

  C. 审核   D. 校准

 7. 基于过程的审核特征有（　　）。

  A. 过程导向   B. 顾客导向

  C. 结果导向   D. 关注管理体系的持续改进

三、判断题

 1. 抽样的风险是从总体中抽取的样本也许不具有代表性，从而可能导致审核员的结论出现偏差，与对总体进行全面检查的结果不一致。其他风险可能源于抽样总体内部的变异和所选择的抽样方法。（　　）

 2. 抽样时，应考虑可用数据的质量，因为抽样数量不足或数据不准确将不能提供有用的结果。（　　）

 3. 不同类型的合格评定在实施时有很多不同。但是所有类型的合格评定都遵循相同的基本方法。（　　）

 4. 合格评定的每个分领域所特有的确定活动可能有专门定义的术语。在实践中还没有用于表示所有确定活动的通用术语。（　　）

 5. 检验是指按照程序确定合格评定对象的一个或多个特性的活动。（　　）

 6. 评价的适用范围覆盖了收集符合性证据相关的一系列活动。这些活动包括检测、检验和审核，同时也适用于其他活动。（　　）

 7. 审核技术路线展示了收集审核证据、形成审核发现、得出审核结论的思路和步骤。（　　）

四、问答题

 什么是"审核轨迹"？

答案点拨解析

一、单项选择题

题号	答案	解析
1	C	见本书10.1节开头
2	B	见本书10.1.2节之1
3	C	见本书10.1.2节之3
4	A	见本书10.2.1节之1之2)
5	A	见本书10.2.1节之1之4)
6	D	见本书10.2.2节之3之2)
7	D	见本书10.2.2节之4之1) 之①
8	C	见本书10.2.4节之1之3)

(续)

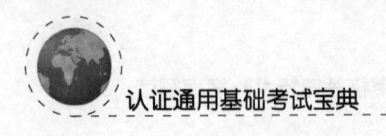

题号	答案	解析
9	A	见本书 10.2.4 节之 1 之 4)
10	A	见本书 10.2.1 节之 1 之 6)

二、多项选择题

题号	答案	解析
1	ABD	见本书 10.1 节开头
2	ABD	见本书 10.1.1 节之 1
3	BCD	见本书 10.1.1 节之 2
4	ABCD	见本书 10.1.1 节之 1 之 3)
5	ABCD	见本书 10.1.2 节之 1
6	ABC	见本书 10.2.1 节之 1 之 6)
7	ABCD	见本书 10.2.3 节之 1 之 1)

三、判断题

题号	答案	解析
1	√	见 9.3.4 节方框 2 中 GB/T 19011—2021 标准附录 A.6.1
2	√	见 9.3.4 节方框 2 中 GB/T 19011—2021 标准附录 A.6.1
3	√	见 10.2.1 节之 1
4	√	见 10.2.1 节之 1 之 2)
5	×	见 10.2.1 节之 1 之 3)，是"检测"，不是"检验"
6	√	见 10.2.1 节之 1 之 6)
7	√	见 10.2.2 节之 1

四、问答题

参见本书 10.2.3 节之 2。

"审核轨迹"是一个系统化的基于特定样本，用来收集关于一系列相互关联过程的输出满足期望结果的证据的方法。证据必须有轨迹，且清晰明确。

审核轨迹能够清晰展现证据链，使得每一次对所选样本的审核结果都构成完整审核结论得出的有用信息。

"审核轨迹"是一种专业化的审核方法，使审核员能够识别过程的薄弱环节，并决定组织是否有能力满足特定的要求。

第 11 章 《认证人员的能力要求》考点解读

考试大纲要求

了解认证人员能力要求、审核员能力要求、认证人员相关注册与管理要求。

考点知识讲解

11.1 认证人员能力要求

《审核概论》一书认为认证人员划分为 6 类：认证规则和认证方案制定人员、认证申请评审人员、认证审核方案管理人员、认证审核人员、认证决定或复核人员、认证人员能力评价人员。

对这 6 类人员的能力的基本要求，《审核概论》一书讲得很明确，这里不再重复。这里主要讲述认证人员能力要求的要点。

1. 能力的定义

GB/T 19011—2021 标准 3.22 条款这样说明"能力"的定义：应用知识和技能实现预期结果的本领。

要说一个人有能力，就要具备两个条件：
1）有知识和技能。
2）能应用这些知识和技能解决实际问题。

两个条件，缺一不可。没有知识和技能，就谈不上应用。可是有了知识和技能，并不等于你就能应用了。所以，要了解一个人是否具备某种能力，首先要看他是否掌握某种知识，通常可通过考试来确定；其次，是看他是否具备某种技能，是否能应用这种知识和技能来解决实际问题，这方面仅通过考试是难以做出准确判断的，只有通过观察他应用知识和技能解决实际问题的过程，才能做出相对准确的结论。

2. 关于认证人员能力的原则及要求

见下面方框中 GB/T 27021.1 标准的摘选。

> **4.3 能力**（原则）
>
> 4.3.1 认证活动涉及的所有职能的认证机构人员的**能力**是认证提供信任的**必要条件**。
>
> 4.3.2 能力也需要由认证机构的**管理体系**来支撑。
>
> 4.3.3 认证机构管理的一个关键问题是具有一个得到实施的过程，来为参与审核和其他认证活动的人员建立**能力准则**，并按照准则实施评价。
>
> **7.2 参与认证活动的人员**
>
> 7.2.2 认证机构应聘用或有途径获得足够数量的审核员（包括审核组长）和技术专家，以覆盖其所有活动并满足审核工作量的需要。
>
> 7.2.3 认证机构应使所有相关人员清楚自己的任务、责任和权力。
>
> 7.2.4 认证机构应有过程来选择、培训、正式任用审核员，选择并培养认证活动使用的技术专家。审核员的**初始能力评价**应包括在**审核中**应用所需**知识与技能的本领**的**证实**。在审核中应用所需知识与技能的本领应由有能力的评价者在对审核员审核的**见证**中确定。
>
> 7.2.5 认证机构应有实现和证实有效审核的过程。该过程应确保所使用的审核员和审核组长具备**通用的审核知识与技能**以及**特定技术领域审核所需的知识与技能**。
>
> 7.2.6 认证机构应确保审核员（需要时，包括技术专家）**充分了解其审核过程、认证要求**和**其他相关要求**。认证机构应使审核员和技术专家有途径获取指导审核和提供认证活动所有相关信息的现行有效的文件化程序。
>
> 7.2.10 认证机构应在**监视**每个审核员时考虑该审核员被认为有能力的每个管理体系类型。形成文件的审核员**监视过程**应把**现场评价**、**审核报告复核**及**客户或市场反馈**相结合。认证机构应在文件要求中详细说明该程序。在设计监视方式时，应使正常认证过程所受干扰最小（尤其是从客户角度来看）。
>
> 7.2.11 认证机构应定期对每位审核员的**绩效**进行**现场评价**。现场评价的频率应取决于根据所有可获得的监视信息确定的**现场见证需求**。

3. 认证机构中相关认证职能人员需具有的知识和技能

GB/T 27021.1 在附录 A 中，对认证机构中不同认证职能（对认证申请进行评审以确定所需的审核组能力、选择审核组成员并确定审核时间，复核审核报告并做出认证决定，审核实施及领导审核组）涉及的人员，从 11 个维度（业务管理实践的知识，审核原则、实践和技巧的知识，特定管理体系标准和（或）规范性文件的知识，认证机构过程的知识，客户业务领域的知识，客户产品、

过程和组织的知识，与客户组织中的各个层级相适应的语言技能，作记录和撰写报告的技能，表达技能，面谈技能，审核管理技能）提出了知识和技能的要求。见表 11-1（也即 GB/T 27021.1 标准表 A.1）。表中的 A.2、A.3、A.4 是 GB/T 27021.1 标准中的条款代号。

表 11-1　认证职能人员需具有的知识和技能

知识和技能	认证职能		
	实施申请评审以确定所需的审核组能力、选择审核组成员并确定审核时间	复核审核报告并做出认证决定	审核及领导审核组
业务管理实践的知识			√（见 A.2.1）
审核原则、实践和技巧的知识		√（见 A.3.1）	√（见 A.2.2）
特定管理体系标准和（或）规范性文件的知识	√（见 A.4.1）	√（见 A.3.2）	√（见 A.2.3）
认证机构过程的知识	√（见 A.4.2）	√（见 A.3.3）	√（见 A.2.4）
客户的业务领域的知识	√（见 A.4.3）	√（见 A.3.4）	√（见 A.2.5）
客户的产品、过程和组织的知识	√（见 A.4.4）		√（见 A.2.6）
与客户组织中的各个层级相适应的语言技能			√（见 A.2.7）
作记录和撰写报告的技能			√（见 A.2.8）
表达技能			√（见 A.2.9）
面谈技能			√（见 A.2.10）
审核管理技能			√（见 A.2.11）
注：风险和复杂程度是在决定这些职能中任何一项职能所需的专业能力的水平时考虑的其他因素			

下面方框中的内容是配合表 11-1 的 GB/T 27021.1 标准附录 A 的摘录。

A.2　管理体系审核员能力要求

A.2.1　业务管理实践的知识

通用的组织类型、规模、治理、结构与工作场所实务、信息与数据系统、文件系统以及信息技术的知识。

A.2.2　审核原则、实践和技巧的知识

本部分规定的通用的管理体系审核原则、实务和技巧的知识，需足以实施认证审核及评价内部审核过程。

A.2.3 特定管理体系标准和（或）规范性文件的知识

认证所依据的管理体系标准或其他规范性文件的知识，需足以确定体系是否得到有效实施并符合要求。

A.2.4 认证机构过程的知识

认证机构过程的知识，需足以按照认证机构的程序和过程开展工作。

A.2.5 客户业务领域的知识

客户业务领域的通用术语、实践和过程的知识，需足以在管理体系标准或其他规范性文件的背景下理解该领域的期望。

注：业务领域可理解为经济活动（例如航空航天、化工、金融服务）。

A.2.6 客户产品、过程和组织的知识

与客户的产品或过程的类型相关的知识，需足以理解该组织如何运行，如何应用管理体系标准或其他相关规范性文件的要求。

A.2.7 与客户组织中的各个层级相适应的语言技能

能够用适宜的术语、措辞和话语与组织任何层次的人员有效地进行沟通。

A.2.8 作记录和撰写报告的技能

能够以足够的速度、准确度和理解力阅读和书写，以记录、做笔记以及有效地沟通审核发现和结论。

A.2.9 表达技能

能以容易理解的方式表述审核发现和结论。审核组长还要能够在公开场合（例如末次会议）表述与听众相适宜的审核发现、结论和推荐意见。

A.2.10 面谈技能

能够通过提开放式、经过良好构思的问题并倾听、理解和评价对方的回答来进行面谈，以获取信息。

A.2.11 审核管理技能

能够实施和管理审核，以在约定的时间框架内获取审核证据。审核组长还要能够主持会议以有效地交流信息，并能够分配任务或在必要时重新分配。

A.3 复核审核报告并做出认证决定的人员的能力要求

这类人员的职能可由一人或多人完成。

A.3.1 审核原则、实践和技巧的知识

本部分规定的通用的管理体系审核原则、实务和技巧的知识，需足以理解认证审核报告。

A.3.2 特定管理体系标准和（或）规范性文件的知识

认证所依据的管理体系标准或其他规范性文件的知识，需足以根据认证审核报告做出决定。

A.3.3 认证机构过程的知识

认证机构过程的知识，需足以根据提交复核的信息确定是否达到了认证机构的期望。

A.3.4 客户业务领域的知识

客户业务领域的通用术语、实践和过程的知识，需足以在管理体系标准或其他规范性文件的背景下理解审核报告。

A.4 实施申请评审以确定所需的审核组能力、选择审核组成员并确定审核时间的人员的能力要求

这类人员的职能可由一人或多人完成。

A.4.1 特定管理体系标准和（或）规范性文件的知识

知道认证依据的是什么管理体系标准或其他规范性文件。

A.4.2 认证机构过程的知识

认证机构过程的知识，需足以指派有能力的审核组成员以及准确地确定审核时间。

A.4.3 客户业务领域的知识

客户业务领域的通用术语、实践和过程的知识，需足以指派有能力的审核组成员以及准确地确定审核时间。

A.4.4 客户产品、过程和组织的知识

与客户的产品或过程的类型相关的知识，需足以指派有能力的审核组成员以及准确地确定审核时间。

11.2 审核员能力要求

1. 审核员的能力和评价的总体要求

审核员的能力评价由其执业的认证机构进行评价和确定。当进行审核员资格注册时，人员注册机构将其基本的专业能力水平作为注册的条件。

下面方框中是 GB/T 19011—2021 标准中对审核员的能力和评价的总体要求的摘选和标识。

7.1 总则

对审核过程的信心和达到其目标的能力取决于参与审核的人员（包括审核员和审核组长）的能力。应通过一个过程定期对人员能力进行评价，该评价过程应考虑个人行为表现以及应用知识和技能的能力［审核人员能力评价内容的 2 个方面］。这些知识和技能是通过**教育**、**工作经历**、**审核员培训**和

审核经历获得的[知识和技能获得的途径]。评价过程应考虑审核方案及其目标的需求。7.2.3描述的知识和技能，有一些是所有管理体系领域的审核员通用的，其他的则是特定管理体系领域审核员专用的。没有必要要求一个审核组的所有人员具有相同的能力，但审核组的整体能力应足以实现审核目标。[说明：考生对上面部分的要掌握，下面部分要做到了解]

审核员能力评价应经策划、实施并形成文件，以提供客观、一致、公正和可靠的结果。评价过程应包括如下四个主要步骤[审核人员评价过程至少包括4个步骤]：

  a) 确定满足审核方案需求所需的能力。

  b) 建立评价准则。

  c) 选择适当的评价方法。

  d) 实施评价。

评价过程的结果应为下列各项活动提供依据[能力评价结果的应用]：

——选择审核组成员（按照5.4.4的内容）。

——确定提高能力的需求（例如更多的培训）。

——审核员的持续绩效评价。

审核员应通过**持续专业发展活动**和**定期参加审核**来开发、保持和提高他们的能力（见7.6）。

审核员和审核组长的评价过程见7.3、7.4和7.5。

审核员和审核组长的评价准则见7.2.2和7.2.3以及7.1中建立的准则。

审核方案管理人员的能力要求见5.4.2。

2. 确定审核员能力

《审核概论》一书中指出，**审核员能力构成包括个人行为＋通用知识和技能＋特定领域知识和技能**。**通用知识**包括合格评定基础知识、认证认可法律法规知识、管理体系认证基础知识、审核技术基础知识、质量管理工具基础知识、客户业务领域专业知识等；**基本技能**包括沟通能力、逻辑推理能力、文字表达能力、形成完整证据链的能力、信息收集、汇总和整理的能力、评价的能力、自我管理能力等；**审核专业技能**包括语言技能、表达技能、面谈技能、收集信息技能、做记录和撰写报告技能、审核管理技能。

下面方框中是GB/T 19011—2021标准中确定审核员能力的摘选和标识。

7.2 确定审核员能力

7.2.1 总则

在确定一项审核所需的必要能力时,应考虑审核员与下列因素有关的知识和技能 [**确定审核员的知识和技能时要考虑的 8 个因素**]:

a) 受审核方的规模、性质、复杂程度、产品、服务和过程。

b) 审核方法。

c) 拟审核的管理体系领域。

d) 拟审核的管理体系的复杂程度和过程。

e) 管理体系所应对的风险和机遇的类型和级别。

f) 审核方案的目标以及范围和详略程度。

g) 审核目标实现过程中的不确定性。

h) 适当情况下的其他要求,如审核委托方或其他有关相关方提出的要求。

这些信息应与 7.2.3 中列出的信息相匹配。

7.2.2 个人行为

[**审核员个人行为的 13 个方面**] 审核员应具备必要的素质,使其能够按照第 4 章所描述的审核原则进行工作,审核员应在从事审核活动时展现职业素养。期望的**职业素养包括**:

a) 有道德,即公正、诚实、真诚、正直和谨慎。

b) 思想开明,即愿意考虑不同意见或观点。

c) 有交往技巧,即得体地与人交往。

d) 观察敏锐,即主动地观察周围实际环境和活动。

e) 有感知力,即能意识到并能理解遇到的情况。

f) 有适应能力,即易于根据不同的情况进行调整。

g) 坚韧,即坚持并专注于实现目标。

h) 明断,即能够根据逻辑推理和分析及时得出结论。

i) 独立自主,即能够独立工作并履行职能,同时与其他人有效互动。

j) 能够坚毅行事,即能够采取负责任的、合理的行动,即使这些行动可能是非常规的并有时可能导致分歧或冲突。

k) 乐于改进,即愿意从不同情况中学习。

l) 文化敏感,即善于观察和尊重受审核方的文化。

m) 合作,即有效地与其他人互动,包括与审核组成员及受审核方人员。

7.2.3 知识和技能
7.2.3.1 总则
审核员应具备：

a) **实现审核的预期结果**所必需的知识和技能。

b) **通用能力以及一定水平的特定领域与专业的知识和技能**。

审核组长应具备领导审核组所必需的额外知识和技能。

7.2.3.2 管理体系审核员的通用知识和技能
审核员应具备以下方面的知识和技能。

a) 审核原则、过程和方法 [**14 项内容**]：这方面的知识和技能使审核员确保审核实施的**一致性**和**系统性**。

审核员应能够：

——了解与审核有关的风险和机遇的类型以及基于风险的审核方法的原则。

——对工作进行有效地策划和组织。

——按商定的日程安排实施审核。

——优先处理并关注于重要事项。

——有效的口头和书面交流（直接或通过翻译人员）。

——通过有效的访谈、倾听、观察和评审成文信息来收集信息（包括记录和数据）。

——理解使用抽样技术进行审核的适宜性及其后果。

——理解并考虑技术专家的意见。

——审核一个过程的开始到结束，适当时，包括与其他过程和不同职能的相互关系。

——验证所收集信息的相关性和准确性。

——确认审核证据的充分性和适宜性，以支持审核发现和审核结论。

——评估可能影响审核发现和审核结论可靠性的因素。

——记录审核活动和审核发现，并编制报告。

——保持信息的保密性和安全性。

b) 管理体系标准和其他引用文件 [**5 项内容**]：这方面的知识和技能使审核员能够理解审核范围并应用审核准则，应包括以下内容：

——用于建立审核准则或方法的管理体系标准或其他规范性或指导/支持文件。

——受审核方和其他组织对管理体系标准的应用。

——管理体系过程之间的关系和相互作用。

——理解多个标准或引用文件的重要性和优先级。

——标准或引用文件在不同审核情形下的应用。

c) 组织及其所处环境 [4 项内容]：这方面的知识和技能使审核员能够理解受审核方的结构、目的和管理实践，应包括以下内容：

——影响管理体系的有关相关方的需求和期望。

——组织的类型、治理、规模、结构、职能和相互关系。

——通用的业务和管理概念、过程及相关术语，包括策划、预算和人员管理。

——受审核方的文化和社会因素。

d) 适用的法律法规要求和其他要求 [3 项内容]：这方面的知识和技能使审核员能够了解组织的要求，并在此环境下开展工作。与法律责任或受审核方的活动、过程、产品和服务有关的知识和技能应包括以下内容：

——法律法规要求及其主管机构。

——基本的法律术语。

——合约及责任。

注：对法律法规要求的认识并不意味着具有法律专业知识，管理体系审核不应被视为法律合规审核。

7.2.3.3 审核员的特定领域与专业的能力

审核组应整体具备特定领域和专业的能力，以适于对特定类型管理体系和专业的审核。

审核员的特定领域与专业的能力包括：

a) 管理体系的要求和原则及其应用。

b) 与受审核方应用的管理体系标准有关的领域和专业的基本情况。

c) 应用特定领域与专业的方法、技术、过程和实践，使审核组能够在所确定的审核范围内评估符合性，并形成适当的审核发现和审核结论。

d) 与领域和专业有关的原则、方法和技术，以使审核员能够确定和评价与审核目标相关的风险和机遇。

7.2.3.4 审核组长的通用能力

为使审核有效和高效地实施，审核组长应具备以下能力：

a) 根据每个审核组成员的具体能力策划审核工作，并分配审核任务。

b) 与受审核方的最高管理者讨论战略问题，以确定他们在评价风险和机遇时是否考虑过这些问题。

c）在审核组成员之间建立并保持协作的工作关系。

d）管理审核过程，包括：

——在审核中有效利用资源。

——管理审核目标实现过程中的不确定性。

——在审核期间保护审核组成员的健康和安全，包括确保审核员遵守有关的健康安全和安保安排。

——指挥审核组成员。

——对实习审核员提供指挥和指导。

——必要时，预防和解决审核期间可能发生的冲突和问题，包括审核组内部的冲突和问题。

e）代表审核组与审核方案管理人员、审核委托方和受审核方进行沟通。

f）带领审核组达成审核结论。

g）编制和完成审核报告。

7.2.3.5 多领域审核的知识和技能

当审核多领域管理体系时，审核组成员应该理解不同管理体系之间的相互作用和协同作用。

审核组长应理解每个被审核的管理体系标准的要求，并认识到审核组成员在每个领域中的能力的局限性。

注：同时进行的多领域审核可以作为多体系审核或作为覆盖多领域的整合管理体系的审核来完成。

7.2.4 审核员能力的获得

审核员的能力可以通过以下途径获得：

a）成功完成涵盖审核员通用知识和技能的培训课程。

b）相关技术、管理或专业岗位的经历，包括判断、决策、解决问题以及与管理人员、专业人员、同行、顾客和其他有关相关方的沟通。

c）有助于发展整体能力的特定管理体系领域和专业方面的教育/培训和经历。

d）在相同领域具备能力的审核员监督下获得的审核经历。

注：培训课程的成功完成取决于课程的类型。对于包含考试的课程，意味着成功通过考试，对于其他课程，意味着参加并完成课程。

7.2.5 审核组长能力的获得

审核组长应具有附加的审核经历来获得 7.2.3.4 所描述的能力。这种附加的经历应该是在另一位审核组长的指挥和指导下获得的。

第11章 《认证人员的能力要求》考点解读

例题分析

1. （单项选择题）审核员应具备（　　）所必需的知识和技能。(真题改进)
   A. 机械加工的　　　　　　B. 实现审核的预期结果
   C. 认证机构市场运作　　　D. 社会关注的
   答案及分析：选择 B。见 11.2 节之 2 方框中 GB/T 19011—2021 标准 7.2.3.1 a)条款。

2. （多项选择题）对认证审核人员能力评价应考虑（　　）。(真题)
   A. 应用知识和技能本领　　B. 个人素质和行为表现
   C. 人员参加工作的年龄　　D. 业余爱好
   答案及分析：选择 AB。见 11.2 节之 1 方框中 GB/T 19011—2021 标准 7.1 条款。审核人员能力评价内容包括 2 个方面：个人行为表现、应用知识和技能的能力。

3. （单项选择题）认证人员的能力需要由认证机构的（　　）来支撑。
   A. 管理体系　　　　　　B. 培训
   C. 评价　　　　　　　　D. 考核
   答案及分析：选择 A。见 11.1 节之 2 方框中 GB/T 27021.1 标准 4.3.2 条款。

4. （判断题）认证审核员的初始能力评价应在实际审核中得到证实。（　　）
   答案及分析：√。见 11.1 节之 2 方框中 GB/T 27021.1 标准 7.2.4 条款。

5. （多项选择题）对审核员监视过程应把（　　）相结合。
   A. 现场评价　　　　　　B. 审核报告复核
   C. 客户或市场反馈　　　D. 面谈
   答案及分析：选择 ABC。见 11.1 节之 2 方框中 GB/T 27021.1 标准 7.2.10 条款。

6. （单项选择题）下列哪一项不是复核审核报告并做出认证决定的人员应具有的知识和技能？（　　）
   A. 审核原则、实践和技巧的知识　　B. 认证机构过程的知识
   C. 审核管理技能　　　　　　　　　D. 客户业务领域的知识
   答案及分析：选择 C。见 11.1 节之 3 表 11-1（即 GB/T 27021.1 标准表 A.1）。

7. （多项选择题）对认证申请进行评审以确定所需的审核组能力、选择审核组成员并确定审核时间的认证人员应具备的知识和技能包括（　　）。
   A. 管理体系标准和（或）规范性文件的知识

531

B. 客户业务领域的知识

C. 客户产品、过程和组织的知识

D. 业务管理实践的知识

答案及分析：选择 ABC。见 11.1 节之 3 表 11-1（即 GB/T 27021.1 标准表 A.1）。

8.（单项选择题）根据 GB/T 27021.1 标准，管理体系审核员要求的知识和技能有（　　）。

A. 语言技能、表达技能、面谈技能　B. 审核管理技能

C. 做记录和撰写报告的技能　　　　D. A + B + C

答案及分析：选择 D。见 11.1 节之 3 表 11-1（即 GB/T 27021.1 标准表 A.1）。

9.（多项选择题）根据 GB/T 19011，审核员能力评价过程应考虑（　　）的需求。

A. 审核方案　　　　　　　　B. 审核目标

C. 培训　　　　　　　　　　D. 审核范围

答案及分析：选择 AB。见 11.2 节之 1 方框中 GB/T 19011—2021 标准 7.1 条款。

10.（多项选择题）审核员的个人行为包括（　　）。

A. 有道德　　　　　　　　　B. 有思想

C. 坚韧　　　　　　　　　　D. 明断

答案及分析：选择 ACD。见 11.2 节之 2 方框中 GB/T 19011—2021 标准 7.2.2 条款。

11.（判断题）当进行审核员资格注册时，人员注册机构将其基本的专业能力水平作为注册的条件。（　　）(真题)

答案及分析：选择√。见 11.2 节之 1。

11.3　认证人员能力的评价

认证机构在评价认证人员时，按照技术领域划分，确定被评价人员的大类、中类和小类，认证机构应当在识别认证职能的基础上，依据管理体系认证人员通用能力要求和特定能力要求，确定每项职能的能力准则和评价方法，对认证人员的能力开展评价，并持续地开展评价活动。

通过能力需求分析的结果确定每一技术领域的能力准则。**能力准则确定过程的输出**是形成文件的所要求知识和技能的准则。**能力评价过程的输出**应是识别出有能力的人员。

下面方框中是 GB/T 27021.1 标准中有关认证人员能力评价的摘选和标识。

> **7.1 人员能力**
>
> **7.1.1 总体考虑**
>
> 认证机构应有过程来确保其人员对其运作涉及的管理体系类型（例如质量管理体系、环境管理体系、信息安全管理体系）和地域有适宜的相关知识与技能。
>
> **7.1.2 能力准则的确定**
>
> 认证机构应有过程，以确定参与管理和实施审核及其他认证活动的人员的能力准则。应根据每类管理体系标准的要求，针对每个**技术领域**和认证过程中的每项职能**确定**能力准则。该过程的输出应是形成文件的所要求**知识和技能的准则**，这些知识和技能是有效地实施审核与认证任务以实现预期结果所必需的。
>
> **7.1.3 评价过程**
>
> 认证机构应有形成文件的过程，以应用所确定的能力准则，对所有参与管理和实施审核及其他认证活动的人员进行**初始能力评价**，并持续监视其能力和绩效。认证机构应证实其评价方法是有效的。<u>这些过程的输出应**识别出有能力的人员**</u>，即被证实具有审核与认证过程不同职能所需的能力水平的人员。<u>在认证机构内，人员为其活动绩效承担责任前，**能力应得到证实**</u>。
>
> 注1：附录 B 介绍了一些可用于能力评价的评价方法。
>
> 注2：附录 C 提供了一个能力确定和保持流程的示例。

1. 认证人员能力评价流程

GB/T 27021.1/ISO/IEC 17021-1《合格评定 管理体系审核认证机构要求 第1部分：要求》附录 C 提供了认证人员能力评价流程（能力确定和保持过程），见图 11-1。图 11-1 的流程图显示了一种通过识别要完成的具体任务、识别实现预期结果所需的具体知识和技能来确定人员能力的方式。

2. 认证人员能力评价方法

GB/T 27021.1/ISO/IEC 17021-1《合格评定 管理体系审核认证机构要求 第1部分：要求》附录 B 提供了认证人员能力评价方法。认证人员能力评价方法包括记录审查、意见反馈、面谈、观察和考试5种方式。每种评价方法都有其特点和局限性，应组合使用这些评价方法。

下面方框中是 GB/T 27021.1 标准附录 B 的摘录与标识。

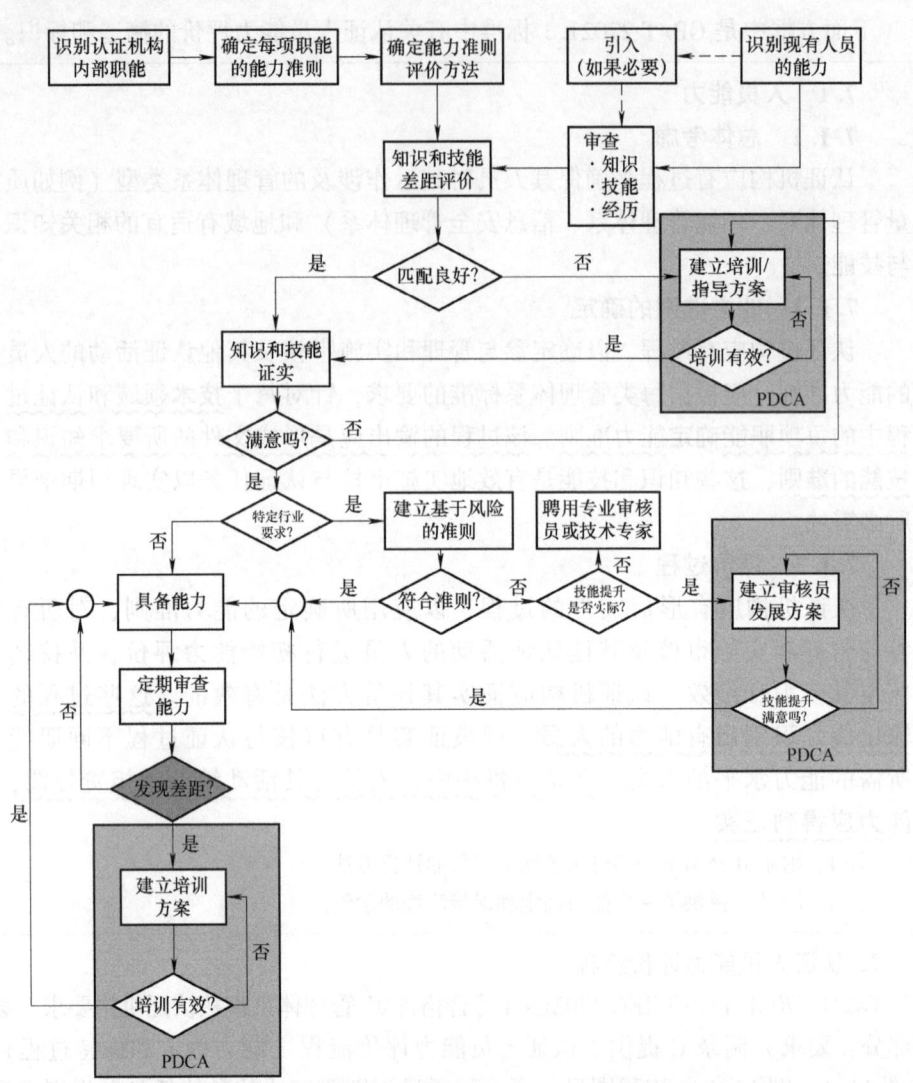

图 11-1 认证人员能力评价流程（能力确定和保持过程）

附录 B
（资料性附录）
可能的评价方法

B.1 概述

本资料性附录提供评价方法的示例，为认证机构提供帮助。

人员的评价方法可以分为五大类：记录审查、意见反馈、面谈、观察和考试。每一类评价方法可以进一步细分。下面简要说明了每类评价方法及其

对于知识和技能评价的用处和局限性。不太可能只用其中任何一种方法就能确认能力。

B.2~B.6 所述的方法可以提供知识和技能的有用信息；这些方法如被设计成与 7.1.2 和 7.1.3 所述的能力确定过程输出的特定能力准则结合使用，会更有效。

附录 C 提供了一个能力确定和保持过程的示例。

B.2　记录审查

有些记录可以显示知识，例如显示工作经历、审核经历、教育和培训的简历或履历。

有些记录可以显示技能，例如审核报告或工作经历、审核经历、教育和培训的记录。

单凭上述记录不太可能构成能力的充分证据。

其他记录是证实能力的直接证据，例如对审核员实施审核的绩效评价报告。

B.3　意见反馈

来自以前雇主的直接反馈可以显示知识和技能，但重要的是要注意有时雇主会特意排除负面信息。

个人推荐函可以显示知识和技能。应聘者不大可能提供含有负面信息的个人推荐函。

同行的意见反馈可以显示知识和技能。这种反馈可能受到同行之间关系的影响。

客户的意见反馈可以显示知识和技能。对于审核员来说，这种反馈可能受到审核结果的影响。

单凭意见反馈并不是令人满意的能力证据。

B.4　面谈

面谈可有助于询问出知识、技能方面的信息。

人员招聘时的面谈可有助于从简历和过去的工作经历详细了解知识和技能的信息。

在绩效考评中进行面谈，可以提供知识和技能的具体信息。

在审核后的评审中与审核组面谈，可以提供关于审核员知识和技能的有用信息。它可以使评审者有机会了解审核员为什么做出某项决定、选择某一审核路径等。这一技巧可在见证审核后使用，也可在之后评价书面审核报告时使用。这一技巧可能对确定与特定技术领域有关的能力尤其有用。

能力证实的直接证据可以通过依据规定的能力准则进行**结构化**的、并得到适当记录的面谈而获得。

可以使用面谈来评估语言、沟通和人际技能。

B.5 观察

对人员实施任务的情况进行观察能够为能力（经证实的应用知识和技能来实现预期结果）提供直接证据。这种评价方法对所有职能、行政和管理人员以及审核员和认证决定人员都有用。对审核员实施的一次审核进行见证的局限性在于这次特定审核所具有的难易程度。

定期对一个人进行见证（观察），有助于确认持续的能力。

B.6 考试

笔试可为知识以及技能（后者取决于方法）提供良好的文件化证据。

口试可为知识提供良好的证据（取决于考官的能力），可提供关于技能的有限的结果。

实际操作考试可以提供关于知识和技能的平衡的结果（取决于考试过程和考官的能力）。实际操作考试的方法例如情景演练、案例分析、压力模拟和岗位实操考核等。

11.4 审核员能力的评价

《审核概论》一书认为，审核员能力评价准则中的基本资格要求至少包括：教育经历、工作经历、专业工作经历、审核经历（次数）、培训学时。

《审核概论》一书认为，认证机构对审核员的能力评价通常分为**初始能力评价和持续的能力保持**。评价通常会采用面试、笔试、见证和意见反馈等方式。初始能力证实、现场的专业审核能力证实应采用现场见证的方式。

下面方框中是 GB/T 19011—2021 标准中有关审核员的能力评价的摘录与标识。

7.3 审核员评价准则的建立

准则应是**定性的**（如，在工作中或培训中经证实的期望的行为、知识或技能表现）和**定量的**（如工作年限、受教育年限、审核次数、审核培训小时数）。

[**说明**：考生对上面部分的要掌握，下面部分的了解就行]

7.4 选择适当的审核员评价方法

[6 种审核员评价方法] 应选择表 2 中所给出的两种或两种以上的方法来进行评价。在使用表 2 时，应注意下列事项：

a) 列出的方法提供了一个可选范围,但可能不适用于所有情况。
b) 列出的各种方法在可信程度上可能有所不同。
c) 应结合运用多种方法进行评价以确保结果的客观、一致、公平和可信。

表2　审核员评价方法

评价方法	目　　标	示　　例
对记录的评审	对审核员背景的验证	对教育、培训、工作经历记录、专业证书以及审核经历记录的分析
反馈	提供关于审核员表现的信息	调查表、问卷表、个人推荐信、证言、投诉、绩效评价、同行评价
访谈	评价期望的专业行为和沟通技巧,验证信息,测试知识,获得更多信息	个人访谈
观察	评价期望的专业行为以及运用知识和技能的能力	角色扮演、见证审核、岗位表现
测试	评价期望的行为、知识和技能及其应用	口试、笔试、心理测试
审核后的评审	提供有关审核员在审核活动期间的表现信息,识别优势和改进机会	评审审核报告,与审核组长、审核组成员访谈,以及受审核方的反馈信息(适当时)

7.5　进行审核员评价

收集的关于被评价的审核员信息应与7.2.3中的准则进行比照。当被评价的拟参与审核方案的审核员不能满足准则要求时,则应增加更多的培训、工作或审核经历,并进行后续的再评价。

7.6　保持并提高审核员能力

审核员和审核组长应不断提高他们的能力。审核员应通过定期参加管理体系审核和持续专业发展来保持他们的审核能力。实现的方式诸如:更多的工作经历,培训,个人学习,辅导,参加会议、研讨、论坛或其他相关活动[**持续的专业能力获取的方式**]。

审核方案管理人员应建立适宜的机制,以对审核组长和审核员的表现进行持续评价。

持续专业发展活动应考虑以下方面[**持续专业发展要考虑的因素**]:
a) 负责实施审核的组织和个人的需求的变化。
b) 审核实践的发展,包括技术的应用。
c) 相关标准.包括指南/支持文件及其他要求。
d) 专业或领域的变化。

例题分析

1. (单项选择题) 认证人员能力准则确定过程的输出是形成文件的（　　）的准则。

   A. 知识和技能　　　　　　　　B. 教育、培训、经验
   C. 审核员经历　　　　　　　　D. 审核员经历、培训经历

   答案及分析：选择 A。见 11.3 节开头，GB/T 27021.1 标准 7.1.2 条款。

2. (多项选择题) 对认证人员能力的评价方法包括（　　）。

   A. 记录审查、意见反馈　　　　B. 面谈、观察
   C. 考试　　　　　　　　　　　D. 心理测试

   答案及分析：选择 ABC。见 11.3 节之 2（或见 GB/T 27021.1 标准附录 B）。

3. (多项选择题) 哪些记录可以显示认证人员的技能？（　　）

   A. 审核报告或工作经历　　　　B. 审核经历
   C. 教育和培训的记录　　　　　D. 教育和培训的简历或履历

   答案及分析：选择 ABC。见 11.3 节之 2 方框中 GB/T 27021.1 标准附录 B.2。

4. (单项选择题) 口试是对认证人员能力的一种评价方法。口试可为知识提供良好的证据，可提供关于技能的（　　）的结果。

   A. 有限　　　　　　　　　　　B. 有用
   C. 完整　　　　　　　　　　　D. 可参考

   答案及分析：选择 A。见 11.3 节之 2 方框中 GB/T 27021.1 标准附录 B.6。

5. (单项选择题) 面谈可有助于询问出（　　）方面的信息。可以使用面谈来评估语言、沟通和人际技能。

   A. 知识、技能　　　　　　　　B. 知识
   C. 技能　　　　　　　　　　　D. 能力

   答案及分析：选择 A。见 11.3 节之 2 方框中 GB/T 27021.1 标准附录 B.4。

6. (判断题) 认证机构对审核员的能力评价通常分为初始能力评价和持续的能力保持。（　　）

   答案及分析：√。见 11.4 节开头。

7. (判断题) 初始能力证实、现场的专业审核能力证实应采用现场见证的方式。（　　）

   答案及分析：√。见 11.4 节开头。

11.5　认证人员相关注册与管理要求

对认证人员的管理不仅包括外在管理制度上的管理、认证机构的管理，也包括认证人员的自我管理。这里主要讲一讲有关法律法规、制度对认证人员的有关要求。《中华人民共和国认证认可条例》的有关要求见下一章。

11.5.1　认证人员的注册要求

中国认证认可协会2021年2月25日发布了第1版第3次修订的CCAA-101《管理体系审核员注册准则》，并于2021年4月1日实施。《管理体系审核员注册准则》对管理体系审核员的注册提出了明确要求。

下面方框中的内容是《管理体系审核员注册准则》条款摘录。《审核概论》一书只提到了其中的工作规范要求、行为规范要求。

> **前言**
> 中国认证认可协会（CCAA）是经国家认证认可监督管理委员会授权，依法从事认证人员注册的机构，开展管理体系审核员、产品认证检查员、服务认证审查员等注册工作。CCAA是国际人员认证协会（IPC）的全权成员。
> CCAA管理体系审核员注册仅表明注册人员具备了从事相应认证领域管理体系审核的个人素质、知识和技能。审核员是否具备相应认证领域特定专业能力，由聘用其执业的认证机构做出评定，以保证满足实施相应认证领域管理体系认证活动的需要。CCAA保证注册制度和评价过程的科学性、有效性和完整性，认证机构负有认证人员选择、聘用、监督和管理的主体责任。
>
> **2.4　个人素质和审核原则要求**
> 2.4.1　各级别审核员应具备下列个人素质：
> ——有道德，即公正、可靠、忠诚、诚信和谨慎。
> ——思想开明，即愿意考虑不同意见或观点。
> ——善于交往，即灵活地与人交往。
> ——善于观察，即主动地认识周围环境和活动。
> ——有感知力，即能了解和理解环境。
> ——适应力强，即容易适应不同处境。
> ——坚定不移，即对实现目标坚持不懈。
> ——明断，即能够根据逻辑推理和分析及时得出结论。
> ——自立，即能够在同其他人有效交往中独立工作并发挥作用。

——坚韧不拔，即能够采取负责任的及合理的行动，即使这些行动可能是非常规的和有时可能导致分歧和冲突。

——与时俱进，即愿意学习，并力争获得更好的审核结果。

——文化敏感，即善于观察和尊重受审核方的文化。

——协同力，即有效地与其他人互动，包括审核组成员和受审核方人员。

——有条理，即有效地管理时间、区分优先次序、策划，以及高效。

——信息技术及其工具应用能力，即能够熟练使用计算机、手持终端设备及其应用软件等实施认证工作。

——文字表达能力，即能够以足够的速度、准确度和理解力阅读和记录，并形成报告。

——健康，即身体健康状况良好。

2.4.2 各级别审核员应按照下列原则进行工作［**工作规范要求**，也就是审核原则］：

——诚实正直：职业的基础。

对审核而言，诚信、正直、保守秘密和谨慎应是最基本的。

——公正表达：真实、准确地报告的义务。

审核发现、审核结论和审核报告应真实和准确地反映审核活动。报告在审核过程中遇到的重大障碍以及在审核组和受审核方之间没有解决的分歧意见。

——职业素养：在审核中勤奋并具有判断力。

审核员应珍视他们所执行的任务的重要性以及审核委托方和其他相关方对自己的信任。具有必要的能力是一个重要的因素。

——保密性：信息安全。

审核员应审慎使用和保护在审核过程中获得的信息。

——独立性：审核的公正性和审核结论的客观性的基础。

审核员应独立于受审核的活动，并且不带偏见，没有利益上的冲突。审核员在审核过程中应保持客观的心态，以保证审核发现和结论仅建立在审核证据的基础上。

——基于证据的方法：在一个系统的审核过程中，得出可信的和可重现的审核结论的合理方法。

审核证据应是可证实的。由于审核是在有限的时间内并在有限的资源条件下进行的，因此审核证据是建立在可获得的信息样本的基础上。抽样的合理性与审核结论的可信性密切相关。

——基于风险的方法：考虑风险和机遇的审核方法。

基于风险的方法应对审核的策划、实施和报告具有实质性影响，以确保审核关注于对审核委托方和实现审核方案目标重要的事项。

2.7 行为规范要求

各级别审核员均应遵守 CCAA 审核员行为规范。申请人应签署声明，承诺遵守以下行为规范：

——遵纪守法、敬业诚信、客观公正。

——遵守行业规范及 CCAA 注册/确认制度的相关规定。

——努力提高个人的专业能力和声誉。

——帮助所管理的人员拓展其专业能力。

——不承担本人不能胜任的任务。

——不介入冲突或利益竞争，不向任何委托方或聘用机构隐瞒任何可能影响公正判断的关系。

——不讨论或透露任何与工作任务相关的信息，除非应法律要求或得到委托方和聘用单位的书面授权。

——不接受受审核方及其员工或任何利益相关方的任何贿赂、佣金、礼物或任何其他利益，也不应在知情时允许同事接受。

——不有意传播可能损害审核工作或人员注册过程的信誉的虚假或误导性信息。

——不以任何方式损害 CCAA 及其人员注册过程的声誉，与针对违背本准则的行为而进行的调查进行充分的合作。

——不向受审核方提供相关咨询。

11.5.2 认证人员的管理要求

1.《认证及认证培训、咨询人员管理办法》的要求

2004 年 5 月 24 日公布的《认证及认证培训、咨询人员管理办法》对认证人员提出了管理要求，这些管理要求与《中华人民共和国认证认可条例》《注册认证人员资格处置规则》中的要求有些是重叠的，有些已经过时。正在征求意见的《认证人员管理办法》即将取代《认证及认证培训、咨询人员管理办法》。

《认证及认证培训、咨询人员管理办法》第七条要求国家公务员不得从事认证、认证咨询和认证培训活动。

第八条 要求认证人员从事认证活动应当在 1 个认证机构执业，不得同时在两个或者两个以上认证机构执业。在认证机构执业的专职或者兼职认证人员，具备相关认证培训教员资格的，经所在认证机构与认证培训机构签订合同后，可以在1个认证培训机构从事认证培训活动。认证人员不得受聘于认证咨询机构或者以任何方式,从事认证咨询活动。

2.《认证机构和认证人员失信管理规范》的要求

2018年11月12号,CCAA发布了一个《认证机构和认证人员失信管理规范》,以加强认证机构和认证人员信用管理,推动认证机构和认证人员执业信用建设,持续提升认证质量,树立认证公信力。

下面方框中的内容是《认证机构和认证人员失信管理规范》中的条款摘录。

> **第九条** 认证机构和认证人员失信信息向社会公开。
>
> **第十二条** 认证机构和认证人员失信信息平台与市场监管部门信用信息平台、信用中国平台等公共信用信息查询平台互联互通。
>
> **第十四条** 对发生严重失信行为的认证机构和认证人员,按照有关对失信人实施联合惩戒的办法,实施已签署联合惩戒备忘录中各项惩戒措施,实施联合惩戒。具体方法按照有关部门规定办理。

3.《认证人员执业信用管理规范》的要求

2015年4月30号,CCAA发布了一个《认证人员执业信用管理规范》,以加强认证人员执业信用。该规范自2015年6月1日起实施。赋予认证人员信用分值,采取相应的失信扣分措施。认证人员年度信用分值以基准分减去失信行为扣分后得出。每个认证人员基准分为10分。

4.《认证机构及认证人员失信管理暂行规定》的要求

为加强认证行业信用体系建设,倡导诚实守信,惩戒失信行为,国家认证认可监督管理委员会在2018年制定了《认证机构及认证人员失信管理暂行规定》。

下面方框中的内容是《认证机构及认证人员失信管理暂行规定》中的条款摘录。

> **第六条** 有下列情形之一的,认证机构及认证人员将被认监委列入失信名录:
>
> (一)认证机构出具虚假或者严重失实的认证结论,被撤销批准文件。
>
> (二)认证机构超出批准范围从事认证活动,被撤销批准文件。
>
> (三)认证机构以欺骗、贿赂等不正当手段取得认证机构资质,被撤销批准文件。
>
> (四)申请人在申请认证机构资质过程中,隐瞒有关情况或者提供虚假材料,被给予行政处罚。

（五）认证人员对出具虚假认证结论负有直接责任或者存在其他严重违法违规行为，被撤销执业资格。

（六）认证机构及认证人员被列入其他部委发布的国家信用信息失信主体名录。

第九条 认监委对列入失信名录的认证机构及认证人员采取以下惩戒措施：

（一）认证机构资质的申请人及其法定代表人、主要负责人、认证人员列入失信名录的，对其认证机构资质申请不予批准。

（二）认证机构及其法定代表人、主要负责人、认证人员列入失信名录的，对其认证机构资质延续、认证领域扩大申请不予批准。

（三）认证机构法定代表人、主要负责人、认证人员列入失信名录的，其所在认证机构列入重点行政监管对象。

第十条 认监委参与国家相关部门对失信主体的联合惩戒；认证机构及认证人员失信信息将按照规定与国家相关信用信息查询平台共享。

认监委推动国家相关部门对失信认证机构及认证人员实施联合惩戒。

5.《注册认证人员资格处置规则》要求

CCAA-209-6《注册认证人员资格处置规则》现行有效的是第6版，于2022年6月30日实施。对人员的处置包括警告、暂停、撤销、注销、冻结。

同步练习强化

一、单项选择题

1. 认证活动涉及的所有职能的认证机构人员的能力是认证提供信任的（　　）。
   A. 基础　　　　　　　　　　B. 必要条件
   C. 保证　　　　　　　　　　D. 基础和保证

2. 认证机构应有过程来（　　）审核员，选择并培养认证活动使用的技术专家。
   A. 选择　　　　　　　　　　B. 培训
   C. 正式任用　　　　　　　　D. A+B+C

3. 在审核中应用所需知识与技能的本领应由有能力的评价者在对审核员审核的（　　）中确定。
   A. 见证　　　　　　　　　　B. 监视
   C. 评价　　　　　　　　　　D. 考核

4. 认证机构应确保审核员（需要时，包括技术专家）充分了解其（   ）。
   A. 审核过程   B. 认证要求
   C. 其他相关要求   D. A＋B＋C

5. 认证机构应定期对每位审核员的绩效进行现场评价。现场评价的频率应取决于根据所有可获得的监视信息确定的（   ）。
   A. 现场见证需求   B. 绩效要求
   C. 现场评价需求   D. 能力需求

6. 管理体系复核审核报告并做出认证决定的人员应具备相关的知识和技能，不包括（   ）。
   A. 审核原则、实践和技巧的知识   B. 供应商的产品
   C. 管理体系标准和规范性文件的知识   D. 客户的业务领域的知识

7. 认证机构评价认证人员可采取面谈的评价方法。面谈可有助于询问出人员的知识、技能方面的信息，还可以用来评估其（   ）。
   A. 语言、沟通和人际技能   B. 交流、观察及管理技能
   C. 沟通和交流能力   D. 知识、表达技能

8. 认证人员能力的评价方法不包括（   ）。
   A. 记录审查   B. 观察
   C. 预测   D. 考试

9. 管理体系认证人员能力的评价方法是（   ）。
   A. 记录审查   B. 考试
   C. 意见反馈   D. 以上都是

10. 对人员实施任务的情况进行观察能够为能力（经证实的应用知识和技能来实现预期结果）提供直接证据。定期对一个人进行观察，有助于确认（   ）。
    A. 持续的能力   B. 能力的保持
    C. 能力的稳定   D. 能力的更新

11. 管理体系认证人员的能力是指能够应用知识和技能实现（   ）的本领。
    A. 预期结果   B. 认证
    C. 认证和审核   D. 审核

12. 认证机构应建立确定认证人员能力准则的管理过程。该过程的输出应是形成文件的所要求（   ）的准则。
    A. 知识和技能   B. 教育和培训
    C. 教育、培训或经验   D. 技能和经验

13. 根据 GB/T 19011，审核员能力评价结果可用来（　　）。
　　A. 选择审核组成员　　　　　　B. 确定提高能力的需求
　　C. 审核员的持续绩效评价　　　D. 以上全部
14. 审核员能力构成包括（　　）。
　　A. 个人行为　　　　　　　　　B. 通用知识和技能
　　C. 特定领域知识和技能　　　　D. 以上全部
15. 审核员应具备（　　）以及一定水平的特定领域与专业的知识和技能。
　　A. 通用能力　　　　　　　　　B. 基础知识
　　C. 公关能力　　　　　　　　　D. 常识
16. 认证人员能力评价过程的输出主要是（　　）。
　　A. 识别出有能力的人员　　　　B. 对认证人员的奖惩
　　C. 对认证人员的培训需求　　　D. 认证人员需具备的知识和技能

二、多项选择题

1. 审核员的知识和技能是通过（　　）获得的。
　　A. 教育　　　　　　　　　　　B. 工作经历
　　C. 审核员培训　　　　　　　　D. 审核经历
2. 根据 GB/T 19011，审核员能力评价应经策划、实施并形成文件，以提供（　　）的结果。
　　A. 客观　　　　　　　　　　　B. 一致
　　C. 公正　　　　　　　　　　　D. 可靠
3. 根据 GB/T 19011，审核员评价过程应包括（　　）这几个主要步骤。
　　A. 确定满足审核方案需求所需的能力　B. 建立评价准则
　　C. 选择适当的评价方法　　　　D. 实施评价
4. 根据 GB/T 19011，确定审核员的知识和技能时要考虑下列哪些因素？（　　）
　　A. 审核方法
　　B. 拟审核的管理体系的复杂程度和过程
　　C. 管理体系所应对的风险和机遇的类型和级别
　　D. 审核方案的目标以及范围和详略程度
5. 根据 GB/T 19011，审核员应具备以下哪方面的知识和技能？（　　）
　　A. 审核原则、过程和方法　　　B. 管理体系标准和其他引用文件
　　C. 组织及其所处环境　　　　　D. 适用的法律法规要求和其他要求
6. 审核员能力评价准则中的基本资格要求至少包括（　　）。
　　A. 工作经历　　　　　　　　　B. 专业工作经历
　　C. 审核经历（次数）　　　　　D. 培训学时

7. 根据 GB/T 19011，对审核员进行评价的方法有（   ）。
   A. 对记录的评审　　　　　　　B. 反馈
   C. 访谈　　　　　　　　　　　D. 观察

8. 根据 GB/T 19011，审核员评价方法中的测试的目的是（   ）。
   A. 评价期望的行为　　　　　　B. 知识和技能及其应用
   C. 评价沟通技巧　　　　　　　D. 识别优势和改进机会

9. 《注册认证人员资格处置规则》中对人员的处置包括警告、暂停、（   ）。
   A. 撤销　　　　　　　　　　　B. 注销
   C. 冻结　　　　　　　　　　　D. 降级

三、判断题

1. 认证机构管理的一个关键问题是具有一个得到实施的过程，来为参与审核和其他认证活动的人员建立能力准则，并按照准则实施评价。（   ）

2. 没有必要要求一个审核组的所有人员具有相同的能力，但审核组的整体能力应足以实现审核目标。（   ）

3. 认证机构应对所有参与管理和实施审核及其他认证活动的人员进行初始能力评价，并持续监视其能力和绩效。（   ）

4. 审核员评价准则应是定量的，不应是定性的。（   ）

5. CCAA 管理体系审核员注册表明注册人员具备了从事相应认证领域管理体系审核的个人素质、知识和技能、相应认证领域特定专业能力。（   ）

四、问答题

1. 认证审核人员需要哪些知识和技能？
2. 简述认证人员的分类及其能力的基本要求。
3. 简述认证决定人员的作用和能力要求。
4. 请根据 GB/T 19011 标准简述管理体系审核员应具备的通用知识和技能以及特定领域与专业的能力。
5. 请根据 GB/T 19011 标准简单叙述如何对管理体系审核员能力进行评价和管理。

答案点拨解析

一、单项选择题

题号	答案	解析
1	B	见 11.1 节之 2 方框中 GB/T 27021.1 标准 4.3.1 条款
2	D	见 11.1 节之 2 方框中 GB/T 27021.1 标准 7.2.4 条款
3	A	见 11.1 节之 2 方框中 GB/T 27021.1 标准 7.2.4 条款

第11章 《认证人员的能力要求》考点解读

(续)

题号	答案	解析
4	D	见11.1节之2方框中GB/T 27021.1标准7.2.6条款
5	A	见11.1节之2方框中GB/T 27021.1标准7.2.11条款
6	B	见11.1节之3表11-1
7	A	见11.3节之2方框中GB/T 27021.1标准附录B.4最后一句话
8	C	见11.3节之2：认证人员能力评价方法包括记录审查、意见反馈、面谈、观察和考试5种方式
9	D	见11.3节之2：认证人员能力评价方法包括记录审查、意见反馈、面谈、观察和考试5种方式
10	A	见11.3节之2方框中GB/T 27021.1标准附录B.5最后一句话
11	A	见11.1节之1
12	A	见11.3节
13	D	见11.2节之1方框中GB/T 19011—2021标准7.1条款
14	D	见11.2节之2
15	A	见11.2节之2方框中GB/T 19011—2021标准7.2.3.1条款
16	A	见11.3节方框中GB/T 27021.1标准7.1.3条款

二、多项选择题

题号	答案	解析
1	ABCD	见11.2节之1方框中GB/T 19011—2021标准7.1条款
2	ABCD	见11.2节之1方框中GB/T 19011—2021标准7.1条款
3	ABCD	见11.2节之1方框中GB/T 19011—2021标准7.1条款
4	ABCD	见11.2节之2方框中GB/T 19011—2021标准7.2.1条款
5	ABCD	见11.2节之2方框中GB/T 19011—2021标准7.2.3.2条款
6	ABCD	见11.4节
7	ABCD	见11.4节方框中GB/T 19011—2021标准7.4条款
8	AB	见11.4节方框中GB/T 19011—2021标准7.4条款表2
9	ABC	见11.5.2节之5

三、判断题

题号	答案	解析
1	√	见11.1节之2方框中GB/T 27021.1标准4.3.3条款
2	√	见11.2节之1方框中GB/T 19011—2021标准7.1条款
3	√	见11.3节方框中GB/T 27021.1标准7.1.3条款
4	×	见11.4节方框中GB/T 19011—2021标准7.3条款
5	×	见11.5.1节方框中《管理体系审核员注册准则》前言

四、问答题

1. 见 11.1 节之 3 表 11-1。
认证审核人员需要的知识和技能包括：
1）业务管理实践的知识。
2）审核原则、实践和技巧的知识。
3）特定管理体系标准和（或）规范性文件的知识。
4）认证机构过程的知识。
5）客户业务领域的知识。
6）客户产品、过程和组织的知识。
7）与客户组织中的各个层级相适应的语言技能。
8）作记录和撰写报告的技能。
9）表达技能。
10）面谈技能。
11）审核管理技能。

2. 见 11.1 节。
1）认证人员划分为 6 类：认证规则和认证方案制定人员、认证申请评审人员、认证审核方案管理人员、认证审核人员、认证决定或复核人员、认证人员能力评价人员。

2）各类人员能力的基本要求如下：

① 认证规则和认证方案制定人员：具有相应领域的专业知识和工作经验；熟悉认证依据标准或规范性文件；熟悉认证认可相关标准及认证程序要求；熟悉相应领域有关法律、法规、技术标准及其他要求。

② 认证申请评审人员：熟悉认证依据标准或规范性文件；熟悉相应认证领域划分，并能正确判断认证委托人委托的认证领域和专业；熟悉本机构相应领域专业资源配备情况。

③ 认证审核方案管理人员：熟悉认证依据标准或规范性文件；熟悉认证认可相关标准及认证程序要求；能够识别各认证领域的专业特点；能够根据认证客户的业务/产品/过程/组织结构的知识和信息识别其对审核方案，特别是对审核组的能力要求；熟悉本机构相应领域专业资源配备情况。

④ 认证审核人员：具有与认证领域相关的专业知识和实践经验，熟悉行业相关法律法规要求；理解和掌握认证依据标准或规范性文件；熟悉认证认可相关标准及认证审核原则、实践和技巧；了解企业管理和组织运作相关知识，了解认证机构认证管理过程和要求，完全能够按照认证机构的程序和过程开展工作。

⑤ 认证决定或复核人员：同认证审核人员的能力要求。

⑥ 认证人员能力评价人员：熟悉认证认可相关标准及认证程序要求；能够识别各认证领域的专业特点；熟悉认证流程及认证过程各阶段的专业管理要求；掌握专业能力评定要求；熟悉各类认证人员的能力准则，能正确选择对认证人员进行能力评价的方法，并能基于已有的证据准确判定受评价人员的能力与准则的符合性。

3. 见 11.1 节之 3 表 11-1。

1）认证决定人员的作用是：对认证评价活动的结果进行复核，并做出认证授予或拒绝认证、扩大或缩小认证范围、暂停或恢复认证、撤销认证或更新认证的决定。

2）认证决定人员应具备下列知识和技能：
① 审核原则、实践和技巧的知识。
② 特定管理体系标准和（或）规范性文件的知识。
③ 认证机构过程的知识。
④ 客户业务领域的知识。

4. 见 11.2 节之 2 方框中 GB/T 19011—2021 标准 7.2.3.2 条款、7.2.3.3 条款。这里不再重复。

5. 见 11.2 节之 1 方框中 GB/T 19011—2021 标准 7.1 条款。
按以下方式和步骤对管理体系审核员能力进行评价和管理：
1）将审核员能力评价形成文件并实施。
2）按以下步骤进行审核员能力评价：
① 确定满足审核方案需求所需的能力。
② 建立评价准则。
③ 选择适当的评价方法。
④ 实施评价。
3）将审核员能力评价过程的结果作为进行下列各项活动的依据：
① 选择审核组成员。
② 确定提高能力的需求（例如更多的培训）。
③ 审核员的持续绩效评价。

第 3 部分
法律法规和其他要求

说明:

在《认证通用基础考试大纲》中列明的法律法规有 5 项,在以往的《认证通用基础》考试中,法律法规方面的考题不多,占总分的比例也不高,所以考生要据此合理地安排时间,把主要精力投入到分值比较高的部分去。

第12章 法律法规和其他要求考点解读

考试大纲要求

理解我国的法律法规体系和合格评定相关法律法规的主要结构、内容及在认证中的应用,如:

1) 《中华人民共和国计量法》。
2) 《中华人民共和国标准化法》。
3) 《中华人民共和国认证认可条例》。
4) 《认证机构管理办法》。
5) 《认证证书和认证标志管理办法》。

12.1 法律法规基础知识

考点知识讲解

说明:法律法规基础知识不是考试大纲的要求,但了解这些基础知识有利于考生了解具体的法律法规。

12.1.1 法的特征与分类

1. 法的特征

1) 法是由特定的国家机关制定的。
2) 法是依照特定程序制定的。
3) 法具有国家强制性。
4) 法是调整人们行为的社会规范。

2. 法的分类

1) 按照法的创立和表现**形式**所做的分类:成文法和不成文法(如判例、习惯法)。

2）按照其法律地位和法律效力的**层级**划分：宪法、法律、行政法规、地方性法规和行政规章。

3）按照法律规定**内容**的不同对法的分类：实体法和程序法。实体法是指规定具体权利义务内容或者法律保护的具体情况的法律，如民法、刑法、经济法、公司法等。程序法是规定以保证权利和职权得以实现或行使，义务和责任得以履行的有关程序为主要内容的法律，如行政诉讼法、民事诉讼法、刑事诉讼法、行政程序法、立法程序法等。

4）按照法律的内容和效力**强弱**所做的分类：宪法性法律和普通法律。

5）按照法律效力**范围**所做的分类：特殊法和一般法（普通法）。特殊法（又称特别法）是对于特定的人群和事项，或者在特定的地区和时间内适用的法律。一般法与特别法是相对而言的。例如相对于《中华人民共和国民法典》，《中华人民共和国著作权法》等法律就是特别法。特别法又可以称为特别规定，一般法也可以称为一般规定。

12.1.2　法的制定主体和表现形式

表 12-1 是法的制定主体和表现形式。

表 12-1　法的制定主体和表现形式

法的形式	制定主体	表现形式
宪法	全国人大	宪法
法律	全国人大及常委会	《×××法》
行政法规	国务院	《×××条例》
地方性法规、自治条例、单行条例	省、自治区、直辖市、设区的市的人大及常委会	《地名×××条例》
部门规章	国务院各部委	《×××规定/办法/细则》
地方政府规章	省、自治区、直辖市、设区的市、自治州人民政府	《地名×××规定/办法/细则》

12.1.3　法的效力层级

1. 法的纵向关系

宪法至上、上位法高于下位法。法的纵向关系如图 12-1 所示。

图 12-1　法的纵向关系

宪法具有最高法律权威，是制定普通法的依据，普通法的内容必须符合宪法的规定，与宪法内容相抵触的法律无效。上位法优于下位法，法律的地位和效力高于行政法规、地方性法规、部门规章、地方政府规章等下位法。

2. 法的横向关系（法的横向冲突）

法的横向关系（法的横向冲突）见表12-2。同一层级的法律文件在同一问题上有不同规定时，在法律适用上是单行法优于综合法、特殊法优于普通法。

表12-2　法的横向关系（法的横向冲突）

制定机关	冲突类别	处理方式
同一机关制定	特别法与一般法冲突	按特别法
	新法与旧法冲突	按新法
	新的一般法与旧的特别法冲突	不按新法也不按特别法，谁制定谁裁决
不同机关制定	地方法规与部门规章冲突	国务院认为应适用地方法规的，国务院裁决
		国务院认为应当适用部门规章的，提请全国人大常委会裁决
	A部门规章与B部门规章冲突	国务院裁决
	部门规章与地方政府规章冲突	

同步练习强化

一、单项选择题

1. 下列关于我国产品质量法律体系的基本框架和效力的说法，正确的是（　　）。

　A. 产品质量立法可分为上位法和下位法，法律是产品质量法律体系中的上位法

　B. 产品质量法规可分为行政法规、部门法规和地方性法规

　C. 产品质量行政法规可分为国务院行政法规、部门行政法规和地方行政法规

　D. 产品质量行政规章可分为国务院规章、部门规章和地方政府规章

2. 某省人大常委会公布实施了《某省产品质量条例》，随后省政府公布实施了《某省生产经营单位产品质量主体责任规定》。下列关于两者法律地位和效力的说法，正确的是（　　）。

　A.《某省产品质量条例》属于行政法规

B. 《某省生产经营单位产品质量主体责任规定》属于地方性法规

C. 《某省产品质量条例》和《某省生产经营单位产品质量主体责任规定》具有同等法律效力

D. 《某省生产经营单位产品质量主体责任规定》可以对《某省产品质量条例》没有规定的内容做出规定

3. 《中华人民共和国建造工程质量管理条例》属于（　　）。

A. 法律　　　　　　　　　　　B. 行政法规

C. 部门规章　　　　　　　　　D. 司法解释

4. 行政法规之间对同一事项的新的一般规定与旧的特别规定不一致，不能确定如何适用时，由（　　）裁决。

A. 最高人民法院　　　　　　　B. 国务院

C. 全国人民代表大会　　　　　D. 全国人民代表大会常务委员会

二、多项选择题

1. 下列关于法的分类和效力的说法，正确的有（　　）。

A. 行政规章可以分为部门规章和地方政府规章，效力高于地方性法规

B. 按照法律的内容和效力强弱所做的分类，可以将法律分为特殊法和一般法

C. 按照法律规定的内容不同，可以将法律分为实体法和程序法

D. 宪法在我国具有最高的法律效力，任何法律都不能与其抵触，否则无效

2. 同一层级的法律文件在同一问题上有不同规定时，在法律适用上应为（　　）。

A. 上位法优于下位法　　　　　B. 普通法优于特殊法

C. 单行法优于综合法　　　　　D. 特殊法优于普通法

3. 下列国家机关中，有权制定地方性法规的有（　　）。

A. 省、自治区、直辖市的人民代表大会及其常委会

B. 省、自治区、直辖市的人民政府

C. 省级人民政府所在地的市级人民代表大会及其常委会

D. 省级人民政府所在地的市级人民政府

4. 关于法的效力层级，下列表述正确的是（　　）。

A. 宪法至上　　　　　　　　　B. 上位法优于下位法

C. 特殊法优于普通法　　　　　D. 新法优于旧法

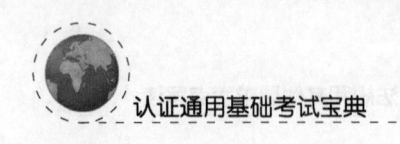

答案点拨解析

一、单项选择题

题号	答案	解析
1	A	见本书 12.1.2 节。只有部门规章，没有部门法规，所以 B、C 选项是错的；没有国务院规章，所以 D 选项是错的
2	D	见本书 12.1.2、12.1.3 节。行政法规是国务院制定的，所以 A 选项错误；《地名×××规定》是地方政府规章，不是地方性法规，所以 B 选项错误；《某省产品质量条例》是地方性法规，《某省生产经营单位产品质量主体责任规定》是地方政府规章，前者效力大于后者，所以 C 选项错误
3	B	见本书 12.1.2 节
4	B	见本书 12.1.3 节之 2 表 6-2。新的一般法与旧的特别法冲突时，不按新法也不按特别法，而是谁制定谁裁决。行政法规是国务院制定的，所以新的一般法与旧的特别法冲突时，由国务院裁决

二、多项选择题

题号	答案	解析
1	CD	见本书 12.1.1 节之 2、12.1.3 节之 1
2	CD	见本书 12.1.3 节之 2。上位法、下位法不属于同一层级，所以 A 选项排除
3	AC	见本书 12.1.2 节
4	ABCD	见本书 12.1.3 节

12.2 《中华人民共和国计量法》

《中华人民共和国计量法》于 1985 年 9 月 6 日第六届全国人民代表大会常务委员会第十二次会议通过。根据 2018 年 10 月 26 日第十三届全国人民代表大会常务委员会第六次会议《关于修改〈中华人民共和国野生动物保护法〉等十五部法律的决定》第五次修正。

考点知识讲解

说明：方框里面的内容是法律条款摘选与标识。

第一章 总则

第一条 为了加强计量监督管理，保障国家计量单位制的统一和量值的准确可靠，有利于生产、贸易和科学技术的发展，适应社会主义现代化建设的需要，维护国家、人民的利益，制定本法。

第二条 在中华人民共和国境内，建立计量基准器具、计量标准器具，进行计量检定，制造、修理、销售、使用计量器具，必须遵守本法。

第三条 国家实行法定计量单位制度。

国际单位制计量单位和国家选定的其他计量单位，为国家法定计量单位。国家法定计量单位的名称、符号由国务院公布。

因特殊需要采用非法定计量单位的管理办法，由国务院计量行政部门另行制定。

第四条 国务院计量行政部门对全国计量工作实施统一监督管理。

县级以上地方人民政府计量行政部门对本行政区域内的计量工作实施监督管理。

第二章 计量基准器具、计量标准器具和计量检定

第五条 国务院计量行政部门负责建立各种**计量基准器具**，作为统一全国量值的最高依据。

第六条 县级以上地方人民政府计量行政部门根据本地区的需要，建立社会公用计量标准器具，经上级人民政府计量行政部门主持考核合格后使用。

第八条 企业、事业单位根据需要，可以建立本单位使用的**计量标准器具**，其各项最高计量标准器具经有关人民政府计量行政部门主持考核合格后使用。

第九条 县级以上人民政府计量行政部门对社会公用计量标准器具，部门和企业、事业单位使用的**最高计量标准器具**，以及用于贸易结算、安全防护、医疗卫生、环境监测方面的列入强制检定目录的**工作计量器具**，实行**强制检定**。未按照规定申请检定或者检定不合格的，不得使用。实行强制检定的工作计量器具的目录和管理办法，由国务院制定。

对前款规定以外的其他计量标准器具和工作计量器具，使用单位应当自行定期检定或者送其他计量检定机构检定。

第十条 计量检定必须按照国家计量检定系统表进行。国家计量检定系统表由国务院计量行政部门制定。

计量检定必须执行计量检定规程。**国家计量检定规程**由国务院计量行政部门制定。没有国家计量检定规程的，由国务院有关主管部门和省、自治区、直辖市人民政府计量行政部门分别制定**部门计量检定规程**和**地方计量检定规程**。

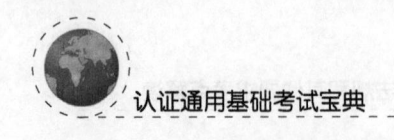

第十一条　计量检定工作应当按照经济合理的原则，就地就近进行。

第三章　计量器具管理

第十五条　制造、修理计量器具的企业、事业单位必须对制造、修理的计量器具进行检定，保证产品计量性能合格，并对合格产品出具产品合格证。

第十六条　使用计量器具不得破坏其准确度，损害国家和消费者的利益。

第四章　计量监督

第十八条　<u>县级以上人民政府计量行政部门</u>应当依法对制造、修理、销售、进口和使用计量器具，以及计量检定等相关计量活动进行<u>监督检查</u>。有关单位和个人不得拒绝、阻挠。

第二十条　县级以上人民政府计量行政部门可以根据需要设置计量检定机构，或者授权其他单位的计量检定机构，执行强制检定和其他检定、测试任务。

执行前款规定的检定、测试任务的人员，必须经考核合格。

第二十一条　处理因计量器具准确度所引起的**纠纷**，以<u>国家计量基准器具或者社会公用计量标准器具</u>检定的数据为准。

第二十二条　为社会提供公证数据的**产品质量检验机构**，必须经省级以上人民政府计量行政部门对其计量检定、测试的能力和可靠性考核合格。

第五章　法律责任

第二十五条　属于强制检定范围的计量器具，未按照规定申请检定或者检定不合格继续使用的，责令停止使用，可以并处罚款。

第二十六条　使用不合格的计量器具或者破坏计量器具准确度，给国家和消费者造成损失的，责令赔偿损失，没收计量器具和违法所得，可以并处罚款。

第二十七条　制造、销售、使用以欺骗消费者为目的的计量器具的，没收计量器具和违法所得，处以罚款；情节严重的，并对个人或者单位直接责任人员依照刑法有关规定追究刑事责任。

例题分析

1. （多项选择题）依据《中华人民共和国计量法》，使用计量器具不得（　　）。(真题)

　　A. 在非经营活动中使用　　　　　　B. 破坏其准确度

C. 损害消费者的利益　　　　　　D. 损害国家利益

答案及分析：选择 BCD。见《中华人民共和国计量法》第十六条。

2.（单项选择题）依据《中华人民共和国计量法》，（　　）负责建立各种计量基准器具，作为统一全国量值的最高依据。(真题)

A. 各行政执行机构　　　　　　　B. 国务院计量行政部门

C. 县级以上计量部门　　　　　　D. 各主管部委领导部门

答案及分析：选择 B。见《中华人民共和国计量法》第五条。

3.（判断题）依据《中华人民共和国计量法》，企业、事业单位根据需要，可以建立本单位使用的计量标准器具。（　　）(真题)

答案及分析：√。见《中华人民共和国计量法》第八条。

4.（多项选择题）依据《中华人民共和国计量法》，属于强制检定范围的计量器具，未按照规定申请检定或者检定不合格继续使用的，（　　）。

A. 责令停止使用　　　　　　　　B. 可以并处罚款

C. 追究刑事责任　　　　　　　　D. 警告

答案及分析：选择 AB。见《中华人民共和国计量法》第二十五条。

5.（判断题）制造、修理计量器具的企业、事业单位必须对制造、修理的计量器具进行校准，保证产品计量性能合格，并对合格产品出具产品合格证。（　　）

答案及分析：×。见《中华人民共和国计量法》第十五条。是"检定"，不是"校准"。

同步练习强化

一、单项选择题

1. 以下哪个内容不属于计量法调整的范围？（　　）

A. 建立计量基准器具、计量标准器具　　B. 进行计量检定

C. 制造、修理计量器具　　　　　　　　D. 使用教学用计量器具

2. 国家法定计量单位的名称、符号由（　　）公布。

A. 中国计量科学研究院　　　　　　　　B. 国家市场监督管理总局

C. 全国人大　　　　　　　　　　　　　D. 国务院

3.（　　）对全国计量工作实施统一监督管理。

A. 国务院　　　　　　　　　　　　　　B. 中国计量科学研究院

C. 国家市场监督管理总局　　　　　　　D. 国务院计量行政部门

4. 统一全国量值的最高依据是（　　）。

A. 计量基准器具　　　　　　　　　　　B. 部门最高计量标准

C. 社会公用计量标准　　　　　　D. 工作计量标准

5. 依据《中华人民共和国计量法》，（　　）负责建立各种计量基准器具，作为统一全国量值的最高依据。

   A. 国务院计量行政部门　　　　　B. 省级计量行政部门
   C. 县级以上地方人民政府计量行政部门　　D. 国务院有关主管部门

6. 企业根据需要，可以建立本单位使用的计量标准器具，其各项最高计量标准器具经（　　）主持考核合格后使用。

   A. 有关人民政府计量行政部门　　B. 市级人民政府计量行政部门
   C. 县级人民政府计量行政部门　　D. 省级人民政府计量行政部门

7. 强制检定的计量器具是指（　　）。

   A. 强制检定的计量标准器具
   B. 强制检定的工作计量器具
   C. 强制检定的计量标准器具和强制检定的工作计量器具
   D. 以上都不对

8. 关于强制检定范围，以下说法错误的是（　　）。

   A. 社会公用计量标准器具
   B. 部门和企业使用的最高计量标准器具
   C. 用于内部和外部结算、安全防护、医疗卫生、环境监测方面的工作计量器具
   D. 事业单位使用的最高计量标准器具

9. 根据《中华人民共和国计量法》，以下属于强制检定的是（　　）。

   A. 用于贸易结算、安全防护、医疗卫生、环境监测方面的列入强制检定目录的工作计量器具
   B. 部门和企业、事业单位使用的最高计量标准器具
   C. 社会公用计量标准器具
   D. A + B + C

10. 为社会提供公证数据的产品质量检验机构，必须经（　　）对其计量检定、测试的能力和可靠性考核合格。

    A. 有关人民政府计量行政部门　　B. 县级人民政府计量行政部门
    C. 省级以上人民政府计量行政部门　　D. 市级人民政府计量行政部门

11. （　　）应当依法对制造、修理、销售、进口和使用计量器具，以及计量检定等相关计量活动进行监督检查。有关单位和个人不得拒绝、阻挠。

    A. 县级以上人民政府计量行政部门
    B. 市级以上人民政府计量行政部门
    C. 县级以上市场监督管理局
    D. 法定检定单位

二、多项选择题

1. 计量立法的宗旨是（　　）。
   A. 加强计量监督管理，保障计量单位制的统一和量值的准确可靠
   B. 适应社会主义现代化建设的需要，维护国家、人民的利益
   C. 只保障人民的健康和生命、财产的安全
   D. 有利于生产、贸易和科学技术的发展

2. 国家法定计量单位包括（　　）。
   A. 国际单位制计量单位
   B. 国家选定的其他计量单位
   C. 国际单位制辅助计量单位
   D. 国际单位制中具有专门名称的导出单位

3. 需要强制检定的计量标准器具包括（　　）。
   A. 社会公用计量标准器具
   B. 企事业单位使用的最高计量标准器具
   C. 部门使用的最高计量标准器具
   D. 工作计量标准器具

4. 根据《中华人民共和国计量法》，对社会公用计量标准器具，部门和企业、事业单位使用的最高计量标准器具，以及用户（　　）等方面的列入强制检定目录的工作计量器具，实行强制检定。
   A. 医疗卫生　　　　　　　　　B. 安全防护
   C. 环境监测　　　　　　　　　D. 贸易结算

5. 计量检定规程可以由（　　）制定。
   A. 国务院计量行政部门
   B. 省、自治区、直辖市人民政府计量行政部门
   C. 国务院有关主管部门
   D. 法定计量检定机构

6. 《中华人民共和国计量法》的调整对象是中华人民共和国境内的所有国家机关、社会团体、中国人民解放军、企事业单位和个人，凡是（　　）等方面所发生的各种法律关系。
   A. 建立计量基准器具和计量标准器具
   B. 制造、修理、销售、进口、使用计量器具
   C. 进行计量监督管理
   D. 进行计量检定

7. 处理因计量器具准确度所引起的纠纷，以（　　）检定的数据为准。
   A. 国家计量基准器具　　　　　B. 部门最高计量标准

C. 社会公用计量标准器具　　　　D. 工作计量标准

8. 根据《计量法》，以下（　　）是正确的。

A. 《计量法》适用于在我国境内建立计量基准器具、计量标准器具，进行计量检定，制造、修理、销售、使用计量器具

B. 国务院计量行政部门负责建立各种计量基准器具，作为统一全国量值的最高依据

C. 用于贸易结算、安全防护、医疗卫生、环境监测方面的列入强制检定目录的工作计量器具，实行强制检定

D. 县级以上人民政府计量行政部门对社会公用计量标准器具，部门和企业、事业单位使用的最高计量标准器具实行强制检定

三、判断题

1. 国际单位制计量单位是唯一的为国家法定计量单位。（　　）
2. 企业、事业单位使用的最高计量标准器具要实行强制检定。（　　）
3. 计量检定规程只能由国务院计量行政部门制定。（　　）
4. 使用不合格的计量器具或者破坏计量器具准确度，给国家和消费者造成损失的，责令赔偿损失，没收计量器具和违法所得，可以并处罚款。（　　）
5. 企业、事业单位根据需要，可以建立本单位使用的计量标准器具，其各项最高计量标准器具经检定合格后使用。（　　）

答案点拨解析

一、单项选择题

题号	答案	解析
1	D	第二条
2	D	第三条
3	D	第四条
4	A	第五条。计量基准是在中华人民共和国境内为了定义、实现、保存、复现量的单位或者一个或多个量值，用作有关量的测量标准定值依据的实物量具、测量仪器、标准物质或者测量系统。全国的各级计量标准和工作计量器具的量值，都应直接或者间接地溯源到计量基准
5	A	第五条
6	A	第八条。计量标准处于国家检定系统表的中间环节，起着承上启下的作用，即将计量基准所复现的单位量值，通过检定逐级传递到工作计量器具，从而确保工作计量器具量值的准确可靠，确保全国计量单位制和量值的统一
7	C	第九条
8	C	第九条。用于贸易结算、安全防护、医疗卫生、环境监测方面的**列入强制检定目录的工作计量器具，实行强制检定**

(续)

题号	答案	解析
9	D	第九条
10	C	第二十二条
11	A	第十八条

二、多项选择题

题号	答案	解析
1	ABD	第一条
2	AB	第三条
3	ABC	第九条
4	ABCD	第九条
5	ABC	第十条
6	ABD	第二条
7	AC	第二十一条
8	ABCD	第二条、第五条、第九条

三、判断题

题号	答案	解析
1	×	见《中华人民共和国计量法》第三条
2	√	见《中华人民共和国计量法》第九条
3	×	见《中华人民共和国计量法》第十条
4	√	见《中华人民共和国计量法》第二十六条
5	×	见《中华人民共和国计量法》第八条

12.3 《中华人民共和国标准化法》

《中华人民共和国标准化法》由中华人民共和国第七届全国人民代表大会常务委员会第五次会议于 1988 年 12 月 29 日通过，自 1989 年 4 月 1 日起施行。

最新版本由中华人民共和国第十二届全国人民代表大会常务委员会第三十次会议于 2017 年 11 月 4 日修订通过，自 2018 年 1 月 1 日起施行。

考点知识讲解

说明：方框里面的内容是法律条款摘选与标识。

第一章 总则

第一条 为了加强标准化工作，提升产品和服务质量，促进科学技术进步，保障人身健康和生命财产安全，维护国家安全、生态环境安全，提高经济社会发展水平，制定本法。

第二条 本法所称标准（含标准样品），是指农业、工业、服务业以及社会事业等领域需要统一的技术要求。

标准包括国家标准、行业标准、地方标准和团体标准、企业标准。国家标准分为强制性标准、推荐性标准，行业标准、地方标准是推荐性标准。

强制性标准必须执行。 国家鼓励采用推荐性标准。

第三条 标准化工作的任务是制定标准、组织实施标准以及对标准的制定、实施进行监督。

县级以上人民政府应当将标准化工作纳入本级国民经济和社会发展规划，将标准化工作经费纳入本级预算。

第五条 国务院标准化行政主管部门统一管理全国标准化工作。国务院有关行政主管部门分工管理本部门、本行业的标准化工作。

县级以上地方人民政府标准化行政主管部门统一管理本行政区域内的标准化工作。县级以上地方人民政府有关行政主管部门分工管理本行政区域内本部门、本行业的标准化工作。

第八条 国家积极推动参与国际标准化活动，开展标准化对外合作与交流，参与制定国际标准，结合国情采用国际标准，推进中国标准与国外标准之间的转化运用。

国家鼓励企业、社会团体和教育、科研机构等参与国际标准化活动。

第二章 标准的制定

第十条 对保障人身健康和生命财产安全、国家安全、生态环境安全以及满足经济社会管理基本需要的技术要求，应当制定**强制性国家标准**。

国务院有关行政主管部门依据职责负责强制性国家标准的项目提出、组织起草、征求意见和技术审查。**国务院标准化行政主管部门负责强制性国家标准的立项、编号和对外通报。** 国务院标准化行政主管部门应当对拟制定的强制性国家标准是否符合前款规定进行立项审查，对符合前款规定的予以立项。

省、自治区、直辖市人民政府标准化行政主管部门可以向国务院标准化行政主管部门提出强制性国家标准的立项建议，由国务院标准化行政主管部门会同国务院有关行政主管部门决定。社会团体、企业事业组织以及公民可以向国务院标准化行政主管部门提出强制性国家标准的立项建议，国务院标准化行政主管部门认为需要立项的，会同国务院有关行政主管部门决定。

强制性国家标准由国务院批准发布或者授权批准发布。

法律、行政法规和国务院决定对强制性标准的制定另有规定的，从其规定。

第十一条 对满足基础通用、与强制性国家标准配套、对各有关行业起引领作用等需要的技术要求，可以制定**推荐性国家标准**。

推荐性国家标准由国务院标准化行政主管部门制定。

第十二条 对没有推荐性国家标准、需要在全国某个行业范围内统一的技术要求，可以制定**行业标准**。

行业标准由国务院有关行政主管部门制定，报国务院标准化行政主管部门备案。

第十三条 为满足地方自然条件、风俗习惯等特殊技术要求，可以制定**地方标准**。

地方标准由省、自治区、直辖市人民政府标准化行政主管部门制定；设区的市级人民政府标准化行政主管部门根据本行政区域的特殊需要，经所在地省、自治区、直辖市人民政府标准化行政主管部门批准，可以制定本行政区域的地方标准。地方标准由省、自治区、直辖市人民政府标准化行政主管部门报国务院标准化行政主管部门备案，由国务院标准化行政主管部门通报国务院有关行政主管部门。

第十七条 强制性标准文本应当免费向社会公开。国家推动免费向社会公开推荐性标准文本。

第十九条 企业可以根据需要自行制定企业标准，或者与其他企业联合制定企业标准。

第二十一条 推荐性国家标准、行业标准、地方标准、团体标准、企业标准的技术要求**不得低于**强制性国家标准的相关技术要求。

国家鼓励社会团体、企业制定高于推荐性标准相关技术要求的团体标准、企业标准。

第二十二条 制定标准应当有利于科学合理利用资源，推广科学技术成果，增强产品的安全性、通用性、可替换性，提高经济效益、社会效益、生态效益，做到技术上先进、经济上合理。

禁止利用标准实施妨碍商品、服务自由流通等排除、限制市场竞争的行为。

第二十四条 标准应当按照编号规则进行编号。标准的编号规则由国务院标准化行政主管部门制定并公布。

第三章 标准的实施

第二十五条 不符合强制性标准的产品、服务，不得生产、销售、进口或者提供。

第二十六条 出口产品、服务的技术要求，按照合同的约定执行。

第二十七条 国家实行团体标准、企业标准自我声明公开和监督制度。企业应当公开其执行的强制性标准、推荐性标准、团体标准或者企业标准的编号和名称；企业执行自行制定的企业标准的，还应当公开产品、服务的功能指标和产品的性能指标。国家鼓励团体标准、企业标准通过标准信息公共服务平台向社会公开。

企业应当按照标准组织生产经营活动，其生产的产品、提供的服务应当符合企业公开标准的技术要求。

第二十八条 企业研制新产品、改进产品，进行技术改造，应当符合本法规定的标准化要求。

第二十九条 国家建立强制性标准实施情况统计分析报告制度。

国务院标准化行政主管部门和国务院有关行政主管部门、设区的市级以上地方人民政府标准化行政主管部门应当建立标准实施信息反馈和评估机制，根据反馈和评估情况对其制定的标准进行复审。标准的复审周期一般不超过五年。经过复审，对不适应经济社会发展需要和技术进步的应当及时修订或者废止。

第五章 法律责任

第三十六条 生产、销售、进口产品或者提供服务不符合强制性标准，或者企业生产的产品、提供的服务不符合其公开标准的技术要求的，依法承担民事责任。

第三十八条 企业未依照本法规定公开其执行的标准的，由标准化行政主管部门责令限期改正；逾期不改正的，在标准信息公共服务平台上公示。

例题分析

1.（单项选择题）依据《中华人民共和国标准化法》，强制性标准（　　）执行。(真题)

A. 优先 B. 推荐
C. 必须 D. 在国家层面

答案及分析：选择 C。见《中华人民共和国标准化法》第二条。

2.（判断题）依据《中华人民共和国标准化法》，推荐性国家标准由国务院

批准发布或者授权批准发布。（　　）(真题)

答案及分析：×。见《中华人民共和国标准化法》第十条：强制性国家标准由国务院批准发布或者授权批准发布。

3.（多项选择题）根据《中华人民共和国标准化法》，对（　　）的技术要求，应当制定强制性国家标准。(真题)

　　A. 生态环境安全　　　　　　　　B. 保障人身健康和生命财产安全
　　C. 国家安全　　　　　　　　　　D. 企业发展

答案及分析：选择 ABC。见《中华人民共和国标准化法》第十条。

4.（单项选择题）根据《中华人民共和国标准化法》，出口产品的技术要求应该按照（　　）执行。

　　A. 合同约定　　　　　　　　　　B. 国际标准
　　C. 国家标准　　　　　　　　　　D. 行业标准

答案及分析：选择 A。见《中华人民共和国标准化法》第二十六条。

5.（单项选择题）对没有推荐性国家标准、需要在全国某个行业范围内统一的技术要求，可以制定行业标准。行业标准制定部门是（　　）。

　　A. 行业协会　　　　　　　　　　B. 工商行政部门
　　C. 社会团体　　　　　　　　　　D. 国务院有关行政主管部门

答案及分析：选择 D。见《中华人民共和国标准化法》第十二条。

6.（判断题）推荐性国家标准由国务院有关行政主管部门制定。（　　）

答案及分析：×。见《中华人民共和国标准化法》第十一条：推荐性国家标准由国务院标准化行政主管部门制定。

同步练习强化

一、单项选择题

1. 根据《中华人民共和国标准化法》，标准化工作的任务有哪些？（　　）

　　A. 制定标准　　　　　　　　　　B. 组织实施标准
　　C. 对标准的制定、实施进行监督　　D. 以上全部

2. 根据《中华人民共和国标准化法》，对保障人身健康和生命财产安全、国家安全、生态环境安全及满足经济社会管理基本需要的技术要求，应当制定（　　）。

　　A. 统一的强制性标准
　　B. 强制性国家标准
　　C. 同一的强制性标准
　　D. 统一的强制性或推荐性国家标准

3. 对没有推荐性国家标准、需要在全国某个行业范围内统一的技术要求，可以制定行业标准。行业标准的制定部门为（　　）。
　　A. 国务院有关行政主管部门　　　B. 工商行政部门
　　C. 社会团体　　　　　　　　　　D. 行业协会

4. 以下关于地方标准的说法错误的是（　　）。
　　A. 由省、自治区、直辖市人民政府标准化行政主管部门制定地方标准，报国务院标准化行政主管部门备案
　　B. 制定地方标准是为满足地方自然条件、风俗习惯等特殊技术要求
　　C. 推荐性地方标准技术要求可低于强制性国家标准的相关技术要求
　　D. 地方标准仅在本省、自治区、直辖市范围内有效

5. 《中华人民共和国标准化法》规定强制性标准必须执行，不符合强制性标准的产品，不得（　　）。
　　A. 生产、销售、进口或者出口　　　B. 生产、销售、出口和使用
　　C. 生产、销售、进口或者提供　　　D. 进入市场

6. 根据《标准化法》，出口产品的技术要求应该按照（　　）标准执行。
　　A. 合同约定　　　　　　　　　　B. 国际标准
　　C. 国家标准　　　　　　　　　　D. 行业标准

7. 根据《中华人民共和国标准化法》，企业应该按照标准组织生产经营活动，其生产的产品、提供的业务应当符合企业（　　）的技术要求。
　　A. 公开标准　　　　　　　　　　B. 公开承诺
　　C. 合同或协议　　　　　　　　　D. 标准

8. 根据《中华人民共和国标准化法》，标准的复审周期一般不超过（　　）。经过复审，对不适应经济社会发展需要和技术进步的应当及时修订或者废止。
　　A. 五年　　　　　　　　　　　　B. 八年
　　C. 三年　　　　　　　　　　　　D. 十年

二、多项选择题

1. 《中华人民共和国标准化法》所称标准（含标准样品），是指（　　）等领域需要统一的技术要求。
　　A. 农业　　　　　　　　　　　　B. 社会事业
　　C. 工业　　　　　　　　　　　　D. 服务业

2. 根据《中华人民共和国标准化法》，下面关于标准的描述正确的是（　　）。
　　A. 标准包括国家标准、行业标准、地方标准和团体标准、企业标准
　　B. 国家标准分为强制性标准、推荐性标准

C. 地方标准分为强制性标准、推荐性标准

D. 行业标准、地方标准是推荐性标准。国家鼓励采用推荐性标准

3. 《中华人民共和国标准化法》规定强制性标准必须执行，不符合强制性标准的产品，不得（　　）。

A. 生产　　　　　　　　　　B. 出口

C. 销售　　　　　　　　　　D. 进口或者提供

4. （　　）不符合强制性标准，或者企业生产的产品、提供的服务不符合其公开标准的技术要求的，依法承担民事责任。

A. 生产　　　　　　　　　　B. 销售

C. 进口产品或者提供服务　　D. 出口

三、判断题

1. 行业标准、地方标准分为强制性标准、推荐性标准。（　　）

2. 行业标准由国务院有关行政主管部门制定，报国务院标准化行政主管部门备案。（　　）

3. 不符合强制性标准的产品、服务，不得生产、销售、进口、出口或者提供。（　　）

4. 出口产品、服务的技术要求，按照国际标准执行。（　　）

5. 对满足基础通用、与强制性国家标准配套、对各有关行业起引领作用等需要的技术要求，可以制定行业标准。（　　）

答案点拨解析

一、单项选择题

题号	答案	解析
1	D	第三条
2	B	第十条
3	A	第十二条
4	C	第二十一条
5	C	第二十五条
6	A	第二十六条
7	A	第二十七条
8	A	第二十九条

二、多项选择题

题号	答案	解析
1	ABCD	第二条

(续)

题号	答案	解析
2	ABD	第二条
3	ACD	第二十五条
4	ABC	第三十六条

三、判断题

题号	答案	解析
1	×	见《中华人民共和国标准化法》第二条：行业标准、地方标准是推荐性标准
2	√	见《中华人民共和国标准化法》第十二条
3	×	见《中华人民共和国标准化法》第二十五条，没有"出口"
4	×	见《中华人民共和国标准化法》第二十六条：出口产品、服务的技术要求，按照合同的约定执行
5	×	见《中华人民共和国标准化法》第十一条

12.4 《中华人民共和国认证认可条例》

《中华人民共和国认证认可条例》于 2003 年 8 月发布，至今修订了二次，第二次修订是根据 2020 年 11 月 29 日《国务院关于修改和废止部分行政法规的决定》进行的。2021 年 11 月 22 日国家认监委就新的《中华人民共和国认证认可条例》修订草案发出了征求意见稿，尚未最终定稿。本书按第二次修订的《中华人民共和国认证认可条例》进行要点讲解。希望考生及时掌握变更情况，我们也会及时跟进。

考点知识讲解

说明：下面方框中的内容是《中华人民共和国认证认可条例》条款摘选与标识。

> **第一章　总则**
> **第二条**　本条例所称认证，是指由认证机构证明产品、服务、管理体系符合相关技术规范、相关技术规范的强制性要求或者标准的合格评定活动。
> 本条例所称认可，是指由认可机构对认证机构、检查机构、实验室以及从事评审、审核等认证活动人员的能力和执业资格，予以承认的合格评定活动。

第四条　国家实行统一的认证认可监督管理制度。

国家对认证认可工作实行在国务院认证认可监督管理部门统一管理、监督和综合协调下，各有关方面共同实施的工作机制。

第五条　国务院认证认可监督管理部门应当依法对认证培训机构、认证咨询机构的活动加强监督管理。

第六条　认证认可活动应当遵循客观独立、公开公正、诚实信用的原则。

第二章　认证机构

第九条　取得认证机构资质，应当经国务院认证认可监督管理部门批准，并在批准范围内从事认证活动。

未经批准，任何单位和个人不得从事认证活动。

第十条　取得认证机构资质，应当符合下列条件：

（一）取得法人资格。

（二）有固定的场所和必要的设施。

（三）有符合认证认可要求的管理制度。

（四）注册资本不得少于人民币300万元。

（五）有10名以上相应领域的专职认证人员。

从事产品认证活动的认证机构，还应当具备与从事相关产品认证活动相适应的检测、检查等技术能力。

第十三条　认证机构不得与行政机关存在利益关系。

认证机构不得接受任何可能对认证活动的客观公正产生影响的资助；不得从事任何可能对认证活动的客观公正产生影响的产品开发、营销等活动。

认证机构不得与认证委托人存在资产、管理方面的利益关系。

第十四条　认证人员从事认证活动，应当在一个认证机构执业，不得同时在两个以上认证机构执业。

第三章　认证

第十七条　认证机构应当按照认证基本规范、认证规则从事认证活动。认证基本规范、认证规则由国务院认证认可监督管理部门制定；涉及国务院有关部门职责的，国务院认证认可监督管理部门应当会同国务院有关部门制定。

属于认证新领域，前款规定的部门尚未制定认证规则的，认证机构可以自行制定认证规则，并报国务院认证认可监督管理部门备案。

第二十一条　认证机构以及与认证有关的检查机构、实验室从事认证以及与认证有关的检查、检测活动，应当完成认证基本规范、认证规则规定的程序，确保认证、检查、检测的完整、客观、真实，不得增加、减少、遗漏程序。

认证机构以及与认证有关的检查机构、实验室应当对认证、检查、检测过程做出完整记录，归档留存。

第二十二条　认证机构及其认证人员应当及时做出认证结论，并保证认证结论的客观、真实。认证结论经认证人员签字后，由认证机构负责人签署。

认证机构及其认证人员对认证结果负责。

第二十四条　获得认证证书的，应当在认证范围内使用认证证书和认证标志，不得利用产品、服务认证证书、认证标志和相关文字、符号，误导公众认为其管理体系已通过认证，也不得利用管理体系认证证书、认证标志和相关文字、符号，误导公众认为其产品、服务已通过认证。

第二十六条　认证机构应当对其认证的产品、服务、管理体系实施有效的跟踪调查，认证的产品、服务、管理体系不能持续符合认证要求的，认证机构应当暂停其使用直至撤销认证证书，并予公布。

第二十七条　为了保护国家安全、防止欺诈行为、保护人体健康或者安全、保护动植物生命或者健康、保护环境，国家规定相关产品必须经过认证的，应当经过认证并标注认证标志后，方可出厂、销售、进口或者在其他经营活动中使用。

第二十八条　国家对必须经过认证的产品，统一产品目录，统一技术规范的强制性要求、标准和合格评定程序，统一标志，统一收费标准。

统一的产品目录（以下简称目录）由国务院认证认可监督管理部门会同国务院有关部门制定、调整，由国务院认证认可监督管理部门发布，并会同有关方面共同实施。

第二十九条　列入目录的产品，必须经国务院认证认可监督管理部门指定的认证机构进行认证。

列入目录产品的认证标志，由国务院认证认可监督管理部门统一规定。

第三十条　列入目录的产品，涉及进出口商品检验目录的，应当在进出口商品检验时简化检验手续。

第四章　认可

第三十七条　认证机构、检查机构、实验室可以通过认可机构的认可，以保证其认证、检查、检测能力持续、稳定地符合认可条件。

第三十八条　从事评审、审核等认证活动的人员，应当经认可机构注册后，方可从事相应的认证活动。

第四十四条　认可机构应当按照国家标准和国务院认证认可监督管理部门的规定，对从事评审、审核等认证活动的人员进行考核，考核合格的，予以注册。

第四十七条　认可机构应当对取得认可的机构和人员实施有效的跟踪监督，定期对取得认可的机构进行复评审，以验证其是否持续符合认可条件。取得认可的机构和人员不再符合认可条件的，认可机构应当撤销认可证书，并予公布。

取得认可的机构的从业人员和主要负责人、设施、自行制定的认证规则等与认可条件相关的情况发生变化的，应当及时告知认可机构。

第五章　监督管理

第五十四条　<u>县级以上地方人民政府市场监督管理部门在国务院认证认可监督管理部门的授权范围内，依照本条例的规定对认证活动实施监督管理。</u>

国务院认证认可监督管理部门授权的县级以上地方人民政府市场监督管理部门，以下称地方认证监督管理部门。

第五十五条　<u>任何单位和个人对认证认可违法行为，有权向国务院认证认可监督管理部门和地方认证监督管理部门举报。国务院认证认可监督管理部门和地方认证监督管理部门应当及时调查处理，并为举报人保密。</u>

第六章　法律责任

第五十六条　未经批准擅自从事认证活动的，予以取缔，处 10 万元以上 50 万元以下的罚款，有违法所得的，没收违法所得。

第五十七条　境外认证机构未经登记在中华人民共和国境内设立代表机构的，予以取缔，处 5 万元以上 20 万元以下的罚款。

经登记设立的境外认证机构代表机构在中华人民共和国境内从事认证活动的，责令改正，处 10 万元以上 50 万元以下的罚款，有违法所得的，没收违法所得；情节严重的，撤销批准文件，并予公布。

第六十一条　认证机构出具虚假的认证结论，或者出具的认证结论严重失实，撤销批准文件，并予公布；对直接负责的主管人员和负有直接责任的认证人员，撤销其执业资格；构成犯罪的，依法追究刑事责任；造成损害的，认证机构应当承担相应的赔偿责任。

指定的认证机构有前款规定的违法行为的，同时撤销指定。

第六十二条　认证人员从事认证活动，<u>不在认证机构执业或者同时在两个以上认证机构执业的，责令改正，给予停止执业 6 个月以上 2 年以下的处罚，仍不改正的，撤销其执业资格。</u>

第七十条　伪造、冒用、买卖认证标志或者认证证书的，依照《中华人民共和国产品质量法》等法律的规定查处。

第七十二条　<u>认证人员自被撤销执业资格之日起 5 年内，认可机构不再受理其注册申请。</u>

第七章 附则

第七十四条 药品生产、经营企业质量管理规范认证,实验动物质量合格认证,军工产品的认证,以及从事军工产品校准、检测的实验室及其人员的认可,不适用本条例。

依照本条例经批准的认证机构从事矿山、危险化学品、烟花爆竹生产经营单位管理体系认证,由国务院安全生产监督管理部门结合安全生产的特殊要求组织;从事矿山、危险化学品、烟花爆竹生产经营单位安全生产综合评价的认证机构,经国务院安全生产监督管理部门推荐,方可取得认可机构的认可。

例题分析

1.(单项选择题)依据《中华人民共和国认证认可条例》,取得认证机构资质,应当经(　　)批准,并在批准范围内从事认证活动。(真题)

　　A. 国务院　　　　　　　　　B. 国务院认证认可监督管理部门
　　C. 市场监管总局　　　　　　D. 工商局

答案及分析:选择 B。见《中华人民共和国认证认可条例》第九条。

2.(多项选择题)《中华人民共和国认证认可条例》提出,认证认可活动应当遵循(　　)的原则。(真题)

　　A. 国际通行　　　　　　　　B. 公开公正
　　C. 客观独立　　　　　　　　D. 诚实信用

答案及分析:选择 BCD。见《中华人民共和国认证认可条例》第六条。

3.(多项选择题)依据《中华人民共和国认证认可条例》,认证机构按照(　　)从事认证活动。(真题)

　　A. 受审核方要求　　　　　　B. 质量管理方法
　　C. 认证规则　　　　　　　　D. 认证基本规范

答案及分析:选择 CD。见《中华人民共和国认证认可条例》第十七条。

4.(判断题)认证基本规范、认证规则由国务院认证认可监督管理部门制定。(　　)

答案及分析:√。见《中华人民共和国认证认可条例》第十七条。

5.(判断题)认证机构、检查机构、实验室可以通过认可机构的认可,以保证其认证、检查、检测能力持续、稳定地符合认可条件。(　　)

答案及分析:√。见《中华人民共和国认证认可条例》第三十七条。

第12章 法律法规和其他要求考点解读

同步练习强化

一、单项选择题

1. 《中华人民共和国认证认可条例》所称认可，是指由认可机构对认证机构、检查机构、实验室以及从事评审、审核等认证活动人员的能力和执行资格，予以承认的（　　）活动。

　　A. 认可　　　　　　　　　　B. 认证

　　C. 合格评定　　　　　　　　D. 标准化

2. 根据《中华人民共和国认证认可条例》，认证人员从事认证活动，应当在一个（　　）执业。

　　A. 认证机构　　　　　　　　B. 行政机关

　　C. 事业单位　　　　　　　　D. 社会团体

3. 认证人员自撤销执业资格之日起（　　），CCAA 不再受理其注册申请。

　　A. 5 年内　　　　　　　　　B. 6 个月内

　　C. 3 年内　　　　　　　　　D. 1 年内

4. 认证人员从事认证活动，应该满足以下（　　）要求。

　　A. 可在两个以上认证机构执业　　B. 不可兼任认证活动管理人员

　　C. 只在一个认证机构执业　　　　D. 可为受审核方提供咨询服务

5. 《中华人民共和国认证认可条例》所称认证，是指由认证机构（　　）产品、服务、管理体系符合相关技术规范、相关技术规范的强制性要求或者标准的（　　）活动。

　　A. 证明，合格评定　　　　　　B. 承认，合格评定

　　C. 证明，审核　　　　　　　　D. 承认，审核

6. 根据《中华人民共和国认证认可条例》，从事评审、审核等认证活动的人员，应当经（　　）注册后，方可从事相应的认证活动。

　　A. 认可机构　　　　　　　　B. CCAA

　　C. 认证机构　　　　　　　　D. CNCA

二、多项选择题

1. 根据《中华人民共和国认证认可条例》，认证认可活动应当遵循（　　）的原则。

　　A. 客观独立　　　　　　　　B. 公开公正

　　C. 诚实信用　　　　　　　　D. 实事求是

2. 《中华人民共和国认证认可条例》所称认证，是指由认证机构证明产品、

服务、管理体系符合（　　）的合格评定活动。

  A. 相关技术规范　　　　　　B. 相关技术规范的强制性要求

  C. 标准　　　　　　　　　　D. 顾客要求

  3. 依据《中华人民共和国认证认可条例》，认证机构以及与认证有关的检查机构、实验室从事认证以及与认证有关的检查、检测活动，应当完成认证基本规范、认证规则规定的程序，确保认证、检查、检测的（　　）。

  A. 完整　　　　　　　　　　B. 客观

  C. 真实　　　　　　　　　　D. 不得增加、减少、遗漏程序

  4. 依据《中华人民共和国认证认可条例》，为了保护国家安全、防止欺诈行为、保护人体健康或者安全、保护动植物生命或者健康、保护环境，国家规定相关产品必须经过认证的，应当经过认证并标注认证标志后，方可（　　）。

  A. 出厂　　　　　　　　　　B. 销售

  C. 进口或者在其他经营活动中使用　D. 出口

  5. 国家对必须经过认证的产品，统一（　　）。

  A. 产品目录

  B. 技术规范的强制性要求、标准和合格评定程序

  C. 统一标志

  D. 统一收费标准

  6. 认证人员从事认证活动，不在认证机构执业或者同时在两个以上认证机构执业的，（　　），仍不改正的，撤销其执业资格。

  A. 责令改正

  B. 给予停止执业 6 个月以上 2 年以下的处罚

  C. 罚款

  D. 重考

答案点拨解析

一、单项选择题

题号	答案	解析
1	C	见本书 12.4 节，《中华人民共和国认证认可条例》第二条
2	A	见本书 12.4 节，《中华人民共和国认证认可条例》第十四条
3	A	见本书 12.4 节，《中华人民共和国认证认可条例》第七十二条
4	C	见本书 12.4 节，《中华人民共和国认证认可条例》第十四条
5	A	见本书 12.4 节，《中华人民共和国认证认可条例》第二条
6	A	见本书 12.4 节，《中华人民共和国认证认可条例》第三十八条

二、多项选择题

题号	答案	解析
1	ABC	见本书12.4节,《中华人民共和国认证认可条例》第六条
2	ABC	见本书12.4节,《中华人民共和国认证认可条例》第二条
3	ABCD	见本书12.4节,《中华人民共和国认证认可条例》第二十一条
4	ABC	见本书12.4节,《中华人民共和国认证认可条例》第二十七条
5	ABCD	见本书12.4节,《中华人民共和国认证认可条例》第二十八条
6	AB	见本书12.4节,《中华人民共和国认证认可条例》第六十二条

12.5 《认证机构管理办法》

《认证机构管理办法》,2017年11月14日国家质量监督检验检疫总局令第193号公布,根据2020年10月23日国家市场监督管理总局令第31号修订。

考点知识讲解

说明:下面方框中的内容是《认证机构管理办法》条款摘选与标识。

第一章 总则

第一条 为了加强对认证机构的监督管理,规范认证活动,提高认证有效性,根据《中华人民共和国认证认可条例》(以下简称《认证认可条例》)等有关法律、行政法规的规定,制定本办法。

第三条 在中华人民共和国境内从事认证活动的认证机构及其监督管理,适用本办法。

第四条 **国务院认证认可监督管理部门**主管认证机构的资质审批及监督管理工作。

县级以上地方认证监督管理部门依照本办法的规定,负责所辖区域内认证机构从事认证活动的监督管理。

第五条 认证机构从事认证活动应当遵循**公正公开**、**客观独立**、**诚实信用**的原则,维护社会信用体系。

第六条 认证机构及其人员对其认证活动中所知悉的国家秘密、商业秘密负有保密义务。

第二章 资质审批

第七条 取得认证机构资质,应当经**国务院认证认可监督管理部门**批准。未经批准,任何单位和个人不得从事认证活动。

第十二条 《认证机构批准书》有效期为6年。

认证机构需要延续《认证机构批准书》有效期的，应当在《认证机构批准书》有效期届满30日前向国务院认证认可监督管理部门提出申请。

国务院认证认可监督管理部门应当对提出延续申请的认证机构依照本办法规定的资质条件和审批程序进行书面复查，并在《认证机构批准书》有效期届满前做出是否准予延续的决定。

第三章　行为规范

第十三条　认证机构应当建立**风险防范机制**，对其从事认证活动可能引发的风险和责任，采取合理、有效措施，并承担相应的**社会责任**。

认证机构不得超出批准范围从事认证活动。

第十四条　认证机构应当建立健全认证人员管理制度，定期对认证人员进行培训，保证其能力**持续**符合国家关于认证人员职业资格的相关要求。

认证机构不得聘用国家法律法规和国家政策禁止或者限制从事认证活动的人员。

第十六条　认证机构从事认证活动，应当符合**认证基本规范、认证规则**规定的程序要求，确保认证过程完整、客观、真实，不得增加、减少或者遗漏程序要求。

第十八条　认证机构及其认证人员应当及时做出认证结论，保证其客观、真实并承担相应法律责任。

认证机构及其认证人员不得出具虚假或者严重失实的认证结论。有下列情形之一的，属于出具虚假或者严重失实的认证结论：

（一）认证人员未按照认证规则要求，应当进入现场而未进入现场进行审核、检查或者审查的。

（二）冒名顶替其他认证人员实施审核、检查或者审查的。

（三）伪造认证档案、记录和资料的。

（四）认证证书载明的事项内容严重失实的。

（五）向未通过认证的认证对象出卖或者转让认证证书的。

第二十一条　认证机构应当对其认证的产品、服务、管理体系实施有效的跟踪监督。

不能持续符合认证要求的，认证机构应当在确认相关情况后5日内，暂停认证对象相应的认证证书。暂停期限届满仍不符合要求的，应当撤销其相应认证证书。

暂停期限按照认证规则的相关规定执行。

第二十二条 认证机构应当对认证过程做出完整记录，保留相应认证资料。

认证记录和认证资料应当真实、准确，归档留存时间为认证证书有效期届满或者被注销、撤销之日起2年以上，认证记录应当使用中文。

在认证证书有效期内，认证活动参与各方盖章或者签字的认证记录、认证资料等，应当保存具有法律效力的**原件**。

第四章 监督管理

第二十六条 **国务院认证认可监督管理部门**对认证机构遵守《认证认可条例》、本办法以及相关部门规章的情况进行监督检查。

地方认证监督管理部门根据法定职责分工，对所辖区域内的认证活动、认证结果实施日常监督检查，查处违法行为，并建立相应的协调工作机制。

地方认证监督管理部门应当将违法行为查处的相关信息及时报送国务院认证认可监督管理部门。

第三十三条 认证机构可以通过**认可机构的认可**，证明其认证能力能够持续符合相关要求。

认可机构应当对取得认可的认证机构进行有效跟踪监督，对认可监督中发现的违法行为，及时报告国务院认证认可监督管理部门。

第五章 法律责任

第三十九条 认证机构违反本办法第十六条规定，增加、减少、遗漏程序要求的，依照《认证认可条例》第六十条的规定进行处罚。认证机构被责令停业整顿的，停业整顿期限为**6个月**，期间不得从事认证活动。

认证机构增加、减少、遗漏程序要求，情节轻微且不影响认证结论的客观、真实或者认证有效性的，应当责令其限期改正。逾期未改正或者经改正仍不符合要求的，依照前款规定进行处罚。

例题分析

1.（单项选择题）依据《认证机构管理方法》，适用于（　　）从事认证活动的组织。

　　A. 在中华人民共和国境内　　　　B. 在中华人民共和国境外
　　C. 在中国以及与我国建交的国家　　D. 我国版图内各地区

答案及分析：选择 A。见《认证机构管理办法》第三条。

2.（多项选择题）根据《认证机构管理方法》，认证机构从事认证活动应当

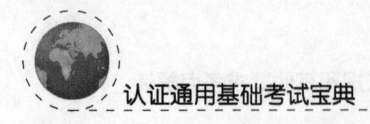

遵循（　）的原则。（真题）

A. 统一行动，令行禁止　　　　B. 诚实信用

C. 公正公开　　　　　　　　　D. 客观独立

答案及分析：选择 BCD。见《认证机构管理办法》第五条。

3.（单项选择题）取得认证机构资质，应当经（　）批准。未经批准，任何单位和个人不得从事认证活动。

A. 国务院认证认可监督管理部门　　B. 国务院

C. 国家市场监督管理总局　　　　　D. 国家认可中心

答案及分析：选择 A。见《认证机构管理办法》第七条。

同步练习强化

一、单项选择题

1. 根据《认证机构管理办法》，认证机构应当建立风险防范机制，对其从事认证活动可能引发的风险和责任，采取合理、有效措施，并承担相应的（　）。

A. 社会责任　　　　　　　　B. 风险责任

C. 保护责任　　　　　　　　D. 防范责任

2. 根据《认证机构管理办法》，客户不能持续符合认证要求的，认证机构应当在确认相关情况后（　）内，暂停认证对象相应的认证证书。

A. 5 日　　　　　　　　　　B. 10 日

C. 1 个月　　　　　　　　　D. 3 日

3. 根据《认证机构管理办法》，认证记录和认证资料应当真实、准确，归档留存时间为认证证书有效期届满或者被注销、撤销之日起（　）以上，认证记录应当使用中文。

A. 2 年　　　　　　　　　　B. 5 年

C. 1 年　　　　　　　　　　D. 3 年

4. 根据《认证机构管理办法》，认证机构可以通过（　），证明其认证能力能够持续符合相关要求。

A. 认可机构的认可

B. 国务院认证认可监督管理部门的批准

C. 国家市场监督管理总局的审查

D. 国务院有关部门的检查

二、多项选择题

根据《认证机构管理办法》，认证机构从事认证活动，应当符合（　）规

定的程序要求，确保认证过程完整、客观、真实，不得增加、减少或者遗漏程序要求。

A. 认证基本规范　　　　　B. 认证规则
C. 客户　　　　　　　　　D. 认证方案

三、判断题

1. 《认证机构批准书》有效期为 6 年。　　　　　　　　　　　　（　　）
2. 根据《认证机构管理办法》，客户不能持续符合认证要求的，认证机构应当在确认相关情况后 5 日内，暂停认证对象相应的认证证书。暂停期限届满仍不符合要求的，应当注销其相应认证证书。　　　　　　　　　　（　　）

答案点拨解析

一、单项选择题

题号	答案	解析
1	A	见《认证机构管理办法》第十三条
2	A	见《认证机构管理办法》第二十一条
3	A	见《认证机构管理办法》第二十二条
4	A	见《认证机构管理办法》第三十三条

二、多项选择题

题号	答案	解析
1	AB	见《认证机构管理办法》第十六条

三、判断题

题号	答案	解析
1	√	见《认证机构管理办法》第十二条
2	×	见《认证机构管理办法》第二十一条，是"撤销"，不是"注销"

12.6 《认证证书和认证标志管理办法》

2004 年 6 月 23 日，国家质量监督检验检疫总局令第 63 号公布。根据 2022 年 9 月 29 日国家市场监督管理总局令第 61 号，对《认证证书和认证标志管理办法》进行了最新修订。

考点知识讲解

说明：下面方框中的内容是《认证证书和认证标志管理办法》条款摘选与标识。

> **第一章 总则**
>
> 第一条 为加强对**产品、服务、管理体系认证**的认证证书和认证标志（以下简称认证证书和认证标志）的管理、监督，规范认证证书和认证标志的使用，维护获证组织和公众的合法权益，促进认证活动健康有序的发展，根据《中华人民共和国认证认可条例》（以下简称条例）等有关法律、行政法规的规定，制定本办法。
>
> 第二条 本办法所称的认证证书是指产品、服务、管理体系通过认证所获得的**证明性文件**。认证证书包括产品认证证书、服务认证证书和管理体系认证证书。
>
> 本办法所称的**认证标志**是指证明产品、服务、管理体系通过认证的专有符号、图案或者符号、图案以及文字的组合。认证标志包括产品认证标志、服务认证标志和管理体系认证标志。
>
> 第三条 本办法适用于认证证书和认证标志的制定、发布、使用和监督检查。
>
> 第四条 **国家市场监督管理总局**依法负责认证证书和认证标志的管理、监督和综合协调工作。
>
> **县级以上地方市场监督管理部门**依法负责所辖区域内的认证证书和认证标志的监督检查工作。
>
> 第五条 禁止伪造、冒用、转让和非法买卖认证证书和认证标志。
>
> **第二章 认证证书**
>
> 第六条 认证机构应当按照**认证基本规范、认证规则**从事认证活动，对认证合格的，应当在规定的时限内向认证委托人出具认证证书。
>
> 第七条 **产品认证证书**包括以下基本内容：
> （一）委托人名称、地址。
> （二）产品名称、型号、规格，需要时对产品功能、特征的描述。
> （三）产品商标、制造商名称、地址。
> （四）产品生产厂名称、地址。
> （五）认证依据的标准、技术要求。
> （六）认证模式。

（七）证书编号。
（八）发证机构、发证日期和有效期。
（九）其他需要说明的内容。

第八条 服务认证证书包括以下基本内容：
（一）获得认证的组织名称、地址。
（二）获得认证的服务所覆盖的业务范围。
（三）认证依据的标准、技术要求。
（四）认证证书编号。
（五）发证机构、发证日期和有效期。
（六）其他需要说明的内容。

第九条 **管理体系认证证书**包括以下基本内容：
（一）获得认证的组织名称、地址。
（二）获得认证的组织的管理体系所覆盖的业务范围。
（三）认证依据的标准、技术要求。
（四）证书编号。
（五）发证机构、发证日期和有效期。
（六）其他需要说明的内容。

第十条 获得认证的组织应当在广告、宣传等活动中正确使用认证证书和有关信息。获得认证的**产品**、**服务**、**管理体系**发生重大变化时，获得认证的组织和个人应当向认证机构**申请变更**，未变更或者经认证机构调查发现不符合认证要求的，不得继续使用该认证证书。

第十一条 认证机构应当建立认证证书管理制度，对获得认证的组织和个人使用认证证书的情况实施有效跟踪调查，对不能符合认证要求的，应当暂停其使用直至撤销认证证书，并予以公布；对撤销或者注销的认证证书予以收回；无法收回的，予以公布。

第十二条 不得利用产品认证证书和相关文字、符号误导公众认为其服务、管理体系通过认证；不得利用服务认证证书和相关文字、符号误导公众认为其产品、管理体系通过认证；不得利用管理体系认证证书和相关文字、符号，误导公众认为其产品、服务通过认证。

第三章 认证标志

第十三条 认证标志分为强制性认证标志和自愿性认证标志。
自愿性认证标志包括国家统一的自愿性认证标志和认证机构自行制定的认证标志。
强制性认证标志和国家统一的自愿性认证标志属于**国家专有认证标志**。

认证机构自行制定的认证标志是指认证机构专有的认证标志。

第十四条 强制性认证标志和国家统一的自愿性认证标志的制定和使用，由**国家市场监督管理总局依法规定，并予以公布**。

第十五条 认证机构自行制定的认证标志的式样（包括使用的符号）、文字和名称，应当遵守以下规定：

（一）不得与强制性认证标志、国家统一的自愿性认证标志或者其他认证机构自行制定并公布的认证标志相同或者近似。

（二）不得妨碍社会管理秩序。

（三）不得将公众熟知的社会公共资源或者具有特定含义的认证名称的文字、符号、图案作为认证标志的组成部分。

（四）不得将容易误导公众或者造成社会歧视、有损社会道德风尚以及其他不良影响的文字、符号、图案作为认证标志的组成部分。

（五）其他法律、行政法规，或者国家制定的相关技术规范、标准的规定。

第十六条 认证机构应当向社会公布认证标志的式样（包括使用的符号）、文字、名称、应用范围、识别方法、使用方法等信息。

第十七条 认证机构应当建立**认证标志管理制度**，明确认证标志使用者的权利和义务，对获得认证的组织使用认证标志的情况实施有效跟踪调查，发现其认证的产品、服务、管理体系不能符合认证要求的，<u>应当及时作出**暂停或者停止**其使用认证标志的决定</u>，并予以公布。

第十八条 获得产品认证的组织应当在广告、产品介绍等宣传材料中正确使用产品认证标志，可以在通过认证的产品及其包装上标注产品认证标志，但不得利用产品认证标志误导公众认为其服务、管理体系通过认证。

第十九条 获得服务认证的组织应当在广告等有关宣传中正确使用服务认证标志，可以将服务认证标志悬挂在获得服务认证的区域内，但不得利用服务认证标志误导公众认为其产品、管理体系通过认证。

第二十条 获得管理体系认证的组织应当在广告等有关宣传中正确使用管理体系认证标志，不得在产品上标注管理体系认证标志，只有在注明获证组织通过相关管理体系认证的情况下方可在产品的**包装上标注管理体系认证标志**。

第四章 监督检查

第二十一条 国家市场监督管理总局组织**县级以上地方市场监督管理部**门对认证证书和认证标志的使用情况实施监督检查，对伪造、冒用、转让和非法买卖认证证书和认证标志的违法行为依法予以查处。

第二十二条　**国家市场监督管理总局**对认证机构的认证证书和认证标志管理情况实施监督检查。

认证机构应当对其认证证书和认证标志的管理情况向国家市场监督管理总局提供年度报告。年度报告中应当包括其对获证组织使用认证证书和认证标志的跟踪调查情况。

第二十三条　认证机构应当公布本机构认证证书和认证标志使用等相关信息，以便于公众进行查询和社会监督。

第二十四条　任何单位和个人对伪造、冒用、转让和非法买卖认证证书和认证标志等违法、违规行为可以向市场监督管理部门**举报**。

第五章　罚则

第二十五条　违反本办法第十二条规定，对混淆使用认证证书和认证标志的，县级以上地方市场监督管理部门应当责令其限期改正，逾期不改的处以2万元以下罚款。

未通过认证，但在其产品或者产品包装上、广告等其他宣传中，使用虚假文字表明其通过认证的，**县级以上地方市场监督管理部门**应当按伪造、冒用认证标志的违法行为进行处罚。

第二十六条　违反本办法规定，伪造、冒用认证证书的，县级以上地方市场监督管理部门应当责令其改正，处以3万元罚款。

第二十七条　违反本办法规定，非法买卖或者转让认证证书的，县级以上地方市场监督管理部门责令其改正，处以3万元罚款；认证机构向未通过认证的认证委托人出卖或转让认证证书的，依照条例第六十一条规定处罚。

第二十八条　认证机构自行制定的认证标志违反本办法第十五条规定的，依照条例第六十条规定处罚；违反其他法律、行政法规规定的，依照其他法律、行政法规处罚。

第二十九条　认证机构发现其认证的产品、服务、管理体系不能持续符合认证要求，不及时暂停其使用认证证书和认证标志，或者不及时撤销认证证书或者停止其使用认证标志的，依照条例第五十九条规定处罚。

第三十条　认证机构违反本办法第十六条、第二十三条规定，未向社会公布相关信息的，责令限期改正；逾期不改的，予以警告。

第三十一条　伪造、冒用、非法买卖认证标志的，依照《中华人民共和国产品质量法》和《中华人民共和国进出口商品检验法》等有关法律、行政法规的规定处罚。

例题分析

1. （单项选择题）依据《认证证书和认证标志管理办法》，（　　）伪造、冒用、转让和非法买卖认证证书和认证标志。(真题)

A. 禁止
B. 可以
C. 不能
D. 不可以

答案及分析：选择 A。见《认证证书和认证标志管理办法》第五条。

2. （多项选择题）《认证证书和认证标志管理办法》适用于认证证书和认证标志的（　　）。(真题)

A. 发布
B. 制定
C. 使用
D. 监督检查

答案及分析：选择 ABCD。见《认证证书和认证标志管理办法》第三条。

3. （单项选择题）依据《认证证书和认证标志管理办法》，强制性认证标志和国家统一的自愿性认证标志的制定和使用，由（　　）依法规定，并予以公布。

A. 国家认监委
B. 中国合格评定国家认可委员会
C. 国务院
D. 国家市场监督管理总局

答案及分析：选择 D。见《认证证书和认证标志管理办法》第十四条。

4. （单项选择题）依据《认证证书和认证标志管理办法》，获得认证的产品、服务、管理体系发生重大变化时，获得认证的组织和个人应当向认证机构（　　）。

A. 申请变更
B. 通告
C. 说明
D. 以上全部

答案及分析：选择 A。见《认证证书和认证标志管理办法》第十条。

5. （单项选择题）依据《认证证书和认证标志管理办法》，认证机构应当建立认证标志管理制度，明确认证标志使用者的权利和义务，对获得认证的组织使用认证标志的情况实施有效跟踪调查，发现其认证的产品、服务、管理体系不能符合认证要求的，应当及时做出（　　）其使用认证标志的决定，并予以公布。

A. 暂停
B. 停止
C. A 或者 B
D. A 和 B

答案及分析：选择 C。见《认证证书和认证标志管理办法》第十七条。

6. （多项选择题）依据《认证证书和认证标志管理办法》，认证机构应当向社会公布认证标志的（　　）、识别方法、使用方法等信息。

A. 式样（包括使用的符号）　　B. 文字
C. 名称　　D. 应用范围

答案及分析：选择 ABCD。见《认证证书和认证标志管理办法》第十六条。

7.（判断题）依据《认证证书和认证标志管理办法》，认证机构应当建立认证证书管理制度，对获得认证的组织和个人使用认证证书的情况实施有效跟踪调查，对不能符合认证要求的，应当撤销认证证书，并予以公布。（　　）

答案及分析：×。见《认证证书和认证标志管理办法》第十一条：对不能符合认证要求的，应当暂停其使用直至撤销认证证书，并予以公布。

8.（多项选择题）依据《认证证书和认证标志管理办法》，管理体系认证证书的基本内容包括（　　）。

A. 获得认证的组织名称、地址
B. 获得认证的组织的管理体系所覆盖的业务范围
C. 认证依据的标准、技术要求
D 证书编号；发证机构、发证日期和有效期

答案及分析：选择 ABCD。见《认证证书和认证标志管理办法》第九条。

参 考 文 献

[1] 中国认证认可协会．合格评定基础［M］．北京：高等教育出版社，2019．
[2] 中国认证认可协会．管理体系认证基础［M］．北京：高等教育出版社，2019．
[3] 中国认证认可协会．审核概论［M］．北京：高等教育出版社，2019．
[4] 李在卿．质量、环境、职业健康安全管理体系内部审核员最新培训教程［M］．北京：中国标准出版社，2016．
[5] 李在卿．管理体系审核指南［M］．北京：中国标准出版社，2014．
[6] 全国认证认可标准化技术委员会．合格评定建立信任：合格评定工具箱［M］．北京：中国标准出版社，2011．
[7] 二级建造师执业资格考试命题研究组．建设工程法规及相关知识［M］．成都：电子科技大学出版社，2017．
[8] 张智勇．IATF 16949：2016 内审员实战通用教程［M］．北京：机械工业出版社，2018．